CETTE NUIT
LA LIBERTÉ

DOMINIQUE LAPIERRE
et
LARRY COLLINS

CETTE NUIT
LA LIBERTÉ

Récit

ROBERT LAFFONT

© Dominique Lapierre et Larry Collins, 1975

ISBN : 2-266-06139-9

« La mission de gouverner les Indes a été placée par quelque impénétrable dessein de la Providence sur les épaules de la race anglaise. »

Rudyard Kipling, 1889.

« La perte des Indes porterait à l'Angleterre un coup fatal et définitif. Elle ferait d'elle un pays insignifiant. »

Winston Churchill, 1931.

« Il y a de nombreuses années, nous avons donné rendez-vous au destin et l'heure est venue de tenir notre promesse... Sur le coup de minuit, quand dormiront les hommes, l'Inde s'éveillera à la vie et à la liberté. L'instant est là, un instant rarement offert par l'Histoire, quand un peuple sort du passé pour entrer dans l'avenir, quand une époque s'achève, quand l'âme d'une nation, longtemps étouffée, retrouve son expression... »

Jawaharlal Nehru

au Parlement indien, une heure avant l'indépendance de l'Inde, le soir du 14 août 1947.

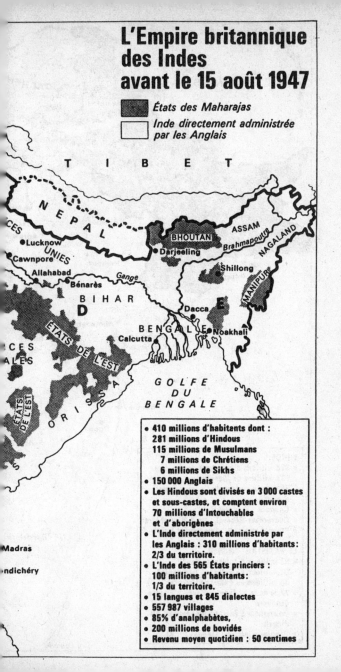

L'Empire britannique des Indes avant le 15 août 1947

- États des Maharajas
- Inde directement administrée par les Anglais

- 410 millions d'habitants dont :
  - 281 millions d'Hindous
  - 115 millions de Musulmans
  - 7 millions de Chrétiens
  - 6 millions de Sikhs
- 150 000 Anglais
- Les Hindous sont divisés en 3 000 castes et sous-castes, et comptent environ 70 millions d'Intouchables et d'aborigènes
- L'Inde directement administrée par les Anglais : 310 millions d'habitants: 2/3 du territoire.
- L'Inde des 565 États princiers : 100 millions d'habitants: 1/3 du territoire.
- 15 langues et 845 dialectes
- 557 987 villages
- 85% d'analphabètes,
- 200 millions de bovidés
- Revenu moyen quotidien : 50 centimes

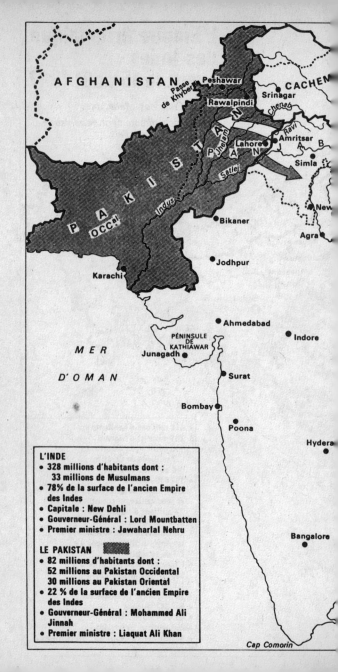

AFGHANISTAN

Passe de Khyber | Peshawar | CACHEM
Rawalpindi | Srinagar

P A K I S T A N
Lahore | Amritsar
Simla

Indus
OCCat
Bikaner | New
Agra

Jodhpur

Karachi

MER

D'OMAN

Ahmedabad | Indore

PÉNINSULE DE KATHIAWAR
Junagadh

Surat

Bombay

Poona

Hydera

L'INDE
- 328 millions d'habitants dont :
  33 millions de Musulmans
- 78% de la surface de l'ancien Empire des Indes
- Capitale : New Dehli
- Gouverneur-Général : Lord Mountbatten
- Premier ministre : Jawaharlal Nehru

LE PAKISTAN
- 82 millions d'habitants dont :
  52 millions au Pakistan Occidental
  30 millions au Pakistan Oriental
- 22 % de la surface de l'ancien Empire des Indes
- Gouverneur-Général : Mohammed Ali Jinnah
- Premier ministre : Liaquat Ali Khan

Bangalore

Cap Comorin

L'Inde et le Pakistan indépendants au 15 août 1947

TIBET

NEPAL

BHOUTAN

Brahmapoutre

Lucknow

Cawnpore

Allahabad

Bénarès

Gange

PAKISTAN

Shillong

ORI

Dacca

BENGALE

Calcutta

Noakhali

GOLFE
DU
BENGALE

Madras

ndichéry

0   100   500 Km

Prologue

L'arche dresse son arrogante masse de basalte jaune sur le promontoire qui domine la rade de Bombay. A l'ombre de sa voûte se mêle un monde étrange de charmeurs de serpents et de diseurs de bonne aventure, de mendiants et de touristes, de hippies perdus dans la torpeur du rêve ou de la drogue, de vagabonds et de mourants rejetés par une métropole surpeuplée. Rares sont les regards qui s'élèvent pour lire l'inscription gravée sur le fronton de ce monument : « Érigé pour commémorer le débarquement aux Indes de Leurs Majestés Impériales le roi George V et la reine Mary le 2 décembre MCMXI. »

Et pourtant, cette « Porte des Indes » avait été l'arc de triomphe de l'empire le plus colossal que le monde ait connu, un ensemble de territoires sur lequel le soleil ne se couchait jamais. Sa puissante silhouette avait été, pour des générations de Britanniques, la première vision des rivages ensorcelés pour lesquels ils avaient abandonné leurs villages des Midlands ou leurs collines d'Écosse. Soldats, aventuriers, marchands et administrateurs, ils étaient passés sous cet arc pour aller imposer la Pax britannica dans la possession la plus noble de l'Empire, pour exploiter un continent conquis et y répandre la loi de l'homme blanc avec la conviction inébranlable que leur race était née pour dominer et leur empire pour durer des millénaires.

Tout cela paraît aujourd'hui bien lointain. La Porte des Indes n'est plus à présent qu'un simple édifice historique comme ceux de Rome ou de Babylone, un monument oublié glorifiant une épopée qui s'est achevée sous sa voûte il y a seulement vingt-cinq ans.[1]

Note des auteurs à l'attention du lecteur.

Nous avons simplifié autant que possible la transcription des mots indiens tout en respectant la coutume.

Néanmoins le lecteur doit savoir que le « u » se prononce « ou », le « j » se prononce « dj », le « ch » se prononce « tch » et que les consonnes finales se prononcent toujours.

Exemples : « rajput » se prononce « radjpoute », « guru » se prononce « gourou ».

REPÈRES CHRONOLOGIQUES

I. LES INDES AVANT LES ANGLAIS

1500 av. J.-C.	Les Aryas venus d'Iran atteignent la vallée de l'Indus.
563 av. J.-C.	Naissance de Bouddha.
327 av. J.-C.	Alexandre le Grand conquiert une partie du Panjab.
273 av. J.-C.	Açoka fonde le premier empire indien.
50 ap. J.-C.	Fondation du royaume kouchane dans le nord de l'Inde.
320-455	Gloire de l'empire gupta.
700	Rapide déclin, en Inde, du bouddhisme qui s'est répandu dans toute l'Asie.
711	Premier raid arabe en Inde.
1398	Tamerlan détruit Delhi.
1498	Vasco de Gama ouvre la route des Indes.
1526-1858	Les empereurs mogols règnent sur les Indes.

II. LES INDES AVEC LES ANGLAIS

1600	Le premier Anglais débarque aux Indes. L'engagement colonial de la Grande-Bretagne commence.
1746	Guerre franco-anglaise pour la possession des Indes.
1757	La victoire du général anglais Clive à Plassey ouvre l'Inde du Nord à l'Angleterre.
1763	Traité de Paris excluant les Français des Indes.
1773	Les Indes passent sous le contrôle direct de la Couronne britannique.
1803	Les Anglais s'emparent de Delhi.
1849	Les Anglais annexent le Panjab.
1857	Les cipayes se révoltent contre leurs officiers britanniques.
1858	Les Indes passent sous la souveraineté de la Couronne britannique.

1869	Naissance de Mohandas Karamchand Gandhi.
1876	Naissance de Mohammed Ali Jinnah.
1877	La reine Victoria est proclamée impératrice des Indes.
1889	Naissance de Jawaharlal Nehru.
1906	Création de la Ligue musulmane des Indes.
1911	Delhi devient la capitale des Indes.
1920	Première campagne de désobéissance civile de Gandhi.
1930	Deuxième campagne de désobéissance civile de Gandhi.
1940	Troisième campagne de désobéissance civile de Gandhi. La Ligue musulmane exige la création du Pakistan.
1942	Gandhi lance sa campagne : « Quittez l'Inde ! »
1947	Le 15 août, la Grande-Bretagne partage les Indes. Indépendance du Pakistan et de l'Union indienne.

III. L'INDE APRÈS LES ANGLAIS

1947	Début de la guerre entre l'Inde et le Pakistan à propos du Cachemire.
1948	Le 30 janvier, assassinat de Gandhi.
1949	Cessez-le-feu et partage du Cachemire.
1950	Promulgation de la constitution de la république de l'Union indienne.
1955	Conférence de Bandoeng où Nehru cherche à faire de l'Inde le leader des pays non alignés.
1962	Guerre sino-indienne.
1964	Le 27 mai, mort de Nehru, remplacé par Shastri.
1965	Seconde guerre indo-pakistanaise à propos du Cachemire.
1966	Conférence de Tachkent : signature d'un compromis au sujet du Cachemire. Indira Gandhi devient Premier ministre.
1971	Guerre indo-pakistanaise à propos du Bangladesh.
1974	Première explosion nucléaire indienne.
1975	Lancement du premier satellite scientifique indien.

IV. LE PAKISTAN APRÈS LES ANGLAIS

1948	Le 11 septembre, mort de Mohammed Ali Jinnah.
1956	Proclamation de la République islamique du Pakistan.
1958	Prise du pouvoir par le général Ayub Khan.
1963	Accord frontalier avec la Chine.
1965	Guerre avec l'Inde à propos du Cachemire.
1969	Le général Yahia Khan prend le pouvoir.
1971	Sécession du Pakistan oriental qui devient le Bangladesh. Sulfikar Ali Bhutto devient Premier ministre.

1

Le dernier empire romantique

Un grand peuple vivait un hiver de grogne. Enveloppé de brouillard et de mélancolie, Londres, ce 1er janvier 1947, grelottait. Jamais peut-être, la capitale britannique n'avait connu un aussi lugubre Nouvel An. Rares étaient en ce matin de fête les foyers qui disposaient d'assez d'eau chaude pour remplir une baignoire. Et plus rares encore étaient les Londoniens qui gardaient de leur réveillon l'habituelle gueule de bois. Le peu de whisky en vente pour les fêtes s'était arraché au prix de huit livres sterling la bouteille, plus de deux cents de nos francs actuels. Quelques voitures seulement glissaient dans les rues désertées, fantômes fugitifs d'une nation privée d'essence. Emmitouflés dans leurs pardessus élimés et démodés après six années de guerre ou dans des uniformes disparates et râpés, quelques passants se hâtaient le cou rentré dans les épaules, l'air maussade. Les jours de pluie, une odeur particulière imprégnait les rues, relent de pourriture et de brûlé s'échappant des ruines qui parsemaient la ville. Les docks et le quartier entourant la cathédrale Saint-Paul présentaient encore un enchevêtrement de décombres. De sinistres blockhaus de béton hérissaient toujours certains carrefours et des barbelés jonchaient les pelouses de Green Park.

Cette capitale triste et meurtrie était pourtant celle d'un pays vainqueur. Dix-sept mois plus tôt, l'Angleterre avait gagné la guerre la plus effroyable de l'histoire de l'humanité. L'exploit de son peuple, son courage devant l'adversité et son indomptable ténacité lui avaient valu l'admiration du monde. Mais elle payait maintenant le prix exorbitant de cette victoire. Son industrie était paralysée et ses coffres vides. Plus de deux millions d'Anglais étaient en chômage. L'année qui commençait serait la huitième qu'ils vivraient sous un régime de restrictions draconiennes. Tous les biens de consommation ou presque subissaient un rationnement sévère : l'alimentation, les combustibles, l'alcool, l'énergie, l'habillement, jusqu'à la fameuse *stout* des pubs et les balles de cricket. Des journaux proposaient les recettes des humoristes pour *recycler* le papier hygiénique. « Ceinture et engelures » était la nouvelle devise du peuple qui avait abattu Hitler en faisant obstinément le « V » de la victoire. A peine une famille sur quinze avait pu s'offrir le luxe d'une dinde pour Noël et, une taxe de cent pour cent frappant les jouets, bien des chaussettes d'enfants étaient restées vides devant la cheminée. Les étals et les vitrines des magasins s'ornaient le plus souvent de pancartes annonçant « Plus de... ». Plus de pommes de terre, plus de bois, plus de charbon, plus de cigarettes, plus de bacon. La sombre réalité à laquelle l'Angleterre était confrontée ce matin de Nouvel An avait été résumée en une phrase cruelle par son plus grand économiste. « Nous sommes un pays pauvre, avait affirmé John Maynard Keynes à ses compatriotes, et nous devons apprendre à vivre en conséquence. »

Pourtant les Anglais étaient riches. Un document bleu et or, le passeport britannique, leur donnait le privilège de pénétrer librement sur plus de territoires qu'aucun autre citoyen d'aucun autre pays du monde. L'extraordinaire ensemble de possessions, de colonies, de protectorats et de condominiums qui constituait l'Empire britannique demeurait intact en ce 1er janvier 1947. L'existence de 563 millions d'hommes — fantastique mosaïque de peuples, Tamouls et Chinois, Bushmen et Hottentots du Sud-Ouest africain, aborigènes dravidiens et Mélanésiens, Australiens, Écossais, Canadiens, et tant d'autres — dépendait encore des décisions de ces Anglais qui tremblaient de froid dans Londres sans chauffage. Les 291 territoires de ce domaine, éparpillés sur toute la surface de la planète, comptaient des possessions aussi vastes que le Canada, les Indes ou l'Australie, et des entités aussi minuscules et ignorées que Bird Island, Bramble Bay et Wreck Reef. Ni Alexandre, ni César, ni Charlemagne n'avaient régné sur des étendues comparables. La plus grande fierté de l'Angleterre restait justifiée : chaque fois que le carillon de Big Ben retentissait sur les ruines du centre de Londres les plis tricolores de l'Union Jack montaient à un mât quelque part dans l'Empire britannique. Pendant trois siècles, ses taches rouges envahissant les mappemondes avaient exalté l'imagination des écoliers d'Angleterre, les appétits de ses marchands, les ambitions de ses aventuriers. Ses matières premières avaient alimenté les usines de la révolution industrielle et ses territoires fourni un marché privilégié pour leurs produits. D'un petit royaume insulaire de moins de cinquante millions d'âmes, l'Empire avait fait la nation la plus puissante du globe et de Londres la capitale de l'univers.

Sans bruit, presque furtivement, une Austin Princess noire descendait ce matin vers le cœur de la ville. Tandis qu'elle passait devant le palais de Buckingham et s'engageait sur le Mall, son unique passager contemplait avec mélancolie le large boulevard impérial qui défilait sous ses yeux. Combien de fois, songeait-il, la Grande-Bretagne avait-elle célébré ses triomphes sur cette artère. Un demi-siècle plus tôt, le 20 juin 1897, le carrosse doré de la reine Victoria l'avait empruntée à l'occasion de la fête grandiose qui avait marqué l'apogée de son règne, son jubilé de diamant. Gurkhas du Népal, Sikhs du Panjab, Pathans de la frontière afghane, Housas de la Côte de l'Or, Swahilis du Kenya, Soudanais, Jamaïcains, Malaisiens, Chinois de Hong Kong, chasseurs de têtes de Bornéo, Australiens et Canadiens avaient tous défilé sous les applaudissements du peuple énergique qui gouvernait l'Empire auquel ils étaient si fiers d'appartenir. Les Anglais avaient vécu grâce à lui un rêve fabuleux. L'héritage même de ce passé sans pareil allait pourtant leur être bientôt enlevé. L'âge de l'impérialisme était mort et c'était précisément la simple reconnaissance de cette évidence historique qui motivait, ce 1er janvier 1947, la course solitaire de l'Austin Princess noire sur le Mall. Une convocation officielle avait arraché son passager à des vacances familiales en Suisse pour le faire rentrer d'urgence à Londres, où venait de le déposer un avion spécial de la R.A.F. La voiture s'arrêta devant la porte sans doute la plus photographiée du monde, celle du 10 Downing Street. Pendant six ans, la presse mondiale avait associé l'image de cette porte à une silhouette familière coiffée d'un feutre noir, un gros cigare à la bouche, une canne dans une main et l'autre levée en arborant le « V » de la victoire. Winston Churchill n'habitait plus cette maison d'où il avait livré deux grandes batailles, l'une pour vaincre Hitler, l'autre pour défendre l'Empire britannique.

Un nouveau Premier ministre résidait aujourd'hui au 10 Downing Street, un professeur socialiste que Churchill avait rabaissé au rang d'« individu modeste qui ne manque pas de raisons de l'être ». Clement Attlee et le parti travailliste étaient arrivés au pouvoir fermement décidés à amorcer la décolonisation de l'Empire britannique. Pour eux, ce processus historique devait fatalement commencer par l'émancipation du vaste territoire abondamment peuplé qui s'étendait de la passe de Khyber au cap Comorin — les Indes. Cette superbe construction, l'Empire des Indes, constituait la pierre angulaire et la justification de l'empire tout entier, sa plus noble réussite et l'objet de ses soins les plus vigilants. Avec leurs lanciers du Bengale et leurs maharajas couverts de bijoux, leurs chasses aux tigres et leurs éléphants royaux caparaçonnés d'or, leurs plantations de thé et leurs jungles tropicales, leurs *sadhu*[1] et leurs hautaines *memsahib*[2], les Indes avaient incarné le rêve impérial. C'était pour mettre un terme à ce rêve qu'avait été convoqué par le Premier ministre le jeune amiral qui arrivait devant sa porte.

Louis Francis Albert Victor Nicholas Mountbatten, vicomte de Birmanie, était à quarante-six ans l'une des personnalités les plus célèbres d'Angleterre. Il mesurait six pieds de haut et pas une once d'embonpoint n'alourdissait sa taille. En dépit des écrasantes responsabilités qu'il avait assumées pendant les six dernières années, aucune

---

1. Ascètes.
2. Nom donné aux Anglaises habitant les Indes.

trace de fatigue ou de tension ne marquait son visage que les millions de lecteurs de la presse populaire anglaise connaissaient si bien. La régularité parfaite de ses traits et les yeux bleus soulignés par le brun des cheveux conspiraient à faire paraître plus jeune encore le masque volontaire et distingué de cet athlète qui semblait sortir d'un stade de la Grèce antique.

Lord Mountbatten savait pourquoi il avait été rappelé à Londres. Depuis qu'il avait quitté son commandement suprême interallié du Sud-Est asiatique, il avait souvent répondu à l'invitation du Premier ministre soucieux de recueillir son avis dans les affaires concernant cette partie du monde. Au cours de la dernière visite, l'intérêt de Clement Attlee s'était cependant concentré sur un pays qui n'avait pas appartenu au théâtre d'opérations sous son autorité, les Indes. Mountbatten avait tout à coup ressenti « une impression très désagréable ». Sa prémonition s'était montrée justifiée. Attlee avait en effet l'intention de le nommer vice-roi des Indes, de lui donner ainsi le poste le plus élevé de l'Empire, la prestigieuse fonction d'une longue lignée d'Anglais qui avaient présidé aux destinées d'un cinquième du genre humain. Mais ce n'était pas pour gouverner l'Empire des Indes que Clement Attlee avait choisi Louis Mountbatten. C'était pour accomplir la mission la plus douloureuse dont pouvait s'acquitter un Britannique, organiser le retrait de l'Angleterre des Indes.

Ce prestigieux amiral de sang royal ne souhaitait pour rien au monde se voir confier cette tâche d'exécuteur. Dans le naïf espoir d'obliger Attlee à renoncer à sa nomination, il avait subordonné son acceptation à tout un éventail d'exigences allant

de la sélection capricieuse d'une équipe de collaborateurs jusqu'à la mise à sa disposition d'un
avion spécial à quatre moteurs. A sa consternation, Attlee avait acquiescé à toutes ses requêtes.
Aussi Mountbatten était-il décidé à présenter
aujourd'hui de nouvelles prétentions particulièrement audacieuses.

Avec sa mine pâlotte, son air triste et ses costumes de médiocre qualité, visiblement rebelles
aux caresses d'un fer à repasser, le Premier
ministre Clement Attlee symbolisait parfaitement
l'atmosphère grise et sinistre du moment. Que ce
vieux chef socialiste ait pu songer au séduisant
joueur de polo, cousin du roi d'Angleterre, pour
liquider le joyau de l'Empire pouvait à première
vue sembler saugrenu. Ce choix était pourtant
plus judicieux qu'il n'y paraissait. Les nombreuses
rangées de décorations qui ornaient son uniforme
révélaient des qualités que son image publique
n'avait pas toujours popularisées. Ses responsabilités dans le Sud-Est asiatique lui avaient permis
d'acquérir une connaissance unique des mou-
vements nationalistes indigènes. Il avait négocié
avec les partisans de Hô Chi Minh en Indochine, avec
Sukarno en Indonésie et Aung San en Birmanie,
avec les communistes chinois de Malaisie et les
syndicalistes révolutionnaires de Singapour. Persuadé que ces hommes représentaient l'avenir de
l'Asie, il avait cherché le moyen de s'entendre avec
eux au lieu d'essayer de les supprimer comme l'y
exhortaient ses conseillers. Le mouvement nationaliste avec lequel il aurait à traiter s'il allait aux
Indes était le plus ancien et le plus puissant de
tous. En vingt-cinq ans d'agitation et d'action, ses
chefs avaient entraîné les masses indiennes à
contraindre le plus grand empire de tous les temps

à renoncer à sa domination. Sagement l'Angleterre préférait maintenant se retirer plutôt que d'être chassée par la force.

Clement Attlee brossa pour son visiteur le sombre tableau de la situation aux Indes. Le climat s'y détériorait de jour en jour, déclara-t-il, et le moment était venu de prendre une décision. Un étonnant paradoxe de l'Histoire voulait en effet qu'à l'heure critique de donner aux Indes leur liberté, l'Angleterre ne sût comment procéder. L'achèvement suprême qui devait marquer l'apothéose de son règne menaçait de se transformer en cauchemar. Elle avait conquis et gouverné les Indes en répandant moins de sang que n'en avaient fait couler la plupart des autres aventures coloniales, mais son départ risquait de déclencher une effroyable explosion de violence entre les populations indigènes soudain privées de leur gendarme.

Les racines de cette tragédie s'enfonçaient dans l'immémorial antagonisme qui dressait les trois cents millions d'Hindous contre les cent millions de Musulmans vivant aux Indes. Soutenu par la tradition, l'histoire et les religions violemment opposées, sournoisement exacerbé dans le passé par la politique britannique qui avait cherché à « diviser pour régner », le conflit était arrivé à un seuil d'explosion. Les chefs des cent millions de Musulmans exigeaient aujourd'hui que la Grande-Bretagne déchirât l'unité de l'Inde si durement édifiée pour leur donner un État islamique indépendant. En cas de refus, ils menaçaient de provoquer la guerre civile la plus sanglante qu'ait jamais connue l'Asie. Tout aussi résolus à s'opposer à cette ambition étaient leur adversaires, les dirigeants du parti du Congrès qui regroupait la plupart des trois cents millions d'Hindous. La division du sous-continent indien serait à leur yeux une mutilation odieusement sacrilège de leur patrie historique.

Prise au piège entre ces deux positions apparemment inconciliables, l'Angleterre s'enfonçait chaque jour davantage dans un guêpier dont elle semblait incapable de se dégager. Ses nombreuses tentatives pour y parvenir avaient échoué. La situation était à présent si désespérée que l'actuel vice-roi, le maréchal Sir Archibald Wavell, venait de soumettre à Londres un véritable plan de sabordage de l'Empire des Indes. En dernier recours, il suggérait que le gouvernement « annonce l'intention de la Grande-Bretagne de se retirer des Indes au moment et de la manière exigés par le respect de ses intérêts ; et qu'elle considérerait toute démarche pour entraver cette opération comme un acte de guerre auquel elle répondrait avec tous les moyens à sa disposition ». La Grande-Bretagne et les Indes s'acheminaient donc vers un désastre majeur, précisa Clement Attlee à Mountbatten. Des télégrammes arrivaient chaque matin qui informaient Londres des sanglants incidents survenus dans de nouveaux coins des Indes. Il fallait agir vite. L'actuel vice-roi n'était pas en mesure de redresser la situation. Ce valeureux soldat manquait trop d'éloquence pour pouvoir établir des contacts valables avec ses volubiles interlocuteurs indiens. Une personnalité neuve, une approche originale permettraient seules de dénouer la crise. C'est pourquoi Mountbatten devait considérer comme un devoir d'État de consentir à remplacer le vice-roi.

L'amiral avait gardé un visage impénétrable pendant tout l'exposé du Premier ministre. Il jugeait plus que jamais cette offre « comme une mission absolument sans espoir ». Il connaissait et admirait le maréchal Wavell avec lequel il avait souvent discuté des problèmes des Indes. « Si lui n'a pu réussir, pourquoi aurais-je plus de chance ? » pensait-il. Mais il sentait de plus en plus clairement qu'il ne pourrait se dérober. Il allait être contraint d'assumer une tâche où la probabilité d'échec s'avérait considérable, et dans laquelle sa glorieuse réputation conquise pendant la guerre risquait de sombrer. Faute de pouvoir refuser franchement, Mountbatten était cependant résolu à imposer au Premier ministre certaines dispositions politiques susceptibles de donner à sa mission au moins quelques chances de réussite. Il accepterait à la condition absolue que le gouvernement proclamât publiquement la date définitive à laquelle l'Angleterre s'engagerait à cesser d'exercer sa souveraineté pour octroyer l'indépendance aux Indes. Seule cette précision prouverait aux dirigeants indiens que la Grande-Bretagne était sincèrement prête à s'en aller, et les persuaderait de l'urgence qu'il y avait à engager des négociations réalistes.

Mountbatten exigea ensuite un privilège qu'aucun autre vice-roi n'aurait jamais osé réclamer : les pleins pouvoirs, une totale liberté d'action, sans obligation de se référer à Londres et surtout sans la constante ingérence de Londres. Le gouvernement de Clement Attlee fixait bien sûr la destination finale mais lui, et lui seul, déciderait quelle route suivrait son bateau.

— Vous ne réclamez tout de même pas des pouvoirs plénipotentiaires qui vous placent au-dessus de l'autorité du gouvernement de Sa Majesté ? s'inquiéta Attlee.

— Je crains que ce ne soit exactement ce que je demande, répondit Mountbatten. Comment voudriez-vous que je négocie sérieusement en ayant constamment le cabinet sur le dos ?

L'énormité des prétentions du jeune amiral sembla couper le souffle au Premier ministre. Mountbatten observa sans déplaisir l'effet de sa requête en souhaitant intensément qu'elle incitât son interlocuteur à retirer son offre. Mais Attlee n'en avait pas l'intention. Une heure plus tard, l'air sombre et résigné, Louis Mountbatten sortait de Downing Street, investi de la triste charge d'être le dernier vice-roi des Indes, le liquidateur d'une grandiose épopée nationale venue des profondeurs de l'histoire de son pays.

En regagnant sa voiture, une étrange pensée le frappa. Il y avait exactement soixante-dix ans, jour pour jour, presque heure pour heure, son arrière-grand-mère était proclamée « Impératrice des Indes » dans une plaine aux environs de Delhi. Tous les maharajas réunis en cette occasion avaient alors imploré les cieux afin que « l'autorité et la souveraineté de la reine Victoria puissent se maintenir solides et puissantes pour l'éternité ».

Ce matin de Nouvel An 1947, l'un des arrière-petits-fils de cette souveraine venait de demander au Premier ministre de la Grande-Bretagne de fixer le jour qui mettrait un terme à l'éternité.

*

Les épopées les plus grandioses peuvent avoir une origine des plus banales. Si la Grande-Bretagne s'était jetée, trois siècles et demi plus tôt, dans la grande aventure coloniale que Louis Mountbatten avait reçu l'ordre de conclure, c'était à cause de cinq malheureux shillings. Ils représentaient la majoration du prix d'une livre de poivre — un condiment fort prisé des tables élisabéthaines — imposée par les trafiquants hollandais qui contrôlaient le commerce des épices. Scandalisés par cette provocation, vingt-quatre marchands de la Cité de Londres s'étaient réunis, l'après-midi du 24 septembre 1599, dans un immeuble de la rue Leadenhall situé à moins d'un mille de la résidence où Attlee et Mountbatten venaient de se rencontrer. Leur but avait été de fonder une modeste maison de commerce au capital initial de soixante-douze mille livres sterling, souscrit par cent vingt-cinq actionnaires. Le profit seul avait motivé cette entreprise qui fut baptisée *East India Trading Company*.

La compagnie reçut sa sanction officielle le 31 décembre 1599, le dernier jour du XVIe siècle, quand la reine Élisabeth Ire d'Angleterre octroya une charte lui accordant, pour une première période de quinze ans, le droit exclusif de faire commerce avec tous les pays situés au-delà du cap de Bonne-Espérance. Huit mois plus tard, un galion de cinq cents tonneaux, l'*Hector*, jeta l'ancre devant le petit port de Surat, au nord de Bombay. C'était le 24 août 1600. Les Anglais avaient atteint les Indes. Leur premier débarquement sur ces rivages légendaires, vers lesquels avait cru voguer Christophe Colomb quand il avait découvert l'Amérique, fut plutôt discret. Escorté par une garde de cinquante mercenaires pathans, William Hawkins, capitaine de l'*Hector*, un vieux loup de mer plus pirate qu'explorateur, s'enfonça dans l'intérieur de cette terre qui avait enflammé l'imagination de l'Angleterre élisabéthaine, sûr d'y trouver des rubis gros comme des œufs de pigeon, du poivre à profusion, du gingembre, de l'indigo et de la cannelle, des arbres aux feuilles si larges qu'elles pouvaient abriter une famille entière, et des potions magiques à base de défense d'éléphant qui garantissaient la jeunesse éternelle.

Le capitaine ne devait guère découvrir cette Inde-là sur sa route vers Agra. Mais sa rencontre avec le Grand Mogol allait amplement le récompenser des peines de son voyage. Il se trouva en face d'un monarque à côté duquel la reine Élisabeth semblait être la souveraine d'un petit fief de province. Régnant sur soixante-dix millions de sujets, Jehangir était le roi le plus riche et le plus puissant du monde, le quatrième et dernier grand empereur mogol des Indes. Le premier Anglais reçu à sa cour fut accueilli avec des égards qui auraient certainement déconcerté les austères actionnaires de l'*East India Trading Company*. Le Mogol le nomma officier de sa maison royale et lui offrit en cadeau de bienvenue la plus belle fille de son harem, une chrétienne arménienne.

L'arrivée de l'intrépide capitaine à Agra avait heureusement entraîné des profits plus aptes à satisfaire les appétits pécuniaires de ses employeurs. Jehangir signa un firman impérial autorisant la compagnie à ouvrir des comptoirs sur la côte au nord de Bombay. La réussite fut rapide et impressionnante. Deux vaisseaux vinrent bientôt décharger chaque mois sur les quais de la Tamise des montagnes de poivre, de gomme, de sucre, de soie sauvage et de coton. Ils en repartaient les cales bourrées de produits manufacturés. Un véritable déluge de dividendes s'abattit sur les actionnaires de la compagnie. Des bateaux apparurent l'année suivante au large de Madras puis dans le golfe du Bengale. Quelques courageux pionniers s'installèrent dans les marécages pestilentiels du delta du Gange et fondèrent le comptoir qui deviendrait un jour Calcutta. Ils furent en général reçus sans hostilité par les souverains et la population indigènes. Leur devise sans cesse répétée expliquait cet accueil. « *Trade not territory* — Du commerce, pas de colonisation », proclamait-elle.

Pourtant l'essor de leurs affaires avait bientôt obligé les agents de la compagnie à protéger leur commerce, les entraînant inévitablement à intervenir dans les conflits politiques locaux. Ainsi avait commencé un engagement irréversible qui devait conduire l'Angleterre à conquérir les Indes presque par inadvertance. L'apparition de la France, attirée par les mêmes richesses sur les rivages indiens, avait singulièrement accéléré le processus. Pendant trente ans, les deux nations transplantèrent leurs rivalités des champs de bataille d'Europe aux jungles et aux plaines tropicales des Indes, se livrant à de constantes surenchères pour obtenir le soutien et l'amitié des princes indiens les plus influents. Sous l'impulsion du brillant administrateur Joseph François Dupleix, la France tenta d'édifier aux Indes un vaste empire. Elle y parvint presque. Mais l'armée que la compagnie anglaise avait levée pour défendre ses intérêts battit finalement les Français et balaya leur rêve impérial.

Le 23 juin 1757, marchant sous une pluie torrentielle à la tête de neuf cents Anglais du 39e d'infanterie et de deux mille *cipayes* indigènes, un audacieux général nommé Robert Clive anéantissait les forces d'un turbulent sultan dans les rizières d'un village du Bengale près de Plassey. La victoire de Clive, qui n'avait coûté que vingt-trois morts et quarante-neuf blessés, ouvrait toute l'Inde du Nord aux marchands de Londres. Elle donnait son coup d'envoi à la conquête véritable qui dura tout le siècle suivant. Des bâtisseurs d'empire avaient remplacé les commerçants.

Bien que Londres leur eût ordonné d'éviter tous « plans de conquête et d'expansion territoriale », une succession de gouverneurs généraux ambitieux se jetèrent sans relâche dans une politique d'impérialisme effréné. Déclarant qu'il ne pouvait y avoir « aucune bénédiction plus grande pour les populations indigènes des Indes que l'extension de la domination britannique », le gouverneur Richard Wellesley avait étendu la souveraineté de l'Angleterre aux États de Mysore, du Travancore, de Baroda, de Hyderabad et de Gwalior, démembré le vaillant royaume hindou des Marathes et conquis presque tout le Deccan, le Bengale et la vallée du Gange. Ses successeurs avaient soumis les États rajputs, annexé la province occidentale du Sind avec son port de Karachi et livré deux féroces guerres aux Sikhs pour réduire le Panjab et achever une conquête pratiquement totale des Indes. Ainsi, quelques brèves décennies avaient suffi pour qu'une compagnie de marchands se métamorphosât en puissance suzeraine, ses agents et ses comptables en généraux et en gouverneurs, ses entrepôts en palais, sa course aux dividendes en course à la domination territoriale. Sans l'avoir vraiment voulu, la Grande-Bretagne succédait à l'empereur mogol qui lui avait ouvert les portes du sous-continent indien.

La domination anglaise apportait aux Indes des bienfaits d'une ampleur considérable, la *Pax bri-*

tannica et des institutions copiées sur celles de la métropole. Mais surtout, elle avait fait à ce gigantesque pays l'inestimable présent de la langue anglaise qui devait devenir le lien entre tous ses peuples et le véhicule de leurs aspirations révolutionnaires.

La première manifestation de ces aspirations était survenue en 1857 sous la forme d'une violente mutinerie militaire. Le secours providentiel d'une poignée de maharajas avait évité l'écroulement de l'édifice britannique et permis aux Anglais de rassembler leurs forces et d'écraser le soulèvement avec une brutalité égale à celle des hommes qui s'étaient dressés contre eux. Le résultat le plus immédiat de cette mutinerie fut un changement radical dans la manière dont l'Angleterre gouvernait les Indes. Après deux cent cinquante-huit ans de fructueuses activités, il fut mis fin à l'existence de l'honorable *East India Trading Company*, de la même façon qu'elle avait vu le jour, par un décret royal signé le 12 août 1858. Le nouvel édit transférait la responsabilité du destin de trois cents millions d'Indiens entre les mains d'une femme de trente-neuf ans dont le visage volontaire allait incarner la vocation de la race britannique à dominer le monde, la reine Victoria. L'autorité de l'Angleterre allait dès lors être exercée par la couronne, représentée aux Indes par une sorte de souverain nommé pour régner sur un cinquième de l'humanité, le vice-roi.

Cette transformation fondamentale inaugurait la période que le monde allait le plus souvent associer à la domination anglaise sur les Indes, l'époque victorienne. L'essentiel de sa philosophie reposait sur un concept qu'aimait à répéter celui qui deviendrait le chantre du rêve impérial,

Rudyard Kipling : les *white Englishmen* étaient faits pour dominer « ces pauvres peuples privés de leurs lois ». La responsabilité de gouverner les Indes, proclamait Kipling, « avait été placée par quelque impénétrable dessein de la Providence sur les épaules de la race anglaise ».

Cette charge monumentale avait été exercée par une minuscule élite, les deux mille membres de l'*Indian Civil Service* et les dix mille officiers anglais qui encadraient l'Armée des Indes. Soutenue par soixante mille soldats britanniques et deux cent mille soldats indigènes, l'autorité de cette poignée d'hommes avait gouverné et maintenu l'ordre dans un pays de trois cents millions d'habitants. Aucune statistique ne pouvait mieux que ces chiffres définir la nature de la domination anglaise aux Indes et traduire le degré de soumission qu'elle rencontra de la part des masses indiennes.

L'Inde de ces colonisateurs était l'Inde romantique et pittoresque des contes de Kipling. C'était l'Inde des gentlemen blancs entraînant derrière leurs casques à plumes leurs escadrons de *sowar*[1] enturbannés ; l'Inde des collecteurs d'impôts perdus dans les immensités torrides du Deccan ; l'Inde des somptueuses fêtes impériales au pied de l'Himalaya dans la capitale d'été de Simla ; l'Inde des matchs de cricket sur les pelouses du *Bengal Club* de Calcutta ; l'Inde des parties de polo dans la poussière du désert du Rajasthan et des chasses aux tigres en Assam ; l'Inde des administrateurs qui revêtaient leur smoking pour dîner dans leur campement en pleine jungle et levaient solennellement leur verre de sherry pour porter un toast au

1. Cavaliers indigènes de l'Armée des Indes.

roi-empereur tandis que dans les ténèbres jappaient les chacals ; l'Inde des officiers en dolman
rouge, escaladant les pentes vertigineuses de la
passe de Khyber et poursuivant les féroces
rebelles pathans dans la fournaise de l'été ou le
blizzard de l'hiver ; l'Inde d'une caste d'hommes
sûrs de leur supériorité, buvant leur whisky-soda
sous les vérandas de leurs clubs « réservés aux
seuls Blancs ». Les espaces infinis du continent
indien avaient offert à ces Anglais ce que ne pouvaient leur donner leurs étroits rivages insulaires,
une arène sans limites où étancher leur soif
d'aventure. Ils étaient arrivés, imberbes et timides,
à dix-neuf et vingt ans, sur les quais de Bombay.
Trente-cinq ou quarante ans plus tard, ils étaient
repartis le visage brûlé par trop de soleil et trop de
whisky, le corps marqué par les blessures des
balles, par les maladies tropicales, les griffes d'une
panthère ou leurs chutes au polo, mais fiers
d'avoir vécu leur part de légendes dans le dernier
empire romantique du monde.

C'était le plus souvent dans la confusion théâtrale de la gare Victoria de Bombay qu'avait
commencé leur aventure. Là, sous les arcades
néo-gothiques, ils découvraient le pays où ils
avaient choisi de passer leur vie. Quel choc au
premier contact du tourbillon frénétique de la
population indigène, à l'odeur saisissante de
l'urine et des épices, à l'accablement de la chaleur
inhumaine ! Quel étonnement de découvrir
d'emblée la complexité du monde indien devant
les fontaines de la gare ! Comme dans toutes celles
des Indes, des pancartes sur chaque robinet iden-
tifiaient l'eau « réservée » aux Européens, aux Hindous, aux Musulmans et aux Intouchables. Quel
soulagement à la vue des voitures vert foncé du

Frontier Mail ou du *Hyderabad Express*, dont les locomotives portaient le nom de célèbres généraux britanniques. Derrière les rideaux des voitures de 1re classe les attendait un monde familier, un monde de profondes banquettes aux appuis-tête brodés, de bouteilles de champagne mises au frais dans des seaux en argent, un monde, surtout, où les seuls Indiens qu'ils risquaient de rencontrer seraient le contrôleur et les serveurs du wagon-restaurant. Les nouveaux venus apprenaient ainsi dès leur arrivée la règle essentielle : la Grande-Bretagne régnait sur les Indes mais les Anglais vivaient à part.

De rudes années avaient attendu les jeunes administrateurs de l'Empire au bout de ce premier voyage. Ils avaient été envoyés dans les postes lointains, la plupart du temps à l'écart de toute civilisation, dépourvus de télégraphe et d'électricité, sans routes ni chemins de fer, et vides de toute présence européenne. A l'âge de vingt-quatre ou vingt-cinq ans, ils s'étaient souvent retrouvés les maîtres tout-puissants de territoires parfois plus vastes que la Corse et plus peuplés que la Belgique. Ils avaient inspecté leur district à pied ou à cheval, allant de village en village à la tête de toute une caravane de serviteurs, de gardes du corps, de secrétaires, et d'une cohorte d'ânes, de chameaux ou de chars à bancs transportant leur tente-bureau, leur tente-chambre, leur tente-salle à manger, leur tente-cuisine, leur tente-salle de bains, ainsi que des vivres pour tout un mois. A chaque étape, la tente-bureau était devenue la salle d'audience d'un tribunal. Dignement installés derrière une table pliante, encadrés de deux serviteurs chassant les mouches à coups d'éventails, ils avaient rendu la justice au nom de Sa

Majesté le roi de Grande-Bretagne et empereur des Indes. Au coucher du soleil, après un bain dans une baignoire en peau de chèvre, ils avaient cérémonieusement revêtu leur smoking pour un dîner solitaire sous la moustiquaire de la tente-salle à manger éclairée d'une lampe-tempête tandis que résonnaient autour d'eux les bruits de la jungle et le rugissement occasionnel d'un tigre. A chaque aube, ils étaient repartis exercer ailleurs l'autorité souveraine de l'homme blanc.

Ce dur apprentissage qualifiait en général les serviteurs impériaux à venir prendre leur place dans ces îlots de verdure privilégiés d'où l'aristocratie impériale régnait sur les Indes. Ghettos dorés de la domination britannique, les *cantonments* constituaient de véritables corps étrangers accolés aux principales villes indiennes. Chacun comprenait son jardin public, ses pelouses à l'anglaise, sa banque, son abattoir, ses boutiques et son église avec son campanile de pierre, fière et touchante réplique des charmants clochers du Dorset ou du Surrey. Le cœur de ces enclaves était obligatoirement l'institution qui apparaît chaque fois que deux Anglais se rencontrent, le Club. Pendant des générations, à l'heure bénie où le soleil s'évanouissait à l'horizon, les dignes représentants de Sa Majesté s'étaient installés sur les pelouses ou sous les fraîches vérandas de ces clubs pour un *sundown*, le premier whisky de la soirée qu'apportaient des domestiques en tunique blanche. Chacun de ces clubs comportait un coin tranquille où les Anglais pouvaient s'évader des Indes pendant quelques moments et retrouver le pays qu'ils avaient quitté peut-être pour toujours. Confortablement calés dans des fauteuils de cuir, ils s'y adonnaient à la lecture du *Times* dont les pages, vieilles d'un mois ou plus, leur livraient les échos lointains des débats aux Communes ou des faits et gestes de la famille royale, les éphémérides de la vie londonienne et, surtout, l'annonce des naissances, des mariages et des décès de leurs contemporains dont un quart de la surface du globe les séparait. Après cette escale rituelle, une autre les attendait, au bar d'abord puis à la salle à manger. Là, sous une batterie de ventilateurs brassant l'air tropical, sous le regard de verre des têtes de tigres et de buffles sauvages tués dans les jungles alentour, ils dédaignaient les trésors de la gastronomie mogole pour déguster religieusement l'insipide cuisine de leur île lointaine, servie dans une profusion d'argenterie étincelante.

L'Inde impériale avait brillé des fêtes et des réceptions les plus fastueuses. « Toute famille anglaise qui s'honorait du moindre standing possédait une salle de bal et un salon de trente mètres de long, raconte une grande dame de cette époque. Il n'existait pas alors de ces affreux buffets où les gens vont s'asseoir avec leur assiette à côté d'invités de leur choix. Le dîner le plus intime réunissait au moins une quarantaine de convives, avec un serviteur derrière chacun d'eux. Les commerçants n'assistaient pas à ces réceptions, ni aucun Indien, bien sûr : jamais personne n'aurait osé les fréquenter. Rien n'importait plus que la préséance, et c'était une faute impardonnable que de manquer à ses règles. Imaginez quel vent polaire pouvait tout à coup balayer une soirée quand l'épouse du secrétaire général d'un ministère découvrait qu'elle avait été placée à côté d'un officier de grade inférieur à celui de son mari ! »

Le plus grand divertissement des Anglais aux Indes avait sans doute été le sport. Leur passion pour le cricket, le tennis, le squash et le hockey sur gazon deviendrait de ce fait, outre la langue anglaise, l'héritage le plus durable que laisseraient derrière eux ces colonisateurs. On jouait au golf à Calcutta dès 1829, trente ans avant New York, et le parcours le plus élevé du monde fut créé à trois mille mètres d'altitude, en plein Himalaya. Aucun sac de golf n'était plus apprécié que ceux fabriqués avec la peau d'une verge d'éléphant — à condition bien entendu que son propriétaire ait lui-même tué l'animal. Chaque ville qui se respectait possédait un équipage de chasse à courre, avec sa meute de chiens importés d'Angleterre. D'audacieux cavaliers en jaquette rouge et toque noire galopaient dans la fournaise des plaines arides à la poursuite des chacals que l'Inde offrait à défaut de renards. Les plus téméraires chassaient le sanglier à la lance, et la légende affirmait que certains avaient même chargé de la sorte des tigres et des panthères. Ces amoureux des chevaux avaient adopté le jeu national indien au point de faire du polo une véritable institution britannique. Et la finale annuelle du tournoi de polo entre les vingt et un régiments de cavalerie de l'Armée des Indes avait constitué pendant des décennies l'événement sportif le plus brillant de l'Inde impériale.

Si des générations d'Anglais avaient trouvé aux Indes l'accomplissement de leurs rêves d'aventure, beaucoup aussi devaient y trouver la mort à la fleur de l'âge. Attenant à l'église de chaque enclave britannique, un cimetière et ses nombreuses tombes illustraient le tribut que la colonisation anglaise payait au climat cruel de l'Inde, à ses dangers, à ses épidémies de choléra, de malaria et de fièvre des jungles. Leurs stèles en retraçaient l'émouvante histoire. La tombe la plus ancienne était celle d'une certaine Elisabeth Baker « morte en 1610 en accouchant à bord du *Roebuck* à deux jours de Madras ». Il y avait celles de commerçants comme Christopher Oxender, premier président du comptoir de Surat — cette ville devant laquelle le capitaine de l'*Hector* avait jeté l'ancre — mort le 15 avril 1659 après « avoir vécu dans une immense demeure où des sonneries de trompettes d'argent annonçaient les innombrables plats de ses banquets » et qui « se promenait dans les rues de Surat précédé par son chambellan, son garde du corps et le porteur du parasol impérial à l'ombre duquel il avançait avec une dignité particulière ». Il y avait celles des agents de la civilisation britannique comme Augustus Cleveland, un collecteur d'impôts de Bhagalpur mort à l'âge de vingt-neuf ans, dont l'épitaphe précisait qu'il « avait apporté le progrès à une race sauvage de montagnards de la jungle de Raj Mahal, leur avait donné le goût de la culture et les avait attachés pour toujours à la couronne britannique ». Il y avait toutes celles des soldats de l'Empire tombés dans un bel élan pour leur souverain et leur pays. Le lieutenant W.H. Sitwell, du 31e régiment indigène, était « mort au champ d'honneur à l'âge de vingt et un ans, le 11 février 1850 » alors que « jeune, beau, brave, noble, le cœur généreux et plein d'espérance, la vie l'attendait avec tous ses rêves qui s'évanouirent d'un seul coup. Chargeant glorieusement l'ennemi sabre au clair, il périt ».

L'Inde était restée fidèle à ses légendes jusque dans la mort. Le lieutenant St John Shaw, du *Royal Horse Artillery*, avait succombé « aux blessures causées par une panthère le 12 mai 1866 à l'âge de vingt-six ans ». Le major Archibald Hibbert, commandant la 80ᵉ batterie du *Royal Field Artillery*, avait péri le 15 juin 1902 près de Raipur « sous les cornes d'un buffle sauvage ». Harris Mc Quaid avait été « piétiné par un éléphant à Saugh le 6 juin 1902 », et Thomas Butler, un comptable des Travaux publics de Jabalpur, avait eu « le malheur d'être dévoré par un tigre dans la forêt de Tilman le 25 février 1897 ». La mort la plus insolite avait frappé le général du Génie Henry Durand, tombé de son éléphant de parade en inaugurant l'arc de triomphe dont il avait mal calculé la hauteur.

Plus anonymes mais non moins symboliques du prix qu'avait coûté en vies humaines le rêve impérial anglais étaient les stèles funéraires de tous les inspecteurs de police, cheminots, planteurs, missionnaires, lanciers du Bengale, et de toutes les épouses que la maladie avait terrassés. Personne n'avait été épargné, pas même la femme du premier vice-roi des Indes, Lady Canning, qui était morte de la fièvre des jungles dans son palais, pourtant à l'abri des pestilences. Encore plus poignantes et révélatrices des sacrifices imposés aux conquérants de l'Inde impériale étaient les petites sépultures de tous les enfants emportés par un climat et des maladies qu'ils n'auraient jamais connus dans l'Angleterre de leurs pères. Deux épitaphes sur une même dalle du cimetière d'Asigarh en résumaient bien toute la cruauté : « 19 avril 1845, Alexander, sept mois, fils du cheminot Johnson Scott et de sa femme Martha, mort du choléra », « 30 avril 1845, William John, quatre ans, fils du cheminot Johnson Scott et de sa femme Martha, mort du choléra ». Juste au-dessous, se trouvait gravé l'adieu de parents inconsolables.

Ici reposent
Fruits bénis des mêmes entrailles
Deux enfants
Emportés par une maladie mortelle
Loin d'une Angleterre
Qu'ils n'ont jamais connue.

Fonctionnaires ou soldats prestigieux, ces générations d'Anglais avaient administré les Indes comme elles ne l'avaient jamais été dans le passé. Dévoués et dépourvus d'autre ambition que celle d'inspirer le respect de la loi et de la justice à une société fondée sur l'inégalité, ils avaient été, à de très rares exceptions près, des hommes capables et incorruptibles. Mais l'insignifiance de leur nombre et le complexe de supériorité raciale qui brûlait en eux les avaient privés de réels contacts avec les populations placées sous leur autorité. Ce préjugé victorien de la prééminence de l'homme blanc n'a jamais été plus parfaitement exprimé que par un ancien administrateur de l'*Indian Civil Service* au cours d'un débat parlementaire au début du siècle. Il y avait, affirma-t-il, « une conviction chérie partagée par tout Anglais vivant aux Indes, du plus puissant au plus humble, du planteur dans son lointain bungalow jusqu'au directeur d'un journal de la capitale, du préfet d'une grande province jusqu'au vice-roi sur son trône, la conviction ancrée au plus profond de chacun qu'il appartenait à une race que Dieu avait choisie pour gouverner et soumettre ».

Le massacre sur les champs de bataille de la Première Guerre mondiale de six cent mille membres de cette race élue allait porter un premier coup à la légende d'une certaine Inde. Toute une génération de jeunes hommes destinés à patrouiller le long de la frontière afghane, à administrer les lointains districts et à galoper sur leurs chevaux de polo dans la poussière des *maidan* était tombée dans les tranchées des Flandres. A partir de 1918, le recrutement de l'*Indian Civil Service* s'était révélé de plus en plus difficile. Pressentant l'évolution des temps, les rescapés de la guerre préféraient se détourner d'une carrière qui paraissait vouée à s'achever bien avant l'âge de la retraite.

Le 1er janvier 1947, il ne restait plus en poste aux Indes qu'un millier de survivants de l'*Indian Civil Service*, élite minuscule qui réussissait encore à imposer tant bien que mal l'autorité de la Grande-Bretagne sur quatre cents millions d'hommes. Ils étaient les derniers représentants d'une race d'hommes promis à disparaître dans la chute du colossal édifice condamné par la marche implacable de l'Histoire, et qu'une conversation secrète tenue à Londres ce jour-là venait de précipiter inexorablement.

2

Quatre cents millions de fous de Dieu

A dix mille kilomètres de Downing Street, dans un village du delta du Gange au-dessus du golfe du Bengale, un vieil homme s'allongea sur la terre battue d'une cabane de paysan. Il était exactement midi. Comme chaque jour à la même heure, il s'empara du sac humide qu'on lui offrit et le plaqua soigneusement sur son ventre. Puis il prit un second sac, plus petit, et le posa sur son crâne chauve. Ainsi étendu sur le sol, il semblait une fragile et insignifiante créature. Pourtant, ce vieillard de soixante-dix-sept ans ratatiné sous son cataplasme d'argile avait œuvré plus que quiconque à abattre l'Empire britannique. C'était à cause de lui que le Premier ministre anglais venait d'être contraint d'envoyer l'arrière-petit-fils de la reine Victoria à New Delhi pour trouver un moyen de liquider la présence britannique aux Indes.

Doux prophète du mouvement de libération le plus extraordinaire qui fût, Mohandas Karamchand Gandhi était un révolutionnaire bien singulier. Près de lui se trouvaient ses lunettes cerclées d'acier et, brillant de propreté, le dentier qu'il portait uniquement pour manger. Avec sa petite taille, ses cinquante-deux kilos, ses bras et ses jambes démesurés par rapport au torse, ses oreilles décollées, son nez épaté au-dessus d'un filet de moustache grise, il faisait penser à un vieil échassier. Malgré sa disgrâce, le visage de Gandhi irradiait une étrange beauté à cause du perpétuel reflet d'humeurs, de sentiments et de malice qui l'animait.

A un monde écrasé par la violence, Gandhi avait proposé une autre voie, celle de l'*ahimsa* — la non-violence. En propageant cette doctrine, il avait réussi à mobiliser le peuple indien pour chasser l'Angleterre de la péninsule. Grâce à lui, une campagne morale s'était substituée à une rébellion armée, la prière aux fusils, un silence méprisant au fracas des bombes terroristes. Tandis que l'Europe retentissait des hurlements et des harangues d'une cohorte de démagogues et de dictateurs, Gandhi soulevait les masses du pays le plus peuplé du globe sans élever la voix. Ce n'était ni par l'appât du pouvoir ni par celui de la fortune qu'il avait attiré ses disciples sous sa bannière, mais par une mise en garde : « Ceux qui veulent me suivre, avait-il dit, doivent être prêts à dormir à même le sol, s'habiller de vêtements rudimentaires, se lever avant l'aube, vivre d'une nourriture frugale et nettoyer eux-mêmes leurs toilettes. » En guise d'uniformes, il proposait à ses compagnons du coton écru filé à la main. Instantanément reconnaissable, ce costume allait souder les foules indiennes entre elles aussi solidement que les chemises brunes et noires avaient uni les troupes des dictateurs européens.

Pour transmettre sa doctrine, Gandhi avait eu recours aux méthodes les plus élémentaires. Il écrivait à la main à la grande majorité de ses correspondants, mais surtout il parlait. Il parlait à ses disciples, aux fidèles de ses réunions de prière, aux assises du parti du Congrès. Il n'utilisait aucune des techniques mises au point pour conditionner les masses et les asservir aux volontés des meneurs et des idéologues. Pourtant, son message pénétrait un continent dépourvu de tous moyens de communication modernes : Ghandi possédait l'art des gestes simples qui parlent à l'âme de l'Inde. Il engageait des actions d'une originalité surprenante. Dans un pays ravagé par la famine depuis des siècles, sa tactique la plus efficace consistait à se priver de nourriture, à entreprendre une série de jeûnes publics. Il mettait l'Angleterre à genoux en buvant de l'eau et du bicarbonate de soude.

L'Inde mystique avait reconnu dans ce frêle petit homme, à la lumière de ses actes, le génie d'un *Mahatma* — une Grande Ame — et l'avait suivi. Vénéré comme un saint par ses disciples, il était incontestablement l'une des figures les plus remarquables de son époque. Pour les Anglais dont il avait hâté le départ, il n'était qu'un politicien roublard, un faux messie dont les croisades non violentes s'étaient toujours achevées dans la violence. Même un homme aussi bienveillant que le maréchal Wavell, le vice-roi auquel allait succéder Mountbatten, le considérait comme « un vieux leader maléfique... habile, obstiné, tyrannique, fourbe, avec bien peu d'authentique sainteté ».

Rares étaient les Anglais ayant négocié avec lui qui l'avaient compris et plus rares encore ceux qui l'aimaient. Leur embarras devant le petit homme était compréhensible. Étonnant mélange de grands principes moraux et d'obsessions saugrenues, il n'hésitait pas à interrompre de sérieuses discussions politiques pour disserter sur les bienfaits de la continence ou les causes de la constipation.

Là où allait Gandhi se trouvait la capitale des Indes, disait-on. En ce 1er janvier 1947 cet honneur revenait au village bengali de Srirampur d'où le

Mahatma, allongé sous ses cataplasmes d'argile, exerçait son autorité sur tout un continent sans le secours des ondes de la radio, sans électricité, sans eau courante, à cinquante kilomètres du téléphone ou du télégraphe les plus proches. Le district de Noakhali, dont faisait partie le village de Srirampur, était une des régions les plus inaccessibles de l'Inde, un enchevêtrement de marécages et d'îlots perdus au milieu du delta formé par le Gange et le Brahmapoutre. Sur une surface d'à peine soixante kilomètres carrés vivaient deux millions et demi d'êtres humains, dont quatre-vingts pour cent de Musulmans. Ils s'entassaient dans de misérables hameaux séparés par tout un réseau de canaux, de rivières. On ne pouvait les atteindre qu'en barque, sur des bacs halés par des buffles ou sur des passerelles de bambou dangereusement suspendues au-dessus des eaux boueuses généralement couvertes d'un étouffant tapis de jacinthes sauvages.

Cette fête de Nouvel An aurait dû offrir à Gandhi l'occasion de réjouissances particulières. N'était-il pas sur le point de toucher le but qui avait mobilisé toutes ses forces depuis plus de trente ans ? Alors que se dessinait l'issue glorieuse de son combat, Gandhi souffrait pourtant d'un profond désespoir. Les motifs en étaient partout visibles, de façon criante, tout autour de lui à Srirampur. Ce village avait la triste gloire d'avoir figuré sur les dépêches dont la gravité avait hâté la décision de Clement Attlee. Excités par des chefs fanatiques et par les récits des atroces représailles perpétrées contre les leurs à Calcutta, les Musulmans du district de Noakhali s'étaient attaqués aux minorités hindoues qui partageaient leurs villages. Ils avaient massacré, violé, pillé, brûlé et forcé leurs voisins à manger la chair des vaches sacrées. La moitié des huttes de

Srirampur n'étaient plus que ruines noircies. Même la cabane qu'habitait Gandhi avait été partiellement détruite par le feu.

Ces explosions de violence restaient encore des cas isolés, mais les passions qui les avaient déchaînées risquaient d'embraser très vite tout le sous-continent. Déclenchées à Calcutta, ces émeutes sanguinaires s'étaient déjà propagées dans la province du Bihar où, cette fois, des Hindous avaient massacré des Musulmans avec une égale sauvagerie. Leur ampleur justifiait l'angoisse du Premier ministre britannique et sa volonté d'envoyer d'urgence Mountbatten à New Delhi.

Elle expliquait aussi la présence de Gandhi à Srirampur. Que ses compatriotes aient pu se jeter les uns contre les autres avec une folie meurtrière, à l'instant triomphal de leur délivrance, brisait le cœur du vieil homme. Ils l'avaient suivi sur la route de l'indépendance mais n'avaient pas compris la doctrine fondamentale de son action. Gandhi croyait avec passion en la non-violence. L'holocauste que le monde venait de vivre, le spectre de la destruction nucléaire qui le menaçait aujourd'hui, lui prouvaient de manière indiscutable que seule la non-violence pouvait sauver l'humanité. Il souhaitait désespérément que l'Inde nouvelle puisse montrer à l'Asie et à la terre entière un chemin non violent pour gagner la rédemption de l'homme. Mais si son peuple se détournait des principes mêmes qu'il avait utilisés pour le guider jusqu'à la liberté, que resterait-il de ses espoirs ? Une tragédie qui transformerait l'indépendance en un triomphe inutile.

En ce Jour de l'An 1947, la menace d'un partage des Indes affligeait également Gandhi. Chaque fibre de son être se révoltait contre la division de son pays bien-aimé qu'exigeaient les chefs musulmans de l'Inde et que beaucoup d'Anglais étaient prêts à accepter. Les différents peuples indiens et leurs croyances étaient aussi inextricablement mêlés à ses yeux que les fils entrelacés d'un tapis oriental. Il était farouchement convaincu que l'Inde ne pouvait être divisée sans que fût détruite l'essence de sa réalité, comme un tapis ne peut être déchiré sans que soit rompue l'harmonie de son dessin.

Quand les premiers massacres religieux avaient agrandi l'abîme qui séparait les communautés hindoues et musulmanes, Gandhi avait lancé dans un cri d'angoisse : « Je ne distingue aucune lumière dans l'impénétrable nuit. Les principes de vérité, d'amour et de non-violence qui m'ont soutenu pendant cinquante années semblent dépourvus des qualités que je leur avais attribuées. »

C'était pour chercher de nouvelles raisons de croire, pour trouver un moyen de soigner la maladie, d'empêcher qu'elle ne contaminât et n'engloutît l'Inde entière, qu'il était venu dans le village dévasté de Srirampur. Pendant plusieurs jours, il avait parcouru le hameau, parlant aux habitants, priant et méditant à l'écoute de sa « voix intérieure » qui l'avait si souvent éclairé en temps de crise.

Ce soir du 1er janvier, il convoqua ses disciples. Sa « voix intérieure » lui avait enfin parlé. Comme les saints hommes de l'Inde avaient autrefois traversé nu-pieds le continent pour aller prier dans ses sanctuaires, il allait entreprendre un pèlerinage de pénitence à travers les villages du district de Noakhali ravagés par la haine. En sept semaines, marchant pieds nus en signe de mortification, Gandhi allait parcourir cent quatre-vingt-cinq kilomètres et visiter quarante-sept hameaux. Lui, un Hindou, allait s'aventurer parmi ces Musulmans enragés, courant de village en village, de cabane en cabane, pour tenter de ramener la paix par le seul baume de sa présence.

Qu'on laisse les hommes politiques se quereller à New Delhi dans d'interminables discussions sur l'avenir de l'Inde, déclara-t-il. Comme cela avait toujours été le cas, les vraies réponses aux problèmes de l'Inde devraient être trouvées dans ses villages. « Ce sera ma dernière grande expérience », confia-t-il. S'il parvenait à « rallumer la lampe de la fraternité » dans ces villages maudits par le sang et la rancœur, leur exemple saurait inspirer la nation entière. Ici, à Noakhali, il espérait pouvoir brandir de nouveau le flambeau de la non-violence pour conjurer les démons de l'intolérance religieuse et de la division qui hantaient l'Inde.

Pour ce pèlerinage de pénitence, Gandhi ne souhaitait d'autre compagnon que Dieu. Quatre disciples seulement l'accompagneraient et ils vivraient tous de la charité des paysans. Manu, sa fidèle petite-nièce de dix-neuf ans, rassembla dans son mince balluchon un crayon et du papier, du fil et une aiguille, un bol de terre cuite, une cuiller en bois et son rouet. Elle n'oublia pas la figurine d'ivoire dont Gandhi ne se séparait jamais et qui, sous la forme de trois singes, les mains sur les oreilles, les yeux et la bouche, représentait les trois secrets de la sagesse : « N'écoute pas le mal, ne vois pas le mal, ne dis pas le mal. » Dans un sac de coton elle plaça les livres qui reflétaient l'éclectisme de cet original messager de la réconciliation : la Bhagavad Gîtâ hindoue, un Coran, les *Pratique et Préceptes de Jésus*, et un recueil de pensées juives.

Gandhi en tête, le petit groupe se mit en route au lever du soleil. Les habitants de Srirampur accoururent pour jeter un dernier regard à ce vieil homme de soixante-dix-sept ans qui s'en allait, courbé sur son bâton de bambou, à la recherche de son rêve perdu. Comme il s'engageait dans le sentier, Gandhi entonna un poème de Rabindranath Tagore. C'était l'un de ses poèmes préférés. Tandis qu'il s'éloignait, les paysans entendirent monter sa voix fluette.

« S'ils ne répondent pas à ton appel, chantait-il, marche seul, marche seul. »

✳

Le bain de sang racial et religieux que Gandhi espérait endiguer par son pèlerinage de pénitent solitaire avait été, avec la famine, la malédiction la plus terrible des Indes. Le grand poème épique hindou, le *Mahabharata*, glorifiait une effroyable guerre civile qui s'était déroulée deux mille cinq cents ans avant le Christ à Kurukshetra, près de l'actuelle Delhi. L'hindouisme était issu du contact brutal et fécond entre la civilisation des tribus aryas venues de l'Iran et celle des populations aborigènes de la région de l'Indus. Les Aryas apportèrent avec eux le Véda, recueil du savoir, que les sages de l'Inde développèrent et qui devint le fondement de la religion hindoue.

La religion de Mahomet était arrivée bien plus tard, après que les hordes de Gengis Khan et de Tamerlan eurent forcé le verrou de la passe de Khyber pour fondre sur la grande plaine indo-gangétique hindoue. Pendant deux siècles, les empereurs mogols musulmans avaient imposé leur domination superbe et implacable sur une grande partie de la péninsule, répandant le message d'Allah, unique et miséricordieux.

Les deux grandes religions ainsi greffées sur le corps de l'Inde étaient fondées sur deux conceptions différentes de la divinité. Là où l'islam s'appuie sur une personne — le prophète Mahomet — et sur un texte précis — le Coran —, l'hindouisme est une religion sans fondateur, bien que révélée, sans dogme, sans liturgie, sans église. Pour l'islam, le créateur se détache de sa création, ordonne et règne sur son œuvre. Pour les Hindous, le créateur et sa création ne font qu'un. Dieu n'est pas un personnage ayant une existence séparée de sa manifestation sans limites.

Les Hindous croient que Dieu est partout présent et partout le même, sous les aspects les plus variés. Dieu *est* les plantes, les animaux, le feu, la pluie, le phallus, les insectes, les planètes, les étoiles. Dieu *est* l'homme dans sa folie et sa sagesse. Il n'y a pour les Hindous qu'une seule faute, l'*avidya* — l'ignorance : ne pas « voir » l'évidence de la présence de Dieu en toutes choses.

Pour les Musulmans au contraire, Allah est un absolu si lointain que le Coran en interdit la représentation sous quelque forme que ce soit. Une mosquée est un lieu dépouillé. Les seules décorations permises y sont des motifs abstraits ou la répétition inlassable des quatre-vingt-dix-neuf noms d'Allah. Un temple hindou est tout l'opposé : un immense bazar spirituel, un fouillis de déesses au cou enguirlandé de serpents, de dieux à six bras ou à tête d'éléphant, de charmants petits singes, de jeunes vierges et même de représentations érotiques.

Les Musulmans se regroupent pour une prière commune hebdomadaire, se prosternant ensemble en direction de La Mecque et psalmodiant en chœur les versets du Coran. L'Hindou prie seul, choisissant lui-même son dieu personnel, émanation du Dieu unique, dans un panthéon stupéfiant de trois millions de divinités. Sa religion est une jungle si complexe que seuls quelques saints hommes ayant consacré leur vie à son étude peuvent y voir clair. Le principe de base, pour autant qu'il soit permis de simplifier à ce point, explique le mystère de la vie par l'action d'une trinité de dieux, Brahma le créateur, Çiva le destructeur, Vishnu le préservateur, expressions des forces cosmiques qui se manifestent dans le monde et assurent son équilibre en une création continue. Puis viennent toutes les autres divinités, les dieux et les déesses des saisons, du climat, des récoltes et des maladies de l'homme, telle Mari-amma, la déesse de la variole, vénérée par une fête annuelle étrangement semblable à la Pâque juive.

Toutefois, ce qui séparait le plus les Hindous des Musulmans n'était pas d'ordre métaphysique, mais social. La grande barrière était le système hindou des castes. Selon les écritures védiques, l'origine en remonte à Brahma, le Créateur. Les Brahmanes, la caste la plus haute, étaient sortis de sa bouche ; les Kshatriyas, les guerriers, de ses biceps ; les Vaiçyas, les commerçants, de ses hanches ; les Çudras, les artisans, de ses pieds. Tout en bas, se trouvaient les sans-caste, ceux qu'on appelait les Intouchables et qui, eux, seraient nés de la terre. Cette ségrégation était cependant bien moins divine que ne le suggéraient les Védas. Elle avait été utilisée par les classes dominantes aryanisées pour perpétuer la mise en esclavage des populations aborigènes à peau noire habitant la péninsule. On allègue d'ailleurs parfois que le mot sanscrit *varna*, qui signifie caste, signifie également : couleur. La peau noire des parias de l'Inde révélerait encore ainsi d'une façon concrète les sources réelles du système.

Les cinq divisions originelles se multiplièrent comme des cellules cancéreuses en près de trois mille sous-castes, dont 1 886 pour les seuls Brahmanes. Chaque métier avait sa caste, ce qui compartimentait la société hindoue en une myriade de corporations étanches à l'intérieur desquelles chacun était condamné à vivre et mourir, sans aucun espoir d'évasion. Leurs définitions se montraient si précises qu'un ferronnier, par exemple, n'appartenait pas à la même sous-caste qu'un ferblantier.

Le deuxième concept fondamental de l'hindouisme, la réincarnation, était également lié, d'une certaine façon, au système des castes. Les Hindous considèrent que le corps n'est qu'une enveloppe provisoire de l'âme. La vie du corps n'est que l'une des nombreuses incarnations de l'âme pendant son voyage à travers l'éternité, chaîne qui commence et s'achève dans l'union avec le cosmos. Le bilan du bien et du mal accumulés pendant toutes les existences mortelles s'appelle le *karma*. C'est lui qui détermine si une âme va dans sa nouvelle incarnation s'élever ou descendre dans la hiérarchie des castes. Cette sanction morale avait ainsi fourni au pouvoir le biais idéal pour maintenir les inégalités sociales. De même que l'Église chrétienne invitait les serfs du Moyen Age à supporter leur sort en leur faisant miroiter les récompenses de la vie éternelle, de même l'hindouisme encouragea les misérables de l'Inde à accepter le leur avec résignation ; celle-ci constituait le plus sûr moyen d'obtenir un destin meilleur dans une prochaine incarnation.

Les Musulmans, pour qui l'islam représentait une fraternité de croyants privilégiée, jetèrent l'anathème sur ce système. Religion accueillante et généreuse, la foi de Mahomet attira par millions les convertis vers les mosquées. La majorité de ces nouveaux fidèles provenait évidemment des parias de l'hindouisme, les Intouchables : ils trouvaient immédiatement dans l'islam cette réhabilitation qui ne leur avait été promise que dans une lointaine incarnation et échappaient du même coup à la taxe sur les infidèles.

Lors de l'écroulement de l'Empire mogol au début du XVIIIe siècle, une renaissance hindoue se répandit à grand fracas à travers les Indes, entraînant une vague de conflits sanglants entre Hindous et Musulmans. Puis vint l'Angleterre, sa *Pax britannica* et un apaisement temporaire. Mais la méfiance réciproque qui séparait les deux communautés demeurait. Les Hindous n'oubliaient pas que les Musulmans descendaient pour la plupart d'Intouchables qui avaient autrefois fui leur religion pour échapper à leur condition. Ils refusaient d'absorber la moindre nourriture en compagnie d'un Musulman, dont la seule présence était jugée comme une souillure. Un contact corporel avec un Musulman contraignait un Brahmane à de longues purifications rituelles.

Hindous et Musulmans cohabitaient dans le district de Noakhali, que visitait Gandhi, comme ils partageaient les milliers de villages du nord de l'Inde, du Bihar, des Provinces Unies et du Panjab. S'ils se mêlaient dans la vie de tous les jours, jusqu'à se prêter leurs outils et aller aux fêtes les uns des autres, leurs liens s'arrêtaient là. Les mariages entre les deux communautés restaient pratiquement inconnus. Ils vivaient dans des quartiers séparés. Une route ou un chemin, souvent appelés la Voie du Milieu, servait de frontière. Les Musulmans habitaient d'un côté, les Hindous de l'autre. Les uns et les autres tiraient leur eau de puits distincts, et un Hindou aurait préféré mourir de soif plutôt que de boire l'eau d'un puits musulman situé à quelques mètres seulement du sien. Les enfants hindous apprenaient à lire et à écrire en hindi avec le pandit du village, les jeunes Musulmans recevaient en urdu l'enseignement du cheikh de la mosquée. Même les drogues ancestrales à base d'herbes et d'urine de vache auxquelles ils avaient tous recours pour lutter contre des maladies identiques étaient élaborées selon des dosages et des rites différents.

A ces distinctions sociales et religieuses s'ajouta bientôt une division plus insidieuse encore, l'inégalité économique. Les Hindous furent plus prompts que les Musulmans à saisir les avantages que l'éducation britannique et la pensée occidentale apportaient aux Indes. Aussi, bien que les Anglais se sentissent socialement plus proches des Musulmans, ce furent les Hindous qui firent fonctionner les rouages de la machine administrative britannique. Ils devinrent les financiers, les hommes d'affaires, les administrateurs du pays. Avec les Parsis, une minorité issue des Zoroastriens, adorateurs du feu de la Perse antique, ils monopolisaient les assurances, la banque, le grand commerce et les quelques industries naissantes. Dans les villes et les petites agglomérations, ils constituaient la classe commerçante dominante. Presque partout, le rôle d'usurier était assumé par des Hindous, en partie en raison de leurs aptitudes, en partie parce que la loi coranique interdit aux Musulmans le commerce de l'argent.

Les grands bourgeois musulmans, dont beaucoup descendaient des conquérants mogols, demeuraient de grands propriétaires fonciers lorsqu'ils n'avaient pas choisi le métier des armes. Quant aux masses musulmanes, les structures de la société indienne leur avaient rarement permis d'échapper, en dépit de leur nouvelle religion, à la condition de parias qui avait été la leur. Elles se retrouvaient dans les campagnes, paysans sans terre enchaînés aux exploitations de grands propriétaires hindous ou musulmans, et dans les villes, petits artisans le plus souvent au service de commerçants hindous.

Cette inégalité économique aggravait encore le clivage religieux et social qui séparait les deux communautés de façon irréversible et rendait à tout instant possible un massacre comme celui qui venait de plonger dans le sang le village de Srirampur. La moindre étincelle pouvait le déclencher, et chaque communauté avait ses provocations favorites. Pour les Hindous, c'était la musique. Ils n'avaient pas de moyen plus sûr de déchaîner la colère de leurs voisins musulmans que de troubler leur prière du vendredi par un concert blasphématoire devant la mosquée. Pour les Musulmans, le meilleur défi devait s'exercer sur un animal, l'une de ces bêtes squelettiques qui hantent les rues de toutes les villes et de tous les villages de l'Inde et sont l'objet d'un respect singulier de l'hindouisme, les « vaches sacrées ».

La vénération de la vache remonte aux temps bibliques où le destin des tribus aryennes marchant vers le sous-continent était fonction de la vitalité de leurs troupeaux. Comme les rabbins de l'ancienne Judée avaient interdit aux Juifs la consommation de la viande de porc pour leur épargner les ravages de la trichinose, les sages de l'Inde antique avaient sacralisé la vache pour sauver de l'abattage les troupeaux dont dépendait la survie de leurs peuples.

L'Inde possédait en 1947 le troupeau le plus important du monde : deux cents millions de têtes, cinq fois plus que de Français en France, soit un bovin pour deux Indiens. Quarante millions de ces bêtes ne donnaient même pas un litre de lait par jour. Quarante ou cinquante millions d'autres, attelées aux chars et aux charrues, servaient d'animaux de trait. Le reste, quelque cent millions de têtes, stériles et inutiles, erraient à leur gré à travers les campagnes et les villes, volant chaque jour à dix millions d'Indiens leur maigre pitance. L'instinct de survie le plus élémentaire aurait commandé la destruction de ces bêtes, mais la superstition était si tenace que la mise à mort d'une seule vache demeurait un crime inexpiable pour les Hindous. Même Gandhi proclamait qu'en protégeant la vache, c'était toute l'œuvre de Dieu que l'homme protégeait.

Ce respect idolâtre inspirait aux Musulmans la plus vive répugnance. Ils prenaient un malin plaisir à faire passer les vaches qu'ils conduisaient à l'abattoir devant les portes des temples hindous. Au cours des siècles, des milliers d'êtres humains avaient accompagné ces animaux dans la mort, victimes des sanglantes émeutes qui suivaient inévitablement de telles provocations.

Pendant leur règne aux Indes, les Anglais parvinrent à maintenir un fragile équilibre entre les deux communautés, n'hésitant pas à se servir de leurs antagonismes pour faciliter leur propre domination. Au début, la lutte pour l'indépendance des Indes fut l'œuvre d'une petite élite intellectuelle. Oubliant leurs préjugés raciaux et religieux, des Hindous et des Musulmans travaillèrent côte à côte pour un but commun. Paradoxalement, Gandhi fut celui qui détruisit cette entente.

Dans cette région du monde la plus empreinte de spiritualité, il était inévitable que le combat pour la liberté prît la forme d'une croisade. Personne n'était plus tolérant que Mohandas Gandhi. Mais ses efforts pour associer les Musulmans à sa campagne de libération ne pouvaient empêcher qu'il soit considéré avant tout comme un saint homme hindou. Son mouvement pour l'indépendance allait donc fatalement prendre une coloration religieuse hindoue qui devait bientôt éveiller la suspicion des Musulmans. Leur méfiance s'aggrava au fur et à mesure qu'ils se voyaient spoliés par leurs rivaux hindous de leur juste part du pouvoir local. Dans la conscience musulmane grandit l'angoisse de se retrouver noyée dans une Inde indépendante sous domination hindoue et condamnée à l'existence d'une minorité sans défense dans ce pays qu'avaient conquis leurs ancêtres mogols. Seuls une sécession et leur regroupement dans un État indépendant pouvaient offrir aux Musulmans indiens la perspective d'échapper à ce destin.

Le projet de créer un État musulman autonome avait été formulé pour la première fois le 28 janvier 1933 dans un document dactylographié de quatre pages et demie rédigé en Angleterre, dans un cottage de Cambridge. Son auteur, Rahmat Ali, était un universitaire indien musulman, âgé de quarante ans. L'idée que les Indes constituaient une seule nation était, selon lui, « un absurde mensonge ». « Nous ne nous laisserons pas crucifier sur la croix du nationalisme hindou », écrivait Rahmat Ali. Il réclamait la réunion des provinces du nord-ouest de l'Inde où les Musulmans sont les plus nombreux, le Panjab, le Cachemire, le Sind, la Province frontière du Nord-Ouest et le Baluchistan. Il proposait même un nom pour le nouvel État : « Pakistan », le Pays des purs.

Adoptée par les chefs nationalistes de la Ligue musulmane, la suggestion de Rahmat Ali avait peu à peu enfiévré l'imagination des masses musulmanes indiennes. Ses progrès étaient encore encouragés par le chauvinisme dont faisaient preuve les dirigeants hindous du parti du Congrès en s'obstinant à refuser la moindre concession politique à leurs rivaux musulmans.

L'événement qui allait servir de catalyseur à la haine opposant Musulmans et Hindous se produisit le 16 août 1946, cinq mois avant le départ de Gandhi pour son pèlerinage de pénitence. Le décor en fut la seconde ville de l'Empire britannique après Londres, une métropole dont la réputation de violence et de sauvagerie restait sans rivale, Calcutta. La longue tradition criminelle de cette cité avait enrichi les dictionnaires de la langue anglaise du mot de « thug » — étrangleur, nom d'une secte dont les membres dévalisaient leurs victimes après les avoir étranglées avec un mouchoir dans les coins duquel étaient cousues des médailles à l'effigie de Kali, la déesse hindoue de la destruction. L'enfer, disait-on, était d'être né intouchable dans les bidonvilles de Calcutta. Là, s'entassait la plus grande concentration mondiale de miséreux, Musulmans et Hindous enchevêtrés sans ordre ni raison.

A l'aube du 16 août 1946, des groupes de fanatiques musulmans jaillirent de leur taudis en hurlant. Ils brandissaient des matraques, des barres de fer, des pelles. C'était là le résultat de l'appel lancé par la Ligue musulmane, déclarant le 16 août 1946 « Journée d'Action directe », afin de prouver aux Anglais et aux Hindous que les Musulmans étaient prêts « à conquérir le Pakistan tout seuls et si nécessaire par la force ». Ces tueurs massacrèrent impitoyablement tous les Hindous qu'ils trouvaient, jetant leurs dépouilles dans les caniveaux. Terrorisée, la police se garda prudemment d'intervenir. Bientôt, d'épaisses colonnes de fumée montèrent en de nombreux points au-dessus de la ville : les bazars hindous flambaient. Quelques heures plus tard, des

Hindous sortirent à leur tour de leurs quartiers, exterminant tous les Musulmans qu'ils rencontraient. Jamais dans toute sa violente histoire Calcutta n'avait connu vingt-quatre heures d'une telle sauvagerie. Gonflés comme des outres pleines, des cadavres par dizaines dérivaient sur le fleuve Hoogly qui traverse la ville. Des corps mutilés jonchaient les rues. C'étaient partout les faibles sans défense qui avaient le plus souffert. A un carrefour, toute une rangée de coolies gisaient, battus à mort, à l'endroit même où leurs meurtriers les avaient surpris, entre les brancards de leurs pousse-pousse. Quand le carnage fut achevé, Calcutta appartint aux vautours. Ils rôdaient en vol serré, piquant à tout instant pour se repaître de la chair des six mille morts de la journée.

Ce massacre de Calcutta déclencha de nouvelles tueries musulmanes dans le district de Noakhali, puis de féroces représailles hindoues dans la province voisine du Bihar. Il allait changer le cours de l'histoire des Indes. Pendant des années, les Musulmans avaient prédit qu'un terrible cataclysme submergerait l'Inde si un État national leur était refusé. Leur menace prenait désormais une terrifiante réalité. Le mobile qui avait lancé Gandhi dans les marécages de Noakhali — la guerre civile — se profilait à l'horizon.

Pour un autre homme, pour le glacial et brillant avocat musulman qui, durant un quart de siècle, avait été le principal adversaire de Gandhi, cette perspective devenait aujourd'hui le meilleur moyen de déchirer la carte des Indes et de conquérir le Pakistan. C'était lui, Mohammed Ali Jinnah, plus encore que Gandhi, qui détenait, en ce 1er janvier 1947, la clef de l'avenir des Indes. C'était ce sévère et inflexible messie musulman que l'arrière-petit-fils de la reine Victoria allait devoir affronter à son arrivée aux Indes. Au cours d'une manifestation à Bombay, en août 1946, Mohammed Ali Jinnah tira pour ses partisans les leçons des massacres de Calcutta. Si les Hindous veulent la guerre, annonça-t-il ce jour-là, les Musulmans indiens « l'acceptent sans hésiter ».

Les lèvres crispées dans un sourire méprisant, il avait alors lancé un défi aux Hindous comme aux Anglais : « Ou nous provoquerons la division de l'Inde, ou nous provoquerons sa destruction. »

3

Les chemins de la liberté

— Savez-vous qu'il m'arrive quelque chose de terrible ? confia Louis Mountbatten.

Les deux cousins étaient seuls dans l'intimité d'un salon privé du palais de Buckingham. Aucun protocole ne régissait les rapports de ce genre de rencontres. Assis côte à côte comme de vieux camarades de collège, le roi George VI et le jeune amiral bavardaient tranquillement en prenant le thé. Mountbatten avait instamment désiré cet entretien. Son cousin George VI représentait son ultime recours, le faible espoir d'échapper à la malchance d'avoir été choisi pour trancher les liens de l'Angleterre avec les Indes. Après tout, le roi était empereur des Indes et il avait le droit de sanctionner ou de désapprouver sa nomination de vice-roi.

— Je sais, répondit George VI avec un sourire compréhensif. Le Premier ministre est déjà venu me voir et j'ai donné mon accord.

— Vous avez accepté ? s'étonna Mountbatten avec un certain émoi. Avez-vous bien réfléchi ?

— Certainement, j'ai étudié la question avec le plus grand soin, répondit chaleureusement le roi.

— Mais c'est une mission extrêmement risquée, insista Mountbatten. Personne n'entrevoit la moindre chance de parvenir à un compromis là-bas. Il semble impossible d'en réunir les conditions. Je suis votre cousin. Si je vais aux Indes et ne parviens qu'à provoquer le plus déplorable gâchis, cela éclaboussera fatalement la couronne.

— Assurément, répliqua George VI, mais imaginez tout le bien qui rejaillira sur la monarchie si vous réussissez.

— Voilà qui est bien optimiste de votre part, soupira Mountbatten en s'enfonçant dans son fauteuil.

Le jeune amiral ne se retrouvait jamais dans ce petit salon sans penser à un autre cousin, son plus vieil ami, celui qui avait été son garçon d'honneur à Westminster le jour de son mariage, l'homme qui aurait dû être roi d'Angleterre, David, le prince de Galles, devenu duc de Windsor. Des liens affectueux les unissaient depuis leur plus tendre enfance. Lorsqu'en 1936 David, alors le roi Édouard VIII, avait décidé d'abdiquer parce qu'il n'était pas disposé à régner sans avoir à ses côtés la femme qu'il aimait, « Dickie » Mountbatten lui avait témoigné sans relâche sa fidèle amitié.

Étrange ironie du destin, songeait Mountbatten, c'était comme aide de camp de ce cousin préféré qu'il avait pour la première fois, le 17 novembre 1921, mis le pied sur la terre qu'il devait à présent libérer. L'Inde, avait noté ce soir-là le jeune Mountbatten dans son journal, « est ce pays dont nous avons tous toujours entendu parler et toujours rêvé ». Rien au cours de cette visite royale n'aurait pu le décevoir. L'Empire était alors à son zénith. Aucun accueil ne pouvait être assez somptueux, aucune manifestation assez grandiose pour célébrer la visite de l'héritier du trône impérial, le « Shahzada Sahib », et de sa suite. Ils voyagèrent dans le train blanc et or du vice-roi et leur séjour fut une succession ininterrompue de défilés, de parties de polo, de chasses au tigre, de randonnées sous la lune à dos d'éléphant, de bals, de banquets et de réceptions d'une élégance sans égale offerts par les alliés les plus sûrs de la couronne, les maharajas et nawabs des Indes. A l'heure du départ, Mountbatten avait encore noté : « L'Inde est le pays le plus merveilleux du monde et le vice-roi a le poste le plus merveilleux du monde. »

George VI lui confirmait que ce « merveilleux poste » était à lui.

Un court silence emplit le petit salon du palais de Buckingham, comme si l'émotion étreignait soudain le roi.

— C'est dommage, regretta-t-il d'une voix chargée de mélancolie, j'ai toujours voulu aller vous voir dans le Sud-Est asiatique quand vous y combattiez, et, de là, visiter les Indes, mais Churchill m'en a empêché. Après la guerre, j'espérais au moins me rendre aux Indes. Je crains à présent de ne le pouvoir jamais. C'est triste, poursuivit-il, j'ai été couronné empereur des Indes sans même y avoir été et c'est ici, à Londres, que je vais perdre ce titre.

George VI allait effectivement mourir sans avoir foulé le sol de ce pays fabuleux, joyau de l'empire qu'il avait hérité de son frère. Il n'y aurait eu pour lui ni chasses au tigre, ni défilés d'éléphants constellés d'or et d'argent, ni cortèges de princes couverts de bijoux venus lui rendre hommage. Il n'avait recueilli que les miettes de la table de la reine Victoria. Son règne, qui semblait n'avoir pas été prévu par l'histoire de l'Angleterre, allait embrasser l'une des époques les plus tragiques de cette histoire. Ce matin de mai 1937, quand l'archevêque de Cantorbéry avait, par la grâce de Dieu, proclamé George VI roi de Grande-Bretagne, d'Irlande et des Dominions d'au-delà des mers, protecteur de la foi et empereur des Indes, vingt-huit des quatre-vingt-dix millions de kilomètres carrés des terres émergées du globe étaient reliés d'une façon ou d'une autre à sa couronne. La seule grande réalisation de ce règne allait être la dispersion de l'héritage. Couronné roi-empereur d'un empire qui dépassait les plus extravagantes conquêtes d'Alexandre le Grand, de Rome, de Gengis Khan, des califes et de Napoléon, George VI allait finir souverain d'un royaume insulaire sur le point de devenir une nation européenne comme les autres.

— Je sais que je vais devoir retirer le « I » de mes initiales de Rex Imperator, soupira-t-il. Je sais que je vais perdre le titre de roi-empereur, mais je serais profondément affligé si tous les liens avec les Indes devaient être tranchés.

George VI se rendait parfaitement compte que le grand rêve impérial s'était évanoui et que l'ensemble grandiose édifié par les ministres de son arrière-grand-mère était condamné à mort. Mais il voulait à tout prix donner une nouvelle forme à l'entreprise : tout ce que l'Empire avait représenté devait survivre d'une manière plus compatible avec les temps modernes.

— Ce serait un désastre si une Inde indépendante refusait de prendre sa place dans la famille du Commonwealth, observa-t-il.

Vaste communauté de nations indépendantes cimentée par des traditions communes, par un passé commun, par des liens privilégiés avec la couronne, le Commonwealth pouvait jouer un rôle de premier plan dans les affaires du monde.

Placée au cœur de cet ensemble, l'Angleterre pouvait parler haut dans les conseils des nations, donnant à ses discours l'écho de la voix impériale qui avait autrefois été la sienne. Londres pouvait redevenir Londres, le centre culturel, spirituel, commercial et financier d'une importante partie de l'univers. L'Empire serait mort, mais son fantôme permettrait de donner au royaume insulaire de George VI une place à part dans le concert des puissances européennes.

Pour réaliser cet idéal, il était indispensable que l'Inde indépendante entrât dans le Commonwealth. Si elle s'y refusait, les nations afro-asiatiques promises elles aussi, tôt ou tard, à l'indépendance, suivraient presque certainement son exemple. Du même coup, le Commonwealth serait condamné à ne plus être qu'un club regroupant les seuls dominions de race blanche au lieu de cet ensemble puissant que le roi souhaitait voir surgir des décombres de l'Empire.

Le Premier ministre et le parti trayaillliste ne partageaient nullement les ambitions de leur souverain. Attlee n'avait pas donné une seule instruction à Mountbatten en vue d'obtenir le maintien de l'Inde dans le Commonwealth. Roi constitutionnel sans pouvoirs réels, George VI n'avait aucun moyen d'imposer ses vues. Mais son cousin, lui, le pouvait. Personne ne comprenait mieux les espérances du monarque que le jeune amiral. Aucun autre membre de la famille royale n'avait autant voyagé que lui dans le vieil empire ; aucun Anglais ne ressentait plus cruellement la douleur de son démantèlement. Devant la cheminée du petit salon de Buckingham, les deux arrière-petits-fils de Victoria prirent, ce jour de janvier, une décision secrète : garder haut, grâce au Commonwealth, le flambeau de l'Empire.

Lord Mountbatten était chargé de l'exécuter. Avant de s'envoler pour New Delhi, il obtiendrait d'Attlee qu'il élargît dans ce sens le cadre de sa mission. Dans les semaines à venir, aucune tâche n'accaparerait plus totalement l'esprit, la force de persuasion, l'habileté du nouveau vice-roi des Indes que celle, conçue cet après-midi-là dans le salon de George VI, de conserver vivant le lien entre les Indes et la couronne de Grande-Bretagne.

Portrait d'un aristocrate audacieux

Nul ne semblait être plus naturellement destiné à occuper les grandioses fonctions de vice-roi des Indes que Louis Mountbatten. A peine né, il avait déjà manifesté son aisance instinctive à évoluer au milieu des rois quand, d'un coup de poignet, il avait fait sauter les lorgnons du nez impérial de son arrière-grand-mère, l'impératrice Victoria, lors de la cérémonie de son baptême. Les origines de sa famille remontaient au IVᵉ siècle, et il avait eu pour ancêtre direct l'empereur Charlemagne. Il était, ou avait été, uni par le sang ou par alliance au kaiser Guillaume II, au tsar Nicolas II, au roi Alphonse XIII d'Espagne, à Ferdinand Iᵉʳ de Roumanie, à Gustave VI de Suède, à Constantin Iᵉʳ de Grèce, au roi Haakon VII de Norvège et à Alexandre Iᵉʳ de Yougoslavie. Pour Louis Mountbatten, les crises de l'Europe étaient des affaires de famille.

Il n'y avait pas beaucoup de trônes vacants en 1900. Le quatrième enfant de la petite-fille préférée de la reine Victoria, la princesse Victoria de Hesse, et de son cousin, le prince Louis de Battenberg, ne devait goûter aux plaisirs de l'existence des rois que par personnes interposées. Il passa les étés de son enfance dans les châteaux de ses cousins plus favorisés, gardant de ces vacances idylliques des souvenirs intenses : tasses de thé sur les pelouses du château de Windsor où presque tous les convives étaient des têtes couronnées ; croisières sur le yacht du tsar ; longues promenades dans les forêts proches de Saint-Pétersbourg en compagnie de son cousin le tsarévitch Alexis et de la sœur de celui-ci, la grande-duchesse Marie, dont il était tombé éperdument amoureux.

Sa naissance promettait au jeune Louis Mountbatten une vie paisible de dignitaire dans quelque cour d'Europe : là, il aurait pu appliquer son goût du faste au perfectionnement d'usages et de cérémonials sur le déclin. Mais il avait opté pour une voie différente et se trouvait aujourd'hui au faîte d'une carrière exceptionnelle.

Mountbatten venait d'avoir quarante-trois ans quand, à l'automne 1943, Winston Churchill, alors en quête d'un « jeune et vigoureux esprit », l'avait nommé commandant suprême interallié sur le théâtre d'opérations du Sud-Est asiatique. Une telle responsabilité, de telles charges ne pouvaient être comparées qu'à celles du commandement suprême interallié de Dwight Eisenhower sur le théâtre européen. Cent vingt-huit millions d'hommes seraient un jour sous son autorité. N'ayant eu jusqu'alors ni victoires ni privilèges, ce commandement n'offrait pour toutes perspectives qu'« un terrible moral, un terrible climat, un terrible ennemi et de terribles défaites ».

Beaucoup de ses subordonnés avaient vingt ans

de plus que lui et étaient plus anciens en grade. Certains le considéraient comme un play-boy ayant réussi, grâce à ses relations royales, à troquer son smoking contre un uniforme d'amiral.

Il consacra toute son énergie à ranimer le moral de ses troupes, visita régulièrement tous les fronts, obligea ses généraux à poursuivre le combat sous les déluges de la mousson birmane, arracha, kilo par kilo, à ses supérieurs de Londres et de Washington, le ravitaillement indispensable à ses soldats. Le résultat ne se fit pas attendre : en 1945, cette armée hier découragée et désorganisée remportait la plus grande victoire terrestre jamais obtenue sur une armée nippone. Seule l'explosion de la bombe atomique empêcha son chef de mettre en œuvre son grand projet, « l'opération Zipper », visant à reconquérir la Malaisie et Singapour par une audacieuse opération amphibie dont l'ampleur n'aurait été surpassée que par le débarquement en Normandie.

Enfant, Mountbatten avait choisi la carrière de la mer. Il voulait en cela suivre les traces de son père qui avait quitté son Allemagne natale pour s'engager dans la Royal Navy et y obtenir le poste de Premier Lord de la Mer. Mountbatten avait à peine commencé ses classes de cadet qu'une tragédie vint anéantir la carrière de son père. La vague d'hostilité antigermanique qui déferla sur la Grande-Bretagne au début de la Première Guerre mondiale le contraignit à se démettre de ses fonctions, en raison de ses origines allemandes. Brisé, il changea son nom de Battenberg en Mountbatten à la demande du roi George V[1]. Le midship Lord Louis Mountbatten jura d'occuper un jour

---

1. A la même époque, le roi, lui-même d'origine germanique, changea son nom de Saxe-Cobourg en Windsor.

70

le poste dont son père avait été chassé par une campagne de haine nationaliste.

Pendant l'entre-deux-guerres, cette ascension dut forcément suivre le rythme lent et banal de toute carrière d'officier en temps de paix. Aussi Mountbatten s'illustra-t-il dans l'exercice d'activités beaucoup moins militaires. Son charme, son incomparable séduction, son enthousiasme contagieux, lui permirent de devenir la cible de choix d'une presse sensibilisée aux futilités d'un monde assoiffé de distractions après les horreurs de la guerre. Son mariage avec Edwina Ashley, une belle et riche héritière, fut l'événement mondain de l'année 1922. Rares furent les journaux et les magazines qui ne publièrent pas chaque semaine quelque photographie ou indiscrétion sur ce couple dans le vent : les Mountbatten au théâtre en compagnie de Noël Coward, les Mountbatten dans la loge royale d'Ascot, l'athlétique Lord Louis fendant à ski nautique les eaux de la Méditerranée ou disputant une partie de polo. Mountbatten n'a jamais renié son goût pour les fêtes et les sorties. Mais derrière cette image publique se cachait une personnalité qui revenait au premier plan quand la fête était finie.

Le jeune lord n'avait pas oublié son serment d'adolescent. Il était le plus consciencieux et le plus ambitieux des officiers de marine. Il était doué d'une surprenante puissance de travail qui allait, toute sa vie, épuiser ses collaborateurs. Persuadé que l'issue des guerres futures dépendrait de l'application de techniques scientifiques nouvelles et qu'elles ne pourraient être gagnées sans un système de communications infaillible, Mountbatten se jeta dans l'étude approfondie des télécommunications. En 1927, il sortit major du cours supérieur des transmissions de la Royal Navy et entreprit aussitôt de rédiger le premier manuel d'utilisation des postes de radio en service dans la marine. Fasciné par les possibilités illimitées de la technique et de la science, il se plongea dans l'étude de la physique, de l'électricité, des transmissions sous toutes leurs formes. Il avait une pléiade d'amis dont les noms n'apparaissaient jamais à côté du sien dans les chroniques mondaines — des ingénieurs, des savants, des constructeurs d'avions, des mécaniciens. Il parvint à intéresser la Royal Navy aux travaux du grand spécialiste français des fusées Robert Esnault-Pelterie, dont le livre brossait un tableau prophétique sur les bombes volantes V1, les fusées téléguidées et même le voyage de l'homme sur la lune. Il trouva en Suisse un canon de D.C.A. à tir rapide capable de combattre les bombardiers en piqué *Stuka* et lutta pendant des mois pour convaincre une marine sceptique de l'adopter.

Dans ses distractions, il déployait la même énergie méthodique à obtenir toujours le meilleur résultat. Lorsqu'il découvrit le polo, il tourna des films pour analyser au ralenti le jeu des plus grands champions. Il étudia scientifiquement la forme du maillet et en imagina un nouveau modèle. Tous ces efforts ne firent jamais de lui un très grand joueur mais il en avait appris assez pour pouvoir rédiger sur ce sport un ouvrage qui fait autorité, et mener à la victoire les équipes qu'il dirigeait.

Doué d'une compréhension instinctive du caractère germanique, Mountbatten suivit avec une inquiétude grandissante l'ascension de Hitler et le réarmement allemand. Il observait de même avec tristesse et sans illusions l'évolution du régime politique qui avait chassé son oncle Nicolas II du trône des tsars. Tandis que s'écoulaient les années 30, les Mountbatten passèrent de moins en moins de temps en mondanités pour se consacrer davantage à alerter leurs amis et les responsables politiques sur l'imminence d'un conflit qu'ils voyaient se rapprocher inéluctablement.

En juin 1939, Louis Mountbatten reçut avec fierté le commandement d'une flottille de destroyers. Son navire, le *Kelly*, lui fut livré le 23 août. Quelques heures plus tard, la radio annonça la signature par Hitler et Staline d'un pacte de non-agression. Le commandant du *Kelly* comprit aussitôt la portée de cette nouvelle : la guerre n'était plus qu'une question de jours. Il ordonna à son équipage de travailler sans relâche afin que le bâtiment fût prêt à prendre la mer en trois jours au lieu des trois semaines habituelles.

Onze jours plus tard, quand la guerre éclata, Mountbatten, brosse en main, suspendu dans le vide le long d'un des flancs du destroyer, était occupé avec ses marins à camoufler le *Kelly*. Le lendemain, le navire prenait en chasse son premier sous-marin allemand. « Je ne donnerai jamais l'ordre d'abandonner le bateau, avait précisé Mountbatten à son équipage. Nous ne le quitterons que s'il coule sous nos pieds. » Le *Kelly* escorta des convois à travers la Manche, pourchassa les torpilleurs allemands dans la mer du Nord, se porta, dans le brouillard et sous les bombes, au secours des six mille rescapés de la malheureuse expédition de Narvik. En mer du Nord, une torpille endommagea sa poupe et dévasta ses chaudières. Mountbatten refusa de saborder son navire ; il évacua la totalité de l'équipage et passa une nuit seul sur l'épave à la dérive.

Après quoi, avec dix-huit volontaires, il réussit à la faire remorquer à bon port.

Un an plus tard, en mai 1941, au large de la Crète, la chance abandonna le *Kelly*. Touché de plein fouet par une bombe, il coula en quelques minutes. Fidèle à son serment, Louis Mountbatten resta sur la passerelle jusqu'à ce que son navire se retournât dans les flots. Pendant des heures, accroché avec les survivants à l'unique radeau prisonnier du mazout, il soutint leur moral en leur faisant chanter des refrains populaires sous le tir des bombardiers allemands. Mountbatten reçut la croix du *Distinguished Service Order*, la plus haute récompense britannique après la *Victoria Cross* pour le courage au feu, et son navire, le souvenir impérissable du film de Noël Coward *In Which We Serve*.

Cinq mois plus tard, Churchill, cherchant quelqu'un d'audacieux pour diriger les « Opérations combinées » — force de débarquement créée pour mettre au point les techniques de la future invasion du continent — fit appel à Mountbatten. Aucune mission ne pouvait mieux combler à la fois sa curiosité scientifique et son imagination. Se jurant de ne jamais repousser *a priori* une idée nouvelle, il ouvrit son quartier général à toute une légion de créateurs, de savants, de techniciens, de génies et de farfelus. Certains de leurs projets, tel un iceberg-porte-avions en eau de mer gelée mélangée de pâte à bois, relevaient de la plus haute fantaisie. D'autres furent brillants : ainsi *Pluto*, le pipe-line sous-marin qui traverserait un jour la Manche, de même que les ports artificiels et les péniches qui permettraient le débarquement en Normandie. Ces réalisations avaient valu à leur promoteur d'être nommé, à quarante-trois ans, commandant suprême interallié du Sud-Est asiatique.

A présent, alors qu'il s'apprêtait, à quarante-six ans, à assumer la tâche la plus difficile de sa carrière, il se trouvait au sommet de ses moyens physiques et intellectuels. La guerre sur mer et l'exercice de hautes responsabilités avaient aiguisé son pouvoir de décision et développé son aptitude naturelle au commandement. Il n'était ni un philosophe ni un penseur abstrait, mais il possédait un pénétrant esprit d'analyse. Il ne croyait qu'au succès. Jeune officier, il avait un jour mené son équipage à une victoire fulgurante dans une course d'avirons grâce à une manière de ramer très particulière qu'il avait mise au point. Critiqué pour le style fantaisiste qu'il venait d'introduire, il avait sèchement objecté que la seule chose importante était « de franchir le premier la ligne d'arrivée ».

Une inépuisable confiance en soi, que ses détracteurs préféraient qualifier d'orgueil, soutenait cette mentalité de gagneur. Quand Churchill lui avait offert son commandement en Asie, il avait demandé vingt-quatre heures de réflexion.

— Pourquoi ? avait grogné Churchill. Vous ne vous en sentez pas capable ?

— Sir, avait répliqué Mountbatten, je souffre de la faiblesse congénitale de m'estimer capable de tout.

L'arrière-petit-fils de la reine Victoria n'aurait pas trop de cette inaltérable confiance en lui-même pendant les semaines à venir.

C'était dans chaque village le même cérémonial. Dès son arrivée, le plus célèbre Asiatique vivant se dirigeait vers une cabane, de préférence celle d'un Musulman, et demandait l'hospitalité. S'il était repoussé — cela arrivait parfois —, Gandhi allait frapper à une autre porte. « Si personne ne veut me recevoir, avait-il confié, je me contenterai de l'ombre accueillante d'un arbre. » Il vivait du peu de nourriture que ses hôtes lui offraient : quelques fruits, des légumes, du lait de chèvre caillé, du lait de noix de coco.

Ses journées se déroulaient suivant un plan rigoureusement minuté. Le temps était une de ses obsessions. Chaque minute de la vie était un don de Dieu qui devait être consacré au service de l'homme. L'emploi de son temps était donc rythmé par l'un des rares objets qu'il possédât, une vieille montre Ingersoll de huit shillings qu'il portait attachée à la taille par une cordelette. Il se levait à 2 heures du matin pour lire la Gîtâ et réciter ses prières. Puis, accroupi sur la terre battue, il répondait à son courrier — avec un crayon. Il usait ses crayons jusqu'à ce qu'il ne puisse plus les tenir, car ils représentaient à ses yeux le fruit du travail d'un de ses frères et le gaspiller eût été faire preuve d'indifférence à l'égard de ce travail. Chaque matin à la même heure, il s'administrait un lavement d'eau additionnée de sel. Adepte passionné des traitements naturels, Gandhi était convaincu des bienfaits de cette cure pour éliminer les toxines de ses intestins. Un disciple savait qu'il faisait vraiment partie de son intimité lorsque le Mahatma l'invitait à lui administrer son lavement. Au lever du soleil, Gandhi sortait se promener pour rencontrer les villageois et converser avec eux.

Il mit au point une méthode pour ramener le calme et la sécurité dans la région, méthode typique de son style. Dans chaque village, il cherchait un responsable hindou et un responsable musulman disposés à écouter son message. Quand il les avait trouvés, il les persuadait de s'installer ensemble sous le même toit. Ils devenaient alors tous deux les garants de la paix du village. Au cas où ses concitoyens attaqueraient la communauté hindoue, le chef musulman s'engageait à entreprendre un jeûne jusqu'à la mort. L'Hindou faisait le même serment.

Sur les chemins couverts de sang de Noakhali, Gandhi ne limitait pas son action à exorciser la haine en prêchant la fraternité entre Musulmans et Hindous. Dès qu'il sentait l'atmosphère d'un village évoluer en sa faveur, son message d'amour s'ouvrait sur d'autres enseignements, plus vastes. L'Inde, c'était pour lui tous les villages perdus et inaccessibles comme ces hameaux qu'il traversait chaque jour. Il les connaissait mieux que personne. Il voulait que l'Inde nouvelle plante en eux ses fondations et il fallait pour cela les arracher à la routine de leur existence.

« Je me propose de vous montrer aussi la manière de conserver la propreté de l'eau de votre village et celle de vos corps, annonçait-il aux habitants. Je vais vous apprendre comment faire le meilleur emploi de la terre dont sont faits vos corps ; comment puiser la force de vie dans l'infini du ciel au-dessus de vos têtes ; comment renforcer votre énergie vitale en respirant l'air qui vous entoure ; comment utiliser judicieusement la lumière du soleil. »

Le vieux prophète était intarissable. Il avait une confiance irréductible dans la réalité des actes concrets. A la grande indignation de beaucoup de ses disciples qui estimaient qu'un ordre de priorité différent devait être adopté, Gandhi apportait un soin méticuleux et une attention identiques à confectionner un cataplasme d'argile pour un lépreux et à préparer une discussion avec le vice-roi. Ainsi accompagnait-il les villageois à leurs puits. Il les aidait parfois à choisir un meilleur emplacement. Il inspectait les latrines communales ou, si le village n'en possédait pas — et c'était souvent le cas —, il leur indiquait comment en construire, participant même aux travaux. Persuadé que les mauvaises conditions d'hygiène étaient à l'origine du taux élevé de la mortalité indienne, il luttait depuis des années contre les vieilles habitudes de cracher, de se moucher et de se soulager là où la plupart des gens marchaient pieds nus. « Si nous, les Indiens, crachions tous en même temps, avait-il un jour imaginé, nous pourrions former un lac assez profond pour y noyer trois cent mille Anglais. » Mais dès qu'il apercevait un paysan en train de cracher par terre, il le réprimandait gentiment. Il entrait dans les maisons pour montrer aux habitants de quelle manière confectionner un filtre à eau potable avec du charbon de bois et du sable. « La différence entre ce que nous faisons et ce dont nous serions capables suffirait à résoudre la majorité des problèmes du monde », répétait-il constamment.

Chaque soir, il tenait une réunion publique de prière, à laquelle il invitait également les Musulmans, prenant soin de toujours compléter la récitation de la Gîtâ par quelques versets du Coran. Au cours de ces réunions, n'importe qui pouvait le questionner sur n'importe quoi. Un villageois lui fit un soir remarquer qu'au lieu de perdre son temps à Noakhali, il ferait mieux de rentrer à New Delhi pour négocier avec Jinnah et la Ligue musulmane.

« Un chef, expliqua Gandhi, n'est que le reflet du peuple qu'il dirige. Or, le peuple a d'abord besoin d'être guidé pour faire la paix avec lui-même. » Puis il ajouta : « Le désir du peuple de vivre dans une entente fraternelle se reflétera fatalement ensuite dans l'action de ses chefs. »

Il jugeait qu'un village avait compris son message quand la population musulmane acceptait de laisser revenir chez eux les Hindous terrorisés. Il se mettait alors en route vers une autre agglomération à quinze, vingt kilomètres de là. Son départ avait invariablement lieu à 7 h 30. Gandhi en tête, son petit groupe sortait du hameau au milieu des manguiers et des mares où les canards et les oies caquetaient à son passage. Il se frayait un chemin difficile par d'étroits sentiers hérissés de pierres coupantes et de racines, à travers les marécages et les broussailles. La petite caravane s'enfonçait parfois dans la boue jusqu'aux genoux. Quand elle atteignait l'étape suivante, les pieds nus du vieux Mahatma n'étaient souvent qu'une plaie. Avant de poursuivre son action, Gandhi les trempait dans une bassine d'eau chaude, puis il s'abandonnait au seul confort qu'il s'accordât durant son chemin de croix. Il laissait Manu, sa fidèle et ravissante petite-nièce, le soulager en les massant — avec une pierre.

*

Pendant trente ans, ces pieds meurtris avaient porté Gandhi dans les coins les plus reculés des Indes, vers des milliers de villages semblables à ceux qu'il visitait aujourd'hui, au milieu de sordides colonies de lépreux, dans les plus déshérités des bidonvilles, dans les salons des palais impériaux et les cellules des prisons, à la poursuite du but de sa vie, la libération de l'Inde.

Mohandas Gandhi était un écolier de huit ans quand l'arrière-grand-mère de George VI et de Louis Mountbatten avait été proclamée Impératrice des Indes dans une plaine près de Delhi. Pour lui, cette grandiose cérémonie avait toujours été associée à une chansonnette qu'il fredonnait alors avec ses camarades dans sa ville natale de Porbandar au bord de la mer d'Oman, à douze cents kilomètres de Delhi :

> *Voyez donc ce colosse d'Anglais*
> *Il règne sur le petit Indien*
> *Parce qu'il est un mangeur de viande*
> *Il a six pieds de haut.*

Le petit garçon dont la force spirituelle allait un jour humilier les Anglais de six pieds et leur gigantesque empire ne put résister au défi de ce couplet. En cachette, il fit cuire un morceau de chèvre et mangea la viande interdite. L'expérience fut désastreuse. Le jeune Gandhi se mit à vomir aussitôt et passa la nuit à rêver qu'une chèvre cabriolait dans son ventre.

Son père était le *diwan* héréditaire, le Premier ministre, d'une minuscule principauté de la presqu'île de Kathiawar au nord de Bombay, et sa mère une personne particulièrement pieuse qui observait de longs jeûnes religieux.

Curieusement, l'homme destiné à devenir le plus grand chef spirituel de l'Inde des temps modernes n'était pas né dans l'aristocratie hindoue, la caste supérieure des Brahmanes, l'élite religieuse et philosophique de l'hindouisme. Son père appartenait à la caste des Vaiçyas, la caste des commerçants voués aux affaires qui occupe dans la hiérarchie sociale hindoue une position relativement inférieure, au-dessus des Çudras, les artisans et les gens de service, mais au-dessous des Brahmanes et des Kshatriyas, les princes et les guerriers.

Selon l'usage indien de l'époque, Gandhi fut marié à l'âge de treize ans à une fillette totalement analphabète nommée Kasturbai. Celui qui allait plus tard offrir au monde un symbole de pureté ascétique découvrit avec émerveillement les joies de la chair. Quatre ans plus tard, Gandhi et son épouse s'adonnaient à ces plaisirs quand un coup frappé à la porte interrompit leurs ébats. C'était un serviteur annonçant au jeune homme que son père venait de mourir. Gandhi fut horrifié. Il adorait son père. Quelques instants plus tôt, il se trouvait auprès du malade, essayant de le soulager en lui massant les jambes. Mais un violent accès de désir sexuel l'avait éloigné du lit du mourant pour aller réveiller sa femme enceinte. Dès lors, un indélébile complexe de culpabilité commença à faire taire en lui les passions de la chair.

Gandhi fut envoyé en Angleterre pour étudier le droit dans l'espoir qu'il pourrait succéder à son père comme Premier ministre de la principauté. Un tel voyage représentait des sacrifices considérables pour une pieuse famille hindoue. Aucun membre de sa famille n'était jamais allé à l'étranger avant lui. Gandhi fut solennellement exclu de sa caste de marchands, car aux yeux de ses aînés, son voyage au-delà des mers ne pouvait manquer de le souiller à jamais.

A Londres, Gandhi fut affreusement malheureux. Il était si timide que le seul fait d'adresser un mot à un étranger le mettait au supplice. Son aspect chétif et son accoutrement offraient un spectacle pathétique dans le monde sophistiqué du barreau londonien. Il flottait dans son costume mal coupé et paraissait, à dix-neuf ans, si malingre, si tragiquement anonyme, que ses camarades de faculté le prenaient parfois pour un garçon de courses.

Gandhi décida que le seul moyen d'échapper à ce calvaire était de se transformer lui-même en gentleman britannique. Il abandonna ses vêtements de Bombay au profit d'une garde-robe toute neuve. Il acheta un chapeau haut de forme en soie, un habit, des bottes de cuir verni, des gants blancs et une canne à pommeau d'argent. Il fit l'acquisition d'une lotion pour ordonner sa chevelure rebelle et passa des heures devant un miroir à contempler sa nouvelle apparence et à s'exercer à nouer une cravate. Il fit même l'emplette d'un violon, s'inscrivit à un cours de danse, engagea un professeur de français et un maître d'élocution.

Les résultats de cette entreprise furent aussi désastreux que l'avait été son expérience avec la viande de chèvre. Il ne parvint à arracher que de vagues grincements à son violon. Ses pieds refusèrent l'étreinte des bottines de Bond Street, sa langue de prononcer un mot de français, et toutes les leçons d'élocution se révélèrent impuissantes à libérer l'esprit qui cherchait à s'exprimer derrière une accablante timidité. Même une visite dans une maison de plaisir se solda par un échec. Gandhi ne put jamais dépasser le salon. Renonçant alors à copier les Anglais, il résolut de redevenir lui-même. Dès qu'il fut admis au barreau, il se hâta de rentrer aux Indes.

Son retour n'eut rien de triomphal. Pendant des mois, il erra dans les prétoires de Bombay à la recherche d'une cause à défendre. L'homme dont la voix soulèverait un jour tout un peuple se montrait incapable d'articuler les quelques phrases susceptibles d'impressionner un magistrat.

Cet échec fut à l'origine du premier grand tournant dans la vie de Gandhi. Déçue, sa famille l'envoya en Afrique du Sud pour s'occuper du procès d'un parent éloigné. Son voyage devait durer quelques mois. Il allait rester absent pendant un quart de siècle. Là-bas, sur cette terre hostile et lointaine, Gandhi découvrit les principes philo-sophiques qui allaient transformer sa vie et l'his-toire de l'Inde.

Rien dans son attitude ne trahissait la moindre vocation pour l'ascèse ou la sainteté quand il débarqua dans le port de Durban en avril 1893. C'est vêtu de l'élégante redingote des avocats lon-doniens et d'un col blanc empesé que le futur prophète de la pauvreté fit son entrée sur le sol d'Afrique du Sud pour y plaider la cause du commerçant indien qui l'avait engagé.

La véritable prise de contact de Gandhi avec ce nouveau pays eut lieu au cours d'un voyage en chemin de fer de Durban à Pretoria. A la fin de sa vie, Gandhi considérait encore ce voyage comme « l'expérience la plus décisive de son existence ». A mi-chemin de Pretoria, un Blanc fit irruption dans son compartiment de 1re classe et lui ordonna d'aller s'installer dans le wagon à bagages. Gandhi, qui était muni d'un billet de 1re classe, refusa. A l'arrêt suivant, le Blanc appela un policier et Gandhi fut expulsé du train en pleine nuit. Tout seul, et grelottant de froid car il n'osait pas réclamer ses affaires qu'il avait entreposées à la consigne, Gandhi passa une nuit de profonde détresse. C'était sa première confrontation avec l'injustice raciale. Tel un jeune chevalier du Moyen Age veillant avant son adoubement, il implora le dieu de la Gîtâ de lui donner courage et lumière. Quand l'aube apparut sur la petite gare de Maritzbourg, le jeune homme timide et gauche avait pris la décision la plus importante de sa vie. Désormais, Mohandas Gandhi dirait « non ».

Une semaine plus tard, il faisait son premier discours public aux Indiens de Pretoria. L'avocat débutant qui avait manifesté une timidité maladive dans les prétoires de Bombay retrouvait brusquement sa langue. Il exhorta ses frères à s'unir pour défendre leurs intérêts, et d'abord à apprendre à le faire dans la langue anglaise de leurs oppresseurs. Le lendemain soir, Gandhi commençait sans s'en rendre compte la croisade qui allait un jour libérer quatre cents millions d'Indiens, en enseignant la grammaire anglaise à un boutiquier, un coiffeur et un employé. Et bientôt, il remporta sa première victoire. Il arracha aux autorités des Chemins de fer le droit pour les Indiens convenablement habillés de voyager en 1re ou en 2e classe dans les trains sud-africains.

Lorsque le procès qui avait motivé sa venue fut terminé, Gandhi décida de rester en Afrique du Sud. Il devint à la fois le champion de la communauté indienne locale et un avocat florissant. Loyal à l'Empire britannique en dépit de ses injustices raciales, il prit part à la guerre des Boers aux côtés des Anglais en dirigeant un corps d'ambulanciers.

Dix ans après son arrivée, un autre voyage en chemin de fer provoqua le deuxième grand tournant de sa vie. Comme il montait dans le train Johannesburg-Durban, un soir de 1904, un ami anglais lui offrit un livre du philosophe John Ruskin intitulé *Unto This Last*. Gandhi passa toute la nuit à dévorer cet ouvrage. Ce fut sa révélation sur le chemin de Damas. Avant d'arriver à destination le lendemain matin, il avait fait le vœu de renoncer à tous les biens de ce monde et de vivre conformément à l'idéal de ce Ruskin. La richesse n'était qu'une arme pour engendrer l'esclavage, écrivait le philosophe. Un paysan servait aussi bien la société avec sa bêche qu'un avocat avec son talent oratoire, et la vie de celui qui retournait la terre était la seule vie qui valait la peine d'être vécue.

La décision de Gandhi était d'autant plus remarquable qu'il était, à ce moment de sa vie, un homme extrêmement prospère gagnant plus de cinq mille livres sterling par an, somme énorme pour l'Afrique du Sud de l'époque. Depuis deux ans, toutefois, il sentait le doute fermenter en lui. Il était hanté par la morale de dépouillement que prêche la Bhagavad Gîtâ comme condition de tout éveil spirituel. Il s'était déjà engagé sur cette voie. Il se coupait les cheveux, lavait son linge et vidait lui-même ses latrines. Il avait aussi accouché sa femme de leur dernier enfant. Les pages de Ruskin le confirmèrent dans cette attitude.

Quelques jours plus tard, Gandhi installa sa famille et un groupe d'amis sur une propriété de cinquante hectares près du village de Phoenix, à vingt kilomètres de Durban, en plein pays zoulou.

C'était un lieu triste et désolé avec une baraque en ruine, des orangers, des mûriers et des manguiers, une source et des serpents à profusion. Gandhi allait y acquérir les habitudes qui le gouverneraient jusqu'à sa mort : le renoncement aux possessions matérielles d'abord, l'effort pour satisfaire de la manière la plus simple les besoins de l'homme ensuite ; tout cela lié à une vie en communauté où le travail de chacun avait la même valeur et où les biens étaient partagés entre tous.

Un douloureux sacrifice restait encore à accomplir : le vœu de *brahmacharya*, le serment de continence qui obsédait Gandhi depuis des années. La cicatrice qu'avaient laissée dans sa mémoire les circonstances de la mort de son père, le désir de ne plus avoir d'enfants, sa ferveur religieuse croissante, tout le conduisait vers cette résolution. Un soir d'été de l'année 1907, Gandhi annonça solennellement à son épouse Kasturbai qu'il avait fait vœu de *brahmacharya*. Commencé dans une joyeuse frénésie à l'âge de treize ans, le cycle de sa vie amoureuse atteignait sa conclusion à l'âge de trente-sept ans.

Le *brahmacharya* représentait pour Gandhi bien davantage qu'une simple répression des appétits sexuels. Il voulait atteindre la maîtrise de tous les sens. Cela signifiait le contrôle des émotions, de l'alimentation, de la parole, la suppression de la colère, de la violence et de la haine, bref l'accession à un état sans désirs proche de l'idéal de la Gîtâ. Ce choix marqua son engagement définitif sur la voie de l'ascèse, le dernier acte de sa transformation. Aucune des décisions que prit Gandhi ne le contraindrait à un combat intérieur aussi violent que son vœu de chasteté. Il était condamné à le livrer, sous une forme ou une autre, pour le reste de ses jours.

C'est en luttant pour ses frères en Afrique du Sud que Gandhi élabora les deux doctrines qui allaient le rendre mondialement célèbre — la non-violence et la désobéissance civile. Curieusement, ce fut un texte des Évangiles qui le conduisit à méditer sur la non-violence. Il avait été bouleversé par le conseil du Christ à ses disciples de tendre l'autre joue à leurs agresseurs. Le petit homme avait déjà maintes fois appliqué spontanément cette règle en supportant stoïquement les humiliations et les coups des Blancs. La loi du talion — « œil pour œil, dent pour dent » — ne pouvait conduire qu'à un monde d'aveugles, estimait-il, et l'on ne change pas les convictions d'un homme en lui tranchant la tête, pas plus qu'on n'insuffle l'amour dans un cœur en le transperçant d'une balle. La violence engendre la violence. Gandhi voulait transformer les hommes par l'exemple du bien, et les réconcilier par la volonté de Dieu au lieu de les diviser par leurs antagonismes.

Le gouvernement de l'Afrique du Sud lui fournit l'occasion d'expérimenter ses théories à l'automne 1906. Le prétexte en fut un projet de loi qui obligeait tous les Indiens âgés de plus de huit ans à se faire recenser sur les registres de police et à posséder une carte d'identité particulière avec empreintes digitales. Le 11 septembre 1906, devant une foule d'Indiens en colère rassemblés dans le théâtre de l'Empire à Johannesburg, Gandhi prit la parole pour s'insurger contre cette loi. Lui obéir, déclara-t-il, c'est accepter la ruine de notre communauté. « Je ne vois qu'une seule possibilité, celle de résister jusqu'à la mort plutôt que de se soumettre à cette discrimination. » Pour la première fois de sa vie, il entraîna publiquement une multitude à prendre devant Dieu l'engagement solennel de se dresser contre une loi inique, quels qu'en soient les risques. Gandhi n'expliqua pas à ses auditeurs de quelle manière ils allaient lutter. Sans doute ne le savait-il pas lui-même. Une seule chose était claire : la résistance se ferait sans violence.

Le nouveau principe de combat politique et social, qui venait de naître ce soir-là au théâtre de l'Empire, porta bientôt un nom : *Satyâgraha*, la Force de la Vérité. Gandhi organisa le boycottage des formalités de recensement et fit interdire l'entrée des centres d'enregistrement par des commandos pacifiques de piquets de grève. Cette campagne lui valut le premier de ses nombreux séjours en prison.

Dans sa cellule, Gandhi allait découvrir la seconde œuvre profane qui devait exercer sur sa pensée une profonde influence, l'essai de l'écrivain américain Henry Thoreau sur *Le Devoir de désobéissance civile*[1]. Thoreau s'y révoltait contre la complaisance de son gouvernement à l'égard de l'esclavage et contre la guerre injuste qu'il livrait au Mexique. Il affirmait qu'un individu a le droit de ne pas observer des lois arbitraires et de refuser sa soumission à un régime dont la tyrannie est devenue insupportable. Avoir raison, disait-il, est plus honorable qu'être respectueux des lois.

Cet ouvrage servit de catalyseur aux réflexions qui bouillonnaient depuis longtemps dans l'esprit

1. Le troisième fut l'ouvrage de Léon Tolstoï *Le Royaume de Dieu est en vous*. Gandhi admira l'insistance avec laquelle l'écrivain russe appliquait ses principes moraux à sa vie quotidienne. Les deux hommes partageaient des opinions remarquablement semblables sur la non-violence, l'éducation, l'alimentation, l'industrialisation. Ils échangèrent une importante correspondance.

de Gandhi. Quand il sortit de prison, il décida de les mettre en pratique en s'opposant à la décision du Transvaal de fermer ses portes aux Indiens. Le 6 novembre 1913, Gandhi à leur tête, 2 037 hommes, 127 femmes et 57 enfants entreprirent une marche non violente vers le territoire interdit.

Contemplant ce pathétique troupeau qui le suivait avec confiance, Gandhi fut illuminé par une nouvelle révélation. Ces pauvres diables n'avaient rien d'autre à espérer que les coups et la prison. Des miliciens blancs armés les attendaient à la frontière du Transvaal. Et pourtant, électrisés par sa détermination, brûlant pour la cause qu'il leur avait donnée, ils avançaient dans son sillage, prêts, comme il le dirait, « à faire fondre les cœurs de leurs ennemis par leur souffrance silencieuse ». Gandhi comprit au spectacle de leur calme résolution ce que pouvait devenir l'action de masse non violente. Sur la frontière du Transvaal il mesura l'énorme puissance du mouvement qu'il avait provoqué. Les quelques centaines d'Indiens qui marchaient derrière lui ce jour-là pouvaient devenir des centaines de milliers, une marée déferlante qu'une foi inébranlable dans l'idéal de non-violence rendrait invincible.

Persécutions, bastonnades, emprisonnements et sanctions économiques suivirent cette démonstration, mais plus rien ne pouvait briser l'impulsion lancée par Gandhi. Sa croisade africaine s'acheva en 1914 par une victoire quasi totale. Gandhi pouvait enfin rentrer chez lui. Il avait alors quarante-quatre ans.

L'enfant prodigue revenant dans son pays n'avait plus rien de commun avec le jeune avocat timide qui avait débarqué vingt et un ans plus tôt en Afrique du Sud. Sur cette terre inhospitalière il avait découvert ses trois maîtres : Ruskin, Thoreau et Tolstoï, un Anglais, un Américain et un Russe. Leur enseignement et les dures expériences vécues au milieu de ses compatriotes lui avaient permis d'élaborer les deux doctrines — la non-violence et la désobéissance civile — grâce auxquelles il allait, pendant les trente années suivantes, humilier le plus puissant empire du monde.

Une foule énorme lui réserva un accueil de héros quand sa frêle silhouette passa sous l'arche impériale de la Porte des Indes à Bombay le 9 janvier 1915. Son balluchon ne contenait qu'une seule richesse : une épaisse liasse de feuillets couverts de son écriture. Le titre de l'ouvrage, *Hind Swaraj — Autonomie de l'Inde*, révélait que l'Afrique, pour Gandhi, n'avait été qu'un champ de manœuvre avant la véritable bataille de sa vie.

Gandhi s'installa près de la ville industrielle d'Ahmedabad sur une rive du fleuve Sabarmati. Il y fonda un *ashram*, une ferme communautaire à l'image de celles qu'il avait déjà créées en Afrique du Sud. Comme toujours, ses préoccupations l'orientèrent d'abord vers le secours des faibles et des opprimés. Il organisa la résistance des petits planteurs d'indigo du Bihar contre les exactions des grands propriétaires britanniques, la grève de l'impôt des paysans de la région de Bombay ruinés par la sécheresse, le combat des ouvriers des usines textiles d'Ahmedabad contre les patrons dont les contributions financières fournissaient pourtant à son *ashram* ses moyens d'existence. C'était la première fois qu'un leader se penchait sur les malheurs des masses misérables des Indes. Bientôt Rabindranath Tagore, le grand poète indien lauréat du prix Nobel, lui conféra le titre qu'il allait porter durant le reste de sa vie : « Mahatma — La Grande Ame, vêtue des haillons des mendiants. »

De même que la plupart des Indiens, Gandhi resta loyal à la Grande-Bretagne pendant la Première Guerre mondiale, persuadé que celle-ci saurait accueillir avec sympathie les aspirations nationalistes de l'Inde. Il se trompait. En 1919, l'Angleterre vota le Rowlatt Act, une loi qui réprimait durement toute agitation visant à la libération de l'Inde. Gandhi médita de longues semaines pour trouver une réponse au rejet par la Grande-Bretagne des espoirs de son pays. Elle lui vint au cours d'un rêve, et elle était aussi simple qu'extraordinaire. L'Inde allait protester par le silence, un silence de mort. Gandhi allait accomplir une expérience que personne n'avait jamais osé tenter avant lui. Il allait paralyser le pays tout entier dans le calme glacial d'une journée de deuil, une *hartal*.

A l'image de tant de ses initiatives politiques, ce plan reflétait son génie à inventer des idées simples, des idées qui pouvaient être résumées en quelques mots, comprises par les esprits les plus frustes, mises en pratique avec les gestes les plus ordinaires. Pour suivre Gandhi, les Indiens n'auraient même pas à violer la loi ni à braver les matraques de la police. Ils devraient seulement ne rien faire. En fermant leurs magasins, en désertant leurs salles de classe, en allant prier dans leurs temples ou tout simplement en restant chez eux, les Indiens montreraient leur solidarité avec son cri de révolte. Gandhi choisit pour sa journée de *hartal* le 6 avril 1919. C'était le premier défi ouvert qu'il lançait aux autorités britanniques. Que l'Inde entière s'immobilise, supplia-t-il, et que ses oppresseurs entendent le message de son silence.

Malheureusement, les masses ne devaient pas rester partout silencieuses. Des émeutes éclatèrent. La plus grave eut lieu dans le Panjab, à Amritsar. Pour protester contre les mesures de rétorsion imposées dans leur cité par les Anglais, des milliers d'habitants se rassemblèrent le 13 avril en une manifestation pacifique, mais interdite, sur une place appelée Jallianwalla Bagh. Seul un étroit passage donnait accès à cette esplanade que ceinturait toute une rangée de maisons. A peine les manifestants s'étaient-ils regroupés, que débouchèrent une cinquantaine de soldats britanniques avec à leur tête le commandant militaire de la ville, le général R.E. Dyer. Celui-ci plaça ses hommes de chaque côté de l'entrée et, sans le moindre avertissement, fit ouvrir le feu sur la foule sans défense. Tandis que les Indiens pris au piège hurlaient et imploraient pitié, les mitrailleuses anglaises tiraient 1 650 balles. Elles tuèrent ou blessèrent 1 516 personnes. Convaincu d'avoir fait « du bon travail », le général Dyer se retira[1].

Ce « beau travail » fut, dans l'histoire des relations de l'Angleterre avec l'Inde, un tournant plus décisif que ne l'avait été la grande mutinerie des cipayes soixante-trois ans plus tôt. Mais pour Gandhi, cette tragédie avait un sens particulier. Elle lui faisait perdre définitivement sa confiance dans cet Empire auquel il avait sacrifié ses prin-

---

1. Le massacre d'Amritsar valut un blâme au général Dyer qui fut contraint de démissionner de l'armée. Il conserva cependant ses pleins droits à sa pension et sa démonstration de force fut applaudie par la plupart des Anglais vivant aux Indes. Une collecte fut lancée dans tous les clubs du pays afin de l'aider à supporter la rigueur de sa retraite forcée et lui rapporta la somme astronomique de vingt-six mille livres sterling.

cipes pacifiques à l'occasion de deux guerres. Désormais, il appliquerait tous ses efforts à prendre le contrôle de l'organisation qui incarnait les aspirations nationalistes de l'Inde.

L'idée que le parti du Congrès pût un jour devenir le fer de lance de l'agitation des masses indiennes aurait certainement épouvanté le respectable fonctionnaire anglais qui fonda cette assemblée en 1885. Agissant avec la bénédiction du vice-roi, Octavian Hume voulait créer un parti susceptible de canaliser les protestations grandissantes de la classe intellectuelle dans une formation modérée capable d'engager un dialogue de gentleman avec les maîtres britanniques de l'Inde. Et c'était exactement ce que représentait le parti du Congrès lorsque Gandhi arriva sur la scène politique. Décidé à en faire un mouvement de masses animé de son idéal de non-violence, il présenta au parti, en 1920 à Calcutta, un plan d'action qui fut adopté à une écrasante majorité. Dès lors et jusqu'à sa mort, qu'il occupât ou non une position dans la hiérarchie du parti, Gandhi fut la conscience et le guide du Congrès, le chef incontesté du combat pour l'indépendance.

Comme son organisation d'une *hartal* nationale, la nouvelle action de Gandhi était d'une lumineuse simplicité. Son programme tenait en une seule formule : la non-coopération. Les Indiens allaient boycotter tout ce qui était anglais : les élèves boycotteraient les écoles anglaises, les avocats les tribunaux anglais, les fonctionnaires les emplois anglais, les soldats les décorations anglaises. Gandhi commença par renvoyer au vice-roi les deux médailles qu'il avait gagnées avec son corps d'ambulanciers pendant la guerre des Boers. Son but essentiel visait à saper l'édifice du pouvoir britannique aux Indes en s'attaquant à son fondement même, son économie. La Grande-Bretagne achetait alors à des prix dérisoires du coton indien qu'elle expédiait aux usines du Lancashire et qui revenait aux Indes sous forme d'étoffes vendues avec des bénéfices considérables sur un marché dont étaient pratiquement exclus tous les textiles non britanniques. C'était le cycle classique de l'exploitation impérialiste. Pour faire échec aux machines des usines anglaises, Gandhi choisit une arme qui en était l'antithèse absolue : l'ancestral rouet de bois.

Il allait lutter pendant vingt-cinq ans avec une énergie indomptable pour obliger l'Inde entière à rejeter les tissus étrangers au profit du *khadi* de coton écru filé sur des millions de rouets. Persuadé que la misère des paysans indiens provenait avant tout du déclin des métiers ruraux, il voyait dans la renaissance de l'artisanat la clef de la renaissance des campagnes. Quant aux masses urbaines, filer était pour elles le chemin d'une véritable rédemption spirituelle, un rappel constant de leur lien avec l'Inde profonde, l'Inde des cinq cent mille villages.

Le rouet devint le symbole autour duquel il prêcha les doctrines qui lui tenaient à cœur. A cette croisade vint s'ajouter une campagne d'éducation pour inciter les villageois à utiliser des latrines, à améliorer leurs conditions sanitaires, à combattre la malaria, à construire des écoles pour leurs enfants, à prôner une entente harmonieuse entre Hindous et Musulmans. C'était tout un programme de régénération de la vie de l'Inde rurale qu'il proposait de la sorte.

Gandhi donna l'exemple en consacrant lui-même très régulièrement une demi-heure par jour à filer et en obligeant ses disciples à en faire autant. La séance journalière du rouet prit la forme d'une véritable cérémonie religieuse, le temps passé à filer devenant un interlude de prière et de méditation. Le Mahatma psalmodiait le nom de Dieu, « Râma, Râma, Râma », au rythme du clic-clic-clic de son rouet.

En septembre 1921, Gandhi donna un nouvel élan à sa croisade en renonçant solennellement, et pour le reste de sa vie, à tout autre vêtement qu'un pagne et un châle de coton tissés à la main. L'humble tâche du filage devint alors un réel sacrement unissant par un rite quotidien les membres de tous bords du parti du Congrès. Son produit — le *khadi* de coton — devint l'uniforme des combattants de l'indépendance, habillant les riches comme les pauvres d'un même morceau de grossière toile blanche. La petite roue de Gandhi représentait l'emblème de sa révolution pacifique, le défi à l'impérialisme occidental d'un continent qui se réveillait, l'insigne de l'unité nationale et de la liberté.

Avançant dans la boue ou sur la rocaille coupante des chemins, passant des nuits entières en train sur les banquettes de bois de 3e classe, Gandhi alla répandre son message jusqu'aux endroits les plus reculés de l'Inde. Il prenait la parole cinq ou six fois par jour, il visitait des milliers de villages. C'était un spectacle étonnant. Gandhi trottinait en tête, pieds nus, un morceau de *khadi* autour de la taille, ses lunettes à monture d'acier au bout du nez, appuyé sur un bâton de bambou. Derrière, suivaient ses partisans vêtus de façon identique. Fermant la marche, portée au-dessus des têtes, avançait la chaise percée du Mahatma, rappel concret de l'importance qu'il attachait au respect de l'hygiène.

Sa longue marche remporta un succès fantastique. Les foules accouraient pour apercevoir celui qu'on appelait « la Grande Ame ». Sa pauvreté volontaire, sa simplicité, son humilité faisaient de lui un saint homme venu de quelque lointain passé pour faire naître une Inde nouvelle.

Dans les villes, il répétait aux masses urbaines que si la nation voulait arracher son autonomie, il faudrait qu'elle commence par renoncer à tout produit d'origine étrangère. Il invita la population à se défaire de ses habits anglais. Des chaussures, des chaussettes, des pantalons, des chemises, des chapeaux, des manteaux s'empilèrent bientôt en un énorme tas devant lui. Dans son enthousiasme, un homme se retrouva même tout nu. Avec un sourire ravi, Gandhi mit alors le feu à cette pyramide de vêtements « made in England ».

Les Anglais ne furent pas longs à réagir. S'ils hésitaient à emprisonner Gandhi de crainte d'en faire un martyr, ils ne se privèrent pas de frapper durement ses partisans. Trente mille personnes furent arrêtées, des réunions et des défilés dispersés par la force, les bureaux du Congrès perquisitionnés.

Le 1er février 1922, Gandhi écrivit courtoisement au vice-roi qu'il avait décidé d'intensifier son action. De la non-coopération il allait passer à la désobéissance civile. Il conseilla aux paysans de faire la grève de l'impôt, aux citadins de ne plus respecter les lois britanniques, aux soldats de cesser de servir la couronne. C'était une déclaration de guerre non violente que Gandhi lançait au gouvernement colonial des Indes. « Les Anglais veulent nous contraindre à placer la lutte sur le terrain des mitrailleuses car ils ont des armes et nous pas, annonça-t-il. Notre seule chance de les battre est de porter le combat sur un terrain où nous possédons des armes et eux pas. »

Des milliers d'Indiens répondirent à son appel. Des milliers furent jetés en prison. Atterré, le gouverneur de Bombay qualifia cette entreprise « d'expérience la plus colossale de l'histoire du monde et qui fut à un pouce de réussir ». Elle échoua pourtant à cause d'une explosion de violence sanglante dans un petit village au nord-est de New Delhi. Contre les vœux de presque tous les membres de son parti, Gandhi décommanda le mouvement : il avait le sentiment que ses partisans n'avaient pas compris pleinement l'idéal de non-violence.

Sentant que ce revirement le rendait plus vulnérable, les Anglais l'inculpèrent. Gandhi plaida coupable à l'accusation de sédition et réclama le maximum de la peine dans un émouvant appel à ses juges. Il fut condamné à six ans de détention dans la prison de Yeravda, près de Poona. Il ne regrettait rien. « La liberté, écrivit-il, doit être souvent recherchée dans les prisons, quelquefois sur l'échafaud ; jamais dans les conseils, les tribunaux ou les écoles. »

Gandhi fut libéré pour raison de santé avant l'expiration de sa peine et reprit aussitôt ses pérégrinations à travers l'Inde, inculquant aux foules ses principes de non-violence afin d'empêcher le retour des événements sanglants qui l'avaient obligé à interrompre son action.

A la fin de 1929, il était prêt à faire un pas de plus en avant. A Lahore, sur le coup de minuit, tandis que la décennie s'achevait, il persuada le parti du Congrès de faire le vœu solennel d'arracher le *swaraj*, l'indépendance totale de l'Inde. Des millions de militants du Congrès répétèrent ce serment au cours de rassemblements dans tout le pays. Un nouvel affrontement avec les Anglais devenait inévitable.

Gandhi réfléchit longuement, attendant de sa « voix intérieure » qu'elle lui indiquât la manière la plus favorable de mener à bien cette confrontation. La réponse ainsi obtenue était le produit le plus subtil de son génie créateur, la plus stupéfiante provocation politique des temps modernes. Sa conception était si simple, et sa mise en scène si spectaculaire que Gandhi connut d'emblée une popularité mondiale. Son défi concernait paradoxalement une denrée alimentaire à laquelle le Mahatma avait renoncé depuis des années dans sa lutte pour la chasteté, le sel. Si Gandhi parvenait à s'en priver, le sel restait dans le climat torride de l'Inde un ingrédient vital de la nourriture de chaque habitant. On le trouvait en longues dunes blanches au bord des rivages, don de la Providence éternelle, la mer. Mais le gouvernement britannique gardait le monopole de sa distribution et son prix était grevé d'une taxe. Bien que modeste, cette taxe représentait pour un paysan environ deux semaines de revenus.

Le 12 mars 1930 à 6 h 30 du matin, son bâton de bambou à la main, le dos légèrement courbé, son habituel morceau de toile blanche autour de la taille, Gandhi quitta son *ashram* à la tête d'un cortège de soixante-dix-neuf disciples, et se mit en route vers la mer située à quatre cents kilomètres de là. Des milliers de sympathisants se pressèrent pour le saluer le long de son chemin qu'ils jonchaient d'un tapis de feuilles. Des journalistes, accourus du monde entier, suivirent la progression de l'étrange caravane. De village en village, les foules se relayaient, s'agenouillaient sur le passage de la « Grande Ame ». Tel un aimant passant dans la limaille, Gandhi entraînait des dizaines de milliers de gens. L'image presque chaplinesque de l'insolite silhouette à demi nue marchant vers la mer pour défier l'Empire britannique couvrit jour après jour la première page de tous les journaux du monde et remplit les films d'actualités de toutes les salles de cinéma. Le vingt-cinquième jour à six heures du soir, Gandhi et son cortège atteignirent le rivage de l'océan Indien près de la ville de Dandi. Le lendemain à l'aube, après une nuit de prière, le groupe entra dans la mer pour un bain rituel. Puis, devant des milliers de spectateurs, Gandhi se baissa pour ramasser une poignée de sel sur la grève. L'air grave et résolu, il brandit son poing en l'air avant de l'ouvrir pour présenter à la foule le petit tas de cristaux blancs, ce cadeau interdit de la mer qui devenait le nouveau symbole de la lutte pour l'indépendance.

En moins d'une semaine, toute la péninsule fut en ébullition. D'un bout à l'autre du continent, les partisans de Gandhi se mirent à récolter du sel et à le distribuer. Le pays fut inondé de tracts expliquant comment purifier chez soi le sel de la mer. Partout s'allumèrent des milliers de feux de joie pour brûler, dans une sorte de kermesse héroïque, tous les produits importés d'Angleterre.

Les Anglais répliquèrent par la rafle la plus gigantesque de l'histoire des Indes et jetèrent des milliers de gens en prison. Gandhi était l'un d'eux. Avant d'être réduit au silence de sa cellule de Yeravda, il réussit à envoyer un dernier message à ses partisans. « L'honneur de l'Inde, leur disait-il, a été symbolisé par une poignée de sel dans la main d'un homme de la non-violence. Le poing qui a tenu ce sel peut être brisé, mais le sel ne sera pas rendu. »

Pendant trois siècles, dans ces murs de la Chambre des communes du Parlement anglais, avaient retenti les volontés de la poignée d'hommes qui avaient édifié et guidé l'Empire britannique. Leurs débats et leurs décisions commandaient au destin d'un demi-milliard d'êtres humains dispersés sur toute la surface du globe et imposaient la domination chrétienne blanche d'une petite élite européenne sur plus d'un tiers des terres émergées. De génération en génération, les bâtisseurs de l'Empire étaient montés à cette tribune pour y expliquer les grandioses entreprises qui faisaient de l'Angleterre la nation la plus puissante du monde. Témoins silencieux de ces grandeurs passées, les hautes boiseries de chêne avaient successivement entendu les discours de William Pitt annonçant l'annexion du Canada, du Sénégal, des Antilles, de la Floride, la colonisation de l'Australie et le départ autour du monde d'un voilier aux couleurs britanniques frété par l'explorateur James Cook. Elles avaient entendu Disraeli annoncer l'occupation du canal de Suez — l'artère vitale reliant l'Angleterre à son Empire des Indes —, la conquête du Transvaal, la soumission des Zoulous, la défaite des Afghans et l'apothéose de l'Empire, sa décision de faire proclamer Victoria Impératrice des Indes. Elles avaient entendu Joseph Chamberlain présenter le fameux projet d'enfermer l'Afrique dans une ceinture d'acier britannique grâce au chemin de fer courant du Cap au Caire.

En ce triste après-midi de février 1947, les membres de la Chambre des communes attendaient dans l'ombre glaciale et mélancolique de leur prestigieuse enceinte sans chauffage que le Premier ministre monte à la tribune pour prononcer l'oraison funèbre de l'Empire britannique. Sur les bancs de l'opposition trônait, comme une figure de proue, Winston Churchill, lourde masse granitique enveloppée d'un pardessus noir.

Durant près de cinquante ans depuis que, jeune officier de cavalerie entré dans le journalisme et la politique, il avait rejoint les rangs de cette assemblée, sa voix y avait incarné le rêve impérial, comme elle avait été, pendant la Seconde Guerre mondiale, la conscience de l'Angleterre et le catalyseur de son courage. Homme politique d'une rare clairvoyance, mais inflexible dans ses convictions, Churchill vouait à l'Empire un attachement passionné. Et de tous les vastes et pittoresques territoires qui le composaient, aucun ne tenait dans son cœur une place comparable à celle des Indes. Churchill aimait les Indes de toutes les fibres de son être. Il y avait servi tout jeune, comme officier au 4e régiment des Hussards de la reine, et il y avait vécu toutes les aventures des personnages de Kipling. Il avait joué au polo sur les pelouses de ses *maidan*, poursuivi les sangliers à la lance et chassé le tigre. Il avait escaladé les pentes de la passe de Khyber et galopé contre les Pathans de la frontière du nord-ouest. Un geste symbolisait la solidité des liens qui l'attachaient à ce pays : cinquante ans après son départ, il envoyait encore chaque mois deux livres sterling à un ancien serviteur de Bangalore.

A cette passion sentimentale s'ajoutait une foi inébranlable dans la grandeur impériale. Il avait sans cesse affirmé que la position de l'Angleterre dans le monde dépendait de son empire. Il adhérait sincèrement au dogme victorien assurant que

« ces pauvres peuples privés de lois » étaient infiniment plus heureux sous l'autorité de l'Angleterre que sous le joug d'une bande de despotes locaux.

Rien ne pouvait altérer la force de sa conviction. La domination de la Grande-Bretagne aux Indes avait toujours été juste, exercée au mieux des intérêts du pays ; ses masses vouaient à leurs maîtres affection et gratitude ; les agitateurs politiques qui réclamaient l'indépendance ne constituaient que la toute petite minorité éduquée et ne reflétaient ni les aspirations du peuple ni ses intérêts. En dépit de toute la lucidité dont il avait fait preuve à l'occasion de tant de crises mondiales, Churchill restait aveugle et sourd devant le drame des Indes. Depuis 1910, il avait combattu tous les efforts destinés à conduire ce pays vers son indépendance. Il méprisait Gandhi et la plupart des hommes politiques indiens, qu'il considérait comme des « hommes de paille ».

Plus qu'aucun autre député présent ce jour-là, Churchill était conscient de la hâte apportée par le Premier ministre qui l'avait remplacé à ce démembrement de l'Empire dont il s'était toujours refusé à être l'instrument. Mais s'il avait été battu — à l'étonnement du monde entier — aux élections de 1945, le vieux lion contrôlait encore une majorité absolue à la Chambre des lords, et cet avantage lui donnait le pouvoir de retarder l'issue tragique d'au moins deux grandes années. Serrant les lèvres, il regarda monter à la tribune son successeur socialiste.

La courte déclaration que Clement Attlee s'apprêtait à lire avait, en grande partie, été rédigée par le jeune amiral qu'il envoyait aux Indes et dont il allait à présent révéler le nom. Avec son audace habituelle, Louis Mountbatten avait réussi à substituer son propre texte au long discours qu'Attlee avait préparé. Le nouveau texte définissait en termes nets la mission du vice-roi. Il contenait en outre une précision que l'amiral jugeait fondamentale, et faute de laquelle, pensait-il, le casse-tête indien n'avait pas la moindre chance d'être résolu. Mountbatten s'était battu six semaines avec Attlee, pour obtenir la mention de ce point précis.

La frileuse assemblée se raidit lorsque Attlee commença à lire sa déclaration historique. « Le gouvernement de Sa Majesté souhaite faire savoir clairement qu'il est de sa ferme intention de prendre les dispositions nécessaires pour procéder au transfert de la souveraineté des Indes entre les mains d'une autorité indienne responsable à une date ne dépassant pas le mois de juin 1948. »

Un silence stupéfait tomba sur les députés tandis que chacun prenait la mesure exacte de ces paroles. Ils avaient conscience des bouleversements de l'Histoire, ils connaissaient l'orientation politique délibérément amorcée par la Grande-Bretagne aux Indes, pourtant rien n'atténuait la mélancolie qui les gagna à l'idée que l'Empire britannique des Indes n'avait plus que quatorze mois à vivre. Une époque du destin de l'Angleterre s'achevait. Ce que le *Manchester Guardian* désignerait le lendemain comme « le plus grand désengagement de l'Histoire » était sur le point de se réaliser.

L'imposante silhouette se leva du banc de l'opposition quand vint son tour de prononcer un dernier plaidoyer en faveur de l'Empire. Frissonnant de froid et d'émotion, Churchill dénonça « la manœuvre du gouvernement qui se servait d'illustres figures de la guerre pour couvrir une mélancolique et désastreuse transaction ». En assignant une échéance si rapprochée à l'abandon des Indes, Attlee se soumettait à « l'une des plus démentielles exigences de Gandhi » criant à l'Angleterre de partir et « d'abandonner l'Inde à la grâce de Dieu... C'est avec un chagrin profond, déplora-t-il, que j'assiste au démantèlement de l'Empire britannique avec toutes ses gloires et toutes ses œuvres accomplies pour le bien de l'humanité. Nombreux sont ceux qui ont défendu la Grande-Bretagne contre ses ennemis. Personne ne peut la défendre contre elle-même... Gardons-nous d'ajouter une fuite honteuse, un sabordage hâtif et prématuré. Gardons-nous au moins d'ajouter aux abîmes de tristesse ressentie par tant d'entre nous, le parfum et le goût de la honte ».

Ces mots étaient ceux d'un maître de l'éloquence, mais ils ne constituaient qu'une vaine tentative d'empêcher le soleil de se coucher. A l'heure du scrutin, la Chambre des communes ratifia la marche de l'Histoire. Par une écrasante majorité, elle vota la fin du règne de la Grande-Bretagne aux Indes à la date limite du mois de juin 1948.

Deuxième station du chemin de croix de Gandhi
Des tessons de bouteilles et des excréments

Plus son petit groupe s'enfonçait dans les marécages du district de Noakhali, plus la mission de Gandhi devenait difficile. Le chaleureux accueil reçu auprès des populations musulmanes des premiers hameaux irritait vivement les responsables des villages qu'il s'apprêtait maintenant à visiter.

Considérant qu'il menaçait leur propre autorité, ils décidèrent de soulever l'hostilité des habitants contre le Mahatma.

Ce matin-là, ses pas le guidèrent vers une école musulmane où des enfants de sept et huit ans, accroupis en rond autour de leur cheikh, suivaient une classe en plein air. Rayonnant de joie tel un vieux grand-père heureux de retrouver ses petits-enfants préférés, Gandhi se précipita vers la jeune assemblée. Mais le cheikh se leva aussitôt ; d'un geste brusque et courroucé, il fit rentrer les enfants dans sa cabane, comme si le vieil homme était quelque sorcier venu leur jeter un mauvais sort. Frappé de stupeur, Gandhi resta devant la cabane, adressant de tristes signes de la main aux petites têtes qu'il distinguait dans la pénombre, recueillant en réponse leurs sombres regards pleins d'une curiosité perplexe. Puis il porta la main à son cœur pour les saluer d'un « salâm » à la manière musulmane. Aucune main ne lui répondit. Même ces enfants innocents n'avaient pas le droit d'accepter son message de fraternité. Avec un douloureux soupir, Gandhi fit demi-tour et reprit sa route.

Il y eut d'autres incidents. Quatre jours plus tôt, quelqu'un avait saboté les supports d'une passerelle en bambou et en corde de jute que Gandhi devait emprunter. Le crime avait heureusement été découvert avant que le pont ne s'écroule et ne précipite Gandhi et son groupe dans les flots boueux qui coulaient cinq mètres au-dessous. Un autre matin, sur la route qui traversait une forêt de bambous et de cocotiers, Gandhi trouva plantées sur les arbres de nombreuses pancartes couvertes de slogans hostiles : « Va-t'en »... « Accepte le Pakistan. »

Ces messages de haine le laissaient indifférent. Le courage physique, la capacité de supporter les coups sans protester, d'affronter résolument le danger étaient, croyait-il, les qualités essentielles d'un militant de la non-violence. Depuis la correction qu'il avait reçue en Afrique du Sud lorsque le postillon blanc d'une diligence avait voulu l'éjecter de la place qu'il occupait de droit, le frêle petit homme avait donné maintes preuves de ce genre de courage.

Maîtrisant la peine profonde d'avoir vu des enfants se détourner de lui, Gandhi poursuivit son chemin vers le prochain village. La nuit avait été froide et humide et la rosée rendait glissant l'étroit sentier où marchait le petit groupe. Soudain, tout le monde s'arrêta tandis que Gandhi posait son bâton de bambou et s'inclinait vers le sol. Une main ennemie avait jonché le chemin qu'il allait emprunter nu-pieds de tessons de bouteilles et d'excréments humains. Gandhi coupa sans hâte une branche de palmier, se baissa et accomplit humblement l'acte le plus déshonorant pour un Hindou de caste : se servant de la palme comme d'un balai, il nettoya le sentier.

« Ce fakir à demi nu »

Pendant plusieurs décennies, l'adversaire britannique le plus acharné du vieil homme qui balayait patiemment les ordures de sa route avait été l'indomptable tribun de la Chambre des communes. Toutes les phrases mémorables prononcées par Winston Churchill au cours de sa carrière pouvaient remplir un volume entier d'anthologie, mais peu d'entre elles avaient eu dans l'opinion une résonance aussi profonde que celle dont il s'était servi un jour pour décrire Gandhi : « Ce fakir à demi nu. »

L'occasion en avait été un événement qui avait marqué un tournant dans l'histoire de l'Empire britannique. Cela s'était déroulé le 17 février 1931. S'appuyant d'une main sur son bambou, serrant de l'autre les pans de son châle de toile blanche, le Mahatma Gandhi avait, ce matin-là, gravi les marches de grès rouge du palais du vice-roi des Indes. Son visage portait encore les cernes des longues semaines qu'il venait de passer dans une prison britannique. Mais ce n'était pas un mendiant venu implorer des faveurs qui se présentait devant le vice-roi — c'était l'Inde elle-même.

En brandissant son poing rempli de sel, Gandhi avait déchiré le voile du temple. Le soutien populaire à son mouvement s'était tellement étendu que le vice-roi Lord Irwin s'était senti obligé de le libérer de prison et de l'inviter à New Delhi pour négocier avec lui en tant que leader reconnu des aspirations nationales. Gandhi se trouvait être, en 1931, le premier de cette lignée de révolutionnaires — leaders arabes, africains ou asiatiques — qui allaient un jour suivre le même chemin menant d'une prison anglaise à une salle de conférences.

Winston Churchill avait saisi la portée de cette rencontre. Dans l'enceinte célèbre où il ne cessait de s'insurger contre l'abandon des Indes par l'Angleterre, il avait fustigé « le spectacle nauséabond et humiliant de cet ancien avocat du barreau de Londres, aujourd'hui fakir séditieux, gravissant à demi nu les marches du palais du vice-roi pour discuter et négocier d'égal à égal avec le représentant du roi-empereur ». « La perte des Indes, s'était-il écrié avec une clairvoyance préfigurant le discours qu'il devait prononcer seize ans plus tard, nous porterait un coup fatal et définitif. Elle fait partie d'un processus qui nous réduirait à devenir une nation insignifiante. »

Ce cri n'eut aucun écho à New Delhi. Les négociations se déroulèrent pendant trois semaines, au cours de huit rencontres, et s'achevèrent par un accord connu sous le nom de « Gandhi-Irwin Pact. » Ce pacte, semblable en tout point à un traité entre deux puissances souveraines, donnait la mesure de la victoire remportée par Gandhi. Le vice-roi acceptait de libérer les milliers d'Indiens qui avaient suivi leur chef en prison[1]. Gandhi consentait de son côté à suspendre sa campagne de désobéissance et à prendre part à une table ronde à Londres pour y discuter l'avenir des Indes.

1. Personne ne devait bénéficier davantage de cet accord qu'un jeune étudiant sikh nommé Gurcharan Singh. Les mains liées derrière le dos, Gurcharan Singh traversait ce matin-là un long corridor de la prison de Lahore au bout duquel attendaient le bourreau et la potence britanniques qui devaient mettre fin à son existence de patriote révolutionnaire. Alors que Gurcharan Singh arrivait en vue du gibet, il entendit derrière lui des pas précipités. Se retournant, il vit venir le major qui commandait la prison.
— Félicitations ! lui cria celui-ci en brandissant un morceau de papier bleu.
Le jeune Sikh se sentit défaillir.
— Vous autres, gentlemen, ne manquez pas de cynisme, rugit-il, vous allez me pendre et vous m'offrez vos compliments !
L'officier anglais lui annonça que toutes les exécutions capitales étaient suspendues à la suite du pacte qui venait d'être signé à New Delhi.
Gurcharan Singh fut libéré quelques semaines plus tard. Son premier geste fut d'accomplir un pèlerinage à l'*ashram* de Gandhi. L'ardent révolutionnaire y tomba sous le charme du Mahatma. Il jura de suivre ses pas et devint un adepte de la non-violence. L'ironie du sort voudra que ce soit lui qui recueille dans ses bras, le jour de sa mort, le corps de celui qui lui avait sauvé la vie.

Huit mois plus tard, en octobre 1931, à la stupéfaction de toute l'Angleterre, le Mahatma Gandhi, toujours habillé d'un pagne de coton et de sandales — portrait vivant du Ganga Din de Kipling qui « ne portait pas grand-chose par-devant et encore moins par-derrière » —, se rendait au palais de Buckingham pour prendre le thé avec le roi-empereur. Questionné sur l'opportunité de sa tenue vestimentaire, Gandhi répondit avec malice que « Sa Majesté avait assez d'habits pour nous deux. »

La publicité qui entoura cette rencontre traduisait la véritable portée de la visite de Gandhi à Londres. Pourtant la conférence fut un échec. L'Angleterre n'était pas encore prête à accepter l'indépendance des Indes. Gandhi n'avait-il pas toujours prédit que la véritable victoire « sera gagnée en dehors de la salle de conférences... en semant maintenant les graines qui adouciront un jour l'attitude britannique ». La presse et l'opinion anglaises se passionnèrent pour cet étrange petit homme qui voulait renverser l'Empire en offrant aux coups son autre joue.

Il avait débarqué du bateau vêtu de son seul pagne, appuyé sur son bambou, sans aide de camp, sans domestiques, sans gardes. Seuls quelques disciples et une chèvre descendirent de la passerelle sur ses talons, une chèvre indienne qui fournissait au Mahatma son bol de lait quotidien. Dédaignant les hôtels, il s'installa dans un quartier pauvre de l'East End. Celui qui avait été, dans ce même Londres, un étudiant incapable d'articuler trois mots manifestait à présent une éloquence intarissable. Il rencontra des mineurs, des enfants, Bernard Shaw, l'archevêque de Cantorbéry, Charlie Chaplin, les ouvriers des usines textiles du

Lancashire que ses campagnes en Inde avaient réduits au chômage ; bref, tout le monde, sauf Winston Churchill qui refusa obstinément de le recevoir.

Gandhi faisait une impression profonde. Les films d'actualités de la Marche au sel l'avaient déjà rendu célèbre. Pour les foules d'une Angleterre en proie au malaise industriel, au chômage et à de graves injustices sociales, cet envoyé de l'Orient vêtu comme le Christ, porteur d'un message d'amour, était un personnage à la fois fascinant et inquiétant. Plus tard, Gandhi expliqua lui-même la nature de cette fascination dans une allocution à la radio américaine. L'attention du monde a été attirée sur le combat des Indes pour leur indépendance, déclara-t-il, « parce que les moyens que nous avons choisis pour obtenir cette liberté sont uniques... Le monde est malade à crever de voir le sang couler. Le monde cherche à en sortir et je me flatte de croire que ce sera peut-être le privilège de la vieille terre indienne de montrer une issue au monde affamé de paix ». Pour l'heure, l'Occident n'était pas encore mûr. A la veille d'une nouvelle guerre mondiale, une chèvre lui paraissait une arme moins efficace qu'une mitrailleuse. Pourtant, lorsqu'il repartit, sur le trajet de chemin de fer qui l'amenait au port de Brindisi, des milliers de Français, de Suisses et d'Italiens se rassemblèrent avec l'espoir d'apercevoir sa frêle silhouette à la vitre de son compartiment de 3e classe.

A Paris, une foule si dense avait envahi la gare du Nord que Gandhi dut se hisser sur un chariot à bagages pour prendre la parole. En Suisse, où l'accueillit son ami l'écrivain Romain Rolland, le syndicat des laitiers du Léman revendiqua l'honneur de nourrir le « roi des Indes ». A Rome, il avertit Mussolini que le fascisme « s'écroulerait comme un château de cartes » et pleura devant le Christ en croix de la chapelle Sixtine.

En dépit de cette traversée triomphale de l'Europe, Gandhi rentra dans son pays le cœur lourd. « Je reviens les mains vides », annonça-t-il à la multitude d'admirateurs qui l'attendaient à son arrivée à Bombay. L'Inde devrait retourner à la désobéissance civile. Moins d'un mois plus tard, l'homme qui avait pris le thé avec le roi d'Angleterre au palais de Buckingham était à nouveau l'hôte de Sa Majesté impériale : dans une cellule de la prison de Yeravda.

Pendant les trois années suivantes, le Mahatma connut de fréquentes incarcérations tandis qu'à Londres Churchill tonnait qu'il fallait « écraser Gandhi et tout ce qu'il représentait ». Malgré ces déclarations, les Anglais proposèrent un plan de réforme qui déléguait aux provinces indiennes une part de l'autorité centrale. A l'une de ses sorties de prison, Gandhi résolut d'abandonner provisoirement l'action politique pour se consacrer à deux tâches qui avaient toujours concurrencé dans son cœur le combat pour la libération : la misère des millions d'Intouchables et la situation des villages indiens.

L'approche de la Seconde Guerre mondiale le confirmait dans son idéal de non-violence, seul capable de sauver l'homme de la destruction.

Lorsque Mussolini envahit l'Éthiopie, Gandhi pressa les Éthiopiens « de se laisser massacrer ». Le résultat, expliqua-t-il, sera plus fructueux que la résistance, car « après tout, Mussolini ne voudra pas occuper un désert ». Au lendemain de Munich, il conseilla aux Tchèques de « refuser d'obéir à la volonté de Hitler en acceptant de périr devant lui les mains nues ». Horrifié par les persécutions des Juifs, il s'écria : « S'il pouvait jamais y avoir une guerre justifiable pour l'humanité, ce serait une guerre contre l'Allemagne pour empêcher l'anéantissement insensé de toute une race. » Pourtant, ajoutait-il, « je ne crois pas en la guerre ». A la place, il proposait « la résistance calme et résolue d'hommes et de femmes sans armes mais tenant de Jéhovah la force de souffrir. Cela obligerait les Allemands à respecter la dignité humaine ». La persistance de la sauvagerie des nazis devant l'entrée résignée, quelques années plus tard, de six millions de Juifs dans les chambres à gaz devait cruellement démentir les espoirs utopiques de Gandhi.

Quand enfin la guerre éclata pour de bon, Gandhi pria pour que puisse au moins surgir de l'holocauste, tel un lever de soleil, quelque geste héroïque, le sacrifice non violent qui illuminerait le chemin de l'humanité et lui permettrait d'échapper à l'étreinte inexorable de l'autodestruction. Tandis que Churchill galvanisait ses compatriotes en leur promettant « du sang, de la peine, de la sueur et des larmes », Gandhi, espérant trouver chez les Anglais un peuple assez brave pour mettre ses théories personnelles à l'épreuve, leur proposa une autre méthode : « Invitez Hitler et Mussolini à conquérir les pays qu'ils veulent parmi ceux que vous appelez vos possessions, leur écrivait-il au plus fort des bombardements allemands sur Londres. Laissez-les s'emparer de votre belle île avec ses nombreux et magnifiques monuments. Abandonnez-leur tout cela, mais ne leur donnez ni votre esprit ni votre âme. »

Cette attitude était la conséquence logique de

l'idéal de non-violence. Mais pour les Anglais, et surtout pour leur chef, ce n'était là que sornettes lancées par un vieil excentrique tout juste bon à être enfermé.

Gandhi ne réussit même pas à convaincre les dirigeants de son propre parti. La plupart de ses disciples étaient de fervents antifascistes prêts à engager l'Inde dans la guerre, s'ils pouvaient le faire en hommes libres. Pour la première fois, mais non la dernière, Gandhi rompit avec ses compagnons.

Ce fut Churchill qui les réconcilia. Fidèle à sa politique, le vieux lion n'avait aucune intention d'offrir aux nationalistes indiens les compromis qu'ils réclamaient pour prix de leur participation à la guerre. Au cours de sa première rencontre avec Franklin Roosevelt pour jeter les bases de la charte de l'Atlantique, il avait clairement fait savoir que les généreuses dispositions prévues par le traité ne pouvaient en aucun cas concerner les Indes. Son partenaire américain fut stupéfait par tant d'intransigeance. Une nouvelle formule lapidaire de Churchill allait se répandre dans les conseils alliés : « Je ne suis pas devenu le Premier ministre de Sa Majesté pour présider à la dissolution de l'Empire britannique. »

C'est seulement en 1942, quand l'armée impériale japonaise arriva aux portes des Indes, que Churchill, pressé par Washington et par ses proches collaborateurs, consentit à faire une offre sérieuse à New Delhi. Certes, il ne proposa pas l'indépendance immédiate, mais néanmoins ce que l'Angleterre pouvait offrir de plus généreux en pleine bataille pour sa survie : l'engagement solennel d'accorder aux Indes, après la défaite japonaise, le statut de dominion, c'est-à-dire l'autonomie dans le cadre du Commonwealth britannique.

Gandhi rejeta ce cadeau empoisonné, considérant qu'il avait pour seul objet d'arracher la coopération immédiate des Indiens à la défense de leur sol par la violence. C'était bien la dernière chose à laquelle il était prêt à consentir. S'il fallait résister aux Japonais, Gandhi estimait que la seule arme à employer était la non-violence. Le Mahatma chérissait un rêve secret. Il s'était résigné à voir couler des océans de sang, pourvu que ce fût pour une juste cause. Il imaginait des rangées d'Indiens disciplinés et non violents avançant vers les baïonnettes des Japonais pour mourir les uns après les autres jusqu'à l'instant critique où l'énormité de ce sacrifice submergerait leurs ennemis, les désarmant, prouvant du même coup l'efficacité de la non-violence, changeant le cours de l'histoire des hommes.

Gandhi observait chaque lundi « un jour de silence ». Il respectait ce rite depuis des années afin de ménager ses cordes vocales et de faire naître en son être des vibrations d'harmonie. Malheureusement pour Gandhi et pour les Indes, sa « voix intérieure », la voix de sa conscience, ne garda pas le silence le lundi 13 avril 1942. Elle parla à Gandhi, cette voix, et le conseil qu'elle lui donna allait se révéler aussi désastreux pour lui-même que pour ses partisans. Il se résumait en deux mots qui devinrent le slogan de la nouvelle croisade : « Quit India — Partez des Indes ». Les Anglais étaient invités à renoncer sur-le-champ à leur domination. « Qu'ils abandonnent les Indes à Dieu ou même à l'anarchie. » Si les Anglais laissaient le pays à son destin, les Japonais n'auraient aucune raison d'attaquer, expliqua-t-il.

Juste après minuit le 8 août 1942, Gandhi, nu jusqu'à la taille dans l'atmosphère suffocante d'une salle de Bombay, lança son appel. Sa voix était calme et posée mais le message qu'elle portait était chargé d'une passion et d'une ferveur inhabituelles. « Je veux la liberté tout de suite, déclara-t-il, cette nuit même, avant l'aube s'il est possible. Je vous offre un *mantra*, une formule sacrée, un très court *mantra* : Agir ou mourir. Nous allons libérer les Indes ou mourir, mais nous ne vivrons pas pour voir se perpétuer notre esclavage. »

Ce ne fut pas la liberté mais une nouvelle incarcération que Gandhi récolta avant l'aube. Au cours d'une opération soigneusement préparée, les Anglais arrêtèrent Gandhi et tous les responsables du Congrès, bien décidés à les laisser en prison jusqu'à la fin de la guerre. Une brève explosion de violence suivit cette mesure. Mais, en moins de trois semaines, les Anglais avaient repris la situation en main.

En balayant les chefs du Congrès de la scène politique à un moment crucial, l'intervention de Gandhi avait admirablement fait le jeu de ses adversaires de la Ligue musulmane. Ceux-ci soutenaient l'effort de guerre de l'Angleterre, s'attirant ainsi une considérable dette de reconnaissance. Non seulement Gandhi n'avait pas réussi à obtenir le retrait immédiat des Anglais, mais son initiative avait accru le risque d'un partage des Indes entre Musulmans et Hindous le jour de leur départ.

Ce séjour en prison devait être le dernier de la vie du Mahatma. Quand la porte de sa cellule s'ouvrirait, il aurait passé plus de six ans de son existence en prison : 2 338 jours exactement, 249 en Afrique du Sud et 2 089 aux Indes. Cette fois-là, Gandhi fut emprisonné dans le spacieux palais de l'Aga Khan à Yeravda, proche de sa première geôle. Après cinq mois de détention, il annonça qu'il allait entreprendre une grève de la faim de vingt et un jours. Les raisons de sa décision demeuraient obscures mais les Anglais n'étaient pas d'humeur à transiger. Si Gandhi voulait jeûner jusqu'à la mort, qu'on le laisse faire, ordonna Churchill au vice-roi.

A mi-chemin de l'épreuve, la santé de Gandhi commença à flancher. Intraitables, les Anglais entamaient déjà de discrets préparatifs en vue de son décès. Deux prêtres brahmanes furent convoqués et priés de se tenir prêts à assurer les rites funèbres. Sous le couvert de l'obscurité, du bois de santal destiné à son bûcher fut secrètement introduit dans le palais-prison. Tout le monde acceptait sa mort, sauf lui. Il ne pesait que cinquante-cinq kilos au début de son jeûne. Pourtant, après vingt et un jours d'abstinence totale à l'exception d'un peu d'eau salée et de quelques gouttes de jus de citron de temps en temps, l'indomptable vieillard de soixante-quatorze ans vivait toujours.

Une autre épreuve l'attendait à l'issue de cette victoire. Le bois de santal qui avait été préparé pour sa crémation allait alimenter un autre bûcher funéraire, celui de sa femme. La fillette analphabète qu'il avait épousée à treize ans rendit le dernier soupir, la tête posée sur ses genoux, le 22 février 1944. Gandhi n'avait pas accepté de désavouer ses principes pour sauver sa vie. Il croyait aux traitements naturels et considérait que l'administration de médicaments par l'intervention d'une seringue hypodermique était un acte contraire à la non-violence. Prévenus que la malade se mourait de bronchite aiguë, les Anglais firent venir de la pénicilline par avion. Mais lorsque Gandhi apprit que cette drogue devait être administrée par voie intraveineuse, il refusa aux médecins la permission de toucher le corps de sa femme.

Après la mort de Kasturbai, la santé de Gandhi déclina rapidement. Il contracta la malaria et une dysenterie amibienne. Son état empira si vite que sa fin semblait maintenant certaine. A contrecœur, Churchill se résigna à le faire libérer afin qu'il ne meure pas dans une prison britannique.

Gandhi ne voulait pas davantage mourir dans une Inde britannique. Réfugié près de Bombay dans la villa d'un de ses riches partisans, il recouvrait petit à petit la santé. Aux dépêches urgentes du vice-roi alertant Churchill sur l'aggravation de la famine en Inde, le Premier ministre ne répondit que par un laconique télégramme : « Pourquoi Gandhi n'est-il pas encore mort ? »

Quelques jours plus tard, entrant dans la chambre du Mahatma, son hôte découvrit un de ses disciples en équilibre dans une position de yoga, la tête en bas et les pieds en l'air, un autre en lotus, l'esprit visiblement absorbé par quelque méditation transcendantale, un troisième dormant par terre un sac d'argile sur le ventre, et le Mahatma lui-même assis sur sa chaise percée, le regard perdu dans le vide. Incapable de garder son sérieux devant ce spectacle, il éclata de rire.

— Pourquoi riez-vous ? interrogea Gandhi surpris.

— Ah, Bapu (Père), répondit son hôte, regardez donc les habitants de cette pièce : l'un est sur la tête, un autre parle avec l'au-delà, un troisième dort, et vous, leur chef, vous êtes sur votre trône en train de faire vos besoins. Croyez-vous que c'est avec de telles troupes que nous pourrons libérer les Indes ?

**
**

Le 20 mars 1947, sur la piste de l'aéroport de Northolt, l'avion de Lord Mountbatten attendait dans la lumière du petit matin. Charles Smith, le valet, avait déjà chargé à bord les bagages personnels du dernier vice-roi des Indes, soixante-six malles et valises qui contenaient même une collection de cendriers d'argent frappés au chiffre du vicomte Mountbatten de Birmanie. La disparition d'un carton à chaussures placé par mégarde sous un siège déclencha au moment du décollage une véritable panique : à l'intérieur se trouvait un bijou de famille d'une valeur inestimable, la tiare de diamants que porterait Lady Mountbatten le jour où elle monterait sur son trône de vice-reine des Indes.

Entassées dans les moindres recoins de l'avion se trouvaient des piles de dossiers, de mémorandums, d'instructions diverses dont le vice-roi et son état-major allaient avoir besoin dans les mois à venir. Le document le plus important ne comportait que deux pages. Il était signé de la main de Clement Attlee mais c'était Mountbatten qui l'avait encore rédigé. Il définissait sa mission. Aucun vice-roi n'avait jamais reçu pareil mandat. Celui-ci enjoignait au jeune amiral de tout mettre en œuvre pour assurer, avant le 30 juin 1948, le transfert de la souveraineté britannique entre les mains d'une Inde indépendante unifiée, membre du Commonwealth. Au cas où les Musulmans continueraient à revendiquer un État séparé,

Mountbatten devait rechercher une solution de compromis, la fédération des deux États sous une autorité centrale. Mais de toute façon, il n'était pas question d'imposer cette solution par la force. Si, au bout de six mois, Mountbatten n'avait obtenu aucun accord pour le maintien d'une Inde unifiée, il devrait proposer autre chose.

Tandis que l'équipage de l'avion procédait aux ultimes vérifications, Mountbatten arpentait la piste avec deux de ses vieux compagnons de guerre qu'il emmenait aux Indes avec lui, le capitaine de vaisseau Ronald Brockman, son chef de cabinet, et le capitaine de corvette Peter Howes, son premier aide de camp. Combien de fois, pensait Brockman, ce bombardier Lancaster transformé avait-il conduit Mountbatten dans les avant-postes de la jungle birmane ou aux grandes conférences de la guerre ? A ses côtés, l'amiral, toujours si démonstratif, paraissait grave. Le pilote annonça enfin que l'avion était prêt.

— Eh bien, soupira Mountbatten, nous voilà donc partis pour les Indes. Je n'ai aucune envie d'y aller. Ils n'ont aucune envie de moi là-bas. Nous rentrerons probablement le corps truffé de balles.

Les trois hommes montèrent dans l'avion. Les moteurs démarrèrent. Le York MW 102 roula sur la piste, et décolla cap plein est en direction des Indes. Le dernier acte de la grande aventure que le capitaine Hawkins avait inaugurée, trois siècles et demi plus tôt, en cinglant vers l'Orient sur son galion *Hector*, allait se jouer.

4

Les trente et un coups de canon
d'un sacre triomphal

Troisième station du chemin de croix de Gandhi
« Dormir à côté d'une Vénus »

Rien ni personne ne pouvait l'arrêter. Mû par son inlassable énergie, le vieil homme aux pieds meurtris trottinait de village en village pour appliquer son baume d'amour sur les plaies de l'Inde. Et ces plaies se cicatrisèrent peu à peu. Dans le sillage de la pathétique silhouette, les passions s'apaisaient.

Mais tandis qu'une paix timide commençait à renaître dans les marécages ensanglantés de Noakhali, un autre drame, intérieur celui-là, vint aggraver les souffrances du Mahatma. Un drame dont la nature scandaliserait ses partisans les plus inconditionnels, alarmerait des millions d'Indiens, et dérouterait les historiens qui tenteraient un jour d'analyser les multiples facettes de cette personnalité hors du commun. Une cruelle crise de conscience frappait soudain, à soixante-dix-sept ans, celui qui était la conscience de l'Inde.

Cette crise n'avait aucun rapport avec son combat politique. Elle ne concernait pas davantage la flambée d'horreurs qui l'avait attiré à Noakhali, ni la tragédie qui menaçait de couper son pays en deux au moment où celui-ci sortait du cocon impérialiste. Ne regardant que lui-même, elle n'en devait pas moins avoir une influence sur l'histoire de l'Inde entière. Tout un peuple risquait d'y voir sombrer sa confiance en la Grande Ame qui l'avait guidé sur les chemins de la liberté.

Le drame de Gandhi prenait racine dans le combat qu'il menait depuis quarante ans pour contrôler et sublimer sa sexualité. Il éclata au grand jour à l'occasion de la présence à ses côtés d'une jeune fille de dix-neuf ans, sa petite-nièce Manu. Orpheline dès son plus jeune âge, Manu avait été élevée au foyer de Gandhi. Il l'avait fait venir en prison pour soigner son épouse mourante ; en expirant, Kasturbai avait confié la fillette à son mari. Depuis, Manu n'avait plus quitté Gandhi qui se considérait à la fois comme « sa mère » et son guide spirituel. Il régentait tous les détails de son existence, aussi bien sa façon de s'habiller et son régime alimentaire que son éducation et sa formation religieuse.

Or, quelque temps avant d'entamer son pèlerinage de pénitent sur les chemins de Noakhali, au cours d'un de leurs nombreux entretiens, Gandhi fit une découverte qui le bouleversa. Avec la timidité d'une enfant se confessant à sa mère, Manu lui révéla qu'elle n'avait jamais ressenti les émotions sexuelles habituelles chez une jeune fille de son âge. Pour celui qui avait combattu toute sa vie l'emprise du sexe, c'était un aveu capital. Gandhi avait toujours affirmé que, chez un authentique soldat de la non-violence, homme ou femme, la continence était la première victoire à remporter. Son armée non violente idéale était composée de soldats sans sexe. Déroger à cette règle, c'était risquer de voir toute force morale vous abandonner à l'instant critique.

Gandhi vit dans la confession de Manu le signe que sa petite-nièce pouvait être le soldat rêvé de son combat. « Si, sur des millions de filles de l'Inde, j'arrive à en former une seule qui soit parfaite, lui déclara-t-il, j'aurai rendu un service unique aux femmes. » Mais il voulait d'abord la mettre à l'épreuve. Seuls ses disciples les plus proches devaient l'accompagner à Noakhali, lui annonça-t-il ; elle pourrait venir aussi à condition d'accepter toutes les expériences auxquelles il voudrait la soumettre.

Et d'abord, ils allaient partager désormais la rude paillasse qui lui servait de lit. S'ils étaient tous les deux sincères, lui dans son serment de chasteté, elle dans sa déclaration de pureté, ils pourraient dormir ensemble avec la tendre innocence d'une mère et d'une fille. S'ils n'étaient pas sincères, ils le découvriraient tout de suite.

Gandhi pensait que cette constante et affectueuse promiscuité ne pouvait que confirmer la limpidité cristalline de sa petite-nièce. Au contact de son vieux corps décharné, toute trace de désir devait disparaître définitivement en elle. La transformation serait alors complète. La jeune femme atteindrait une clarté de pensée et une fermeté de parole qui lui manquaient encore. A l'abri des impuretés de l'esprit et du corps, la chaste Manu pourrait se donner avec une énergie sans faille à la grande tâche qui l'attendait.

La jeune fille acquiesça. Dès lors, sa gracile et douce présence ne quitta plus le vieux Mahatma.

Comme l'avait prévu Gandhi, cette intimité provoqua la consternation dans son petit groupe. « Ils croient que tout ceci est le signe d'une violente passion, soupira-t-il à l'issue de quelques nuits passées avec Manu. J'excuse leur ignorance : ils ne comprennent pas. »

Seuls les plus purs de ses partisans pouvaient en effet suivre le raisonnement complexe qui étayait cette dernière manifestation d'un long combat moral et physique. Ce combat avait débuté plus de quarante ans auparavant, ce soir de 1906, en Afrique du Sud, quand Gandhi avait annoncé à sa femme sa décision de prononcer le vœu de *brahmacharya*, de chasteté. Par ce serment, il embrassait une voie presque aussi ancienne que l'hindouisme. Depuis les premiers *rishi*, leurs ancêtres, les sages hindous ne cessent d'affirmer qu'un homme ne peut atteindre l'éveil de l'intelligence suprême, la compréhension globale, c'est-à-dire la délivrance, qu'en sublimant la force sexuelle, en déviant toute son énergie vers le haut, en la transmuant en énergie spirituelle.

Pour guider ceux qui adoptaient cette éthique, les sages avaient élaboré un code de neuf règles. Un vrai *brahmachari* ne devait pas vivre au milieu des femmes, ni des animaux ni des eunuques. Il n'avait pas le droit de s'accroupir sur une natte en compagnie d'une femme ni de poser les yeux sur une partie quelconque du corps féminin. Il lui était recommandé d'éviter les sensuelles douceurs d'un bain chaud ou d'un massage à l'huile, et de se préserver des dangers aphrodisiaques attribués au lait, au yaourt, au *ghî*[1] et aux aliments riches en graisse.

Les raisons qui avaient poussé Gandhi à faire vœu de chasteté n'étaient pas toutes d'origine mystique. Elles reposaient aussi sur sa conviction que seule la maîtrise des sens lui donnerait la force d'accomplir la mission terrestre dont il se sentait investi. Rien n'était refusé à ceux qui se libéraient

1. Beurre clarifié.

de leurs attachements. « Les organes sexuels des véritables *brahmachari* ne sont plus que des symboles, déclarait-il, et leurs sécrétions se subliment en une énergie vitale qui envahit tout leur être. » Le parfait *brahmachari* était celui qui pouvait « dormir à côté d'une Vénus dans toute la splendeur de sa nudité sans éprouver le moindre trouble mental ou physique ».

C'était un idéal difficile ; Gandhi avait durement lutté pour le mettre en pratique, car les exigences de la chair brûlaient en lui d'un feu particulier. Des années durant, il avait expérimenté toutes sortes de régimes alimentaires afin de découvrir celui qui stimulerait le moins sa sensualité. Alors que tous les marchés de l'Inde proposent un étalage invraisemblable de décoctions aphrodisiaques, Gandhi renonçait aux épices, aux légumes verts et à certains fruits dans l'espoir d'étouffer ses impulsions sexuelles.

Trente années d'ascèse, de prière et de méditation débouchèrent, une nuit de 1936, sur un échec : à l'âge de soixante-sept ans, Gandhi se réveilla en érection, à la suite d'un rêve. Ce fut, devait-il avouer, « mon heure la plus sombre ». Il était si bouleversé par « cette effrayante expérience » qu'il fit le vœu de garder un silence absolu pendant six semaines.

Durant des mois, il chercha les causes de sa faiblesse, se demandant si le moment n'était pas venu pour lui de se retirer du monde et de conquérir, dans la solitude, ce qu'il n'avait pu atteindre en vivant au milieu des siens. Il en vint à la conclusion que ce cauchemar était un défi des puissances du mal à sa force spirituelle. Il décida de le relever et de persévérer dans ses efforts pour extirper tout vestige de sexualité des dernières fibres de son être.

Tandis qu'il reprenait confiance dans la maîtrise de ses sens, il multiplia ses contacts physiques avec les femmes. Chaque jour, il se faisait masser par les mains d'une jeune fille. Il recevait souvent ses visiteurs ou discutait avec les chefs du parti du Congrès au cours d'une de ces séances. Il portait peu de vêtements et recommandait à ses disciples d'en faire autant : les vêtements, disait-il, « encouragent uniquement une fausse idée de la pudeur ». La seule fois où il s'adressa directement à Winston Churchill, ce fut pour répondre à sa fameuse injure de « fakir à demi nu ». Sa nudité, déclara-t-il, représentait la véritable innocence qu'il tentait de conquérir. Il en était fier. Il décréta que rien ne s'opposait à ce que des hommes et des femmes fidèles à leur vœu de chasteté dormissent dans la même pièce si la tombée de la nuit les avait surpris dans l'exercice de leurs tâches.

La décision de demander à sa petite-nièce Manu de partager sa couche afin de pouvoir façonner plus parfaitement son épanouissement spirituel était la conséquence naturelle de son raisonnement.

La jeune fille l'accompagna donc sur le chemin de Noakhali. De village en village, elle dormait près de lui dans les humbles abris que les paysans lui offraient. Elle le massait, préparait ses cataplasmes d'argile, le soignait quand il souffrait de diarrhées. Elle se couchait et se levait en même temps que lui, priait avec lui, mangeait dans son écuelle de mendiant. Une glaciale nuit de février, elle trouva le vieil homme grelottant de froid à côté d'elle. Elle le frictionna et le recouvrit de tous les vêtements qu'elle put rassembler. Gandhi finit par s'assoupir et, dira-t-elle plus tard, « nous avons dormi dans la chaleur l'un de l'autre jusqu'à l'heure de la prière ».

Le Mahatma avait la conscience en paix : rien ne pouvait ternir la pureté de ses relations avec Manu. En fait, il semble inconcevable que le moindre désir charnel ait pu traverser l'esprit de ces deux êtres. Au soir de sa vie, Gandhi était un homme solitaire. Il avait perdu celle qui avait été sa fidèle compagne. Quelques-uns de ses plus proches disciples étaient en train de l'abandonner et il risquait de voir s'évanouir le rêve qu'il avait poursuivi pendant des décennies de lutte acharnée. La grande frustration de sa vie avait sans doute été son échec dans son rôle de père. Son fils aîné, se sentant privé de sa part d'affection paternelle au profit de tous ceux auxquels Gandhi témoignait sa sollicitude, était devenu un alcoolique incurable ; il était arrivé en titubant d'ivresse au chevet de sa mère mourante. De ses deux autres fils, qui habitaient l'Afrique du Sud, Gandhi n'avait jamais de nouvelles. La présence de Manu venait combler ce vide.

Les rumeurs concernant leur étrange intimité commencèrent à se répandre à l'extérieur. Propagée par les activistes de la Ligue musulmane hostiles à la croisade de Gandhi sur leur territoire, une campagne de calomnies vint aggraver les bruits les plus malveillants. Les échos en parvinrent jusqu'à New Delhi, provoquant la consternation parmi les chefs du Congrès qui se préparaient à entamer de cruciales négociations avec le nouveau vice-roi.

Un soir, au cours d'une prière publique, Gandhi se résolut à répondre ouvertement à toutes ces accusations. Flétrissant « les chuchotements des mauvaises langues », il exposa les vrais motifs pour lesquels sa petite-nièce Manu passait chaque nuit à ses côtés. Ses paroles calmèrent son entourage mais non le reste du pays. La crise atteignit son paroxysme à Haimchar, la dernière localité inscrite au programme du pèlerinage. Le Mahatma y annonça son intention d'aller porter son message d'amour dans la province du Bihar pour pacifier cette fois les Hindous qui avaient massacré les minorités musulmanes vivant parmi eux.

Cette nouvelle alarma les dirigeants du Congrès. Ils redoutaient l'effet que les relations de Gandhi avec Manu pouvaient avoir sur les populations hindoues du Bihar, particulièrement orthodoxes. Ils lui dépêchèrent une série d'émissaires pour le supplier d'abandonner son expérience. Gandhi refusa.

Ce fut Manu qui suggéra finalement au vieux Mahatma de modifier leurs habitudes. Elle restait totalement en accord avec lui, promit-elle. Elle ne souhaitait renoncer à rien de ce qu'ils essayaient d'accomplir. La solution qu'elle proposait était temporaire, une concession provisoire offerte aux esprits étroits qui les entouraient, incapables de saisir leur but. Elle ne l'accompagnerait pas dans sa nouvelle mission au Bihar.

La mort dans l'âme, Gandhi accepta.

✻

« Dans son grand uniforme blanc d'amiral, il ressemble à une étoile de cinéma », pensait le jeune capitaine des grenadiers de la garde qui venait d'être nommé son aide de camp. L'air heureux et serein, son épouse souriante à ses côtés, Louis Mountbatten arrivait dans le landau doré, construit jadis pour le défilé triomphal du roi-empereur George V à travers Delhi, et se préparait à prendre possession de son palais. Au moment où son escorte en turbans dorés et tuniques écarlates atteignait le monumental escalier recouvert de tapis rouges, les cornemuses du *Royal Scott Fusiliers* entamèrent à l'adresse du nouveau vice-roi des Indes une grinçante mais martiale marche de bienvenue.

Grave, sombre, Lord Wavell, le vice-roi détrôné, attendait au sommet des marches. La présence de ces deux hommes à New Delhi constituait une entorse à la tradition. La coutume voulait en effet que le navire emmenant l'ancien vice-roi quittât la rade de Bombay à la minute même où accostait celui amenant son successeur. Ce chassé-croisé épargnait aux Indiens l'embarras de la présence simultanée de deux « dieux » sur leur sol. Mountbatten avait demandé que l'on fît une exception à la règle afin de pouvoir s'entretenir avec celui devant qui il s'inclinait maintenant.

Pendant un court instant, sous les éclairs des photographes, les deux vice-rois restèrent côte à côte à bavarder, offrant un poignant contraste : Mountbatten, le superbe héros de la guerre, rayonnant de confiance et de vitalité, et Wavell, le vieux soldat borgne, brusquement limogé, adoré par ses subordonnés, dont « le malheureux destin, avait-il noté quelques heures plus tôt dans son journal, avait été d'organiser des retraites et d'adoucir des défaites ».

Wavell entraîna Mountbatten vers le lourd portail en teck du palais pour lui présenter sa nouvelle demeure et le familiariser avec la situation épineuse qu'il lui laissait.

— Je suis vraiment désolé qu'on vous ait désigné pour me remplacer, se lamenta-t-il.

— Pourquoi ? s'exclama Mountbatten surpris. Pensez-vous que je ne sois pas à la hauteur ?

— Il ne s'agit pas de cela, répliqua Wavell. Vous savez que j'ai énormément de sympathie pour vous, mais la mission qu'on vous a confiée est impossible. J'ai tout essayé pour tenter de résoudre ce problème et je ne vois pas la moindre lueur d'espoir. L'impasse est totale.

Wavell évoqua patiemment les efforts qu'il avait déployés pour dénouer la crise. Puis il se leva et alla ouvrir un coffre-fort. A l'intérieur se trouvaient les deux objets qu'il léguait à son successeur. Le premier étincelait sur le velours sombre d'un petit écrin de bois. C'était la plaque incrustée de diamants de grand maître de l'ordre de l'Étoile des Indes, l'emblème de sa nouvelle fonction que Mountbatten suspendrait à son cou dans quarante-huit heures lors de la cérémonie de son intronisation.

L'autre objet était un dossier intitulé « Opération Maison de fous ». Il contenait l'unique solution que cet éminent soldat pouvait proposer pour sortir l'Angleterre du dilemme indien. Wavell le posa en soupirant sur le bureau.

— Ce document est ainsi baptisé car il s'agit réellement d'un problème de fous, expliqua-t-il. Je ne vois malheureusement pas d'autre façon d'en sortir.

Le document prévoyait l'évacuation britannique des Indes province par province, les femmes et les enfants d'abord, puis les civils et enfin l'armée, bref, un retrait total des Anglais qui, selon toutes probabilités, laisserait le pays dans le chaos.

— C'est une issue tragique, conclut Wavell, mais c'est la seule que j'entrevois.

Il prit le dossier et le tendit à Mountbatten stupéfait.

— Je suis vraiment, vraiment navré : voilà tout ce que j'ai à vous laisser.

Pendant cette lugubre introduction du nouveau vice-roi à ses fonctions, à l'étage au-dessus, son épouse inaugurait les siennes d'une façon plus comique. Ayant, à son arrivée dans ses appartements, réclamé quelques restes de nourriture pour *Mizzen* et *Jib*, ses deux chiens sealyhams amenés d'Angleterre, elle vit avec surprise deux serviteurs enturbannés entrer d'un pas solennel dans sa chambre. Chacun d'eux portait sur un plateau d'argent une assiette de porcelaine contenant du blanc de poulet fraîchement coupé. Émerveillée, la vice-reine contempla cette appétissante nourriture. Dans l'Angleterre accablée d'austérité, de pareilles victuailles étaient d'un luxe rare. Son regard se posa sur les chiens qui jappaient de joie, puis revint vers les assiettes de poulet. La rigueur de sa conscience lui interdisait d'accorder un tel festin à des animaux.

— Donnez-moi ça, demanda-t-elle.

S'emparant des deux assiettes, elle alla s'enfermer dans la salle de bains. Là, assise sur le rebord de la baignoire, celle qui allait, en son impériale qualité de vice-reine des Indes, offrir une hospitalité grandiose à plus de quarante mille convives, entreprit de dévorer à belles dents le poulet destiné à ses chiens.

Le dernier chapitre d'une grande histoire était sur le point de commencer. Ce matin du 24 mars 1947, Louis Mountbatten allait monter sur son trône d'or et de pourpre. Il serait le vingtième et ultime représentant d'une prestigieuse lignée d'administrateurs et de conquérants.

Sa consécration officielle aurait lieu dans la

grande salle du trône d'un palais dont les dimensions ne peuvent se comparer qu'à celles du château de Versailles ou du Kremlin des tsars. Colossale, majestueuse, la demeure du vice-roi des Indes était le dernier monument que le monde devait construire à l'usage d'un seul homme. L'Inde aux foules faméliques pouvait seule édifier et entretenir, en plein XXe siècle, un tel palais.

Ses façades étaient recouvertes des pierres rouges et blanches qui avaient servi à bâtir les édifices mogols auxquels il succédait. Du marbre blanc, jaune, vert et noir, extrait des mêmes carrières que celles qui avaient fourni les mosaïques étincelantes du Taj Mahal, ornait ses murs et ses sols. Les couloirs étaient si longs que les domestiques se servaient de bicyclettes pour se déplacer dans les sous-sols.

Des centaines de serviteurs donnaient ce matin tout leur éclat aux marbres, aux boiseries, aux cuivres des trente-sept salons et des trois cent quarante pièces. Dehors, dans le décor raffiné des jardins mogols, quatre cent dix-huit jardiniers, plus que Louis XIV n'en avait jamais employé à Versailles, s'activaient à donner l'ultime touche de raffinement à l'admirable agencement des massifs de fleurs, des tonnelles et des bassins. Cinquante d'entre eux avaient pour unique fonction de chasser les oiseaux. Les pans de leurs turbans écarlate et or flottant au vent, leurs tuniques blanches déjà parées du blason du vicomte Mountbatten de Birmanie, des messagers se hâtaient dans les corridors. Jardiniers, chambellans, cuisiniers, écuyers, gardes, toute la domesticité de cette forteresse féodale égarée dans les temps modernes préparait fébrilement l'intronisation du dernier vice-roi des Indes.

Dans un appartement privé du premier étage, un serviteur contemplait le grand uniforme d'amiral que son maître allait porter aujourd'hui. Charles Smith n'était pas originaire du Panjab ou du Rajasthan, mais le fils d'un fermier d'un petit village du sud de l'Angleterre.

Avec ce souci méticuleux du détail qu'il avait acquis en vingt-cinq années de service auprès de Mountbatten, Smith déploya en travers de la tunique l'écharpe de soie bleue de la confrérie la plus fermée du monde, l'ordre Très Noble de la Jarretière. Puis il introduisit dans la patte d'épaule droite les aiguillettes d'or révélant que le porteur de cet uniforme jouissait de l'insigne privilège d'être un aide de camp personnel du roi George VI. Charles Smith sortit enfin les barrettes de médailles de son maître et les quatre prestigieuses étoiles. Il les fit briller à coups de chiffon respectueux et s'émerveilla de l'éclat des plaques de l'ordre de la Jarretière, de grand maître de l'ordre de l'Étoile des Indes, de grand maître de l'ordre de l'Empire des Indes et de la grand-croix de l'ordre de Victoria.

Ces décorations marquaient les grandes étapes de la carrière de Louis Mountbatten autant qu'elles jalonnaient celle de Charles Smith. Depuis qu'il était devenu son troisième valet à l'âge de dix-huit ans, Smith avait été l'ombre de l'homme qu'il servait. Dans les aristocratiques demeures d'Angleterre, dans les bases navales de l'Empire, dans les capitales d'Europe, les joies de son maître avaient été les siennes, tout comme il avait partagé ses victoires et ses malheurs. Au cours des folles années 20, c'est lui qui avait toujours apprêté ses culottes et ses maillets de polo et les habits de gala qu'il revêtait pour accompagner sa jeune épouse dans les soirées de la haute société. Il avait brossé les complets sombres qu'il mettait pour entrer et sortir discrètement du palais de Buckingham durant la crise de l'abdication d'Édouard VIII. Pendant la guerre, il eut même l'occasion de le rejoindre dans le Sud-Est asiatique. Là-bas, dans l'hôtel de ville de Singapour, il avait vu, les yeux brillants de fierté, le jeune amiral effacer la pire humiliation que la Grande-Bretagne eût jamais essuyée et recevoir la capitulation de près de sept cent cinquante mille Japonais.

Smith se recula pour apprécier son œuvre. Personne au monde n'était plus exigeant que Mountbatten sur l'ordonnancement de ses uniformes et ce n'était pas le jour de commettre une erreur. Soucieux de s'assurer qu'il n'avait rien oublié, il plaça délicatement la tunique sur ses propres épaules et se tourna vers le miroir pour une dernière vérification.

Devant cette image, Charles Smith se sentit soudain sortir de l'ombre. Qui aurait pu le blâmer de rêver, le temps d'une seconde, qu'il *était* le vice-roi des Indes ?

*

En revêtant sa tunique alourdie d'étoiles et de décorations, le jeune amiral ne pouvait s'empêcher de songer aux semaines magiques qu'il avait vécues, vingt-cinq ans plus tôt, lors de sa découverte des Indes aux côtés de son cousin le prince de Galles. Tous deux avaient été éblouis par la pompe qui entourait le personnage légendaire du vice-roi. Tant d'apparat, de luxe, de respect accompagnaient le moindre de ses gestes que le prince de Galles avait noté : « Je n'avais jamais

134

compris comment devaient vivre les rois avant de voir le vice-roi des Indes. »

Mountbatten se rappelait maintenant son étonnement devant toutes les marques du pouvoir impérial ; elles concrétisaient en la personne d'un seul Anglais l'allégeance des foules les plus denses du globe. Il se souvenait de son émerveillement à voir la vieille et somptueuse étiquette des cours d'Europe se mêler subtilement aux fastes de l'Orient. En s'habillant, il évoquait tous ces mythes de l'Inde impériale qu'il avait si ardemment aimés.

Alors qu'il ne l'avait pas souhaité, le trône de cet empire avec toute sa splendeur et son décorum était aujourd'hui sur le point de lui appartenir. Pourtant son règne ne ressemblerait pas à la joyeuse cascade de festivités et de parties de chasse qui avaient enflammé ses rêves de jeune homme. Ses ambitions juvéniles allaient être exaucées, mais le conte de fées était mort.

Un coup frappé à la porte surprit le vice-roi dans sa méditation. Il se retourna et sourit à la silhouette resplendissante qui entrait. Sa femme était vêtue d'une longue robe de lamé argent ceinte de l'écharpe de la grand-croix des chevaliers de Saint-Jean de Jérusalem. Elle portait un diadème de diamants dans ses fins cheveux bruns. Elle était aussi mince et semblait aussi jeune que le jour où elle était sortie à son bras de *St. Margaret* de Westminster.

*

Portrait d'une aristocrate, belle,
riche et courageuse

Comme son mari, Edwina Mountbatten semblait avoir été comblée de toutes les bénédictions de la Providence. Elle était belle. Elle était intelligente. De son grand-père maternel, Sir Ernest Cassel, elle avait hérité une fortune considérable et les aïeux de son père, parmi lesquels avaient figuré, au XIXe siècle, le grand ministre Lord Palmerston et le comte de Shaftesbury, célèbre homme politique et philanthrope, lui avaient légué une enviable position sociale. Pourtant, des nuages avaient assombri le début de sa vie. Avec la mort précoce de sa mère, une enfance malheureuse lui avait laissé un caractère renfermé. Contrairement à son bouillonnant époux qui n'hésitait jamais à exercer sa critique et à accepter celle des autres avec le même superbe aplomb, un rien pouvait blesser Edwina. « Vous pouviez dire à Lord Louis ce que vous vouliez et comme vous vouliez, remarquait un intime du ménage. Avec Lady Louis, vous deviez vous avancer sur la pointe des pieds. » Mais son charme irrésistible et son grand sens de l'humour l'emportaient toujours.

Edwina cacha sa timidité et sa nature introvertie derrière le masque d'une vitalité exubérante. Elle se composa le personnage d'une femme débordante d'enthousiasme, d'énergie, d'équilibre. Sous cette image se dissimulait une santé fragile mise à l'épreuve par l'activité trépidante à laquelle elle se contraignait. Elle souffrait presque chaque jour de violentes migraines dont personne, en dehors de ses proches, n'avait connaissance : elle avait renoncé à s'apitoyer sur elle-même.

A l'inverse de son mari, si sûr de lui qu'il aimait se vanter de ne « jamais, jamais se tourmenter »,

Edwina était sans cesse la proie de quelque inquiétude. Alors qu'il s'endormait sitôt la tête sur l'oreiller, elle ne pouvait trouver le sommeil qu'à l'aide d'un somnifère.

Pendant les quatorze premières années de leur mariage, tandis que Louis Mountbatten gravissait patiemment les échelons de sa carrière de marin, ils avaient soigneusement veillé à ce que ni leur position sociale ni sa fortune à elle n'interviennent dans leur vie quotidienne au sein de la Royal Navy. En revanche, sitôt quittées les bases navales, à Londres, à Paris, sur la Côte d'Azur, Edwina devenait, raconte sa fille, « le plus parfait des papillons mondains », une hôtesse accomplie, une noctambule enragée traversant les années folles avec la grâce et la frénésie d'une héroïne de Fitzgerald. Quand elle ne tourbillonnait pas sur une piste de danse, elle se lançait dans quelque aventure insolite. Elle bourlinguait dans le Pacifique sud sur un schooner chargé de coprah ; elle inaugurait la liaison aérienne entre Londres et Sydney ; elle traversait les Andes à cheval ; elle était la première femme européenne à emprunter la nouvelle route de Birmanie.

Cette période joyeuse et insouciante prit fin en 1936 avec l'invasion de l'Éthiopie par Mussolini. Edwina refusa d'évacuer Malte avec les familles des collègues britanniques de son mari et devint la voix de l'île sur les antennes de la radio locale. La crise de Munich paracheva la mutation : la turbulente héritière se jeta soudain corps et âme dans l'action politique et sociale. Pendant la guerre, avec une énergie et un dévouement jamais en défaut, elle commanda les soixante mille infirmières de la *St-John Ambulance Brigade*, la plus importante organisation britannique d'assistance aux blessés et malades de guerre. Dès la capitulation du Japon, son mari la chargea d'une dangereuse mission dans les camps de prisonniers alliés ; elle y organisa les secours et l'évacuation des cas les plus désespérés. Avant même que les premiers soldats de Mountbatten n'eussent posé le pied sur la péninsule malaise, Edwina — avec pour toute protection une lettre de son mari, et pour toute escorte une secrétaire, un officier et un aide de camp indien — s'engagea dans une portion du pays encore entièrement contrôlée par les Japonais. Elle poussa jusqu'à Balikpapan, Manille et Hong Kong, obligeant partout les Japonais à fournir la nourriture et les médicaments nécessaires à la survie de leurs prisonniers jusqu'à l'arrivée des Alliés. Des milliers d'hommes épuisés par la faim, la maladie, et surtout les mauvais traitements, lui doivent la vie. De nombreuses décorations vinrent récompenser le sens du devoir et l'abnégation sans faille dont elle fit preuve pendant toute la guerre.

A présent, à New Delhi, elle était appelée à jouer aux côtés de son mari un rôle capital, devenant à la fois sa confidente, son émissaire dans les moments critiques et son ambassadrice auprès des femmes des dirigeants indiens avec lesquels il allait devoir négocier.

A l'instar de Lord Mountbatten, elle laisserait aux Indes la marque de son style et de son caractère. Sa surprenante capacité d'adaptation lui permettrait d'accueillir, étincelante sous sa tiare de diamants, cent convives autour d'une table couverte de vermeil, et de piétiner quelques heures plus tard dans la boue d'un camp de réfugiés, vêtue d'un simple uniforme kaki, caressant la tête d'un enfant mourant du choléra. Elle faisait toujours preuve dans ces moments d'une compassion véritable qu'on ne trouvait pas forcément chez le vice-roi. Touchés par sa sincérité, les Indiens prouveraient un jour leur affection à Edwina Mountbatten comme ils ne l'avaient jamais fait pour aucune autre Anglaise.

« Quelle étrange consécration de nos destins que cette journée ! songeait Mountbatten en admirant son épouse qui s'avançait vers lui. Moins d'un kilomètre les séparait en effet de l'endroit où, vingt-cinq ans plus tôt, il avait demandé à Edwina Ashley de l'épouser. C'était le 14 février 1922 au cours du bal offert par le vice-roi des Indes en l'honneur du prince de Galles, et alors que débutait la cinquième valse. Leur hôtesse, la vice-reine, marquise de Reading, n'avait pas paru comblée de joie en apprenant la nouvelle. « J'espérais, écrivit-elle à la tante de la jeune fiancée, qu'Edwina aurait choisi quelqu'un promis à un plus bel avenir. »

Mountbatten se souvenait aujourd'hui de ces mots. Incapable de réprimer un sourire, il prit le bras de son épouse et la guida vers le trône d'or et de pourpre qui avait été celui de la marquise de Reading.

＊

Les Indes avaient toujours été une terre d'apparat. En ce 24 mars 1947, la pompe victorienne alliée à la magnificence mogole gardait tout son éclat. Déployés au pied de l'escalier monumental qui montait vers le *Durbar Hall*, la salle du trône située au cœur du palais, des détachements de l'Armée des Indes, de la marine et de l'aviation rendaient les honneurs. Leurs lances scintillant dans le soleil du matin, les cavaliers de la garde du vice-roi en tuniques rouge et or, culottes blanches et bottes noires, formaient une haie d'honneur jusqu'à l'entrée.

A l'intérieur, sous le dôme de marbre blanc, toute l'élite des Indes attendait : les juges de la Cour suprême en robes noires et perruques bouclées, aussi britanniques que les lois dont ils étaient les gardiens ; les hauts fonctionnaires de l'*Indian Civil Service,* proconsuls de l'empire, dont la pâleur anglo-saxonne tranchait sur les sombres profils de leurs jeunes collègues indiens ; une délégation de maharajas étincelants de satin et de bijoux ; et, surtout, Jawaharlal Nehru avec ses compagnons du parti du Congrès, tous coiffés du fameux petit calot blanc, insigne de ralliement des combattants de l'indépendance.

Quand le cortège pénétra dans la salle, quatre trompettes dissimulées dans des niches sous la coupole attaquèrent doucement une marche. Lorsque le nouveau vice-roi et son épouse franchirent le grand portail, trompettes et lumières explosèrent triomphalement sous les voûtes.

Louis et Edwina Mountbatten se dirigèrent lentement vers leurs trônes. A mesure qu'il s'en rapprochait, Mountbatten sentait monter en lui la même tension que celle qu'il avait naguère connue sur la passerelle du *Kelly* et dans les instants qui précédaient le combat. Donnant à leurs gestes toute la majesté que requérait la solennité du moment, le vice-roi et la vice-reine s'arrêtèrent devant leurs trônes que surmontait un dais de velours cramoisi.

Le président de la Cour suprême s'avança et Mountbatten prononça, la main droite levée, le serment qui faisait de lui le nouveau vice-roi des Indes. Comme il achevait de réciter les mots rituels, le fracas des canons du *Royal Horse Artillery* massés dans la cour se mit à gronder à travers la salle. Au même instant, d'un bout à l'autre des Indes, d'autres canons s'associaient aux trente et une salves de l'investiture triomphale. Sous les murailles du fort de Landi Kotal, porte de la passe de Khyber et celles du fort William de Calcutta, d'où l'Angleterre était partie sans le vouloir à la conquête de la péninsule ; sous les murs de la résidence de Lucknow, où depuis presque un siècle le drapeau britannique n'était jamais descendu de son mât en souvenir du sacrifice des Anglais tombés pendant la sanglante mutinerie de 1857 ; au cap Comorin dont les récifs avaient vu passer les galions d'Élisabeth Ire ; devant le fort Saint George de Madras où l'acte d'achat de la première concession territoriale de la Compagnie des Indes était gravé sur une plaque d'or ; à Poona, à Peshawar et à Simla, partout où existait aux Indes une garnison, les troupes alignées en formation de parade présentèrent les armes. Tirailleurs des forces de la frontière, lanciers des régiments de cavalerie, cipayes sikhs et dogras, Jats et Pathans, Madrassis et mercenaires gurkhas, tous retinrent leur souffle tandis que les canons faisaient tonner les dernières salves de l'Empire et que les fanfares jouaient le *God Save The King*.

Mountbatten s'avança alors vers l'assemblée de notables réunis devant lui. « Je suis sans illusions sur la difficulté de ma tâche, déclara-t-il. J'aurai besoin de la bonne volonté de tous et je demande à l'Inde de me témoigner dès aujourd'hui cette bonne volonté. Évitez toute parole ou tout acte qui pourraient ajouter au nombre des victimes innocentes. »

Des gardes ouvrirent alors les battants de la massive porte en teck d'Assam et Mountbatten découvrit devant lui la royale perspective des bassins et des pelouses qui s'enfonçaient au loin vers le cœur de New Delhi. A nouveau, les trompettes retentirent. Le jeune amiral se sentit envahi par une vague de confiance. Il savait que cette brève cérémonie faisait de lui l'un des hommes les plus puissants de la terre. Il détenait à présent un pouvoir quasi absolu de vie et de mort sur plus de quatre cents millions d'hommes, soit un cinquième de l'humanité.

Moins d'une heure plus tard, le nouveau vice-roi des Indes s'installait à sa table de travail, sur laquelle un garçon de bureau venait aussitôt déposer un coffret de cuir vert. Mountbatten l'ouvrit et en sortit un document. C'était la brutale confirmation de ses pensées : le recours en grâce d'un condamné à mort. Mountbatten lut attentivement l'ultime supplique d'un homme qui avait sauvagement tué sa femme devant un groupe de témoins. Son cas avait été si bien passé au crible de tous les appels prévus par la loi qu'aucune circonstance atténuante ne pouvait plus être invoquée. Le vice-roi hésita un long moment, prit sa plume et accomplit le premier acte officiel de son règne. « Il n'existe aucun motif pour l'exercice royal du droit de grâce », écrivit-il sur la couverture du document.

*

Avant de faire admettre ses volontés aux chefs politiques des Indes, Louis Mountbatten considéra qu'il devait commencer par s'imposer lui-même à l'Inde. Le dernier vice-roi rentrerait peut-être en Angleterre « le corps truffé de balles », mais en attendant cette échéance il ne ressemblerait à aucun de ses prédécesseurs. Il croyait fermement « qu'il était impossible d'occuper le trône des Indes sans offrir un grand spectacle ». Il avait été envoyé à New Delhi pour mettre un terme au règne de l'Angleterre mais il était décidé à faire de ce crépuscule un éclaboussement d'or et de pourpre, à ressusciter dans un ultime feu d'artifice tous les fastes de l'Empire.

Il fit rétablir tout le décorum impérial abandonné pendant la guerre, les superbes relèves de la garde à cheval aux portes de son palais, les uniformes chamarrés des aides de camp, les parades militaires, tout ce cérémonial dont le déploiement lui procurait un vif plaisir. Il poursuivait en cela un objectif plus ambitieux que la satisfaction de ses goûts. Construire autour de sa personne un resplendissant décor de puissance et de gloire faciliterait l'exécution de ses desseins politiques. Il allait remplacer l'opération « Maison de fous » par l'opération « Séduction », destinée à frapper les masses indiennes autant que leurs chefs. Le programme en était un habile mélange de pompe patricienne et de gestes populaires, de vieux spectacles d'hier et d'initiatives nouvelles préfigurant l'Inde de demain.

C'est par un coup de pinceau que Mountbatten débuta sa révolution. A la stupeur horrifiée de ses collaborateurs, il ordonna que les sombres et précieuses boiseries de son cabinet, où tant de négociations avaient échoué, fussent immédiatement recouvertes d'une lumineuse couche de peinture verte. Cette mesure visait à mettre ses futurs interlocuteurs dans la plus joviale des humeurs. Puis il secoua la routine du palais pour en faire un quartier général quasi militaire bourdonnant d'activité. Une conférence de travail, très vite surnommée « la prière du matin », commença chaque journée.

Mountbatten surprenait son entourage par la vivacité de son raisonnement, sa faculté d'aller instantanément au cœur d'un problème, et surtout, son extravagante puissance de travail. N'ayant nullement l'intention de perdre son temps à ouvrir et fermer des serrures, il supprima le va-et-vient traditionnel des *chaprassi* qui apportaient les dossiers de l'État dans des coffres de cuir verrouillés. Comme il refusait également d'annoter des dossiers dans la solitude de son cabinet, il instaura un dialogue permanent avec ses collaborateurs. « Quand vous écriviez dans la marge d'un document que devait lire Mountbatten : "Puis-je vous en parler ?" raconte l'un d'eux, vous pouviez être sûr que vous seriez effectivement convoqué et vous aviez intérêt à être prêt à tout moment à dire ce que vous aviez à dire, car il pouvait très bien vous appeler à deux heures du matin. »

Mais le changement essentiel était l'image publique de lui-même et de sa fonction qu'il voulait offrir à l'Inde. Depuis plus d'un siècle le vice-roi, prisonnier des splendeurs protocolaires de sa charge, était devenu l'un des dieux les plus inaccessibles du panthéon asiatique. Deux tentatives d'assassinat l'avaient enfermé dans un cocon policier qui l'isolait de tout contact avec les masses indigènes sur lesquelles il régnait. Chaque fois que son train blanc et or traversait les immensités indiennes, des sentinelles étaient postées tous les cent mètres sur son itinéraire. Des centaines de gardes du corps, de policiers, d'inspecteurs, protégeaient chacun de ses faits et gestes. S'il jouait au golf, le terrain était évacué et des policiers

144

s'embusquaient derrière les arbres du parcours. S'il se promenait à cheval, un escadron de sa garde se lançait derrière les sabots de sa monture.

Mountbatten était bien décidé à faire voler en éclats cet écran. S'il se drapait dans la grandeur impériale, ce n'était que pour mieux se rapprocher des masses. Il annonça donc que sa femme, leurs filles et lui-même feraient désormais leur promenade matinale à cheval sans escorte. Cette décision sema la panique dans les services de sécurité. Mais il tint bon et les paysans indiens devinrent les témoins d'un spectacle si incroyable qu'il leur semblait être un mirage : le vice-roi et la vice-reine des Indes passant devant eux au trot, et les saluant gracieusement, seuls et sans protection.

Les Mountbatten accomplirent un geste encore plus spectaculaire. Ils firent ce qu'aucun représentant du roi-empereur n'avait jamais daigné faire en cent ans : rendre visite à un Indien qui n'appartenait pas à la petite caste privilégiée des maharajas et des nawabs. A l'étonnement du pays tout entier, Louis Mountbatten et son épouse apparurent un soir parmi les invités que recevait Jawaharlal Nehru dans sa modeste résidence de New Delhi. Sous les regards stupéfaits, l'Anglais prit amicalement le bras de son hôte et se promena ainsi parmi l'assistance, bavardant familièrement avec chacun, serrant les mains des uns et des autres. Ce geste eut un retentissement énorme. « Que le Seigneur soit loué, soupira Nehru, nous avons enfin comme vice-roi un être humain et non plus un uniforme empaillé. »

Soucieux également de témoigner au peuple la nouvelle estime qu'il lui portait, Mountbatten fit accorder aux militaires indiens — dont quelque deux millions avaient servi sous ses ordres dans la guerre du Sud-Est asiatique — un honneur qui leur était dû depuis très longtemps. Il attacha à sa personne trois aides de camp indiens. Puis ce furent les portes mêmes de son palais qu'il ouvrit à ceux que l'Angleterre avait gouvernés du haut d'un piédestal. Il décréta qu'aucune réception ne pourrait être donnée en son palais sans la présence d'invités indiens. Pas seulement quelques figurants, précisa-t-il. La moitié au moins des personnes conviées sous son toit devraient désormais être indiennes.

Son épouse accomplit une révolution encore plus radicale. Par respect pour les traditions alimentaires de ses convives indiens, elle fit préparer une nourriture qu'un siècle d'hospitalité impériale n'avait jamais tolérée, de la cuisine indienne végétarienne. Elle veilla à ce que ces mets soient servis, selon la coutume, sur des plateaux individuels, et à ce qu'un domestique portant une cuvette, une cruche et une serviette se tînt derrière chaque invité. Désormais, on pouvait manger avec ses doigts à la table du vice-roi et se rincer les mains dans les clapotis rituels.

Ce débordement d'attentions, petites et grandes, la sincère affection que les Mountbatten témoignaient au pays où leur propre roman d'amour avait connu sa consécration, la conviction que le nouveau vice-roi était venu en libérateur et non en conquérant, le respect que lui portaient les hommes qui avaient servi sous ses ordres pendant la guerre, tous ces facteurs allaient se conjuguer pour conférer à Louis et Edwina Mountbatten un prestige exceptionnel.

Peu de temps après leur arrivée, le *New York Times* écrivait qu'« aucun vice-roi dans l'Histoire n'avait aussi complètement conquis les cœurs, gagné la confiance et le respect du peuple indien ». L'opération « Séduction » allait connaître un tel succès que Nehru lui-même pourrait, dans quelques semaines, affirmer presque sans rire au nouveau vice-roi qu'il allait être de plus en plus difficile de négocier avec lui car « il attirait des foules plus nombreuses qu'aucun Indien vivant ».

*

Les nouvelles qu'apprenait Mountbatten étaient si terrifiantes qu'il douta d'abord de leur véracité. En comparaison, le dramatique tableau de la situation indienne que lui avait brossé Clement Attlee trois mois plus tôt à Londres lui sembla une peinture de paysage pastoral. Et pourtant, l'homme qu'il écoutait dans le secret de son cabinet était l'un des plus hauts fonctionnaires du pays, un Anglais dont la connaissance des Indes était à New Delhi jugée sans égale. George Abell servait depuis trente-cinq ans dans les rangs du fameux *Indian Civil Service* ; il avait été le collaborateur le plus proche du précédent vice-roi.

Les Indes, déclarait Abell, étaient tout bonnement sur le point de sombrer dans la guerre civile. Une solution foudroyante de ses problèmes pouvait seule sauver le pays. La grande pyramide administrative qui le faisait marcher était en train de s'écrouler. La pénurie des administrateurs britanniques dont la guerre avait stoppé le recrutement, l'antagonisme grandissant qui opposait les cadres musulmans et hindous menaient droit au chaos. L'ère des tergiversations était dépassée.

Venant d'un homme du renom d'Abell, cet avertissement ne pouvait qu'alarmer le nouveau vice-roi. Il ne constituait pourtant que le prélude du flot d'informations qui allaient le submerger dans les dix premiers jours de sa mission aux Indes. Celui qu'il avait choisi comme directeur de son cabinet, le général Lord Ismay, ancien chef de l'état-major particulier de Churchill de 1940 à 1945, ancien officier de l'Armée des Indes et secrétaire d'un précédent vice-roi, concluait son analyse par ces mots : « L'Inde est un navire qui brûle en plein océan, les cales bourrées de munitions. » La seule question était de savoir si l'on pouvait ou non éteindre l'incendie avant qu'il n'atteigne les munitions.

Le premier rapport que reçut Mountbatten du gouverneur britannique du Panjab confirmait l'insécurité qui régnait déjà dans toute la province. Un paragraphe accessoire de la dépêche illustrait tragiquement cette affirmation. Il racontait le drame qui venait de se dérouler dans un district rural proche de Rawalpindi. Son buffle s'étant égaré dans le champ d'un voisin sikh, un paysan musulman voulut aller le chercher. Une bagarre éclata, puis une émeute. Deux heures plus tard, cent personnes gisaient dans le champ, massacrées à coups de faux et de sabres.

Au lendemain de l'investiture du nouveau vice-roi, des incidents entre Hindous et Musulmans faisaient quatre-vingt-dix-neuf morts dans les rues de Calcutta. Deux jours plus tard, quarante et un corps affreusement mutilés gisaient dans les rues de Bombay.

Confronté à ces brutales explosions de violence, Mountbatten convoqua le chef de la police et lui demanda si ses forces étaient en mesure de garantir le maintien de l'ordre.

— Non, Votre Excellence, répondit carrément le policier, elles en sont incapables.

Mountbatten posa la même question au commandant en chef de l'Armée des Indes, le maréchal Sir Claude Auchinleck. Il obtint la même réponse.

La guerre fratricide dont ces émeutes n'étaient que les prémices n'avait jamais mis de vies anglaises en danger. Mais la tragédie qu'elle annonçait était telle que Mountbatten se trouva contraint de prendre, dix jours après son arrivée, la décision peut-être la plus importante de son mandat. La date de juin 1948, fixée à Londres pour l'octroi de l'indépendance, était singulièrement optimiste. Quelle que soit la façon dont il serait mis fin au règne de la Grande-Bretagne aux Indes, c'est dans les toutes prochaines semaines et non dans plusieurs mois qu'il fallait y parvenir.

« La situation ici, écrivit-il le 2 avril 1947 dans son premier rapport à Clement Attlee, est aussi sombre que possible... Je n'entrevois qu'une faible chance de pouvoir obtenir une solution négociée sur laquelle bâtir l'avenir des Indes. »

Après avoir décrit l'état d'extrême instabilité dans lequel il avait trouvé le pays, Mountbatten lança un cri d'alarme au gouvernement qui l'avait envoyé aux Indes. « Si je n'agis pas très vite, une guerre civile va me tomber sur les bras. »

5

« *Les flammes nous purifieront* »

Les deux hommes étaient seuls dans la pièce. Il n'y avait même pas de secrétaire pour prendre des notes. Convaincu que seule une solution foudroyante pouvait éviter la catastrophe, Mountbatten avait adopté une tactique de négociation révolutionnaire : le destin de l'Inde ne serait pas débattu autour d'une table de conférence, mais dans l'intimité de conversations privées. Le tête-à-tête qui était en cours dans le bureau récemment repeint du vice-roi en ouvrirait la longue série. Il dépendrait de ces discussions à deux que l'horreur de la guerre civile, prédite dans le premier rapport de Mountbatten à Londres, fût ou non épargnée à l'Inde. Seuls quatre interlocuteurs participeraient à ces entretiens successifs, le vice-roi et les trois principaux leaders indiens.

Ces derniers avaient passé le plus clair de leur vie à comploter contre l'Angleterre sans pour autant s'entendre entre eux. Ils avaient tous dépassé la cinquantaine. Tous étaient des avocats formés au barreau de Londres ; ils y avaient appris les règles de la rhétorique. Pour eux, ces rencontres étaient le grand débat final de leur vie ; d'une certaine façon, chacun s'y était préparé depuis un quart de siècle.

Pour Mountbatten, ce qui comptait avant tout

était de sauvegarder le plus grand héritage que la Grande-Bretagne pût laisser au monde : l'unité des Indes. Il avait un désir profond, presque évangélique, d'y parvenir. La revendication des Musulmans, la division du pays, ne pouvaient qu'engendrer une tragédie.

C'est pourquoi, renonçant aux conférences officielles qui n'avaient conduit qu'à tant d'échecs, il avait choisi d'affronter ses adversaires un à un dans la solitude de son cabinet. Confiant dans son pouvoir de persuasion, sûr de la justesse de sa pensée, il allait essayer de réussir en quelques semaines là où ses prédécesseurs avaient échoué pendant des années en mettant fin à la domination de l'Angleterre sans provoquer l'éclatement des Indes.

Le petit calot blanc du Congrès posé sur sa calvitie naissante, une rose fraîchement cueillie glissée dans la troisième boutonnière de son gilet, le premier Indien à pénétrer dans le bureau de Mountbatten était l'une des personnalités dominantes de la scène politique indienne. Un visage sensible, dont les expressions toujours changeantes ne cessaient de refléter les humeurs et les émotions, quelque chose de félin, de sensuel dans l'attitude, un regard d'une douceur angélique que venait par moments éclairer la flamme d'une passion de possédé, Jawaharlal Nehru était, à cinquante-huit ans, un personnage d'une stature aussi imposante que Mountbatten.

Les deux hommes se connaissaient déjà. Ils s'étaient rencontrés au lendemain de la guerre, à Singapour, où le jeune amiral venait d'installer son quartier général de commandant suprême. Négligeant la recommandation de son entourage de n'avoir aucun rapport avec un homme qui venait de sortir d'une prison britannique, Mountbatten n'avait pas hésité à recevoir le leader indien.

Ils avaient immédiatement sympathisé. Nehru redécouvrait auprès de Mountbatten et de sa femme l'Angleterre accueillante et libérale de sa jeunesse d'étudiant, dont les années passées dans les geôles britanniques avaient effacé le souvenir. Les Mountbatten, eux, avaient été séduits par le charme de l'Indien, par sa culture, son sens de l'humour. Défiant encore la réprobation de ses collaborateurs, Mountbatten avait alors décidé de traverser Singapour dans sa voiture découverte avec Nehru à ses côtés. Une initiative qui, selon ses conseillers, ne pouvait qu'honorer un adversaire de l'Angleterre.

« L'honorer, lui ? s'était enflammé Mountbatten. C'est lui qui m'honore. Un jour cet homme sera Premier ministre de l'Inde indépendante ! »

Cette prophétie s'était aujourd'hui presque réalisée. C'était à sa qualité de Premier ministre d'une Inde encore sous la tutelle britannique que Nehru devait d'être le premier des trois leaders indiens à être reçu par le vice-roi.

*

Portrait de l'homme à la rose

Le tête-à-tête qui s'instaurait n'était pour Jawaharlal Nehru qu'un nouvel épisode du dialogue qu'il avait poursuivi pendant presque toute sa vie avec les colonisateurs de son pays. Nehru avait été l'hôte choyé des plus grandes familles d'Angleterre, il avait dîné dans la vaisselle de vermeil du palais de Buckingham mais aussi dans les gamelles de fer-blanc des prisons britanniques. Il avait eu pour interlocuteurs des maîtres de Cambridge, des Premiers ministres, des vice-rois, le roi-empereur lui-même et des geôliers.

Né dans une famille de brahmanes du Cachemire, issu d'une aristocratie orientale de la Connaissance aussi ancienne et aussi noble que celle à laquelle appartenait le nouveau vice-roi des Indes, Jawaharlal Nehru avait été, à l'âge de seize ans, envoyé en Angleterre pour y parfaire son éducation. Il y avait vécu sept années de bonheur, apprenant les déclinaisons latines et les subtilités du cricket à Harrow, se passionnant pour les sciences, Nietzsche et Oscar Wilde à Cambridge, admirant l'éloquence de Blackstone sur les bancs de la faculté de droit d'Oxford. Son charme paisible, son élégance naturelle, l'étendue de sa culture lui attiraient la sympathie partout où il apparaissait. Il se mouvait avec aisance dans les salons de la haute société où sa personnalité s'imprégnait des valeurs et des habitudes qui en faisaient la force. Ce séjour en Angleterre le transforma si complètement qu'à son retour à Allahabad en 1912, sa famille et ses amis le jugèrent complètement « désindianisé ».

Mais le jeune Nehru fut vite conscient des limites de cette « désindianisation. » Quand il voulut s'inscrire au club britannique local, sa candidature fut rejetée. Peut-être avait-il fait ses études à Harrow et à Cambridge ; pour les membres très bourgeois, très blancs et très britanniques du club de Allahabad, il n'en restait pas moins un « black Indian. »

L'amertume provoquée par ce refus le hanta longtemps et précipita son désir de suivre son père Motilal au service de la cause qui allait devenir l'œuvre de sa vie : la lutte pour l'indépendance. Il rejoignit bientôt les rangs du parti du Congrès. L'agitation politique qu'il y mena devait lui valoir le privilège de recevoir le meilleur enseignement que dispensait alors l'Empire britannique, celui de ses prisons. Il y passa neuf années. Dans la solitude de ses cellules, au cours des promenades avec ses compagnons de captivité, Nehru façonna sa vision de l'Inde de demain. Idéaliste, il rêvait de concilier sur le sol indien deux régimes politiques apparemment inconciliables : la démocratie parlementaire de la Grande-Bretagne et le socialisme économique de Karl Marx. Il voulait une Inde unifiée, délivrée de sa misère et de ses mythes, libérée du capitalisme, une Inde où les cheminées d'usine attesteraient une révolution industrielle que les colonisateurs refusaient.

A première vue, Jawaharlal Nehru était l'homme le moins apte à conduire l'Inde vers ce rêve. Sous le *khadi* de coton qu'il portait par déférence envers Gandhi, il demeurait un gentleman. Sur une terre peuplée de mystiques, il restait un rationaliste. Celui que l'éducation scientifique de Cambridge avait enthousiasmé ne cessait d'être consterné par les habitudes de ses compatriotes refusant de sortir de chez eux les jours décrétés de mauvais augure par les astrologues. Dans le pays le plus spiritualiste de l'univers, il était un agnostique. Il clamait l'horreur que lui inspirait le mot même de religion. Il méprisait les prêtres de l'Inde, ses *sadhu*, ses yogis, ses sages, ses brahmanes et ses cheikhs, responsables selon lui de sa stagnation, de ses divisions, de la mainmise des colonisateurs étrangers.

Cependant, l'Inde des *sadhu* et des masses rongées de superstitions avait accepté Nehru. Pendant trente ans, il la sillonna en haranguant les foules. Accrochée aux flancs des tramways ou traversant les champs à pied et en char à bœuf, la population des bidonvilles et des campagnes accourait par centaines de milliers. Nombreux étaient ceux qui ne pouvaient saisir un traître mot de ses discours ni comprendre leur sens. Il leur suffisait de l'apercevoir par-dessus l'océan des têtes. C'était, pour eux, le *darçan*, cette traditionnelle communion spirituelle qui s'établit par la vue entre un grand sage et ses fidèles. Ils en repartaient comblés.

Nehru maniait l'éloquence et la plume avec un égal bonheur, chérissant les mots avec la passion de l'orfèvre pour ses bijoux. Consacré très tôt par Gandhi, il avait gravi les échelons du parti du Congrès jusqu'à en devenir trois fois le président. Le Mahatma laissait clairement entendre que le flambeau de son combat passerait un jour entre ses mains.

Pour Nehru, Gandhi était un génie. S'il s'était toujours opposé par rationalisme aux grandes initiatives du Mahatma — la désobéissance civile, la Marche au sel, la campagne de « Quittez l'Inde » —, il l'avait pourtant toujours suivi par affection et, ainsi qu'il le reconnut plus tard, il avait eu raison.

Gandhi avait été, en quelque sorte, le *guru* de Nehru. C'est lui qui l'avait « réindianisé », l'envoyant dans les villages connaître le vrai visage de sa patrie, afin de permettre à son âme de s'imprégner des souffrances de l'Inde. Quand les deux hommes se retrouvaient, Nehru se précipitait aux pieds de « Bapuji » pour l'écouter, bavarder, ou simplement méditer. C'étaient pour lui des moments d'intense spiritualité où son cœur d'athée sentait passer le souffle de la foi.

Tout, pourtant, les séparait, et d'abord la religion. Nehru en haïssait toutes les manifestations ; l'essence même de Gandhi était sa foi inébranlable en Dieu. Nehru, dont le caractère emporté était aux antipodes de la non-violence, vouait un culte à la littérature, à la science, à la technique ; Gandhi rendait ces « sorcières » responsables de tous les malheurs de l'humanité.

Des relations de père à fils — avec tout ce que de tels liens supposent de tensions, d'élans, de refoulement — s'étaient établies entre eux. Toute sa vie, Nehru avait éprouvé le besoin de s'appuyer sur quelqu'un, de sentir près de lui une présence rassurante vers laquelle se tourner dans les moments de crise auxquels le condamnait sa bouillonnante personnalité. Son père, un jovial avocat doué d'un penchant pour le bon whisky et le vin de Bordeaux, avait d'abord occupé cette place. Ce rôle était maintenant dévolu à Gandhi.

Toutefois, au-delà de cette vénération, leurs rapports commençaient à connaître un subtil changement. Une époque dans la vie de Nehru s'achevait. Le fils était prêt à quitter la maison du père pour entrer dans le monde nouveau qu'il devinait au-dehors. Dans ce monde-là, il lui faudrait un nouveau *guru*, plus sensibilisé aux problèmes qui l'attendaient. Bien qu'il n'en fût peut-être pas conscient, un vide se creusait lentement dans l'esprit de Jawaharlal Nehru.

Le monde et leurs propres vies avaient changé depuis que Nehru et Mountbatten s'étaient rencontrés pour la première fois, mais, d'emblée, un identique courant de sympathie s'établit entre eux. Il n'y avait là rien de surprenant. Tout rapprochait l'héritier d'une lignée trois fois millénaire de brahmanes du Cachemire et l'homme qui s'enorgueillissait de descendre de la plus ancienne famille protestante régnante. Tous deux éprouvaient un plaisir évident à converser ensemble. Nehru, le penseur abstrait, admirait le dynamisme pratique de Mountbatten et cette capacité de décision que lui avaient

157

conférée ses hautes responsabilités pendant la guerre. De son côté, Mountbatten se sentait stimulé par la culture de Nehru et le raffinement de sa pensée. Il allait très vite comprendre que le seul homme politique indien susceptible de partager son désir de maintenir un lien entre l'Angleterre et l'Inde nouvelle était Jawaharlal Nehru.

Le jeune amiral aborda l'objet de leur rencontre avec sa franchise habituelle. Il déclara que son intention était d'agir avec le plus extrême réalisme, son souci majeur n'étant pas de transférer dans les règles la souveraineté de la Grande-Bretagne mais bien d'éviter le bain de sang que risquait de provoquer une telle mesure.

Ils s'entendirent vite sur deux points essentiels : une décision rapide était capitale ; le partage de l'Inde serait une tragédie.

Nehru évoqua la croisade du vieux prophète qui poursuivait son pèlerinage solitaire à travers les villages dévastés du Bihar. « Gandhi se trompe, il tente de soigner le corps de l'Inde en appliquant un peu de baume sur ses plaies au lieu de chercher à diagnostiquer les causes du mal et à soigner le corps tout entier. »

En lui révélant ce hiatus entre le libérateur de l'Inde et ses plus proches compagnons, Nehru donnait au vice-roi une indication capitale, qui allait orienter toute sa politique. Il savait que, s'il échouait à convaincre les leaders indiens de préserver l'unité du pays, la seule possibilité qui lui restât était d'obtenir leur accord sur un partage. L'hostilité de Gandhi à cette solution pouvait bloquer irrémédiablement la situation, mais une nouvelle issue apparaissait : le Congrès pouvait passer outre à la volonté de son vieux chef. Voilà ce que Nehru venait de faire entrevoir à Mountbatten et il lui sembla que nul autre que Nehru n'aurait assez de poids pour entraîner le Congrès à rompre avec Gandhi.

D'ailleurs, cette rupture n'était-elle pas amorcée ? En écoutant Nehru, le vice-roi se dit que désormais toute sa politique devait tendre à agrandir le fossé, ce que seul pouvait permettre le soutien inconditionnel du leader indien. Mountbatten était décidé à ne ménager aucun effort pour s'en faire un allié. Cela allait lui être d'autant plus facile qu'une amitié profonde ne tarda pas à lier l'homme à la rose à Louis et Edwina Mountbatten.

En raccompagnant Jawaharlal Nehru jusqu'à la porte de son palais, Mountbatten lui déclara : « Monsieur Nehru, je vous prie de ne pas me considérer comme le dernier vice-roi venu mettre fin à l'Empire britannique des Indes, mais comme le premier vice-roi venu ouvrir la voie pour une Inde nouvelle. » Nehru se tourna vers le jeune amiral. « Ah, sourit-il, maintenant je comprends ce qu'on voulait dire quand on vous attribuait un charme si dangereux. »

*

Une fois de plus, celui que Churchill avait surnommé « le fakir à demi nu » avait pris place dans le bureau d'un vice-roi des Indes en vue de « parlementer et négocier d'égal à égal avec le représentant du roi-empereur ».

« Il ressemble plutôt à un petit oiseau, pensa Louis Mountbatten en contemplant la célèbre silhouette assise en face de lui, un pauvre petit moineau blotti dans mon fauteuil. »

Étrange couple. Un amiral de sang royal aimant à se parer de beaux uniformes et un vieil Indien qui refusait de cacher sa nudité autrement que par un carré de coton écru ; un Anglais athlétique débordant d'énergie et un petit homme paisible et rabougri ; un chef de guerre qui avait accepté de risquer la vie de trois mille soldats pour conquérir Rangoon et un prophète de la non-violence qui répugnait à l'idée de tuer un moustique ; un aristocrate comblé par la fortune, et un vieillard qui avait épousé le dénuement des masses les plus misérables du globe. Mountbatten, maître des télécommunications, n'avait cessé de perfectionner par quelque nouvelle technique électronique le réseau subtil qui le reliait à travers les ondes aux millions d'hommes placés sous son commandement. Gandhi, fragile messie, méprisait la science et n'en avait pas eu besoin pour transmettre son message à tout un continent, ce qui faisait de lui l'un des plus grands génies de la communication de tous les temps.

Tout, dans leur passé, dans leur présent, semblait condamner les deux hommes à ne pas s'entendre. Pourtant, au cours des mois à venir, Gandhi le pacifique allait, aux dires de ses intimes, trouver dans l'âme du guerrier professionnel « l'écho de quelques-unes des valeurs morales qui brûlaient dans son propre cœur ». De son côté, Mountbatten finirait par s'attacher si profondément à lui, qu'après la mort de Gandhi, il devait déclarer que le Mahatma était destiné à occuper dans l'Histoire « la même place que Bouddha et le Christ ».

Le vice-roi accordait tellement d'importance à cette première rencontre avec Gandhi qu'avant même sa cérémonie d'intronisation il lui avait écrit une lettre l'invitant à venir le voir. Gandhi rédigea sa réponse puis, se ravisant, il pria son secrétaire « d'attendre deux jours avant de poster l'enveloppe. Je ne veux pas que ce jeune homme puisse se figurer que j'ai hâte de me rendre à son invitation ».

160

Le « jeune homme » avait assorti sa proposition d'une de ces attentions qui portaient sa marque et faisaient avaler leur thé de travers aux vieux Anglais des Indes. Il avait offert à Gandhi de lui envoyer son avion personnel au Bihar pour l'amener à Delhi. Le Mahatma déclina l'offre, préférant voyager comme à son habitude en train, sur la banquette de bois d'un wagon de 3ᵉ classe.

Pour souligner l'intérêt qu'il portait au succès de cette première rencontre et donner une exceptionnelle dimension de cordialité à l'entretien, le vice-roi pria sa femme de se joindre à eux. Tout de suite, un sentiment d'inquiétude s'empara de Louis et Edwina Mountbatten. Quelque chose semblait accabler Gandhi. Avaient-ils commis quelque erreur ? Négligé quelque subtilité de protocole ?

Mountbatten jeta vers son épouse un coup d'œil perplexe. « Mon Dieu, quelle terrible façon d'inaugurer nos relations », pensa-t-il. Rassemblant toute la délicatesse dont il était capable, il finit par demander à son visiteur le motif de sa tristesse.

Le petit homme laissa échapper un profond soupir.

— Vous savez, répondit-il, depuis l'époque de mon séjour en Afrique du Sud, j'ai renoncé aux biens de ce monde.

Il ajouta qu'il ne possédait pratiquement rien : sa Gîtâ, les ustensiles de fer-blanc dont il se servait pour manger, reliques héritées de ses passages à la prison de Yeravda ; sa petite figurine représentant les trois singes *guru*, et sa montre, sa vieille Ingersoll à huit shillings attachée par une cordelette autour de sa taille : si l'on voulait consacrer chaque minute de sa vie au service de Dieu, il fallait connaître l'heure.

— Or, savez-vous ce qui m'est arrivé ? révéla-t-il. On me l'a volée. Quelqu'un dans le train de Delhi a pris ma montre.

Mountbatten vit alors des larmes briller dans ses yeux. Telle était donc la cause de son chagrin. Non pas la perte de sa montre, mais le fait qu'*ils* n'avaient pas compris. Ce n'était pas une montre de huit shillings qu'on lui avait dérobée dans ce wagon bondé, mais un peu de sa foi en ses frères[1].

Après un long silence, Gandhi se mit à parler des malheurs qui écrasaient l'Inde ; Mountbatten l'interrompit d'un geste amical de la main.

— Monsieur Gandhi, avant de me parler de l'Inde, parlez-moi de vous. Je voudrais savoir qui vous êtes.

Ces mots étaient l'effet d'une tactique préméditée. Le nouveau vice-roi avait décidé d'établir d'abord un contact intime avec ses interlocuteurs plutôt que de se laisser assaillir par leurs exigences et leurs doléances. En cherchant à les mettre à l'aise, en les poussant à se confier, il espérait créer une atmosphère de confiance qui lui permettrait ensuite d'agir avec efficacité.

Sa question enchanta le Mahatma. Il adorait parler de lui, à plus forte raison devant deux êtres séduisants, sincèrement intéressés par ce qu'il avait à dire. Il se lança dans le récit de ses souvenirs d'Afrique du Sud, raconta ses expériences de brancardier lors de la guerre des Boers, ses campagnes de désobéissance civile, la Marche au sel. Il expliqua que l'Orient avait fécondé l'Occident par les messages de Zoroastre, de Bouddha, de Moïse, de Jésus,

---

1. Six mois plus tard, en septembre 1947, alors que Gandhi résidait à New Delhi chez l'industriel Birla, un inconnu demanda à le voir. Après avoir refusé de se nommer et de dévoiler la raison de sa visite, il reconnut avoir volé la montre de Gandhi. Il était venu la rendre et lui demander pardon. « Vous pardonner ? s'exclama le secrétaire du Mahatma. Il va vous embrasser ! » Il conduisit l'homme auprès de Gandhi. Sautant de joie comme un enfant, celui-ci serra l'inconnu dans ses bras et appela tous ceux qui étaient présents pour leur faire voir sa montre et leur présenter le fils prodigue qui la lui avait rapportée.

de Mahomet et de Râma. Puis le mécanisme s'était inversé : l'Orient avait subi durant des siècles l'hégémonie culturelle de l'Occident. A présent, hanté par le spectre de la bombe atomique, débordé par sa technologie, l'Occident avait de nouveau besoin de se tourner vers l'Orient et de boire à ses sources. Il avait soif de l'amour et de la compréhension fraternelle que lui, Gandhi, cherchait à répandre.

Au cours de cette première rencontre qui se prolongea pendant deux heures, se produisit une scène banale et pourtant extraordinaire. Elle révéla au vice-roi que son attitude avait touché une corde sensible chez le Mahatma.

Les Mountbatten entraînèrent leur hôte dans les jardins mogols pour satisfaire la curiosité des photographes. Gandhi avait l'habitude de marcher en s'appuyant sur les épaules de ses petites-nièces Manu et Abha qu'il avait baptisées affectueusement ses « béquilles ». En leur absence, le révolutionnaire qui avait consacré sa vie à lutter contre les Anglais posa spontanément la main sur l'épaule de la dernière vice-reine des Indes, et prenant appui sur elle aussi calmement que s'il se rendait à sa réunion de prière, regagna le bureau de Lord Mountbatten.

New Delhi suffoquait sous le premier souffle torride de la saison chaude lorsque Gandhi vint voir le vice-roi pour la deuxième fois. Écrasés de soleil, les buissons d'orangers des jardins mogols semblaient cracher des éclairs de feu. La seule oasis de confort dans cet enfer était le cabinet de Louis Mountbatten. Le perfectionnisme qui l'avait poussé à faire repeindre cette pièce l'avait également incité à la faire équiper du meilleur système de climatisation de la capitale qui maintenait une température de vingt degrés.

Ce raffinement faillit provoquer une catastrophe. Passant brusquement de la fournaise extérieure à la fraîcheur du bureau, Gandhi se mit à trembler de froid. Il faisait brutalement connaissance avec les bienfaits de la civilisation dont il avait combattu tous les progrès techniques. Effrayé, l'amiral fit arrêter l'appareil et sonna son aide de camp qui alerta Lady Mountbatten.

— Seigneur, s'indigna Edwina, vous allez faire attraper une pneumonie à notre ami !

Elle ouvrit grand les fenêtres et courut chercher dans la chambre de son mari un gros chandail de la Royal Navy qu'elle jeta sur les épaules grelottantes du Mahatma. Pour achever de réchauffer leur hôte, elle fit servir le thé sur la terrasse du palais.

Tandis qu'une légion de domestiques disposaient une somptueuse vaisselle frappée aux armes du vice-roi, la jeune Manu, qui cette fois avait accompagné son grand-oncle, préparait la frugale collation qu'elle avait apportée — un bouillon de citron, du yaourt et quelques dattes. Gandhi mangea à l'aide d'une cuillère dont le manche cassé avait été remplacé par un morceau de bambou ligaturé à l'aide d'une ficelle. Seules ses deux assiettes de fer-blanc étaient aussi britanniques que les couverts de Sheffield sur le plateau du vice-roi. Elles provenaient de sa dernière prison.

Gandhi présenta en souriant son assiette de yaourt à Mountbatten.

— C'est très bon, dit-il avec malice, vous devriez en goûter.

L'amiral considéra sans enthousiasme la bouillie jaunâtre et grumeleuse.

— Je crois que je n'en ai jamais mangé, répondit-il en espérant le décourager.

— Ça ne fait rien, insista Gandhi, il y a toujours une première fois pour chaque chose. Essayez.

Le sens du devoir aidant sa courtoisie naturelle, Mountbatten accepta une cuillerée.

Les préliminaires de leur seconde rencontre s'étant achevés sur ces modestes agapes, le vice-roi s'engagea enfin dans l'engrenage qui avait nécessité chez ses prédécesseurs une dose peu commune de patience et de courage : négocier avec Gandhi.

Le Mahatma s'était toujours montré un partenaire difficile. Selon lui, la vérité avait deux aspects : l'un, absolu, transcendant le monde et dont l'homme ne pouvait avoir que des intuitions fugitives ; l'autre, relatif. C'était à cette vérité relative que l'on avait affaire dans la vie de tous les jours. Pour expliquer cette différence, Gandhi se servait d'une parabole. Trempez, disait-il, votre main gauche dans une cuvette d'eau glacée puis dans une cuvette d'eau tiède, l'eau tiède vous paraîtra chaude. Trempez ensuite ensuite votre main droite dans une cuvette d'eau chaude puis dans celle qui contient l'eau tiède. L'eau tiède vous paraîtra froide. Pourtant, sa température n'a pas changé. La vérité absolue était la température constante de l'eau, mais la vérité relative, celle perçue par la main de l'homme, variait. Cette parabole indiquait nettement que la vérité relative de Gandhi n'était pas une valeur rigide. Elle pouvait évoluer au fur et à mesure que sa compréhension d'un problème se modifiait et cette gymnastique morale avait bien souvent déconcerté ses interlocuteurs britanniques, le faisant apparaître comme un Asiatique roublard à double visage. Même ses disciples s'en exaspéraient parfois.

— Bapuji (Père), je ne vous comprends pas, s'étonna l'un d'eux un jour. Comment avez-vous pu dire ceci la semaine dernière et affirmer le contraire aujourd'hui ?

— Ah, répliqua Gandhi, c'est que j'ai beaucoup appris depuis la semaine dernière.

Le nouveau vice-roi entamait donc les négociations sérieuses avec une certaine appréhension. Il n'était pas si sûr que le petit homme « gazouillant comme un oiseau » à ses côtés pût l'aider à trouver une solution au problème indien. Il savait en revanche qu'il était très capable d'anéantir tous ses efforts en vue d'y parvenir. Les tentatives de tant d'autres médiateurs avaient si souvent été tenues en échec par son imprévisible personnalité. C'était Gandhi qui avait renvoyé l'émissaire de Churchill les mains vides à Londres en 1942. C'était encore lui qui, au nom de ses principes, avait réduit à néant les efforts du précédent vice-roi pour résoudre la crise indienne. La veille, au cours de sa prière publique, il avait une nouvelle fois réaffirmé que son pays ne pourrait être partagé que sur son cadavre. « Aussi longtemps que je vivrai, avait-il ajouté, je n'accepterai jamais la partition de l'Inde. »

Mountbatten déclara d'emblée à Gandhi que la politique de l'Angleterre avait toujours été de ne jamais capituler devant la force. Mais puisque sa croisade non violente avait fini par l'emporter, l'Angleterre était aujourd'hui décidée à quitter les Indes, quoi qu'il arrivât.

— Il n'y a qu'une seule chose qui importe, souligna Gandhi. Ne partagez pas l'Inde, refusez de la diviser, même si ce refus aboutit à faire couler des rivières de sang.

Mountbatten protesta que le Partage était la dernière solution qu'il voulût adopter. Mais quelle autre possibilité y avait-il ?

— Au lieu de la partager, donnez l'Inde tout entière aux Musulmans, suggéra Gandhi. Placez les trois cents millions d'Hindous sous la domination

166

musulmane, chargez Jinnah et ses acolytes de former un gouvernement, transmettez-leur la souveraineté de l'Angleterre.

Mountbatten fut effaré par la proposition de l'apôtre de la non-violence. S'il était prêt à saisir n'importe quelle bouée pour échapper à la Partition, cette solution ressemblait tout de même à un rêve d'*Alice au pays des merveilles*. Il était vrai que bien d'autres idées de Gandhi, aussi insolites, avaient réussi.

— Qu'est-ce qui vous fait croire que votre propre parti accepterait cette suggestion ? s'inquiéta l'amiral.

— Le Congrès veut par-dessus tout éviter la Partition. Il fera tout pour l'empêcher.

— Et quelle sera la réaction de Jinnah ?

— Si vous allez lui dire que c'est moi l'auteur de ce plan, répliqua le Mahatma avec un sourire malicieux, il vous répondra : « Ah ce malin de Gandhi ! »

Mountbatten observa un long silence. La proposition lui paraissait totalement utopique et il n'avait aucune intention de risquer son prestige personnel à l'imposer. Il ne pouvait cependant pas négliger la moindre chance de sauver l'unité de l'Inde. Il déclara enfin :

— Si vous pouvez me donner l'assurance officielle que le Congrès est disposé à ratifier ce plan et à collaborer sincèrement à sa réalisation, alors j'accepte de lui donner une suite.

Gandhi bondit littéralement de son fauteuil.

— Je suis entièrement sincère, affirma-t-il, et si vous prenez cette décision, je suis prêt à parcourir l'Inde de long en large pour la faire adopter par le peuple.

Quelques heures plus tard, un journaliste indien put s'entretenir avec Gandhi sur le chemin de sa prière publique. Le Mahatma paraissait « pétiller de bonheur ». Comme ils arrivaient sur les lieux de la réunion, le vieil homme se tourna vers le journaliste. Avec un sourire béat, il murmura : « Je crois que j'ai renversé la vapeur. »

*

Quatrième station du chemin de croix de Gandhi
Les disciples s'éloignent du père

Une unique ampoule noircie d'insectes carbonisés éclairait le misérable taudis. Nu jusqu'à la ceinture, Gandhi était accroupi sur une natte au milieu de ses compagnons qui discutaient avec animation. Dehors, les yeux brillant d'un mélange de crainte et de curiosité, les enfants des balayeurs de la Bhangi Colony, le bidonville surpeuplé des Intouchables qui nettoyaient les rues et les fosses d'aisance de New Delhi, se pressaient aux fenêtres pour contempler le Mahatma et les chefs de son parti du Congrès.

Gandhi les avait convoqués dans cet infâme quartier empuanti par l'odeur des excréments qui montait des canaux à ciel ouvert faisant office d'égouts. C'était là, au milieu de l'une des populations les plus misérables du monde, parmi ces pathétiques visages couverts de plaies, qu'il avait choisi de vivre pendant son séjour dans la capitale. Le combat en faveur des opprimés de la société hindoue, ces Intouchables qu'il appelait les *Harijan* — les Enfants de Dieu —, avait toujours tenu dans son cœur une place égale à l'autre, celui pour la libération de l'Inde.

Les Intouchables constituaient plus d'un sixième

168

de la population. Ils étaient hindous, certes, mais les fautes commises dans leurs vies antérieures les excluaient de toute caste. Ils étaient aisément reconnaissables au teint plus sombre de leur peau, à la soumission de leur comportement, à la grande indigence de leur mise. Leur désignation d'Intouchables exprimait la crainte des autres Hindous de se contaminer à leur contact, ce qui eût exigé une purification rituelle. L'empreinte même de leurs pas profanait, disait-on, les rues habitées par certains brahmanes. Un Intouchable devait s'écarter chaque fois qu'un Hindou de caste croisait sa route afin de ne pas le souiller de son ombre. Aucun Hindou de caste ne pouvait manger en présence d'un Intouchable, boire l'eau qu'il avait tirée, utiliser un ustensile qu'il avait effleuré. L'entrée de nombreux temples était interdite aux Intouchables. Leurs enfants n'étaient pas acceptés dans les écoles. Jusque dans la mort, ils restaient des parias. Ils n'avaient pas accès aux bûchers funéraires communaux. Et comme leur pauvreté les empêchait en général de se procurer assez de bois pour leur crémation, leurs restes, partiellement calcinés, étaient remis à la rivière ou enterrés. Souvent aussi, ils étaient dévorés par les vautours.

Dans certaines régions des Indes, les Intouchables n'étaient autorisés à sortir de leur hutte que la nuit. On les appelait alors les « Invisibles ». Ailleurs, ils étaient vendus comme des serfs avec la terre qu'ils travaillaient ; un jeune Intouchable valait en moyenne le prix d'un bœuf. Ils accomplissaient les travaux les plus humbles et les plus sales : vider les fosses d'aisance, balayer les rues, ramasser les ordures, ces tâches impures qui les rendaient justement « intouchables ». Dans ce siècle de progrès social, l'hindouisme ne leur accordait qu'un seul privilège. N'étant pas végétariens, ils pouvaient manger les vaches sacrées tuées par les épidémies ou la maladie, dont les cadavres appartenaient de droit aux vidangeurs des villages.

Depuis son retour d'Afrique du Sud, la cause de ces parias était devenue celle de Gandhi. Son premier *ashram* indien avait failli périr parce qu'il les y avait accueillis. Il soignait leurs plaies, frictionnait leurs membres meurtris. Bien plus, pour condamner l'intouchabilité d'une manière spectaculaire, il n'hésita pas à accomplir la tâche jugée la plus dégradante pour un Hindou de sa caste. Il nettoya, aux yeux de tous, la tinette d'un Intouchable.

En 1932, il avait presque donné sa vie pour eux, en faisant une grève de la faim en vue d'empêcher une réforme politique institutionnalisant leur ségrégation du reste de la société indienne. Par son obstination à ne voyager que dans leurs wagons de 3e classe, à loger dans leurs bidonvilles, il voulait sensibiliser l'Inde entière au malheur de leur condition[1].

Dans quelques mois, quelques semaines même, les hommes réunis ce soir autour de Gandhi seraient les ministres du gouvernement de l'Inde indépen-

1. L'attitude de Gandhi posait bien des problèmes à ses compagnons du Congrès. Peu de temps après son arrivée à New Delhi, Lord Mountbatten demanda à l'un des plus proches disciples du Mahatma, la poétesse Sarojini Naidu, si la pauvreté dans laquelle Gandhi exigeait de vivre ne rendait pas sa protection particulièrement difficile. « Ah, s'exclama-t-elle en riant, comme lui, vous vous figurez qu'il est tout seul lorsqu'il cherche à monter dans un compartiment bondé de 3e classe sur un quai de la gare de Calcutta. Ou que dans son taudis au milieu des Intouchables, personne ne le protège. Ce qu'il ignore, c'est qu'une douzaine de nos militants déguisés en Intouchables l'accompagnent dans son wagon et que des douzaines d'autres militants également dissimulés en parias sont installés dans les baraques autour de la sienne. Mon cher Lord Louis, conclut-elle, vous n'imaginerez jamais ce qu'il en a coûté à l'Inde de permettre au vieil homme de vivre dans la pauvreté ! »

dante. Ils occuperaient les vastes bureaux d'où les Anglais avaient dirigé l'Empire, s'y faisant conduire dans de luxueuses limousines. Si Gandhi avait exigé qu'ils finissent ce pèlerinage au cœur de l'un des quartiers les plus immondes de la capitale, c'était pour qu'ils y soient confrontés avec les réalités du pays qu'ils allaient bientôt avoir à gouverner.

La soirée était d'une chaleur suffocante ; pour en atténuer l'oppression, Gandhi avait eu recours à une climatisation de son invention : une serviette humide posée sur son crâne chauve. A sa grande tristesse, l'humeur de ses compagnons paraissait aussi enfiévrée que la nuit.

En assurant, quelques jours plus tôt, Mountbatten que le parti du Congrès était prêt à toutes les concessions pour éviter la Partition, Gandhi s'était trompé. Son erreur était à la mesure du fossé qui avait commencé de se creuser entre le Mahatma vieillissant et ceux qu'il avait formés et placés aux leviers de commande de son parti.

Ces militants avaient soutenu Gandhi pendant un quart de siècle. Au nom de sa cause, ils avaient rejeté leurs costumes occidentaux pour revêtir son *khadi*, familiarisé leurs doigts malhabiles avec les rythmes de son rouet, marché au-devant des *lathi* fracassants de la police, franchi les portes des prisons britanniques. Faisant taire leurs hésitations et leurs doutes, ils l'avaient suivi sur les chemins obscurs de sa croisade à la conquête d'une victoire qu'ils n'escomptaient pas et qui, aujourd'hui, était réelle : l'idéal gandhien de la non-violence avait arraché l'indépendance aux Anglais.

Leurs motivations étaient diverses, mais tous savaient que, dans le combat pour l'indépendance, son génie seul pouvait regrouper les masses indiennes sous une bannière unique. La lutte commune avait imposé le silence à leurs divergences. Ce soir pourtant, elles venaient de resurgir brusquement avec la singulière suggestion de leur vieux chef : placer Jinnah et un gouvernement musulman à la tête de l'Inde indépendante. S'ils refusaient de soutenir son plan, plaida Gandhi, le nouveau vice-roi se trouverait acculé à la Partition. Au cours de sa longue marche de pénitent à Noakhali puis au Bihar, il avait pu, infiniment mieux que les hommes politiques de Delhi, apprécier l'ampleur de la tragédie que risquait d'engendrer un partage. Dans les huttes et les marécages du delta du Gange, il avait vu naître et exploser la haine raciale et religieuse. La Partition ne pouvait qu'aggraver ces déchaînements et non les calmer. Il supplia ses compagnons d'adhérer à sa solution, la dernière chance, selon lui, de préserver l'unité de l'Inde.

Il ne parvint à ébranler ni Nehru ni les autres responsables du Congrès. Il y avait une limite au prix qu'ils étaient prêts à payer pour sauver l'intégrité du pays. Abandonner le pouvoir entre les mains de leur adversaire musulman allait au-delà de cette limite. Le cœur meurtri, le Mahatma allait devoir informer le vice-roi qu'il n'avait pu convaincre ses militants. Ce n'était pas encore la véritable rupture, mais déjà ses disciples prenaient des chemins différents du sien. La croisade de Gandhi avait débuté dans l'isolement et les ténèbres d'une gare d'Afrique du Sud. Elle était sur le point de s'achever comme elle avait commencé, dans la solitude.

*
**

S'il n'y avait pas eu de climatisation dans le bureau du vice-roi cet après-midi d'avril, le froid polaire émanant de la personnalité austère et distante du leader musulman aurait pu suffire à la rafraîchir. Dès la première minute, Mountbatten avait trouvé Mohammed Ali Jinnah dans « le plus arrogant, glacial et méprisant état d'esprit ».

L'homme clef du trio indien, celui qui détenait en définitive la solution du dilemme, fut le dernier à venir au palais du vice-roi. En revivant cette scène vingt-cinq ans plus tard, Louis Mountbatten soulignerait : « Avant d'avoir parlé avec Mohammed Ali Jinnah, je n'avais pas réalisé à quel point ma tâche aux Indes était impossible. »

Cette rencontre débuta par une gaffe. Elle révélait d'une façon poignante que rien n'était jamais spontané chez cet homme de soixante-dix ans. Sachant qu'il serait photographié en compagnie de ses hôtes, il avait imaginé par avance une galanterie à l'adresse d'Edwina Mountbatten. Contrairement à ses prévisions, ce fut lui et non Edwina que le vice-roi invita par courtoisie à poser au milieu. Infortuné Jinnah ! Tout en lui était programmé comme dans un ordinateur. Il ne put se retenir de placer son compliment. « Ah, s'extasia-t-il, voici une rose entre deux épines ! »

Sitôt entré dans son cabinet, il informa le vice-roi qu'il était venu lui exposer sa position et ce qu'il était seulement prêt à accepter. Comme il l'avait fait pour Gandhi, l'amiral l'interrompit.

— Monsieur Jinnah, à ce stade je ne suis pas disposé à discuter de conditions. Faisons d'abord connaissance.

Mobilisant tout son charme, Mountbatten entreprit de faire la conquête du leader musulman. Mais Jinnah paraissait muré derrière une carapace de glace : l'idée même de déballer sa vie et son caractère devant un inconnu semblait intolérable à cet homme qui ne se confiait jamais, même à ses proches.

Patiemment, obstinément, Mountbatten lutta pour vaincre la réserve de son interlocuteur. Pendant des moments qui lui parurent durer des heures, il ne recueillit qu'une succession de grommellements et de monosyllabes. Jinnah ne se dérida qu'à l'instant de prendre congé. « Dieu que cet homme est froid, soupira l'amiral épuisé au sortir de cette épreuve. Il m'a fallu toute la durée de ce premier entretien pour le dégeler ! »

✳

Portrait de Mohammed Ali Jinnah,
le père du Pakistan

Le personnage que l'Histoire saluerait un jour comme le père du Pakistan avait entendu prononcer le nom de cet État pour la première fois au cours d'un dîner en tenue de soirée donné à l'hôtel Waldorf de Londres au printemps de 1933. Son hôte était ce soir-là Rahmat Ali, cet éternel étudiant qui avait rédigé dans son cottage de Cambridge un manifeste réclamant la création d'un État musulman indépendant pour les Musulmans des Indes. Rahmat Ali n'avait pas hésité à enfreindre la loi coranique en offrant à Jinnah le meilleur chablis de l'hôtel. Il espérait le convaincre de prendre la tête d'une campagne politique pour la conquête de ce pays qu'il avait nommé « Pakistan ». Il essuya un refus glacé. « Votre Pakistan, lui répondit Jinnah, est un rêve impossible. »

Celui qu'avait désigné l'infortuné étudiant pour être le prophète de l'émancipation des Musulmans indiens avait commencé sa carrière politique en prêchant l'unité entre les Hindous et les Musulmans. Sa famille venait de la péninsule de Kathiawar d'où Gandhi était lui-même originaire. En fait, si le grand-père de Jinnah ne s'était pas converti à l'islam pour quelque obscure raison, les deux adversaires politiques seraient nés dans la même caste. Jinnah avait lui aussi été à Londres pour dîner à l'*Inns of Court* et y recevoir la robe du barreau. Mais contrairement à Gandhi, il était rentré d'Angleterre métamorphosé en gentleman britannique.

Il portait monocle et des costumes superbement coupés qu'il changeait deux ou trois fois par jour pour rester impeccable dans la moiteur de l'air de Bombay. Il raffolait des huîtres et du caviar, du champagne, du cognac et des grands crus de Bordeaux. D'une honnêteté et d'une intégrité au-dessus de tout soupçon, sa philosophie se résumait en un respect scrupuleux du droit et des formes. Il était, confiait un de ses intimes, « le dernier des Victoriens, un parlementaire à la mode de Gladstone et de Disraeli ».

Brillant avocat, il fut naturellement attiré par la politique. Pendant dix ans, il lutta pour maintenir les Hindous et les Musulmans du Congrès unis dans un front commun contre les Anglais. Ses premières déceptions survinrent lorsque Gandhi prit la direction du parti. L'élégant Jinnah n'avait pas la moindre intention de revêtir un morceau de toile grossière et de se coiffer d'un petit calot blanc pour aller moisir dans la vermine des prisons britanniques. La désobéissance civile, déclara-t-il, n'était bonne que pour « les ignorants et les analphabètes ».

Il rompit avec le Congrès et rejoignit les rangs

de la Ligue musulmane, le parti nationaliste de la cause musulmane. Le tournant décisif de sa carrière politique se produisit après les élections de 1937, quand le Congrès refusa de partager le gâteau du pouvoir avec la Ligue musulmane dans les provinces où existait une minorité musulmane substantielle. Homme d'un orgueil inflexible, Jinnah considéra l'attitude du Congrès comme une insulte personnelle. Il y vit la preuve que les Musulmans n'obtiendraient jamais un traitement équitable dans une Inde gouvernée par un parti à dominance hindoue. L'ancien apôtre de l'unité entre les deux communautés devint dès lors l'avocat indomptable du Pakistan, ce projet qu'il avait qualifié, quatre ans plus tôt, de « rêve impossible ».

Il était difficile d'imaginer leader plus paradoxal pour conduire les masses musulmanes de l'Inde. Il n'y avait rien de musulman chez Mohammed Ali Jinnah hormis son prénom et le fait que ses parents pratiquaient la religion de Mahomet. Il buvait de l'alcool, mangeait du porc, et négligeait de fréquenter la mosquée le vendredi. Allah et le Coran n'avaient aucune place dans sa vision du monde. Gandhi, son adversaire politique hindou, connaissait plus de versets du saint livre de Mahomet que lui. Et il avait réussi à rassembler autour de lui la grande majorité des quatre-vingt-dix millions de Musulmans indiens sans être capable d'articuler plus de quelques phrases dans leur langue traditionnelle, l'urdu.

Jinnah n'était pas à l'aise avec les masses de l'Inde. Il haïssait la saleté, la chaleur. Gandhi choisissait les wagons de 3e classe pour voyager au milieu des plus humbles ; lui ne se déplaçait qu'en 1re pour les éviter. Tandis que son rival faisait de la simplicité un culte, Jinnah adorait la pompe. Il aimait visiter les villes musulmanes indiennes dans un cortège royal précédé d'éléphants caparaçonnés d'or et une fanfare jouant le *God Save The King*, « seul air, se plaisait-il à faire remarquer, que le peuple connût ».

Sa vie était un modèle d'ordre et de discipline. Quand il s'arrêtait, dans son jardin, devant les tulipes et les pétunias qui poussaient en rangées rectilignes, ce n'était pas pour contempler la beauté de ces fleurs mais pour en vérifier le bon alignement.

Les livres de droit et les journaux constituaient sa seule lecture. En fait, les journaux semblaient passionner ce personnage énigmatique. Il s'en faisait envoyer du monde entier. Il découpait des articles, griffonnait des commentaires dans la marge, les collait avec soin dans des albums qui s'accumulaient sur les rayons de sa bibliothèque.

Jinnah n'éprouvait que du mépris pour ses rivaux politiques hindous. Il qualifiait Nehru de « Peter Pan », de « personnage de littérature qui aurait mieux fait d'être professeur à Oxford qu'homme politique », de « brahmane hautain dissimulant sa roublardise naturelle sous le vernis d'une éducation occidentale ». Gandhi n'était à ses yeux qu'« un renard rusé, une sorte d'évangéliste hindou ». Le spectacle du Mahatma allongé sur l'un des précieux tapis persans de sa maison de Bombay « avec un sac de boue sur le ventre » était une image de cauchemar que Jinnah n'avait jamais oubliée — ni pardonnée.

Parmi les Musulmans, Jinnah avait peu d'amis, encore moins de disciples, seulement des partisans, des associés. A l'exception de sa sœur, sa famille n'existait pas pour lui. Il vivait solitaire avec son rêve d'un Pakistan indépendant. Il mesurait presque deux mètres mais pesait à peine soixante kilos. Son visage était si maigre et étiré que ses joues paraissaient translucides sous les pommettes saillantes. Soigneusement coiffée en arrière, une abondante chevelure argentée rehaussait encore sa taille. Si rigoureusement composée et sévère était son apparence, qu'il donnait une illusion de force spartiate.

Toutes ses réussites étaient dues au trait dominant de sa personnalité, une volonté inflexible. Critiques et reproches ne lui étaient pas ménagés. Mais personne, ami ou ennemi, n'accusa jamais Jinnah de manquer de volonté.

Au cours de la première quinzaine d'avril 1947, le vice-roi et Jinnah eurent six rencontres cruciales. Dix heures de conversations qui décidèrent du sort des Indes. Mountbatten les affronta, armé de « l'orgueil le plus démesuré dans ma capacité de convaincre les gens de faire ce qui est bien, non pas tant parce que je suis persuasif mais parce que j'ai le talent de présenter les faits sous leur aspect le plus favorable ». Il raconterait plus tard comment il essaya « toutes les astuces, tous les recours pour ébranler la détermination de Jinnah ». Il n'y avait rien à faire. Aucun argument, aucun stratagème ne pouvait entamer chez lui le rêve du Pakistan.

La force de la position de Jinnah reposait sur deux atouts essentiels. D'abord, il s'était érigé en dictateur absolu de la Ligue musulmane. Il y avait peut-être au-dessous de lui des partisans d'un compromis. Mais, lui vivant, ceux-ci ne parleraient pas. En second lieu, et c'était d'une importance bien plus grande encore, le souvenir du sang que sa « Journée d'Action directe » avait fait couler dans les rues de Calcutta un an auparavant.

Dès le début, Jinnah et Mountbatten s'étaient au moins mis d'accord sur un point : la nécessité de faire vite. Pour le leader musulman, l'Inde avait dépassé le stade des transactions. Une seule solution était possible, une rapide « opération chirurgicale ».

Quand Mountbatten exprima sa crainte de voir la Partition déchaîner la violence, Jinnah le rassura. Une fois son « intervention chirurgicale » pratiquée, les troubles cesseraient et les deux pays vivraient en heureuse harmonie. Tout se passerait, expliqua-t-il, comme dans ce procès qu'il avait un jour plaidé entre deux frères insatisfaits du partage de l'héritage paternel. Deux ans après le verdict du tribunal, ils étaient redevenus amis intimes. Tel sera, promit-il au vice-roi, le cas des Indes.

Les Musulmans de l'Inde, insistait Jinnah, constituaient une nation « avec une culture et une civilisation, une langue et une littérature, un art et une architecture, des lois et un code moral, des coutumes et un calendrier, une histoire et des traditions distinctes ». L'Inde n'avait jamais été une véritable nation, affirmait-il. Elle ne le paraissait que sur une carte.

« Les vaches que je veux manger, disait-il, les Hindous m'empêchent de les tuer. Chaque fois qu'un Hindou me serre la main, il doit courir se purifier. La seule chose que les Musulmans partagent avec les Hindous est leur esclavage sous le joug britannique. »

Ses discussions avec Jinnah ressemblèrent bientôt « à des parties de cache-cache », se souvient

Mountbatten. Tel le lièvre d'*Alice au pays des merveilles*, le leader musulman refusait la moindre concession ; Mountbatten, le défenseur acharné de l'unité, attaquait de tous les côtés au point de rendre « le vieux gentleman complètement fou ».

Pour Jinnah, la division était la seule voie naturelle. Encore fallait-il qu'elle aboutît à un État viable. Cela supposait, précisa-t-il, que deux grandes provinces des Indes où vivaient d'importantes communautés musulmanes, le Bengale et le Panjab, fassent intégralement partie du Pakistan en dépit de leurs abondantes populations hindoues. L'argumentation de Jinnah reposait sur un principe : les Musulmans des Indes ne devaient pas être contraints de vivre sous la férule de la majorité hindoue. C'était une attitude logique. Mais comment pouvait-il justifier son désir d'absorber dans un État musulman les minorités hindoues du Panjab et du Bengale ? Si l'Inde devait être partagée pour soustraire la minorité musulmane à la loi de la majorité hindoue, le Panjab et le Bengale devaient être coupés en deux pour des motifs inverses mais identiques, déclara Mountbatten.

Jinnah protesta. Cette solution aboutirait à lui donner un État économiquement non viable, « un Pakistan mangé par les mites ».

Eh bien, si Jinnah croyait vraiment que ce pays risquait d'être « mangé aux mites », qu'il le refuse tout bonnement, proposa Mountbatten qui n'avait de toute façon aucune envie de lui accorder quelque Pakistan que ce soit.

— Ah ! riposta Jinnah. Votre Excellence ne semble pas très bien comprendre le problème. Un homme est un Panjabi ou un Bengali avant d'être un Hindou ou un Musulman. Il partage avec les siens une histoire, une langue, une culture, une économie communes. Vous ne devez pas les séparer car vous feriez couler sans fin le sang.

— Monsieur Jinnah, je suis tout à fait de cet avis.

— Vraiment ?

— Naturellement, acquiesça Mountbatten. Non seulement un homme est un Bengali ou un Panjabi avant d'être un Hindou ou un Musulman, mais il est d'abord *un Indien*. Vous avez admirablement exposé la thèse irréfutable de l'unité indienne.

— Mais vous ne saisissez pas du tout... répliquait Jinnah, et la partie de cache-cache recommençait.

Mountbatten était stupéfait par la rigidité de la position de Jinnah. « Je n'aurais jamais cru, dira-t-il plus tard, qu'un homme intelligent, bien élevé, éduqué dans le sérail du barreau de Londres, pût être à ce point prisonnier de son raisonnement. Il n'était pourtant pas sans comprendre les objections, mais une sorte de voile tombait sur sa pensée. Il était le mauvais génie de toute l'affaire. On pouvait réussir à convaincre les autres, pas Jinnah. Lui vivant, il était impossible de sauvegarder l'unité des Indes. »

Leurs négociations atteignirent leur point critique le 10 avril, moins de trois semaines après l'arrivée de Louis Mountbatten à New Delhi. Pendant deux heures, il supplia, conjura, implora Jinnah de préserver l'unité indienne. Avec toute son éloquence, il brossa un tableau de la grandeur à laquelle l'Inde pourrait atteindre avec ses quatre cents millions d'hommes de races et de croyances différentes. Tous unis sous la direction d'un gouvernement central, ils pourraient profiter des bienfaits d'une industrialisation massive, jouer un rôle prépondérant dans les affaires du monde, représenter la tendance la plus progressiste de l'Asie. Était-il possible que Jinnah fasse fi de toutes ces espérances et condamne la péninsule à n'être qu'une puissance de troisième ordre ?

Jinnah restait inébranlable. C'était, devait conclure avec tristesse Mountbatten, « un psychopathe obnubilé à mort par son Pakistan ».

Méditant après le départ de son visiteur dans la solitude de son cabinet, le vice-roi comprit la vanité de ses efforts : ni son pouvoir de persuasion ni son charme n'avaient le moindre impact sur le leader musulman. Toutes nouvelles discussions ne sauraient être que stériles. Pourtant, il fallait sortir de l'impasse et en sortir vite. Certes, Mountbatten souhaitait ardemment sauver l'unité indienne, mais il ne pouvait pour autant courir le risque de voir l'Angleterre prise au piège d'une Inde sombrant dans le chaos et la violence. Car, après tout, c'était d'abord les intérêts de la Grande-Bretagne qu'il était chargé de défendre. L'intransigeance de Jinnah ne lui laissait qu'une seule issue : mutiler le sous-continent indien pour donner leur Pakistan aux Musulmans.

Le problème était maintenant de faire accepter cette perspective radicale par Nehru et les dirigeants du Congrès. Mountbatten décida d'élaborer d'urgence un plan susceptible de rallier leur agrément.

Le lendemain matin, après avoir analysé la situation avec ses collaborateurs, le vice-roi se tourna vers son directeur de cabinet.

— Mon cher Ismay, dit-il tristement, le moment est hélas venu de préparer un plan pour le partage des Indes.

182

LE PARTAGE DE L'EMPIRE DES INDES EN DEUX ÉTATS :
L'INDE ET LE PAKISTAN

Les deux provinces du Panjab et du Bengale se retrouvent coupées en deux. Pour rejoindre leurs communautés respectives dont la Partition les sépare, dix millions d'Hindous, de Musulmans et de Sikhs se jetteront sur les routes du plus grand exode de l'Histoire.

*

Devant le spectre d'une guerre religieuse et civile qui menaçait de submerger la péninsule tout entière, la Partition semblait en vérité la seule solution. Malheureusement, en dépit de tous les efforts du vice-roi, elle allait provoquer une des grandes tragédies de l'histoire moderne dans les deux provinces qu'elle mutilerait.

Pour satisfaire aux exigences de Mohammed Ali Jinnah deux des entités les plus parfaites des Indes, le Panjab et le Bengale, devraient être coupées en deux. Ces provinces étaient en outre elles-mêmes distantes de quinze cents kilomètres ; ce qui condamnait le futur Pakistan à l'absurdité géographique d'un État en deux parties. Il faudrait vingt jours — plus que la durée du voyage jusqu'à Marseille — pour aller par mer du Pakistan de l'Ouest au Pakistan de l'Est. Seuls des appareils quadrimoteurs seraient capables de relier sans escale les deux moitiés du pays ; mais le nouvel État pourrait-il s'offrir le luxe d'acheter de tels avions ? Si encore les deux régions avaient pu pallier leur séparation géographique par une unité raciale et culturelle, c'eût été un moindre mal. Or il n'en était rien : les Musulmans du Panjab et ceux du Bengale étaient aussi différents que peuvent l'être les Suédois et les Espagnols. Seule leur religion était la même.

De petite taille, vifs, sombres de peau, les Bengalis étaient de souche asiatique. Dans les veines des Panjabis coulait au contraire le sang de trente siècles de conquêtes aryennes qui leur donnait le teint clair et les traits des peuples du Turkestan, des vastes steppes russes, de la Perse, des déserts d'Arabie et même des îles de la Grèce antique. Ni

184

l'histoire, ni la langue, ni la culture n'offraient à ces deux communautés, si fondamentalement dissemblables, quelque lien qui leur permît de communiquer entre elles. Leur mariage à l'intérieur du Pakistan serait une union monstrueuse conclue à l'encontre de tous les impératifs de la logique.

Le Panjab était le joyau de la couronne des Indes. Vaste comme la moitié de la France, il s'étendait des rives de l'Indus à l'extrémité nord-ouest du pays, jusqu'aux portes mêmes de la capitale, New Delhi. C'était un pays de rivières étincelantes, de riches plaines couvertes de moissons, une oasis bénie des dieux dans l'aridité de la péninsule. Le mot Panjab signifie « Terre des cinq rivières ». Des cinq torrents auxquels cette province devait sa fertilité, le plus célèbre était l'un des fleuves rois du globe, l'Indus, qui avait lui-même donné son nom au sous-continent indien. Pendant des siècles, sa vallée avait été la grande voie d'invasion vers les Indes. Cinq mille ans d'une histoire tumultueuse avaient façonné le caractère du Panjab et cimenté son identité. Ses espaces immenses avaient résonné des galops des hordes conquérantes de l'Asie. Sa terre avait inspiré le chant céleste du livre sacré de l'hindouisme, la Bhagavad Gîtâ, retraçant le dialogue mystique entre le dieu Krishna et le roi guerrier Arjuna. Les légions perses de Darius et de Cyrus, les Macédoniens d'Alexandre le Grand avaient campé dans ses plaines. Les Mauryas, les Scythes, les Parsis l'avaient occupé avant d'être balayés par les vagues des Huns et les califes de l'islam qui apportaient leur foi monothéiste aux masses polythéistes hindoues. Trois siècles de domination mogole avaient ensuite porté le Panjab à son apogée et parsemé son sol des impérissables monuments de l'Inde musulmane.

Avec leurs barbes roulées et leurs cheveux longs cachés sous des turbans de toutes les couleurs, les Sikhs l'avaient alors conquis avant de succomber à leur tour sous la domination de ses derniers occupants, les Anglais, qui devaient lui offrir une prospérité unique en Asie.

Le Panjab était une entité aussi subtile et complexe que les mosaïques des édifices de son glorieux passé mogol. Sa scission ne pouvait que provoquer un traumatisme irréparable parmi ses populations. Seize millions de Musulmans y partageaient avec quinze millions d'Hindous et cinq millions de Sikhs les ruelles et les quartiers de ses 17 932 villes et villages. Bien que la religion les différenciât en communautés séparées, ils avaient en commun une langue, des traditions, une égale fierté pour leur personnalité intrinsèque de Panjabis. Leur coexistence économique était encore plus intime. La richesse du Panjab relevait d'un miracle de l'homme dont la nature même excluait toute idée de partage : le réseau gigantesque de canaux d'irrigation qu'avaient construit les Anglais et qui avait fait de cette région le grenier de l'Inde. Courant d'est en ouest, les sillons nourriciers avaient permis de cultiver des déserts et d'améliorer l'existence de millions de Panjabis. Calqué sur l'implantation des canaux, un magnifique réseau de routes et de voies ferrées permettait d'envoyer les produits du Panjab vers le reste de l'Inde. Quelle qu'elle soit, la frontière d'un partage condamnerait à mort cet efficace système vasculaire. De même, aucune division n'éviterait de scinder en deux la fière et belliqueuse communauté sikh : plus de deux millions de ses membres risquaient de voir leurs riches terres jadis gagnées sur le désert, et quelques-uns de leurs sanctuaires les plus saints intégrés dans un État musulman.

En fait, quel que soit le tracé de la ligne de partage, il promettait de créer un véritable cauchemar pour des millions d'hommes. Seul un échange de populations sur une échelle unique dans l'Histoire pourrait limiter les dégâts en transférant les Hindous vers l'est et les Musulmans vers l'ouest. De l'Indus aux portes de Delhi, et sur près de mille kilomètres, il n'y avait pas une ville, pas un village, pas un champ de blé ou de coton qui ne fût menacé par le plan que Lord Ismay avait reçu l'ordre d'établir.

La division de la province du Bengale à l'autre extrémité de la péninsule contenait les germes d'un autre drame. Plus peuplé que la Grande-Bretagne et l'Irlande réunies, le Bengale comptait trente-cinq millions d'Hindous et trente millions de Musulmans sur un territoire qui s'étendait des jungles de l'Himalaya jusqu'aux marécages du delta du Gange et du Brahmapoutre. Malgré ses deux communautés religieuses distinctes, le Bengale, plus encore que le Panjab, constituait une entité. Qu'ils fussent musulmans ou hindous, les Bengalis puisaient leurs origines aux mêmes sources raciales, parlaient la même langue, partageaient la même culture. Ils avaient une façon typique de s'asseoir sur le sol, de déclamer leurs phrases avec un crescendo final, et tous célébraient le Nouvel An le 15 avril. Leurs poètes comme Rabindranath Tagore, leurs penseurs comme Sri Aurobindo, leurs philosophes comme Swami Vivekananda étaient glorifiés par tous.

L'origine de la plupart des Bengalis, musulmans ou hindous, remontait aux temps reculés de l'ère pré-chrétienne avant même que ne fleurît la civilisation bouddhique dans le delta du Gange. Lorsque les conquérants hindous arrivèrent, au premier siècle de notre ère, ils les obligèrent à abjurer leur foi et à se convertir à l'hindouisme. Plus tard, les populations de la partie orientale du Bengale accueillirent avec soulagement les cavaliers de Mahomet : heureux d'échapper à la contrainte hindoue, ils embrassèrent l'islam dans un même élan. Dès lors, le Bengale se trouva fractionné en deux ethnies religieuses, les Musulmans à l'est, les Hindous à l'ouest.

En 1905, Lord Curzon, l'un des plus éminents vice-rois des Indes, essaya d'entériner politiquement cette division en partageant officiellement le Bengale en deux régions plus faciles à administrer. Six ans plus tard, sa tentative se solda par un échec, une sanglante révolution ayant démontré que chez les Bengalis la passion nationaliste l'emportait sur la passion religieuse.

Si le Panjab avait reçu de la Providence la manne de la fertilité, le Bengale, lui, paraissait accablé par la malédiction. Pays de typhons et de terrifiantes inondations, qui avait été le grenier à riz de l'Inde et de l'Asie du Sud-Est jusqu'au milieu du XIXᵉ siècle, c'était un immense marécage torride d'où ne sortaient que les deux plantes auxquelles il devait un bien-être précaire, le riz et « la fibre d'or », le jute. La limite entre les deux zones de culture coïncidait avec la frontière religieuse : le riz poussait à l'ouest chez les Hindous, le jute à l'est chez les Musulmans.

La clef de l'existence du Bengale ne résidait pas toutefois dans ses cultures, mais dans une ville. Une ville qui avait servi de tremplin à la conquête britannique, la deuxième cité de l'Empire après

Londres, le premier port d'Asie : Calcutta, lieu tragique des massacres d'août 1946. Tout au Bengale — les routes, les voies ferrées, les communications, l'industrie — convergeait vers Calcutta. En cas de partage du Bengale, il était fatal que cette métropole, en raison de sa situation géographique, fût intégrée à la moitié occidentale hindoue, fatalité qui condamnerait la partie orientale musulmane à une inexorable asphyxie. Presque tout le jute du monde provenait du Bengale oriental musulman, mais toutes les usines qui le transformaient en corde, en toile et en sacs étaient concentrées autour de Calcutta, et dans le Bengale occidental hindou. En dehors du jute, la partie musulmane ne produisait aucune autre culture ; la survivance de ses trente millions d'habitants dépendait du riz qui ne poussait que du côté hindou.

A la fin d'avril 1947, le dernier gouverneur britannique du Bengale, Sir Frederick Burrows, ancien sergent des *Grenadiers Guards* et ex-syndicaliste des Chemins de fer, prédit que le Bengale oriental musulman — cette région qui s'appellerait un jour le Bangladesh — était condamné, en cas de partition, à devenir « le plus grand taudis rural de l'Histoire ».

Enfin la Partition était absurde et illogique pour une dernière raison. Le rêve d'un État musulman indépendant avait eu pour origine la volonté de soustraire les minorités musulmanes des Indes à l'oppression hindoue. Or, même si Jinnah obtenait tous les territoires qu'il revendiquait, moins de la moitié des Musulmans indiens seulement feraient partie de son Pakistan. Les autres étaient si éparpillés à travers la péninsule qu'il apparaissait humainement impossible de les regrouper. Ilots perdus dans un océan hindou, ils seraient inéluc-tablement les otages et les premières victimes d'un conflit entre les deux pays. En fait, même après son amputation, l'Inde continuerait de compter près de cinquante millions de Musulmans, deve-nant ainsi la deuxième nation musulmane du monde, après le nouvel État né de ses entrailles[1].

Tels se présentaient, en ce printemps 1947, les deux partis d'un mariage qui allait déboucher, moins d'un quart de siècle plus tard, sur le plus sanglant des divorces.

*

Si, en ce mois d'avril 1947, Louis Mountbatten, Jawaharlal Nehru ou le Mahatma Gandhi avaient eu sous les yeux une certaine photographie, les Indes auraient peut-être pu échapper à la tragédie qui les menaçait. Ce document fournissait en effet une information susceptible de bouleverser l'équation politique indienne et, presque certaine-ment, de modifier le cours de l'Histoire en Asie. Mais le secret était si bien gardé que même le C.I.D. britannique, l'un des services d'investiga-tion criminelle les plus efficaces du monde, en ignorait l'existence.

Le centre de l'image montrait deux cercles noirs de la taille de balles de ping-pong. Chacun d'eux était bordé par un liséré blanc irrégulier, tel le halo du soleil lors d'une éclipse. Au-dessus, toute une galaxie de petits points blancs parsemait la trame laiteuse du cliché. Il s'agissait de la radiographie de deux poumons humains. Les ronds noirs étaient des lésions infectieuses ; la traînée de petits

1. L'Indonésie, qui devait devenir la première nation musulmane, n'a obtenu son indépendance qu'en 1949.

points blancs, des zones où le tissu pulmonaire ou pleural s'était durci, confirmant le diagnostic de tuberculose avancée. Le malade n'avait que quelques mois à vivre.

Conservé dans une enveloppe sans mention, ce cliché était enfermé dans le coffre-fort du docteur Jal R. Patel, un médecin de Bombay. Son client était l'homme glacial et inflexible qui avait anéanti tous les efforts de Mountbatten pour préserver l'unité des Indes. Mohamed Ali Jinnah, le seul obstacle insurmontable à cet objectif, était condamné à mort. En juin 1946, neuf mois avant l'arrivée du nouveau vice-roi, le docteur Patel avait diagnostiqué la terrible maladie dont l'issue ne pouvait être que fatale, à bref délai. La tuberculose, cette malédiction qui tuait chaque année des millions d'Indiens sous-alimentés, avait frappé le prophète du Pakistan, alors âgé de soixante-dix ans.

Toute sa vie, Jinnah avait souffert d'une santé délicate due à sa fragilité pulmonaire. Bien avant la guerre, il avait été soigné à Berlin pour les complications d'une pleurésie. De fréquentes crises de bronchite avaient, depuis, diminué ses forces et affaibli son système respiratoire au point qu'un discours un peu long le laissait sans souffle pendant des heures.

En 1946, une nouvelle attaque de bronchite frappa le leader musulman à Simla. Dans le train qui le ramenait à Bombay, son état ne cessa de s'aggraver. Il devint si alarmant que sa sœur Fatima dut alerter le docteur Patel en cours de route. Le médecin réussit à rejoindre Jinnah dans les faubourgs de Bombay. Il comprit aussitôt que son illustre patient était « dans un état désespéré ». Il l'informa qu'il ne pourrait supporter l'accueil triomphal qui l'attendait à la gare centrale de Bombay, et le fit descendre dans une station de banlieue pour le conduire directement à l'hôpital, où la radiographie révéla ce qui serait un jour le secret le mieux gardé des Indes.

Si Mohammed Ali Jinnah avait été n'importe qui, son médecin l'aurait immédiatement envoyé dans un sanatorium. Mais Jinnah n'était pas un malade comme les autres. A sa sortie de l'hôpital, le docteur Patel le reçut dans son cabinet. Il savait que Jinnah brûlait ses dernières forces : depuis dix ans, il ne survivait qu'« à coups de whisky, de volonté et de cigarettes ».

Le docteur Patel révéla la vérité à son patient : il était atteint d'un mal inexorable et devait radicalement changer son mode de vie. Faute de réduire ses activités, de consentir à de longues et fréquentes périodes de repos, de cesser de boire et de fumer, il ne pouvait espérer vivre plus de quelques mois.

Jinnah écouta le verdict sans tressaillir. Il n'était pas question, expliqua-t-il, qu'il abandonne le combat de toute sa vie pour un lit d'agonisant. Rien, excepté la tombe, ne le détournerait de la tâche qu'il s'était fixée, assumer le destin des Musulmans de son pays à ce carrefour critique de leur histoire. Il voulait bien ralentir son rythme, mais seulement dans la mesure où le permettraient les devoirs historiques de sa charge.

Jinnah savait que si Nehru et ses adversaires du Congrès apprenaient qu'il était en train de mourir, toute la perspective politique pouvait changer. Ils étaient capables d'attendre sa mort pour démanteler son grand rêve du Pakistan en faisant pression sur ses collègues plus malléables de la Ligue musulmane. Il imposa donc le secret absolu sur sa maladie.

Soutenu par des piqûres quotidiennes, Jinnah se remit au travail sans faire la moindre concession aux prescriptions de son médecin. Il n'allait pas laisser son rendez-vous avec la mort lui ravir son rendez-vous avec l'Histoire. Avec un courage surhumain, il lutta jusqu'au bout pour atteindre son but. « La vitesse, avait-il dit à Mountbatten lors de leur première discussion sur l'avenir des Indes, est l'essence de votre contrat. » La vitesse devenait l'essence du contrat personnel de Mohammed Ali Jinnah avec le destin[1].

Les onze gentlemen réunis autour de la table ovale de la salle du conseil qui attendaient avec respect que Lord Mountbatten ouvrît leurs débats étaient en quelque sorte les descendants des pères fondateurs de l'*East India Trading Company*. Trois siècles et demi plus tôt, leurs devanciers avides de richesses avaient lancé l'Angleterre à la conquête des Indes. Gouverneurs des onze provinces de l'Inde britannique, ils étaient les piliers de l'Empire. Ils avaient atteint l'apogée d'une carrière tout entière consacrée à son service et savouraient maintenant les privilèges dont ils avaient

---

1. Le prédécesseur de Mountbatten, Lord Wavell, notait dans son journal intime les 10 janvier et 28 février 1947 que, selon certains rapports, Jinnah était « un homme malade ». Il n'était pas précisé, cependant, quelle était la gravité réelle de la maladie du leader musulman. Quant à Mountbatten, il ne fut personnellement jamais informé que Jinnah était mourant. Il existe certaines raisons de croire que Liaquat Ali Khan, le bras droit de Jinnah, était au courant du mal dont il souffrait les six derniers mois de sa vie. La propre fille de Jinnah, Mme Dinah Wadia, révéla aux auteurs de ce livre, au cours d'une interview à Bombay en décembre 1973, qu'elle n'apprit la tuberculose de son père qu'après sa mort. Elle est convaincue que Jinnah ne partagea ce secret qu'avec sa sœur Fatima et qu'il lui avait interdit de le divulguer à quiconque.

rêvé dans les postes isolés de leurs jeunes années. Deux seulement étaient indiens.

Éminemment compétents et dévoués, ces hommes apportaient aux Indes le fruit d'une expérience sans égale ; ils en recevaient en retour une existence fastueuse. Leurs résidences officielles étaient de véritables palais entretenus par des légions de serviteurs. Leur autorité s'étendait sur des territoires aussi vastes et peuplés que les plus grands pays d'Europe. Ils parcouraient leurs provinces dans le luxe de wagons spéciaux, leurs villes dans des Rolls-Royce escortées de lanciers enturbannés, leurs jungles sur des éléphants caparaçonnés.

Assis autour du vice-roi par ordre de préséance se trouvaient d'abord les représentants des trois grandes présidences, celles de Bombay, de Madras et du Bengale. Puis venaient les gouverneurs des autres provinces : le Panjab, le Sind avec son port de Karachi, les Provinces Unies, le Bihar, l'Orissa, l'Assam, aux confins de la frontière birmane, les Provinces Centrales et enfin la province du Nord-Ouest gardant la passe de Khyber et la frontière indo-afghane.

Pour Mountbatten, cette confrontation était une épreuve délicate. A quarante-six ans, il était le plus jeune d'entre eux. Il débarquait à New Delhi sans aucune des qualifications habituellement requises pour sa haute charge, telles qu'une exemplaire carrière parlementaire ou un brillant passé d'administrateur. Il n'était guère familiarisé avec les problèmes de ce pays où la plupart des gouverneurs avaient passé toute leur vie, le pénétrant jusqu'à sa moelle, apprenant ses dialectes, devenant, comme certains, des experts mondialement réputés de son histoire compliquée. Ces hommes fiers de leur passé ne pouvaient manquer d'accueillir avec scepticisme les plans de ce jeune néophyte fraîchement débarqué.

Mountbatten estimait toutefois que son manque d'expérience indienne ne constituait pas véritablement un handicap. Si eux, ces spécialistes, s'étaient révélés incapables de proposer la moindre solution à l'imbroglio indien, c'était sans doute « parce qu'ils étaient trop englués dans la vieille école impériale et que tous leurs efforts visaient au fond à préserver le système existant ».

Il ouvrit les débats en invitant chaque gouverneur à brosser un tableau de la situation dans sa province. Les récits de huit d'entre eux n'étaient pas trop alarmants : dans l'ensemble, le calme régnait sur leurs territoires. Il n'en allait pas de même pour les trois provinces critiques : le Panjab, la Province frontière du Nord-Ouest et le Bengale.

Les traits tirés, les yeux cernés de fatigue, Sir Olaf Caroe, gouverneur de la frontière et gardien du défilé par où s'étaient engouffrés, pendant trente siècles, les conquérants des Indes, prit la parole. Il ne dormait pas depuis trois jours en raison de l'avalanche de télégrammes qui lui annonçaient de nouveaux incidents. Presque toute la carrière de Caroe s'était déroulée sur ces confins de l'Empire. Aucun ethnologue vivant ne pouvait prétendre rivaliser avec lui dans la connaissance des belliqueux Pathans, de leur langue, de leur culture. Sa capitale, Peshawar, abritait encore l'un des bazars les plus pittoresques de l'Asie ; chaque semaine arrivait de Caboul une caravane de chameaux chargés de peaux, de sucre, d'opium, de tapis, d'argenterie, de montres, produits d'une fructueuse contrebande en provenance du monde entier, y compris l'U.R.S.S. Les grottes creusées dans les montagnes constituaient un labyrinthe d'ateliers secrets d'où sortaient des armes étincelantes destinées aux Masudis, aux Afridis, aux Wazirs, ces guerriers légendaires des tribus pathanes.

La situation dans la Province frontière du Nord-Ouest risquait de se dégrader, annonça Olaf Caroe, et dans ce cas le vieux cauchemar britannique des hordes d'envahisseurs débouchant du nord-ouest pour forcer les portes de l'Empire pouvait se réaliser. Les tribus pathanes installées en Afghanistan n'attendaient que l'occasion de déferler par la passe de Khyber sur Peshawar et la vallée de l'Indus à la conquête des territoires qu'elles revendiquaient depuis un siècle. « Si nous ne prenons pas des mesures urgentes, déclara-t-il, nous allons avoir une crise internationale sur les bras. »

Le tableau brossé par Sir Evan Jenkins, le taciturne gouverneur du Panjab, était plus sombre encore. Gallois d'origine, Jenkins s'était consacré au Panjab avec une passion égale à celle de Caroe pour sa province frontière. Sa dévotion était si totale que ses détracteurs accusaient le vieux célibataire d'avoir épousé son Panjab « au point d'en oublier que le reste des Indes existait ». Toute solution au problème indien, déclara-t-il, ne manquerait pas d'entraîner des troubles dans sa province. Un corps d'armée au moins serait nécessaire pour y maintenir l'ordre au cas où la Partition serait décidée. « Il est absurde de prédire que le Panjab s'enflammera s'il est partagé, conclut-il, il est déjà en flammes. »

Le gouverneur Sir Frederick Burrows était souffrant, mais le rapport sur la situation au Bengale que présenta son adjoint était en tout point aussi alarmant que les deux précédents.

Quand ce tour d'horizon fut terminé, Mountbatten fit distribuer à chaque gouverneur un document qui contenait, expliqua-t-il, les grandes lignes « d'un des plans à l'étude pour résoudre la situation ». Afin d'en « faciliter la désignation », il avait été baptisé « Plan Balkans ». C'était l'esquisse du plan de partage des Indes que le vice-roi avait demandé une semaine plus tôt à son directeur de cabinet Lord Ismay.

Une onde de choc sembla parcourir l'assemblée tandis que les gouverneurs feuilletaient les premières pages. A la fois architectes et défenseurs de l'unité des Indes, ces hommes avaient consacré leur vie à lutter pour la consolider et voilà que la Grande-Bretagne envisageait maintenant de la détruire.

Le plan — dont le nom était inspiré par la fragmentation des Balkans en une poussière d'États après la guerre de 14-18 — donnait à chacune des onze provinces indiennes le choix de s'intégrer soit au Pakistan, soit à l'Inde ; ou encore, si la majorité de ses habitants hindous et musulmans le décidait, de devenir indépendante.

Mountbatten précisa qu'il « n'abandonnerait pas à la légère tout espoir de conserver l'unité des Indes ». Il voulait que le monde entier sache bien que les Anglais faisaient tout ce qui était en leur pouvoir pour la sauvegarder. Mais si la Grande-Bretagne échouait, il était essentiel que le monde sache aussi que c'était « l'opinion indienne et non une décision britannique qui avait dicté le choix de la Partition ». Il croyait quant à lui que le Pakistan serait un État si peu viable que ses responsables ne tarderaient pas à vouloir revenir « dans le giron d'une Inde réunifiée ».

Les onze hommes, incarnations de la sagesse collective qui avait gouverné les Indes pendant un siècle, accueillirent cette perspective sans enthousiasme : selon eux la Partition ne pouvait pas apporter de solution au dilemme indien. Pourtant, ils ne s'y opposèrent pas. En vérité, ils n'avaient rien à proposer.

Ce soir-là, dans la salle à manger d'honneur du palais, où les portraits des dix-neuf vice-rois des Indes paraissaient les contempler comme des juges surgis du passé, les gouverneurs, accompagnés de leurs épouses, clôturèrent leur dernière conférence par un banquet solennel que présidaient Lord et Lady Mountbatten. A la fin du repas, les serviteurs apportèrent des carafes de porto. Quand tous les verres furent pleins, Lord Mountbatten, debout, leva le sien à la ronde. Personne ne le sentait encore, mais une époque s'achevait avec ce geste. Jamais plus un vice-roi des Indes ne proposerait à ses gouverneurs le toast que portait à présent Mountbatten à son propre cousin :

— *Ladies and Gentlemen, to the King-Emperor !*

*

L'impressionnant cône blanc du Nanga Parbat s'encadra dans les hublots de l'avion. Il dardait vers le ciel son vertigineux sommet de huit mille mètres dominant orgueilleusement les autres pics. Sur tout l'horizon, les passagers pouvaient admirer les parois enneigées de l'une des plus grandes chaînes montagneuses du monde, l'Hindu Kuch, formidable rempart séparant le sous-continent indien de l'immensité des steppes russes. L'appareil vira vers le sud, et survola le serpent scintillant de l'Indus pour amorcer sa descente vers les murets de terre battue et les toits de pisé qui cloisonnaient la cité de Peshawar, capitale de la Province frontière du Nord-Ouest.

Comme l'avion s'engageait sur la piste, les voyageurs aperçurent une foule en marche que contenait un mince cordon de policiers autour de l'aérodrome. Mountbatten avait décidé de suspendre temporairement ses négociations dans son bureau climatisé de New Delhi pour aller prendre la température politique des deux provinces les plus troublées, le Panjab et la Province frontière du Nord-Ouest. La nouvelle de sa visite s'était répandue comme une traînée de poudre à travers toute la région. Depuis vingt-quatre heures, ameutés par les militants de la Ligue musulmane de Jinnah, des dizaines de milliers d'hommes convergeaient sur Peshawar. Venus en camions, en autocars, à cheval, à pied, en *tonga*, dans des trains spéciaux, chantant et brandissant leurs armes, ils se répandaient dans la capitale provinciale pour s'y livrer à la plus grande manifestation populaire de son histoire.

Ces géants à peau claire des belliqueuses tribus pathanes se préparaient à offrir à Mountbatten une réception inattendue. Énervés par la chaleur et la poussière, débordant leurs meneurs, ils vibraient d'un même désir frénétique de crier leur soutien à la cause du Pakistan. La police avait réussi à canaliser leur flot vers la vaste esplanade qui s'étendait entre le remblai de la voie ferrée et les murailles du vieux fort mogol de Peshawar. Mais dans leur impatience grandissante, ils menaçaient à tout instant de troubler la visite du vice-roi et de son épouse par les crépitements de leurs fusils.

La présence de ces foules à Peshawar était due à la situation politique paradoxale de la province frontière. Bien qu'elle fût musulmane à quatre-vingt-treize pour cent, sa population avait toujours voté pour le parti hindou du Congrès. Le leader local était un chef tribal musulman nommé Abdul Ghaffar Khan, colosse barbu faisant penser à un prophète de l'Ancien Testament. Il avait consacré sa vie à prêcher le message d'amour et de non-violence de Gandhi à ces guerriers pour qui la vengeance du sang était une tradition sacrée. Surnommé « le Gandhi de la Frontière », ce singulier personnage avait conservé le soutien populaire jusqu'au jour où, fidèle au Mahatma, il s'était dressé contre la prétention de Jinnah à créer un État musulman. Influencée par les agents de la Ligue musulmane, la population s'était finalement retournée contre Abdul Ghaffar Khan et le gouvernement provincial qu'il avait mis en place à Peshawar.

La présence de cette multitude hurlante venue accueillir Mountbatten, sa femme et leur fille Pamela, âgée de dix-sept ans, prouvait que c'était Jinnah et non « le Gandhi de la Frontière » qui ralliait aujourd'hui les suffrages de cette province.

Visiblement inquiet, le gouverneur Sir Olaf Caroe se hâta de conduire les visiteurs à sa résidence sous bonne escorte. Cent mille manifestants occupaient l'esplanade toute proche, prêts à déferler. S'ils y parvenaient, les forces de sécurité ne pourraient qu'ouvrir le feu. Un massacre en résulterait, noyant dans un bain de sang les espoirs qu'apportait le règne de Mountbatten.

Contre l'avis des chefs de la police et de l'armée qui jugeaient ce projet une pure folie, le gouverneur suggéra au vice-roi de se montrer à la foule pour tenter de l'apaiser. « D'accord, je prends le risque », accepta Mountbatten. Au désespoir des responsables de la sécurité, Edwina exigea de l'accompagner.

Quelques minutes plus tard, une jeep les déposait avec le gouverneur au pied du remblai du chemin de fer. Mountbatten prit la main de sa femme et tous deux escaladèrent le monticule. Depuis cette digue précaire, ils découvrirent à leurs pieds la multitude hurlante et hostile. Le sol tremblait sous le piétinement des manifestants dont les cris et la frénésie incarnaient la violence des passions qui agitaient, ce printemps-là, les masses indiennes désespérées. Des tourbillons de poussière montaient vers le ciel ; les hurlements ébranlaient l'atmosphère saturée de chaleur. Lord et Lady Mountbatten furent un instant saisis de vertige. La minute de vérité était arrivée pour l'opération Séduction, une minute où tout pouvait basculer.

Observant les deux silhouettes faisant face à la foule, Sir Olaf Caroe sentit son cœur se serrer. Il y avait peut-être là vingt, trente, quarante mille fusils. Il suffisait d'un fou, d'un seul énergumène assoiffé de sang pour abattre le vice-roi et son épouse « comme des canards au-dessus d'un étang ». Pendant d'interminables secondes, Caroe crut que « les choses allaient mal tourner ».

Mountbatten semblait hésiter. Il ne connaissait pas un seul mot de pashtu, la langue des Pathans. Mais un renversement inespéré de la situation se produisit tout à coup.

Pour cette rencontre improvisée avec les guerriers les plus farouches de l'Empire, le hasard avait voulu que le vice-roi revêtît l'uniforme de toile légère qu'il portait quand il était commandant suprême interallié en Birmanie. C'était la couleur de cette tenue qui allait éviter la tragédie : le vert, couleur de l'islam, le vert sacré des Hadjis, ces saints hommes qui avaient fait le pèlerinage de La Mecque. Les émeutiers, dont la plupart portaient l'uniforme des « Chemises vertes », virent probablement dans le choix de ce vêtement la volonté de se solidariser avec leur cause, un subtil hommage rendu à leur religion. Ils se calmèrent spontanément et un silence attentif s'abattit sur l'esplanade.

Tenant toujours son épouse par la main, Mountbatten lui chuchota : « Fais-leur un salut de la main. » Lentement, gracieusement, Edwina leva le bras en même temps que lui vers la mer humaine. Un instant, le sort des Indes parut suspendu à leur geste. Tandis que leurs mains battaient doucement l'air surchauffé, jaillit soudain une immense, interminable clameur, une litanie triomphale qui transformait en apothéose les secondes les plus dangereuses de l'opération Séduction.

« *Mountbatten zindabad !* hurlaient les farouches guerriers pathans, *Mountbatten zindabad* — Vive Mountbatten ! »

∗

Quarante-huit heures après cette confrontation, Louis et Edwina Mountbatten atterrissaient au Panjab. Sir Evan Jenkins les emmena immédiatement dans un petit village à quarante kilomètres de Rawalpindi. Le vice-roi allait pouvoir vérifier sur place le bien-fondé du cri d'alarme lancé quatorze jours plus tôt par le gouverneur et découvrir de ses propres yeux l'atrocité de la tragédie qui couvait en ce cruel printemps 1947.

Jeune capitaine de vaisseau, Mountbatten avait vu nombre de ses compagnons disparaître dans le naufrage de son destroyer au large de la Crète ; chef de guerre, il avait dirigé des millions de combattants à travers la sauvage jungle birmane. Pourtant, rien n'égalait en horreur le spectacle qui s'offrit à lui dans ce village de trois mille cinq cents âmes, semblable aux cinq cent mille autres villages indiens. Pendant des siècles, deux mille Hindous et Sikhs y avaient cohabité en paix avec quinze cents Musulmans. Le fin minaret de la mosquée et la tour arrondie du *guru-dwara* sikh restaient aujourd'hui les seuls vestiges de ce qui avait été Kahuta.

Quelque temps avant la visite de Mountbatten, une patrouille britannique du *Norfolk Regiment* avait pu constater, une nuit, lors d'une mission de reconnaissance, que les villageois dormaient dans la paix et la confiance mutuelles de leur bonne entente. Le lendemain matin, Kahuta avait cessé d'exister. Les Hindous et les Sikhs étaient tous morts, ou avaient disparu.

Une horde de Musulmans s'était abattue sur le village, mettant le feu à leurs maisons. En quelques minutes, tout leur quartier était la proie des flammes ; des familles entières périssaient dans le brasier. Ceux qui réussissaient à fuir étaient rattrapés, liés ensemble, arrosés d'essence et brûlés vifs. Tirées de leur lit pour être violées et converties de force à l'islam, quelques femmes hindoues survécurent. D'autres parvinrent à échapper à leurs ravisseurs pour courir se jeter dans les flammes et y périr avec leurs familles. Impossible à maîtriser, l'incendie gagna le quartier musulman et acheva l'anéantissement de Kahuta.

« Jusqu'à ce que j'aille à Kahuta, devait écrire

Mountbatten au gouvernement de Londres, je n'avais pas mesuré l'ampleur des abominations qui se déroulent ici. »

Sa confrontation avec les foules de Peshawar et le spectacle d'un village dévasté du Panjab lui apportaient la dernière confirmation dont il avait besoin : le jugement qu'il avait formulé après dix jours de consultations à New Delhi était le bon. La vitesse était la condition essentielle d'un règlement de la situation indienne. S'il n'agissait pas immédiatement, le pays allait s'effondrer dans le chaos, entraînant dans sa chute l'Empire et son vice-roi. Pour sortir de l'impasse, il fallait d'urgence adopter la solution à laquelle il répugnait personnellement mais que les circonstances imposaient — la Partition.

*

Cinquième station du chemin de croix de Gandhi
Un homme seul avec son rêve brisé

Le long chemin de croix du Mahatma Gandhi avait recommencé. Ce soir du 1er mai 1947, la nouvelle station en était ce même taudis du quartier des Intouchables à New Delhi où, quinze jours plus tôt, il avait sans succès adjuré ses compagnons de donner à Jinnah toute l'Inde pour sauver coûte que coûte son unité. Accroupi une fois de plus, une serviette humide sur le crâne, le vieux prophète assistait maintenant aux débats des chefs du Congrès réunis autour de lui. Amorcée au cours de la réunion précédente, la rupture définitive entre Gandhi et ses compagnons était inévitable. Les longues années de prison, les éprouvantes grèves de la faim, les *hartal* de deuil et de silence, les campagnes de boycottage avaient marqué autant d'étapes sur la route qui aboutissait à cette échéance. Gandhi avait changé le visage de l'Inde et prêché l'une des doctrines les plus originales de son temps pour conduire son peuple à la liberté au moyen de la non-violence ; et voilà qu'aujourd'hui cette sublime victoire risquait de se transformer en conflit personnel. A bout de force et de patience, ses compagnons étaient prêts à accepter la division de l'Inde comme l'inéluctable condition de son indépendance.

Gandhi ne s'opposait pas à la Partition en raison de quelque vénération mystique pour l'unité indienne. Mais ses années passées dans les villages lui avaient donné de l'âme indienne une connaissance profonde, que ne pouvait posséder aucun des hommes politiques de New Delhi. Il savait que le Partage ne pouvait être cette simple « opération chirurgicale » que Jinnah avait proposée à Mountbatten. Ce serait un massacre gigantesque qui allait jeter les uns contre les autres des inconnus, mais aussi des voisins, des amis et des collègues à travers toute la péninsule. Le sang coulerait au nom d'une cause odieuse et inutile, la division du pays en deux blocs hostiles condamnés à s'entre-dévorer. Et cette lutte ne prendrait jamais fin.

Le drame de Gandhi était qu'il n'avait pas d'autre voie à offrir à ses compagnons que celle d'obéir à son instinct, cet instinct qui, dans le passé, les avait si souvent guidés vers la lumière. Or le vieux prophète avait cessé d'en être un à leurs yeux. Comme Mountbatten, tous sentaient qu'une catastrophe imminente menaçait et que la Partition, pour douloureuse qu'elle fût, était le seul moyen d'y échapper.

Gandhi croyait de tout son être qu'ils se trompaient. Et, de toute façon, le chaos était selon lui préférable à la Partition. Jinnah n'obtiendra son Pakistan que si les Anglais le lui donnent, plaidat-il, et ils ne le lui donneront pas s'ils se heurtent à l'opposition d'une majorité du Congrès. Dites aux Anglais de s'en aller, quelles que soient les conséquences de leur départ, supplia-t-il. Dites-leur d'abandonner l'Inde « à Dieu, au chaos, à l'anarchie, à tout ce que vous voulez, mais qu'ils partent ». « Nous marcherons dans les flammes, ajouta-t-il, mais les flammes nous purifieront. »

Sa voix prêchait désormais dans le désert. Ses disciples les plus fidèles restaient sourds à ses exhortations. Persuadés que la sécession des Musulmans ne pouvait que favoriser l'essor d'une Inde hindoue, beaucoup étaient depuis longtemps acquis à l'idée d'un partage.

Écartelé entre sa profonde affection pour Gandhi et son admiration pour Mountbatten, Nehru était déchiré. Le Mahatma parlait à son cœur, le vice-roi à sa raison. Si, d'instinct, Nehru haïssait l'idée de la Partition, son esprit rationaliste lui disait que c'était la seule solution. Depuis qu'il était arrivé à la même conclusion, Mountbatten avait, avec le concours de son épouse, déployé toute sa capacité de persuasion et son charme pour y rallier leur ami indien. Il s'était servi d'un argument déterminant : débarrassée de Jinnah et des Musulmans, l'Inde hindoue pourrait se donner le gouvernement fort dont Nehru aurait besoin pour bâtir son État socialiste.

L'adhésion de Nehru entraîna celle des autres chefs du parti. Le Premier ministre indien fut chargé d'informer le vice-roi que le Congrès, « bien que restant passionnément attaché au principe de l'unité des Indes », acceptait la Partition, à condition que les deux grandes provinces du Panjab et du Bengale soient divisées.

Abandonné des siens, Gandhi restait seul avec son rêve brisé.

*

Le lendemain 2 mai 1947 à 18 heures, quarante jours exactement après son atterrissage à New Delhi, le York MW 102 s'envolait vers Londres avec le directeur de cabinet de Mountbatten. Lord Ismay allait soumettre à l'approbation du gouvernement de Sa Majesté un plan pour le partage des Indes.

Tous les efforts du vice-roi pour préserver l'intégrité du continent indien s'étaient finalement brisés sur l'intransigeance de Jinnah. Mountbatten ignorait toujours l'existence du seul élément qui eût pu modifier la situation, le mal dont se mourait le leader musulman. Pendant tout le reste de sa vie, il allait considérer son impuissance à ébranler Jinnah comme l'unique échec de sa carrière. L'angoisse qu'il ressentait à l'idée d'entrer dans l'Histoire comme l'auteur du partage des Indes s'exprimait dans un document qu'emportait également Ismay. C'était le cinquième rapport du dernier vice-roi des Indes au gouvernement de Clement Attlee.

« La Partition, y écrivait Mountbatten, est une pure folie, et personne n'aurait pu me forcer à l'accepter si l'incroyable démence raciale et religieuse qui s'est emparée de tous ici n'avait coupé toute autre issue... La responsabilité de cette décision insensée doit être clairement mise, aux yeux du monde, sur le compte des Indiens, car ils regretteront un jour amèrement le choix qu'ils sont sur le point de faire. »

6

« *Une blessure par laquelle s'échapperait le meilleur sang de l'Inde* »

Aucun appareil de climatisation n'était aujourd'hui nécessaire : la vue que Louis Mountbatten découvrait des fenêtres de son nouveau bureau était, à elle seule, rafraîchissante. C'étaient les sommets enneigés de l'Himalaya, le « Toit du Monde », cette muraille de glace qui sépare l'Inde du Tibet et de la Chine. Le spectacle vivifiant des pentes verdoyantes tapissées d'asphodèles et de jacinthes, des forêts de conifères abritant des buissons flamboyants de rhododendrons, le reposait de l'infernale lumière de la capitale écrasée de chaleur. Épuisé par le surmenage des dernières semaines, Mountbatten avait observé une tradition de ses prédécesseurs en abandonnant New Delhi au profit de l'institution la plus surprenante de l'Empire des Indes, une petite cité britannique plantée sur les contreforts de l'Himalaya : Simla.

Depuis plus d'un siècle, chaque été, ce gros bourg niché à deux mille mètres d'altitude se transformait pendant cinq mois en capitale impériale. C'était un endroit charmant avec son kiosque à musique aux piliers de fer forgé, ses chalets aux fenêtres à petits carreaux, et le beffroi Tudor de sa cathédrale anglicane dont la cloche provenait, dans le style martial du christianisme victorien, de la fonte de canons capturés au cours des guerres contre les Sikhs. A quinze cents kilomètres de la mer, desservi par un tortillard à voie unique, pratiquement inaccessible en automobile, ce paisible morceau de campagne anglaise dominait fièrement les plaines torrides et surpeuplées des Indes.

A la mi-avril, dès qu'arrivaient les grosses chaleurs, le vice-roi partait pour Simla dans son train spécial blanc et or. Tout l'Empire se déplaçait avec lui vers la capitale d'été : les escadrons de sa garde, les aides de camp, les secrétaires, les généraux, les princes les plus importants, les ambassadeurs étrangers, les correspondants de presse, les hauts fonctionnaires du gouvernement et la cohorte innombrable de leurs subordonnés. Suivaient une foule de tailleurs, de coiffeurs, de bottiers, de bijoutiers « *By Appointent to H.E. The Viceroy* », de négociants en vins et en alcools, de *memsahib* anglaises, avec leurs pyramides de malles, leurs légions de serviteurs et leurs turbulentes progénitures. Jusqu'en 1903, la ligne du chemin de fer s'arrêtait à Ka.ka et les voyageurs devaient emprunter des *tonga* à deux chevaux pour les soixante derniers kilomètres de l'escalade vers Simla. Les coffres d'archives et les bagages étaient apportés en chars à bancs ou à dos d'homme. En colonnes sans fin, l'échine courbée sous leur charge, les coolies transportaient une incroyable quantité de caisses bourrées de conserves, de foie gras, de crevettes, de boudin blanc, de vin de Bordeaux, de champagne, de sherry destinés aux fêtes qui allaient faire de la saison de Simla un paradis de raffinement et d'élégance sans rival en Orient.

A l'intérieur de la cité, le martèlement des

sabots ou la pétarade des moteurs étaient remplacés par le frottement régulier des pieds de centaines de coolies. La coutume voulait que seules trois voitures à cheval, et plus tard à moteur, aient le droit de circuler dans la ville : celles du vice-roi, du commandant en chef de l'Armée des Indes et du gouverneur du Panjab. Dieu lui-même n'avait pas obtenu l'autorisation de rouler en automobile à Simla, affirmait une plaisanterie locale. Les véhicules en usage y étaient les pousse-pousse. C'étaient de confortables voitures « et non de ces guimbardes dont les sièges vous labourent les côtes », se souvient l'un de leurs propriétaires. Il fallait quatre hommes pour les tirer dans les rues escarpées. Un cinquième courait à côté, pieds nus comme ses camarades et prêt à prendre la relève.

S'ils leur interdisaient le port de chaussures, leurs maîtres rivalisaient de distinction dans la tenue de leurs coolies. Le vice-roi avait l'exclusivité de la couleur écarlate. Un Écossais avait choisi de les vêtir en kilt, une autre famille leur avait fait tailler des uniformes différents pour le jour et pour le soir. Tous portaient sur la poitrine une plaque d'argent gravée aux armes de la maison qu'ils servaient. Les coolies de Simla mouraient jeunes ; la plupart rongés par la tuberculose.

Les fêtes auxquelles ils conduisaient leurs maîtres étaient somptueuses ; les plus grandioses restant toutefois celles données à *Viceregal Lodge*, le palais du vice-roi, haut lieu de la noblesse impériale et temple de la préséance. Une rosette fixée au timon de leur pousse-pousse différenciait les invités dont certains seulement avaient droit au portail d'honneur. Tous étaient cependant assurés de n'y jamais côtoyer de citoyens du pays sur lequel ils régnaient du haut de leur olympe. « Vous ne pouvez pas imaginer l'atmosphère autour de *Viceregal Lodge* un soir de bal, raconte avec nostalgie un témoin. Leurs petites lampes à huile chatoyant dans l'obscurité, les longues files de pousse-pousse trottinaient vers le palais dans le frôlement étouffé de centaines de pieds nus. »

L'autre pôle de la vie mondaine était l'hôtel Cecil, un palace dont l'hospitalité passait pour l'une des plus fastueuses du monde. Chaque soir à 20 h 15, un serviteur enturbanné parcourait les couloirs aux épais tapis en faisant tinter la clochette du dîner comme sur les paquebots de la *Peninsular and Oriental*. Les hommes en habit et les femmes en robe du soir descendaient alors prendre place à des tables dressées avec de l'argenterie de chez Mappin & Webb, de la vaisselle de Dalton et des verres en cristal de Bohême sur des nappes de broderie irlandaise. Devant chaque couvert trônaient cinq verres — pour le champagne, le whisky, le vin de Bordeaux, le porto et l'eau.

Le cœur de Simla était le Mall, une large avenue qui traversait la petite cité d'un bout à l'autre, offrant une succession de boutiques, de banques et de salons de thé. Les trottoirs et la chaussée étaient aussi soigneusement briqués que le palais du vice-roi. En son milieu, se dressait la cathédrale anglicane où, chaque dimanche, le vice-roi et la vice-reine, en compagnie de toute la colonie britannique, venaient entendre les psaumes du service chantés par « les seules voix appropriées — des voix anglaises ».

Jusqu'à la Première Guerre mondiale, le Mall resta interdit aux Indiens. Cette ségrégation avait un caractère symbolique. La migration annuelle vers les hauteurs de Simla représentait bien plus

212

qu'un rite saisonnier. Elle apportait la subtile confirmation de la supériorité raciale de l'Angleterre, de la grâce de la Providence qui permettait aux Anglais de vivre en dehors des fourmilières humaines pullulant à leurs pieds dans les plaines desséchées.

Bien des aspects de ce Simla d'autrefois avaient déjà disparu quand Louis Mountbatten s'y installa au début de mai 1947. La guerre avait mis fin aux déplacements d'été du gouvernement des Indes. Un Indien pouvait même circuler à présent sur le Mall à condition toutefois de ne pas porter le vêtement traditionnel de son pays[1].

S'il était épuisé, Mountbatten avait de bonnes raisons d'être d'excellente humeur. N'avait-il pas achevé en six semaines ce que ses prédécesseurs n'avaient pu accomplir en des années ? Il avait soumis au gouvernement de Londres un plan qui offrait à la Grande-Bretagne un moyen de se dégager honorablement du guêpier indien, et aux Indiens une solution qui, pour pénible qu'elle fût, levait l'hypothèque de leur avenir. Ayant obtenu d'Attlee des pouvoirs exceptionnels, il n'avait pas été obligé de s'assurer de l'accord formel des diri-

---

1. Simla allait rapidement changer après l'Indépendance. Témoin d'un passé qu'ils voulaient oublier, la ville fut délaissée par les Indiens. « La seule chose qui subsiste encore de l'ancienne Simla, se lamentait en 1973 M.S. Oberoi, le propriétaire de l'hôtel Cecil, c'est son climat. » Une survivante anglaise de la grande époque habite toujours la ville. Agée de quatre-vingt-neuf ans et veuve, Mme Penn Montague vit seule dans l'immense et mélancolique demeure victorienne héritée d'un de ses oncles qui fut ministre des Finances du vice-roi Lord Curzon, au milieu de six chiens, cinq chats, quatre serviteurs et toute une collection de souvenirs. Mme Penn Montague, qui parle six langues, se lève chaque jour à 4 heures de l'après-midi. Après son petit déjeuner qu'elle prend au coucher du soleil, elle se retire dans une pièce où se trouve l'objet le plus précieux de sa solitaire existence, un poste de radio Zenith Transoceanic. Tandis que s'endort Simla, Mme Montague s'installe à l'écoute du monde. A 4 heures du matin, la lampe de la vieille dame est sans doute l'unique lumière qui brille entre Simla et le Tibet.

geants indiens avant d'envoyer son plan à Londres. Il s'était contenté de garantir au gouvernement de Clement Attlee qu'ils l'accepteraient lorsqu'il leur serait présenté.

Son plan était une mixture habile de tout ce qu'il avait appris dans l'intimité de son cabinet. Fondé sur sa connaissance des convictions et des sentiments personnels de chaque dirigeant indien, il représentait une estimation précise de ce qu'ils devaient normalement être prêts à admettre. Mountbatten avait une telle confiance en son jugement qu'il avait officiellement annoncé son intention de leur soumettre ce plan dès son retour à New Delhi le 17 mai.

La fraîcheur revigorante et le calme de l'olympe de Simla favorisant la réflexion, le vice-roi ne tarda pas à se demander s'il n'avait pas montré trop d'optimisme. Depuis qu'il avait reçu le plan, le gouvernement de Londres ne cessait de le bombarder de télégrammes suggérant l'aménagement de telle ou telle de ses clauses.

De sérieuses inquiétudes commençaient à tourmenter le vice-roi. Si toutes les résolutions de son plan étaient appliquées, ce ne serait pas en deux parties mais en trois que le sous-continent indien allait se trouver partagé. Car Mountbatten avait prévu une clause qui permettait à une des onze provinces — le Bengale — de devenir indépendante si la majorité de chacune de ses communautés en décidait ainsi. Les soixante-cinq millions d'Hindous et de Musulmans bengalis pourraient, s'ils le souhaitaient, former ensemble un État indépendant, viable et logique, avec le grand port de Calcutta pour capitale. La paternité de cette idée revenait au dirigeant musulman de Calcutta, Sayyid Suhrawardy, le play-boy amateur de boîtes de nuit et de champagne qui, neuf mois plus tôt, avait organisé la terreur dans les rues de sa ville en y lâchant ses militants contre la population hindoue. La proposition avait séduit Mountbatten. Contrairement au monstrueux État à deux têtes revendiqué par Jinnah, un Bengale indépendant était possible sur un plan ethnique et économique. A l'agréable surprise du vice-roi, les dirigeants hindous locaux s'étaient également montrés favorables à ce projet.

Dans son désir d'aller vite, Mountbatten avait toutefois omis d'en parler à Nehru ; c'était cette négligence qui l'inquiétait maintenant. A la réflexion, le Premier ministre indien pourrait-il vraiment accepter une solution privant l'Inde du port de Calcutta et de sa riche ceinture industrielle ? Si, après toutes les assurances qu'il avait envoyées à Londres, la réponse était non, Mountbatten passerait pour un négociateur bien léger aux yeux de l'Angleterre, des Indes et du monde.

Une intuition lui suggéra de vérifier auprès de Nehru, son hôte pour cette courte villégiature himalayenne, qu'il ne courait pas ce risque. Plus que jamais, Louis Mountbatten voyait dans la qualité de ses rapports avec le séduisant Jawaharlal Nehru une promesse pour le futur : la base de relations privilégiées entre l'Inde nouvelle et ses anciens colonisateurs. Une chaude amitié liait également Nehru à Edwina Mountbatten. Dans l'Inde encore figée de cette première moitié du XXe siècle, une femme comme Edwina était un personnage aux qualités rares. Personne mieux que cette attrayante aristocrate, intelligente et généreuse, ne savait faire sortir le leader indien de sa coquille dans ses moments de doute et d'angoisse. Combien de situations avait-elle déjà redressées, combien d'accords facilités en le charmant au cours d'une promenade dans les jardins mogols, d'un bain dans la piscine ou autour d'une tasse de thé ?

Obéissant à son impulsion et contre l'avis de ses collaborateurs, Mountbatten invita Nehru à venir prendre un verre de porto le soir même dans son bureau. Tout naturellement, il lui confia un exemplaire du fameux plan, le priant d'en prendre connaissance et de lui dire à l'occasion quelle sorte d'accueil il prévoyait de la part du Congrès. Heureux et flatté, Nehru promit de l'étudier aussitôt.

Quelques heures plus tard, tandis que Mountbatten se détendait en s'adonnant à son passe-temps favori — l'élaboration de l'arbre généalogique de sa famille —, Jawaharlal Nehru passait au crible le texte destiné à établir le destin de son pays. Il fut horrifié. Quelle vision de cauchemar était cette Inde où chaque province aurait le droit de décider son avenir, cette Inde non plus coupée en deux, mais fragmentée en une multitude de morceaux. La porte que Mountbatten laissait ouverte pour la sécession du Bengale entraînerait inévitablement une blessure par laquelle s'échapperait le meilleur sang de l'Inde. Nehru vit le spectre d'une Inde mutilée, amputée de son poumon vital, Calcutta et ses installations portuaires, ses aciéries, ses cimenteries, ses usines textiles ; le spectre d'un Cachemire indépendant, la patrie de ses ancêtres, régentée par un despote qu'il méprisait ; le spectre d'un État de Hyderabad devenant un corps étranger musulman planté au cœur de l'Inde ; le spectre de toute une kyrielle d'autres États clamant aussi leur droit à l'indépendance. Ce plan risquait de libérer toutes les forces centrifuges qui avaient de tout temps menacé l'unité des

Indes et de faire exploser le pays en une mosaïque d'États. Durant trois siècles, les Anglais avaient divisé pour régner. A présent, ils divisaient pour partir.

Blanc de colère, Jawaharlal Nehru jeta les feuillets à travers la pièce en s'écriant :

— Rien ne va plus !

*

C'est une lettre qui, le lendemain matin, informa Louis Mountbatten de la réaction du leader indien. Le superbe édifice que le vice-roi avait patiemment construit pendant les six semaines précédentes s'écroulait comme un château de cartes. Son plan, lui écrivait Nehru, donnait une telle impression « de division, de possibilités de conflits et de désordres » qu'il ne manquerait pas d'être « amèrement ressenti et totalement désapprouvé par le parti du Congrès ».

Celui qui venait d'annoncer fièrement qu'il allait dans dix jours offrir une solution au dilemme indien comprit alors qu'il n'en avait plus aucune à proposer. Le plan que le cabinet britannique était en train de discuter, ce plan auquel il avait garanti l'adhésion unanime des Indiens, n'avait plus aucune chance d'obtenir l'accord, indispensable, du parti du Congrès. Conscient qu'on pourrait lui reprocher sa hâte ou sa naïveté, Mountbatten n'était pourtant pas homme à se laisser désarçonner par un échec. Loin de s'abandonner à la perspective du désastre, il se félicita d'avoir révélé ses intentions à Nehru avant qu'il ne fût trop tard. Il entreprit immédiatement de réparer les dégâts, confiant que leur amitié survivrait à cette crise. Nehru accepta en effet de rester une journée de plus à Simla pour donner au vice-roi le temps de rendre le projet acceptable. La nouvelle rédaction devrait éliminer les points noirs qui avaient soulevé son hostilité. Elle ne devrait laisser aux onze provinces et aux États princiers qu'un seul et unique choix : l'intégration avec l'Inde ou l'intégration avec le Pakistan. Le rêve d'un Bengale indépendant s'était évanoui.

Mountbatten n'en restait pas moins convaincu que le Pakistan à deux têtes de Mohammed Ali Jinnah était voué à disparaître. Avant un quart de siècle, prédira-t-il, le Bengale oriental destiné à l'État de Jinnah aura quitté le Pakistan. La guerre du Bangladesh en 1971 prouvera qu'il ne s'était trompé que d'une année dans sa prophétie.

Pour élaborer la nouvelle mouture du plan d'indépendance des Indes, Mountbatten fit appel au jeune Indien V.P. Menon. Ce dernier était un personnage incongru dans l'entourage distingué du vice-roi. Aucun parchemin d'Oxford ou de Cambridge n'ornait les murs de son bureau. Aîné d'une famille de douze enfants, Menon avait quitté l'école à treize ans pour travailler tour à tour comme maçon, mineur de fond, ouvrier d'usine, chauffeur de locomotive, courtier en coton et instituteur. Ayant appris à taper à la machine avec deux doigts, c'est à Simla, en 1929, qu'il fit son entrée dans l'administration indienne en tant que simple employé de bureau[1]. Sa carrière fut sans

1. Pour payer les quinze roupies de son voyage jusqu'à Simla, V.P. Menon s'adressa à un vieillard sikh rencontré dans la rue et lui fit part de sa pauvreté. Le brave homme lui donna la somme requise. Quand Menon lui demanda son adresse afin de le rembourser, le Sikh répondit : « C'est simple. Jusqu'au jour de votre mort, chaque fois qu'un honnête homme sollicitera votre aide, vous lui donnerez quinze roupies. » Ce qu'il fit. Six mois avant sa mort en 1965, un mendiant vint frapper à la porte de sa maison de Bangalore, raconte sa fille. Menon alla chercher son porte-monnaie, prit quinze roupies et les donna au mendiant. Jusqu'à ses derniers jours, il continua de rembourser sa dette.

doute l'ascension la plus météorique de l'administration impériale. Commissaire aux Réformes, Menon occupait en 1947 au cabinet du vice-roi la charge la plus élevée jamais confiée à un Indien. Il y avait gagné la confiance puis l'affection de Mountbatten.

L'amiral lui annonça sans ambages qu'il devrait avoir rédigé, avant le soir même, une nouvelle version du plan d'indépendance. L'esprit fondamental de cette charte — la Partition des Indes — ne devait pas être modifié, lui précisa-t-il, et la responsabilité de ce choix devait continuer de peser sur les seuls Indiens.

*

Sixième station du chemin de croix de Gandhi
« Ils n'ont plus besoin de moi »

Terrassé par une violente crise d'appendicite, le petit corps de la jeune fille tremblait comme une feuille sous les couvertures que son grand-oncle avait entassées sur son lit. Les yeux brûlants de fièvre, les mains crispées sur son ventre douloureux, Manu geignait comme un animal blessé. Silencieux et angoissé, Gandhi tournait en rond dans la pièce.

Un nouveau conflit torturait le vieil homme que ses disciples venaient de désavouer. Il concernait, cette fois, la timide jeune fille qui l'avait suivi dans son pèlerinage solitaire sur les chemins de Noakhali.

Depuis qu'il avait soigné les victimes d'une épidémie de variole en Afrique du Sud, Gandhi avait une confiance absolue dans les remèdes naturels.

Il dénonçait la médecine moderne, l'accusant de vouloir soigner le corps sans chercher à guérir l'âme, de prescrire des drogues au lieu de faire appel aux forces morales, de s'intéresser à l'argent des malades plus qu'à leur guérison. La campagne indienne était riche d'herbes curatives, affirmait-il, offertes par Dieu pour soigner les maux de tous. Le Mahatma considérait que le traitement par les plantes était un prolongement de sa philosophie de la non-violence. C'était au nom de cette doctrine qu'il avait refusé de laisser soumettre le corps de sa femme à la simple violence d'une piqûre de pénicilline alors qu'elle agonisait sur la paillasse d'une prison.

Quand Manu commença à se plaindre de son ventre, Gandhi lui prescrivit le traitement que sa médecine naturelle lui dictait en pareil cas : des cataplasmes d'argile, une diète stricte, et des lavements. Trente-six heures plus tard, son état s'était tellement aggravé que sa vie était à présent en danger. Comme à Noakhali, cette vie appartenait au Mahatma. La jeune fille s'était abandonnée à lui, prête à accepter tout ce qu'il déciderait.

Le vieux prophète des herbes miraculeuses avait soigné trop de malades pour ne pas connaître les dangers du mal qui terrassait sa petite-nièce. Il était déchiré. Son traitement avait échoué : la maladie de Manu était sans nul doute une manifestation de leur imperfection spirituelle à tous les deux. Il craqua et reconnut sa défaite : « Je n'avais pas le courage de laisser ainsi mourir une jeune fille qui s'était remise à moi », avouerait-il plus tard. « Avec la plus extrême répugnance », celui qui avait refusé à sa femme mourante une piqûre salvatrice permit au corps de sa petite-nièce de subir l'agression du scalpel d'un chirurgien. Manu fut transportée d'urgence à l'hôpital pour une appendicectomie.

Alors qu'elle sombrait dans l'inconscience sous l'effet de l'anesthésie, Gandhi posa la paume de sa main sur son front. « Confie-toi à Râma, murmura-t-il, et tout ira bien. »

Quelques heures plus tard, effrayé par l'expression anxieuse du Mahatma, un médecin l'éloigna doucement du chevet de Manu. « Il faut que vous vous reposiez, le supplia-t-il. Le peuple a plus que jamais besoin de vous. »

Gandhi leva vers lui un regard désespéré. « Ni le peuple ni ceux qui sont au pouvoir n'ont besoin de moi, soupira-t-il tristement. Mon seul désir est de mourir à la tâche, en prononçant le nom de Dieu avec mon dernier souffle. »

7

Des éléphants, des Rolls et des maharajas

Le serviteur enturbanné avançait d'un pas respectueux vers l'imposante silhouette endormie. Effleurant de ses pieds nus le parterre de peaux de tigres, de panthères et d'antilopes qui tapissait l'immense chambre, il portait un plateau d'argent ciselé, provenant d'un service commandé à Londres, en 1921, pour la visite aux Indes de Son Altesse royale le prince de Galles. Une théière en vermeil exhalait les subtils effluves des feuilles qui y infusaient, un mélange envoyé tous les quinze jours par la fameuse épicerie Fortnum and Mason de Londres, avec un assortiment de biscuits. Dans la pénombre de la chambre, sur les murs et dans des vitrines, brillaient les yeux des fauves empaillés et la collection de trophées d'argent témoignant de la virtuosité du maître de ces lieux aux jeux de la chasse et aux sports des gentlemen, le polo et le cricket.

Le domestique déposa le plateau au chevet du lit et s'inclina pour annoncer doucement :

— *Bed tea, Master.*

Le dormeur s'étira avec des gestes de félin et se leva. Surgi de l'ombre, un second serviteur s'empressa de lui couvrir les épaules d'un peignoir de brocart. Une nouvelle journée commençait pour Son Altesse le prince Yadavindra Singh, huitième maharaja de l'État indien de Patiala.

Yadavindra Singh présidait l'une des plus singulières associations du monde, une petite confrérie comme l'humanité n'en avait jamais connu, et n'en connaîtrait jamais plus. Ce matin de mai, moins de deux ans après le cataclysme d'Hiroshima et la fin d'une guerre qui avait ébranlé le monde, les 565 maharajas, rajas et nawabs qui composaient cette assemblée régnaient encore en souverains héréditaires et absolus sur un tiers du territoire des Indes et un quart de leur population : il y avait en fait deux Indes sous la domination anglaise — l'Inde des provinces, administrée depuis la capitale New Delhi, et l'Inde des 565 États princiers[1].

La situation anachronique des princes indiens prenait ses origines dans la conquête accidentelle du pays par la Grande-Bretagne. Les souverains qui avaient accueilli les Anglais à bras ouverts, ou ceux qui s'étaient montrés de loyaux adversaires sur le champ de bataille, furent autorisés à conserver leur trône à condition de reconnaître l'Angleterre comme puissance suzeraine. Ce principe devait être entériné par des traités séparés entre chaque monarque et la couronne britannique. Les princes acceptèrent la suzeraineté du roi-empereur, représenté par le vice-roi, lui abandonnant le contrôle de leurs affaires extérieures et de leur défense. Ils reçurent en contrepartie la garantie de leur autonomie intérieure.

Des princes comme le nizam de Hyderabad et le maharaja du Cachemire régnaient sur des États aussi vastes et peuplés que les grandes nations

1. Maharaja, raja : titres de princes de religion hindoue ; nawab, nizam : titres de princes de religion musulmane.

d'Europe. D'autres, comme certains de la presqu'île de Kathiawar au bord de la mer d'Oman, vivaient dans d'anciennes écuries et gouvernaient des domaines à peine plus étendus que le bois de Boulogne. La superficie de plus de quatre cents États n'excédait pas trente kilomètres carrés. La confrérie princière comptait quelques-uns des hommes les plus riches du monde aussi bien que des monarques aux revenus plus modestes que ceux d'un marchand du bazar de Bombay. Un calcul permettait cependant d'établir que chacun possédait en moyenne 11 titres, 5,8 femmes, 12,6 enfants, 9,2 éléphants, 2,8 wagons de chemin de fer privé, 3,4 Rolls-Royce et un palmarès de 22,9 tigres abattus.

Un grand nombre de princes offraient à leurs sujets des conditions de vie infiniment meilleures que celles des Indiens administrés par les Anglais. D'autres, peu nombreux, n'étaient que des despotes plus occupés à piller les caisses de leur royaume et satisfaire leurs désirs qu'à promouvoir le progrès de leur peuple.

Quelles que fussent leurs qualités ou leurs tares, l'avenir des 565 princes indiens posait un grave problème en ce printemps 1947. Aucune solution de l'équation indienne ne pouvait réussir sans régler du même coup leur situation particulière.

Pour Gandhi, Nehru et le Congrès, la réponse était évidente. Il fallait mettre un terme au règne de ces seigneurs féodaux et intégrer leurs États dans l'Inde indépendante. Cette perspective n'avait aucune chance d'obtenir l'approbation de Yadavindra Singh ni celle de ses pairs. Son État de Patiala, au cœur du Panjab, était l'un des plus riches et il possédait une armée de quinze mille hommes, équipée de chars Centurion et de batteries d'artillerie.

Une expression soucieuse marquait le visage du chancelier de la Chambre des princes tandis qu'il buvait son thé. Il savait, en ce matin de mai, ce qu'ignorait encore le vice-roi des Indes : à dix mille kilomètres de son palais, un homme allait prononcer un plaidoyer désespéré pour que son sort et celui de tous les princes ne soient pas celui auquel Nehru et les socialistes du Congrès voulaient les condamner.

*

Cet homme n'était pas un maharaja, mais un Anglais. Il avait quitté New Delhi et gagné Londres à l'insu du vice-roi. Fils d'un pasteur missionnaire, Sir Conrad Corfield représentait l'une des grandes forces en même temps que l'une des grandes faiblesses de l'administration britannique des Indes. Il avait accompli presque toute sa carrière au bureau des Affaires princières, et l'Inde des princes était devenue son Inde à lui. Ce qu'il jugeait bon pour ses princes lui semblait bon pour l'Inde. Il haïssait leurs ennemis, en particulier Nehru et le Congrès, avec autant de constance qu'eux-mêmes.

En ce mois de mai 1947, Corfield était le Secrétaire politique du vice-roi, c'est-à-dire son représentant auprès des princes dans l'exercice de la suzeraineté britannique.

Submergé, depuis son arrivée, par l'immensité de la tâche consistant à trouver une solution au conflit qui opposait Hindous et Musulmans, Lord Mountbatten n'avait pas encore eu le temps de s'attaquer au problème des princes. Cela n'avait en rien modifié l'état d'esprit de Corfield. Sachant que le nouveau vice-roi aurait besoin de se concilier les sympathies de Nehru et du Congrès, il était venu à Londres tenter d'obtenir pour ses princes un traitement meilleur que celui que le vice-roi serait sans doute amené à leur offrir.

Il allait accomplir sa démarche auprès du secrétaire d'État pour les Indes, dans son cabinet surnommé « la cage dorée » depuis le temps de l'impératrice Victoria. Cette pièce octogonale présentait une caractéristique insolite : dans l'axe du bureau, placé au centre, s'ouvraient deux portes parfaitement identiques par leur taille, leur forme et leur ornementation. Deux princes de rang égal pouvaient ainsi se présenter en même temps devant le représentant du roi-empereur, sans subir l'outrage d'une entorse aux règles de la préséance. Aucun ne perdait la face.

Corfield développa avec chaleur ses arguments au ministre, le comte de Listowel. En acceptant la suzeraineté de la Couronne, les princes avaient abandonné une partie de leurs pouvoirs à la Grande-Bretagne et à elle seule, déclara-t-il. Le jour où cette suzeraineté cesserait, ces pouvoirs devaient leur être personnellement restitués. Libre à eux ensuite de négocier de nouveaux accords avec l'Inde ou le Pakistan ; ou, s'ils le souhaitaient et si cela était réalisable, de devenir indépendants. Toute autre procédure constituerait une violation des traités unissant la Grande-Bretagne et les États princiers.

D'un point de vue strictement juridique, l'interprétation de Corfield était correcte. Mais ses conséquences pratiques étaient terrifiantes à envisager. Si toutes les implications que supposait son exposé passionné se matérialisaient, l'Inde indépendante courait le risque d'une balkanisation dont même Nehru n'avait pas envisagé l'ampleur, lors de sa colère de Simla.

*

Les maharajas et nawabs des Indes formaient une aristocratie tellement hors du commun qu'il semblait à Rudyard Kipling que « ces hommes avaient été créés par la Providence afin de pourvoir le monde en décors pittoresques, en histoires de tigres et en spectacles grandioses ». Puissants ou humbles, riches ou pauvres, ils appartenaient à une race exceptionnelle dont les membres avaient alimenté les fabuleuses légendes d'une Inde maintenant condamnée à disparaître. Les récits de leurs vices et de leurs vertus, de leurs extravagances et de leurs prodigalités, de leurs lubies et de leurs excentricités avaient enrichi le folklore des hommes et émerveillé un monde assoiffé d'exotisme et de rêve. Les maharajas traversaient la vie sur le tapis volant d'un conte oriental. L'époque de leur gloire s'achevait mais il était à craindre qu'après eux, le monde s'ennuyât.

Ces mythes ne concernaient en réalité qu'un tout petit nombre, ceux à qui la richesse, l'oisiveté et une imagination particulièrement fertile permettaient de s'adonner aux plus délirantes folies. Ces extravagants aristocrates partageaient de brûlantes passions : la chasse, les sports, les automobiles, leurs palais, leurs harems, et par-dessus tout, le culte des bijoux.

Ce culte était chez eux de nature quasi religieuse. Ils attribuaient aux pierres précieuses une essence mystique assortie d'immenses pouvoirs. Ainsi, les diamants contenaient, croyaient-ils, des *mara*, c'est-à-dire des forces féminines susceptibles d'augmenter la puissance sexuelle. Le choix et la taille des pierres étaient définis par les astrologues en fonction de leur horoscope et de leur caractère.

Le maharaja de Baroda vouait à l'or et aux pierres précieuses une vénération fétichiste. Une seule famille avait le privilège de tisser de fils d'or ses tuniques de cérémonie. Les ongles de ces tisserands étaient coupés en dents de peigne afin d'atteindre à la perfection du tissage. Sa collection de diamants comprenait le fameux *Étoile du Sud*, le septième diamant du monde par sa grosseur, et l'*Eugénie* qui avait été offert par Napoléon III à son épouse après avoir appartenu à Potemkine, le favori de la Grande Catherine de Russie. Mais les pièces les plus admirables de son trésor étaient un ensemble de tapisseries entièrement faites de perles agrémentées de motifs en rubis et en émeraudes.

Le maharaja de Bharatpur possédait une collection de tapis plus étonnante encore. Ils étaient en ivoire. Chacun d'eux était le fruit de plusieurs années du labeur de toute une famille. Leur fabrication exigeait une minutie extraordinaire, les défenses d'éléphant devant d'abord être pelées afin de fournir la matière première.

La plus grosse topaze du monde brillait comme un œil cyclopéen sur le turban du sympathique maharaja sikh de Kapurthala. Les trésors du maharaja de Jaipur étaient enterrés près de sa ville rose dans une colline du Rajasthan gardée, de génération en génération, par une tribu de farouches Rajputs. Les héritiers de cette noble dynastie n'étaient autorisés à leur rendre visite qu'une seule fois dans leur vie pour choisir les pierres destinées à illuminer leur règne d'un éclat spécial. Parmi ces merveilles se trouvait un collier composé de trois rangs de rubis, chacun de la taille d'un cœur de pigeon, rehaussés de trois émeraudes dont la plus lourde pesait quatre-vingt-dix carats.

Le joyau de la collection du maharaja de Patiala était un collier de perles assuré par les Lloyds de Londres pour un demi-milliard d'anciens francs. La pièce la plus curieuse en était un plastron constellé de mille et un diamants aux reflets bleu pâle. Jusqu'au tournant du siècle, ses aïeux avaient coutume d'apparaître chaque année à leur peuple vêtus de ce seul plastron, leur royale virilité en érection. Par cette démonstration phallique, ils associaient leur personne à la force créatrice du dieu Çiva, tandis que les radiations des diamants rassuraient leurs sujets en éloignant les puissances maléfiques.

Un maharaja de Mysore avait appris d'un voyageur chinois que les aphrodisiaques les plus efficaces étaient confectionnés avec des diamants pilés. Cette malheureuse découverte devait entraîner l'appauvrissement rapide de son trésor, des centaines de pierres précieuses étant réduites en poudre. Les danseuses qui devaient profiter de leurs effets magiques paradaient dans les jardins sur des éléphants aux défenses incrustées de rubis et aux oreilles scintillantes de gigantesques pendentifs de diamants rescapés des philtres d'amour.

L'éléphant sur lequel se déplaçait le maharaja de Baroda était plus richement paré encore. Les inquiétantes défenses de ce monstre centenaire avaient déchiqueté plus de vingt rivaux dans autant de combats. Tout son harnachement était en or massif : le palanquin royal, le caparaçon, les lourds bracelets aux quatre pattes, et les chaînes qui pendaient aux oreilles. Chacune d'elles valait une trentaine de millions d'anciens francs et représentait une victoire de l'animal.

Les éléphants avaient été, pendant des générations, le moyen de locomotion favori des princes.

Symboles de l'ordre cosmique, nés de la main du dieu Râma, ils étaient à leurs yeux les piliers de l'univers, le soutien du ciel et des nuages. Une fois par an, le maharaja de Mysore se prosternait devant le roi de ses pachydermes. Par cet hommage, il renouvelait son alliance avec les forces de la nature et assurait une année de prospérité à ses sujets. La richesse d'un souverain s'évaluait au nombre, à l'âge et à la taille des éléphants qui peuplaient les écuries de ses palais, et dont certaines abritaient jusqu'à trois cents animaux.

Jamais peut-être, depuis qu'Hannibal avait franchi les Alpes avec sa légion d'éléphants, n'avait-on contemplé un troupeau aussi impressionnant que celui exhibé une fois par an à Mysore à l'occasion de la fête de Dasahra. Un millier de ces animaux, décorés de dessins, de colliers de fleurs, de bijoux, de tapis de selle et de têtières d'or, défilaient à travers la ville. Au mâle le plus fort revenait l'honneur de porter le palanquin du souverain, trône en or massif capitonné de velours et surmonté d'une ombrelle, attribut du pouvoir princier. Derrière, venaient deux autres éléphants aussi richement parés. Ils portaient deux palanquins vides dont l'apparition provoquait un silence respectueux dans la foule : ils étaient sensés transporter les âmes des ancêtres du maharaja.

Des combats d'éléphants rehaussaient toujours d'un éclat particulier les fêtes du prince de Baroda, donnant lieu à de terrifiants duels. Deux énormes mâles, rendus furieux par des coups de lance, étaient jetés l'un contre l'autre. Ébranlant la terre de leurs masses colossales et le ciel de leurs barrissements, ils combattaient jusqu'à la mort de l'un d'eux. Le vainqueur avait l'honneur d'entrer dans l'écurie princière.

Le raja de Dhenkanal, un petit fief de l'est de l'Inde, offrait chaque année à des milliers d'invités l'occasion d'assister à une exhibition tout aussi saisissante, sinon moins sanglante : l'accouplement des plus beaux éléphants de son élevage.

Un maharaja de Gwalior utilisa même un jour l'un de ses animaux pour une tâche qu'aucun pachyderme n'avait jamais accomplie. Ayant commandé à Venise un luminaire dont le poids et la taille devaient dépasser les dimensions du plus grand lustre du palais de Buckingham, il décida de vérifier la solidité du toit de son palais en y faisant déambuler le plus lourd de ses éléphants après l'avoir fait hisser à l'aide d'une grue spécialement conçue.

D'autres animaux occupaient dans le cœur de certains princes une place aussi privilégiée que les éléphants. Pour le nawab de Junagabh, une minuscule principauté au nord de Bombay, c'étaient les chiens. Il avait installé ses bêtes préférées dans des appartements avec électricité et téléphone, où ils étaient servis par des domestiques attitrés. Il célébra le mariage de sa chienne favorite Roshana avec un labrador nommé Bobby au cours d'une cérémonie grandiose à laquelle il convia tous les princes et dignitaires des Indes, y compris le vice-roi. A son grand chagrin, le représentant du roi-empereur déclina l'invitation. Cent cinquante mille personnes se pressaient cependant sur le parcours du cortège nuptial qu'ouvraient les lanciers du nawab et les éléphants princiers. Après le défilé, le souverain offrit un banquet en l'honneur du couple canin avant de faire conduire les jeunes époux dans leurs appartements nuptiaux pour y consommer leur union. Cette fête à elle seule coûta trente millions d'anciens francs, somme qui aurait suffi à subvenir pendant toute une année aux besoins vitaux de douze mille des six cent vingt mille misérables sujets du prince.

Les funérailles des chiens donnaient lieu à des cérémonies non moins solennelles. Les bêtes accomplissaient leur dernier voyage au son de la *Marche funèbre* de Chopin avant d'être placées pour leur repos éternel dans les mausolées de marbre du cimetière qui leur était réservé. A Junagadh, il valait mieux être un chien qu'un homme.

*

L'avènement de l'automobile devait réduire le rôle des éléphants aux fonctions d'apparat. La première voiture qui débarqua aux Indes en 1892 était une De Dion-Bouton française destinée au maharaja de Patiala. Cet événement fut consacré pour la postérité par l'attribution d'un numéro d'immatriculation historique — « O ». Le nizam de Hyderabad se constitua une collection d'automobiles grâce à une technique qui honorait son sens légendaire de l'épargne. Dès que son royal regard apercevait, dans les murs de sa capitale, une voiture qui lui plaisait, il faisait avertir l'heureux propriétaire que « Son Altesse Exaltée » aurait plaisir à la recevoir en cadeau. En 1947, les garages du souverain débordaient de centaines de voitures qu'il n'utilisait jamais.

L'hôte favori des écuries automobiles des princes indiens était naturellement la reine des voitures, la Rolls-Royce. Ils en importaient de tous les modèles et de toutes les tailles, carrossées en torpédos, en limousines, en coupés, en breaks et même en camionnettes. La petite De Dion-Bouton du maharaja de Patiala fut bientôt rejointe par un troupeau d'éléphants mécaniques, vingt-sept énormes Rolls-Royce. Les vingt-deux Rolls du maharaja de Bharatpur étaient traitées comme des êtres vivants par un personnel spécialisé. Le prince possédait le spécimen le plus exotique jamais construit par la firme anglaise, une Rolls-Royce décapotable en argent massif. La rumeur disait que de mystérieuses ondes aphrodisiaques émanaient de sa carrosserie et le geste le plus gracieux que pouvait accomplir son propriétaire était de la prêter à un confrère princier lors de la cérémonie de ses noces. Le maharaja avait même fait équiper une de ses Rolls pour la chasse aux fauves. Un jour de 1921, il emmena le prince de Galles et son jeune aide de camp Lord Louis Mountbatten dans la jungle à bord de cette automobile. « La voiture, écrivit ce soir-là le futur vice-roi des Indes dans son journal, traversa des espaces sauvages, franchissant les trous et les fossés en tanguant et roulant comme un navire de haute mer, sans qu'il fût jamais nécessaire de rétrograder en seconde vitesse. »

Le véhicule le plus étonnant du parc des souverains indiens était cependant une Lancaster appartenant au maharaja d'Alwar. Elle était plaquée d'or, à l'intérieur comme à l'extérieur. Le chauffeur et le mécanicien prenaient place sur des coussins de fils d'or dans un compartiment fermé où le volant était en ivoire sculpté. Sa forme était la réplique exacte du carrosse de couronnement des rois d'Angleterre. Et grâce à quelque miracle mécanique, son moteur parvenait à propulser à cent quarante kilomètres à l'heure le lourd et majestueux véhicule.

Certains maharajas vouaient à la locomotion ferroviaire autant de passion qu'à leurs automobiles. Celui d'Indore s'était fait construire en Allemagne un wagon spécial doté d'un luxe probablement unique au monde. Décoré par les plus éminents orfèvres de la maison parisienne Puiforcat, ce wagon était un vrai yacht sur rails. Le chemin de fer préféré du maharaja du puissant État de Gwalior était un jouet si perfectionné qu'aucun enfant n'aurait jamais rêvé en recevoir un semblable du père Noël. Son réseau de rails en argent massif courait sur l'immense table en fer à cheval de la salle à manger de son palais et se prolongeait, à travers les murs, jusqu'aux cuisines. Les soirs de gala, un pupitre de commande était placé à côté du souverain. Manipulant manettes, leviers, boutons et sirènes, le prince-chef de gare réglait la marche des trains miniatures qui apportaient les boissons, cigarettes, cigares et friandises à ses hôtes. Les wagons-citernes, remplis de whisky, de vin, de porto et de madère, s'arrêtaient devant chaque convive pour étancher sa soif. D'une pression du doigt sur un bouton, le monarque pouvait, au gré de sa fantaisie, priver de boisson ou de cigare un de ses invités.

Un soir des années 30, au cours d'un banquet en l'honneur du vice-roi, un court-circuit se produisit dans le pupitre de commande. Sous les regards horrifiés de Leurs Excellences, les trains du maharaja, devenus fous, foncèrent d'un bout à l'autre de la salle à manger en projetant sur les robes du soir, les habits et les uniformes une véritable tornade de vin et de sherry. Cette catastrophe, unique dans les annales ferroviaires, faillit provoquer un incident diplomatique.

*

Les palais des grands princes des Indes rivalisaient en dimension et en opulence, sinon en bon goût, avec de grandioses monuments comme le Taj Mahal. Celui de Mysore était peut-être le plus vaste du monde avec ses six cents pièces dont une vingtaine étaient uniquement occupées par une collection de tigres, de panthères, d'éléphants et de buffles sauvages empaillés, trophées arrachés aux jungles du royaume par trois générations de princes chasseurs. La nuit, avec ses dizaines de milliers d'ampoules électriques brillant le long des toits et des fenêtres, l'édifice ressemblait à un monstrueux paquebot échoué en plein cœur de l'Inde.

Neuf cent cinquante-trois fenêtres, chacune en marbre ajouré, s'ouvraient sur la façade-belvédère du palais des Vents de la ville rose de Jaipur. Pour tamiser la lumière crue du désert, le maharaja de Bikaner avait doté les fenêtres de son palais de vitraux de jade, d'albâtre, de topaze et d'ambre. Les murs de marbre blanc du palais d'Udaipur jaillissaient comme un vaisseau fantôme au milieu des eaux scintillantes d'un lac. Enthousiasmé par sa visite de Versailles, l'imaginatif et cultivé maharaja de Kapurthala avait transporté les fastes du Roi-Soleil à la cour de son royaume. Il fit venir de France une cohorte d'architectes et de décorateurs et construisit au pied de l'Himalaya une petite réplique du château de Versailles. Il le remplit de vases de Sèvres, de tapisseries des Gobelins, de meubles anciens, proclama le français langue officielle de la cour, imposa le vin rouge et l'eau d'Évian à sa table, et affubla les Sikhs enturbannés de son entourage des perruques poudrées, des jabots de dentelle, des culottes de soie et des mules à boucle dorée des marquis du roi de France.

Les trônes de certains palais étaient sans nul

doute les sièges les plus fastueux où postérieurs humains se fussent jamais posés. Celui de Mysore, en or massif, pesait une tonne. On y accédait par neuf marches étincelantes, également en or, qui symbolisaient l'ascension du dieu Vishnu vers la Vérité. Une ombrelle en métal précieux représentant une fleur de lotus surmontait le siège royal recouvert de coussins brodés d'or et de perles fines. Le trône d'un raja de l'Orissa ressemblait à un immense lit. Le prince l'avait acheté chez un antiquaire de Londres parce qu'il était la copie exacte du lit de sa reine suzeraine, Victoria. Placé dans une salle aux dimensions de cathédrale, sur un podium entouré de colonnes grecques et de statues de femmes nues en marbre blanc, le trône du nawab de Rampur était dominé par une gigantesque couronne en métal doré d'un mètre de haut. Sa conception originale s'inspirait, elle aussi, de l'illustre exemple du Roi-Soleil : dans le velours doré du siège se trouvait l'orifice d'une chaise percée. Ce roitelet oriental pouvait ainsi, comme le grand roi, se soulager en public sans interrompre la marche des affaires de son royaume.

*

Le temps semblait parfois long à certains des habitants de ces luxueux palais. Pour dissiper leur ennui, ils s'adonnaient généralement à deux passe-temps favoris — les femmes et le sport. Le harem faisait partie intégrante du palais d'un authentique souverain — qu'il fût hindou ou musulman —, domaine peuplé de centaines de jeunes danseuses et de concubines à son usage exclusif.

Les jungles de leurs États leur étaient également

réservées, leur faune — et en particulier les tigres, dont l'Inde comptait alors plus de vingt mille exemplaires — étant la cible privilégiée de leurs fusils. Le prince de Bharatpur avait abattu son premier tigre à l'âge de huit ans. Quand il en eut trente-cinq, les peaux des fauves tués de sa main, cousues bord à bord comme de la moquette, tapissaient le sol de ses salons. Son territoire fut le décor d'un fabuleux massacre de canards, 4 482 de ces oiseaux ayant péri en trois heures lors d'une chasse donnée en l'honneur du vice-roi Lord Hardinge de Penshurst. Le maharaja de Gwalior foudroya à lui seul plus de quatorze cents fauves. Il était l'auteur d'un livre destiné à un public très restreint, le *Guide de la chasse au Tigre*.

Le seigneur incontesté des plaisirs de la chasse et de la chair avait été le père du chancelier de la Chambre des princes, Sir Bhupinder Singh, dit « Le Magnifique », septième maharaja de Patiala. Avec sa stature colossale, ses cent trente kilos, ses moustaches relevées comme les cornes d'un taureau brave, sa splendide barbe noire soigneusement enroulée et nouée derrière le cou à la vraie mode des Sikhs, ses lèvres sensuelles et l'arrogance de son regard, il paraissait être tombé d'une gravure mogole. Pour le monde de l'entre-deux-guerres, Sir Bhupinder incarna toute la splendeur des maharajas des Indes. Son appétit était tel qu'il pouvait avaler sans effort vingt kilos de nourriture chaque jour. Il dévorait volontiers deux ou trois poulets à l'heure du thé. Il adorait le polo et, galopant à la tête de ses « Tigres de Patiala », il avait remporté sur tous les terrains du globe des trophées qui emplissaient son palais. Pour permettre ces prouesses, ses écuries abritaient cinq cents des plus beaux spécimens de la race chevaline.

Dès sa plus tendre adolescence, Bhupinder Singh montra les aptitudes les plus vives à l'exercice d'un autre divertissement également digne d'un prince, l'amour. Les soins qu'il finit par porter au développement de son harem devaient même éclipser sa passion pour la chasse et le polo. Il en sélectionnait lui-même les nouvelles recrues en fonction de leurs attraits et de leurs talents amoureux. Au faîte de sa gloire, le harem royal de Patiala compta trois cent cinquante épouses et concubines.

Pendant les étés torrides du Panjab, une partie d'entre elles s'installaient chaque soir au bord de la piscine, jeunes beautés aux seins nus, naïades attentives qui surveillaient ses ébats aquatiques. Des blocs de glace rafraîchissaient l'eau et le monarque voguait dans une béatitude extrême, regagnant de temps en temps le bord du bassin pour caresser un sein et boire une gorgée de whisky. Les plafonds et les murs de ses appartements étaient décorés de scènes inspirées des bas-reliefs érotiques des temples pour lesquels les Indes étaient justement célèbres, véritable catalogue d'exhibitions amoureuses de nature à épuiser l'esprit le plus imaginatif et le corps le plus athlétique. Un large hamac de soie permettait à Son Altesse de chercher entre ciel et terre l'ivresse de plaisirs suggérés par les ébats des personnages de son plafond.

Pour satisfaire ses désirs insatiables, l'inventif souverain décida de renouveler régulièrement les charmes de ses femmes. Il ouvrit son palais à une pléiade de parfumeurs, de bijoutiers, de coiffeurs, d'esthéticiens et de couturiers. Les plus grands maîtres de la chirurgie plastique furent invités à venir modeler les traits de ses favorites au gré de ses caprices et des canons des revues de mode de Londres et de Paris. Afin de stimuler ses ardeurs, il eut l'idée de convertir une aile de son palais en un laboratoire dont les éprouvettes et les tamis produisirent une collection exotique de parfums, de lotions, de cosmétiques et philtres.

Ces raffinements extravagants ne faisaient que masquer l'échec du monde de luxure orientale conçu par le maharaja. Quel homme, fût-il un Sikh aussi splendidement pourvu par la nature que Bhupinder Singh « Le Magnifique », aurait pu combler les exigences des trois cent cinquante beautés attendant derrière les moucharabiehs de son harem ?

Un recours aux aphrodisiaques devint inévitable. Ses alchimistes attitrés élaborèrent de savantes décoctions à base d'or, de perles, d'épices, d'argent, d'herbes et de fer. Pendant quelque temps, la potion la plus efficace était composée d'une mixture de carottes et de cervelles de moineaux. Lorsque l'effet de ces préparations commença à faiblir, Sir Bhupinder Singh fit appel à des techniciens français qu'il supposait tout naturellement experts en matière d'amour. Leur traitement au radium devait malheureusement se révéler d'un rendement aussi éphémère que les précédents. Il ne pouvait soigner le mal véritable dont souffrait le maharaja, celui-là même qui accablait tant de ses confrères princiers — l'ennui. Il allait en mourir.

*

L'Inde mystique se devait de donner des origines divines aux plus grands de ses princes. Celles du maharaja de Mysore se confondaient avec la naissance de la lune. Chaque année pendant l'équinoxe d'automne, le souverain devenait pour son peuple un dieu vivant. A l'image d'un *sadhu* dans une grotte de l'Himalaya, il se retranchait du monde dans une pièce obscure de son palais. Il ne se rasait plus, ne se lavait plus. Nulle main humaine n'avait le droit de le toucher, nul regard ne pouvait l'effleurer pendant ce temps où Dieu était sensé habiter son corps. Il émergeait le neuvième jour. Un éléphant, couvert de velours constellé d'or et de pierreries, le front décoré d'une têtière incrustée d'émeraudes, attendait à la porte du palais pour le conduire au milieu d'une escorte de lanciers vers une destination plus populaire que divine, le champ de courses de sa capitale. Là, devant la multitude de ses sujets, des prêtres brahmanes le baignaient en chantant des *mantra*, le rasaient et lui donnaient à manger. Tandis que le soleil sombrait dans la jungle, un cheval noir était présenté au monarque. A l'instant où il l'enfourchait, des milliers de torches s'allumaient tout autour de la piste. Le prince faisait au galop le tour de cette couronne de flammes, déchaînant les applaudissements sur son passage. Le fils de la lune était revenu au milieu de son peuple.

Le maharaja d'Udaipur tirait, lui, son origine du soleil. Son trône, vieux de deux mille ans, était le plus ancien et le plus prestigieux des Indes. Une fois par an, il devenait lui aussi un dieu vivant. Debout à la proue d'une galère qui ressemblait au vaisseau de Cléopâtre, il paradait sur les eaux infestées de crocodiles du lac qui baignait son palais. Sur le pont derrière lui, tel le chœur d'une tragédie antique, se tenaient, dans une attitude de vénération, les dignitaires de sa cour, vêtus de robes de mousseline blanche.

Les prétentions du souverain de Bénarès, la ville sainte au bord du Gange, étaient moins grandioses mais non moins pieuses. La tradition voulait que les yeux du prince de ces lieux bénis ne s'ouvrent chaque jour que sur une seule et unique vision, celle du symbole hindou de l'éternité cosmique, une vache sacrée. Une vache était donc amenée à l'aube sous la fenêtre de sa chambre et piquée au flanc afin que son beuglement réveille le pieux maharaja. Un jour qu'il rendait visite au nawab de Rampur, l'observance de ce rite posa un problème délicat : les appartements réservés au visiteur étaient situés au deuxième étage du palais. Le nawab dut recourir à un système ingénieux pour sauvegarder le rituel des réveils de son hôte. Il acheta une grue qui hissait chaque matin une vache jusqu'à la fenêtre de la chambre. Terrifié par sa singulière ascension, le malheureux animal poussait des beuglements si déchirants qu'il réveillait tout le palais en même temps que le maharaja de Bénarès.

Riches ou pauvres, dévots ou dépravés, décadents ou progressistes, les princes avaient montré la plus totale loyauté envers l'Angleterre et un zèle exemplaire à servir ses intérêts. Ils ne lui avaient ménagé ni leur argent ni leur sang au cours des deux guerres mondiales. Ils avaient levé, équipé, entraîné des corps expéditionnaires qui s'étaient illustrés sur tous les fronts sous la bannière de l'Union Jack. Le maharaja de Bikaner, lui-même général de l'armée britannique et membre du cabinet de guerre, avait lancé ses chameliers à l'assaut des tranchées allemandes de la Grande Guerre. Les lanciers de Jodhpur avaient enlevé Haïfa aux

242

Turcs le 23 septembre 1917[1]. En 1943, sous la conduite de leur jeune maharaja, commandant dans les *Lifeguards*, les cipayes de la ville rose de Jaipur avaient nettoyé les pentes du mont Cassin et ouvert la route de Rome aux armées alliées. Pour récompenser son courage à la tête de son bataillon, le maharaja de Bundi avait reçu la *Military Cross* en pleine jungle birmane.

Les Anglais témoignèrent leur reconnaissance à ces fidèles et prodigues vassaux de la plus habile des manières : en les couvrant d'une pluie d'honneurs et de décorations, leurs bijoux préférés. Les maharajas de Gwalior, de Cooch Behar et de Patiala reçurent l'insigne privilège d'escorter à cheval, en qualité d'aides de camp honoraires, le carrosse royal d'Édouard VII pendant les fêtes de son couronnement. Oxford et Cambridge accordèrent des parchemins honorifiques à toute une série de princes. Les poitrines des souverains les plus méritants s'enrichirent des plaques étincelantes d'ordres nouveaux créés pour la circonstance — l'Ordre de l'Étoile des Indes, et l'Ordre de l'Empire des Indes.

Ce fut surtout par la subtile gradation d'une forme particulièrement ingénieuse de récompenses que la puissance suzeraine témoigna son estime. Le nombre des coups de canon qui saluaient un monarque indien était le critère final et sans appel de sa place dans la hiérarchie princière. Le vice-roi avait le pouvoir d'augmenter le

---

1. Dans un domaine plus pacifique, le même maharaja avait introduit en Occident les « jodhpurs », la culotte de cheval habituellement portée dans son royaume. Arrivant à Londres pour assister aux festivités du jubilé d'or de la reine Victoria, l'infortuné prince apprit que le navire transportant toutes ses affaires avait coulé. Pour sauver la situation, il fut contraint de divulguer à un tailleur londonien le secret de la coupe de ses pantalons préférés.

nombre des salves honorant un souverain en reconnaissance de services exceptionnels, ou au contraire de le réduire en signe de punition. La dimension des royaumes et l'importance de leur population n'étaient pas les seuls facteurs qui déterminaient le nombre de ces coups de canon. La fidélité à la Couronne, le sang et l'argent versés pour sa défense étaient également considérés. Cinq souverains — ceux de Hyderabad, du Cachemire, de Mysore, de Gwalior et de Baroda — avaient droit au suprême honneur de vingt et une salves. Venaient ensuite les États à dix-neuf, puis dix-sept, quinze, treize, onze et neuf coups. Pour 425 humbles rajas et nawabs régnant sur de petites principautés presque oubliées des cartes, il n'y avait aucun salut. Ils étaient les princes délaissés des Indes, les hommes pour lesquels le canon ne tonnait pas.

*

L'Inde des maharajas et des nawabs possédait aussi un autre visage. De nombreux princes avaient voyagé en Occident, étudié dans ses universités, découvert les bienfaits de la science, de la technique, de l'éducation. Beaucoup avaient lutté pour faire de leurs États des phares de civilisation et de progrès, souvent uniques en Asie. Des millions d'hommes jouissaient dans leurs royaumes de conditions d'existence et d'avantages matériels et sociaux inconnus dans l'Inde de l'Angleterre.

Le maharaja de Baroda avait interdit la polygamie et rendu l'instruction gratuite et obligatoire bien avant 1900. Il avait combattu en faveur des Intouchables avec un zèle aussi acharné que celui de Gandhi, créant des institutions pour les loger, les vêtir, les instruire et finançant à l'université Columbia de New York les études de l'homme qui devait devenir leur leader, le docteur Bhimrao Ramji Ambedkar. Le maharaja de Bikaner avait transformé certaines parties de son désert du Rajasthan en une véritable oasis de jardins, de lacs artificiels, de cités florissantes à la disposition de ses sujets. Gouvernée par les descendants d'un prince de Bourbon venu de Pau au XVIᵉ siècle, la principauté musulmane de Bhopal avait accordé aux femmes une liberté sans exemple dans tout l'Orient. L'État de Mysore possédait l'université des sciences la plus réputée d'Asie et toute une chaîne de barrages hydro-électriques et d'industries sans équivalent dans l'Inde britannique. Héritier de l'un des plus grands astronomes de l'Histoire, un savant qui avait traduit les principes de la géométrie d'Euclide en sanscrit, le maharaja de Jaipur avait fait de l'observatoire de sa capitale un centre d'études de renommée internationale. Les routes, les voies ferrées, les écoles, les hôpitaux et les institutions démocratiques dont le maharaja de Kapurthala avait doté sa principauté en faisaient un État moderne et libéral qui pouvait rivaliser avec bien des nations occidentales.

La Seconde Guerre mondiale avait vu monter sur les trônes indiens une nouvelle génération de princes moins hauts en couleur, moins extravagants, moins fabuleux que leurs pères, mais de plus en plus conscients de la précarité de leurs privilèges et de la nécessité de réformer les mœurs de leurs royaumes. L'une des premières décisions du huitième maharaja de Patiala avait été de fermer le harem légendaire de son père Sir Bhupinder Singh « Le Magnifique ». Le maharaja de Gwalior avait épousé une roturière, fille d'un fonctionnaire, et abandonné l'immense palais familial pour vivre dans une maison d'une taille plus conforme aux réalités du monde d'après-guerre.

Mais pour le malheur de ces princes et de tous ceux qui gouvernaient leurs États avec compétence et honnêteté, le monde associerait toujours les maharajas et nawabs des Indes aux excès et aux excentricités d'un tout petit nombre de leurs pairs.

*

Pour deux États de l'Inde princière, deux souverains qui jouissaient du suprême honneur du salut de vingt et un coups de canon, l'initiative prise à Londres par Sir Conrad Corfield pouvait avoir de profondes conséquences. Les deux royaumes étaient d'une dimension exceptionnelle. Tous deux étaient enclavés. Tous deux avaient pour monarques des hommes d'une religion différente de celle de la majorité de leurs sujets. Et ils caressaient tous deux le même rêve : faire de leur État une nation indépendante et souveraine.

De tous les personnages exotiques et singuliers qui régnaient aux Indes, Rustum-i-Dauran, Arustu-i-Zeman, Wal Mamalik, Asif Jah, Nawab Mir Osman, Alikhan Bahadur, Musafrul Mulk, Nizam Al-Mulk, Sipah Salar, Fateh Jang, Son Altesse Exaltée, Allié Fidèle de la Couronne, le septième nizam de l'État de Hyderabad, était sans doute le plus étonnant. Ce Musulman érudit et pieux possédait l'État le plus vaste et le plus peuplé des Indes — vingt millions d'Hindous et trois millions de Musulmans — ancré en plein cœur de la péninsule. C'était un vieillard d'un mètre cinquante, pesant à peine quarante kilos. Toute une vie passée à sucer des feuilles de bétel n'avait laissé dans sa bouche que quelques chicots rougeâtres. Il vivait dans une telle hantise de se faire empoisonner qu'il se faisait toujours accompagner par un serviteur qui goûtait avant lui son invariable menu de fromage blanc, de friandises, de fruits, de bétel et de bouillon d'opium. Le nizam était le seul souverain indien à pouvoir porter l'appellation d'« Altesse Exaltée », distinction qui lui avait été conférée par l'Angleterre en remerciement des cinquante milliards d'anciens francs dont il avait fait don à l'occasion de la Grande Guerre.

En 1947, le nizam passait pour être l'homme le plus riche du monde. Il battait monnaie, et sa fortune légendaire ne le cédait en réputation qu'à une avarice non moins légendaire.

Il s'habillait de misérables pyjamas et de sandales achetées pour quelques roupies au bazar local. Pendant trente-cinq ans, il avait porté le même fez, durci de transpiration et de crasse. Bien qu'il possédât un service en vermeil qui permettait de recevoir plus de cent convives, il mangeait dans une assiette en fer-blanc, accroupi sur la carpette de sa chambre. Il était d'une telle parcimonie qu'il récupérait les mégots laissés dans les cendriers par ses invités. Lorsqu'un dîner officiel l'obligeait à offrir du champagne, il veillait à ce que l'unique bouteille qu'il faisait déboucher ne s'éloignât pas de lui. Quand le vice-roi Lord Wavell lui rendit visite en 1944, le nizam télégraphia à New Delhi pour savoir s'il tenait vraiment à ce que l'on servît du champagne, en dépit de sa cherté due à la guerre. Chaque dimanche, après le service religieux, le résident britannique venait le saluer. Un serviteur apparaissait aussitôt, porteur d'un plateau avec deux tasses de thé, deux biscuits et deux cigarettes. Un jour, le Résident arriva inopinément en compagnie d'un visiteur particulièrement distingué. Le nizam chuchota quelques mots à son serviteur qui revint avec la tasse de thé, le biscuit et la cigarette manquants.

Dans la plupart des États, la coutume voulait que les nobles fissent chaque année à leur souverain l'offrande d'une pièce d'or, le monarque se contentant de la toucher avant de la rendre à son propriétaire. Mais à Hyderabad, aucune offrande n'était symbolique. Le nizam s'emparait de chaque pièce d'or et la déposait dans une taie d'oreiller fixée derrière lui. Une année, l'une d'elles roula sous le trône : n'hésitant pas une seconde à offrir à ses sujets le spectacle peu majestueux de son postérieur, le nizam se jeta à quatre pattes pour récupérer la pièce. Si sordide était en vérité sa pingrerie que le médecin venu de Bombay pour examiner son cœur ne réussit pas à lui faire un électrocardiogramme. Aucun appareil électrique ne pouvait fonctionner correctement dans sa demeure : par mesure d'économie, le nizam avait ordonné à la centrale électrique de Hyderabad d'en réduire le voltage.

Descendant de Mahomet, héritier du fabuleux royaume de Golconde, le nizam avait toujours refusé d'occuper le palais de ses ancêtres. Il préférait habiter une maison délabrée que lui avait léguée un de ses courtisans. Sa chambre ressemblait à un taudis, meublée d'une paillasse, d'une table, de trois chaises, d'une batterie de cendriers et de corbeilles à papier, vidées une fois par an seulement, le jour de son anniversaire. Son bureau était encombré de vieilles tables et de commodes surchargées de paquets d'archives couverts de toiles d'araignées.

Pourtant, ce palais de misère cachait dans ses recoins une fortune défiant l'imagination. Le tiroir de son bureau branlant contenait, enveloppé dans un vieux magazine, le *Koh-i-Noor* — « La Montagne de Lumière », un fabuleux diamant de 280 carats qui avait été le joyau du trésor des empereurs mogols. Le nizam l'utilisait occasionnellement comme presse-papiers. Dans le jardin à l'abandon se trouvaient une douzaine de camions tellement chargés qu'ils s'enfonçaient dans le sol jusqu'aux essieux. Ils étaient bourrés de lingots d'or. Une collection de bijoux, si fantastique qu'on disait qu'elle pouvait recouvrir les trottoirs de Picadilly, remplissait des tiroirs entiers et le vieux coffre-fort de sa chambre. Il possédait des malles pleines de roupies, de dollars et de livres sterling, empaquetés dans du papier journal et totalisant cinq milliards d'anciens francs. Une légion de rats qui en faisaient leur nourriture favorite dépréciait cette fortune de plusieurs millions chaque année.

Enfin, gardés par une compagnie d'amazones africaines armées de poignards, quarante épouses légitimes, une centaine de concubines et autant d'enfants nés de ses œuvres peuplaient son harem.

La richesse du nizam la plus précieuse en ces jours incertains était en fait sa nombreuse armée, équipée d'artillerie et d'aviation. Il disposait ainsi de presque tous les atouts de l'indépendance, sauf un accès à la mer et le soutien de son peuple. En majorité hindous, ses sujets haïssaient la petite minorité musulmane qui les gouvernait. L'étrange monarque n'éprouvait cependant aucun doute sur son avenir. Quand Sir Conrad Corfield vint l'informer de la décision de la Grande-Bretagne de quitter les Indes, il bondit littéralement de son fauteuil.

— Enfin ! s'écria-t-il, enfin, je vais être libre !

Une même ambition animait un autre puissant souverain à l'autre extrémité des Indes. Régnant sur l'un des plus célèbres et des plus beaux sites du monde, la vallée enchantée du Cachemire, Hari Singh était un Hindou d'une haute caste brahmane. Ses quatre millions de sujets étaient, eux, aux trois quarts musulmans. Son royaume, serti entre les parois des pics himalayens, s'étendait sous le Toit du monde balayé par les vents qui soufflaient du Ladakh, du Tibet et du Sin Kiang. Il constituait un carrefour vital où l'Inde, le futur Pakistan, la Chine et l'Afghanistan étaient sûrs de s'affronter un jour.

Personnage faible et indécis, le maharaja Hari Singh partageait son temps entre les fêtes fastueuses de Jammu, sa capitale d'hiver, et les lagons couverts de lotus de sa capitale d'été, Srinagar, la Venise de l'Orient. Il avait inauguré son règne par quelques tentatives de réforme, vite étouffées par son despotisme grandissant, envoyant peu à peu tous ses adversaires dans les prisons de son État. L'un d'eux avait même été Nehru, arrêté au cours d'une visite dans le Cachemire de ses ancêtres. Comme le nizam de Hyderabad, Hari Singh possédait une armée capable de défendre les frontières de son royaume et de donner du poids à sa revendication d'indépendance.

8

« Un jour maudit par les astres »

L'homme qui descendait de voiture devant le 10 Downing Street aurait pu ressentir une légitime appréhension. Convoqué à Londres pour s'expliquer, sur l'incident de Simla avec Nehru, Lord Mountbatten avait été prévenu par Ismay dès son atterrissage que le gouvernement était « hautement irrité par sa façon de faire ». Pourtant, il n'éprouvait pas la moindre inquiétude.

Il apportait le nouveau plan d'indépendance des Indes, rédigé par V. P. Menon après le rejet brutal de la première version par Nehru. Il était persuadé que ce plan contenait cette fois la clef du problème indien. De toute façon, il n'était pas venu à Londres pour « s'expliquer ». Il avait au contraire l'intention de substituer son nouveau texte à l'ancien et de démontrer à Clement Attlee et à son gouvernement « combien ils pouvaient tous s'estimer heureux qu'il ait eu l'intuition de montrer le projet à Nehru ».

Arborant un large sourire, Mountbatten franchit la barrière des photographes et gagna le bureau où il avait été investi de sa mission, cinq mois plus tôt. Attlee et tous les ministres concernés par les affaires indiennes l'attendaient. Leur accueil fut cordial mais réservé. Nullement désarçonné, Mountbatten entreprit de renverser la situation. « Je ne leur exprimai pas le moindre regret, raconterait-il plus tard, pas plus que je ne leur donnai la moindre justification. J'éprouvais un sentiment terrifiant, non pas tellement d'orgueil, mais d'absolue conviction que tout dépendait de moi et que tous ces ministres devraient faire ce que je leur dirais. »

Analysant les modifications apportées au plan initial, Mountbatten annonça qu'il était en mesure d'affirmer que toutes les parties en cause étaient maintenant d'accord pour accepter les propositions du nouveau document. Mais surtout, ajouta-t-il, il apportait une information de la plus haute importance. Il avait reçu l'assurance que l'Inde et le Pakistan indépendants demeureraient liés à la Grande-Bretagne en prenant place dans le Commonwealth britannique.

Le parti du Congrès était en effet disposé à accepter le statut de dominion. Mais à une condition : que l'indépendance soit immédiatement octroyée, l'échéance du 30 juin 1948 étant considérée comme beaucoup trop lointaine.

Persuadé que la rapidité était la base du succès, Mountbatten voulait convaincre le gouvernement de la nécessité de faire vite. Combien de temps lui faudrait-il pour faire voter par le Parlement la loi donnant l'indépendance aux Indes ? demanda-t-il.

La performance du jeune amiral devant l'austère aréopage fut si remarquable qu'en quelques minutes il réussit à retourner en sa faveur une atmosphère hostile au départ. Fascinés par son charme et sa puissance de persuasion, les ministres adoptèrent le nouveau plan sans y apporter aucun changement, si minime fût-il.

— *Good God !* s'exclama Lord Ismay qui avait

été le témoin de tant d'orages churchilliens dans cette même résidence. J'ai assisté à quelques exploits dans ma vie, mais ce que vous venez d'accomplir les dépasse tous !

*

La puissante silhouette que Louis Mountbatten découvrait, allongée sur le lit, une robe de chambre écossaise posée sur les épaules, des lunettes à demi-carreaux chevauchant le bout de son nez, son légendaire cigare à la bouche, avait toujours fait partie du décor de son existence. L'image de Winston Churchill peuplait ses souvenirs d'adolescent, depuis le jour où il l'avait vu, jeune et flamboyant Premier Lord de l'Amirauté, bavardant dans le salon familial avec son père, alors Premier Lord de la Mer. Mountbatten se souvenait même d'avoir entendu sa mère dire en plaisantant à propos de l'homme qui allait devenir le symbole de la résistance contre Hitler, que « l'on ne pouvait pas compter sur lui ». Parce qu'il s'était rendu coupable d'une faute inqualifiable : il n'avait pas rapporté un livre emprunté[1].

Dans les mois qui suivirent la crise de Munich, une vive sympathie avait rapproché le jeune officier de marine et l'homme politique qui prêchait, dans l'indifférence générale, le réarmement de la Grande-Bretagne. Plus tard, impressionné par l'impétuosité de Mountbatten, Churchill lui avait donné son premier haut commandement de guerre en le nommant à la tête des Opérations combinées, puis commandant suprême interallié du Sud-Est asiatique. Malgré l'écart des généra-

1. Il s'agissait du livre français *Psychologie des foules* par Gustave Le Bon.

tions, des liens profonds avaient uni les deux hommes pendant toute la guerre et Mountbatten n'avait jamais manqué d'aller rendre visite au vieux lion chaque fois qu'une mission le conduisait à Londres[1].

Mountbatten savait que Churchill avait de l'amitié pour lui, mais, devait-il préciser, « pour

---

1. Juste après son naufrage en Crète, Mountbatten avait été l'hôte de Churchill à déjeuner le samedi 21 juin 1941, en compagnie du magnat de la presse britannique Lord Max Beaverbrook. Le Premier ministre accueillit ce jour-là ses invités avec un visage hilare.

— J'ai de très excitantes nouvelles, annonça-t-il. Hitler va attaquer la Russie demain à l'aube. Pendant toute la matinée nous avons essayé de deviner ce qui va se passer.

— Je vais vous dire ce qui va se passer, interrompit Beaverbrook. Les Allemands vont rentrer dans les Russes comme dans du beurre. Et quelle raclée ils vont leur mettre ! En moins d'un mois, six semaines au plus, tout sera terminé.

— Les Américains, objecta Churchill, estiment qu'il faudra aux Allemands plus de deux mois, et notre État-Major partage cet avis. Je pense, pour ma part, que les Russes vont tenir au moins trois mois, mais qu'après ils seront battus et que nous nous retrouverons comme avant, le dos au mur...

Croisant alors le regard de Mountbatten, qui avait paru oublié pendant cet échange, Churchill s'adressa à son jeune ami presque en s'excusant :

— Ah, Dickie, racontez-nous donc vos combats en Crète !

— C'est du passé, répondit Mountbatten. Mais si vous m'autorisez à donner mon opinion, j'aimerais vous dire ce qui va arriver en Russie.

Churchill acquiesça avec un peu d'agacement.

— Je suis en désaccord avec Max Beaverbrook, déclara Mountbatten. Je suis aussi en désaccord avec les Américains, avec notre État-Major et, à la vérité, avec vous-même, Monsieur le Premier ministre. Je ne pense pas que les Russes seront battus. C'est la fin d'Hitler. C'est le tournant de la guerre.

— Allons, Dickie, répliqua Churchill amusé, pourquoi votre point de vue est-il si différent ?

— D'abord parce que les purges militaires de Staline ont éliminé toute opposition intérieure potentielle dont les nazis auraient pu chercher à se servir. Deuxièmement, et il est douloureux pour moi de le reconnaître alors que ma famille a régné là-bas si longtemps, les Russes ont maintenant quelque chose à défendre. Cette fois, ils se battront tous.

Churchill ne parut nullement convaincu.

— C'est bien agréable d'entendre une voix jeune, enthousiaste comme la vôtre, cher Dickie. On verra bien.

de mauvaises raisons. Il pensait que j'étais uniquement un guerrier, une sorte de matamore. Il n'avait pas la moindre idée de la nature de mes conceptions politiques ». Le jeune amiral était convaincu que si Churchill avait été réélu en 1945, il aurait été, quant à lui, « éliminé comme une vieille chaussette », à cause de ses opinions libérales sur l'avenir du Sud-Est asiatique.

Aujourd'hui, Mountbatten rendait visite à Churchill à la demande du Premier ministre, pour l'inciter à accomplir l'acte le plus douloureux de sa carrière de vieux Conservateur. Il venait lui demander de donner sa bénédiction au plan qui allait mettre en route le démembrement inexorable de son Empire bien-aimé. « Winston est la clef du problème en Angleterre, avait déclaré Attlee à Mountbatten en lui conseillant cette démarche. Ni moi ni personne dans mon gouvernement ne pourra le convaincre. Mais il vous aime bien. Il a confiance en vous. Vous avez une chance. »

Rude tâche. Mountbatten savait que Churchill jugeait désastreux tout projet qui permettrait aux Indiens de se gouverner eux-mêmes. Il croyait sincèrement que « la pire catastrophe qui pouvait advenir aux Indes était de les priver de leur efficace administration britannique pour la remplacer par une bande d'Indiens brouillons et inexpérimentés ».

Mountbatten entreprit de brosser le tableau de ses efforts des derniers mois. L'instant était pathétique. Depuis un demi-siècle, Churchill avait dit « non » à toute réforme pouvant conduire les Indes sur la route de l'indépendance. Un dernier « non » porterait aujourd'hui un coup fatal à tous les espoirs de Mountbatten. Maître de la majorité à la Chambre des lords, Churchill avait le pouvoir, en recourant à tous les artifices de la procédure parlementaire, de retarder pendant deux années la loi promulguant l'indépendance des Indes.

Le vice-roi savait quelle tragédie entraînerait ce « non ». L'accord du Congrès à son plan dépendait de l'octroi immédiat de l'indépendance. Son gouvernement, son administration et tout un continent bouillonnant de passions raciales et religieuses ne survivraient pas à ce délai qu'un Churchill irascible pouvait infliger au cours de l'Histoire. Les yeux mi-clos, Churchill écouta le vibrant appel de son jeune ami avec l'air d'un bouddha perdu dans sa méditation. Rien, ni le spectre de l'effondrement des Indes, ni le chaos, ni la guerre civile, ne suscita la moindre réaction sur ses traits impassibles.

Mountbatten sortit alors sa dernière carte. Il annonça qu'il apportait la garantie que les Indes demeureraient dans le Commonwealth si l'indépendance était immédiatement octroyée.

Churchill n'en crut pas ses oreilles. Se pouvait-il que les ennemis les plus implacables de l'Empire aient accepté de rester dans les rangs de la communauté britannique ? Que les gloires passées de son cher Empire se perpétuent dans les nouvelles structures de l'ère qui s'ouvrait ? Qu'il pouvait rester quelque chose de cette vieille Inde où il avait brûlé les énergies de sa jeunesse romantique ; que persisteraient, avant tout, ses liens avec l'Angleterre ?

Soupçonneux, il questionna son visiteur. Avait-il une garantie écrite ? Mountbatten répondit qu'il possédait une lettre de Nehru donnant toutes les assurances souhaitables.

— Et mon vieil ennemi Gandhi ? interrogea Churchill.

Mountbatten reconnut que Gandhi était un personnage imprévisible. Il représentait un danger réel, mais le vice-roi espérait pouvoir le neutraliser avec l'aide de Nehru et de Patel.

Churchill parut retomber dans sa méditation. Il se redressa enfin sur l'oreiller et déclara que si Mountbatten obtenait l'accord solennel et public de tous les partis indiens au plan qu'il proposait, « toute l'Angleterre » serait alors derrière lui. Les Conservateurs s'associeraient aux Travaillistes pour faire voter la loi nécessaire avant les vacances d'été du Parlement. Les Indes pourraient être indépendantes non pas dans des années ou des mois, mais dans quelques semaines, voire dans quelques jours.

De toute une série de bûchers dispersés à travers les Indes, d'épaisses volutes de fumée montaient vers le ciel. Nul bois de santal, nulle offrande de *ghî* n'alimentaient ces crémations improvisées. Nul pleureur chantant des *mantra* n'entourait les brasiers que surveillaient seulement quelques fonctionnaires britanniques imperturbables. C'était du papier que dévoraient les flammes, quatre tonnes de documents, de rapports, d'archives. Allumés sur l'ordre de Sir Conrad Corfield, ces autodafés étaient en train de réduire en cendres les épisodes les plus sinistres de quelques pittoresques chapitres du passé des Indes : l'histoire secrète des vices, des folies et des scandales de cinq générations de ses protégés, les princes indiens. Corfield craignait que ces archives, accumulées par les soins méticuleux des représentants successifs de la couronne, ne risquent, en tombant intactes entre les mains des futurs dirigeants de l'Inde et du Pakistan, de devenir les armes d'un chantage politique.

Bien que rentré de Londres avec l'assurance que l'Angleterre ne livrerait pas impunément ses princes indiens aux griffes des socialistes du Congrès, Corfield restait si pessimiste quant à leur avenir qu'il était déterminé à préserver au moins leur passé. Ayant obtenu l'accord du gouvernement d'Attlee pour la destruction de ces archives, il avait aussitôt ordonné à tous les résidents et agents politiques britanniques en poste dans les États princiers de brûler tous les documents ayant trait à la vie privée des princes.

Sir Conrad Corfield alluma lui-même le premier bûcher sous les fenêtres de son bureau. C'était une petite montagne de dossiers jusqu'alors conservés dans un coffre-fort dont il était seul, avec son adjoint, à posséder la clef. La scrupuleuse compilation de cent cinquante années de scandales princiers partait en fumée. Considérant que ces documents faisaient partie du patrimoine indien, Nehru protesta énergiquement.

Mais il était trop tard. A Patiala, Hyderabad, Indore, Mysore, Baroda, à Porbandar — la patrie de Gandhi sur les rivages de la mer d'Oman —, à Chitral dans l'Himalaya, dans la moiteur tropicale des marécages de Cochin, partout des fonctionnaires britanniques étaient déjà en train de jeter aux flammes la chronique scandaleuse d'une époque.

Les récits des excentricités sexuelles de certains princes pouvaient à eux seuls entretenir les flammes pendant des heures. Un nawab de Rampur avait parié avec plusieurs de ses pairs de déflorer en un an le plus grand nombre de vierges.

La preuve de chacune de ses conquêtes serait le petit anneau d'or que les jeunes filles portent à leur narine jusqu'à leur mariage. Lançant ses spadassins dans les villages de son royaume, tels des rabatteurs pour une chasse au faisan, le nawab gagna largement son pari. A la fin de l'année, sa moisson d'anneaux représentait plusieurs kilos d'or.

Le brasier des archives du maharaja du Cachemire consumait les secrets de l'un des plus rocambolesques scandales de l'entre-deux-guerres. Le prince avait un jour été surpris dans une chambre de l'hôtel Savoy, à Londres, par un homme qui se présenta comme l'époux de sa jeune maîtresse anglaise. Il était en fait tombé dans les filets d'un gang de maîtres chanteurs qui allaient réussir à vider les caisses de l'État du Cachemire par l'intermédiaire du compte en banque personnel de son souverain. Le scandale éclata quand le véritable mari de la jeune femme, estimant qu'il n'avait pas été correctement rémunéré pour le prêt de son épouse, vint tout révéler à la police. Dans le retentissant procès qui s'ensuivit, l'identité de l'infortuné maharaja fut dissimulée sous le pudique pseudonyme de « M.A. ». Dégoûté à jamais des femmes, Hari Singh rentra au Cachemire où il découvrit de nouveaux horizons sexuels en la compagnie de jeunes garçons. Fidèlement consignés par les représentants de la couronne, les récits de ces nouvelles activités s'envolaient à présent dans l'éther himalayen, la fraîche brise de Srinagar accélérant leur combustion.

Le nizam de Hyderabad combinait, quant à lui, ses deux passions : la photographie et la pornographie. Il avait rassemblé une impressionnante collection de documents érotiques. L'illustre vieillard avait fait dissimuler dans les murs et les plafonds des chambres de ses invités des caméras automatiques qui enregistraient leurs ébats. Il avait même fait installer un appareil derrière le miroir de la salle de bains de l'appartement du palais réservé aux hôtes de marque. La moisson de cette caméra montrant les grands de l'Inde se soulageant sur le siège des toilettes constituait le clou de son étrange phototèque.

Le dernier rapport sur le nizam concernait les efforts entrepris par le résident britannique pour s'assurer que les inclinations sexuelles du prince héritier étaient bien conformes à celles d'un futur souverain. Avec tout le tact dont il était capable, l'Anglais avait fait allusion à certaines rumeurs selon lesquelles les préférences du jeune homme ne s'adressaient pas aux princesses. Le nizam convoqua son fils sur-le-champ, ainsi qu'une des plus gracieuses personnes de son harem. Passant outre aux protestations embarrassées du Résident, il pria son fils de donner une démonstration immédiate, publique et complète de sa virilité. Ainsi seulement pouvait être réfutée l'insinuation calomnieuse qu'il était inapte à perpétuer la dynastie.

De tous les scandales disparaissant dans les feux purificateurs de Sir Conrad Corfield, aucun n'avait laissé de traces aussi sordides que celui du règne, dans les années 30, du prince d'un petit État de huit cent mille habitants en bordure du Rajasthan. Le maharaja d'Alwar était un homme si plein de charme et de culture qu'il avait réussi à envoûter plusieurs vice-rois au point de poursuivre ses activités en toute impunité. Parce qu'il se croyait une réincarnation du dieu Râma, il portait constamment des gants de soie noire afin de préserver ses divines mains de la souillure de toute chair mortelle, allant jusqu'à refuser de se déganter pour serrer la main du roi d'Angleterre. Voulant se faire exécuter le même turban que celui du dieu Râma, il avait engagé tout un aréopage de théologiens hindous à seule fin d'en faire calculer les dimensions exactes.

Entre ses pouvoirs temporels de prince et la puissance divine qu'il s'attribuait, le maharaja d'Alwar n'était pas homme à limiter ses appétits. Un des meilleurs fusils de l'Inde, il adorait traquer les fauves en les appâtant avec des enfants. Il en faisait enlever au hasard dans les villages, promettant aux parents terrorisés d'abattre la bête avant qu'elle n'ait eu le temps de dévorer leur enfant. Homosexuel aux goûts particulièrement pervers, il avait fait de sa couche royale la seule académie militaire où les jeunes officiers de son armée pouvaient espérer gagner des galons. Les orgies auxquelles il les obligeait à prendre part se concluaient parfois par des meurtres sadiques.

Si la multiplication et la régularité de ses abus avaient laissé indifférente la puissance suzeraine, les deux crimes que le maharaja d'Alwar eut le malheur de commettre sous le règne du vice-roi Lord Willingdon devaient causer sa perte. Invité à déjeuner au palais du vice-roi, le prince fut placé à la droite de Lady Willingdon qui admira avec effusion l'énorme diamant qu'il portait à l'un de ses doigts gantés. L'enthousiasme de la vice-reine n'était peut-être pas tout à fait désintéressé. La tradition voulait en effet que les princes offrissent au vice-roi ou à la vice-reine tout objet ayant suscité leur admiration. Son hôte le lui ayant courtoisement proposé, la vice-reine passa la bague à son doigt, la contempla avec plus d'émerveillement encore, et la rendit à son propriétaire.

Le prince se fit alors discrètement apporter un rince-doigts. Au grand étonnement de tous les convives, la réincarnation de Râma entreprit de purifier soigneusement le bijou de toute souillure qu'aurait pu y laisser la vice-reine. Ce rite accompli, il remit la bague à son doigt.

Le second crime, plus impardonnable encore aux yeux des Britanniques, se déroula sur un terrain de polo. Rendu furieux par la pitoyable performance de l'un de ses poneys au cours d'un match, le souverain fit asperger d'essence le pauvre cheval avant de gratter lui-même l'allumette qui le transforma en torche vivante. Cette démonstration publique de sa cruauté envers un animal pesa plus lourd que tous les raffinements sadiques et parfois mortels qu'il avait infligés à nombre de ses partenaires d'orgies. Le maharaja d'Alwar fut déposé et banni. Il partit finir ses jours dans l'exil doré de son château de la Côte d'Azur.

*

Bien qu'exceptionnel, le cas de ce prince ne fut pas le seul à venir troubler les relations entre les puritains maîtres britanniques et leurs extravagants vassaux. Avec la chronique des turpitudes princières brûlaient aussi les récits de nombreuses crises.

La plus grave avait eu pour responsable le maharaja de Baroda. Scandalisé que le résident britannique en poste dans son État, « un obscur colonel », eût droit au même nombre de coups de canon que lui-même, le prince fit immédiatement couler deux canons en or massif pour donner à ses salves une résonance plus royale qu'à celles du colonel. Se jugeant insulté, le Résident expédia à

Londres un rapport défavorable sur la moralité du maharaja, l'accusant de traiter en esclaves les femmes de son harem.

Pour se venger, le prince convoqua les meilleurs astrologues et les plus saints hommes de son royaume, les sommant de trouver dans la conjoncture des astres un moyen de faire disparaître l'indésirable colonel. On lui conseilla l'empoisonnement par le diamant. Le prince choisit dans son trésor une pierre de la taille d'une noisette qui convenait pour le grade du Résident. Ses astrologues la réduisirent en poudre, laquelle fut, un soir, incorporée aux aliments du colonel. Mais les atroces douleurs intestinales qu'elle déclencha permirent de le sauver ; il fut transporté dans un hôpital où un lavage d'estomac évita le pire.

Cette tentative de meurtre sur la personne d'un représentant de la couronne devint une affaire d'État. Le maharaja fut inculpé. Ses juges ne furent guère sensibles à l'assurance donnée par les prêtres brahmanes qu'ils avaient dûment accompli tous les rites garantissant la transmigration de l'âme du colonel, ni à celle d'un bijoutier qui témoigna que la valeur du diamant « correspondait exactement à celle d'un colonel anglais ». Le maharaja de Baroda fut déposé pour son « incapacité à administrer correctement un État vassal de la couronne britannique ».

Il fut vengé par un prince ami. Quand le vice-roi, qui avait signé le décret d'exil, vint visiter son État, le maharaja de Patiala ordonna aux artilleurs chargés de tirer les trente et un coups de canon dus au représentant du roi-empereur d'utiliser si peu de poudre que les explosions « ne fassent pas plus de bruit qu'un pétard d'enfant ».

D'autres actions pour lesquelles Corfield avait

également obtenu l'accord de Londres suivirent la destruction des archives. Elles étaient moins spectaculaires, mais pouvaient se révéler d'une importance infiniment plus grande. Un flot de lettres émanant de nombreux princes commença à déferler sur New Delhi. Par celles-ci, les maharajas informaient l'administration centrale de l'Inde britannique de leur intention d'annuler les accords autorisant les Chemins de fer, les Postes, les Télégraphes et les autres services à utiliser les facilités de leurs territoires. Cette tactique offensive était destinée à souligner que les princes n'étaient pas dépourvus d'atouts pour affronter l'explication décisive qui approchait. L'Inde qu'annonçaient ces mesures était une Inde de cauchemar, une Inde où les trains ne circuleraient plus, où les avions ne pourraient plus atterrir, où l'électricité ne serait plus distribuée, où le téléphone et le télégraphe resteraient muets.

Le grand portrait du général Robert Clive dominait les débats des sept leaders indiens réunis dans le cabinet du vice-roi. Représentants des quatre cents millions d'hommes et de femmes des Indes, ces millions d'êtres que justement Gandhi appelait « les misérables spécimens d'une humanité au regard inanimé », ils venaient, ce 2 juin 1947, chez Lord Mountbatten pour discuter du document qui allait rendre à leur peuple le continent conquis deux siècles plus tôt par le général britannique. Le vice-roi l'avait rapporté lui-même quarante-huit heures auparavant de Londres où il avait été approuvé par le cabinet de Clement Attlee.

Chaque leader prit sa place à la table ronde que présidait Louis Mountbatten. Jinnah, Liaquat Ali Khan et Rab Nishtar parlant au nom de la Ligue musulmane, le Congrès était représenté par Nehru, Patel et son président, Acharya Kripalani. Enfin, venait Baldev Singh, le porte-parole des six millions de Sikhs, la communauté destinée à être la plus affectée par ce qui allait se décider.

Un photographe officiel vint immortaliser la scène. Puis après quelques minutes de silence entrecoupé de raclements de gorge nerveux, un secrétaire déposa devant chaque participant une chemise contenant un exemplaire du plan rédigé à Simla par V.P. Menon et accepté sans modifications par Londres.

C'était la première fois, depuis son arrivée aux Indes, que Mountbatten se trouvait contraint de substituer une table ronde à sa stratégie des dialogues en tête à tête. Il avait décidé d'en être le seul orateur, ne voulant sous aucun prétexte courir le risque de voir la réunion dégénérer en un forum où chacun s'emploierait à démolir le plan qui avait été si difficile à élaborer.

Conscient de l'importance historique de cette réunion, il commença par souligner que, pendant les cinq années écoulées, il avait pris part à de nombreuses conférences où s'était décidé le sort de la guerre. Mais il ne se souvenait d'aucune rencontre aussi décisive que celle-ci. Mountbatten rappela les efforts qu'il avait déployés depuis son arrivée à New Delhi puis passa brièvement en revue les points essentiels du plan qu'ils avaient sous les yeux. Abordant la clause sur le maintien de l'Inde et du Pakistan dans le Commonwealth, qui avait entraîné l'adhésion de Winston Churchill, il souligna qu'elle ne reflétait nullement un désir de la Grande-Bretagne de rester en place, mais apportait l'assurance que l'assistance britannique ne serait pas hâtivement retirée, au cas où elle serait désirée. Il évoqua ensuite le problème de Calcutta, puis la tragédie qui menaçait les Sikhs.

Il déclara qu'il ne demandait pas à ses hôtes d'aller à l'encontre de leur conscience en donnant leur accord total à un plan dont certains aspects heurtaient leurs convictions profondes. Mais il les invitait à y souscrire dans un esprit d'apaisement général et de s'engager à l'appliquer en évitant toute effusion de sang.

Soucieux de donner à ses partenaires un délai de réflexion aussi court que possible, Mountbatten leur demanda leur agrément définitif pour le lendemain, à la même heure. Mais il souhaitait, ajouta-t-il, que chacun, d'ici là, lui donne son accord de principe.

— Gentlemen, conclut-il, j'aimerais avoir de vos nouvelles avant minuit ce soir.

*

Une crainte secrète hantait Louis Mountbatten depuis son retour à New Delhi, un souci qui assombrissait le palmarès de ses réussites londoniennes et son « énorme optimisme pour l'avenir ». « L'imprévisible Mahatma » allait-il tenter de faire échec à ses projets ? Cette perspective le terrifiait.

Il éprouvait une réelle affection pour son « pauvre petit moineau ». L'idée que lui, le guerrier professionnel, le vice-roi, pourrait être contraint d'engager une épreuve de force avec l'apôtre de la non-violence le consternait.

C'était pourtant une éventualité à envisager. Si Jinnah avait été l'homme qui avait anéanti ses

266

espoirs de préserver l'unité des Indes, Gandhi pouvait être celui qui ferait obstacle à sa tentative de la diviser. Depuis son arrivée aux Indes, le vice-roi n'avait pas cessé de chercher à s'attirer la confiance des leaders du Congrès afin de pouvoir, en cas d'épreuve de force, neutraliser le Mahatma pendant quelques heures cruciales.

L'entreprise avait été moins difficile qu'il ne le redoutait. « J'avais le sentiment très étrange, raconterait plus tard Mountbatten, qu'ils étaient en quelque sorte tous prêts à me soutenir contre Gandhi, qu'ils m'encourageaient presque à le défier. »

Mais le vice-roi savait aussi que le Mahatma disposait de ressources exceptionnelles. Il disposait du parti lui-même, des millions de militants qui le vénéraient, et surtout, il disposait de son pouvoir unique de galvaniser les masses. S'il décidait de passer outre aux engagements des dirigeants et de s'adresser directement aux foules indiennes, Gandhi pouvait provoquer une crise terrible.

Tout indiquait qu'il se préparait justement à s'engager dans une telle voie. Ne venait-il pas de s'écrier pendant sa prière publique du soir : « Que le pays tout entier devienne la proie des flammes ! Nous n'abandonnerons jamais un pouce de la patrie. »

Derrière ces mots se cachait pourtant une sourde angoisse. Certes, chaque fibre de son être lui affirmait que la Partition était un mal. Mais, pour la première fois, Gandhi n'était plus tout à fait sûr que les masses de l'Inde étaient prêtes à le suivre.

Un matin, pendant une promenade dans les rues de New Delhi, un de ses partisans l'interpella :

— A l'heure de la décision, s'étonna-t-il, on dirait que vous ne comptez plus beaucoup, comme si on voulait vous laisser à la porte, vous et vos idéaux.

— C'est vrai, soupira le Mahatma avec amertume, tout le monde s'empresse de fleurir mes photographies et mes statues. Mais personne ne veut suivre mes conseils.

Quelques jours plus tard, Gandhi s'était réveillé une demi-heure avant sa prière de l'aube. Lui et sa petite-nièce Manu avaient repris leur habitude de dormir ensemble. La jeune fille entendit le vieil homme se lamenter dans l'obscurité de leur hutte du quartier des Intouchables.

« Je suis aujourd'hui tout seul, murmurait-il. Même Nehru et Patel pensent que j'ai tort et que la paix reviendra avec la Partition... Ils se demandent si je ne suis pas devenu un peu gâteux avec l'âge. » Il y eut un long silence. Puis Gandhi soupira : « Peut-être qu'ils ont tous raison et que je me bats en vain dans les ténèbres. » Il y eut encore un long silence, puis Manu entendit une dernière phrase tomber de ses lèvres : « Je ne serai peut-être plus de ce monde pour le voir, mais si le mal que je redoute venait à terrasser l'Inde et à mettre son indépendance en péril, que la postérité sache quelle agonie connut cette vieille âme en pensant à ces malheurs. »

La « vieille âme » avait rendez-vous dans le bureau du vice-roi le 2 juin à midi trente, soit une heure et demie après les sept leaders indiens, pour donner à Mountbatten la réponse que celui-ci attendait avec le plus d'impatience. Gandhi, pour qui l'exactitude était une religion, arriva à l'instant précis où sonnait la demie de midi. Redoutant qu'une déclaration de guerre ne sorte de sa bouche, le vice-roi se leva pour l'accueillir. Avant qu'il n'ait pu lui souhaiter la bienvenue, le Mahatma avait mis un doigt sur ses lèvres. « Dieu soit loué, c'est son jour de silence ! » comprit Mountbatten avec soulagement.

Gandhi s'installa dans un fauteuil et sortit des pans de son *dhoti* un paquet d'enveloppes usagées et un minuscule bout de crayon. Se refusant à gaspiller même un morceau de papier, il ouvrait lui-même son courrier et transformait toutes les enveloppes en petits billets qu'il utilisait pour communiquer pendant ses jours de silence.

Dès que Mountbatten eut achevé d'exposer son plan, Gandhi lécha la mine de son crayon et rédigea sa réponse, couvrant le dos de cinq enveloppes de son écriture penchée.

« Je suis navré de ne pouvoir vous parler, écrivit-il. Quand j'ai pris la décision d'observer un jour de silence le lundi, j'avais prévu de pouvoir rompre ce vœu dans deux cas : pour m'entretenir d'affaires urgentes avec une haute personnalité, et pour soigner des malades. Or, je sais que vous ne désirez pas que je rompe mon silence. Il y a cependant une ou deux choses dont je devrai vous entretenir. Mais pas aujourd'hui. Si nous nous revoyons, je vous les dirai. »

Sur ce, il se leva et prit congé.

*

Le palais du vice-roi était sombre et silencieux. De temps à autre, fantôme effleurant les tapis de ses pieds nus, passait un serviteur en tunique blanche. Les lumières du cabinet de travail de Mountbatten brillaient encore malgré l'heure avancée de la nuit, éclairant l'ultime rencontre de cette journée fertile en surprises. Mountbatten observait son nouveau visiteur avec étonnement. Les dirigeants du Congrès avaient fait connaître en temps voulu leur décision d'accepter le plan proposé le matin même. Les Sikhs également. Et voici que l'homme que ce plan devait avant tout satisfaire, celui dont la volonté inflexible avait obtenu la Partition des Indes, cherchait maintenant à temporiser. C'était aussi, en quelque sorte, le jour de silence de Mohammed Ali Jinnah. Le but de toute sa vie était à sa portée. Mais pour quelque raison mystérieuse, il n'arrivait pas à se décider à prononcer le mot qu'il avait obstinément refusé de prononcer toute sa vie : oui.

Tirant lentement sur une de ses éternelles Craven A placée au bout d'un long fume-cigarette en jade, Jinnah s'entêtait à répéter qu'il ne pouvait donner son accord avant d'avoir consulté le conseil de la Ligue musulmane, formalité qui demanderait au moins une semaine.

Mountbatten sentit la colère le gagner. Toutes les frustrations que l'attitude glaciale et intransigeante du chef musulman lui avait fait subir resurgirent à sa mémoire. Cette nuit, Jinnah dépassait les bornes. Il avait conquis « son maudit Pakistan ». Même les Sikhs s'y étaient résignés. Toutes ses exigences essentielles avaient été satisfaites, et voilà qu'à l'instant décisif, il se préparait à provoquer l'écroulement de tout l'édifice à cause de son incapacité pathologique à articuler le seul mot de « oui ».

Mountbatten avait une raison impérative d'obtenir l'accord immédiat de Jinnah : dans moins de vingt-quatre heures, Clement Attlee allait annoncer la Partition des Indes à la Chambre des communes. Le vice-roi avait engagé toute sa responsabilité en assurant au Premier ministre et au gouvernement britannique qu'aucune surprise ne se produirait plus et que, cette fois, tous les dirigeants indiens signeraient le plan accepté par Londres. Au prix d'énormes difficultés, il avait réussi à rallier le Congrès à l'idée de partition. Gandhi lui-même s'était, temporairement du moins, retiré de la bataille. La moindre hésitation de la part de Jinnah, le plus infime soupçon qu'il essayât de manœuvrer pour grignoter une dernière concession, et c'en était fait de l'espoir de voir les Indes échapper au chaos.

— Monsieur Jinnah, déclara Mountbatten, si vous vous figurez que je peux attendre une semaine dans ce fauteuil que vous ayez rassemblé vos partisans à New Delhi, vous êtes complètement fou. Vous savez bien que la situation est arrivée à un point de non-retour. Vous avez réussi à arracher votre Pakistan alors que personne au monde ne croyait que vous y parviendriez. Je sais : vous estimez que le pays que vous recevez est « mangé aux mites », mais c'est tout de même le Pakistan. Tout dépend à présent de votre acceptation du plan, demain, en même temps que vos adversaires. Si les dirigeants du Congrès devinaient votre refus de vous engager, ils retireraient sur-le-champ leur agrément et tout serait perdu.

Jinnah parut insensible à cet appel. Il protesta que toutes les règles démocratiques devaient être observées.

— Je ne suis pas la Ligue musulmane, réfuta-t-il.

— Allons donc, Monsieur Jinnah ! répliqua Mountbatten. Personne ne croira une chose pareille. N'essayez pas de vous leurrer vous-même. Tout le monde sait très bien qui est qui dans les rangs de la Ligue musulmane.

— Mais non, s'entêta Jinnah, toutes les procédures doivent être respectées.

— Monsieur Jinnah, rétorqua le vice-roi, je vais vous dire une dernière chose. Je n'ai pas l'intention de vous laisser anéantir votre propre plan. Je ne peux vous autoriser à rejeter la solution que vous avez tant peiné à obtenir. Je me propose de l'accepter de votre part. Demain, lors de la séance où sera conclu notre accord, je déclarerai que j'ai reçu la réponse du Congrès, avec quelques réserves que je suis sûr de pouvoir satisfaire, et que le Congrès a donc accepté. Je déclarerai que les Sikhs ont également accepté. J'annoncerai alors que j'ai eu, la nuit précédente, une très longue et très cordiale conversation avec M. Jinnah, que nous avons étudié le plan en détail, et que M. Jinnah m'a donné son assurance personnelle qu'il était d'accord avec ce plan.

« A ce moment, Monsieur Jinnah, poursuivit Mountbatten, je me tournerai vers vous. Je ne veux pas que vous parliez. Je ne veux pas que les dirigeants du Congrès vous forcent à vous expliquer publiquement. Je veux que vous ne fassiez qu'une seule chose. Je veux que vous incliniez la tête pour montrer que vous êtes d'accord avec moi.

« Si vous n'inclinez pas la tête, Monsieur Jinnah, conclut Mountbatten, alors vous êtes fini. Je ne pourrai plus rien pour vous. Tout s'écroulera. Ce n'est pas une menace, c'est une prophétie. Si vous n'inclinez pas la tête à cet instant, ma présence ici n'aura plus aucune utilité, vous aurez perdu votre Pakistan, et pour ce qui me concerne, vous pourrez aller au diable ! »

*

La réunion se déroula exactement de la façon qu'avait décidée Mountbatten. Ce 3 juin 1947, le vice-roi condamna ses partenaires au silence en s'arrogeant le monopole de la parole, ainsi qu'il l'avait fait la veille. Tout en comprenant les réserves des parties en présence, il se félicita de l'agrément unanime qu'elles avaient apporté à son plan. Il remercia les dirigeants du Congrès, puis le représentant des Sikhs. Enfin, il annonça que Jinnah l'avait également assuré de son accord.

Comme prévu, le vice-roi se tourna alors vers le leader musulman assis à sa droite. Il n'avait pas la moindre idée de l'attitude qu'allait adopter Mohammed Ali Jinnah. Il se souviendrait toujours de cette minute « interminable ». Le leader musulman esquissa enfin le plus discret mouvement d'approbation qu'une tête pouvait accomplir pour sortir de l'immobilité.

Par ce signe à peine perceptible, une nation de quatre-vingt-dix millions d'hommes voyait ratifier son existence. Aussi difficiles que promettaient de l'être les circonstances de sa naissance, « le rêve impossible » du Pakistan était enfin réalisé. Mountbatten pouvait dès lors poursuivre sa tâche. Avant que ses sept interlocuteurs aient eu le temps de dire ouf, il leur fit distribuer un texte de trente-quatre pages. Saisissant son exemplaire, le vice-roi le montra ostensiblement avant de le reposer de façon théâtrale. D'une voix grave, il énonça le titre du document : « Les Conséquences Administratives de la Partition. »

C'était un cadeau de baptême minutieusement élaboré par Mountbatten et ses collaborateurs à l'intention des dirigeants indiens, un guide destiné à les conduire sur les chemins de la tâche gigantesque qui les attendait. Page après page, il développait les implications de la décision qui venait d'être prise. Aucun des sept hommes n'était préparé à affronter la terrifiante réalité qu'ils découvrirent dès les premières lignes. Ils allaient devoir faire face à un problème que personne n'avait jamais eu à résoudre avant eux, un problème d'une dimension qui défiait l'imagination. Ils allaient devoir recenser l'héritage de quatre cents millions d'hommes, diviser des possessions accumulées depuis plus de cent générations, répartir les fruits de trois cents ans de progrès technologique. Il leur faudrait partager les réserves des banques, les timbres-poste, les livres des bibliothèques, les dettes, le troisième réseau de chemin de fer du monde, les prisons, leurs détenus, les encriers, les balais, les centres de recherche, les hôpitaux, les universités, les asiles de fous, les canaux d'irrigation, des institutions et une quantité de biens d'une variété et d'un nombre inimaginables.

Un silence accablé tomba sur la pièce tandis que les sept hommes commençaient seulement à mesurer l'énormité de leurs responsabilités. Mountbatten avait soigneusement préparé sa mise en scène. Grâce à ce stratagème, il barrait la route à toutes les discussions inutiles et concentrait l'esprit de ses partenaires sur un nouvel objectif : réussir la Partition.

*

C'est en prenant un bain de pieds au retour de sa promenade vespérale que Gandhi apprit la décision des leaders indiens d'accepter la Partition. Tandis que sa petite-nièce Manu le massait, loin de trouver l'apaisement, son visage se fit de plus en plus douloureux. « Que Dieu les protège et leur donne à tous la sagesse ! » soupira-t-il.

*

Quelques minutes après sept heures, ce même soir du 3 juin 1947, le vice-roi et les trois représentants des différentes communautés entrèrent dans le studio de la radiodiffusion de New Delhi pour annoncer à leurs peuples la division des Indes en deux nations séparées et souveraines.

Comme il convenait à son rang, Mountbatten parla le premier. En quelques phrases sobres, il souhaita bonne chance aux deux États qui allaient naître. S'exprimant en hindi, Nehru lui succéda au micro. Une grande tristesse assombrit le visage de l'homme d'État indien quand il déclara : « Le grand destin de l'Inde est en train de s'accomplir dans un dur et pénible enfantement. » Il expliqua quelle angoisse avait été la sienne lorsqu'il s'était résigné à accepter la Partition, et dit pour finir : « C'est sans aucune joie dans mon cœur que je vous fais part de l'accord que nous venons de conclure. »

Jinnah prit alors la parole. Rien ne pouvait mieux illustrer que son discours l'immensité de l'œuvre accomplie, et le paradoxe de sa réussite. Pour annoncer aux quatre-vingt-dix millions de Musulmans indiens qu'il leur avait obtenu un État indépendant, Mohammed Ali Jinnah était obligé de s'exprimer dans une langue qu'ils ne pouvaient comprendre. Il parla en anglais [1]. Un speaker traduisit ensuite son allocution en urdu.

---

1. Jinnah conclut tout de même en urdu en criant : « Pakistan Zindabad ! — Vive le Pakistan ! », mais avec un accent si déplorable que certains auditeurs crurent qu'il avait dit : « Pakistan is in the bag ! — Le Pakistan est dans le sac ! »

Baldev Singh vint enfin annoncer aux Sikhs son acceptation du plan de partition, en lançant un appel à la paix entre les communautés déchirées par cette décision.

∗

Le court répit accordé à Mountbatten par le jour de silence était terminé et la confrontation redoutée imminente. Peu après midi, le lendemain 4 juin, le vice-roi reçut un message urgent : Gandhi se préparait à rompre avec la direction du parti du Congrès et à dénoncer le plan le soir même au cours de sa prière publique. Mountbatten envoya aussitôt un émissaire auprès du Mahatma pour lui demander de venir le voir.

Gandhi arriva une heure seulement avant sa réunion de prière. Pour tenter d'empêcher un désastre, le vice-roi ne disposait que de cinquante minutes. Dès qu'il l'aperçut, il comprit à quel point le vieil homme était bouleversé. Effondré dans son fauteuil « comme un oiseau aux ailes brisées », le Mahatma agitait la main en geignant d'une voix à peine audible : « C'est tellement affreux, c'est tellement affreux. »

Dans cet état, Gandhi était capable de tout, songea Mountbatten. S'il dénonçait la Partition publiquement, Nehru, Patel et les autres dirigeants du Congrès que le vice-roi avait si patiemment convaincus seraient contraints, soit de rompre avec lui, soit de revenir sur leur agrément. Dans les deux cas, c'était la catastrophe. Décidé à faire appel à tous les arguments que pouvait concevoir sa fertile imagination, Mountbatten commença par expliquer au Mahatma combien il comprenait et partageait sa douleur de voir l'unité des Indes anéantie après tant d'années de lutte.

En parlant, une soudaine inspiration lui vint.

— Les journaux ont baptisé ce plan « le Plan Mountbatten », déclara-t-il, mais ils auraient dû l'appeler « le Plan Gandhi ».

N'était-ce pas Gandhi qui lui en avait suggéré les principaux éléments ? Le Mahatma considéra son interlocuteur avec surprise.

En effet, reprit Mountbatten, Gandhi lui avait demandé de laisser au peuple indien la liberté de choisir, et c'était précisément ce que son plan permettait. C'étaient les assemblées provinciales élues par le peuple qui allaient trancher l'avenir de chaque province. Chacune d'elles voterait pour décider de s'intégrer soit à l'Inde, soit au Pakistan.

— Si, par miracle, toutes ces assemblées choisissent d'appartenir au même pays, expliqua Mountbatten, alors l'unité de l'Inde sera sauvée et vous aurez gagné. Dans le cas contraire, je suis sûr que vous n'attendriez pas des Anglais qu'ils s'opposent à leur décision par la force des armes.

Vibrant, jouant de tout son charme, Louis Mountbatten plaida sa cause auprès du petit vieillard de soixante-dix-huit ans dont la parole allait peut-être, dans quelques minutes, décider du destin de l'Inde.

Gandhi parut ébranlé : devait-il rester fidèle à son instinct et continuer à désavouer la Partition, au risque de plonger l'Inde dans le chaos, ou devait-il accepter l'appel à la raison du vice-roi ?

Mountbatten n'avait pas fini sa démonstration quand son visiteur se leva. Il s'excusa de devoir partir, mais il ne s'était jamais permis de faire attendre les fidèles de ses prières publiques.

Quelques instants plus tard, assis sur une plate-forme de terre battue au milieu de la misérable colonie des Intouchables de Delhi, Gandhi prononça son verdict. Dans la foule qui se pressait devant lui, beaucoup étaient venus non pour prier, mais avec l'espoir d'entendre du prophète de la résistance un appel à la lutte, une déclaration de guerre contre le plan de partage. Mais nulle harangue belliqueuse ne 'sortit, ce soir-là, de la bouche de celui qui avait tant de fois clamé qu'il préférait la vivisection de son propre corps à celle de son pays.

— Il est inutile de blâmer le vice-roi pour la Partition, déclara-t-il. Regardez-vous et regardez dans vos cœurs, et vous trouverez l'explication de ce qui est arrivé.

Lord Mountbatten venait de remporter la victoire la plus difficile de sa remarquable carrière. Quant à Gandhi, bien des Indiens ne lui pardonneraient jamais. Un jour, le frêle vieillard dont le cœur pleurerait éternellement le partage de l'Inde paierait de son sang le prix de son silence.

Jamais le superbe hémicycle, construit pour abriter les débats des législateurs de l'Inde, n'avait été le témoin d'une performance comparable. Parlant sans notes, Lord Mountbatten révélait à l'opinion indienne et au monde l'un des actes de naissance les plus importants de l'Histoire, ce plan qui allait permettre à un cinquième de l'humanité d'accéder à la pleine indépendance, et servir de précurseur à une nouvelle assemblée des peuples de la planète, comprenant les deux tiers des hommes, le tiers monde.

Trois cents journalistes et correspondants venus de Russie, de Chine, d'Amérique et d'Europe, mêlés aux représentants de la presse locale, représentants d'une mosaïque de journaux, de langues, de cultures et de religions différentes, suivaient avec une attention extraordinaire la conférence de presse du vice-roi.

Pour Lord Mountbatten, cette réunion était la consécration d'un tour de force. En moins de deux mois, et presque seul, il avait réussi l'impossible : nouer un dialogue avec les chefs de l'Inde, jeter les bases d'un accord, persuader ses interlocuteurs de l'accepter, arracher enfin le soutien sans réserve à la fois du gouvernement et de l'opposition de Londres. Il avait navigué avec habileté au milieu des écueils semés sur sa route. Sa dernière prouesse, il l'avait accomplie en entrant dans la cage du vieux lion lui-même ; il avait convaincu Winston Churchill de rentrer ses griffes et de ronronner, lui aussi, son approbation.

Un feu de questions assaillit l'orateur dès la fin de son exposé. « Je n'éprouvais aucune appréhension, dirait Mountbatten. J'avais vécu toute l'affaire, j'étais le seul qui en connût toutes les faces. Pour la première fois, la presse rencontrait l'unique personne qui possédât toutes les clefs du dossier. »

Une voix finit par poser la seule question qui restait en suspens. Pour compléter son puzzle, c'était aussi la dernière case que Mountbatten devait remplir.

— Puisque tout le monde est d'accord pour reconnaître qu'il est urgent de proclamer l'indépendance des Indes, vous avez certainement songé à une date ? demanda un journaliste indien.

— Bien sûr, répondit Mountbatten.

— Pourriez-vous nous l'indiquer ?

Une série d'images et de calculs rapides se télescopèrent dans l'esprit du vice-roi. En fait, il n'avait pas encore choisi de date ; il était seulement conscient qu'elle devrait être très proche.

« Il me fallait forcer l'événement, dira-t-il plus tard. Je savais que je devais obliger le parlement britannique à voter la loi octroyant l'indépendance avant ses vacances d'été si je voulais continuer à contrôler la situation. Nous étions assis au bord d'un volcan, sur une poudrière. Nous ne savions pas quand aurait lieu l'explosion. »

Mountbatten contempla l'hémicycle archicomble. Tous les regards étaient braqués sur lui. Une atmosphère d'attente, soulignée par le vrombissement des ventilateurs, pesait sur l'assistance. Le vice-roi était décidé à montrer qu'il était « le patron de toute l'affaire ». Plusieurs dates tournaient dans sa tête comme les numéros d'une roulette lancée à toute vitesse. Le 5 septembre ? Le 10 ? Le 20 août ? La roulette s'arrêta enfin et la petite boule vint sauter dans une case dont le chiffre parut si approprié que la décision de Mountbatten fut instantanée. C'était une date liée au plus grand triomphe de son existence, celle du jour où sa longue campagne à travers les jungles birmanes s'était achevée par la capitulation sans condition de l'Empire nippon. Puisque toute une époque de l'histoire du monde avait pris fin avec l'écroulement de l'Asie féodale des Samouraïs, aucune date ne pouvait être plus justifiée pour célébrer l'avènement d'une nouvelle Asie démocratique. Lord Mountbatten annonça son choix :

— La proclamation officielle de l'indépendance des Indes aura lieu le 15 août 1947.

Cette révélation éclata comme une bombe. Au

parlement britannique, chez le Premier ministre, au palais de Buckingham, la nouvelle causa une brutale surprise. Personne, pas même Clement Attlee, ne soupçonnait que Mountbatten était prêt à faire retomber le rideau sur l'épopée indienne de la Grande-Bretagne avec tant de précipitation. A New Delhi, les collaborateurs les plus intimes du vice-roi n'avaient pas eu le moindre pressentiment qu'il choisirait une date aussi proche. Pas le moindre soupçon d'une échéance aussi rapide n'avait davantage effleuré les leaders indiens avec lesquels il avait passé tant d'heures au cours des deux premiers mois de sa mission.

Nulle part, cependant, le choix de la date du 15 août 1947 pour l'indépendance des Indes ne devait causer autant de consternation que dans les rangs d'une corporation qui régentait la vie de millions d'Hindous avec une tyrannie plus oppressante que celle des Anglais, des chefs du Congrès et des princes réunis. Mountbatten avait commis l'erreur impardonnable d'annoncer cette date sans avoir au préalable consulté les représentants du pouvoir occulte le plus puissant des Indes : les *jyotishi*, les astrologues.

Aucun peuple n'était plus que le peuple indien soumis à leur autorité et à leur prétendue connaissance des lois qui régissent l'univers. Chaque maharaja, chaque temple, chaque village possédait à demeure un ou plusieurs *jyotishi* qui régnaient en dictateurs sur l'existence de la communauté hindoue. Leur intervention s'étendait à tous les domaines. Des millions d'Indiens ne se seraient jamais avisés d'entreprendre un voyage, recevoir un ami, conclure un contrat, partir à la chasse, porter un nouveau vêtement, acheter un bijou, couper une moustache, labourer un champ, marier une fille ou même faire célébrer des funérailles, sans avoir au préalable consulté un astrologue.

En lisant l'ordre et la destinée du monde dans leurs cartes célestes, les astrologues s'étaient arrogé un pouvoir illimité. Les enfants qu'ils déclaraient nés sous une mauvaise étoile étaient souvent abandonnés par leurs parents. Des hommes choisissaient de se suicider à l'heure où on leur avait prédit une conjonction des planètes particulièrement favorable à la transmigration de leur âme. Les astrologues annonçaient quels jours de la semaine, quelles heures du jour étaient bénéfiques, et lesquels ne l'étaient pas. Le dimanche était un jour particulièrement néfaste, ainsi que le vendredi. Or n'importe quel Indien pouvait découvrir en consultant un simple calendrier qu'en cette année 1947, le 15 août tombait un vendredi.

Dès que la radio annonça la date fatidique, les astrologues de l'Inde entière se mirent à consulter leurs livres. Ceux de la cité sainte de Bénarès et de plusieurs villes du Sud proclamèrent immédiatement que le 15 août 1947 était un jour si funeste que l'Inde « serait bien avisée de tolérer les Anglais un jour de plus, plutôt que de risquer la damnation éternelle ».

A Calcutta, le jeune astrologue Swamin Madananand déploya son *navamanch*, une immense carte astrale ronde composée d'une succession de cercles concentriques sur lesquels étaient inscrits les jours et les mois de l'année, les cycles de la lune et du soleil, les planètes, les signes du zodiaque et la position des vingt-sept constellations du zodiaque lunaire influençant la destinée de la terre. Au centre, se trouvait un planisphère.

Madananand fit tourner les cercles jusqu'à les faire tous coïncider avec le jour du 15 août de l'année 1947. Puis, partant du centre du continent indien sur le planisphère, il tira un faisceau de lignes vers les différents cercles de la carte céleste. Tandis qu'un à un ses traits franchissaient la ligne du 15 août, il sentait une sueur froide lui glacer le dos. Son calcul laissait prévoir un désastre.

L'Inde, comme d'ailleurs Nehru et Jinnah, se trouvait placée ce jour-là sous l'influence du Makara, le Capricorne, dont l'une des particularités est une hostilité implacable à toutes les forces centrifuges, par conséquent à la Partition [1]. Or, plus alarmant encore, sous l'influence prépondérante de Saturne, la plus maléfique des planètes, le 15 août 1947 allait passer sous la domination de Rahu, le nœud lunaire ascendant surnommé « tête sans corps », et dont toutes les manifestations — à commencer par les éclipses — étaient néfastes [2]. Depuis zéro heure jusqu'à minuit le 15 août 1947, les positions de Jupiter et de Vénus étaient également défavorables, leur conjonction avec Saturne les plaçant, pendant toute cette journée, au pire endroit de la voûte céleste, « dans l'enfer de la neuvième maison du *Karamsthan* ». Comme des milliers de ses collègues, le jeune astrologue releva la tête, épouvanté par l'étendue de la tragédie qu'il prévoyait.

1. Nehru est né le 7ᵉ jour de la lune décroissante du mois de Margaçirsha de l'an 1946 de l'ère Samvat (14 novembre 1889, c'est-à-dire sous le signe du Scorpion avec un ascendant Capricorne). Jinnah est né le 25 décembre 1876.

2. En plus du soleil, de la lune et des planètes, les astrologues indiens comptent *Rahu* et *Ketu* (ayant respectivement une tête sans corps et un corps sans tête) qui sont les « nœuds » lunaires, ascendant et descendant, restes du corps (coupé en deux par Vishnu) d'un démon qui avait osé tremper ses lèvres dans la coupe de la liqueur d'immortalité (*amrita*).

— Qu'ont-ils fait ? Mais qu'ont-ils fait ? hurla-t-il.

En dépit de sa maîtrise du corps et de l'esprit acquise par des années de yoga, de méditation et de pratiques tantriques, le jeune homme perdit le contrôle de lui-même. S'emparant d'une feuille de papier, il rédigea un appel au responsable involontaire de cette catastrophe.

« Lord Mountbatten, supplia-t-il, pour l'amour de Dieu, ne donnez pas l'indépendance à l'Inde le 15 août 1947. Si des inondations, des sécheresses, des massacres et le chaos surviennent, c'est parce que l'Inde libre sera née un jour maudit par les astres. »

9

Le plus grand divorce de l'Histoire

Rien de comparable n'avait jamais été tenté dans le passé. Il n'existait ni précédent, ni modèle ; nulle jurisprudence ne pouvait être évoquée pour le divorce le plus total et le plus complexe de l'histoire du monde, la dispersion d'une famille de quatre cents millions d'hommes, la répartition de leurs biens, accumulés au cours de siècles d'existence commune sur la même terre.

Pour régler les formalités de cette séparation, il restait exactement soixante-treize jours. Afin de persuader chacun de cette extrême urgence, Mountbatten fit afficher dans tous les bureaux de la capitale un calendrier mural d'un genre particulier : il commençait le 3 juin, et s'achevait le 15 août. Tel le compte à rebours d'une explosion atomique, chaque feuillet indiquait, sous la date, le nombre de « journées restant pour préparer la Transmission des Pouvoirs ».

La responsabilité d'organiser le gigantesque partage du patrimoine fut confiée à deux Indiens, les avocats en quelque sorte des deux parties. L'un et l'autre étaient de parfaits spécimens de la fine fleur bureaucratique qu'un siècle de domination britannique avait fait éclore aux Indes. Ils vivaient dans deux villas semblables appartenant à l'État, se rendaient quotidiennement à leurs bureaux presque contigus dans deux Chevrolet d'avant guerre identiques, recevaient un salaire égal, et payaient, avec la même ponctualité, leurs cotisations mensuelles à la même caisse de retraite. L'un était hindou, l'autre musulman.

Chaque jour, du 3 juin au 15 août, avec ce respect de la procédure et du détail que leurs tuteurs anglais leur avaient inculqués, le Musulman Chaudhuri Mohammed Ali et l'Hindou H.M. Patel s'absorbèrent dans l'étude des dossiers qui leur permettraient de répartir les possessions de leurs quatre cents millions de compatriotes. L'ironie voulait que, pour disséquer leur patrie, ils utilisent la langue de leurs colonisateurs. Plus d'une centaine de collaborateurs, répartis en une collection de comités et de sous-comités, leur soumettaient des recommandations. Leurs décisions étaient ensuite communiquées pour approbation finale à un Conseil de Partition présidé par le vice-roi.

Le Congrès revendiqua d'entrée ses droits sur le bien le plus précieux de tous, le nom même d'« Inde ». Il rejeta la proposition de baptiser le nouvel État « Hindoustan », arguant que c'était le Pakistan qui faisait sécession.

Comme dans la plupart des divorces, ce furent les questions d'argent qui donnèrent lieu aux discussions les plus âpres. La plus délicate concernait le partage de la créance que la Grande-Bretagne laisserait après son départ. Après avoir été accusée pendant des décennies d'exploiter et de piller les Indes, l'Angleterre liquidait en effet son épopée indienne en restant débitrice de la somme astronomique de cinq milliards de dollars. Cette dette fabuleuse représentait une part du prix que lui avait coûté sa victoire dans la guerre mondiale. Celle-ci l'avait acculée à une banqueroute dont le processus historique qui commençait aux Indes était l'une des conséquences.

Il fallait aussi répartir les avoirs des banques d'État, les lingots d'or entassés dans les coffres de la *Bank of India*, et toutes les liquidités, jusqu'aux derniers billets d'une roupie et aux timbres-poste rangés dans le coffre du chef de district perdu au milieu des tribus de chasseurs de têtes Naga. Le problème s'avéra si épineux qu'on dut enfermer les deux liquidateurs dans un bureau, avec interdiction d'en sortir avant d'être arrivés à un accord.

Après de laborieuses tractations, les deux hommes finirent par convenir de donner au Pakistan 17,5 % des avoirs bancaires et des balances en livres sterling contre l'obligation de prendre à sa charge 17,5 % de la dette nationale indienne.

Ils décidèrent d'attribuer à l'Inde 80 % des biens matériels de l'énorme machine administrative et 20 % au Pakistan. A travers tout le pays, des fonctionnaires se mirent aussitôt à recenser fébrilement les machines à écrire, les tables, les chaises, les crachoirs, les balais. Ces inventaires apportèrent des révélations stupéfiantes. On découvrit par exemple que l'équipement du ministère du Ravitaillement et de l'Agriculture dans le pays du globe le plus éprouvé par les famines, se composait en tout et pour tout de 85 tables et 85 chaises de fonctionnaires supérieurs, 425 tables de fonctionnaires subalternes, 850 chaises ordinaires, 56 patères dont 6 avec miroir, 130 étagères, 4 coffres-forts, 20 lampes de bureau, 170 machines à écrire, 120 pendules, 110 bicyclettes, 600 encriers, 3 voitures de service, 2 canapés et 40 crachoirs.

La répartition de ces biens fut l'objet de discussions sans fin, voire de pugilats. Des chefs de service tentèrent de soustraire au partage leurs meilleures machines à écrire et de réserver leurs chaises les plus branlantes à l'État rival. Certains bureaux se transformèrent en de véritables souks, et l'on vit parfois des fonctionnaires respectables qui exerçaient leur autorité sur plusieurs centaines de milliers de personnes, marchander un encrier contre une cruche, un porte-parapluies contre une patère, 125 coussins à épingles contre un crachoir.

A Lahore, l'officier de police Patrick Rich répartit son matériel entre ses deux adjoints musulman et hindou. Il divisa tout : les guêtres, les turbans, les fusils, les *lathi*, ces longs gourdins en bambou. Arrivé aux instruments de la fanfare, Rich les partagea aussi scrupuleusement, donnant une trompette au Pakistan, un tambour à l'Inde, une flûte au Pakistan, une paire de cymbales à l'Inde, jusqu'à ce qu'il ne restât plus qu'un seul objet. Quelle ne fut pas sa stupéfaction de voir alors ses deux adjoints, qu'unissaient des années de camaraderie, se battre comme des chiffonniers pour la possession d'un trombone.

Quelques-unes des disputes les plus passionnées eurent pour objet le partage des bibliothèques. Des collections complètes de l'Encyclopédie britannique furent religieusement fractionnées, les volumes pairs allant à un État, les volumes impairs à l'autre. On divisa des dictionnaires, l'Inde héritant les lettres de A à K et le Pakistan les autres. Lorsqu'il n'existait qu'un seul exemplaire d'un ouvrage, les bibliothécaires avaient à décider pour quel État le sujet représentait le plus grand intérêt. On vit ainsi des hommes instruits, intelligents en venir aux mains pour s'arracher *Alice au pays des merveilles* ou *Les Hauts de Hurlevent*.

Le paiement des pensions dues aux veuves des marins perdus en mer entraîna d'interminables discussions. Le Pakistan devait-il prendre en charge toutes les veuves musulmanes quel que soit leur lieu de résidence ? Quant à l'Inde, s'occuperait-elle des veuves hindoues vivant au Pakistan ?

Seuls les vins et les alcools échappèrent à toute controverse. Ils furent automatiquement attribués à l'Inde hindoue, le Pakistan musulman recevant un crédit équivalent.

Certains partages posèrent de véritables casse-tête. Le Pakistan devant obtenir sa part du réseau routier et ferré des Indes — soit plus du quart —, comment devaient être répartis les pelles et les brouettes des cantonniers, les locomotives, les wagons-restaurants et les voitures de marchandises des chemins de fer ? Fallait-il appliquer la règle des 20 % et des 80 %, ou tenir compte du kilométrage de voies et de routes appartenant à chaque État ?

Il y eut des partages impossibles à effectuer. Le ministère de l'Intérieur ayant fait observer que les « responsabilités de l'actuel service de renseignement n'étaient vraisemblablement pas destinées à diminuer avec la division du pays », ses agents refusèrent catégoriquement de céder quoi que ce fût au Pakistan, fût-ce un encrier ou un taille-crayon. Il n'existait en outre qu'une seule machine à imprimer les timbres-poste et les billets de banque, ces deux emblèmes indispensables à toute identité nationale. Les Indiens refusèrent, tout aussi catégoriquement, d'en partager l'usage avec leurs futurs voisins. Les Musulmans furent donc obligés d'émettre une monnaie provisoire en tamponnant le mot « Pakistan » sur les billets de banque indiens.

Les vieilles rivalités religieuses de l'Inde réapparurent à l'occasion de cette répartition du patrimoine. Des Musulmans réclamèrent la démolition du Taj Mahal et son transport pierre par pierre au

Pakistan, arguant que ce fameux mausolée avait été édifié par un roi mogol. Des brahmanes indiens revendiquèrent la possession de l'Indus, dont le cours parcourait le cœur du futur Pakistan, parce que leurs Védas sacrés avaient été élaborés sur ses berges vingt-cinq siècles auparavant.

Aucun des deux États ne montra toutefois la moindre répugnance à hériter des symboles les plus voyants du pouvoir impérial qui les avait dominés pendant si longtemps. Le somptueux train blanc et or des vice-rois qui avait sillonné les plaines desséchées du Deccan et la fertile vallée du Gange, fut attribué à l'Inde. Le Pakistan reçut en compensation la limousine officielle du commandant en chef de l'Armée des Indes et celle du gouverneur du Panjab.

Le plus étonnant peut-être de tous les partages se déroula dans la cour des écuries du palais du vice-roi. Douze carrosses en étaient l'enjeu. Avec leurs ornements surchargés d'or et d'argent, leurs harnais étincelants, leurs coussins écarlates, ils symbolisaient la pompe hautaine et la majesté qui avaient fasciné les sujets indiens de l'Empire tout en suscitant leur révolte. Chaque vice-roi, chaque souverain en visite, chaque dignitaire de la cour, de passage aux Indes, avait parcouru les avenues de la capitale impériale à bord de l'un de ces landaus. Six voitures étaient décorées d'or, les six autres d'argent. Il n'était pas question de les dépareiller. Il fut donc décidé que l'un des dominions recevrait l'ensemble des attelages dorés, l'autre devant se contenter des voitures à décor d'argent.

Pour déterminer les bénéficiaires, le capitaine de corvette Peter Howes, aide de camp de Mountbatten, proposa le plus plébéien des artifices : jouer à pile ou face. Entouré du major Yacoub Khan, le futur commandant de la garde pakistanaise, et du major Govind Singh, le futur commandant de la garde indienne, il jeta une pièce de monnaie en l'air.

— Face ! cria Govind Singh.

Lorsque la pièce retomba sur les pavés de la cour, les trois hommes se précipitèrent. L'Indien laissa éclater sa joie. Le hasard venait d'attribuer les carrosses dorés des maîtres impériaux d'hier aux chefs de l'Inde socialiste de demain.

Vint ensuite la distribution des harnais, des fouets, des bottes, des perruques, des uniformes de cochers. Il ne resta bientôt plus qu'un dernier accessoire : la trompe du postillon royal dont il n'existait qu'un exemplaire.

Le jeune officier anglais réfléchit un instant. Il était évident que cet instrument ne pouvait donner lieu à un partage. Il pouvait bien sûr le jouer lui aussi à pile ou face. Mais Peter Howes eut une meilleure idée. Il montra l'objet à ses deux camarades indiens et déclara : « Vous savez bien que nous ne pouvons pas diviser cette trompe. Je crois donc qu'il n'y a qu'une solution équitable : je la garde. »

Avec un sourire malicieux, il prit l'instrument sous le bras et s'en alla[1].

*

Il n'y avait pas que les billets de banque, les carrosses et les chaises de bureaucrates d'un cinquième de l'humanité à recenser et à répartir avant le 15 août 1947. Il y avait aussi les centaines de milliers d'hommes appartenant à l'administration, depuis le président des Chemins de fer et les direc-

---

1. La trompe du postillon des carrosses des vice-rois des Indes trône aujourd'hui sur la cheminée de son manoir du Wiltshire où s'est retiré Peter Howes. Amiral en retraite, il raconte souvent à ses amis l'histoire de cet objet et ne manque jamais une occasion de souffler joyeusement dedans en souvenir du bon vieux temps.

teurs des ministères jusqu'aux serviteurs, aux balayeurs et aux *babu*, ces tout-puissants gratte-papier qui s'étaient multipliés comme des champignons dans chaque service de la tentaculaire bureaucratie indienne. Tous ces fonctionnaires avaient le droit d'opter soit pour l'Inde soit pour le Pakistan en fonction de leur religion. Leur choix fait, ils s'en allèrent avec leurs familles prendre les premiers trains de ce qui devait devenir le plus grand exode de l'Histoire.

Le plus déchirant certainement de tous les partages mettait en jeu un million deux cent mille hommes — Hindous, Musulmans, Sikhs et Anglais — rassemblés dans cette glorieuse institution créée par la Grande-Bretagne : l'Armée des Indes. Conscient du rôle capital que pourrait jouer cette force dans le maintien de l'ordre au lendemain de la Partition, Mountbatten supplia Jinnah de la laisser intacte pendant un an sous l'autorité d'un commandant suprême britannique responsable auprès des deux gouvernements. Mais le père du Pakistan fut inflexible : une armée était l'attribut indispensable de la souveraineté d'une nation. Jinnah exigea que la sienne soit à l'intérieur de ses frontières avant le 15 août. A raison d'un tiers pour le Pakistan, et de deux tiers pour l'Inde, l'Armée des Indes allait donc être divisée comme tout le reste. Par ce démantèlement s'achevait une noble et glorieuse légende.

*

Des héros de Kipling aux lanciers du Bengale

L'Armée des Indes : son nom faisait à lui seul surgir tout un univers de récits romantiques qui enflammaient l'imagination. Elle avait été le dernier rendez-vous des épopées, le club où toute une jeunesse anglaise, assoiffée de gloire et d'espace, était venue chercher l'aventure. Depuis les héros de Kipling jusqu'à Gary Cooper galopant sur les écrans de cinéma à la tête des lanciers du Bengale, toute une imagerie célébrait les exploits de ces gentlemen blancs entraînant derrière leurs casques à plumes des escadrons de cavaliers enturbannés. Des générations de fils de cette Angleterre qui régnait sur la moitié du monde étaient venus écrire l'Histoire dans les sauvages solitudes des marches de l'Empire, escaladant les pentes vertigineuses de la passe de Khyber, poursuivant, dans le blizzard ou sous un soleil implacable, les féroces rebelles pathans qui achevaient leurs prisonniers à coups de poignard. Ces guerres sur la frontière afghane étaient un jeu mortel que les Anglais menaient avec l'esprit sportif des matchs d'étudiants à Eton ou à Harrow. La plupart des opérations étaient accomplies par de petits groupes composés d'un officier et de quelques cipayes. Elles visaient à conquérir une hauteur, à tendre une embuscade, à capturer un campement — un genre de combat exigeant du courage, de l'initiative, une confiance absolue entre le chef et ses hommes.

Le régiment était la cellule de l'Armée des Indes. Officiers anglais et troupes indigènes y entraient comme on entre en religion. Les recrues indiennes devaient verser cinquante livres sterling pour acheter leur équipement, somme fabuleuse pour leurs modestes bourses. Mais il était si prestigieux de servir dans cette armée que chaque régiment possédait une liste d'attente de plusieurs années. Rude et périlleuse lors des opérations, la vie des officiers, au retour dans leurs garnisons, débordait de confort et de fastes. L'abondance de la domesticité indienne, le coût infime du nécessaire et du superflu, les privilèges dont jouissaient les militaires, tout permettait à ces jeunes gens de mener une existence de rêve. Lord Ismay, le directeur du cabinet de Mountbatten, n'oubliera pas son premier dîner au mess de son régiment, alors qu'il débarquait épuisé par la traversée de la moitié de l'Inde dans la poussière et la chaleur torride. Ses camarades, tous vêtus du magnifique uniforme rouge, bleu marine et or, étaient assis autour de la table. Derrière chacun d'eux, se tenait un serviteur « en tunique de mousseline blanche immaculée, rehaussée d'une ceinture et d'un turban aux couleurs du régiment. Des bouquets de roses rouges et une profusion d'argenterie décoraient une nappe de lin blanc damassé. Au-dessus de la cheminée, trônait le portrait de notre colonel honoraire, le prince Albert Victor, frère de George V, et sur les murs s'alignaient les têtes empaillées de tigres, de léopards, de markhors et d'ibex ». C'était l'époque où les officiers s'habillaient comme des personnages d'opérette. Ils portaient des tenues couleur d'abricot, de menthe, d'argent. Chaque régiment organisait, une fois par an, un dîner de gala. On attendait des nouveaux venus qu'ils s'enivrent à mort au cours de cette fête traditionnelle et qu'ils sachent se présenter ponctuellement à six heures au rapport du lendemain matin. Une sonnerie de trompette annonçait que le dîner était servi. Les épaulettes étincelant de leurs galons dorés, et les bottes brillantes comme des miroirs, les officiers suivaient le colonel dans la salle à manger. A la lumière de candélabres, ils dégustaient une cuisine aussi raffinée que celle des meilleurs restaurants européens de Calcutta ou de Bombay. Après le dessert, on apportait une carafe de porto qui faisait religieusement le tour des convives, dans le sens inverse des aiguilles d'une montre, en commençant par le colonel. Tout manquement à ce rite était considéré comme de mauvais augure. Le colonel proposait invariablement trois toasts : au roi-empereur, au vice-roi, au régiment. Au 7e régiment de chevau-légers du Panjab, la tradition voulait que le colonel jetât son verre par-dessus l'épaule après chaque toast. Le sergent du mess, en faction derrière lui, s'empressait de le pulvériser d'un coup de talon de sa botte droite avant de se remettre au garde-à-vous.

Le bar et la cave des mess de l'Armée des Indes étaient généreusement approvisionnés, et l'honneur d'un officier exigeait que ses notes de bar fussent supérieures au montant de sa solde. De toute façon, sa situation financière n'était pas jugée sérieuse avant que les agios de son compte débiteur n'excèdent, à sa banque, sa solde elle-même.

Le bien le plus précieux de chaque régiment était la collection de trophées d'argent qui racontait son histoire. Chaque officier servant dans ses rangs lui offrait un objet portant son nom et la date de son incorporation. D'autres pièces marquaient ses victoires sur les terrains de polo et de cricket, ou célébraient ses exploits sur le champ de bataille. Chacune s'accompagnait d'une anecdote. Au 7e régiment de chevau-légers du Panjab, dans les années 30, un curieux surnom fut ainsi donné à une coupe lors d'un dîner particulièrement animé. Éméchés comme des étudiants après un examen, les lieutenants du régiment avaient, ce soir-là, bondi sur la table pour uriner tous ensemble dans le prestigieux récipient. Pas assez profond pour contenir les cascades de leurs vessies gonflées de champagne, il avait aussitôt été baptisé *The Overflow Cup*, « La Coupe débordante ».

Manœuvres et exercices n'occupant que les matinées, il n'y avait qu'une manière honorable de remplir les après-midi libres : la pratique du sport et des jeux d'équipe, qu'il s'agît du polo, de la poursuite des sangliers à la lance, du cricket, du hockey, de la chasse au renard. Les jeunes Anglais devaient dépenser sainement leur énergie juvénile, obligation qui n'était pas sans rappeler les douches froides auxquelles les Jésuites condamnaient leurs élèves. Car dans l'existence idyllique de l'Armée des Indes comme au séminaire, le sexe était banni. Les officiers étaient encouragés à ne pas se marier avant la quarantaine. Depuis la mutinerie indigène de 1857, entretenir des relations avec une Indienne était vu d'un mauvais œil, et les maisons de prostitution n'étaient pas des lieux que fréquentaient les gentlemen. Un grand galop à bride abattue, tel était l'exutoire conseillé.

Les officiers avaient droit à deux mois de permission annuelle, mais en obtenaient facilement davantage quand les frontières étaient calmes. Ils allaient alors chasser le tigre et la panthère dans les jungles de l'Inde centrale, le léopard des neiges, l'ibex et l'ours noir au pied de l'Himalaya, ou pêcher le frétillant *mahseer* dans les torrents transparents du Cachemire. Ismay avait ainsi passé ses premières vacances sur une maison flottante de Srinagar, ses poneys de polo broutant sur la berge toute proche, au milieu des corolles flamboyantes des fleurs de lotus. Quand venait la saison chaude, il montait à Gulmarg, à 2 700 mètres. « Le terrain de polo y était fait de véritable turf anglais et il y avait là-haut un club où nous passions des soirées entières à refaire le monde. »

Les jeunes officiers de l'Armée des Indes ne réglèrent jamais les affaires du monde. Mais, avec leurs fusils aussi habiles à foudroyer les tigres du Bengale que les rebelles des tribus tumultueuses de la frontière afghane, avec tout le folklore qui accompagnait leurs chevauchées sur les hauts plateaux de l'Asie, avec leurs gourdes toujours pleines de whisky, avec leurs sticks et leurs maillets de polo, ils furent les fiers et lointains gardiens du plus grand empire de l'Histoire.

Servant côte à côte dans une chaude camaraderie d'armes, les soldats hindous, sikhs et musulmans de l'Armée des Indes avaient, sous le commandement de leurs officiers britanniques, donné pendant des générations un bel exemple de fraternité. Ils mêlaient leur sang sur les champs de bataille, ils partageaient les mêmes dangers, les mêmes devoirs, les mêmes joies. Sous les plis des étendards britanniques, ils réconciliaient leurs antagonismes ancestraux.

La Seconde Guerre mondiale et ses lendemains troublés devaient pourtant modifier cet équilibre. Durant ses dernières semaines d'existence, l'Armée des Indes commença à être à son tour contaminée par la vague de haine qui secouait le pays. Pour la première fois, des cipayes sikhs et musulmans refusèrent de prendre leurs repas ensemble. Ce racisme, dont l'absence avait été la fierté de l'Armée des Indes, allait aujourd'hui servir à la diviser [1].

Un simple formulaire ronéotypé, adressé au début de juillet à chacun de ses membres, devint

---

1. En dépit des guerres sanglantes qui opposèrent les armées indienne et pakistanaise après la Partition, un esprit fraternel devait survivre, cependant, chez tous les officiers qui avaient servi côte à côte

l'agent de la destruction de l'Armée des Indes. Il leur demandait de spécifier s'ils souhaitaient servir dans l'armée pakistanaise ou indienne. Le choix ne posait aucun problème aux Sikhs et aux Hindous : Jinnah n'en voulait pas dans son armée, et ils décidèrent sans exception de demeurer dans l'armée indienne.

Pour les Musulmans dont les foyers se trouveraient situés en Inde après la Partition, cette feuille de papier posait en revanche un dilemme terrible. Devaient-ils abandonner leur terre natale, la maison de leurs aïeux, leurs familles, et rejoindre l'armée d'un État qui réclamait leur allégeance, pour la seule raison qu'ils étaient musulmans ? Ou bien devaient-ils continuer de vivre dans le pays auquel les attachaient tant de liens et accepter le risque de voir leurs carrières pâtir de l'animosité grandissante envers leur communauté ?

L'un de ces Indiens musulmans que déchirait le plus cette alternative était un vétéran d'El Alamein, le lieutenant-colonel Enaith Habibullah. Il demanda

---

dans l'Armée des Indes. C'est ainsi que pendant la guerre du Bangladesh, un groupe d'officiers de blindés pakistanais, partis à la recherche d'officiers indiens à qui se rendre, finirent par trouver un officier de cavalerie au bar d'un club que son unité venait d'occuper. Avant d'accepter leur capitulation, l'Indien exigea d'offrir à boire à ses prisonniers. Quand les soldats pakistanais eurent déposé leurs armes, les Indiens et les Pakistanais qui venaient de s'entre-tuer dans les rizières du Bengale organisèrent des matchs de hockey et de football, comme au bon vieux temps.

Scandalisés, les partisans du cheikh Muhjibur Rahman envoyèrent une protestation vigoureuse à New Delhi. La réaction vint directement du bureau du Premier ministre indien Mme Indira Gandhi. Elle rappelait sèchement au général commandant la région que sa mission était « de faire la guerre, et non de jouer au cricket ».

une permission pour se rendre dans la maison familiale à Lucknow, où son père était vice-chancelier de l'université, et sa mère une partisane fanatique du Pakistan. Il retourna se promener dans les rues de sa ville, contempla les demeures de ses ancêtres, barons féodaux du royaume de Oudh, et fit le tour des ruines laissées par la grande mutinerie de 1857. « Mes aïeux sont morts pour ces pierres, pensa-t-il. C'est l'Inde à laquelle j'ai rêvé à l'école en Angleterre et sous les obus allemands du désert de Libye. C'est chez moi, c'est à cette terre que j'appartiens. Je reste[1]. »

Pour le commandant Yacoub Khan, un jeune officier musulman servant dans la garde du vice-roi, la décision qu'il devait prendre était la plus importante de sa vie. Il revint lui aussi réfléchir à son choix dans l'État princier de Rampur où son père était le Premier ministre de son oncle, le nawab. Il retrouva avec émotion la belle demeure proche du somptueux palais de son oncle. Il avait gardé tant d'heureux souvenirs de cette maison : les banquets de cent couverts servis dans la vaisselle dorée, les soirs de réveillon, les chasses et leurs cortèges de vingt ou trente éléphants emportant les tireurs dans la jungle, les bals fabuleux qui duraient jusqu'à l'aube au son d'une douzaine d'orchestres, la procession des Rolls-Royce devant le perron, le champagne qui coulait à flots. Il se souvenait des pique-

1. Les deux frères d'Enaith Habibullah, sa sœur et son beau-frère choisirent d'émigrer au Pakistan. Fervente admiratrice de Jinnah, sa mère resta cependant en Inde.

niques sous les tentes décorées de coussins multi-colores et de précieux tapis de soie, les buffets débordant de victuailles. Il alla rêver dans les salons du palais, retrouva avec nostalgie la grande salle des dîners de gala ornée des portraits de Victoria et de George V, la piscine de marbre blanc où il avait passé tant de joyeuses journées. Tout cela apparte-nait à une autre vie, songea-t-il, une vie promise à disparaître dans l'Inde socialiste qui allait naître avec l'Indépendance. Quelle place cette Inde-là pouvait-elle offrir à quelqu'un comme lui, l'héritier d'une famille princière musulmane ?

Yacoub Khan sentait qu'il n'y avait pour lui d'autre choix que d'émigrer au Pakistan. Il tenta de l'expliquer à sa mère :

— Vous avez vécu votre vie, plaida-t-il. La mienne est encore devant moi. Je ne crois pas qu'il y ait un avenir pour les Musulmans en Inde après la Partition.

La vieille dame le regarda, à la fois incrédule et irritée.

— Je ne comprends pas ce que tu veux dire, s'étonna-t-elle. Nous vivons ici depuis trois siècles. *Ham hawa-ké bankhön davara âyé.* Nous sommes arrivés dans les plaines des Indes sur les ailes du vent, poursuivit-elle en urdu. Nous avons vu le pillage de Delhi. Tes aïeux ont combattu les Anglais pour cette terre. Ton arrière-grand-père a été fusillé pendant la Mutinerie. Nous nous sommes battus, révoltés, défendus. Et maintenant, nous avons trouvé un foyer libre. Nos tombes sont ici.

Je suis vieille, conclut-elle. Mes jours sont comp-tés. Je n'entends pas grand-chose à la politique, mais j'éprouve les désirs d'une mère, et ils sont égoïstes. Je crains que ta décision ne nous sépare.

Non, protesta son fils. Ce serait aussi simple que

s'il était en garnison à Karachi au lieu de New Delhi.

Il partit le lendemain matin, par une belle journée d'été. Sa mère portait un sari blanc — la couleur du deuil pour les Musulmans comme pour les Hindous —, dont l'éclat découpait sa silhouette sur la façade de grès rose de la maison familiale. Elle fit passer son fils sous un exemplaire du Coran qu'elle tenait au-dessus de sa tête. Puis elle lui fit prendre le saint livre et lui demanda d'en baiser la couverture. Ensemble, ils récitèrent quelques versets en guise de prière d'adieu. Puis la mère souffla doucement en direction de son fils pour être sûre que sa prière l'accompagnerait.

En ouvrant la porte de la grosse Packard qui devait l'emmener à la gare, Yacoub Khan se retourna pour faire un dernier signe de la main. Droite et digne dans sa tristesse, la vieille dame salua de la tête. Des fenêtres de la maison, des domestiques enturbannés envoyaient leurs *salâm*. Une de ces fenêtres était celle de la chambre que Yacoub Khan avait occupée jeune homme, chambre encore pleine de ses battes de cricket, de ses albums de photos, des coupes gagnées au polo, de tous les souvenirs de son enfance. Rien ne pressait, pensat-il. Une fois qu'il serait installé au Pakistan, il reviendrait chercher tout cela.

Yacoub Khan se trompait. Il ne retournerait jamais dans la demeure de ses parents et ne reverrait pas sa mère. Dans quelques mois, à la tête d'un escadron de l'armée pakistanaise, il monterait sur une pente enneigée du Cachemire à l'assaut d'une position tenue par des hommes qui avaient été ses compagnons dans l'Armée des Indes. Parmi les unités qui tenteraient d'enrayer son avance, se trouverait une compagnie du *Garhwal Battalion* indien.

Également musulman, son chef avait, en juillet 1947, fait un choix inverse de celui de Yacoub Khan et décidé de rester dans le pays où il était né. Lui aussi était originaire de Rampur, lui aussi s'appelait Khan, Younis Khan. Il était le frère cadet de Yacoub.

*

La tâche la plus complexe, la plus effrayante que posait la Partition échut à un avocat renommé qu'elle arracha aux dossiers de son cabinet londonien. En dépit de ses connaissances encyclopédiques, Sir Cyril Radcliffe ignorait pratiquement tout des Indes. Cet Anglais tranquille et grassouillet n'avait jamais été mêlé à aucun règlement juridique les concernant. Il n'y avait même jamais mis les pieds. Ce fut paradoxalement pour cette raison qu'il reçut une convocation du lord Chancelier de Grande-Bretagne, pour le 27 juin 1947 dans l'après-midi.

Le plan de partition des Indes laissait en suspens un problème capital, expliqua le lord Chancelier à son visiteur : les lignes de partage des provinces du Panjab et du Bengale. Sachant qu'ils ne pourraient jamais parvenir eux-mêmes à un accord sur leur tracé, Jinnah et Nehru avaient décidé d'en confier la responsabilité à une commission de bornage dont ils souhaitaient donner la présidence à un éminent juriste britannique. Celui-ci ne devait avoir aucune expérience des Indes, sous peine d'être disqualifié par l'une des parties comme n'offrant pas toutes les garanties d'impartialité. Sa réputation d'homme de loi, et sa non moins remarquable ignorance des affaires indiennes faisaient de lui le candidat idéal, souligna le lord Chancelier.

Médusé, Radcliffe se raidit dans son fauteuil. Partager le Panjab et le Bengale était bien la dernière besogne dont il souhaitait se voir charger. S'il ignorait tout des Indes, il avait assez d'expérience juridique pour savoir que cette mission serait impitoyable. Cependant, ainsi que nombre d'Anglais de sa génération, il devait à son éducation de posséder un sens profond du devoir. Il estima que si, à ce carrefour critique de leur histoire, les deux adversaires politiques indiens étaient parvenus à s'entendre pour le désigner, lui un Anglais, il ne pouvait qu'accepter.

Une heure plus tard, un haut fonctionnaire du secrétariat d'État aux Affaires indiennes déplia devant lui une carte géographique. Tandis que son doigt suivait le cours de l'Indus, effleurait la barrière de l'Himalaya, descendait le Gange et longeait les rivages du golfe du Bengale, Radcliffe découvrait pour la première fois les contours des immenses provinces qu'il lui faudrait couper en deux. Quatre-vingt-huit millions d'hommes, leurs habitations, leurs rizières, leurs champs de jute, leurs prairies et leurs vergers, leurs voies ferrées, leurs routes et leurs usines — des dizaines de milliers de kilomètres carrés surgissaient sous ses yeux dans l'abstraction d'une feuille de papier coloriée.

Sur une carte semblable, il allait devoir dessiner la ligne qui amputerait ce morceau d'humanité aussi sûrement que le scalpel d'un chirurgien.

Avant son départ pour New Delhi, Sir Cyril Radcliffe fut reçu par le Premier ministre. Clement Attlee observa non sans fierté le personnage dont les décisions allaient influencer davantage la vie des Indes que celles d'aucun autre Anglais depuis trois siècles. Dans le sombre tableau de la scène indienne chargée de nuages, il éprouvait au moins un réel motif de satisfaction : c'était un ancien élève de Haileybury, comme lui, que Jinnah et Nehru avaient choisi pour découper la terre natale de quatre-vingt-huit millions de leurs compatriotes.

*

Louis Mountbatten avait à peine eu le temps de savourer sa victoire, remportée en arrachant l'accord des leaders indiens à son plan de partition, qu'un nouveau problème, plus complexe encore, lui tomba sur les bras. Ses interlocuteurs ne seraient pas, cette fois, une poignée d'avocats formés dans le sérail du barreau londonien, mais les 565 membres du troupeau doré de Sir Conrad Corfield, les maharajas et les nawabs des Indes.

L'attitude imprévisible, parfois irresponsable, de ces souverains ressuscitait un vieux cauchemar. Si ses chefs politiques pouvaient diviser l'Inde, ses princes pouvaient l'anéantir. Leur menace à eux n'était pas un simple partage, mais une explosion en une multitude d'États. Ils risquaient de faire éclater toutes les forces de désintégration inhérentes aux multiples langues, races, religions, des régions qui dormaient sous la fragile surface de l'unité indienne. Faire droit à leurs revendications d'indépendance ne manquerait pas d'engager la péninsule dans un processus conduisant inéluctablement à son éclatement. La succession de l'Empire des Indes ne serait plus alors qu'une mosaïque de petits territoires ennemis et sans défense, offerts aux convoitises du grand rival de l'Inde, la Chine.

Le voyage secret de Sir Conrad Corfield à Londres avait obtenu certains résultats. Le cabinet avait reconnu la validité de sa thèse : les prérogatives que les princes avaient cédées au roi-empereur en contrepartie de sa suzeraineté devraient leur être directement rétrocédées. Cela impliquait qu'ils retrouveraient tous les attributs de leur souveraineté au départ de l'Angleterre, qu'ils seraient alors techniquement indépendants. Corfield n'éprouverait aucune hésitation à encourager les plus puissants à proclamer officiellement cette indépendance.

« Personne ne m'avait laissé entrevoir que le problème des États princiers indiens allait être aussi difficile à résoudre, sinon plus, que celui de l'Inde anglaise », déplora Mountbatten dans un rapport à Londres. Par bonheur, personne n'était plus qualifié que lui pour traiter avec ces souverains. Il était, après tout, l'un de leurs pairs. Il possédait ce qui constituait à leurs yeux la plus incontestable des références, des liens de sang avec la moitié des maisons royales d'Europe et, par-dessus tout, avec la couronne qui les avait si longtemps protégés. C'était d'ailleurs en compagnie de quelques-uns de ces princes — dont il envisageait aujourd'hui de liquider les trônes —, qu'il avait découvert, vingt-cinq ans auparavant, le fabuleux Empire des Indes. Il avait été leur hôte. Il avait parcouru leurs jungles et poursuivi leurs tigres, juché sur leurs éléphants royaux. Il avait bu leur champagne dans leurs coupes d'argent, savouré leurs festins orientaux dans leur vaisselle d'or, dansé sous les chandeliers de cristal de leurs palais avec la jeune fille qui devait devenir son épouse. Sur le gazon de leurs superbes terrains, il s'était initié au jeu du polo, dont il deviendrait un jour un expert mondialement réputé. Parmi les quelques intimes qui l'appelaient « Dickie », se trouvaient plusieurs maharajas, devenus ses amis après ce voyage.

Mais quelles que fussent ses attaches royales et sa sympathie personnelle, Mountbatten était avant tout un réaliste, profondément attaché à ses principes libéraux. Les pères des princes indiens avaient peut-être été les alliés les plus fidèles de l'Empire ; dans l'ère moderne qui s'ouvrait, la Grande-Bretagne devrait chercher ses nouveaux amis parmi les socialistes du Congrès. Mountbatten ne parviendrait jamais à se les gagner s'il subordonnait les intérêts nationaux de l'Inde à ceux d'une petite caste anachronique de seigneurs féodaux.

Le plus grand service qu'il pût rendre à ces héritiers d'un temps révolu était de les sauver d'eux-mêmes, de leurs fantasmes, et parfois de leurs rêves de mégalomanes que l'isolement doré de leurs États avait contribué à nourrir. Une vision obsédait Mountbatten depuis son adolescence, une scène à laquelle il n'avait pas assisté mais qu'il avait souvent imaginée, l'atroce spectacle de la cave de Iekaterinbourg où son oncle le tsar, sa tante et ses cousins étaient tombés sous les balles des révolutionnaires russes. Il savait que certains maharajas risquaient de commettre des actes irréparables susceptibles de convertir leur palais en charniers. Et la voie que les encourageait à prendre son Secrétaire politique, Sir Conrad Corfield, était justement de nature à conduire à une telle tragédie.

Nombre d'entre eux croyaient pourtant que Mountbatten allait être leur sauveur, qu'il allait réussir à les mettre à l'abri, eux et leur existence privilégiée. Ils se trompaient. Le vice-roi voulait, au contraire, convaincre ses chers et vieux amis que la seule issue acceptable était de sombrer sans bruit dans l'oubli. Il souhaitait les voir abandonner toute revendication d'indépendance et proclamer leur volonté de s'associer à l'Inde ou au Pakistan avant le 15 août. Il était prêt, quant à lui, à user de son autorité auprès de Nehru et de Jinnah pour obtenir en compensation de leur coopération les meilleures conditions pour leur avenir personnel.

C'est d'abord à Vallabhbhai Patel, le ministre indien chargé de régler les affaires princières, que Mountbatten proposa son marché. Si le Congrès permettait aux maharajas et aux nawabs de conserver leurs titres, ainsi que leurs palais, leurs listes civiles, leur immunité princière, leur droit aux décorations britanniques, et leur statut quasi diplomatique, il se faisait fort d'obtenir d'eux qu'ils signent un acte d'adhésion transférant purement et simplement leur souveraineté à l'Inde.

L'offre était tentante. Patel savait qu'il n'existait personne dans les rangs du Congrès qui jouisse auprès des princes d'une influence comparable à celle de Mountbatten.

— Mais il faut qu'ils soient tous d'accord, déclara-t-il au vice-roi. Si vous pouvez m'apporter un panier avec toutes les pommes de l'arbre, j'accepte. Si toutes les pommes n'y sont pas, je refuse.

— Vous me ferez bien grâce d'une douzaine d'irréductibles ? plaida le vice-roi.

— C'est trop, grommela Patel. Deux tout au plus.

— C'est trop peu, déplora Mountbatten.

Le vice-roi et le ministre indien se chicanèrent comme deux marchands de tapis à propos de territoires aussi peuplés que la moitié de l'Europe. Ils transigèrent finalement sur le nombre de six. La tâche qui attendait Mountbatten n'en était guère plus légère. La totalité moins six, cela faisait tout de même plus de cinq cent cinquante pommes à cueillir avant le 15 août.

*

L'invitation de Jawaharlal Nehru était la plus surprenante qu'un Anglais eût jamais reçue d'un Indien. Elle resterait unique dans les annales de la décolonisation. Seules la sagesse ancestrale de l'Inde et la personnalité exceptionnelle des partenaires pouvaient l'expliquer. Nehru était venu solennellement demander au dernier vice-roi des Indes de devenir le premier titulaire de la plus haute charge que pourrait offrir l'Inde indépendante, celle de gouverneur-général.

Bien que profondément sensible à l'immensité de l'honneur qui lui était fait, Mountbatten éprouva de graves réticences. Il avait brillamment réussi pendant ses quatre mois aux Indes. Il pourrait partir comme il l'avait espéré, « dans une grande flambée de gloire ». Il n'était que trop conscient des difficultés qui se préparaient et redoutait de les voir ternir son succès. Pour jouer valablement un rôle d'arbitre, il fallait en outre que Jinnah lui fasse la même proposition.

Le vieux leader musulman n'avait quant à lui aucune intention de renoncer aux prérogatives de la magistrature suprême de l'État obtenu après tant d'efforts. Il serait lui-même le premier gouverneur-général du Pakistan. Mountbatten lui fit remarquer qu'il ne s'était pas attribué le bon poste : dans le régime de type britannique qu'il avait choisi pour son État, c'était le Premier ministre qui détenait tous les pouvoirs. Le rôle de gouverneur-général était honorifique, sans autorité véritable, comme celui du roi d'Angleterre, expliqua-t-il.

Ces arguments n'ébranlèrent aucunement Jinnah.

— Au Pakistan, répliqua-t-il sèchement, je serai le gouverneur-général, et le Premier ministre fera ce que je lui dirai de faire.

*

Le roi, Attlee, Churchill, tous ceux qui avaient conscience de l'ampleur de l'hommage rendu par Nehru à la Grande-Bretagne, exhortèrent le vice-roi à l'accepter.

Avant de donner son accord, Lord Mountbatten souhaitait cependant obtenir une bénédiction. Il paraissait inconcevable que celui qui avait conduit l'Inde à l'Indépendance en prêchant sa doctrine de non-violence consentît à voir un homme ayant consacré sa vie à l'art de la guerre devenir le premier chef d'État de sa patrie libérée. Dans l'un de ces élans à la don Quichotte dont il était coutumier, Gandhi avait déjà fait connaître au monde la personnalité idéale qu'il désirait pour ce poste : une balayeuse intouchable, « brave de cœur, incorruptible et pure comme du cristal ».

En dépit de ce qui les séparait, une réelle affinité unissait le vieux Mahatma et le jeune amiral, de trente ans son cadet. Mountbatten était fasciné par Gandhi. Il adorait son humour malicieux. Il avait, à son arrivée, décidé d'ignorer tous les clichés britanniques qui le condamnaient et tenté honnêtement de le comprendre. Chaque rencontre avait accru sa sympathie, et celle de son épouse, pour ce curieux personnage. Gandhi avait été sensible à cette chaleur au point d'y répondre par une démarche d'une générosité surprenante. Un après-midi de juillet, oubliant toutes les années passées dans les prisons britanniques, le Mahatma vint spontanément prier Louis Mountbatten d'être le premier chef d'État du pays qu'il avait mis trente-cinq ans à arracher aux Anglais. Cette offre apportait un immense tribut au dernier vice-roi ainsi qu'à la Grande-Bretagne. Contemplant la frêle silhouette perdue dans son énorme fauteuil, Mountbatten était profondément ému. « Nous l'avons emprisonné, songeait-il, nous l'avons humilié, nous l'avons méprisé. Nous l'avons dédaigné, et il a encore la grandeur d'âme de faire ce geste. » Il remercia Gandhi. Le vieil homme dodelina de la tête et poursuivit la conversation.

D'un geste de la main, il désigna l'enfilade des bâtiments du palais et des jardins mogols. Tout cet ensemble, déclara-t-il, à celui qui en aimait chacune des pierres et la fastueuse existence qui s'y déroulait, tout ce splendide et incomparable ensemble va revenir à l'Inde indépendante. Son arrogante opulence et le passé qui s'y associait étaient une offense pour ses compatriotes misérables. Les nouveaux dirigeants de l'Inde devaient donner l'exemple, à commencer par le gouverneur-général.

— Abandonnez ce palais, supplia-t-il, et allez vivre dans une maison sans domestiques. Votre palais pourra servir d'hôpital.

Mountbatten fit une grimace amusée à cette idée. Comment le premier personnage de la plus grande démocratie du monde pourrait-il recevoir dignement des chefs d'État étrangers dans une humble maison sans confort ? Tandis que George VI, Attlee, Nehru poussaient le dernier vice-roi des Indes à accepter une charge qui lui inspirait les plus vives réticences, ce charmant petit sorcier lui demandait de devenir le premier socialiste de l'Inde indépendante, le responsable du destin de plus d'un cinquième de l'humanité, dans l'austérité spartiate d'une villa dont il nettoierait lui-même les cabinets !

∗

« Ce n'est pas d'un scalpel de chirurgien dont je vais avoir besoin pour disséquer le Panjab et le Bengale, mais de la hache d'un boucher », s'inquiétait Sir Cyril Radcliffe en écoutant Louis Mountbatten lui préciser les termes de sa mission, à son arrivée à New Delhi. Devant l'éminent juriste que la Partition des Indes avait arraché à son cabinet londonien, le vice-roi fut catégorique : le tracé du partage devait être prêt dans six semaines. Le 14 août 1947 au plus tard.

*

A moins de vingt kilomètres du palais du vice-roi commençaient les premières plaines de l'une des deux grandes provinces que la main de Sir Cyril Radcliffe allait irrémédiablement tronçonner, le Panjab. Jamais « le grenier des Indes » n'avait promis de récoltes aussi abondantes que celles qui mûrissaient dans ses champs dorés de blé et d'orge, dans ses étendues ondulantes de maïs, de millet et de canne à sucre. De leur allure cahotante, les bœufs avançaient déjà en de longues caravanes, sur les chemins poussiéreux, attelés aux chariots où s'entassaient les premiers fruits de la terre indienne la plus riche.

Les villages vers lesquels ils se dirigeaient se ressemblaient. Recouverte d'une mousse verdâtre, se trouvait d'abord la mare où les femmes venaient laver leur linge, et les hommes leurs animaux de trait ; puis l'enchevêtrement des habitations de torchis, avec leurs petites cours où grouillaient au soleil, chiens, chèvres, buffles, vaches, et toute une marmaille d'enfants, les pieds nus et les yeux fardés de khôl ; de gros buffles entraînaient dans une lente rotation de lourdes meules de pierre écrasant le blé et le maïs ; les femmes aplatissaient en galettes la bouse fraîche et la paille qui, une fois séchées, serviraient de combustible à leurs foyers.

Le cœur du Panjab était l'ancienne capitale de

l'Empire des Mille et Une Nuits, Lahore, la bien-aimée des rois mogols. Ils l'avaient choyée et parée d'une floraison de monuments et de trésors : mosquée impériale d'Aurangzeb, la plus vaste d'Asie, aux faïences brillant comme des talismans sous la poussière des siècles ; cénotaphe de marbre de Jehangir, enluminé des quatre-vingt-dix-neuf noms d'Allah ; murailles de grès rose de l'imposant fort d'Akbar, avec ses terrasses foisonnantes de mosaïques et d'incrustations précieuses ; mausolées de Noor Jahan, la princesse captive qui épousa son geôlier et devint impératrice, et d'Anarkali, « Fleur de Grenade », joyau du harem d'Akbar, enterrée vivante pour avoir souri à son fils ; fontaines diaphanes des jardins odorants de Shalimar. Toute la ville bruissait des nostalgies d'un glorieux passé.

Plus cosmopolite que New Delhi, plus aristocratique que Bombay, plus altière que Calcutta, Lahore était pour beaucoup la ville la plus séduisante des Indes. Le cœur en était le Mall, un large boulevard bordé de cafés, de bars, de magasins, de restaurants et de théâtres. Ses maisons de plaisir étaient les plus raffinées de la péninsule, et la cité jouissait depuis longtemps de la réputation d'être le Paris de l'Orient.

Le vêtement traditionnel était le *khazanchi*, cette gracieuse tunique de soie que certaines Indiennes préfèrent au sari, dont les plis tombent sur de longues culottes bouffantes serrées aux chevilles, semblables à celles que portaient les pensionnaires des harems des empereurs mogols. Mais, dans ce centre incontesté de l'élégance, les femmes de la société aimaient à s'habiller comme des courtisanes du grand siècle, les jeunes filles comme les mannequins de la rue de la Paix, les étudiants comme les vedettes des films de René Clair, et les acteurs comme les gigolos du muet.

C'était à Lahore que les Anglais avaient implanté les meilleures institutions où ils formaient l'élite des nouvelles générations indiennes. Avec les clochers gothiques de leurs chapelles, leurs terrains de cricket, ces collèges étaient les répliques exactes de leurs modèles britanniques transplantées dans les brûlantes plaines du Panjab. Des maîtres en col dur y enseignaient le grec et le latin à des Indiens en blazer, dont les casquettes s'ornaient de nobles devises : « La lumière du ciel est votre guide », ou « Le courage de savoir ». Des photographies jaunies tapissaient les couloirs, montrant les équipes de rugby, de cricket et de hockey, rangées de garçons au teint sombre sous leurs casquettes rondes, serrant fièrement leurs crosses de hockey ou leurs battes de cricket. Hindous, musulmans ou sikhs, ces jeunes gens avaient chanté côte à côte dans la chapelle les hymnes martiaux d'une Angleterre chrétienne, appris par cœur les œuvres des poètes et des romanciers britanniques, aguerri leurs corps sur les terrains de sport à la conquête des vertus viriles des maîtres des Indes auxquels ils réclamaient aujourd'hui les clefs de leur patrie.

Lahore était avant tout une ville tolérante. Les distinctions religieuses entre ses habitants — six cent mille Musulmans, cinq cent mille Hindous et cent mille Sikhs — s'y manifestaient moins que partout ailleurs aux Indes. Sur les pistes de danse du *Gymkhana Club* et celles du *Cosmopolitan Club*, elles se réduisaient souvent à l'épaisseur d'un sari tandis que Sikhs, Musulmans, Hindous, Chrétiens et Parsis tourbillonnaient ensemble au rythme d'un tango ou d'un fox-trot. Ils se mêlaient sans discrimination aux réceptions, dîners et bals de la haute société, et les somptueuses villas des quartiers résidentiels appartenaient indifféremment aux membres de toutes les communautés.

Mais ce tableau idyllique était un rêve qui commençait à s'évanouir. Depuis janvier 1947, des agitateurs de la Ligue musulmane tenaient des réunions secrètes dans les quartiers principalement habités par des Musulmans. Brandissant des photographies, des crânes et des ossements, exhibant parfois un rescapé horriblement mutilé, ils accusaient les Hindous de toutes les atrocités perpétrées ailleurs, attisant le feu de la haine raciale et religieuse.

Une première éruption de violence se produisit au début de mars quand, au cri de *Pakistan Murdabad !* — « Mort au Pakistan ! » un leader sikh trancha, à coups de hache, le mât au sommet duquel flottait la bannière de la Ligue musulmane. De sanglantes représailles répondirent à ce défi, faisant plus de trois mille victimes, des Sikhs pour la plupart. En survolant une série de villages dévastés, le général Sir Frank Messervy, commandant en chef de la zone nord de l'Armée des Indes, avait été atterré par les rangées de cadavres « alignés comme des faisans après une chasse ».

La violence avait gagné les rues de Lahore lorsque y arriva celui qui, d'un coup de crayon, allait décider de son destin. La tête pleine de tous les récits qu'il avait entendus en Angleterre sur l'éclatante cité, son étincelante saison de Noël, ses bals, sa fête du cheval, sa fastueuse vie mondaine, Sir Cyril Radcliffe n'en trouva guère d'échos. Dans la capitale du Panjab, il ne découvrit que « chaleur, poussière, émeutes et incendies ». Cent mille citadins s'étaient déjà enfuis. Malgré la chaleur intolérable, les autres avaient renoncé à la vieille coutume panjabi de dormir sur les terrasses à la belle étoile. Le danger de voir un couteau surgir des ténèbres était devenu trop grand.

Le secteur le plus troublé de Lahore se trouvait à

l'intérieur d'une ceinture de pierre de douze kilomètres, les anciennes murailles d'Akbar qui abritaient l'une des concentrations humaines les plus denses. Trois cent mille Musulmans et cent mille Hindous et Sikhs y grouillaient dans un labyrinthe de ruelles, de souks, de boutiques, d'ateliers, de temples, de mosquées et de masures. Toutes les odeurs, tous les bruits, tous les cris de l'Asie des bazars enveloppaient cette fourmilière en perpétuel mouvement. Leurs plateaux de cuivre en équilibre sur la tête, des marchands ambulants se faufilaient partout, offrant des pyramides de fruits et de sucreries orientales : *halva* et *barji*, beignets pimentés, oranges, papayes, bananes, mangues, raisins et dattes, souvent noires de mouches. Les pupilles blanchies par le voile du trachome, des enfants broyaient des tiges de canne à sucre dans de rustiques pressoirs et en proposaient le jus aux passants.

Les ruelles de cette vieille ville composaient un puzzle byzantin d'échoppes et d'ateliers surélevés à un demi-mètre du sol afin de les protéger contre la mousson. Des frontières mystérieuses cloisonnaient cette confusion de baraques en corporations rigides. Il y avait la rue des bijoutiers avec ses étalages miroitants des bracelets d'or qui constituaient l'épargne traditionnelle de beaucoup d'Hindous ; la rue des parfumeurs avec ses forêts de bâtonnets d'encens et ses vieux vases de Chine pleins d'essences exotiques qu'on mélangeait au goût du client ; des étalages étincelants de babouches pailletées, dont la pointe recourbée évoquait une gondole ; des artisans qui étalaient une profusion d'objets vernis incrustés de mosaïques, de boîtes en laque gracieusement rehaussée d'enluminures, de coffrets en bois de santal aux couvercles marquetés de délicats motifs en feuilles d'or et en ivoire.

Il y avait des boutiques d'armes, où foisonnaient des fusils, des lances et des *kirpan*, le sabre rituel des Sikhs. Il y avait des marchands de fleurs, disparaissant derrière des montagnes de roses et de jasmin que leurs enfants enfilaient sur une ficelle comme les perles d'un collier ; plus colorés encore et riches de senteurs, les étals d'épices et les éventaires des herboristes, dont la variété des plantes médicinales pouvait soigner les malades atteints de goutte, aussi bien que de démangeaisons, d'oppression ou d'anémie. Il y avait des vendeurs de thé qui proposaient une douzaine de feuilles différentes, allant d'un noir d'encre au vert pâle des olives. Il y avait des marchands d'étoffes, accroupis pieds nus comme des bouddhas sur des nattes, au milieu du chatoiement multicolore de leur marchandise. Certains ne vendaient que les parures de mariage : leurs étagères débordaient alors de turbans ruisselants de paillettes dorées, de tuniques et de robes incrustées de verre coloré, les émeraudes et les rubis des pauvres.

Tout l'Orient des féeries processionnait à grand spectacle. Des Musulmanes, cachées sous leurs *burqa*, les yeux aux aguets derrière l'étroite visière du voile, se glissaient, telles des religieuses à l'heure des vêpres, dans le tourbillon carillonnant des *tonga*, des pousse-pousse, des bicyclettes et des chars à bancs.

Du balcon finement ajouré d'une maison du quartier hindou, l'homme le plus riche de la vieille Lahore contemplait cette bruyante agitation avec satisfaction. Un quart ou presque des fermiers du Panjab étaient prisonniers, certains pour la vie, de ses filets dorés. Le vieux Bulagi Shah était l'usurier le plus prospère de la province.

Les premières victimes de la haine raciale gisaient à présent sous ses fenêtres, victimes absurdes, tuées au hasard parce qu'elles portaient un turban sikh ou un cafetan musulman.

Et pourtant, malgré la haine et la peur, des scènes de fraternisation se produisaient encore. Le soir, dans les clubs, autour des bars, Hindous et Musulmans de la haute bourgeoisie échangeaient des promesses passionnées. Si notre ville se retrouve en territoire indien, nous vous protégerons, juraient les Hindous à leurs amis musulmans, lesquels faisaient la même promesse à leurs amis indiens au cas où la Partition aboutirait à la situation inverse.

L'Anglais dont dépendait la future nationalité de Lahore arrivait au milieu d'un tel déchaînement de violences que le gouverneur du Panjab n'osa pas lui offrir l'hospitalité de sa résidence. Sir Cyril Radcliffe s'installa, comme n'importe quel voyageur de commerce, à l'hôtel Faletti, fondé en 1860 par un Napolitain tombé amoureux d'une courtisane locale. Il usa de toute sa force de conviction pour obtenir le concours des juges de la commission de bornage — deux Musulmans, un Hindou et un Sikh — qui devaient l'assister. Mais ces quatre magistrats partageaient les passions partisanes de leurs compatriotes. Radcliffe comprit qu'il devrait mener seul à terme son accablante mission. Son arrivée à Lahore avait fait sensation au point qu'une escorte d'inspecteurs dut veiller jour et nuit sur sa sécurité. Chaque fois qu'il sortait de son hôtel, une nuée d'Indiens vibrants de désespoir s'abattaient sur lui en même temps que la chaleur infernale. A l'idée de voir les fruits de toute une vie de labeur soudain détruits par le tracé de son crayon, ils étaient prêts à lui offrir n'importe quoi pour obtenir une frontière favorable à leur communauté.

Le soir, afin d'échapper à ces pathétiques démarches, Radcliffe se réfugiait dans le dernier bastion « pour Européens seulement », le *Punjab Club*. Là, en savourant un *whisky and soda* sur les pelouses, tandis que des serviteurs en tunique blanche rôdaient dans l'ombre comme des fantômes, le juriste anglais qui ignorait tout des Indes se demandait où, au-delà de ce jardin, dans la ville enfiévrée de haine, il avait une chance de trouver des traces de l'idyllique Lahore de la légende. La ville d'aujourd'hui n'était, hélas, faite que des bruits et des sombres visions qui l'assaillaient par-dessus les clôtures du *Punjab Club* : les gerbes d'étincelles d'un bazar en flammes, les plaintes déchirantes des sirènes d'ambulances, les cris de guerre des adversaires, les « *Sat Sri Akal !* » des Sikhs, les « *Allah Akbar !* » des Musulmans, le sinistre tam-tam des fanatiques extrémistes hindous martelant la nuit hostile.

*

A cinquante kilomètres à l'est de Lahore, se dressent les murs de la deuxième grande cité du Panjab, Amritsar, dont les ruelles entourent le sanctuaire le plus sacré du sikhisme. Élevé au milieu des eaux miroitantes d'un vaste bassin rituel qu'enjambe un pont, le Temple d'Or est un édifice de marbre blanc étincelant d'ornements de cuivre, d'argent et d'or. La coupole, entièrement plaquée de feuilles d'or, abrite l'exemplaire manuscrit original du saint livre des Sikhs, le *Granth Sahib*, dont les pages enveloppées de soie sont chaque matin recouvertes de fleurs fraîches et éventées jour et nuit avec un éventail en queue de yack. Seul un balai de plumes de paon est assez noble pour épousseter ce lieu si vénéré.

En 1947, les six millions de Sikhs, dont ce temple

était le saint des saints, pratiquaient avec ferveur l'une des grandes religions nées sur cette terre indienne hantée par Dieu. Avec leurs barbes et leurs moustaches florissantes, leur chevelure qu'ils ne coupaient jamais, et nouaient en chignon sous des turbans de toutes les couleurs, avec leur port altier et leur stature imposante, ils ne représentaient qu'un et demi pour cent de la population des Indes mais constituaient — comme aujourd'hui encore — la communauté la plus vigoureuse, la plus unie, la plus martiale.

Le sikhisme provient de la rencontre brutale de l'islam monothéiste avec l'hindouisme polythéiste sur les champs de bataille des frontières du Panjab. Fondé, à la fin du XVe siècle, par Nanak, un *guru* hindou qui essaya de concilier les deux religions en proclamant : « Il n'y a pas d'Hindous, il n'y a pas de Musulmans ; il n'y a qu'un Dieu, la Vérité suprême », le sikhisme avait prospéré sous les Mogols, puisant dans leur tyrannie le ferment de sa vitalité. La sauvagerie des persécutions conduisit le neuvième et dernier successeur du *guru* Nanak à transformer cette religion en une foi militante. Réunissant ses cinq disciples les plus proches, les *Panj piyara* — les « Cinq Bien-aimés », le *guru* Gobind Singh lança le sikhisme nouveau style en leur faisant boire, dans une coupe commune, de l'eau et du sucre mélangés au moyen d'un sabre à double tranchant. Ils devinrent ainsi les fondateurs de sa nouvelle confrérie combattante, les *Khalsa* — les « Purs ». Le *guru* les baptisa de nouveaux noms se terminant tous par *Singh* — « Lion ».

Pour qu'ils puissent se distinguer des multitudes et être capables de défendre leur foi au prix de leur vie, le *guru* les obligea à observer la loi des « Cinq K ». Ils laisseraient pousser leurs poils (*kesh*), barbe et cheveux ; ils placeraient un peigne d'ivoire ou de bois (*kangha*) dans leur chignon ; ils porteraient des caleçons courts (*kuchha*), afin de posséder la mobilité du guerrier ; ils enfileraient un bracelet d'acier (*kara*) à leur poignet droit ; et enfin, ils ne se déplaceraient jamais sans un *kirpan*, un sabre. Les Sikhs ne devaient, en outre, ni fumer, ni manger de la viande provenant d'animaux égorgés selon le rite islamique, ni entretenir des relations sexuelles avec une femme musulmane.

L'écroulement de l'Empire mogol donna aux Sikhs la chance de se tailler un royaume bien à eux sur la terre de leur Panjab bien-aimé. L'arrivée des tuniques écarlates britanniques mit fin à cette brève heure de gloire, mais avant de succomber en 1849, les Sikhs infligèrent aux Anglais la pire défaite qu'ils aient jamais subie aux Indes, près du village de Chillianwala.

En juillet 1947, cinq des six millions de Sikhs habitaient encore le Panjab. Ils ne constituaient que 13 % de sa population mais possédaient 40 % de ses terres et produisaient près des deux tiers des récoltes. Près d'un tiers des soldats de l'Armée des Indes étaient sikhs et près de la moitié des hommes décorés pendant les deux guerres mondiales venaient de leur communauté. Naturellement doués pour la mécanique, ils s'étaient également intéressés à l'industrie des transports dont ils détenaient pratiquement le monopole. Dans les villes et sur les routes indiennes, les Sikhs chauffeurs de camion et de taxi étaient des figures légendaires à qui personne n'aurait osé disputer la priorité.

La situation au Panjab était un condensé tragique de celle de toutes les Indes : si les Musulmans et les Sikhs avaient pu vivre ensemble sous le joug de l'Angleterre, ils ne le pourraient plus sous celui de l'une ou l'autre des deux communautés. Les souvenirs que les Musulmans gardaient de la domination sikh étaient peuplés de profanations de mosquées et de sépultures, de femmes outragées, de frères et de sœurs massacrés, poignardés, abattus, coupés en morceaux, brûlés vifs.

Les récits de souffrances que les Sikhs avaient, de leur côté, endurées sous l'oppression des souverains mogols étaient rassemblés dans un sanglant folklore que chaque enfant sikh apprenait comme un évangile dès qu'il atteignait l'âge de raison. Le Temple d'Or d'Amritsar abritait un musée qui se proposait de maintenir vivant le souvenir de toutes les atrocités commises par les Musulmans. Une profusion de peintures sanguinolentes représentaient les corps de Sikhs sciés en deux ou réduits en bouillie entre deux roues de pierre pour avoir refusé de se convertir à l'islam. D'autres montraient des femmes sikhs assistant, devant la porte du palais du Grand Mogol, au massacre de leurs enfants décapités par les soldats de sa garde prétorienne.

L'absence de réaction de la part des Sikhs après les violences subies par leur communauté en mars 1947 avait à la fois surpris et rassuré les Musulmans autant que les augures politiques de la capitale. Les Sikhs, chuchotait-on, avaient perdu leur vieille ardeur belliqueuse ; la prospérité les avait ramollis.

Grave erreur de jugement. Au début de juin, tandis qu'à New Delhi le vice-roi et les dirigeants indiens parvenaient à un accord sur la division des Indes, les chefs sikhs se réunissaient secrètement à l'hôtel Nedou de Lahore. L'objet de leur conseil était de mettre au point une stratégie au cas où la Partition deviendrait irrévocable. Une voix domina leur assemblée, celle du borgne fanatique qui avait provoqué les émeutes de mars en abattant à coups de *kirpan* le drapeau de la Ligue musulmane. Tara Singh, que ses partisans appelaient « Master » parce qu'il était instituteur dans une école maternelle, avait perdu plusieurs membres de sa famille dans les excès de violence qui avaient suivi son geste. Désormais, une passion unique l'animait : la vengeance.

— Ô Sikhs, s'écria-t-il dans un discours annonciateur de la tragédie qui allait s'abattre sur le Panjab, soyez prêts au sacrifice suprême comme les Japonais et les nazis. Nos terres sont sur le point d'être submergées, nos femmes déshonorées. Levez-vous pour anéantir une nouvelle fois l'envahisseur mogol. Notre patrie est assoiffée de sang ! Étanchons sa soif avec le sang de nos ennemis !

Leur revanche, les Sikhs la préparaient en fait depuis des mois, dressant la liste des milliers d'anciens combattants vivant au Panjab, bourrant d'armes leurs *guru-dwara*, les temples où les policiers britanniques n'avaient pas accès.

*

Quand les premières vagues de réfugiés sikhs et hindous, chassés par les Musulmans de l'ouest du Panjab, arrivèrent dans leur région, les Sikhs d'Amritsar entreprirent de se venger sur les Musulmans vivant à leurs côtés. Quelques hommes armés de fusils ouvraient le feu à l'entrée du quartier musulman d'un village, ce qui précipitait les habitants terrorisés dans une fuite éperdue vers l'autre extrémité. Là, dispersés dans les champs de canne à sucre, attendaient des centaines d'autres Sikhs armés de fourches, de sabres et de matraques, et le massacre commençait. Une forme particulière de sauvagerie caractérisa bientôt les tueries perpétrées par les Sikhs. Les sexes circoncis des Musulmans devinrent des trophées. Les assassins les tranchaient pour les enfoncer ensuite dans la bouche de leurs victimes ou dans celle des femmes musulmanes assassinées.

Comme à Lahore, les troubles de la campagne gagnèrent vite Amritsar, et perpétuèrent le cycle atroce de la violence. Dans les deux villes, les bandits de droit commun prirent la tête du carnage.

Un soir de juillet, un cycliste déboucha à toute allure dans une ruelle de Lahore devant le café bondé où Anwar Ali, le chef de bande le plus célèbre de la cité, tenait sa cour. L'homme balança sur la terrasse une de ces grosses jarres de cuivre utilisées dans le Panjab pour ramasser le lait. Rebondissant de table en table, le récipient provoqua la panique dans l'assistance qui s'enfuit en tous sens. Comme aucune explosion ne se produisait, un serveur s'approcha de l'objet avec précaution. Même le dur Anwar Ali ne put réprimer une grimace d'horreur en y trouvant le message qui lui était destiné, un cadeau offert au gangster de Lahore par ses collègues sikhs d'Amritsar. Des douzaines de sexes circoncis emplissaient cette urne macabre.

De tous les problèmes qui assaillaient Louis Mountbatten, le plus irritant résultait de son choix hâtif du 15 août pour l'indépendance des Indes. Un conseil d'astrologues finit par faire savoir aux dirigeants indiens que si le vendredi 15 août 1947 était un jour extrêmement funeste pour inaugurer l'histoire moderne de leur pays, le jour précédent offrait en revanche une conjonction astrale infiniment plus favorable. Soulagé, le vice-roi s'empressa d'accepter le compromis que lui offrit Nehru : l'Inde et le Pakistan deviendraient indépendants le 14 août 1947 à minuit[1].

Pendant trente ans, la bannière tricolore de coton de *khadi* qui allait bientôt remplacer l'Union Jack dans le ciel de l'Inde avait flotté sur les meetings, les manifestations, les défilés d'un peuple avide de liberté. Gandhi avait lui-même dessiné cet emblème. Au centre des trois bandes horizontales safran, blanche et verte, il avait placé son sceau personnel, l'humble objet qu'il proposait aux masses indiennes pour servir d'instrument à leur rédemption pacifique, le rouet.

A présent, à la veille de l'indépendance, dans les rangs même de son parti des voix contestaient au « jouet de Gandhiji » le droit d'occuper la place d'honneur sur le drapeau national. Pour un nombre croissant de militants, ce rouet était une image du passé, « un outil de vieille femme », l'insigne d'une Inde archaïque repliée sur elle-même. Ils lui substituèrent une autre roue, le symbole de la doctrine de Bouddha que l'empereur Açoka, fondateur du premier empire hindou, avait adoptée en signe de paix universelle : le *dharma chakra*, la « roue de l'ordre cosmique », encadrée par un couple de lions incarnant la force et le courage. Ce noble attribut de puissance et d'autorité devint l'emblème de l'Inde nouvelle.

Gandhi apprit cette décision avec une profonde tristesse. « Quelles que soient les qualités artistiques de ce dessin, écrivit-il, je refuserai de saluer le drapeau arborant un tel message. »

1. Au cours d'une réunion avec ses collaborateurs, peu après la conférence de presse au cours de laquelle il avait annoncé la date du 15 août, Mountbatten s'était plaint « de l'absence dans son cabinet de conseillers éclairés en astrologie ». Exigeant que cette lacune soit « immédiatement comblée », il confia les responsabilités d'astrologue officiel du vice-roi à son jeune attaché de presse Alan Campbell-Johnson.

*

Septième station du chemin de croix de Gandhi
« Dieu de la Gîtâ, épargne mon Inde bien-aimée »

Cette déception n'était pourtant que le prélude de tous les chagrins qui allaient déchirer le cœur du libérateur de l'Inde. Non seulement sa patrie bien-aimée allait être divisée, mais l'Inde partagée qui était sur le point de naître n'aurait qu'une lointaine ressemblance avec celle pour laquelle il s'était battu sa vie durant.

Le rêve de Gandhi avait toujours été de créer une Inde nouvelle capable d'offrir à l'Asie et à la terre entière l'exemple vivant de ses idéaux moraux et sociaux. Si, pour ses détracteurs, ces idéaux n'étaient que les élucubrations d'un vieillard démagogue, ils représentaient pour ses partisans une bouée de sauvetage lancée au genre humain par un vieux sage resté lucide dans un monde devenu fou.

Gandhi s'opposait farouchement à tous ceux qui prétendaient que l'avenir de l'Inde dépendait de sa capacité à imiter la société industrielle et technocratique de l'Occident qui l'avait colonisée. Il combattait presque tous les systèmes qui y avaient pris racine. Le salut de l'Inde, affirmait-il, réside au contraire « dans son pouvoir de *désapprendre* ce qu'elle a découvert dans les cinquante dernières années ». La science ne doit pas commander aux valeurs humaines, pas plus que la technique ne doit régenter la société ; la vraie civilisation n'est pas la multiplication indéfinie des besoins de l'homme mais plutôt leur limitation délibérée afin de permettre à tous de partager l'essentiel. La civilisation occidentale avait concentré la puissance dans les mains d'une minorité aux dépens des intérêts du plus grand nombre. C'était là un bienfait contestable pour les pauvres d'Occident, et une réelle menace pour les populations du monde sous-développé.

Gandhi voulait édifier son Inde nouvelle sur ses cinq cent mille villages, facettes innombrables de ce pays qu'il connaissait et chérissait, une Inde libérée de la technologie, une Inde tournée vers Dieu, rythmant le passage des saisons par le cycle de ses fêtes religieuses, les lustres par le souvenir de ses sécheresses, les siècles par le spectre de ses terribles famines. Il voulait que chaque village devînt une entité autonome capable de produire sa nourriture et son habillement, capable d'instruire les jeunes et de soigner les malades. Proclamant que « bien des guerres en Asie auraient pu être évitées grâce à un bol de riz supplémentaire », il avait constamment recherché de nouvelles denrées aptes à nourir les paysans indiens affamés, expérimentant tour à tour le soja, les cacahuètes, les noyaux de mangues pilés. Il s'insurgea contre le polissage mécanique du riz qui le privait de tous les éléments nutritifs de son enveloppe.

Enfin il réclamait la fermeture des usines textiles et leur remplacement par le rouet individuel afin de donner du travail aux chômeurs des villages et de créer des activités susceptibles de retenir la population dans les campagnes. Son manifeste économique rappelait que « les vieux outils traditionnels, la charrue et le rouet, ont forgé notre sagesse et notre bonheur. Le jour où l'homme aura inventé un engin à même de fournir du lait, du *ghî* et de la bouse, alors il sera temps de remplacer nos vaches par cet appareil. En attendant, nous devons retourner à notre ancestrale simplicité ».

Son cauchemar était une société industrielle dominée par la machine, une société qui aspirait les populations rurales pour les enfermer dans d'ignobles taudis urbains, les coupant de leur environnement naturel, détruisant leur attaches familiales et religieuses, et tout cela en vue de produire ce dont les hommes n'avaient pas besoin. Il ne prônait pas la pauvreté, comme certains l'en accusaient parfois : il savait qu'elle entraîne fatalement la dégradation morale et la violence qu'il haïssait. Mais la pléthore des biens matériels conduisait, selon lui, aux mêmes résultats. Des réfrigérateurs bien remplis, des placards bourrés de vêtements, une voiture dans chaque garage et un poste de radio dans chaque chambre n'empêchaient pas un peuple de souffrir d'insécurité psychologique et de corruption spirituelle.

Gandhi souhaitait que l'homme trouvât un équilibre raisonnable entre une misère avilissante et les excès d'une consommation anarchique. Pour atteindre ce but, il fallait régénérer la cellule. L'inégalité économique et sociale engendrant toujours des conflits, il rêvait aussi d'une société sans classes. Tous les métiers — manuels ou intellectuels — y porteraient les mêmes fruits. Tous les citoyens, quels qu'ils soient, devraient chaque jour accomplir un travail manuel : l'Inde des villages y gagnerait ses moyens d'existence, celle des villes sa rédemption quotidienne.

Mais surtout, c'était l'exemple des chefs qui comptait le plus aux yeux du Mahatma. Il ne plaisantait nullement quand il avait suggéré à Mountbatten d'abandonner son palais pour une simple villa. N'avait-il pas toujours prêché que le meilleur moyen d'abolir les privilèges était d'y renoncer soi-même ?

Des grands prophètes socialistes de son temps, Gandhi était celui qui avait le plus radicalement accordé son mode de vie à ses principes. N'avait-il pas été jusqu'à limiter son alimentation au strict minimum vital afin de ne pas gaspiller un gramme des ressources de sa patrie affamée[1] ?

La défense de telles théories avait cependant été illustrée par de piquantes contradictions. S'il n'avait pas eu besoin de la radio pour faire entendre son message aux masses de son pays, il se servait régulièrement d'un microphone pour dénoncer les méfaits de la technique au cours de ses prières publiques. Les cinquante mille roupies annuelles qui faisaient vivre son *ashram* avaient été offerts par un magnat de l'industrie indienne, G.D. Birla, dont les usines textiles incarnaient superbement la société de cauchemar qui hantait le Mahatma.

En continuant de défendre ses conceptions économiques avec la même véhémence, Gandhi embarrassait de plus en plus ses compagnons. Qu'ils fussent de fervents socialistes comme Nehru, ou d'ardents capitalistes comme Vallabhbhai Patel, ils croyaient au progrès, aux machines, à l'industrie, à la technologie, à tout l'appareil apporté à l'Inde par l'Occident et que Gandhi vouait aux gémonies. Ils étaient impatients de construire des usines géantes, d'organiser le futur dans des plans quinquennaux. Même Nehru, le fils bien-aimé, avait écrit que suivre les idées de Gandhi aboutirait à reculer dans le passé, à condamner l'Inde à l'autarcie la plus étouffante que l'on puisse concevoir, celle des villages.

1. Gandhi ne faisait pas bon ménage avec les marxistes. La plupart d'entre eux jugeaient ses théories dénuées de toute valeur scientifique. De son côté, il haïssait le communisme athée, générateur de violence. La majorité des socialistes étaient à son avis des « socialistes de salon », incapables de modifier leur style de vie et de sacrifier le moindre des conforts, tout en espérant gagner le Nirvâna.

A leur grande déception, leur vieux Mahatma se sentit obligé de rappeler publiquement, à la veille de l'indépendance, les principes fondamentaux qui devaient inspirer la vie des dirigeants de l'Inde nouvelle. Chaque ministre, déclara Gandhi, devait se vêtir exclusivement de *khadi* et vivre dans une maison sans domestiques. Il ne devait pas posséder d'automobile, être affranchi de tout préjugé de caste, consacrer au moins une heure par jour à une tâche manuelle, comme filer ou cultiver des légumes, afin de soulager la pénurie nationale. Il devait exclure l'usage « de mobilier étranger, sofas, tables et chaises », et se déplacer sans garde du corps. Par-dessus tout, « les chefs de l'Inde indépendante ne devaient pas hésiter à donner l'exemple en nettoyant eux-mêmes leurs lieux d'aisance ».

Aussi naïfs et pourtant pleins de sagesse que fussent ces mots, ils révélaient de façon poignante le dilemme inhérent à tous les idéaux de Gandhi : ils constituaient un guide parfait pour des acteurs imparfaits.

Mais de toutes ses inquiétudes sur l'avenir de sa patrie, celle qui préoccupait le plus cruellement Gandhi, en ce mois de juillet 1947, était la violence raciale et religieuse qui déferlait sur le pays. Il exigea d'aller au Panjab avec Nehru pour rendre visite aux premiers réfugiés sikhs et hindous.

Ce fut une confrontation saisissante. Trente-deux mille personnes, les survivants d'une centaine de villages comme celui de Kahuta, dont le massacre avait tant frappé Mountbatten, avaient été rassemblées à deux cents kilomètres de la capitale dans la chaleur et la saleté du premier camp de réfugiés indiens. Hurlant sa colère, criant son malheur, la foule engloutit la voiture de Gandhi dans une mer de misère, gesticulant, pleurant, les visages tordus par la haine et la souffrance, les regards chargés de désespoir. Des nuées de mouches couvraient les blessures encore sanguinolentes de ces malheureux. Prisonniers de ces corps misérables et des tourbillons de poussière soulevés par le piétinement de la multitude, suffoquant dans la chaleur torride et l'odeur de pourriture, les deux leaders faillirent être asphyxiés. Gandhi passa toute la journée à essayer d'apporter un peu d'ordre dans ce camp improvisé. Il montra aux réfugiés comment creuser des latrines, où les disposer, les entretint des règles de l'hygiène, mit sur pied un dispensaire, réconforta malades et blessés.

Tard dans l'après-midi, Gandhi et Nehru reprirent la route de New Delhi. Épuisé de fatigue, accablé par cet étalage de misère, le Mahatma s'allongea sur la banquette arrière de la voiture, posa les pieds sur les genoux du disciple qui s'était détourné de lui deux mois plus tôt, et s'endormit.

Le regard fixe, son visage d'habitude si vivant muré dans une douleur secrète, Nehru resta un long moment à méditer sur les terribles conséquences du spectacle qu'il venait de découvrir. Puis, délicatement, tendrement, comme pour expier le chagrin qu'il lui avait causé en s'éloignant de lui, il se mit à masser les pieds du vieil homme endormi au service duquel il avait consacré une si grande part de sa vie.

Gandhi s'éveilla au crépuscule. De chaque côté de la voiture s'étendaient à perte de vue les champs de blé ou de canne à sucre, et les rizières. Une brume légère s'élevait, tel un voile diaphane sur l'immense plaine, filtrant les derniers éclats rosés du soleil couchant. C'était une heure bénie, une heure aussi ancienne et éternelle que l'Inde elle-même : des dizaines de milliers de foyers en brique séchée qui parsemaient la grande plaine du Panjab, montait la fumée des galettes de bouse cuisant le dîner de l'Inde. Partout, accroupies sur les talons, les pans de leurs saris fanés noués sur les épaules, leurs bras nus cliquetant de bracelets, les femmes attisaient les feux, rôtissaient les *chapati* et les grains de *channa* de l'austère menu des paysans indiens. La fumée de ces innombrables feux enveloppait le crépuscule de son manteau, saturant le ciel et la terre de cette odeur âcre qui était celle de l'Inde mère.

Gandhi fit arrêter la voiture et s'assit au bord de la route pour sa prière du soir. Sa frêle silhouette voûtée semblait se fondre dans les sillons de la grande plaine noyée d'ombre. Du fond de la voiture, les yeux clos et le visage caché dans les mains, Nehru écoutait la voix rauque et chevrotante du vieil homme au cœur brisé implorer le Dieu de la Gîtâ d'épargner à son Inde bien-aimée le tragique destin qu'il pressentait.

10

« *Ce n'est qu'un au revoir mes frères* »

Le martèlement solennel, à Londres, de la canne noire du Messager du Roi avait annoncé toutes les grandes heures de l'Empire britannique. Marchant derrière lui, trente députés du Parlement avaient à de nombreuses reprises, au cours des siècles, parcouru les couloirs de leur vieil édifice pour venir solliciter le « Royal Assent », la confirmation royale autorisant la promulgation des édits qui portaient la puissance impériale aux quatre coins de la terre. L'antique rituel n'avait pas changé, mais les coups qui rythmaient, ce 18 juillet 1947, l'avance du cortège conduit par le Premier ministre Clement Attlee, retentissaient cette fois comme un glas. Ils indiquaient la fin de la prestigieuse épopée de l'homme blanc dans le monde, le démantèlement de l'Empire britannique.

Le document qui scellait le départ de l'Angleterre et donnait l'indépendance à un cinquième de l'humanité était un modèle de concision et de simplicité : trois siècles et demi de colonisation résumés en seize pages dactylographiées. Jamais mesure aussi considérable n'avait été élaborée et adoptée avec tant de célérité par le parlement britannique. Moins de six semaines avaient suffi aux deux chambres pour préparer, discuter et voter les textes nécessaires. La dignité et la retenue des débats avaient « égalé la grandeur de l'événement », nota le *Times* de Londres. Ils avaient aussi marqué un tournant décisif dans l'histoire de l'Angleterre et du monde.

Jadis, au temps de la splendeur de l'Empire, les députés de Westminster avaient imposé leurs volontés par la seule menace de l'envoi d'une canonnière ou d'un détachement de soldats en tuniques rouges. La Grande-Bretagne avait été la dernière puissance européenne à s'engager dans la grande aventure impériale. Mais la nature même de ce peuple insulaire l'avait préparé à son rôle planétaire. Les Anglais avaient sillonné plus d'océans, ouvert plus de territoires, livré plus de batailles, risqué plus de vies, gouverné plus d'êtres humains — et plus justement — qu'aucune autre nation impérialiste. En fait, ils avaient incarné pour plusieurs générations la suprématie de l'homme blanc chrétien sur les autres peuples du globe.

Les débats parlementaires sur l'indépendance des Indes mettaient un terme à ce destin. L'inévitable liquidation de l'Empire était amorcée ; elle allait provoquer une vaste et profonde transformation du royaume insulaire qui en avait été le maître. Il y avait eu, dans le passé, des occasions « au cours desquelles un État s'était vu contraint, à la pointe de l'épée, de céder son pouvoir, avait déclaré Attlee au Parlement, mais il était fort rare qu'un peuple qui en avait tenu un autre si longtemps sous sa coupe, renonçât de son propre chef à sa domination ».

Même Winston Churchill, en donnant son mélancolique consentement à « une bonne petite loi », rendait un hommage inattendu à la sagesse dont son rival Attlee avait fait preuve en choisissant Mountbatten comme dernier vice-roi. Aucune déclaration ne devait cependant mieux résumer l'humeur des législateurs britanniques que la remarque du vicomte Samuel. « On pourra sans doute dire de l'Empire britannique ce que Shakespeare disait de Macbeth, baron de Cawdor : "Rien dans sa vie ne fut aussi grand que sa mort". »

Clement Attlee et les députés des Communes prirent place sur les bancs de la Chambre des lords pour assister à la cérémonie finale qui allait donner force de loi au texte fixant la date de l'indépendance des Indes au 14 août 1947 à minuit.

Symboles du pouvoir royal, deux trônes dorés placés sur une estrade, elle-même surmontée d'une tapisserie aux armes du souverain, dominaient l'une des extrémités de la salle. Entre les trônes et les travées des députés se dressait le siège du lord Grand Chancelier d'Angleterre. Devant ce dernier, se trouvait une longue table de chêne sombre couverte de documents, les projets des différentes lois qui devaient recevoir, ce jour-là, le « Royal Assent » de George VI.

L'Honorable greffier de la Couronne, représentant du roi, prit place d'un côté de la table. Celui du Parlement s'assit en face de lui, saisit le document qui se trouvait à portée de sa main, et lut d'une voix solennelle le titre du premier projet de loi soumis ce jour-là à l'assentiment royal.

— Projet de loi sur la nationalisation de la Compagnie métropolitaine du gaz, annonça-t-il.

— Le Roi le veut, répondit le greffier de la Couronne dans la vieille langue normande qui avait, pendant des siècles, notifié l'accord des souverains d'Angleterre à la promulgation d'un édit parlementaire.

Le greffier du Parlement prit alors le document suivant.

— Projet de loi sur l'aménagement de la jetée de Felixstowe, déclama-t-il.

— Le Roi le veult, enchaîna le greffier de la Couronne.

Le greffier du Parlement allongea de nouveau le bras vers la pile de papiers.

— Projet de loi sur l'indépendance des Indes.

— Le Roi le veult.

A ces mots, Attlee rougit légèrement et baissa les yeux. Tout était consommé. En même temps que l'aménagement d'une jetée portuaire et une affaire de gaz municipal, quatre mots de français archaïque avaient suffi pour rejeter dans le passé le grand Empire britannique des Indes.

*

Le dernier conclave de la confrérie la plus fermée du monde était réuni à New Delhi. Transpirant dans leurs tuniques de brocart et leurs uniformes constellés de décorations, soixante-quinze des maharajas et nawabs les plus importants des Indes, ainsi que les *diwan* — les Premiers ministres — de soixante-quatorze autres, étaient réunis dans l'étouffante moiteur de ce jour d'été pour apprendre de la bouche du vice-roi le sort que l'Histoire leur réservait.

Scintillant lui-même des décorations de son grand uniforme blanc de contre-amiral, Lord Mountbatten pénétra dans le petit hémicycle de la Chambre des princes. Chancelier de l'assemblée, le maharaja sikh de Patiala, immense et barbu, l'escorta jusqu'à la tribune d'où il put contempler les visages inquiets qui semblaient le questionner.

Mountbatten se préparait à cueillir les pommes destinées au panier de Vallabhbhai Patel. Son adversaire le plus virulent, Sir Conrad Corfield, était justement, ce jour-là, en route pour l'Angleterre afin d'y jouir d'une retraite anticipée. Il avait préféré quitter les Indes plutôt que de recommander à ses princes bien-aimés d'adopter une politique qu'il n'approuvait pas. Le vice-roi l'avait vu partir sans déplaisir. Persuadé que la voie qu'il avait choisie représentait la meilleure solution que pouvaient espérer les souverains indiens, il avait l'intention de passer outre à leurs protestations et de les pousser, de gré ou de force, à accepter sa politique.

Parlant sans notes, il les exhorta à signer l'Acte d'Adhésion qui devait intégrer leurs royaumes, soit à l'Inde, soit au Pakistan. Tout recours aux armes ne pourrait que faire couler le sang et mener au désastre, souligna-t-il. « Faites une projection dans l'avenir : imaginez ce que l'Inde et la terre entière seront dans dix ans, et ayez la sagesse d'agir en conséquence. »

Mais il savait que les courants de l'Histoire importaient moins à quelques membres de cette assemblée qu'une autre considération. Alors que les maharajas et les nawabs étaient sur le point de disparaître, que le monde où ils avaient vécu était en train de s'écrouler, le seul argument auquel certains fussent sensibles concernait les décorations qui couvraient leur poitrine. S'ils adhéraient à l'Inde, insista Mountbatten, il avait de bonnes raisons de croire que les dirigeants du Congrès ne s'opposeraient pas à ce qu'ils continuent à recevoir, de son cousin le roi d'Angleterre, les honneurs et les titres qu'ils chérissaient.

Quand il eut achevé son discours, Mountbatten invita son auditoire à lui poser des questions. Il fut stupéfait par certaines d'entre elles. Les préoccupations de quelques princes étaient si saugrenues en cette heure capitale de leur destin que le vice-roi se demanda si ces hommes et leurs Premiers ministres se rendaient vraiment compte de la situation. Le principal souci de l'un d'eux était de savoir s'il pourrait conserver son droit exclusif de chasser le tigre dans son État. Le *diwan* d'un autre prince — lequel n'avait rien trouvé de mieux, en ces moments critiques, que de partir pour l'Europe faire le tour des casinos et des boîtes de nuit — déclara ne pas savoir quelle décision prendre en l'absence de son maître.

Mountbatten réfléchit un instant, puis saisit sur la table la grosse boule de verre qui servait de presse-papiers. Prenant l'air inspiré d'un mage oriental en communication avec l'au-delà, il la fit tourner dans ses mains et annonça :

— Je vais consulter ma boule de cristal et vous donner la réponse.

Fronçant les sourcils, il fixa l'objet d'un regard chargé de mystère. Pendant dix longues secondes, un silence écrasant que troublait seule la respiration des princes les plus corpulents, figea l'assistance. Les pratiques occultes n'étaient jamais prises à la légère aux Indes, surtout par les maharajas.

— Ah, murmura enfin Mountbatten avec l'expression dramatique d'un spirite émergeant de quelque voyage céleste, je vois votre souverain. Il est assis à la table du commandant de son paquebot. Il vous dit... Il vous dit : « Signez l'Acte d'Adhésion. »

Le lendemain soir, un banquet solennel rassembla pour la dernière fois un vice-roi des Indes et les descendants des générations de maharajas et nawabs qui avaient été les plus solides piliers de l'Empire britannique des Indes. Profondément ému par la tristesse des circonstances, Louis Mountbatten invita les plus fidèles et anciens alliés du roi-empereur à porter un toast d'adieu à leur suzerain.

— Vous êtes à la veille de faire face à une révolution, leur déclara-t-il. A très brève échéance, vous allez perdre votre souveraineté. C'est inévitable. Mais je vous adjure de ne pas vous comporter comme les aristocrates français après la Révolution française. Ne tournez pas le dos à l'Inde qui va naître le 15 août : cette Inde-là aura besoin de vous.

Cette Inde-là, en effet, aurait besoin d'administrateurs compétents, d'ambassadeurs capables de la représenter, d'avocats, de médecins, de techniciens, d'officiers susceptibles de remplacer les Anglais à la tête de son armée. Les princes pouvaient choisir entre une retraite dorée sur les terrains de polo et les plages de la Riviera, ou se mettre au service de la nation qui allait naître et s'intégrer à son élite. Le vice-roi n'avait aucun doute sur le choix qu'ils devaient faire.

— Épousez l'Inde nouvelle ! supplia-t-il.

*

Bourré de cannes à pêche, de nasses et de cuissardes, le break fonçait à travers les pierres et les ornières du chemin qui longeait le Trika, un torrent du Cachemire. Avec ses lèvres boudeuses, ses yeux fuyants, son menton dont les contours se perdaient dans des replis de chair, le visage du conducteur reflétait exactement son caractère. C'était un homme faible, irrésolu, auquel ses perversions et son goût pour les orgies avaient valu une réputation de Borgia himalayen. Mais Hari Singh, maharaja du Cachemire, le « M.A. » dont les malheureuses aventures avaient émoustillé les lecteurs de la presse à sensation d'avant-guerre, était aussi un personnage clef du drame indien. Il était le souverain hindou héréditaire d'un royaume dont l'importance stratégique était capitale, vaste carrefour à peine peuplé où l'Inde, la Chine, le Tibet et le Pakistan étaient fatalement destinés à s'affronter un jour.

Ce matin, un visiteur particulièrement distingué était assis à côté de Hari Singh. Lord Mountbatten connaissait le monarque depuis qu'ils avaient galopé ensemble sur son terrain de polo de Jammu pendant le tour des Indes du prince de Galles en 1921. Il avait décidé cette visite pour forcer Hari Singh à se prononcer sur l'avenir de son royaume.

Ce n'était pas, toutefois, dans le panier de l'Indien Patel que le vice-roi se proposait de faire tomber la pomme du Cachemire. Le bon sens semblait dicter l'intégration du Cachemire au Pakistan. Soixante-dix-sept pour cent de ses habitants étaient musulmans. Il était l'un des cinq territoires que l'étudiant Rahmat Ali avait rassemblés dans son « rêve impossible ». Le « K » de Pakistan venait du nom anglais *Kashmir*.

Le vice-roi acceptait cette logique. Il avait même apporté au maharaja la garantie que les chefs du Congrès ne soulèveraient pas d'objections s'il décidait d'unir son sort à celui du Pakistan, en raison de sa situation géographique et de la majorité écrasante de ses sujets musulmans. Jinnah lui avait en outre promis d'assurer au prince hindou le meilleur accueil et une place d'honneur dans son nouvel État.

— Mais je ne veux, sous aucun prétexte, livrer le Cachemire au Pakistan, répliqua le maharaja.

— Alors, choisissez l'Inde, plaida le vice-roi. Je veillerai personnellement à ce qu'une division d'infanterie indienne vous soit immédiatement envoyée pour vous aider à préserver l'intégrité de vos frontières en cas d'agression pakistanaise.

— Je ne veux pas davantage livrer mon royaume à l'Inde, rétorqua le prince. Je veux devenir indépendant.

— Je regrette de vous le dire, mais ce n'est pas possible, explosa le vice-roi. Votre pays est totalement enclavé : il est trop étendu et sa population trop faible. Vous aurez pour voisins deux pays antagonistes. Vous serez pour eux un enjeu permanent, et vous finirez par devenir le champ de bataille sur lequel s'affronteront Hindous et Musulmans. Voilà ce qui vous attend. Vous perdrez votre trône, et peut-être votre vie si vous n'y prenez garde.

Le maharaja hocha la tête et garda un silence morose jusqu'à l'arrivée au camp de pêche.

Mountbatten revint à la charge sans relâche. Le troisième jour, il sentit que la détermination de son vieil ami commençait à flancher. Exploitant ce premier succès, il suggéra au monarque d'organiser une rencontre avec son Premier ministre pour élaborer un accord de principe sur son intention de renoncer à toute velléité d'indépendance et son désir d'associer le sort de son royaume à l'un ou l'autre des deux nouveaux États.

— C'est une bonne idée, reconnut le prince. Voyons-nous demain.

Mais cette pomme-là allait rester solidement attachée à son arbre. Le lendemain matin, un aide de camp vint avertir le vice-roi que Son Altesse souffrait d'un désordre intestinal qui l'empêchait de participer à la réunion prévue. Mountbatten ne doutait pas qu'il s'agissait là d'une maladie diplomatique. Il ne devait jamais revoir Hari Singh. Cette « indigestion » marquait le début d'une tragédie qui allait empoisonner les relations entre l'Inde et le Pakistan.

*

Le vice-roi eut plus de chance avec les autres souverains indiens. Pour certains, apposer leur signature au bas de l'Acte d'Adhésion fut une opération douloureuse. Un raja du centre de l'Inde en mourut d'une crise cardiaque. Avec des larmes dans les yeux, le maharaja de Dholpur déclara à Mountbatten : « Ce texte brise une alliance qui unissait mes ancêtres et ceux de votre roi depuis 1765. » Le maharaja de Baroda, dont un aïeul avait tenté d'occire un résident britannique avec de la poudre de diamant, s'écroula en pleurant comme un enfant. Le raja d'un tout petit État hésita pendant plusieurs jours, parce qu'il croyait encore à la nature divine de sa souveraineté. Les huit princes du Panjab apposèrent ensemble leur paraphe au cours d'une cérémonie organisée dans la salle des banquets du palais du maharaja de Patiala, où Sir Bhupinder « Le Magnifique » avait offert les plus somptueuses fêtes des Indes. Cette fois, rappelle un témoin, « l'atmosphère était si lugubre qu'on aurait pu se croire à une crémation ».

Une poignée de princes s'obstinèrent à résister à toutes les exhortations de Mountbatten. Le maharaja d'Udaipur — celui que la légende faisait descendre du soleil — tenta de former, avec plusieurs de ses pairs, une fédération de royaumes indépendants. Poussé par son Premier ministre, le maharaja du Travancore, un État du Sud doté d'un port et de riches gisements d'uranium, affirma sa volonté d'indépendance.

Les pressions destinées à réduire ces derniers rebelles se durcirent au fur et à mesure qu'approchait le 15 août. Vallabhbhai Patel fit organiser des manifestations dans les États princiers où existaient des sections du parti du Congrès. Un maharaja de l'Orissa fut assiégé dans son palais par une foule qui refusa de le laisser sortir tant qu'il n'aurait pas signé sa soumission. Le Premier ministre du Travancore fut poignardé. Bouleversé, le souverain envoya aussitôt son accord par télégramme à New Delhi.

Aucune adhésion ne fut aussi mouvementée que celle du jeune maharaja de Jodhpur, dont l'arrière-grand-père avait introduit en Europe les culottes qui portent son nom. Conscient que sa réputation d'extravagance n'était guère susceptible de lui attirer la sympathie du futur État socialiste indien, le prince organisa une rencontre secrète avec le souverain de Jaisalmer et Jinnah pour savoir quel accueil leur offrirait le leader musulman au cas où ils décideraient d'intégrer leurs royaumes hindous au Pakistan.

Enchanté à l'idée de priver ses rivaux du Congrès indien de deux principautés importantes, Jinnah tendit aussitôt une feuille blanche au maharaja de Jodhpur.

— Vous n'avez qu'à inscrire ici vos conditions, déclara-t-il, et je signerai.

Pris de court, les deux visiteurs demandèrent à réfléchir. De retour à leur hôtel, ils trouvèrent V.P. Menon qui les attendait. Le collaborateur indien qui avait rédigé un nouveau plan de partition pour le vice-roi à Simla était devenu l'éminence grise de Vallabhbhai Patel au ministère des États princiers. Mystérieusement informé d'une démarche qui risquait d'entraîner d'autres États du Rajasthan dans l'orbite du Pakistan, Menon annonça au maharaja de Jodhpur que Mountbatten souhaitait le voir d'urgence.

Dès leur arrivée au palais, Menon laissa le prince dans une antichambre et se précipita dans les couloirs à la recherche du vice-roi qui ignorait tout de cette visite. Il finit par le retrouver dans sa baignoire et l'implora de venir sermonner le souverain récalcitrant. Mountbatten finit par convaincre le jeune prince qu'il commettrait une folie en jetant son royaume hindou dans les mains de Jinnah. S'il renonçait à ce projet, il lui promettait d'obtenir l'indulgence de Patel pour ses excentricités passées.

A peine le vice-roi avait-il repris le chemin de ses appartements que le prince braqua un revolver sur le pauvre Menon terrorisé, et s'écria : « Je ne me soumettrai pas à vos menaces ! » Alerté par cet éclat de voix, Mountbatten revint sur ses pas, désarma l'impétueux souverain et confisqua le pistolet.

Trois jours plus tard, le maharaja apposa son paraphe au bas de l'Acte d'Adhésion. Puis, saisi d'une soudaine envie d'effacer ce cruel moment, il décida d'enterrer son passé en donnant une fête dont Menon serait l'invité d'honneur. Toute la journée, il abreuva le sobre fonctionnaire végétarien de whisky et de champagne, après quoi il fit servir un banquet somptueux avec rôtis, gibier, orchestre et danseuses. La soirée fut un cauchemar pour le pauvre Menon. Le pire, cependant, était encore à venir.

Jetant son turban à terre dans une crise d'éthylisme, le maharaja renvoya musiciens et danseuses, et annonça qu'il allait reconduire Menon à New Delhi dans son avion personnel. Il décolla comme une fusée et soumit son passager, déjà fort éprouvé par l'alcool et les victuailles, aux plus terrifiantes acrobaties, avant de le déposer à bon port. Verdâtre, vomissant, Menon titubait en sortant de l'avion, mais ses doigts tremblants tenaient le document qui faisait tomber une pomme de plus dans le panier de Patel.

En dépit des tergiversations d'un dernier groupe d'irréductibles, le vice-roi allait pouvoir honorer, avant le 15 août, son contrat avec Vallabhbhai Patel. Le panier qu'il allait lui offrir en honneur de l'indépendance de l'Inde débordait de pommes. En dehors de cinq princes, dont les territoires devaient se trouver à l'intérieur du Pakistan après le Partage, et qui s'étaient donc ralliés à Jinnah, Mountbatten avait récolté l'adhésion de presque tous les autres à l'Inde nouvelle. Il n'y avait que trois exceptions, mais elles étaient de taille.

Poussé par une cabale de fanatiques musulmans affolés à l'idée de perdre leurs privilèges dans une Inde hindoue, le souverain de l'État le plus vaste et le plus peuplé de la péninsule avait rejeté toutes les exhortations de Mountbatten. Refusant de se soumettre à l'hégémonie de l'Inde nouvelle, le nizam de Hyderabad tenta désespérément de se faire reconnaître par la Grande-Bretagne la qualité de dominion indépendant. De son palais bourré de bijoux, de pierres précieuses et de liasses de billets de banque enveloppés dans de vieux journaux, le monarque n'avait pas cessé de gémir qu'il était « abandonné par son plus vieil allié », et de déplorer de voir tranchés « les liens de long dévouement » qui l'unissaient au roi-empereur.

Le Cachemire refusait lui aussi sa soumission. Quant au troisième prince, les raisons qui l'avaient incité à rester inflexible étaient d'un ordre bien différent. Convaincu par un agent de Jinnah que le premier acte de l'Inde indépendante serait d'empoisonner ses chiens bien-aimés, le nawab de Junagadh avait décidé de proclamer le rattachement au Pakistan de son petit royaume, pourtant situé en plein territoire indien.

*

— Messieurs, je vous présente l'inspecteur Savage du Bureau d'investigation criminelle du Panjab, annonça Mountbatten aux deux dirigeants musulmans qu'il avait retenus dans son cabinet ce matin du 5 août. Je crois que ce qu'il a à vous dire vous intéressera.

Jinnah et son bras droit Liaquat Ali Khan parurent d'autant plus attentifs que l'organisation à laquelle appartenait le policier britannique avait la réputation d'être le meilleur service de renseignement existant aux Indes.

Savage se racla nerveusement la gorge et commença à parler. L'information qu'il se préparait à révéler avait été obtenue à la faveur d'une série d'interrogatoires de criminels arrêtés au Panjab. Elle était tenue pour si confidentielle qu'il avait été prié de l'apprendre par cœur avant son départ de Lahore.

Un groupe d'extrémistes sikhs, révéla Savage, venait de s'associer avec l'organisation la plus nationaliste des Indes, les fanatiques hindous du *Rashtriya Swayam Sewak Sangh*, le fameux R.S.S.S. A leur tête, se trouvait Tara Singh, le maître d'école maternelle qui, au mois de juin, avait appelé ses partisans à plonger le pays dans un bain de sang. Les deux groupes étaient convenus de mettre en commun leurs énergies et leurs ressources pour accomplir deux actions terroristes.

Mettant à profit leur entraînement militaire et leur expérience des explosifs, les Sikhs devaient faire sauter les trains spéciaux transportant d'Inde au Pakistan le personnel et la part de l'héritage matériel destinés au nouvel État. Tara Singh avait déjà mis en place un poste de transmissions et un opérateur pour signaler le départ et l'itinéraire de ces convois aux bandes armées chargées de les attaquer et de les détruire.

La responsabilité de la deuxième opération avait été confiée au R.S.S.S., dont les membres hindous, contrairement aux Sikhs, pouvaient facilement se faire passer pour des Musulmans. L'organisation se proposait d'infiltrer dans la ville de Karachi ses militants les plus enragés. On en ignorait le nombre mais chacun d'eux avait reçu une grenade Mills britannique. Ces hommes ne se connaissant pas entre eux, des arrestations isolées ne pourraient pas compromettre l'ensemble de l'opération.

Le 14 août, ces tueurs étaient censés se placer le long de l'itinéraire du cortège qui conduirait Mohammed Ali Jinnah de l'Assemblée nationale à sa résidence officielle à travers les rues de Karachi en fête. De même qu'un jeune Serbe fanatique avait plongé l'Europe dans les horreurs de la Première Guerre mondiale, il suffisait d'un seul de ces terroristes pour assassiner le Pakistan en la personne de son fondateur, alors au sommet de sa gloire, en jetant une grenade dans sa voiture découverte. Le R.S.S.S. espérait que la fureur provoquée par cet assassinat embraserait tout le sous-continent indien, déclenchant une sauvage guerre civile dont les Hindous, plus nombreux, devaient fatalement sortir vainqueurs.

En entendant ces mots, Jinnah devint blanc comme un linge. Liaquat Ali Khan pressa Mountbatten de faire immédiatement arrêter tous les dirigeants sikhs. Le vice-roi hésitait. Cela aussi risquait de déclencher la guerre civile voulue par le R.S.S.S.

Se tournant vers l'inspecteur de police, il demanda :

— Supposons que j'ordonne au gouverneur du Panjab de procéder à ces arrestations ?

A cette perspective, Savage pensa prosaïquement : « Eh bien, je ferais dans mon froc ! » Il savait que les chefs sikhs vivaient à l'abri de leur Temple d'Or d'Amritsar, dont les caves étaient bourrées d'armes. Aucun policier sikh ou hindou n'accepterait d'aller les en déloger, et l'intervention de policiers musulmans était inconcevable.

— Je regrette d'être obligé de le dire, mais il ne reste plus assez d'éléments loyaux dans la police du Panjab pour accomplir une action de ce genre, répondit-il. Il me répugne d'insister, mais je ne vois aucun moyen d'exécuter un tel ordre.

Après mûre réflexion, Mountbatten annonça qu'il allait demander leur avis à Sir Evan Jenkins, gouverneur du Panjab, et aux deux responsables chargés de gouverner, après l'Indépendance, les parties indienne et pakistanaise de la province.

A cette décision, Liaquat Ali Khan bondit littéralement de son fauteuil.

— Vous voulez donc faire assassiner M. Jinnah ! s'indigna-t-il.

— Si c'est ainsi que vous voyez les choses, répliqua sèchement le vice-roi, sachez que je monterai dans la même voiture que lui et que, s'il doit être tué, je le serai aussi. Mais, même si cela était possible, je n'ai pas l'intention de faire jeter en prison les chefs de six millions de Sikhs sans l'assentiment de ces trois gouverneurs.

L'inspecteur Savage rentra le soir même à Lahore porteur d'une lettre pour le gouverneur Jenkins qu'il eut soin de dissimuler dans son caleçon. Quand il prit connaissance du message, celui qui connaissait le Panjab mieux que personne haussa les épaules en signe d'impuissance.

— Nous ne pouvons hélas rien faire pour les empêcher d'agir, soupira tristement Sir Evan Jenkins.

Cinq jours plus tard, pendant la nuit du 11 au 12 août, les commandos sikhs de Tara Singh exécutèrent la première partie du plan mis au point avec le R.S.S.S. Deux charges de gélinite placées sur la voie ferrée firent sauter le train spécial du Pakistan à neuf kilomètres de la gare de Giddarbaha dans le district de Ferozepore, au Panjab.

*

Le juriste britannique, qui n'avait jusqu'alors jamais mis les pieds aux Indes, venait de commencer son travail de vivisection. Cloîtré dans la villa aux volets verts que le vice-roi avait mise à sa disposition dans l'enceinte de son palais, suffoquant dans l'oppressante chaleur de New Delhi,

Sir Cyril Radcliffe traçait sur une carte d'état-major du *Royal Engineers* les frontières qui allaient séparer quatre-vingt-huit millions d'Indiens.

Le délai que lui avaient imposé toutes les parties le condamnait à accomplir sa mission dans la solitude de cette maison. Coupé de tout contact avec les grandes entités vivantes qu'il était en train de disséquer, il ne pouvait prévoir les conséquences de ses coups de scalpel sur ces terres grouillantes de vie qu'en se reportant à des données abstraites, cartes, statistiques ou rapports.

Chaque jour, il découpait un système d'irrigation ancré dans le sol du Panjab comme des veines dans la peau d'un homme, sans pouvoir mesurer sur le terrain les répercussions de son tracé. Il savait qu'au Panjab, l'eau c'était la vie, et que celui qui contrôlait l'eau contrôlait la vie. Pourtant, il était incapable de suivre la course de son crayon sur le réseau des canalisations, des écluses, des réservoirs. Il mutilait des rizières et des champs de blé sans les avoir jamais vus. Il n'avait pu visiter un seul des centaines de villages à travers lesquels allait passer sa frontière, ni se faire une idée des drames qu'elle entraînerait pour de pauvres paysans subitement privés de leurs champs, de leurs puits, de leurs chemins. Il n'aurait jamais la possibilité de se rendre sur place et d'atténuer aucune des tragédies humaines que ses décisions provoquaient. Des communautés seraient amputées de leurs cultures, des usines de leurs sources d'approvisionnement, des centrales électriques de leurs lignes de distribution. Tout cela à cause de la nécessité démentielle où il se trouvait de découper quotidiennement des dizaines de kilomètres d'un pays dont l'économie, l'agriculture, et par-dessus tout, la population, lui étaient à peu près inconnues.

Le matériel même dont il disposait était souvent pitoyable. Il lui manquait des cartes à très grande échelle, et les renseignements portés sur les autres s'avéraient parfois erronés. Il s'aperçut ainsi que les cinq fleuves du Panjab avaient une curieuse tendance à couler parfois à plusieurs kilomètres du lit que leur avaient assigné les services hydrographiques officiels. Les statistiques démographiques qui devaient constituer sa référence de base étaient inexactes et perpétuellement falsifiées par les parties en présence pour appuyer leurs prétentions antagonistes.

Des deux provinces, c'est le Bengale qui lui donna le moins de mal. Radcliffe hésita seulement sur le sort de Calcutta. La revendication de la ville par Jinnah lui paraissait justifiée : elle permettrait un écoulement naturel du jute vers les usines de transformation et le port d'exportation. Mais la forte majorité hindoue de sa population représentait à ses yeux un facteur plus important que les considérations économiques. Une fois ce principe établi, le reste était relativement simple. Sa frontière n'était cependant « qu'un trait de crayon tracé sur une carte » avec tout ce que cela supposait d'arbitraire. Dans l'enchevêtrement de marécages et de plaines à demi inondées du Bengale, il n'existait aucune barrière géologique qui pût servir de démarcation naturelle.

Le partage du Panjab était une entreprise autrement délicate. Les populations musulmanes et hindoues, qui habitaient Lahore en proportion presque égale, revendiquaient la ville avec une même passion. Pour les Sikhs, Amritsar et son Temple d'Or ne pouvaient appartenir qu'à l'Inde ; or leur cité était entourée de zones peuplées de Musulmans. En vérité, toute la province était une mosaïque de communautés disparates imbriquées les unes dans les autres. S'il tentait de délimiter une frontière qui respectât l'intégrité de ces communautés, Radcliffe risquait de créer une myriade de minuscules enclaves dont l'accès se révélerait incertain ; s'il s'efforçait, au contraire, de s'inspirer des impératifs de la géographie et d'imposer une frontière plus pratique, il lui fallait trancher dans le vif.

Le juriste anglais se souviendrait toujours de la chaleur torride de ces semaines d'été, une moiteur cruelle, suffocante, annihilante. Trois pièces de sa résidence étaient jonchées de cartes, de documents, de rapports dactylographiés sur des centaines d'impalpables feuilles de papier de riz. Lorsqu'il travaillait, en manches de chemise, les feuilles se collaient à ses bras humides, lui laissant sur la peau d'étranges stigmates : l'empreinte de quelques mots qui signifiaient peut-être les espoirs ou les suppliques désespérées de centaines de milliers d'êtres humains. Suspendu au plafond, un ventilateur brassait l'air surchauffé. Parfois, mues par quelque mystérieuse décharge électrique, les pales devenaient folles et remplissaient la villa de violentes rafales d'air chaud. Les feuilles se mettaient alors à tourbillonner dans la pièce, tempête symbolique présageant le triste destin qui attendait les villages infortunés du Panjab.

Radcliffe comprit qu'un bain de sang suivrait la promulgation de son plan de partage. Il savait qu'un vent de démence commençait à souffler sur certains villages, ceux-là mêmes qu'il était en train de diviser. Après des siècles de paisible vie commune, Hindous et Musulmans se jetaient les uns contre les autres dans une frénésie de massacre.

Mis à part ces informations, il n'avait pratiquement aucun contact avec l'extérieur. Dès qu'il s'aventurait dans une réception ou un dîner, il se trouvait instantanément encerclé par une foule de gens qui l'assaillaient de leurs suppliques. Sa seule détente était une courte promenade. Chaque après-midi, il allait marcher le long du talus sur lequel les Anglais avaient, en 1857, rassemblé leurs forces pour écraser les mutins de Delhi.

Vers minuit, assommé de fatigue, il sortait faire quelques pas sous les eucalyptus de son jardin. Le jeune fonctionnaire qui lui servait d'assistant l'accompagnait de temps en temps. Prisonnier de ses angoisses, Radcliffe arpentait le plus souvent le jardin en silence. Quelquefois, les deux hommes bavardaient. Mais le sens des convenances empêchait Radcliffe de communiquer ses soucis à quiconque, et son jeune adjoint était trop discret pour poser la moindre question. Alors ces deux anciens d'Oxford parlaient d'Oxford dans la chaude nuit indienne.

Lentement, par petits traits, prenant d'abord les décisions les plus faciles, Radcliffe dessina sa frontière. Une pensée ne cessait de le hanter : « Je m'acquitte de ce terrible travail aussi vite et aussi bien que je peux, se disait-il, mais tout cela ne sert à rien. Quoi que je fasse, quand j'aurai fini, ils vont tous s'entre-tuer. »

*

Au Panjab, la tragédie avait déjà commencé. Les routes et les voies ferrées de la province la mieux administrée des Indes n'étaient plus sûres. Des hordes de Sikhs rôdaient dans les campagnes, se jetant sur les agglomérations et les quartiers musulmans. La vague de meurtres et de pillages qui s'abattit sur Lahore était si violente qu'un inspecteur de police britannique eut « l'impression que toute la ville était en train de se suicider ». Le bureau de poste central était inondé de milliers de cartes postales adressées à des Hindous et à des Sikhs. Elles montraient des cadavres d'hommes mutilés, des femmes violées et massacrées. Au verso, la missive annonçait : « Voici le sort de nos frères et de nos sœurs lorsqu'ils tombent aux mains des Musulmans. Fuyez avant que ces sauvages ne vous en fassent autant ! » Cette guerre psychologique était l'œuvre de la Ligue musulmane qui cherchait à semer la panique parmi les Hindous et les Sikhs.

Dans les quartiers résidentiels, dont les habitants étaient autrefois si fiers de leur tolérance, on vit apparaître sur les murs des maisons des Musulmans le croissant vert de l'islam dans l'espoir que ce signe les protégerait des pillards de leur religion. Sur la porte de sa demeure, Lawrence Road, un homme d'affaires, appartenant à la petite communauté des Parsis qu'épargnait la frénésie religieuse, inscrivit un message qui constituait une sorte d'épitaphe pour le rêve évanoui de Lahore. « Les Musulmans, les Sikhs et les Hindous sont tous frères, disait-il. Mais, ô mes frères, cette maison appartient à un Parsi. »

Les défections se multipliant parmi les policiers indigènes, la responsabilité d'endiguer cette vague de violence incomba à une petite poignée d'inspecteurs britanniques. « On n'avait pas le temps de s'attendrir, raconte Patrick Farmer, qui en quinze ans de service au Panjab n'avait tiré qu'un seul coup de feu. Vous appreniez à vous servir d'abord de votre mitraillette, et à poser des questions ensuite. »

Un autre inspecteur, Bill Rich, se souvient de ses patrouilles nocturnes en jeep à travers les bazars déserts de la vieille cité qu'illuminaient les incendies, tandis que tombait des toits l'appel lancinant des guetteurs musulmans, criant de ruelle en ruelle : « Attention, attention, attention... »

Dévoués corps et âmes à l'Inde, fiers de servir dans la police, convaincus envers et contre tout de leur aptitude à maintenir l'ordre au Panjab, ces hommes ressentaient douloureusement le drame qui enflammait leur province. Ils incriminaient les meneurs, les Sikhs, la Ligue musulmane. Mais, par-dessus tout, ils blâmaient « l'arrogant amiral » qui siégeait dans son palais de New Delhi et « son odieuse hâte à mettre fin au règne de la Grande-Bretagne aux Indes ».

La nature même semblait se liguer contre eux. Jour après jour, ils scrutaient le ciel à la recherche des nuages d'une mousson qui refusait de venir. Seules ses trombes torrentielles auraient pu apaiser les incendies, ses tornades d'air frais dissiper la fournaise qui rendait fous tous ces hommes. La mousson avait toujours été l'arme la plus efficace pour noyer une émeute, mais c'était une arme sur laquelle les policiers anglais n'avaient jamais eu aucun contrôle.

A Amritsar, la situation était pire encore. On tuait dans les venelles des bazars comme on y crachait. Des Hindous avaient mis au point une tactique particulièrement cruelle. Vêtus comme des Musulmans, ils s'approchaient de vrais Musulmans et leur jetaient dans les yeux de l'acide nitrique ou sulfurique. Des incendiaires lançaient des torches dans les maisons et les boutiques.

Des troupes britanniques furent finalement appelées en renfort et un couvre-feu de quarante-huit heures décrété. Mais ces mesures n'apportèrent aucun répit. En dernier recours, Rule Dean, le chef de la police, utilisa un stratagème qu'aucun manuel du maintien de l'ordre ne mentionnait. Un jour, après une flambée de violence particulièrement sauvage, il envoya la fanfare de la police sur la grand-place. Là, au cœur de cette cité en train de sombrer dans le feu et le sang, s'époumonant pour couvrir le crépitement des incendies, les musiciens de la police jouèrent des extraits de *Gilbert and Sullivan,* une opérette populaire dont les mélodies constituaient l'ultime espoir de ramener à la raison une ville en pleine folie.

*

Pour maintenir l'ordre au Panjab après le 15 août, Mountbatten décida de mettre sur pied une force spéciale de cinquante-cinq mille hommes. Ses membres viendraient d'unités de l'ancienne Armée des Indes, comme les Gurkhas que leur discipline et leurs origines népalaises mettaient à l'abri des passions raciales et religieuses. Appelée « Punjab Boundary Force », cette petite armée fut placée sous le commandement du général anglais T.W. « Pete » Rees. Ses effectifs représentaient le double de ceux que le gouverneur de la province avait jugé nécessaires en cas de Partition. Pourtant, quand l'orage éclaterait, cette force serait emportée comme un fétu de paille.

La vérité était que personne, ni Nehru, ni Jinnah, ni l'éminent gouverneur du Panjab, sir Evan Jenkins, ni Mountbatten lui-même, ne prévoyait alors l'ampleur du désastre qui se préparait. Cet aveuglement dérouterait les historiens et susciterait bien des critiques envers le dernier vice-roi des Indes.

Hommes tolérants, dépourvus de fanatisme religieux, Nehru et Jinnah commirent tous deux la grave erreur de sous-estimer le degré de frénésie auquel les passions religieuses pouvaient pousser les masses indiennes. Ils croyaient que leurs peuples réagiraient avec la logique et la tolérance dont eux-mêmes faisaient preuve.

Chacun pensait sincèrement que la Partition ne provoquerait pas d'épreuve de force. Ils se trompaient. Emportés par l'euphorie de leur prochaine indépendance, ils confondaient leurs désirs et la réalité. Et ils avaient fait partager leur conviction à Mountbatten.

Le seul dirigeant indien à prévoir la tragédie fut Gandhi. Il baignait tellement dans les masses, partageant leur vie quotidienne et leurs souffrances, qu'il avait acquis la faculté presque magique de ressentir leurs moindres variations d'humeur. Ses intimes aimaient à le comparer au prophète d'une ancienne légende hindoue assis près d'un feu brûlant, par une glaciale nuit d'hiver, et qui se met tout à coup à grelotter. « Regarde dehors, disait le prophète à son disciple. Quelque part dans l'obscurité, il y a un pauvre homme en train de mourir de froid. » Le disciple regardait dans la nuit et découvrait en effet la présence d'un malheureux. Telle était, affirmaient ses proches, le genre d'intuition que le Mahatma avait de l'âme indienne.

Une Musulmane lui reprocha un jour son hostilité à la Partition.

— Si deux frères vivant sous le même toit voulaient se séparer et vivre dans des maisons différentes, vous y opposeriez-vous ? demanda-t-elle.

— Ah ! soupira Gandhi, si seulement nous pouvions nous séparer comme des frères. Malheureusement, il n'en sera rien. Nous allons nous entre-déchirer dans les entrailles mêmes de la mère qui nous porte.

*

Le véritable cauchemar du vice-roi, en ces derniers jours où il incarnait encore le pouvoir impérial de l'Angleterre aux Indes, n'était pas le Panjab. C'était Calcutta. Il savait qu'envoyer des troupes à Calcutta ne servirait à rien. Dans l'enchevêtrement fétide et grouillant de ses bidonvilles et de ses bazars, aucune police, si nombreuse soit-elle, ne pourrait maintenir l'ordre. De toute façon, la création de sa force spéciale pour le Panjab avait absorbé presque toutes les unités locales jugées encore sûres.

« Si des troubles avaient dû éclater à Calcutta, dirait un jour Mountbatten, les torrents de sang qu'ils y auraient fait couler auraient, en comparaison, fait ressembler tout ce qui pouvait se produire au Panjab à un lit de roses. »

Il lui fallait trouver un autre moyen pour maintenir le calme dans la ville. Celui qu'il choisit reposait sur un pari désespéré, mais à Calcutta le mal était si grand et les remèdes si limités que seul un miracle pouvait sauver la situation. Pour endiguer la frénésie de la ville la plus fanatisée du monde, il décida de faire appel à son « pauvre petit moineau », le Mahatma Gandhi.

Il lui exposa son projet à la fin de juillet. Avec son armée du Panjab, il pouvait tenir cette province, expliqua-t-il, mais si des émeutes se produisent à Calcutta, « nous sommes fichus. Je ne pourrai rien faire. Il existe bien là-bas une brigade ; je ne la ferai même pas renforcer. Si Calcutta s'embrase, eh bien, Calcutta brûlera ».

— Voilà le résultat de vos concessions et de celles du Congrès à Jinnah, répliqua Gandhi.

Peut-être, reconnut Mountbatten. Mais ni Gandhi ni personne n'avaient été capables de proposer un autre choix. Il y avait toutefois quelque chose que Gandhi pouvait faire aujourd'hui. Sa personnalité et son idéal de non-violence pouvaient faire régner à Calcutta la paix que des troupes étaient impuissantes à imposer. Lui, Gandhi, serait l'unique renfort qu'il enverrait à sa brigade aux abois.

— Allez à Calcutta, vous y serez mon armée à vous tout seul.

*

Le vieil homme n'avait aucune intention d'aller à Calcutta. Il avait déjà décidé de passer la journée de l'Indépendance à prier, à filer son rouet et à jeûner au milieu de la minorité hindoue terrorisée du district de Noakhali, dans le sud du Bengale, pour la sécurité de laquelle il avait offert sa vie pendant son pèlerinage de pénitence du Nouvel An. Pourtant, Mountbatten ne devait pas être le seul à supplier Gandhi d'aller sauver la paix dans les bidonvilles en effervescence de Calcutta.

Une autre voix ne tarda pas à s'élever. Et c'était celle du dernier homme que l'on se fût attendu à trouver aux côtés de Gandhi. Le leader musulman Sayyid Suhrawardy représentait en effet l'antithèse absolue de toutes les valeurs que défendait le Mahatma.

Cet homme adipeux de quarante-sept ans était

depuis des années le chef des Musulmans de Calcutta. C'était le type même du politicien corrompu et vénal que Gandhi dénonçait. Sa philosophie politique était simple : une fois élu, il n'y avait pas de raison qu'un homme quitte jamais sa fonction. Suhrawardy avait ainsi assuré sa présence continue au pouvoir en utilisant les fonds publics pour entretenir une mafia d'hommes de main chargés de réduire au silence ses adversaires politiques à coups de matraques ou de couteaux.

Pendant la famine qui dévasta le Bengale en 1943, il avait intercepté et vendu au marché noir des dizaines de tonnes de secours alimentaire destiné à ses compatriotes. Il s'habillait de costumes de soie faits sur mesure et portait des chaussures de crocodile bicolore. Ses cheveux noirs, soignés chaque matin par son coiffeur personnel, luisaient de brillantine. Alors que Gandhi luttait depuis quarante ans pour extirper de son être les derniers vestiges de désir sexuel, Suhrawardy mettait un point d'honneur à séduire toutes les danseuses de cabaret et toutes les prostituées de haut vol de Calcutta. Si Gandhi s'accordait quelquefois les bienfaits d'un peu de bicarbonate de soude dans son eau, le verre de Suhrawardy ne pétillait en général que de champagne. Tandis que les menus du Mahatma se limitaient à quelques cuillerées de purée de lentilles, de soja et de yaourt, ceux de Suhrawardy comportaient d'épaisses tranches de viande, toute une variété de curries et de pâtisseries exotiques, régime qui l'avait enveloppé d'un matelas de graisse faisant contraste avec la maigreur de ses concitoyens.

Mais il y avait plus grave : ses mains étaient souillées de sang. En décrétant jour férié la fameuse journée d'action directe organisée par

Jinnah, en retenant la police, en encourageant secrètement ses partisans de la Ligue musulmane, Suhrawardy, alors Premier ministre du Bengale, était responsable des atroces massacres qui avaient ravagé Calcutta en août 1946.

C'était maintenant la crainte de représailles hindoues qui l'incitait à appeler Gandhi au secours.

Se précipitant à l'*ashram* de Sodepur où le Mahatma faisait escale avant de partir, le lendemain, pour le district de Noakhali, il le supplia de ne pas abandonner Calcutta. Lui seul, affirmait-il, pouvait y sauver les Musulmans et apaiser l'ouragan de haine et de feu qui menaçait la ville.

— Après tout, plaida-t-il, les Musulmans ont autant de droits à votre protection que les Hindous. Vous avez toujours dit que vous apparteniez aux uns autant qu'aux autres.

L'une des grandes forces de Gandhi avait toujours été de savoir discerner le bien chez un adversaire. Il perçut dans le cœur de Suhrawardy une angoisse authentique.

S'il acceptait de rester à Calcutta, répondit Gandhi, ce ne pourrait être qu'à deux conditions. Suhrawardy devrait d'abord obtenir des Musulmans du district de Noakhali la garantie solennelle de la sécurité de la population hindoue. Si un seul Hindou venait à y être tué, lui, Gandhi, n'aurait d'autre choix que de jeûner jusqu'à la mort. Par ce subtil transfert de responsabilité, le Mahatma rendait ainsi Suhrawardy garant de sa propre existence.

Quand il reçut l'assurance réclamée, Gandhi formula sa seconde exigence. Il proposa l'alliance la plus incongrue qu'on pût imaginer. Sa présence à Calcutta était surbordonnée à celle du leader musulman : Suhrawardy devrait s'installer auprès de lui, jour et nuit, sans arme et sans protection, dans le cœur du bidonville le plus sordide de la ville. Là, les deux hommes offriraient ensemble leur vie en gage de la paix de Calcutta.

« Je me suis trouvé bloqué ici, écrivit Gandhi après que Suhrawardy eut accepté son marché, et je vais maintenant courir de grands risques... L'avenir nous réserve des surprises. Ouvrez l'œil ! »

*

Le calendrier de Mountbatten ne comptait maintenant guère plus de feuilles qu'une marguerite. Ces dernières journées de l'Empire britannique des Indes paraissaient au vice-roi surmené « les plus harassantes de toutes ». Chaque jour apportait « de nouveaux problèmes à résoudre ». Ceux qui concernaient l'ordonnancement des festivités marquant l'Indépendance n'étaient pas les moindres. Les dirigeants du Congrès insistèrent pour « qu'il y ait beaucoup de faste », dans la grandiose et ancienne tradition de l'Empire. L'austère visage du socialisme apparaîtrait plus tard.

Le Congrès ordonna pour le 15 août la fermeture des abattoirs, l'organisation de séances gratuites de cinéma dans tout le pays, la distribution, dans les écoles, de bonbons et d'une médaille commémorative. Mais rien n'était simple. A Lahore, un communiqué officiel annonça que « les réjouissances étaient supprimées en raison de la situation troublée ». Les dirigeants du mouvement extrémiste des Hindous *Mahasabha*, adversaires farouches de la Partition, avertirent leurs militants qu'il était « impossible de se réjouir et de participer aux célébrations du 15 août ». Ils exhortèrent au contraire leurs troupes à jeter toutes leurs forces dans la lutte pour la réunification « de la patrie mutilée ».

Une querelle de protocole suspendit momentanément la préparation des cérémonies prévues au Pakistan pour le 14 août : Jinnah exigeait d'avoir la préséance sur le vice-roi avant même l'heure officielle de l'Indépendance. D'autres déconvenues attendaient le leader musulman. Il se révéla que l'un des six chevaux de l'attelage du carrosse, qu'un jeu de pile ou face lui avait attribué, était boiteux. Mountbatten dut lui offrir à la place une Rolls-Royce découverte pour son premier défilé solennel à travers les rues de Karachi. Jinnah établit lui-même la liste des festivités qui devaient célébrer la naissance du Pakistan. Elles s'ouvriraient, ordonna-t-il, par un déjeuner officiel à sa résidence le jeudi 13 août. Un silence embarrassé accueillit sa requête. L'un de ses collaborateurs dut alors discrètement rappeler à l'homme qui était sur le point de devenir le chef de la première nation islamique du monde que le jeudi 13 août tombait dans la dernière semaine du Ramadan, époque à laquelle tous les Musulmans pieux de l'univers devaient jeûner du lever au coucher du soleil.

*

Tandis que le vice-roi et les chefs des deux nouveaux dominions réglaient cette multitude de détails, trois siècles et demi de colonisation britannique aux Indes s'achevaient dans le heurt vibrant de milliers de verres et les mélancoliques promesses qu'inspiraient le gin et le whisky des cocktails d'adieu. D'un bout à l'autre des Indes, une ronde ininterrompue de réceptions, de thés, de dîners, de galas, marqua le passage de l'Empire à l'Indépendance.

De nombreux Anglais, ceux en particulier qui exerçaient les fonctions commerciales qui avaient autrefois conduit leurs aïeux dans ce pays, continueraient à vivre en Inde. Mais pour soixante mille autres, soldats, fonctionnaires, inspecteurs de police, ingénieurs des chemins de fer, employés des télécommunications ou des eaux et forêts, le moment était venu de retourner vers l'île qu'ils avaient toujours appelée « la maison lointaine ». Pour certains, la transition serait brutale. Du jour au lendemain, ils troqueraient un palais de gouverneur et ses légions de domestiques pour un cottage de campagne et une pension de retraite que l'inflation allait rapidement grignoter. Malgré le dicton affirmant que la plus belle vue des Indes était celle qu'on découvrait de la poupe d'un paquebot de la *Peninsular and Oriental* s'éloignant de Bombay, des milliers d'Anglais, appréhendant les restrictions d'une Angleterre socialiste, gardaient la nostalgie de leurs belles années indiennes. La dernière image de la rade de Bombay serait pour eux la plus triste des visions.

Dans des centaines de villas, on empaquetait fiévreusement les dentelles et l'argenterie, les peaux de tigres, les portraits des oncles moustachus, disparus au 9e Lanciers du Bengale ou au 6e Rajput, les casques à plumes, les meubles lourds et tristes envoyés d'Angleterre quarante années auparavant. Un peuple, dont la grande erreur aux Indes avait été, selon Winston Churchill, de vivre à l'écart, prenait congé dans une explosion de cordialité. Comme s'ils voulaient, avant leur départ, rendre hommage à l'ordre nouveau qui leur succédait, les Anglais ouvrirent grand les portes de leurs clubs et de leurs demeures aux Indiens, permettant pour la première fois aux saris, aux tuniques *sherwani* et aux voiles de *khadi* de côtoyer l'ancienne race impériale. Une extraordinaire atmosphère de sympathie régnait dans ces réunions. Événement unique : des colonisateurs quittaient ceux qu'ils avaient colonisés dans un feu d'artifice de bonne volonté et d'amitié.

Chandni Chowk, le bazar de la Vieille Delhi, grouillait de fonctionnaires anglais venus troquer leur réfrigérateur, leur électrophone ou même leur automobile contre des tapis d'Orient, des défenses d'éléphant, des objets en or ou en argent, ou les peaux empaillées des tigres et des panthères pour ceux qui n'avaient jamais pu en tuer dans les jungles de la péninsule.

Ce peuple qui s'en allait laissait derrière lui un funèbre héritage : les monuments, les statues, les cimetières solitaires où reposaient près de deux millions d'Anglais dans « ces tombes errantes » dont parle Oscar Wilde, « au pied des murs de Delhi », ou « dans ces terres afghanes et près des sables mouvants des sept boucles du Gange ».

La terre où dormaient ces témoins du passé ne serait plus anglaise, mais la protection de leurs dépouilles resterait à jamais l'affaire de la Grande-Bretagne. Considérant qu'« il était impensable que nous laissions nos morts dans des mains étrangères », le vice-roi fit placer la garde de ces sépultures sous l'autorité directe du gouvernement britannique. En Angleterre, l'archevêque de

Cantorbéry organisa même une collecte pour leur entretien[1].

Il fut décidé de transférer dans le cimetière de l'église de Cawnpore le sinistre puits dans lequel les rebelles indiens de la grande mutinerie de 1857 avaient jeté les restes mutilés de neuf cent cinquante hommes, femmes et enfants. L'inscription qui flétrissait ce massacre fut discrètement voilée afin de ne pas offenser l'amour-propre indien.

Bien des départs s'accompagnèrent de scènes typiquement britanniques. Refusant de condamner les courageux poneys, dont le galop leur avait fait gagner tant de matchs de polo, à finir leur carrière entre les brancards d'une *tonga*, de nombreux officiers préférèrent les tuer d'un coup de revolver. Incapable d'avoir pu trouver une digne hospitalité pour la meute de chasse à courre de l'école d'état-major de Quetta, le colonel George Noel Smith en fit abattre les cent chiens. La tâche de tuer « nos chers vieux compagnons avec lesquels nous avions eu tant de belles parties de sport », fut, rappelle le colonel, « l'une des plus douloureuses » de sa carrière. L'avenir du Club canin dans une Inde divisée fut même évoqué lors d'un conseil du vice-roi.

Mountbatten donna des ordres formels pour que tous les souvenirs officiels de l'Empire demeurent en place. Les impressionnants portraits de Clive, de Hastings et de Wellesley, comme les vigoureuses statues de son arrière-

1. Ces efforts furent sans lendemain. Peu d'endroits en Inde sont aujourd'hui dans un état d'abandon aussi pathétique que les cimetières anglais, devenus complètement sauvages par manque de soins. Des singes hurlants poursuivent les lézards sur la tombe du général John Nicholson qui avait commandé le dernier assaut contre les mutins de Delhi. De Madras à Peshawar, les herbes folles recouvrent à présent les inscriptions des stèles des Anglais tombés aux Indes.

grand-mère Victoria. Tous les trophées, l'argenterie, les drapeaux, les uniformes, les bibelots, tous les témoins du règne et des pompes de l'Angleterre impériale devaient être légués à l'Inde et au Pakistan qui en feraient l'usage qu'ils voudraient.

La Grande-Bretagne désirait, déclara Lord Ismay, que « les deux nouveaux États puissent se rappeler avec orgueil nos trois siècles d'association avec les Indes. Peut-être ne voudront-ils pas de ces souvenirs, mais c'est à eux qu'il appartiendra de le dire ».

Les ordres du vice-roi n'empêchèrent pas quelques trésors de la domination britannique de disparaître. Désespérés de quitter leurs régiments, des officiers emportèrent vers leurs brumeuses garnisons insulaires les trophées sportifs gagnés dans la poussière du Deccan ou du Panjab. A Bombay, deux inspecteurs des douanes furent convoqués dans le bureau de leur chef Victor Matthews, sur le point de rentrer en Angleterre.

— Nous sommes peut-être en train de liquider l'Empire, grommela ce dernier, mais nous n'allons pas abandonner ce trésor aux Indiens.

Il désignait une grosse malle métallique placée derrière son bureau et dont il possédait l'unique clef. John Ward Orr, l'un de ses deux subordonnés, ouvrit cérémonieusement la malle, s'attendant à voir apparaître quelque fabuleuse sculpture hindoue ou un bouddha couvert de bijoux. A sa stupéfaction, il constata qu'elle n'était remplie que de livres soigneusement empilés. Ce « trésor » constituait un hommage suprême aux vertus de l'esprit bureaucratique. C'était la collection complète des œuvres pornographiques que les douanes britanniques avaient saisies depuis cinquante ans, les jugeant trop scabreuses pour le pays dont les temples étaient pourtant ornés des sculptures les plus érotiques jamais façonnées par la main de l'homme. John Ward Orr feuilleta l'un des ouvrages, un album intitulé *Les Trente Positions de l'Amour*. Il trouva que les postures prosaïques qui y étaient représentées n'avaient pas davantage de rapport avec les exquis raffinements de l'érotisme des dieux hindous des temples de Khajuraho qu'une matrone de café-concert avec la grâce d'une danseuse étoile de l'Opéra.

Matthews tendit solennellement la clef de la malle à William Witcher, le plus ancien de ses adjoints. Il pouvait maintenant quitter les Indes rassuré, annonça-t-il : le plus grand « trésor » des douanes demeurerait dans des mains anglaises[1].

Comme toujours, il était seul. Muré dans son silence, Mohammed Ali Jinnah se dirigeait vers une pierre tombale du cimetière musulman de Bombay. Il était venu accomplir là un geste que des millions d'autres Musulmans allaient, eux aussi, accomplir dans les jours à venir. Avant de

---

1. La fameuse malle resta en effet pieusement dans des mains anglaises pendant près de dix ans. Witcher la garda chez lui, et sa femme, fille d'un évêque anglican, manqua s'évanouir le jour où, son mari ayant laissé le couvercle ouvert par inadvertance, elle découvrit la nature de son contenu. Witcher remit à son tour la malle à Orr quand il quitta l'Inde. Lorsque ce fut à Orr de s'en aller, en 1955, il n'y avait plus en Inde aucun survivant de ce noble corps des douaniers britanniques qui avait si durement peiné pour épargner aux Indiens la contamination ignominieuse de ce genre de littérature. Après avoir choisi deux ouvrages, *Le Guide des caresses* et *Les Nuits du harem*, pour perfectionner sa connaissance de la langue française, Orr se résigna à remettre la malle à des mains indiennes. Puis il rentra en Angleterre. Quelques jours après son retour, le malheureux fonctionnaire fut averti que tous ses bagages étaient consignés à la douane « pour possession illégale de littérature pornographique ». Il plaida coupable.

partir pour sa terre promise du Pakistan, Jinnah
déposa un dernier bouquet de fleurs sur la tombe
qu'il laissait pour toujours derrière lui. Jinnah était
un homme remarquable mais rien probablement
dans sa vie n'avait été plus remarquable, ou en
tout cas plus insolite, que l'amour profond et passionné qu'il avait porté à sa femme. Leur amour et
leur mariage avaient défié presque toutes les règles
de la société indienne de leur époque. En réalité,
Ruttie Jinnah n'aurait pas dû être enterrée dans ce
cimetière islamique. L'épouse du messie musulman des Indes n'était pas née dans la religion de
Mahomet ; c'était une parsi, membre de la secte
qui descendait des Zoroastriens adorateurs du feu
de la Perse antique et qui déposaient les corps de
leurs morts en haut de tours pour qu'ils soient
dévorés par les vautours.

C'est à l'âge de quarante et un ans, pendant des
vacances à Darjeeling, et alors qu'il paraissait
voué au célibat, que Jinnah était tombé follement
amoureux de Ruttie, la fille d'un de ses amis. Elle
avait vingt-quatre ans de moins que lui, et elle fut
littéralement fascinée par lui[1]. Fou de colère, le
père de la jeune fille obtint un jugement du tribunal interdisant à son ex-ami de revoir la jeune fille,
mais le jour de ses dix-huit ans, emportant pour
tout bagage son petit chien dans les bras, l'amoureuse Ruttie s'enfuit de la demeure de son million-
naire de père et épousa Jinnah.

Leur mariage dura dix ans. Très belle, Ruttie
Jinnah devint d'une séduction légendaire dans
cette ville de Bombay réputée pour la splendeur

1. Jinnah avait déjà été marié à une femme enfant qu'il n'avait
jamais vue et qu'un ami de ses parents avait choisie pour lui avant son
départ pour ses études à Londres. Selon la coutume, elle avait été
représentée par un de ses parents à leur mariage. Elle était morte avant
son retour d'Angleterre.

de ses femmes. Elle aimait draper sa longue silhouette dans des saris diaphanes ou s'exhiber dans des robes moulantes qui scandalisaient la bonne société. Elle était à la fois une mondaine et une ardente nationaliste indienne.

Mais la différence d'âge et de caractère devait provoquer d'inévitables crises. L'exubérance de la jeune femme embarrassa souvent son mari et compromit sa carrière politique. En dépit de sa passion, l'austère Jinnah trouva de plus en plus difficile de s'entendre avec son inconstante et dévorante épouse. Son rêve s'écroula un soir de 1928 quand celle qu'il aimait, mais qu'il n'avait pas réussi à comprendre, le quitta. Un an plus tard, en février 1929, elle mourut victime d'une dose excessive de morphine, qu'elle utilisait pour calmer les douleurs du mal incurable dont elle souffrait. Jinnah, déjà blessé par l'humiliation publique de son départ, fut accablé de chagrin. En jetant la première poignée de terre dans la tombe sur laquelle il déposait aujourd'hui son bouquet, il pleura comme un enfant. Ce fut la dernière manifestation publique de l'émotivité de Mohammed Ali Jinnah. Depuis ce jour, il consacra sa vie au réveil des Musulmans indiens.

Son monocle était le seul accessoire de gentleman britannique qu'ait conservé Jinnah. Il avait renoncé à ses costumes de grande maison et à ses élégants souliers de cuir noir et blanc. Mohammed Ali Jinnah volait vers Karachi, sa capitale, habillé comme il l'avait rarement été depuis qu'il avait quitté ce port cinquante ans plus tôt pour aller étudier le droit à Londres. Il portait une longue et étroite tunique *sherwani*, boutonnée jusqu'au menton, et des *churidar*, ces pantalons collants descendant aux chevilles.

Son jeune aide de camp, le lieutenant de vaisseau Sayyid Ahsan — jusqu'alors l'aide de camp favori du vice-roi qui l'avait personnellement désigné, en raison de ses qualités exceptionnelles, pour veiller sur le nouveau gouverneur général du Pakistan —, accompagna Jinnah à la passerelle du DC 3 argenté que lui avait prêté Lord Mountbatten. Avant de pénétrer dans l'avion, le leader musulman se retourna pour embrasser du regard la capitale où il avait mené son combat pour un État islamique. « Je suppose, dit-il, que c'est la dernière fois que je contemple New Delhi. »

Sa demeure du 10 Aurangzeb Road avait été vendue. Pendant des années, il y avait organisé la lutte, assis sous une carte géante des Indes en argent, où étaient tracées les frontières de son « rêve impossible ». L'ironie du sort voulait que le nouveau propriétaire fût un riche industriel hindou nommé Seth Dalmia. Dans quelques heures, là où avait flotté la bannière vert et blanc de la Ligue musulmane, il ferait monter « le drapeau sacré de la vache », emblème d'une autre ligue, celle pour l'interdiction de l'abattage des vaches dont l'ex-résidence de Jinnah était désormais le quartier général.

Épuisé d'avoir gravi les quelques marches menant à son avion, Jinnah s'écroula sur son siège, à bout de souffle. Il resta impassible, le regard immobile, tandis que le pilote britannique lançait les moteurs et conduisait son appareil vers la piste. A l'instant où le DC 3 s'arracha du sol, le jeune Sayyid Ahsan l'entendit murmurer, comme pour lui-même : « Voilà, une page est tournée. »

Il occupa toute la durée du vol à assouvir sa passion pour la lecture des journaux. Il les prenait un à un sur la pile placée à sa gauche, les lisait, les repliait soigneusement et les reposait sur le siège, à sa droite. Aucune trace d'émotion n'effleura son visage en lisant les reportages enthousiastes consacrés à son triomphe. Il ne prononça pas un mot de tout le voyage, ne trahit pas le moindre sentiment, ne laissa pas échapper la plus petite indication sur ce qu'il pouvait ressentir au moment où son rêve devenait réalité. Quand l'avion arriva en vue de Karachi, son aide de camp Sayyid Ahsan découvrit subitement, sous les ailes de l'appareil, « l'immense désert dans lequel avançait une mer toute blanche de gens ». La réflexion du soleil accentuait la blancheur des vêtements. Fatima, la sœur de Jinnah, saisit sa main avec excitation.

— Jinn, Jinn, regarde ! cria-t-elle.

Jinnah tourna la tête vers le hublot. Son visage resta tout aussi imperturbable.

— Oui, grommela-t-il, il y a beaucoup de monde.

Le leader musulman était si exténué par le voyage qu'il n'eut même pas la force de se lever de son siège à l'arrêt du DC 3. Sayyid Ahsan lui offrit son aide, mais Jinnah le repoussa. Le Quaidi-Azam ne ferait pas son entrée dans sa capitale appuyé au bras d'un autre homme. Rassemblant ses dernières forces, i se redressa pour descendre la passerelle et se frayer un chemin vers sa voiture à travers la foule en liesse.

La mer humaine qu'ils avaient aperçue de l'avion s'étalait tout le long du parcours jusqu'au centre de la ville. De milliers de cœurs jaillissaient des vivats ininterrompus, des « *Pakistan Zindabad !* » et des « *Jinnah Zindabad !* ».

Ils traversèrent pourtant un quartier où la foule était silencieuse. « Un quartier hindou, observa Jinnah. Après tout, ils n'ont pas beaucoup de motifs de se réjouir. » Avec la même impassibilité dont il avait fait preuve pendant tout le trajet depuis New Delhi, Jinnah passa devant la maison de grès jaune à deux étages où il était né le jour de Noël 1876.

Ce fut seulement en gravissant lentement le perron de l'ancien palais des gouverneurs britanniques que son masque impénétrable se détendit. Ce bâtiment tout en longueur allait être sa résidence officielle. S'arrêtant au sommet de l'escalier pour reprendre son souffle, il se tourna vers son jeune aide de camp. Un instant, un semblant de sourire éclaira son visage.

— Vous savez, lui confia-t-il, je ne croyais pas voir le Pakistan de mon vivant.

*

Dans moins de trente-six heures allait prendre fin l'épopée de la Grande-Bretagne aux Indes. Des entrailles de l'Inde anglaise allaient naître deux pays qui seraient respectivement la deuxième et la cinquième nation du globe. L'aventure s'achevait bien plus tôt que personne ne l'avait prévu, y compris le vice-roi lui-même quand, cinq mois auparavant, son avion avait décollé des brumes de l'aérodrome de Northolt pour mettre le cap vers l'Orient.

Cependant, une préoccupation hantait Mountbatten. Il voulait que la disparition de l'Empire se fît dans une apothéose de gloire, une explosion de sympathie et d'amitié préfigurant les liens exceptionnels qui devaient persister entre l'Angleterre et les anciens joyaux de son Empire.

Or cette atmosphère pouvait se dégrader à tout moment. Il suffisait de rendre public le résultat du travail de Sir Cyril Radcliffe. Conscient que les deux parties allaient contester avec violence l'arbitrage du juriste anglais, Mountbatten avait ordonné que ses conclusions demeurent secrètes jusqu'au 16 août. Il savait que sa décision représentait un risque grave. L'Inde et le Pakistan naîtraient sans que les dirigeants d'aucun des deux États connussent les composantes fondamentales de leur pays, le nombre de ses citoyens et les limites de son territoire. Des milliers de gens dans des centaines de villages du Panjab et du Bengale étaient condamnés à passer la journée du 15 août dans la peur et l'incertitude. Comment célébrer une indépendance dont on ignorait si elle allait être source de bonheur ou de tragédie ?

Mais pour des centaines de millions d'autres, ce serait un jour d'euphorie. « Laissons les Indiens savourer leur journée d'Indépendance, se disait le vice-roi, ils auront tout le temps de découvrir par la suite le revers de la médaille. »

« J'ai décidé, télégraphia-t-il à Londres, de faire en sorte que les dirigeants indiens ne puissent connaître le tracé des frontières avant le 15 août. Tous nos efforts et nos espoirs d'établir de bonnes relations entre l'Angleterre, l'Inde et le Pakistan le jour de l'Indépendance risqueraient d'être anéantis si nous agissions autrement. »

Le rapport de Sir Cyril Radcliffe arriva au palais du vice-roi le matin du 13 août. Mountbatten fit enfermer les deux enveloppes jaunes destinées à Jinnah et à Nehru dans le coffret de cuir vert de ses dépêches. Pendant les soixante-douze heures suivantes, tandis que les Indes dansaient et chantaient, les nouvelles frontières tracées par le juriste anglais resteraient dans ce coffret comme les mauvais esprits enfermés dans la boîte de Pandore, n'attendant qu'un tour de clef pour livrer leur cruel contenu à un continent en liesse.

*

Dans les casernes, les cantonnements, les forts, les postes de campagne, des soldats hindous, sikhs et musulmans de la grande armée que la Partition mutilait en même temps que la péninsule, s'adressaient un dernier hommage. A New Delhi, les hommes des escadrons sikhs et dogra du *Probyn's Horse*, l'un des plus anciens et des plus célèbres régiments de cavalerie, offrirent un banquet gigantesque à leurs camarades de l'escadron musulman qui les quittaient. Tous savourèrent ensemble, sur le terrain de parade, un festin composé de montagnes de riz fumant, de curry de poulet, de kebab de mouton et de pâtisseries traditionnelles faites de riz, de caramel, de cannelle et d'amandes. Quand tout fut consommé, les Sikhs, les Hindous et les Musulmans se donnèrent la main pour danser un dernier *bhanga*, folle farandole, apothéose de la soirée la plus émouvante de l'histoire du régiment.

Les Musulmans des régiments stationnés dans les zones destinées à appartenir au Pakistan offrirent des festivités analogues à leurs camarades sikhs et hindous qui rentraient en Inde. A Rawalpindi, le 2e de Cavalerie organisa un énorme *barakana*, « un banquet de bonne chance », pour ceux qui s'en allaient. Tous les officiers hindous et sikhs firent un discours, certains avec les larmes aux yeux, pour saluer le colonel musulman

Mohammed Idriss qui les avait commandés au cours de quelques-uns des combats les plus acharnés de la Seconde Guerre mondiale.

— Où que vous alliez, s'écria Idriss à son tour, nous resterons toujours des frères, parce que nous avons versé ensemble notre sang.

Le colonel musulman passa outre à l'ordre qu'il avait reçu du quartier général de la future armée pakistanaise enjoignant à toutes les troupes hindoues et sikhs de remettre leurs armes avant leur départ. « Ces hommes sont des soldats, déclarat-il. Ils sont venus ici avec leurs armes. Ils repartiront avec elles. »

Le lendemain matin, les Sikhs et les Hindous du 2e de Cavalerie devraient la vie à l'attitude chevaleresque de leur ancien colonel musulman. Une heure après avoir quitté Rawalpindi, leur train tomba dans une embuscade musulmane. Sans leurs fusils, ils auraient tous été massacrés.

La plus touchante fête d'adieu se déroula sur la pelouse et dans la salle de bal d'une institution qui avait été l'un des sanctuaires des maîtres britanniques des Indes, l'*Imperial Delhi Gymkhana Club*. Les invitations furent envoyées sur des cartons gravés, au nom des « Officiers des Forces Armées du Dominion de l'Inde », pour « une réception d'adieu en l'honneur de leurs vieux camarades, les Officiers des Forces Armées du Dominion du Pakistan ».

Un air de « tristesse et d'irréalité » submergeait la soirée, se rappelle un officier indien. Avec leurs moustaches soigneusement taillées, leurs uniformes à l'anglaise et les barrettes de décorations gagnées au service de la Grande-Bretagne, les hommes qui se mêlaient sous les lanternes semblaient tous sortis du même moule, celui de leurs colonisateurs. Accompagnés de leurs femmes en saris multicolores, ils bavardaient sur les pelouses scintillantes de guirlandes, ou dansaient un ultime fox-trot dans la salle de bal illuminée.

Ils assiégèrent le bar pour boire ensemble et se raconter une dernière fois les bonnes vieilles histoires du passé, des histoires de garnison, de polo, de déserts d'Afrique, de jungles birmanes, de raids contre leurs compatriotes de la frontière afghane, toutes ces anecdotes qui jalonnent une carrière de dangers et d'aventures vécus dans la camaraderie du sang versé.

Aucun de ces hommes ne pouvait imaginer, au cours de cette soirée nostalgique, le sort tragique qui les attendait. S'étreignant, se labourant les côtes de bourrades amicales, ils se lançaient des : « Nous serons de retour en septembre pour la chasse au sanglier ! » ou « N'oubliez pas le polo à Lahore ! » ou encore « Rappelez-vous que nous avons un compte à régler avec un ibex du Cachemire ! »

Quand vint le moment de se séparer, le général Cariappa, un Hindou du 7e Rajput, monta sur une petite estrade et demanda le silence.

— Nous sommes ici pour nous dire au revoir, et seulement au revoir, car nous allons bientôt nous retrouver dans le même esprit fraternel qui nous a toujours réunis, déclara-t-il. Nous avons si longtemps partagé le même destin que notre histoire est indivisible.

Il évoqua leur expérience commune et conclut :

— Nous avons été des frères. Nous resterons toujours des frères. Et nous n'oublierons jamais les grandes années que nous avons vécues ensemble.

Quand il eut terminé, le général hindou se

retourna pour saisir un lourd trophée d'argent recouvert d'une housse. Il l'offrit au général Aga Raza, l'officier musulman le plus élevé en grade, comme présent d'adieu des officiers hindous à leurs camarades d'armes musulmans. Raza dévoila l'objet et le brandit à bout de bras pour le montrer à l'assistance. Façonné par un orfèvre de la Vieille Delhi, il représentait deux cipayes, un Hindou et un Musulman, debout côte à côte, le fusil en joue pointé sur un ennemi commun.

Après que Raza eut remercié au nom de tous les Musulmans présents, l'orchestre attaqua le chant des adieux. Spontanément, toutes les mains se tendirent les unes vers les autres. En quelques secondes, un cercle d'Hindous et de Musulmans mêlés se forma, chaîne fraternelle, vibrante d'amitié d'où montait le chant d'espérance du vieil hymne écossais.

Un long silence suivit la dernière strophe. Puis les officiers indiens se dirigèrent vers la porte de la salle de bal, leur verre à la main, et se rangèrent sur les marches qui conduisaient vers la sortie. Un à un, les officiers pakistanais passèrent devant cette haie d'honneur et s'enfoncèrent dans la nuit. Au passage de chacun d'eux, les Indiens levaient leurs verres pour un dernier toast silencieux.

Ils se reverraient en effet, comme ils se l'étaient promis, mais beaucoup plus vite et dans des circonstances bien différentes de celles qu'ils avaient imaginées. Ce n'était pas sur les terrains de polo de Lahore que se retrouveraient les anciens de l'Armée des Indes, mais sur les champs de bataille du Cachemire. Là, les fusils des deux cipayes du trophée d'argent ne seraient plus braqués sur un ennemi commun, mais tournés l'un contre l'autre.

11

« *Sur le coup de minuit,* *quand dormiront les hommes...* »

Huitième station du chemin de croix de Gandhi
« Gandhi, tu es un traître ! »

Trente-six heures avant l'Indépendance, au début de l'après-midi du mercredi 13 août, Gandhi quitta son refuge de l'*ashram* de Sodepur, au milieu des cocotiers, pour se lancer à la conquête du « miracle ».

Sa destination était toute proche. C'était Calcutta, cette métropole de deux millions et demi d'habitants qui avait été, pendant des générations, la grande capitale des Indes, le centre des lettres et des arts, des sciences et de la philosophie. Mais, en cet été troublé, Calcutta était aussi un lieu qui pouvait sembler la manifestation de l'enfer sur la terre, un bidonville maudit de « La cité des nuits d'horreur » de Rudyard Kipling.

Là, dans l'indigence et l'abomination de la ville qui s'était montrée la plus violente du monde, la douce voix de l'archange de la non-violence espérait accomplir le prodige que ni l'armée ni la police du vice-roi ne pouvaient réaliser. Une nouvelle fois, l'artisan de l'indépendance de l'Inde se préparait à offrir sa vie à ses compatriotes, pour les délivrer non plus des Anglais mais de la haine qui empoisonnait leurs cœurs.

Calcutta vénérait la brutalité sanguinaire jusque dans ses légendes et le choix des dieux qu'elle adorait. Sa sainte patronne était Kali, la déesse hindoue de la destruction, féroce buveuse de sang dont les statues s'ornaient de guirlandes de serpents et de crânes humains. Chaque jour, des milliers de personnes se prosternaient devant ses autels. Dans le passé, des enfants avaient été immolés en son honneur et ses adeptes lui sacrifiaient encore des animaux avant de se barbouiller de leur sang la tête et le front.

Au-delà d'une apparence de prospérité, la triste réalité s'affirmait : la ville était le taudis le plus inhumain du monde. Depuis des générations, elle attirait dans ses *basti* — ses bidonvilles — les populations faméliques des marécages du Bengale et des plaines desséchées du Bihar. Les belles pelouses du parc Maidan, les élégantes demeures de style géorgien et les riches bâtiments des grandes sociétés commerciales de l'avenue Chowringhee étaient une façade aussi artificielle qu'un décor de cinéma. Immédiatement derrière s'étendait sur des kilomètres un gigantesque dépotoir où la concentration en êtres humains était la plus dense du globe. Deux millions de malheureux y vivaient dans un état de sous-alimentation tel que leur chance de vie n'atteignait pas trente ans. La plupart d'entre eux ne disposaient même pas de la ration alimentaire que les nazis consentaient à leurs victimes aux portes des chambres à gaz. Cette population comptait plus de quatre cent mille mendiants et chômeurs, ainsi que quarante mille lépreux. Tous ces misérables s'entassaient dans des cabanes croulantes, des huttes de boue séchée, des terriers fétides. De sordides venelles servaient de passage, leurs égouts à ciel ouvert débordant d'excréments et d'immondices, domaine privilégié de hordes de rats et d'une vermine grouillante. De rares fontaines laissaient couler une eau toujours polluée. Une fois par semaine, les impitoyables *malik* apparaissaient dans les ruelles pour réclamer les loyers de l'enfer.

D'épouvantables famines marquaient les grandes dates de l'histoire de Calcutta. La plus récente datait de quatre ans. Elle avait fait, avec les épidémies qui l'ont suivie, plus de quatre millions de morts dans le seul Bengale. Des centaines de milliers d'habitants s'étaient traînés jusqu'aux poubelles des riches et les dépôts d'ordures pour y chercher de quoi survivre. Hallucinées par la faim, des familles entières s'étaient désintégrées, des mères avaient tué les enfants qu'elles ne pouvaient plus nourrir, des hommes avaient mangé des chiens et des chiens avaient dévoré des vieillards moribonds.

A l'heure même où l'Inde se préparait à célébrer sa liberté, hommes, femmes et enfants continuaient à mourir de faim dans les rues de Calcutta. Le choléra, la tuberculose, la dysenterie y fauchaient chaque année plus de vies que l'Inde n'en avait perdu dans sa lutte contre la colonisation britannique.

Les taudis de Calcutta avaient toujours sécrété toutes les formes de la violence, mais les massacres d'août 1946 avaient donné à cette violence une nouvelle dimension, la nourrissant, cette fois, de la haine religieuse. Depuis, Hindous et Musulmans s'observaient dans une méfiance et une terreur de tous les instants. Pas un jour ne s'écoulait sans apporter sa sinistre moisson de cadavres. Armés de couteaux, de revolvers, de mitraillettes, de bouteilles incendiaires ou de crochets d'acier baptisés « dents de tigre » qui permettaient d'arracher les yeux d'un adversaire, les bandes des deux communautés se préparaient à plonger la ville dans un nouveau bain de sang.

C'est peu après trois heures de l'après-midi, le 13 août, qu'arriva dans une vieille Chevrolet l'homme qui voulait tenter d'empêcher ce carnage. La voiture longea une longue succession de façades lépreuses et s'arrêta devant une grille portant le numéro 151 sur Beliaghata Road. Là, au milieu d'une sorte de terrain vague transformé en cloaque par la mousson, s'élevait une vaste construction menaçant ruine, maison délabrée surgie d'un décor de Tennessee Williams.

Avec sa terrasse bordée de balustres et ses pilastres doriques, Hydari Mansion avait autrefois incarné le rêve palladien de quelque marchand anglais, transposé sous les tropiques. Son propriétaire actuel, un riche Musulman, l'avait depuis longtemps abandonnée aux rats, aux serpents et aux cafards. On avait hâtivement balayé les immondices qui souillaient toutes les pièces et réparé la commodité qui avait recommandé cette maison à l'attention du Mahatma : les W.-C., une rareté dans les quartiers populaires de Calcutta. C'est de cette demeure environnée de puanteur, de vermine et de boue, que Gandhi allait s'efforcer de réaliser un prodige.

Ceux dont dépendait ce miracle étaient déjà là, attendant depuis des heures l'arrivée de l'illustre visiteur. Ils étaient tous hindous et beaucoup d'entre eux avaient eu un parent massacré, une femme ou une fille violées par des Musulmans pendant les émeutes de l'été précédent. A l'approche de la voiture, ils commencèrent à crier le nom de Gandhi. Mais, pour la première fois en Inde, ce nom ils ne l'acclamaient pas. Ils le conspuaient. Leurs visages déformés par la rage et la haine, ils hurlaient : « Gandhi, tu es un traître ! Va sauver nos frères hindous de Noakhali ! Protège les Hindous, pas les Musulmans ! » En même temps, une pluie de pierres s'abattait sur la voiture de celui que la moitié du monde considérait comme un saint.

Une des portières s'ouvrit alors et la silhouette familière apparut. Ses lunettes au bout du nez, une main retenant le pan de son *dhoti,* l'autre levée en signe de paix, le frêle vieillard de soixante-dix-sept ans s'avança seul vers la foule hostile.

— Vous me voulez du mal, alors je viens à vous, déclara-t-il.

A ces mots, les manifestants se figèrent. Celui dont la voix aiguë avait plaidé pour l'Inde devant des souverains et des vice-rois entreprit de prêcher la raison à ses frères de race.

— Je suis venu ici pour défendre les Hindous autant que les Musulmans. Je vais me placer sous votre protection. Vous avez parfaitement le droit de vous retourner contre moi, si vous le voulez. J'ai presque atteint la fin du voyage de ma vie. Je n'ai plus beaucoup de route à faire. Mais je préfère mourir tout de suite que de vous voir sombrer dans la folie.

Il expliqua ensuite que, par sa présence à Calcutta, il sauvait aussi les Hindous de Noakhali. Les chefs musulmans, coupables du massacre de tant d'Hindous, lui avaient donné leur parole : pas un seul Hindou ne serait en danger là-bas le 15 août. Ils savaient qu'il jeûnerait jusqu'à la mort s'ils trahissaient leur promesse.

Fort de cette assurance, il avait accepté de venir à Calcutta. De la même manière qu'il avait confié aux chefs musulmans de Noakhali la responsabilité morale de la sécurité des Hindous vivant parmi eux, il allait à présent essayer de persuader les Hindous de Calcutta de protéger leurs concitoyens musulmans. S'ils refusaient d'entendre son appel, s'ils déclenchaient le massacre qu'ils avaient annoncé, qu'ils sachent que ce serait au prix de sa vie à lui.

Telle était l'essence de sa stratégie de non-violence : un contrat entre les adversaires et sa vie offerte en garantie du respect de leurs engagements. Avec sa menace de se laisser mourir de faim, Gandhi avait introduit dans l'arène politique la vieille sagesse des *rishi* : « Si tu fais cela, c'est moi qui meurs. »

— Comment pourrais-je, moi qui suis un Hindou par ma naissance, l'Hindou des Hindous dans ma façon de vivre, être un ennemi des Hindous ? demanda-t-il à la foule en colère.

Le raisonnement de Gandhi, l'extrême simplicité de son point de vue parurent embarrasser les manifestants. Après avoir promis de s'entretenir avec leurs représentants, Gandhi et ses disciples entrèrent s'installer dans leur nouvelle demeure.

Le répit fut de courte durée. L'arrivée de Sayyid Suhrawardy, le Musulman le plus honni des masses hindoues, provoqua une nouvelle explosion de fureur. Les émeutiers bombardèrent la maison de projectiles. Une pierre pulvérisa l'un de ses rares carreaux, parsemant d'éclats de verre la pièce où se trouvait Gandhi. Accroupi sur le sol, imperturbable, le Mahatma continuait à rédiger sa correspondance. Un tournant dramatique venait pourtant de se produire dans son existence. En ce torride après-midi d'août, pour la première fois depuis son retour d'Afrique en 1915, et à quelques heures seulement du but de la longue marche de l'Inde vers la liberté, une foule de son pays s'était dressée contre lui.

*

— Votre Excellence, les conspirateurs sont prêts à passer à l'action.

L'Anglais qui faisait cette révélation au vice-roi sur la piste de l'aérodrome de Karachi était le chef du C.I.D., le bureau d'investigation criminelle. Mountbatten l'entraîna aussitôt à l'écart des personnalités venues l'accueillir.

Tous les renseignements en leur possession, précisa l'inspecteur, confirmaient le rapport que Mountbatten avait reçu à New Delhi : une bombe au moins, et probablement plusieurs, devaient être lancées sur la voiture découverte à bord de laquelle Jinnah et lui-même allaient parcourir les rues de Karachi le lendemain matin jeudi 14 août. Malgré des efforts acharnés, on n'avait pas réussi à appréhender un seul des fanatiques hindous que le R.S.S.S. avait introduits dans la ville pour commettre cet attentat.

A l'extrême agacement de son mari, Edwina s'était glissée derrière lui. Elle avait surpris la confidence.

— Je t'accompagnerai dans la voiture, annonça-t-elle.

— Sûrement pas, répliqua vivement Mountbatten. Il n'y a aucune raison pour que nous soyons tous les deux déchiquetés.

Sans prêter attention à cet échange, l'inspecteur poursuivit :

— Jinnah persiste à vouloir une voiture découverte. A l'allure très lente du cortège officiel, nos moyens de vous protéger seront plutôt limités.

Il n'y avait qu'une seule façon, selon lui, d'éviter une catastrophe.

— Votre Excellence, supplia-t-il, il faut absolument que vous persuadiez Jinnah d'annuler son défilé.

*

Quelques heures après qu'une foule en colère eut lapidé le plus illustre Indien du siècle, en ce matin du jeudi 14 août, à trois mille kilomètres de Calcutta, dans la ville de Karachi, le principal adversaire politique de Gandhi se préparait à savourer sa victoire.

Mohammed Ali Jinnah l'avait emporté sur le vieillard désespéré de la maison croulante de Beliaghata Road. En dépit de Gandhi, en dépit de tous les impératifs de la raison et de la logique, en dépit surtout du mal implacable qui dévorait ses poumons, Jinnah avait partagé les Indes. Dans un instant, un austère édifice de Karachi allait accueillir la naissance de la plus grande nation musulmane du monde. Rassemblés sur les travées de l'hémicycle en forme de coquille, se trouvaient les représentants des soixante-dix millions de citoyens auxquels Jinnah avait donné un pays.

Pittoresque assemblée ! Solides Panjabis en bonnet d'astrakan gris et longs *sherwani* blancs boutonnés jusqu'au cou comme des soutanes ; imposants Pathans : Wazirs, Mahsuds ou Afridis, avec leurs larges turbans vert et or, et leurs visages parcheminés, barrés de superbes moustaches ; petits Bengalis à peau noire, représentants d'une province lointaine que Jinnah n'avait jamais visitée et d'un peuple dont il se méfiait ; vieux chefs de tribus balouches ; femmes de la vallée de l'Indus, la tête voilée du *burqa* de satin ajouré, femmes du Panjab en *salwar* pailleté d'or sur d'amples culottes bouffantes.

A côté de Jinnah, était assis l'Anglais auquel il avait arraché son État. Pour cette première cérémonie d'un calendrier de fêtes qui allait, en trente-six heures, mettre fin à trois siècles et demi de présence britannique, Mountbatten avait revêtu son grand uniforme d'amiral étincelant de décorations.

Le dernier vice-roi des Indes se leva pour transmettre les bons vœux du roi de Grande-Bretagne au plus jeune de ses dominions. Puis, célébrant un événement qu'il avait tout fait pour éviter, il s'écria :

— La naissance du Pakistan est un grand moment. L'Histoire semble parfois avancer à la vitesse infiniment lente d'un glacier, parfois elle se précipite à l'allure d'un torrent. Aujourd'hui, dans cette partie du monde, nos efforts conjugués faisant fondre la glace et chassant les obstacles, nous ont portés au cœur du courant. Il n'est plus temps de regarder en arrière. Il est seulement temps de regarder en avant.

Se tournant alors vers Jinnah dont le visage ne trahissait pas plus d'émotion qu'un masque mortuaire, Mountbatten rendit hommage au père du Pakistan.

— Nos étroites relations, déclara-t-il, la confiance et la compréhension mutuelles qui en ont résulté constituent, je crois, le meilleur garant de nos rapports futurs.

En prononçant ces compliments de rigueur, Mountbatten ne pouvait s'empêcher de penser qu'il allait, dans quelques instants, risquer sa vie à cause de l'entêtement de l'homme auquel ils étaient destinés. Le vice-roi n'avait pas davantage réussi à persuader Jinnah de renoncer à son dangereux défilé qu'il n'avait pu lui faire abandonner son rêve de créer le Pakistan.

Annuler la procession ou traverser sa capitale à toute allure dans une voiture fermée aurait paru indigne au premier chef d'État du Pakistan. Jinnah refusa de laisser ainsi déprécier l'avènement de la nation pour laquelle il avait tant lutté. Qu'il le veuille ou non, Mountbatten allait devoir exposer sa vie dans une voiture découverte aux côtés d'un homme qu'il n'avait jamais compris.

— Le moment est venu de nous dire adieu, conclut-il. Puisse le Pakistan prospérer toujours... puisse-t-il rester ami avec ses voisins et avec toutes les nations du monde.

Ce fut ensuite au tour de Jinnah. Dans son *sherwani* blanc boutonné jusqu'au cou, il faisait penser au pape Pie XII. Certes, l'Angleterre et les peuples qu'elle avait colonisés se séparaient en amis, reconnut-il, « et j'espère sincèrement que nous resterons des amis ». Il promit que le Pakistan observerait la vieille tradition musulmane de tolérance pour les autres croyances.

— Le Pakistan ne mesurera jamais son amitié à ses voisins ni au reste du monde, conclut-il.

A peine l'écho de ces promesses s'était-il éteint que l'aventure commençait. Les deux hommes dont les volontés s'étaient si souvent heurtées franchirent côte à côte la massive porte en teck de l'édifice. Au pied du perron attendait la Rolls-Royce noire découverte qui devait les accueillir pour une dernière épreuve commune. « Cette damnée voiture ressemble à un corbillard », songea Mountbatten. Une seconde, il regarda sa femme. Il avait donné au chauffeur de la voiture d'Edwina l'ordre formel de rester à bonne distance de la Rolls. Mais il était certain qu'elle trouverait un moyen pour l'obliger à désobéir.

Tandis qu'il s'avançait vers le long véhicule, apparemment très serein, toute une série d'images hideuses traversa sa mémoire : souvenir du cortège de 1921, quand une même bombe avait menacé la voiture du prince de Galles, visions d'attentats ressuscitées par ses recherches généalogiques familiales qui avaient été sa détente préférée aux Indes. L'une des branches portait le nom de son grand-oncle, le tsar Alexandre II, avec la mention « Décédé le

13 février 1881 ». Ce jour-là, Alexandre II avait été réduit en charpie sur une avenue de Saint-Péters-bourg par une bombe jetée dans son carrosse découvert. Plus loin sur la même branche, se trou-vait le nom d'un autre oncle, le grand-duc Serge, tué en 1904 à Moscou par la machine infernale d'un anarchiste dans des conditions presque semblables. Une autre branche portait le nom de sa cousine Ena qui, le jour de son mariage avec Alphonse XIII d'Espagne, avait eu sa robe de mariée éclaboussée par le sang et les lambeaux de chair du postillon victime de la bombe lancée sur son carrosse. Fan-tômes de son passé familial, ces funèbres évocations s'engouffraient dans la Rolls-Royce en même temps que le jeune vice-roi.

Au moment où la voiture démarrait, son regard croisa celui de Jinnah. Ils n'échangèrent pas un mot. Il n'avait jamais connu Jinnah autrement que tendu, mais un courant de plusieurs milliers de volts sem-blait cette fois raidir le leader musulman. Les trente et un coups de canon du salut au vice-roi accompa-gnèrent le cortège dans les avenues de Karachi où les attendait la foule, ivre d'allégresse et de grati-tude, mer de visages anonymes parmi lesquels se cachaient quelque part, à un coin de rue, dans un virage, dans l'embrasure d'une fenêtre, sur un toit, les hommes qui avaient reçu l'ordre de tuer Jinnah. Étiré sur les quatre kilomètres du parcours, un cor-don de soldats présentait les armes. Mais ils tour-naient le dos à la foule et ne pouvaient empêcher un terroriste de jeter une bombe.

Louis Mountbatten avouerait un jour que les trente minutes de cette promenade lui avaient paru durer vingt-quatre heures. La voiture progressait presque au pas entre les grappes humaines débor-dant des trottoirs, perchées sur les lampadaires, les poteaux électriques, les toits, massées aux fenêtres et sur les balcons. Inconscients du drame que vivaient les deux héros qu'ils acclamaient, les Musulmans en délire criaient des *Zindabad* à l'adresse du Pakistan, de Jinnah et de Mountbatten.

Pris au piège, les deux hommes d'État s'enfonçaient dans ce tunnel de visages, cet étroit goulet d'où pouvait à chaque seconde jaillir la mort. Obligés de répondre à l'allégresse populaire, ils ne pouvaient faire autrement que de jouer la comédie, et manifester eux aussi leur joie et leur gratitude. Mountbatten n'oublierait jamais cette expérience : pendant tout le défilé il agita son bras en arborant un radieux sourire, mais ses yeux ne cessaient de scruter les visages et les gestes autour de lui à la recherche d'une expression inquiétante, d'un mouvement suspect, de quelque indice qui lui révélât : « C'est ici que ça va se passer. »

« Lequel est-ce ? se demandait-il. Est-ce celui à qui j'adresse un salut ? Ou cet autre à côté ? » Son regard s'attardait sur tout ce qui pouvait paraître insolite au milieu de cette multitude en fête : un homme qui ne souriait pas ou qui souriait trop... celui-ci qui était trop calme, cet autre trop agité... ou peut-être encore celui-là dont le vêtement étranger tranchait sur ceux qui l'entouraient. De stupides réflexions traversèrent son esprit. Il se souvint que le secrétaire d'un gouverneur du Bengale avait un jour intercepté en plein vol la bombe d'un assassin et l'avait renvoyée, mais cette prouesse lui rappela qu'il n'avait jamais été capable, lui, de rattraper une balle de cricket. Il pensait à sa femme, derrière lui, et se demandait si, comme il en était persuadé, elle avait contraint son chauffeur à enfreindre ses ordres. Il n'osait pas interrompre sa surveillance pour se retourner et le vérifier. Sans cesse, ses yeux continuaient à scruter l'horizon derrière la foule, guettant l'apparition soudaine d'un morceau de métal dans le ciel.

Quand il vit déboucher le cortège depuis le balcon de son hôtel sur Victoria Road, un homme serra la crosse du colt 45 qui gonflait la poche de sa veste. Tandis que ses yeux surveillaient les silhouettes gesticulant aux fenêtres de la maison d'en face, son pouce fit lentement sauter le cran d'arrêt de son arme. Lorsque la Rolls-Royce se rapprocha, G.D. Savage, le jeune officier de police qui était venu à New Delhi révéler au vice-roi le complot d'un attentat contre Jinnah, fit une prière. Il n'avait en fait aucun droit de détenir ce revolver. Son service s'était achevé vingt-quatre heures plus tôt. Il se préparait à rentrer chez lui, en Angleterre.

Dans la voiture, Mountbatten et Jinnah continuaient à masquer leur appréhension en souriant gracieusement et en saluant la foule. Ils étaient si préoccupés qu'ils n'avaient pas encore échangé un seul mot. La vanité, que ses détracteurs considéraient comme son pire défaut, constituait en cet instant le meilleur réconfort du vice-roi : « Ces gens m'aiment, se disait-il. Après tout, je leur ai donné leur indépendance ! » Il se persuadait sincèrement qu'il ne pouvait se trouver dans cette foule un seul homme qui puisse accepter de le tuer en voulant assassiner Jinnah. Sa présence dans cette voiture n'était-elle pas la meilleure sauvegarde du chef d'État musulman ? « Ils ne vont pas tenter de le tuer, se répétait-il, car ils savent qu'ils risqueraient de me tuer aussi. »

Sur son balcon, Savage retint son souffle tandis que la voiture passait sous ses pieds. Il garda la main crispée sur la détente de son arme jusqu'à ce que la Rolls eût dépassé la portée de tir lui permettant d'offrir aux passagers une quelconque protection. Après quoi, il rentra dans sa chambre et se versa quatre bons doigts de scotch.

Un silence menaçant succédait à présent au déferlement des *Zindabad*. « Un quartier hindou, c'est ici que cela va arriver », se dit Mountbatten. Pendant cinq minutes interminables, le cortège traversa les foules muettes d'Elphinston Street, la principale artère commerçante de Karachi. Presque toutes ses boutiques et ses étalages appartenaient à des Hindous ruinés et terrorisés par l'événement que célébraient aujourd'hui leurs voisins musulmans.

Aucune bombe n'explosa. Avec le soulagement d'un marin apercevant le phare d'un port après la tempête, Mountbatten vit enfin les hautes grilles du palais de Jinnah apparaître devant le capot de la Rolls-Royce. La promenade la plus éprouvante de sa vie était terminée.

Quand la voiture s'immobilisa, un sourire illumina pour la première fois le masque glacial que le vice-roi avait toujours connu au leader musulman. Posant ses longues mains osseuses sur le genou de l'Anglais, Jinnah murmura :

— Dieu soit loué, je vous ai ramené vivant !

« Quel sacré culot ! » pensa Mountbatten.

— *Vous* m'avez ramené vivant ? s'étonna-t-il. Mais, par Dieu, c'est *moi* qui vous ai ramené vivant[1] !

---

1. Au cours de leurs nombreuses recherches afin de découvrir pourquoi l'attentat de Karachi n'avait pas été exécuté, les auteurs de ce livre n'ont pu recueillir qu'un seul témoignage, celui de Pritham Singh, un réparateur sikh de bicyclettes. Pritham Singh fut arrêté par le C.I.D. pour avoir participé au déraillement de trains pakistanais. Il assura que l'organisation extrémiste R.S.S.S. avait bien introduit ses tueurs à Karachi, mais que leur chef, dont la grenade devait donner le signal du bombardement général de la voiture, renonça à lancer son engin quand il vit Mountbatten assis à côté de Jinnah dans la Rolls-Royce.

*

Neuvième station du chemin de croix de Gandhi
« Un jour de deuil »

Comme toujours, il était à l'heure. Le 14 août, à cinq heures précises de l'après-midi, la frêle silhouette de Gandhi apparut à la porte de Hydari Mansion. Légèrement voûté, s'appuyant sur ses « béquilles », ses deux petites-nièces Abha et Manu, il se fraya un chemin à travers la foule qui l'attendait dans la cour de la maison.

La cérémonie qu'il se préparait à célébrer était un événement aussi immuable que tous ceux qui composaient la vie méticuleusement réglée du Mahatma. Alors que Lénine avait préparé sa révolution du fond de sa cellule, alors que les nazis avaient galvanisé leurs troupes au cours des manifestations grandioses de Nuremberg, Gandhi avait conduit l'Inde dans sa longue marche vers la liberté en lui proposant chaque soir une simple réunion de prière.

Dans les villes et les villages, dans les taudis de Londres ou les prisons britanniques, ces réunions de prière avaient été le trait de génie d'un expert en relations humaines pour établir une communication avec ses fidèles. Il y avait discouru des valeurs nutritives du riz complet, de la malédiction de la bombe atomique, de l'importance d'aller régulièrement à la selle, des sublimes beautés de la Gîtâ, des avantages de la continence sexuelle, des injustices de l'impérialisme et des bienfaits de la non-violence. Répétées de bouche en bouche, publiées dans les journaux, retransmises à la radio, ces allocutions quotidiennes avaient été le ciment de son mouvement, et comme l'évangile du Mahatma.

A présent, dans la cour de cette maison en ruine au cœur de la cité de la haine, il s'apprêtait à prendre la parole à la dernière réunion de prière organisée dans une Inde occupée par les Anglais. Toute la journée, il avait reçu des délégations d'Hindous et leur avait expliqué la nature du contrat de non-violence qu'il proposait à Calcutta, espérant que la répétition inlassable de son message parviendrait à créer un nouvel esprit de fraternité. La présence d'au moins dix mille personnes à cette première réunion de prière à Calcutta indiquait qu'il avait été entendu.

— A partir de demain, nous serons délivrés du joug de la Grande-Bretagne, déclara-t-il. Mais à partir de ce soir à minuit, l'Inde se trouvera divisée. Demain sera un jour de fête, mais aussi un jour de deuil.

Il avertit ses fidèles que l'indépendance allait placer sur les épaules de chacun de lourdes responsabilités.

— Si Calcutta parvient à retrouver la raison et à sauvegarder la fraternité, peut-être l'Inde entière pourra-t-elle être sauvée. Mais, si les flammes d'un combat fratricide embrasent le pays, comment notre liberté toute neuve survivrait-elle ?

L'homme qui avait été le maître d'œuvre de cette liberté révéla à ses partisans que, personnellement, il ne participerait pas aux réjouissances de l'Indépendance de l'Inde. Il demanda à ses disciples de passer comme lui cette journée historique « en jeûnant et en priant pour le salut de l'Inde, et en filant le plus possible, car c'était cette chère roue en bois qui était le mieux à même de sauver leur pays du désastre ».

En dépit des *Pakistan Zindabad* qui avaient suivi

la voiture de Jinnah à travers les rues de Karachi, la naissance du Pakistan se déroula au milieu d'une apathie surprenante. Étrangement, ce fut au Bengale musulman, dans ce territoire devenu le Pakistan oriental — qui serait un jour le champ de bataille de la guerre du Bangladesh — que l'atmosphère fut la plus joyeuse. Khwaja Nazimuddin, le nouveau Premier ministre de la province, quitta Calcutta pour Dacca, la nouvelle capitale, à bord d'un minuscule vapeur décoré de drapeaux de la Ligue musulmane qui louvoya pendant des heures à travers les eaux du delta du Gange gonflées par la mousson. Chaque fois que la petite embarcation s'immobilisait devant les huttes d'un village, la population accourait dans un concert d'acclamations et de *Pakistan Zindabad*. « Tout le monde chantait, se souvient le fils de Nazimuddin, et il y avait du bonheur dans tous les yeux. »

A Lahore, capitale d'un Panjab que l'ignorance du tracé exact de la frontière rendait plus fiévreuse que jamais, l'Anglais Bill Rich achevait sa mission de commissaire de police. Avec le concours des policiers restés à leur poste, il avait vainement tenté de maîtriser la violence. Mais dans l'enfer de cet été sans mousson, la peur et la haine submergeaient la cité des Mille et Une Nuits des rois mogols. L'Anglais consigna dans un registre le résumé des derniers incidents dont il avait été témoin, triste rapport qu'il léguait à la postérité. Puis il appela son successeur musulman.

Bill Rich sortit le formulaire de la passation des pouvoirs. Le document était divisé en deux. Sur la partie gauche, il inscrivit : « J'ai transmis mes pouvoirs ce jour, jeudi 14 août 1947 », et signa. L'Anglais salua le Musulman, serra la main des quelques collaborateurs qui étaient encore présents puis s'en alla tristement.

Dominant son épuisement, Jinnah passa l'après-midi à parcourir une à une les pièces de l'immense demeure de Karachi qui allait devenir à minuit sa résidence offcielle. Rien n'échappait à son regard. En épluchant l'inventaire, il découvrit qu'il manquait un jeu de croquet. Furieux, il appela son aide de camp et donna son premier ordre de gouverneur général du Pakistan : retrouver et remettre en place les maillets et les arceaux disparus.

L'homme qui le premier avait conçu le « rêve impossible » du Pakistan passa, lui, la journée du 14 août seul dans son modeste cottage de Cambridge en Angleterre. Il n'y aurait jamais de parades triomphales dans les rues de Karachi pour l'éternel étudiant Rahmat Ali, aucune foule ne lui manifesterait sa gratitude. Son rêve appartenait désormais à un autre homme, celui qui l'avait repoussé quand il lui avait proposé de devenir le champion de la libération de son peuple. Rahmat Ali occupa ce jour de gloire où son ambitieux projet était devenu réalité à rédiger un tract condamnant Jinnah pour avoir accepté le partage du Panjab. Mais il jouait une partie perdue d'avance. Tout un peuple reconnaissant allait bientôt dépenser l'équivalent d'un demi-milliard de francs pour construire à Karachi un mausolée à la mémoire de Mohammed Ali Jinnah. Pour le visionnaire qui avait inventé le Pakistan, il n'y aurait un jour qu'une tombe anonyme dans un cimetière de Newmarket, Angleterre.

*

Ils se mirent en route au coucher du soleil. Sautillant comme un échassier, un joueur de flûte escortait la voiture à travers les rues encombrées de New Delhi. Tous les cent mètres, il s'arrêtait, s'accroupissait à même l'asphalte et faisait vibrer la poussière avec l'air qui s'échappait de son instrument tandis qu'au fond de la voiture, les deux passagers gardaient une indifférence céleste. C'étaient deux *sannyasin,* ces hommes qui, au soir de leur vie, quittent leurs familles, abandonnent leurs biens et partent sur les routes dans un dénuement total en quête de l'absolu. Avec leur poitrine nue, leur front couvert de cendres, leurs longs cheveux emmêlés tombant comme de l'étoupe sur de maigres épaules, ils étaient les pèlerins d'une Inde séculaire. Leurs seules possessions étaient un long bâton à sept nœuds, une gourde d'eau et une peau d'antilope[1]. Dès qu'une silhouette en sari apparaissait à la vitre de leur taxi, ils détournaient le regard. Ils appartenaient à l'une des sectes les plus anciennes de l'Inde et les règles de leur ordre étaient si strictes qu'ils devaient non seulement renoncer à toute présence féminine, mais ils n'avaient même pas le droit de regarder une femme. Chaque matin, ils se couvraient de cendres, en rappel de la nature éphémère du corps humain. Ils vivaient d'aumônes, consommant, sans jamais s'asseoir, leur unique repas quotidien : quelques gorgées de *pancha-gavia,* breuvage sacré composé de cinq dons bienfaisants de la vache, le lait, le yoghourt, le *ghî* (beurre clarifié), l'urine et la bouse.

L'un de ces saints hommes portait, ce soir du 14 août, un plateau en argent massif sur lequel était pliée une écharpe de soie blanche brodée d'or, le *pitambaram,* le vêtement de Dieu. L'autre tenait un sceptre sculpté, un vase d'eau sainte provenant de la rivière de Tanjore, un petit sac de cendres et un

1. L'antilope et le tigre sont considérés par les Hindous orthodoxes comme des animaux particulièrement purs. L'utilisation de leur peau comme natte n'occasionne aucune souillure.

autre de riz bouilli qui avaient été bénis par Nataraja, le Seigneur de la danse, dans son temple de Chindambaram, près de Madras.

La petite procession traversa les rues de la capitale jusqu'à la porte d'une modeste villa, au 17 York Road. C'est là que les émissaires d'une Inde pétrie de superstition et de magie avaient rendez-vous avec le prophète d'une Inde nouvelle, l'Inde de la science et du socialisme. De même que les saints hommes d'autrefois étaient appelés à consacrer dans leurs pouvoirs les anciens rois de l'Inde, de même les *sannyasin* étaient venus ce soir offrir la consécration par les antiques insignes de l'autorité à l'homme qui allait assumer la direction d'une nation indienne moderne.

Ils aspergèrent Jawaharlal Nehru d'eau bénite, oignirent son front de cendres sacrées, placèrent leur sceptre entre ses mains et le drapèrent dans le vêtement de Dieu. Pour celui qui n'avait jamais cessé de proclamer l'horreur que le seul mot de « religion » lui inspirait, ces rites étaient la désolante manifestation de tout ce qu'il reprochait à son pays. Nehru s'y soumit toutefois avec humilité, estimant peut-être que, dans les heures difficiles qui l'attendaient, aucun secours ne devait être repoussé, même celui des forces occultes auxquelles il ne croyait pas.

Dans les garnisons, les résidences, les bureaux officiels, dans les bases navales, au fort William de Calcutta, d'où était partie la conquête de l'Inde, au fort Saint-Georges de Madras, au palais de Simla, au Cachemire, au Nagaland, au Sikkim et dans les jungles d'Assam, des milliers de drapeaux britanniques furent amenés pour la dernière fois au bas de leurs mâts. Aucune cérémonie officielle n'accompagna la disparition dans le ciel indien du pavillon qui, pendant trois siècles et demi, avait symbolisé le règne de la Grande-Bretagne sur cette partie du monde. Mountbatten avait exigé qu'il en fût ainsi. Nehru lui-même, soucieux de « ne pas offenser les susceptibilités anglaises », avait interdit toute manifestation.

Le lendemain au lever du soleil, l'Union Jack était partout remplacé par l'emblème safran, blanc et vert de l'Inde indépendante.

Sur les hauteurs de la passe de Khyber, le capitaine Kenneth Dance, officier en second des *Khyber Rifles,* seul Anglais toujours en poste en ces lieux, écoutait les sept coups de gong qui résonnaient dans le silence vespéral. Conformément à une vieille tradition de l'Armée des Indes, ce gong avait sonné chaque heure du jour depuis des décennies, à l'attention des cipayes indigènes qui ne pouvaient s'acheter de montre et de ceux, plus nombreux encore, qui n'auraient su lire l'heure. Au dernier coup, Dance grimpa dans le poste de garde au sommet du fort de Landi Kotal. Un clairon s'y tenait prêt à sonner la retraite. Au-dessous des deux hommes, au pied des remparts, la route sinueuse se glissait vers le col, en direction de Jamrud et du défilé par lequel, depuis plus de trente siècles, les envahisseurs avaient fondu sur les plaines des Indes. Dans de nombreux virages, des écussons sculptés dans le rocher y commémoraient les batailles livrées par l'armée à laquelle appartenait Dance, rappelant les sacrifices de ses compatriotes tombés pour la défense de ce passage historique.

Le clairon se mit au garde-à-vous et leva son instrument. Le cœur serré, Dance amena le drapeau à l'appel de la sonnerie. Il le détacha et le plia soigneusement, bien décidé à le rapporter « en lieu sûr en Angleterre, d'où il était venu ». Puis il offrit à son régiment une grosse cloche en cuivre qu'il avait achetée chez un shipchandler de Bombay, pour remplacer le gong du poste de garde. Il y avait fait graver un bref hommage : « Au *Khyber Rifles Regiment* de la part du capitaine Kenneth Dance, 14 août 1947. »

Presque à l'autre extrémité des Indes ce même soir, un drapeau britannique descendait de son mât pour la première fois en quatre-vingt-dix ans. La résidence du gouverneur de Lucknow était le sanctuaire de l'Inde impériale, le reliquaire des plus glorieux souvenirs de l'Empire, la citadelle dont la ténacité avait incarné la puissance de l'Angleterre face à l'adversité. Personne n'avait relevé ses ruines, religieusement préservées depuis ce jour de 1857 où les mille survivants de sa garnison avaient acclamé la colonne de secours qui les délivrait du siège de quatre-vingt-sept jours imposé par les mutins indiens.

Nouveau gouverneur indien de la province, une femme assistait à la descente du drapeau. Poétesse célèbre, Sarojini Naidu avait été l'un des premiers disciples de Gandhi. Elle avait participé à ses *hartal,* mis le feu à des piles de vêtements *made in England ;* elle était présente sur la plage où, dans un geste de défi, le Mahatma avait brandi vers le ciel son poing rempli de sel. Sur elle s'étaient abattus les coups des *lathi* anglais, et elle avait passé près de deux années dans les prisons britanniques. Toute sa vie avait été ordonnée en fonction de cet instant : voir disparaître le drapeau anglais du ciel indien.

Et pourtant, cette Indienne endurcie par tant de luttes sentit des larmes couler le long de ses joues.

Les soldats du détachement d'honneur replièrent avec soin le drapeau. Mountbatten avait ordonné qu'il fût envoyé au roi George VI comme dernier souvenir de cet Empire des Indes qu'il n'avait pu visiter. Puis le commandant s'empara lui-même d'une hache : jamais l'emblème d'une autre nation ne pourrait flotter au mât sacré de Lucknow.

*

Jawaharlal Nehru venait à peine d'effacer de son front les saintes cendres des *sannyasin* et de se mettre à table pour dîner quand la sonnerie du téléphone retentit dans le bureau de sa villa de New Delhi. La communication était si mauvaise que sa fille Indira l'entendit crier pour se faire entendre. La jeune femme vit son père revenir le visage décomposé. Incapable de parler, il mit sa tête dans les mains et resta un long moment silencieux. Il expliqua enfin, les yeux brillants de larmes, que l'appel venait de Lahore. L'eau des quartiers hindous et sikhs de la vieille ville avait été coupée. Les gens assoiffés devenaient fous dans la chaleur torride de l'été ; les femmes et les enfants qui s'aventuraient hors de leurs *mahalla* pour aller mendier un seau d'eau étaient aussitôt massacrés par la population musulmane. Des incendies ravageaient déjà de nombreux quartiers.

Nehru se lamenta d'une voix à peine audible :

— Comment vais-je pouvoir parler ce soir à la nation ? Comment vais-je pouvoir prétendre que mon cœur se réjouit pour l'indépendance de l'Inde quand je sais que Lahore, notre belle Lahore, est en flammes ?

*

La vision qui hantait Jawaharlal Nehru s'étalait dans toute son horreur devant les yeux d'un jeune officier anglais d'un bataillon de Gurkhas. Franchissant dans sa jeep le pont qui menait à Lahore, le capitaine Robert Atkins dénombra une demi-douzaine d'énormes geysers de flammes qui jaillissaient au-dessus de la ville. Une image lui traversa l'esprit, celle du ciel embrasé de Londres la nuit tragique du grand bombardement d'août 1940.

Derrière Atkins venaient les deux cents hommes de sa compagnie, elle-même avant-garde d'une colonne de jeeps et de camions. Depuis l'aube, ce bataillon fonçait vers Lahore. Il appartenait aux cinquante-cinq mille hommes de la force spéciale créée par Mountbatten pour rétablir l'ordre au Panjab. Le capitaine Atkins traversa Lahore sans rencontrer âme qui vive. Un silence de mort, ponctué seulement par le lointain crépitement des incendies, l'accompagnait.

Scrutant la nuit menaçante, Atkins songea à la dernière soirée qu'il avait passée l'année précédente avec son père, colonel de l'Armée des Indes. Ils avaient discuté de politique en jouant au billard dans le club de Madras. « Les Indes seront bientôt indépendantes, c'est inévitable, avait prédit le colonel, mais ce jour-là, il y aura un horrible bain de sang. »

*

Nul incendiaire n'avait allumé le brasier qui brûlait au cœur de New Delhi dans le jardin de la résidence du président du Parlement indien, le Dr Rajendra Prasad. C'était le Feu sacrificiel, celui qu'avait consacré selon les rites védiques le prêtre brahmane qui psalmodiait des *mantra* devant les flammes. La terre, mère universelle, l'eau, source de la vie, et le feu, essence de l'énergie et de la destruction, composaient la *trimurti,* la Trinité de l'hindouisme. Le feu était un élément indispensable des fêtes rituelles hindoues, le grand purificateur, le véhicule divin ramenant l'homme à ses origines, les cendres dont il était issu. « Ô feu, chantait le prêtre brahmane, tu es le regard des dieux et des sages. Tu as le pouvoir de pénétrer dans les profondeurs les plus cachées du cœur humain pour y découvrir la vérité. »

Tandis que l'incantation montait dans la nuit, les hommes et la femme qui allaient devenir les ministres de l'Inde indépendante défilaient un à un devant le Feu sacré. Un autre brahmane les aspergeait chaque fois de quelques gouttes d'eau. Les fidèles venaient ensuite se présenter devant une jeune fille qui tenait dans les mains une coupe de cuivre contenant de la poudre de vermillon. Elle plongeait le pouce de sa main droite dans la coupe, et apposait respectueusement sur le front de chaque ministre une tache rouge, ce « troisième œil » qui voit la réalité au-delà des apparences. Enfin prêts à remplir la mission qui les attendait, ces hommes et cette femme du premier gouvernement libre de l'Inde pénétrèrent dans l'enceinte pavoisée du Parlement où, dans quelques instants, ils allaient assumer la responsabilité de conduire le destin de plus de trois cents millions d'Indiens.

*

Les derniers documents signés, les ultimes dépêches envoyées, il ne restait plus qu'à emballer les cachets, les sceaux et tous les accessoires de ce qui avait été l'Empire britannique des Indes. Seul dans son cabinet, Lord Mountbatten était songeur. « Je suis encore l'un des hommes les plus puissants du monde, pensa-t-il. De ce bureau, je contrôle pour les dernières minutes de son existence une machine qui a droit de vie et de mort sur un cinquième de l'humanité. » A cette pensée, il se souvint d'un conte de H.G. Wells intitulé *L'Homme qui pouvait faire des miracles*. C'était l'histoire d'un Anglais qui possédait, pour une journée, le pouvoir d'accomplir n'importe quoi.

« Je suis là en train de vivre les derniers moments de cette prodigieuse fonction qui donne aux vice-rois des Indes le pouvoir de faire des miracles, se dit-il. Il faut que j'en fasse un. Mais lequel ? »

Une idée lui vint. « Seigneur Dieu, s'exclama-t-il tout haut, j'ai trouvé. Je vais faire de la bégum de Palanpur une Altesse. » Enthousiasmé par cette perspective, il convoqua sur-le-champ ses collaborateurs.

Mountbatten et le nawab de Palanpur s'étaient liés d'une intime amitié en 1921, pendant le voyage du prince de Galles aux Indes. En 1945, au cours d'un séjour chez son ami le nawab, Mountbatten reçut la visite du résident britannique local. Sans doute la femme du nawab était-elle australienne, expliqua celui-ci, mais elle s'était convertie à l'islam ; elle avait adopté le port du sari ainsi que toutes les autres coutumes régionales, et elle accomplissait une œuvre sociale admirable. Or, le nawab était désespéré : le vice-roi refusait obstinément d'accorder à son épouse le titre d'Altesse, sous prétexte qu'elle n'était pas indienne. A son retour à New Delhi, Mountbatten était personnellement intervenu auprès du vice-roi Lord Wavell. En vain. Londres s'opposait à une faveur susceptible d'inciter de nombreux maharajas à épouser des étrangères.

Dès que ses collaborateurs furent rassemblés dans son bureau, Mountbatten expliqua ses intentions.

— Mais, protesta quelqu'un, vous ne pouvez pas faire cela !

— Qui ose prétendre que je ne le peux pas, répliqua Mountbatten en riant. Suis-je le vice-roi des Indes, oui ou non ?

Il envoya immédiatement chercher un rouleau de parchemin et y fit inscrire les quelques phrases solennelles qui élevaient, « par la Grâce de Dieu », l'épouse australienne du nawab de Palanpur à la dignité d'Altesse.

A onze heures cinquante-huit ce soir du 14 août 1947, Louis Mountbatten apposait son paraphe au bas du document. Quelques minutes plus tard, son emblème personnel de vice-roi, le drapeau britannique orné du blason de l'Étoile des Indes, descendait pour la dernière fois du mât du palais des vice-rois des Indes à New Delhi[1].

Depuis la nuit des temps, bien avant que l'homme ne grave dans la pierre la féerie de ses légendes, la plainte des conques avait salué la naissance de l'aube sur les rivages de l'Inde. Debout dans l'enceinte du parlement, un Indien drapé dans un morceau de *khadi* se préparait aujourd'hui à annoncer à des centaines de millions d'hommes la naissance d'une aube nouvelle. Il portait, au creux du bras, un long coquillage de nacre irisé de rose et de pourpre. Cet homme était le héraut des masses indiennes qui étaient descendues dans la rue pour réclamer la liberté.

1. Il se trouve maintenant dans la fameuse abbaye romane de Romsey, l'église paroissiale du comte Mountbatten de Birmanie.

Au-dessous de lui, à la tribune, se tenait Jawaharlal Nehru. A la boutonnière de son gilet de coton, il avait piqué comme chaque jour — sauf pendant ses neuf années d'incarcération dans les prisons britanniques — une rose, cette fleur devenue son emblème. Sur les murs de l'hémicycle, les portraits officiels des vice-rois des Indes avaient été décrochés et remplacés par des oriflammes safran, blanc et vert.

Sur les travées bondées se pressaient, en saris, en voile de *khadi*, en brocarts princiers, en smoking et en robes du soir, les notables de la nation qui allait naître ce soir. Les populations qu'ils représentaient constituaient un assemblage de races et de religions, de langues et de cultures d'une diversité sans pareille sur la surface du globe. Elles étaient les émanations d'un pays où les plus hautes conquêtes spirituelles se mêlaient à la plus effrayante misère matérielle, un pays dont les plus grandes richesses étaient ses paradoxes, où les hommes étaient plus fertiles que leurs champs ; un pays fou de Dieu et accablé de calamités naturelles d'une ampleur et d'une cruauté sans égales ; un pays chargé d'un riche passé, d'un présent incertain, et dont l'avenir était compromis par plus de problèmes que n'en avait jamais affrontés aucune autre nation au monde. Pourtant, en dépit de tous ces obstacles, de tous ces maux, leur Inde était aussi l'un des symboles les plus vivants et les plus durables de la capacité des hommes à survivre.

Les hommes et les femmes réunis dans l'hémicycle étaient les délégués d'une nation de trois cent trente millions d'habitants. Outre deux cent soixante-quinze millions d'Hindous répartis en trois mille castes et sous-castes — dont quelque soixante-dix millions d'Intouchables et de tribus primitives —

elle comptait trente-trois millions de Musulmans, sept millions de Chrétiens, six millions de Sikhs, cent mille Parsis et vingt-quatre mille Juifs dont les ancêtres avaient fui leur exil de Babylone après la destruction du temple de Salomon.

Rares, dans cette assemblée, étaient ceux qui pouvaient communiquer entre eux dans leur langue natale. Le seul langage commun était l'anglais des colonisateurs. L'Inde allait avoir quinze langues officielles et huit cent quarante-cinq dialectes. L'urdu des députés musulmans du Panjab s'écrivait de droite à gauche, l'hindi de leurs voisins des Provinces unies de gauche à droite, le tamil des Madrassis se lisait parfois de haut en bas, tandis que d'autres écritures se déchiffraient comme des hiéroglyphes. Le sens même des gestes quotidiens était différent. Quand un Madrassi, à la peau foncée des gens du Sud, hochait la tête de haut en bas, il voulait dire « oui ». Quand un habitant du Nord à peau plus claire faisait le même mouvement, c'était pour dire « non ».

L'Inde abritait presque autant de lépreux que la Suisse comptait d'habitants, autant de brahmanes qu'il y avait de Belges en Belgique, assez de mendiants pour peupler toute la Hollande, onze millions de *sadhu,* vingt millions d'aborigènes, dont certains, comme les Nāgā, étaient naguère chasseurs de têtes, neuf millions d'enfants de moins de quinze ans mariés ou veufs. Plus de dix millions d'Indiens menaient une vie semi-nomade. Ils allaient de village en village, exerçant de père en fils les métiers de leur caste, charmeurs de serpents, diseurs de bonne aventure, tziganes, jongleurs, puisatiers, magiciens, funambules, marchands d'herbes médicinales. Trente-huit mille enfants naissaient chaque jour, dont le quart étaient condamnés à mourir avant l'âge de cinq ans. Près de dix millions d'Indiens périssaient chaque année dont beaucoup de malnutrition, ou encore de maladies comme la variole et le choléra, alors pratiquement disparues partout ailleurs.

Leur péninsule était une des régions les plus intensément spirituelles du globe, la terre natale du bouddhisme, mère de l'hindouisme, l'un des grands sanctuaires de l'islam, un territoire où les dieux se manifestaient sous l'apparence d'une collection inimaginable de formes et de symboles, où les pratiques religieuses allaient de la plus haute spéculation métaphysique jusqu'à des sacrifices d'animaux et aussi à des orgies sexuelles pratiquées par certaines sectes ou lors de fêtes rituelles dans certaines campagnes. Le panthéon hindou comprenait trois cent trente millions de divinités, car on ne connaît jamais Dieu, on ne connaît que ses manifestations ; et il se manifeste en toutes choses, à chaque instant de la vie. Il y avait des dieux et des déesses de la danse, de la poésie et de la chanson ; des dieux et des déesses de la mort, de la destruction et des maladies ; des déesses, comme Markhai Devi, aux pieds de laquelle on sacrifiait des chèvres pour endiguer les épidémies de choléra, et des dieux, comme Deva Indra, à qui ses fidèles réclamaient le pouvoir d'imiter les prouesses sexuelles des personnages sculptés sur les frises érotiques des temples. Dieu s'incarnait dans des arbres comme les banians, dans les cent trente-six millions de singes de l'Inde, héros de ses épopées mythologiques, dans ses deux cents millions de vaches sacrées, dans ses serpents, les cobras en particulier, dont le venin tuait chaque année vingt mille de leurs adorateurs. Parmi les trois mille sectes de l'Inde se trouvaient les Zoroastriens, descendants des adorateurs du feu de la Perse antique, et les Jaïns, un rameau réformé de l'hindouisme dont les adeptes considéraient toute existence comme sacrée au point de ne se déplacer qu'avec un masque de gaze sur la bouche, de crainte d'avaler et de tuer un insecte par inadvertance.

La nation que représentaient les députés rassemblés ce soir à New Delhi comprenait quelques-uns des hommes les plus riches du monde, et trois cents millions de paysans qui parvenaient à peine à survivre. Leurs terres, qui auraient pu être les plus prospères du globe, en étaient les plus misérables. Quatre-vingt-trois pour cent de la population était analphabète. Le revenu moyen par personne ne dépassait pas cinquante centimes par jour. Un quart des habitants des deux grandes cités indiennes, Calcutta et Bombay, dormait, faisait ses besoins, accouchait et mourait dans la rue. L'Inde recevait chaque année une moyenne de cent quatorze centimètres de pluie, plus que les plaines de Beauce et les jardins de Touraine, mais cette manne était répartie très inégalement selon les mois de l'année et les régions du pays à tel point qu'elle était souvent inefficace. Un tiers des averses torrentielles de la mousson allait se perdre sans profit dans la mer. Trois cent mille kilomètres carrés, une surface aussi vaste que l'Allemagne, ne recevaient pas plus de vingt centimètres d'eau par an, tandis que d'autres régions étaient noyées sous un déluge qui dévastait chaque année le sol et menaçait de noyer des millions d'hommes.

L'Inde comptait trois des plus grands noms de l'industrie mondiale, les Birla, les Tata et les Dalmia, mais son économie, essentiellement féodale, ne profitait qu'à une poignée de puissants propriétaires terriens et de capitalistes. Ses colonisateurs n'avaient guère fait d'efforts pour industrialiser le pays. Les exportations se limitaient presque uniquement à des cultures industrielles : jute, thé, coton, tabac. La plupart des machines devaient être importées. La consommation d'électricité par habitant était insignifiante, cinquante fois inférieure à celle des Français. Alors que le sous-sol renfermait près du quart des réserves de fer du monde, la production sidérurgique atteignait à peine un million de tonnes par an. L'Inde possédait 6 083 kilomètres de côtes, mais les techniques de pêche y restaient si primitives qu'elles ne pouvaient même pas donner à chaque Indien une livre de poisson par an.

En fait, le seul héritage des colonisateurs britanniques semblait être une accablante collection de problèmes et de malédictions. Personne pourtant, ce soir, dans l'enceinte du parlement indien, ne paraissait nourrir la moindre animosité envers eux, chacun semblait penser que le départ des maîtres de l'Inde allait suffire à alléger le poids des terribles maux qui submergeaient le pays.

L'homme qui allait porter l'écrasante responsabilité de sauver l'Inde de son infortune se leva pour parler. Après son douloureux entretien téléphonique avec Lahore, Jawaharlal Nehru n'avait eu ni le temps ni la force de préparer un discours pour célébrer l'Indépendance. Il improvisa son allocution, laissant parler son cœur.

— Il y a de nombreuses années, déclara-t-il, nous avons donné un rendez-vous au destin et l'heure est venue de tenir notre promesse... Sur le coup de minuit, quand dormiront les hommes, l'Inde s'éveillera à la vie et à la liberté.

Les phrases jaillissaient, éloquentes, vibrantes. Mais pour Nehru, cette heure triomphale avait été irrémédiablement gâchée. « Je me rendais à peine compte de ce que je disais, confiera-t-il. Les mots venaient spontanément, mais mon esprit ne pouvait se détacher de la vision de Lahore en flammes. »

— L'instant est là, poursuivit Nehru, un instant rarement offert par l'Histoire quand un peuple sort du passé pour entrer dans l'avenir, quand une époque s'achève, quand l'âme d'une nation, longtemps étouffée, retrouve son expression. (...) A l'aube de l'Histoire, l'Inde commença une quête sans fin ; depuis la nuit des temps, son passé est témoin de ses efforts, de l'ampleur de ses succès et de ses échecs. A travers ses bonnes comme ses mauvaises fortunes, elle n'a jamais perdu de vue son but, ni oublié l'idéal où elle puise sa force. Aujourd'hui, nous mettons fin à une époque de malheur. L'Inde enfin s'est retrouvée. (...) L'heure n'est pas aux critiques mesquines et destructrices, conclut-il, ni à la rancune ou aux blâmes. Nous devons construire la noble demeure de l'Inde libre, accueillante pour tous ses enfants.

Nehru proposa à l'assemblée de se lever, au douzième coup de minuit, pour prêter le serment de servir l'Inde et son peuple. Dehors, le fracas du tonnerre déchira tout à coup le ciel et fit tomber les cataractes de la mousson sur les milliers d'hommes et de femmes qui s'étaient groupés autour du bâtiment. Trempé jusqu'aux os, le petit peuple de New Delhi attendait stoïquement l'instant fatidique.

Dans l'hémicycle, les deux aiguilles de la vieille pendule britannique surmontant la tribune approchèrent du chiffre romain de la douzième heure. Les délégués du peuple indien qui allait devenir dans quelques secondes la deuxième nation du monde, attendaient eux aussi, dans un silence méditatif.

Tandis que s'éteignait l'écho des douze coups du carillon, le son retentit à travers la salle, appel ancestral surgi de cette nuit des siècles dont avait parlé Nehru. La longue plainte monocorde de la conque annonçait aux représentants de l'Inde millénaire la naissance de leur nation, et au monde, la fin d'une époque coloniale.

Cette époque avait commencé un jour d'été de l'an 1492 dans un petit port d'Espagne. Parti sur l'infini des océans à la recherche de l'Inde, Christophe Colomb avait, par erreur, découvert l'Amérique. Quatre siècles et demi de l'histoire de l'homme portaient l'empreinte de cette découverte et de ses conséquences : l'exploitation religieuse, économique et politique des peuples de couleur à travers le globe par l'Occident chrétien. Aztèques, Incas, Swahilis, Égyptiens, Irakiens, Hottentots, Chinois, Algériens, Birmans, Philippins, Marocains, Vietnamiens, un interminable flot de peuples, de nations, de civilisations que quatre cent cinquante années d'expérience coloniale avaient décimés, appauvris, éduqués, avilis, convertis, enrichis, exploités ou économiquement stimulés, et toujours irrévocablement transformés.

Les multitudes affamées d'un continent en prière venaient d'arracher leur liberté aux architectes du plus grand empire qu'avait produit cette colonisation chrétienne, un empire dont la taille, la population et l'importance écrasaient ceux de Rome, de Babylone, de Carthage et de la Grèce. Désormais, aucun autre empire colonial ne pourrait durer longtemps. Leurs chefs pourraient tenter de s'opposer à la marche de l'Histoire par des discours et par les armes : leurs efforts seraient de vaines et sanglantes tentatives condamnées à l'échec. D'une façon irrévocable, définitive, l'indépendance de l'Inde mettait fin à un chapitre de l'histoire de l'humanité.

Dehors, le déluge avait subitement cessé et la foule manifestait sa joie. Dès que Nehru apparut, des milliers de gens se précipitèrent vers lui dans une folle ruée qui menaça de l'engloutir, avec ses ministres. Observant le mince cordon de policiers qui tentaient de contenir ce déferlement, Nehru eut un sourire.

— Vous savez, déclara-t-il à l'un de ses compagnons, il y a exactement dix ans, j'ai eu à Londres une dispute avec le vice-roi Lord Linlithgow. J'étais dans une telle colère que je lui ai crié : « Je veux bien être damné si dans dix ans l'Inde n'est pas indépendante. » Il m'a répondu : « Oh, vous ne courez aucun risque. L'Inde ne sera pas indépendante de mon vivant, Monsieur Nehru, ni du vôtre d'ailleurs. »

*

Au-delà des murs du parlement de New Delhi, dans l'immensité des deux États qui venaient de naître, l'appel de la conque trouva son écho dans la joie délirante de millions d'hommes.

A Bombay, un policier cloua une pancarte portant l'inscription « Fermé » sur la porte de la citadelle de la suprématie blanche, le Yacht Club. Ce lieu, où trois générations de *sahib* avaient dégusté leur whisky à l'abri de tout regard indigène, allait devenir le mess des cadets de la marine indienne. A Simla, au dernier coup de minuit, des centaines d'hommes et de femmes en *dhoti* et en saris se précipitèrent en chantant sur le Mall, l'avenue sur laquelle aucun Indien n'avait jamais eu le droit de circuler en costume national. Des centaines d'autres envahirent les restaurants et les pistes de danse de l'hôtel Firpo à Calcutta, du Faletti à Lahore, du fameux Taj Mahal à Bombay, réservés jusqu'alors aux clients en smoking et en robes du soir[1]. New Delhi célébrait cette

1. Un député indien voulut introduire dans la constitution une clause interdisant aux établissements publics d'exiger de leurs clients le port du smoking, la tenue favorite des anciens colonisateurs.

glorieuse nuit par une orgie d'illuminations. Le vaste centre commercial de Connaught Circus et les ruelles de la vieille ville étincelaient d'ampoules safran, blanches et vertes. Les temples, les mosquées et les *guru-dwara* sikhs étaient enguirlandés de lanternes multicolores, de même que le Fort rouge des empereurs mogols. Le plus célèbre temple moderne de New Delhi, le Birla Mandir, ressemblait, avec ses coupoles et ses pâtisseries de plâtre couvertes de lampions, à quelque hallucination de Louis II de Bavière. Dans le quartier des balayeurs-vidangeurs intouchables, où Gandhi avait si souvent habité, l'Indépendance apportait un bienfait jusqu'alors inconnu de ces pauvres gens — la lumière. La municipalité leur avait offert les bougies et les lampes à huile qui éclairaient, cette nuit, leurs taudis, en l'honneur de la liberté. A bicyclette, en *tonga,* en camion, à pied, voire à dos d'éléphant, chacun accourait vers le centre de New Delhi pour chanter sa joie dans un grand élan de fraternité. Les restaurants et les cafés de Connaught Circus étaient combles. Le bar de l'hôtel Imperial, l'un des sanctuaires des anciens colonisateurs, était envahi d'Indiens en liesse. Juste après minuit, l'un d'eux grimpa sur le comptoir pour demander à ses compatriotes de chanter avec lui l'hymne national. Une clameur de joie accueillit cette invitation, mais après avoir entonné le refrain du poète national Rabindranath Tagore, la plupart des chanteurs firent une découverte affligeante : ils connaissaient les paroles du *God Save The King,* mais pas celles de l'hymne de leur pays. A l'hôtel Maiden, l'établissement le plus célèbre de la Vieille Delhi, une ravissante Indienne dansait de table en table pour apposer avec son rouge à lèvres le porte-bonheur d'un *tilak* écarlate sur le front de chacun.

Dans l'ombre complice d'un square proche du centre, le journaliste Kartar Duggal Singh célébra l'indépendance de son pays d'une façon très personnelle. Il embrassa Aisha Ali, la jolie étudiante en médecine qu'il avait rencontrée quelques jours auparavant. Leur étreinte fut la première d'une longue et merveilleuse histoire d'amour, commencée pourtant sous les auspices les plus défavorables. Elle allait à contre-courant de ces autres passions qui devaient bientôt ravager le nord de l'Inde. Kartar Duggal Singh était sikh. Aisha Ali était musulmane [1].

Malgré l'exubérance de cette nuit d'Indépendance, les premiers signes de la tempête s'étaient déjà manifestés au cœur même de la capitale. Dans leurs quartiers de la Vieille Delhi, de nombreux Musulmans murmuraient le nouveau slogan lancé par les fanatiques de la Ligue musulmane : « Nous avons obtenu le Pakistan par le droit — nous allons maintenant conquérir l'Hindoustan par la force. »

Ce matin-là, le *mullah* d'une mosquée avait rappelé à ses fidèles que les Musulmans avaient régné sur Delhi pendant des siècles et que « *Inch Allah*, avec la grâce de Dieu, ils allaient recommencer ». Inversement, des réfugiés hindous et sikhs du Panjab entassés dans des camps de fortune autour de la ville menaçaient de transformer les quartiers musulmans de la capitale « en un gigantesque feu de joie pour célébrer l'Indépendance ».

Une prédiction exprima, en cette nuit de fête, l'inquiétude qui commençait à poindre. Entendant le concert des conques et des clameurs populaires,

1. Les Duggal Singh se marièrent quelques mois plus tard dans le Temple d'Or d'Amritsar, le sanctuaire sacré des Sikhs. Mais pendant onze ans, ils furent considérés comme des suspects et durent vivre en parias, sans emploi ni maison. Ils eurent trois enfants et habitent aujourd'hui New Delhi. Il est éditeur, elle est médecin.

V.P. Menon, le brillant fonctionnaire indien qui avait, à Simla, remanié le plan de partage de Mountbatten, prit soudain un air grave. « C'est maintenant que notre cauchemar va commencer », annonça-t-il à ses enfants.

*

Pour des millions d'autres Indiens à travers la péninsule, ce 14 août à minuit marquait le début de vingt-quatre heures de réjouissances. Dans le fort de Landi Kotal, dominant la passe de Khyber, des moutons entiers rôtissaient sur une douzaine de brasiers ronflants. Les officiers pakistanais et les tirailleurs du *Khyber Rifles* festoyaient avec leurs ennemis traditionnels, les montagnards des tribus pathanes. Le colonel offrit à son adjoint et invité d'honneur, le capitaine anglais Kenneth Dance, le morceau de choix, le foie d'un mouton enveloppé dans le boyau jaunâtre et graisseux d'un morceau d'intestin. Au premier coup de minuit, les hommes des tribus s'emparèrent de leurs fusils et tirèrent dans la nuit une volée de mitraille en hurlant : « La Khyber est à nous, la Khyber est à nous ! »

A Cawnpore, la cité maudite des massacres de la mutinerie de 1857, les Anglais et les Indiens s'embrassèrent dans les rues. A Ahmedabad, la capitale de l'industrie textile où Gandhi avait organisé les premières grèves, un jeune instituteur qui avait été emprisonné en 1942 pour avoir déployé un drapeau indien, reçut le privilège de hisser l'emblème national sur l'hôtel de ville.

A Lucknow, une cérémonie rassembla les notabilités à la résidence du gouverneur pour la levée des couleurs. Les invitations gravées spécifiaient : « Costume national. *Dhoti* recommandé. » Rajeshwar

Dayal, un Indien fonctionnaire de l'administration britannique, s'étonna de cette précision. Accoutumé aux habits et cravates blanches de ses anciens maîtres, il ne possédait même pas de *dhoti*. L'ambiance de la réception fut tout aussi différente des réunions officielles d'autrefois. A peine les portes furent-elles ouvertes, qu'une nuée de femmes et d'enfants se jetèrent sans la moindre retenue sur les gâteaux et les friandises du buffet. En regardant s'élever le drapeau de son pays, une curieuse pensée vint à l'esprit de Dayal, qui traduisait bien la manière dont les Anglais avaient régné sur l'Inde. En quatorze ans de service, il avait eu beaucoup de collègues britanniques. Aucun pourtant n'avait jamais été un « ami ».

A Madras, Bangalore, Patna, dans des milliers de villes et de villages, les foules entrèrent à minuit dans les temples pour déposer des pétales de rose au pied des divinités et appeler leurs bénédictions sur la nouvelle nation. A Bénarès, le pâtissier le plus réputé fit d'excellentes affaires en confectionnant un gâteau d'Indépendance aux couleurs nationales à base de pâte d'orange, de riz au lait et de pistache.

Mais nulle part l'Indépendance ne fut célébrée avec plus de ferveur et d'enthousiasme que dans le grand port de Bombay. A minuit juste, du balcon de sa résidence, le Premier ministre de la province cria « Vous êtes libres ! » à la foule rassemblée sous ses fenêtres. Les trois mots magiques soulevèrent une fantastique ovation. Sur les pavés de cette métropole, souvent rougis du sang des patriotes tombés sous les coups de *lathi,* dans cette cité dont l'histoire était inextricablement mêlée au combat de l'Inde pour la liberté, dans les rues qui avaient vu tant de manifestations, de *hartal,* de grèves, tout un peuple s'abandonna à l'allégresse la plus folle. Du quartier résidentiel de Marine Drive aux lointains bidonvilles de Parel, des villas de Malabar Hill au bric-à-brac pouilleux du Marché-aux-voleurs, Bombay n'était qu'un lac de lumières. « Minuit était devenu midi », écrivit un journaliste. « C'était un nouveau Diwali, un nouvel Id, un Nouvel An, c'étaient toutes les célébrations de cette terre de fêtes réunies en une seule, car c'était la fête de la liberté. »

Une autre série de réceptions qui n'avaient, elles, aucun caractère de réjouissance, inaugura également le début de l'ère nouvelle dans les palais de quelques représentants de la vieille Inde des princes. Le temps des maharajas était révolu. Pour la plupart d'entre eux, le 15 août serait un jour de deuil. Le nizam de Hyderabad offrit dans son palais illuminé un banquet d'adieu aux fonctionnaires britanniques de son royaume dont la mission s'achevait ce soir, en même temps que se rompaient les liens privilégiés qui l'unissaient à la couronne d'Angleterre. L'exubérance de la nombreuse progéniture du nizam et l'élégance des femmes n'empêchèrent pas la soirée de se dérouler dans une atmosphère de veillée funèbre. A la fin du repas, juste avant minuit, le vieux monarque vêtu de pantalons rapiécés se leva pour proposer un dernier toast au roi-empereur. John Peyton, un des convives anglais, observa le visage lugubre de son hôte. « Comme c'est triste, pensa-t-il, de voir s'achever deux cents ans d'histoire sur ce seul et pathétique geste d'adieu. »

Pour beaucoup d'Indiens, la nuit dont ils avaient rêvé depuis tant d'années fut un horrible cauchemar. Pour le lieutenant-colonel Jangu T. Sataravala, un Parsi couvert de décorations du *Frontier Force Rifles,* elle resterait toujours associée à la vision la plus révoltante : celle des corps affreusement mutilés de toute une famille d'Hindous brûlant dans les ruines d'une banlieue de Quetta, au Baluchistan. A côté, massacrés avec une égale sauvagerie, gisaient les cadavres de la courageuse famille musulmane qui avait offert l'hospitalité à ces Hindous.

Sushila Nayar, une jeune femme médecin, avait passé deux ans en prison et consacré sa vie à la cause dont cette nuit était l'aboutissement. Pourtant, elle ne ressentait ni joie ni sentiment de victoire. Envoyée par Gandhi dans un camp de réfugiés du Panjab, elle n'avait conscience que de la misère des milliers de malheureux dont elle avait la charge et qui appréhendaient sans cesse l'obscurité de crainte de voir surgir des Musulmans venus les tuer.

Lahore, la ville qui aurait dû être la plus joyeuse de toutes, offrait un spectacle de désolation. Arrivé dans la soirée avec ses Gurkhas, le capitaine Robert Atkins vit accourir vers son bivouac une foule d'Hindous terrorisés. Agrippés à leurs enfants, à un balluchon, à un matelas, ils imploraient la protection des soldats. Environ cent mille Hindous et Sikhs étaient assiégés dans les murailles de la vieille Lahore, sans eau, cernés par les flammes des incendies, traqués par des groupes de Musulmans prêts à bondir sur ceux qui s'aventuraient au-dehors. Les incendiaires avaient déjà mis le feu au plus célèbre *guru-dwara* sikh et salué d'ovations les hurlements de leurs victimes qui étaient en train de brûler à l'intérieur.

En revanche, Calcutta, la ville maudite, était en train de vivre une surprenante métamorphose. Celle-ci avait débuté timidement avant le coucher du soleil, quand une procession d'Hindous et de Musulmans s'était dirigée vers Hydari Mansion, le quartier général de Gandhi. Sur son passage, l'atmosphère peu à peu se modifiait. Dans les jungles misérables de Kelganda Road et autour de la gare de Sealdah, les *goonda* hindous et musulmans rengainaient leurs poignards pour accrocher ensemble des drapeaux indiens aux réverbères et aux balcons. Des cheikhs ouvraient leurs mosquées aux adorateurs de Kali ; ceux-ci invitaient en retour les Musulmans à venir dans leurs temples contempler les statues de la déesse de la destruction.

Des fanatiques qui, vingt-quatre heures plus tôt, étaient prêts à s'entr'égorger, s'étreignaient maintenant dans la rue. Des femmes et des enfants hindous et musulmans échangeaient des friandises. Pour l'écrivain bengali Kumar Bose, Calcutta évoquait « la nuit de Noël dans le film *A l'Ouest rien de nouveau,* quand les soldats français et allemands sortent de leurs tranchées pour oublier pendant un court moment qu'ils sont ennemis ».

*

Alors que l'Inde s'abandonnait à sa joie, une petite révolution secouait la vaste demeure qui avait été le sanctuaire du pouvoir impérial britannique. D'un bout à l'autre du palais de New Delhi, une armée de domestiques s'activaient pour faire disparaître les symboles impériaux susceptibles d'offenser les sensibilités d'une nation devenue libre. Une équipe de serviteurs allaient de pièce en pièce remplacer le papier à lettres à en-tête de « Viceroy's House » par de nouveaux blocs portant la mention « Government House ». D'autres avaient pour mission de faire disparaître les armoiries impériales de la salle du trône. Une série d'insignes échappa au changement. Le chiffre du vicomte Mountbatten de Birmanie continuerait à figurer sur les boîtes d'allumettes, les bagues des cigares, les savonnettes et les coquillettes de beurre du palais.

Un peu après minuit, une délégation du Parlement indien arriva au palais. En sa qualité de président de la nouvelle assemblée constitutionnelle, le Dr Rajendra Prasad venait solennellement inviter le dernier vice-roi des Indes à devenir le premier gouverneur général de l'Inde indépendante. Avec émotion et gravité, Lord Mountbatten promit de servir l'Inde comme s'il était lui-même indien. Nehru lui remit ensuite une enveloppe contenant la liste des personnalités qui, avec son accord, devaient former le premier gouvernement de l'Inde nouvelle.

Mountbatten prit alors une carafe de porto et servit lui-même ses visiteurs. Puis il leva son verre : « A l'Inde ! » proposa-t-il. Après avoir bu une gorgée, Nehru leva le sien à l'adresse de l'Anglais. « Au roi George VI ! » dit-il. Cet hommage suscita l'admiration et le respect de l'amiral anglais. « Quel homme ! songea-t-il. Après tout ce qu'il a enduré, il a l'élégance et la générosité de faire un tel geste en une nuit pareille. »

Avant d'aller se coucher, Mountbatten ouvrit l'enveloppe que Nehru lui avait remise. En découvrant son contenu, il éclata de rire. Dans la hâte de cette folle soirée, Nehru avait oublié d'inscrire les noms de ses ministres. La feuille était vierge.

Un petit groupe d'Anglais se frayaient un chemin à travers l'obscurité et la foule qui assiégeait la gare de Lahore. Ils étaient les derniers représentants d'une noble lignée d'administrateurs, de policiers, de soldats qui avaient fait du Panjab l'orgueil de l'Inde britannique. Ils rentraient à présent chez eux, laissant à d'autres les canaux, les routes, les voies ferrées, les ponts que leurs prédécesseurs avaient construits. Comme ils atteignaient leur train, ils virent des cheminots laver le quai à grande eau. Quelques heures plus tôt, la gare avait été le théâtre d'un massacre de réfugiés hindous. Bill Rich, qui venait de terminer sa mission de chef de la police de Lahore, remarqua un détail atroce : des porteurs poussaient un chariot à bagages, mais il n'était pas rempli de colis. C'étaient des cadavres qui y étaient entassés. Pour monter dans son wagon, Rich dut ensuite enjamber un corps. Ce n'est pourtant pas la vue de cet homme gisant mutilé à ses pieds qui l'étonna le plus, mais sa propre indifférence, sa découverte brutale du degré d'endurcissement auquel les horreurs du Panjab l'avaient conduit.

Rule Dean, son collègue d'Amritsar qui avait envoyé la fanfare jouer des airs d'opérette sur la place de la ville, contemplait avec mélancolie le paysage qui défilait derrière la vitre de son compartiment. Il apercevait les flammes dévorant les villages qu'il avait eu pour mission de protéger. Dans l'éclat rougeâtre des brasiers, il distinguait parfois les silhouettes des incendiaires sikhs dansant une farandole macabre.

« Au lieu de partir dans la paix et la dignité, pensait-il, nous ne laissons derrière nous que le chaos. » A mi-chemin de New Delhi, un wagon-restaurant fut accroché au train. A la vue de la vaisselle et des nappes immaculées, l'officier anglais, qui vendrait bientôt des ustensiles de plastique dans une banlieue de Londres, comprit que le Panjab avait basculé dans un autre monde.

*

La demeure croulante de Beliaghata Road était silencieuse. A la porte, une poignée d'Hindous et de

Musulmans montaient la garde, côte à côte. Aucune lueur n'était visible derrière les vitres brisées de Hydari Mansion. Rien, pas même les événements de cette nuit historique, n'avait troublé le rythme immuable des habitudes de son occupant. Dans la pièce qu'il partageait avec ses compagnons, il était allongé sur une natte de raphia à même le sol. A côté de socques de bois, d'un exemplaire de la Gîtâ, d'un dentier et d'une paire de lunettes cerclées de fer, tandis que sonnaient les douze coups magiques d'une ère nouvelle et que l'Inde s'éveillait à la vie et à la liberté, Mohandas Karamchand Gandhi dormait d'un profond sommeil.

12

« Qu'il est beau d'être vivant cette aube »

La fraîche brise de l'aube dissipa enfin le manteau de brume qui voilait les eaux. Comme elles le
faisaient depuis la nuit des temps, les foules
convergèrent vers les rives sacrées du Gange,
considéré comme le ciel sur la terre, « ce grand
canal funèbre et hanté[1] », mère de toute vie et
rivière des dieux, pour chercher dans l'immersion
rituelle le chemin de l'éternité. Aucune cérémonie
ne pouvait mieux célébrer la naissance de ce
15 août 1947. Bénarès, que les Hindous tiennent
pour la première terre émergée de l'océan primordial, honorait par ses rites matinaux la plus jeune
nation du globe.

Ces rites étaient l'expression perpétuellement
renouvelée de l'éternelle histoire d'amour qui
unissait les Hindous à leur fleuve sacré. Par cette
union mystique, l'hindouisme exprime le besoin
naturel de l'homme de s'accorder aux forces mystérieuses qui gouvernent sa destinée. Depuis le
pied du glacier himalayen où il prend sa source à
plus de cinq mille mètres d'altitude jusqu'aux
eaux boueuses du golfe du Bengale, le Gange
traverse sur deux mille cinq cents kilomètres des

1. André Malraux, *Antimémoires*.

régions torrides et surpeuplées. Son flot capricieux inonde et dévaste régulièrement les terres des paysans qui l'adorent. Son cours sillonne les ruines de villes et de villages abandonnés, témoins silencieux de ses brusques colères au fil des siècles. En dépit de sa turbulente nature, les Hindous le considèrent tout au long comme un lieu privilégié, nul ne l'étant toutefois davantage que le large croissant qu'il dessine pendant sa traversée de Bénarès. De tout temps, les Hindous sont venus se baigner à cet endroit, boire l'eau sacrée et y implorer les faveurs des dieux capricieux.

Les foules silencieuses descendaient le long des *ghât,* ces larges escaliers menant au fleuve. Chaque pèlerin apportait en offrande une petite lampe au beurre fondu ou au camphre, symbole de la lumière qui chasse les ténèbres de l'ignorance, pieuse pensée transmise à un autre monde par le feu et par l'eau. Enfoncés jusqu'à la taille dans le fleuve sacré, des milliers d'autres, dont les flammes vacillantes ressemblaient à des myriades de lucioles, se tenaient déjà immobiles, absorbés par leur prière. Après avoir offert au Gange des guirlandes de fleurs, le regard tourné au-delà de la rive opposée, les pèlerins attendaient le renouvellement du miracle quotidien, l'apparition du disque de feu qui allait surgir des entrailles de la terre, le soleil, origine de toutes les formes de la vie. Dès que son auréole perça sur l'horizon, des milliers de têtes se tournèrent rituellement vers lui dans une explosion de ferveur. Puis, pour le remercier de ce prodige, les fidèles lui firent l'offrande de l'eau du Gange — celle qui dissout toutes les formes — qu'ils laissèrent couler de leurs paumes entrouvertes.

Dans la ville, l'honneur d'être le premier à franchir le seuil du temple d'Or, le sanctuaire le plus vénéré de Bénarès, revint ce matin-là encore au pandit Brawani Shankar. Personne, à Bénarès, ne ressentait l'Indépendance avec autant d'allégresse que ce vieil homme de Dieu. Pendant des années, il avait donné asile aux nationalistes poursuivis par la police britannique.

Un vase de cuivre plein d'eau du Gange et une coupe de pâte de santal dans les mains, le prêtre traversa le temple pour s'arrêter devant une grosse pierre de granit. Ce rocher arrondi était la relique hindoue la plus précieuse de Bénarès. En le soustrayant au pillage des hordes fanatiques de l'empereur Aurangzeb, les ancêtres du saint homme avaient conquis le droit d'en être les gardiens héréditaires. Que le prêtre vienne se prosterner devant lui était le geste le plus propre à rendre grâce aux dieux en ce jour de l'Indépendance.

Ce culte était l'une des plus anciennes formes de la ferveur religieuse.

C'était un *lingam,* un « signe » de pierre symbolisant la puissance vitale du dieu Çiva, l'attribut de la force et du pouvoir régénérateur de la nature. Bénarès était le centre de ce culte. Les *lingam* s'y dressaient dans presque tous les temples, au fond de niches creusées dans les rues, sur les marches des *ghât.* Quand apparut le soleil, des milliers d'Hindous imitèrent le vieux pandit et exprimèrent leur gratitude pour la réincarnation de leur antique nation en enduisant avec amour la surface polie des *lingam* avec des offrandes de pâte de santal, de lait, d'eau du Gange, de beurre fondu, en leur tressant des couronnes de jasmin et d'œillets d'Inde et en leur offrant des pétales de roses et les feuilles amères de l'arbre préféré de Çiva, le *bilva*[1].

Tandis que les lumières de l'aurore coloraient la ville d'une teinte rose, un groupe d'Intouchables — ceux que Gandhi appelait les Enfants de Dieu —, le dos courbé sous le poids de fagots et de larges bûches de bois, descendirent les marches du lieu le plus hallucinant de Bénarès, le *ghât* de Manikarnika. Quelques minutes plus tard, quatre hommes portant sur leurs épaules une civière de bambou débouchèrent en haut de l'escalier. Devant eux marchait un cinquième personnage qui rythmait doucement sur de petites cymbales le *mantra* sacré qu'ils psalmodiaient « *Râmnam satya kai* » — « le nom de Râm est Vérité ». Ces mots rappelaient à tous ceux qui voyaient passer la petite procession qu'eux aussi finiraient un jour comme ce corps qui reposait sur la civière, ficelé dans un linceul de coton.

Mourir à Bénarès est pour tout Hindou la bénédiction suprême. Si la mort le surprend à l'intérieur d'un périmètre de soixante kilomètres autour de la cité, Çiva, sa divinité tutélaire, le libère du cycle perpétuel des réincarnations et permet à son âme de se fondre pour l'éternité dans le paradis de Brahma. C'est pourquoi l'on vient à Bénarès non pour y vivre mais pour y mourir.

1. Une pittoresque légende hindoue révèle ainsi l'origine du culte du *lingam*. Un jour, le dieu Çiva et son épouse Parvati s'enivrèrent et ils furent surpris en train de s'accoupler par Vishnu accompagné d'autres dieux. Accaparés par leurs ébats, ils ne prêtèrent aucune attention à leurs visiteurs. Scandalisés par ce désordre, les dieux jetèrent une malédiction au couple divin et s'en allèrent.

Quand Çiva et Parvati apprirent ce qui s'était passé, ils moururent de honte dans la posture où ils avaient été surpris. « La honte qui m'a tué, proclama Çiva, m'a donné une nouvelle vie sous la forme d'un *lingam*. Celui-ci est blanc. Il a trois yeux et cinq visages. Il est rayé comme une peau de tigre. Il existait avant le monde et il est la source et le commencement de toutes choses. Il abolit nos craintes et nos terreurs et permet l'accomplissement de notre destinée. »

Les porteurs descendirent jusqu'au fleuve la dépouille du premier candidat de la journée au céleste voyage et l'immergèrent une dernière fois dans le Gange. L'un d'eux ouvrit ensuite la bouche du défunt pour y faire couler quelques gouttes d'eau. Puis ils placèrent le corps sur un bûcher. Les Intouchables de service recouvrirent le cadavre de bois et versèrent dessus un pot de *ghî*, du beurre clarifié.

Le visage et le crâne rasés, le corps purifié par les ablutions rituelles, le fils aîné du défunt fit cinq fois le tour du bûcher pour un dernier adieu. Un serviteur du temple voisin dédié à Ganesh, le dieu à tête d'éléphant, lui remit alors une torche allumée au feu perpétuel du sanctuaire. Il la plaça sous les fagots et une gerbe de flammes jaillit de la pyramide de bois. Les hommes de la famille s'assirent en rond autour du brasier qui projetait vers le ciel d'été un geyser d'étincelles. Un claquement sec jaillit soudain du crépitement des flammes. Les fidèles se recueillirent plus profondément en murmurant une action de grâce. Le crâne du défunt venait d'éclater, ouvrant ainsi à l'énergie cosmique les canaux où avait circulé l'énergie vitale. En ce 15 août 1947, quand l'Inde s'affranchissait de l'asservissement impérial, Bénarès, comme chaque matin, offrait à ses morts la suprême délivrance.

Vers deux heures du matin — une heure avant le lever habituel de Gandhi —, la lueur incertaine d'une bougie apparut à la fenêtre de Hydari Mansion. Le jour où son peuple célébrait sa libération aurait dû être une apothéose pour le vieux prophète, le couronnement d'une croisade qui avait forcé l'admiration du monde et changé le cours de l'Histoire. Il n'en était rien. La victoire pour laquelle il avait accepté tant de sacrifices avait un goût de cendres.

Comme pendant son pèlerinage du Nouvel An à travers les marécages du district de Noakhali, sept mois auparavant, le doux apôtre de la non-violence était assailli de doutes. « Je n'y vois plus clair, avait-il écrit la veille. Ai-je conduit le pays sur une fausse route ? » Comme à l'accoutumée dans les moments d'incertitude et de souffrance, Gandhi s'était dès son réveil tourné vers le livre devenu son guide depuis si longtemps, le chant céleste de la Bhagavad Gîtâ. Combien de fois ses versets ne l'avaient-ils pas déjà consolé ?

Aujourd'hui encore, accroupi torse nu sur sa natte, Gandhi inaugurait donc l'indépendance de l'Inde en lisant la Gîtâ. Entouré de ses disciples, il récitait le premier des dix-huit dialogues du saint livre, l'appel désespéré lancé à Krishna par le guerrier Arjuna : « Sur le champ de l'accomplissement du Dharma, sur le champ sacré de Kuru, mes hommes et les fils de Pandu sont déployés, brûlant du désir de se battre. Que doivent-ils faire, ô Sanjaya ? »

Cette interrogation s'appliquait étrangement à cette heure pathétique de l'histoire indienne.

*

Un bruit vieux comme la vie l'avait réveillé : le frottement régulier de la pierre contre la pierre. Dans une cour du village de Chatharpur, près de New Delhi, un paysan étendu sur les cordes entre-lacées d'un *charpoy* ouvrit les yeux. Dans la lueur ambrée d'une lampe à huile, il vit son épouse penchée sur un mortier. Le visage à demi caché par les plis du voile qui drapait son corps, elle pilait le grain du jour pour la famille.

Comme chaque matin, la première préoccupation du paysan Ranjit Lal, âgé de cinquante-deux ans, fut de se purifier en se rinçant la bouche pour prononcer le *mantra* enseigné par son père : « Que la splendeur du soleil, qui est la splendeur de Dieu, nous vienne en aide ! » « Ô Vishnu, murmura-t-il, Çiva, Soleil, Lune, Mars, Mercure, Jupiter, Vénus, Rahu, Ketu, faites que le jour nous soit propice ! » Puis il se leva et sortit de la cour pour rejoindre les autres paysans qui se glissaient dans la lueur de l'aube vers le champ servant de latrines publiques aux trois mille habitants de Chatharpur, l'un des 557 987 villages de l'Inde.

La domination étrangère qui s'achevait en cette aube d'août ne troublait guère ces hommes. Jamais de toute son existence, Ranjit Lal n'avait adressé un traître mot à un représentant de la race qui avait gouverné son pays. Comme tous les autres villageois, il ne voyait un Anglais qu'une fois par an, lorsque le collecteur régional des impôts venait à Chatharpur s'assurer que le village s'acquittait correctement du paiement de ses taxes. La seule phrase qu'il savait prononcer dans la langue des maîtres de l'Inde était celle que ses compagnons et lui-même employaient pour désigner ce qu'ils étaient sur le point d'accomplir : *the call of nature,* « l'appel de la nature ». Bien que qualifié d'un terme étranger, cet acte faisait l'objet de vingt-trois règles hindoues draconiennes. Ranjit Lal tenait dans la main gauche une jarre de cuivre remplie d'eau. Le *dhoti* dont il était vêtu ne devait être ni neuf ni fraîchement lavé. Le champ

vers lequel il se dirigeait avait été choisi en raison
de son éloignement de toute rivière, puits, carrefour, mare, banian ou autre arbre sacré ainsi que
du temple du village. En arrivant au champ, le
paysan suspendit sa triple cordelette de brahmane
à son oreille gauche, se recouvrit la tête avec les
pans de son *dhoti*, enleva ses sandales et s'accroupit aussi bas que possible. Toute autre position
était incorrecte. Il devait alors observer un silence
absolu et ne regarder ni le soleil, ni la lune, ni
les étoiles, ni le feu, ni un banian, ni un autre
brahmane, ni le temple du village.

Quand il eut terminé, Ranjit Lal se releva en
évitant de tourner les yeux derrière lui et se lava
les pieds et les mains avec l'eau de sa jarre. Puis,
prenant soin de protéger, de sa main gauche, ses
parties intimes, il se rendit au bassin du village.
Pour ses ablutions, il utilisa une poignée de terre
dont la nature était rigoureusement déterminée.
Elle ne devait, sous aucun prétexte, provenir d'un
pâturage, d'un cimetière, de l'enceinte d'un
temple, d'une fourmilière, du pied d'un arbre,
d'un terrier ou d'un chemin. Elle ne devait être ni
salée ni stérile et ne devait pas servir aux potiers.
Délayant la terre avec de l'eau, le paysan nettoya,
toujours de sa main gauche, la partie souillée de
son corps[1]. Après quoi, il se lava les mains cinq
fois de suite en commençant par la gauche, cinq
fois également les pieds en commençant par le
droit, puis il se rinça trois fois la bouche en veillant à bien recracher vers la gauche l'eau polluée.
Cela fait, il était prêt à respecter la vingt-troisieme
prescription accompagnant la libération quoti-

1. Le nombril est pour les Hindous la frontière du corps. La main
gauche doit être utilisée pour tous les actes à accomplir au-dessous de
celui-ci. Au-dessus, c'est en général la main droite qui est employée.

dienne de ses intestins. Il purifia l'intérieur de son corps en buvant, au creux de sa main près du poignet, trois gorgées d'eau dans laquelle il avait invoqué la présence du Gange.

Ce rite accompli, Ranjit Lal reprit le chemin de sa maison en traversant la terre ingrate des champs auxquels il arrachait avec peine la subsistance de sa femme et de ses sept enfants. Dans le petit matin, il pouvait apercevoir trois banians dont les ramures se déployaient comme des ombrelles au-dessus d'une petite esplanade. C'était le lieu de crémation du village. Un minaret de pierre s'élevait dans la brume de l'horizon. A sa gauche, apparaissaient deux gracieuses coupoles, ruines d'une métropole construite au XIIIᵉ siècle par le sultan Aladin, fondateur de l'une des sept cités de l'ancienne Delhi.

A moins de trente kilomètres vers le nord, dans les larges avenues de New Delhi, Ranjit Lal et ses concitoyens avaient ce matin rendez-vous avec l'Histoire. La plupart d'entre eux n'avaient jamais effectué ce court voyage auparavant. En cinquante-deux ans, Ranjit Lal ne l'avait fait qu'une fois, pour acheter dans la rue des argentiers du bazar de la Vieille Delhi le bracelet de mariage de sa fille aînée. Mais aujourd'hui, pour les villageois de Chatharpur comme pour ceux de tous les environs, les distances n'existaient plus. Bras multiples d'un fleuve immense, ils accouraient vers le cœur de leur capitale en fête pour y célébrer la délivrance d'une colonisation que la plupart n'avaient même pas connue.

*

« Sois bénie, aube merveilleuse de liberté, qui

433

inonde d'or et de pourpre une ancienne capitale »,
chantait le poète aux foules qui submergeaient la
ville. Il y avait des caravanes de *tonga*, carillonnant
joyeusement de tous leurs grelots. Il y avait des
bœufs aux sabots et aux harnais peints en safran,
blanc et vert, qui tiraient de longs chars bondés de
familles en liesse. Il y avait des camions débordant
de grappes humaines, aux toits et aux flancs décorés de peintures naïves grouillantes de serpents,
d'aigles, de faucons et de vaches sacrées sur fond
de montagnes enneigées. Les gens arrivaient à dos
d'âne, à cheval, à bicyclette, à pied, campagnards
coiffés de turbans de toutes les couleurs, femmes
parées de saris chatoyants et de toute une bimbe-
loterie de bijoux qui brillaient à leurs bras, leurs
chevilles, leurs doigts et leurs narines.

Dans cette cohue fraternelle, n'existaient plus ni
rang, ni caste, ni religion. Brahmanes, Intouchables, Hindous, Sikhs, Musulmans, Parsis,
Anglo-Indiens, tous riaient, chantaient, pleuraient.

Ranjit Lal avait loué pour quatre *anna* une *tonga*
dans laquelle s'étaient serrés sa femme et leurs
sept enfants. Autour de lui, il entendait des paysans volubiles expliquer pourquoi ils allaient tous
à New Delhi. « Les Anglais s'en vont, criaient-ils.
Nehru va hisser notre drapeau. Nous sommes
libres ! »

*

Une sonnerie de trompettes d'argent annonça
l'ouverture des cérémonies de l'Indépendance par
l'intronisation du premier gouverneur général
constitutionnel de la jeune nation indienne.
L'homme qui allait prêter serment était un

434

Anglais, celui qui venait d'assumer les plus hautes fonctions d'un empire destiné par ses fondateurs à durer mille ans. Avec le même air grave qu'il avait arboré à Karachi, l'arrière-petit-fils de la reine Victoria s'avança dans la salle du trône, où il allait recevoir un honneur unique dans l'histoire mondiale de la décolonisation. Pour Lord Mountbatten, « le jour le plus marquant de son existence » venait de commencer, ce jour où le peuple indien, à qui il venait pourtant de rendre sa souveraineté, l'invitait à demeurer son chef suprême. Son épouse Edwina marchait à ses côtés, vêtue d'un fourreau de lamé argent, ses cheveux châtains retenus par un diadème. Décidé à ce que « cette journée se déroule dans une ultime explosion de pompe », Mountbatten avait lui-même surveillé les moindres détails des cérémonies de l'Indépendance, leur imprimant son raffinement et son goût du faste. Une escorte d'uniformes chamarrés conduisait le couple royal vers les trônes dorés dont ils avaient pris possession cinq mois auparavant.

Debout à leur gauche et à leur droite sur une estrade de marbre se tenaient les nouveaux maîtres de l'Inde, Nehru en jodhpur de coton et gilet de lin écru, Vallabhbhai Patel, semblable à un empereur romain dans son *dhoti* blanc, les autres coiffés du calot blanc du parti du Congrès. En prenant place aux côtés des ministres, Mountbatten songea avec humour qu'ils avaient tous en commun une expérience au moins, celle d'avoir été les hôtes des geôles britanniques. C'est donc devant ce noble aréopage d'anciens pensionnaires de l'administration pénitentiaire de Sa Majesté qu'il leva la main droite pour jurer solennellement d'être l'humble et fidèle serviteur de l'Inde indépendante. Les ministres dont Nehru avait, la veille, oublié de dresser la liste, prêtèrent à leur tour serment devant l'Anglais qui avait donné l'indépendance à leur pays.

Dehors, les vingt et une salves célébrant l'événement commencèrent à retentir à travers la capitale en liesse [1]. Au pied du monumental escalier de la salle du trône, recouvert d'un tapis rouge, attendait le carrosse noir et or fabriqué dans les ateliers londoniens de la maison Barker & Co. pour la visite royale aux Indes de George V et de la reine Mary. Devant l'attelage de six chevaux bais était déployée toute la garde à cheval du gouverneur général en bottes noires étincelantes, tuniques blanches d'été ceintes de baudriers brodés d'or, et turbans de soie bleue. Le cortège éclatant de couleurs s'ébranla, officiers sabre au clair, cavaliers aux lances portées haut et aux fanions flottant au vent, clairons scintillant dans le soleil. Quatre escadrons réunis dans un féerique chatoiement de lumières s'ébranlaient pour le dernier spectacle d'un vieil album de gloires et la première parade de l'Inde indépendante. Lord Mountbatten, debout dans le landau, saluait la double rangée de gardes à cheval qui rendaient les honneurs jusqu'aux grilles du palais.

Au-delà, l'Inde attendait. Une Inde comme aucun Anglais n'avait pu en contempler en trois siècles de colonisation. La vraie dimension en avait toujours été la démesure de ses multitudes, mais jamais un tel océan n'avait submergé New Delhi. Le cortège fut bientôt débordé, les chevaux

1. Seuls les vice-rois des Indes avaient eu droit au salut de trente et un coups de canon. Le salut fut réduit à vingt et un coups pour le gouverneur général.

de la garde obligés de piétiner. Le protocole calqué sur les traditions d'une autre Inde fut balayé, englouti par l'Inde nouvelle, masse triomphante qui noyait l'or et le pourpre dans le tourbillon de milliers de têtes brunes.

« Les chaînes tombent autour de moi », pensa le journaliste sikh qui, la nuit précédente, avait salué l'Indépendance en embrassant une étudiante en médecine musulmane. Il se souvint qu'un jour, dans son enfance, un écolier anglais l'avait chassé d'un trottoir. « Personne ne pourra plus me faire cela », songea-t-il. Il ne voyait plus autour de lui ni pauvres ni riches, ni Intouchables ni maîtres, ni avocats ni employés de banque, ni coolies ni pickpockets, il y avait seulement des gens heureux qui s'étreignaient et s'interpellaient au cri de *Azad, Sahib* — « Nous sommes libres, Monsieur ! » « C'était comme si tout un peuple avait subitement retrouvé sa maison », se souvient un autre témoin. En voyant le drapeau de son pays flotter pour la première fois sur le mess des officiers de New Delhi, le major indien Ashwini Dubey songeait : « Dans ce mess où nous avons été des souffredouleur, il n'y aura plus maintenant que des camarades indiens au-dessus de nous. »

Devant le même drapeau, Sulochana Pahdi, une lycéenne de seize ans, partageait avec des millions de jeunes « l'impression de devenir adulte en même temps que son pays ». Elle se rappela un vers de William Wordsworth qu'elle avait appris sur les bancs de son école britannique : « Qu'il est beau d'être vivant cette aube, murmura-t-elle, et comme être jeune est le paradis. »

Pour beaucoup d'Indiens, le mot magique d'Indépendance signifiait la naissance d'un monde nouveau. Ranjit Lal, le paysan de Chatharpur, assura ses enfants qu'ils ne manqueraient plus de nourriture. Au nom de la liberté toute neuve, certains crurent que tout était désormais gratuit et autorisé. Un mendiant pénétra ainsi dans la tribune réservée aux diplomates. Au policier qui lui demandait sa carte d'invitation, il s'étonna :

— Mon invitation ? Pourquoi aurais-je besoin d'une invitation ? J'ai mon indépendance. Cela suffit.

*

Dans tout le pays se déroulaient les mêmes scènes de réjouissances. A Calcutta, une foule venue des bidonvilles s'engouffra dans le palais des anciens gouverneurs britanniques, tandis que Sir Frederick Burrows et son épouse y prenaient encore leur petit déjeuner. Des Indiens, qui n'avaient jamais dormi que sur les cordes d'un *charpoy* quand ce n'était pas à même le sol, célébrèrent l'Indépendance en sautant comme des enfants sur le lit où avaient dormi des générations de gouverneurs britanniques. D'autres exprimèrent leur joie en poignardant de la pointe de leur parapluie les portraits des anciens maîtres de l'Inde.

A Bombay, c'est dans le temple de l'élégance impériale, l'hôtel Taj Mahal, que se précipita la foule. A Madras, les Indiens à la peau noire des gens du Sud défilèrent toute la journée le long de la jetée pour contempler avec fierté le drapeau flottant sur le fort Saint-Georges, première forteresse de l'*East India Trading Company* britannique. A Surat, des douzaines de voiliers pavoisés participèrent à une régate de l'Indépendance dans la baie où le capitaine du galion *Hector* avait inauguré l'épopée indienne.

Cette journée apporta une liberté plus tangible encore à une certaine catégorie de citoyens. Une amnistie générale ouvrit les portes des prisons à des centaines de détenus politiques. Des condamnations à mort furent commuées. Même les animaux furent privilégiés, tous les abattoirs étant restés fermés ce jour-là. L'Inde mystique, l'Inde des fakirs et des légendes, prit part à la fête. A Tirukalikundram, dans le Sud, les deux aigles blancs qui, chaque jour à midi plongent du haut du ciel pour manger dans les mains du prêtre du temple, célébrèrent l'événement en battant joyeusement des ailes, affirma-t-on. Dans la jungle de Madura, près de Madras, des *sadhu* se livrèrent à de spectaculaires démonstrations. Suspendus à des crochets enfoncés dans le dos, ils dédièrent leur sacrifice à l'indépendance de l'Inde — et récoltèrent du coup une abondante moisson d'aumônes.

La journée fut marquée par une bonne volonté générale envers les Anglais et par la dignité avec laquelle ces derniers participèrent aux cérémonies. A Shillong, le colonel britannique commandant les tirailleurs des *Assam Rifles* s'esquiva discrètement pour laisser à son adjoint indien l'honneur de présider le défilé de l'Indépendance. Peter Bullock, directeur de l'immense plantation de thé de Chuba près de la frontière birmane, donna congé à ses quinze cents ouvriers et leur offrit une grande fête, alors que la plupart d'entre eux n'en connaissaient pas la raison.

Il y eut des exceptions. A Simla, Mme Maud Penn Montague refusa de quitter la maison dans laquelle elle avait donné tant de dîners et de bals. Née comme son père dans la péninsule, elle considérait les Indes comme sa seule patrie. A l'exception de cinq années de collège en Angleterre, elle y avait passé sa vie entière. A un ami qui lui suggérait que le moment était venu de s'en aller, elle avait répliqué : « Mon cher, qu'irais-je faire en Angleterre ? Je ne sais même pas faire bouillir l'eau du thé. » Ainsi, pendant que l'ancienne capitale d'été de l'Empire s'abandonnait à la joie, elle resta chez elle à pleurer, hors d'état de regarder monter un autre drapeau au mât où avait flotté son cher Union Jack.

Pour le Pakistan, le 15 août tombait un jour particulièrement favorable. C'était le dernier vendredi du mois du Ramadan. Les festivités glorifiaient presque autant le père du Pakistan que la naissance de l'État lui-même. La photographie et le nom de Jinnah s'étalaient partout, aux fenêtres, dans les bazars, les magasins, sur les gigantesques arcs de triomphe enjambant les avenues. Une petite annonce dans le *Pakistan Times* déclarait même que, « par l'intermédiaire de la voix de leurs gardiens, les chameaux, les singes et les tigres du zoo de Lahore s'associaient à la joie générale pour envoyer leurs vœux au Quaid-i-Azam et claironner *Pakistan Zindabad* ». A Dacca, la capitale du Pakistan oriental où « le grand leader » n'avait jamais mis les pieds, son portrait décorait toutes les vitrines.

Jinnah célébra quant à lui cette journée d'apothéose en s'emparant de tous les leviers de commande de l'État. Pendant les quelques mois qui lui restaient à vivre, celui qui avait si ardemment proclamé sa volonté de respecter les règles constitutionnelles gouvernerait en dictateur. Le membre le plus proche de sa famille n'était pourtant pas à ses côtés pour partager son triomphe. A huit cents kilomètres de Karachi, sur le balcon d'un appartement de Colaba, un des quartiers les plus élégants de Bombay, une jeune femme avait décoré son balcon de deux drapeaux, l'un indien, l'autre pakistanais. Leur juxtaposition symbolisait le dilemme que représentait l'Indépendance pour tant de Musulmans. Dina, l'unique enfant de Mohammed Ali Jinnah, n'avait pu encore choisir entre la terre de sa naissance et la nation islamique créée par son père.

Conscients du drame qui se profilait derrière l'euphorie de cette journée, de nombreux Indiens furent incapables de partager l'allégresse de leurs compatriotes. A Lucknow, Anis Kidwai se souviendra toujours du spectacle incongru de la foule chantant sa joie en agitant des drapeaux à côté de gens qui sanglotaient parce qu'ils venaient d'apprendre la mort de parents massacrés au Panjab.

L'avocat sikh Khushwant Singh, originaire de Lahore, resta indifférent au débordement des foules en délire de New Delhi. « Je n'avais aucune raison de me réjouir, rappelle-t-il avec amertume. Pour moi, comme pour des millions de gens dans mon cas, l'Indépendance entraînait une tragédie. On avait mutilé le Panjab, et j'avais tout perdu. »

*

Au Panjab, ce jour glorieux était un jour d'horreur. A Amritsar, pendant que les nouvelles autorités expédiaient une rapide levée des couleurs dans l'antique forteresse mogole, des Sikhs dévastaient un quartier musulman. Ils massacrèrent sans pitié les hommes, arrachèrent leurs vêtements aux femmes, les violèrent, et les traînèrent à travers la ville jusqu'au Temple d'Or avant de les égorger. Dans l'État de Patiala, jadis gouverné par

Bhupinder Singh « Le Magnifique », des bandes de Sikhs rôdaient dans la campagne à l'affût des réfugiés musulmans fuyant vers le Pakistan. Le prince Balindra Singh, frère du maharaja, tomba sur l'un de ces groupes armés d'énormes *kirpan,* leurs sabres traditionnels. Il les supplia de retourner à leurs travaux.

— C'est le temps de la moisson, plaida-t-il. Vous devriez rentrer chez vous et couper vos récoltes.

— Nous avons une autre récolte à couper d'abord, répliqua le meneur en faisant tournoyer son *kirpan.*

Le bâtiment de brique de la gare d'Amritsar était devenu un véritable camp de réfugiés. Les milliers d'Hindous qui fuyaient le Panjab occidental avaient envahi les salles d'attente, les guichets, les bureaux, les quais, guettant l'arrivée de chaque train dans l'espoir de retrouver des membres de leurs familles.

Tard dans l'après-midi du 15 août, le chef de gare Chani Singh se fraya un passage au milieu de cette multitude survoltée, s'appuyant sur l'autorité que lui conférait sa casquette bleue et le drapeau rouge qu'il brandissait à la main. Chani Singh connaissait d'avance la scène qui suivrait l'arrivée de l'express n° 10. La même chose se reproduisait à chaque train. Des hommes et des femmes se jetaient sur les fenêtres et les portières des wagons de troisième classe à la recherche angoissée d'un enfant perdu dans leur fuite, criant des noms, s'étreignant dans des crises de désespoir. Des gens couraient de wagon en wagon, appelant leurs parents ou cherchant quelqu'un de leur village susceptible de leur donner des nouvelles. Il y avait des enfants abandonnés en pleurs au milieu de paquets et de balluchons, et d'autres nés pendant l'exode qui continuaient, dans cette bousculade, à téter le sein de leur mère en larmes.

Chani Singh réussit à atteindre la tête du quai et abaissa son drapeau dès que la locomotive apparut. Un détail le frappa. Quatre soldats en armes montaient la garde autour du mécanicien. Lorsque le sifflement de la vapeur et le grincement des freins se turent, le chef de gare comprit qu'il se passait quelque chose d'insolite dans l'express n° 10. Un silence pétrifié s'était abattu sur le quai. Chani Singh inspecta l'enfilade des huit wagons. Toutes les vitres des compartiments étaient baissées, mais on ne voyait aucun voyageur. Pas une portière ne s'était ouverte. Personne ne descendait des wagons. C'était un train de fantômes qui venait d'entrer dans la gare d'Amritsar. Le chef de gare déverrouilla une portière et se hissa à l'intérieur pour y découvrir un amoncellement de corps égorgés, éventrés, aux crânes éclatés. Des jambes, des bras, des troncs jonchaient les couloirs. D'une pile de cadavres sortit un gémissement étranglé. Chani Singh cria aussitôt : « Vous êtes à Amritsar, nous sommes tous hindous et sikhs ici. La police est là. N'ayez pas peur. » Quelques blessés remuèrent alors faiblement. Le cauchemar resterait gravé dans la mémoire du chef de gare. Une femme ramassa la tête de son mari dans une mare de sang et la serra dans ses bras en hurlant. Des enfants s'accrochèrent à leurs mères massacrées, des hommes fous de douleur retirèrent d'une pile de cadavres les corps mutilés de leurs enfants. Hébété, le chef de gare courait d'un wagon à l'autre. Dans chaque compartiment, le spectacle était le même. Au dernier, il fut pris de nausée et se mit à vomir. Asphyxié par la puanteur du charnier, il ferma les yeux, se demandant « comment les dieux avaient pu permettre une horreur pareille ».

Quand il releva la tête, il découvrit, peinte en larges lettres blanches sur le flanc de la dernière voiture, la signature des assassins. Il lut : « Ce train est notre cadeau d'Indépendance à Nehru. »

*

A Calcutta, avec ses prières et son rouet, Gandhi avait réussi à apprivoiser les bidonvilles où l'on s'attendait à une explosion d'une violence surpassant en ampleur et en horreur les pires événements du Panjab. Le miracle qu'avait laissé présager la procession nocturne de la veille vers Hydari Mansion se réalisait. A travers toute la ville que jonchaient un an auparavant les victimes de la journée d'Action directe de Jinnah, Musulmans et Hindous défilaient ensemble. C'était, nota Pyarelal Nayar, le secrétaire du Mahatma, « comme si, après les nuages noirs d'une année de folie, perçait de nouveau le soleil de la raison et de la bonne volonté ».

Ce changement inimaginable s'était accéléré, dès l'aube, avec l'arrivée à Hydari Mansion d'un nouveau défilé, composé celui-là de jeunes filles musulmanes et hindoues. Elles avaient marché toute la nuit pour obtenir le *darçan* de Gandhi. Leur visite était la première d'un flot de pèlerins qui convergèrent toute la journée vers sa maison croulante. Chaque demi-heure, le Mahatma était contraint d'interrompre sa méditation et son travail au rouet pour se montrer à la foule. Considérant ce jour comme un jour de deuil, il n'avait préparé aucun message de félicitations pour le peuple qu'il avait conduit à la liberté.

A un groupe de responsables politiques venus chercher sa bénédiction, il déclara : « Méfiez-vous du pouvoir, car le pouvoir corrompt. Ne tombez pas dans ses pièges. N'oubliez pas que votre mission est de servir les pauvres des villages de l'Inde. »

Cet après-midi-là, trente mille personnes, trois fois plus que la veille, accoururent dans un concert de conques pour assister à la prière publique de Gandhi. Il leur parla d'une estrade de bois hâtivement dressée dans un terrain vague voisin et les remercia pour la victoire de Calcutta. Il souhaita que leur exemple inspire leurs compatriotes du Panjab.

— Lorsque l'on a bu la coupe empoisonnée de la haine, le nectar de l'amitié devrait paraître encore plus doux, déclara-t-il.

Les traits creusés par la fatigue d'un jeûne de vingt-quatre heures bien inattendu chez lui, Sayyid Suhrawardy s'adressa ensuite à l'auditoire. Celui qui était le chef incontesté des Musulmans de Calcutta demanda aux foules mêlées de sceller leur réconciliation en criant avec lui *Jai Hind* — « Vive l'Inde ! ».

Après quoi, les deux hommes entreprirent un tour de la ville dans la vieille Chevrolet de Gandhi. Cette fois, ce ne fut pas avec des pierres et des injures qu'ils furent accueillis. A chaque coin de rue, les foules enthousiastes aspergeaient leur voiture d'eau de rose en clamant leur gratitude : « Gandhiji, tu es notre sauveur. »

*

La cérémonie célébrée sur un terrain vague de la ville de Poona, à cent quatre-vingts kilomètres au sud-est de Bombay, ressemblait aux milliers d'autres qui se déroulaient ce 15 août 1947 dans le nouveau dominion de l'Inde. C'était la levée des couleurs. Un détail différenciait cependant le rituel observé à Poona. Le drapeau qui montait lentement au mât de fortune planté au milieu d'un groupe de cinq cents hommes n'était pas le drapeau de l'Inde indépendante. C'était un triangle orange où apparaissait un symbole qui avait terrorisé l'Europe pendant dix ans, le svastika. Cette croix gammée se trouvait sur le fanion de Poona pour la même raison qu'elle était apparue sur les bannières du Troisième Reich de Hitler. C'était un symbole solaire et cosmique introduit aux Indes par les conquérants Aryas venus du Nord-Ouest plus de trois mille ans auparavant. Les hommes rassemblés à Poona appartenaient tous au R.S.S.S., le mouvement hindou para-fasciste dont certains membres avaient reçu mission d'assassiner Jinnah à Karachi quarante-huit heures auparavant. Hindous fanatiques, ils avaient au moins un point commun avec le prophète de la non-violence : eux aussi étaient accablés par la division de l'Inde. Mais le rapprochement s'arrêtait là. Ils haïssaient Gandhi et son action. Le héros national de l'Inde était à leurs yeux l'ennemi juré de l'hindouisme.

Leur mouvement était fondé sur un vieux rêve historique, celui de reconstituer un grand empire hindou allant des sources de l'Indus jusqu'à celles du Brahmapoutre, des toits de neige du Tibet jusqu'au cap Comorin. Ils considéraient la doctrine de non-violence comme une philosophie de lâches, propre à corrompre la force de caractère des peuples hindous. Il n'y avait aucune place dans leur idéal pour la fraternité et la tolérance à l'égard de la minorité musulmane de l'Inde. En tant qu'Hindous, ils s'estimaient les uniques successeurs des conquérants aryens et, par conséquent, les propriétaires légitimes du pays. Les Musulmans n'étaient selon eux que les descendants d'un clan d'usurpateurs, celui des Mogols. Mais il y avait surtout un péché qu'ils ne pourraient jamais pardonner au vieux libérateur de l'Inde. Cette accusation était en elle-même une cruelle ironie. Ils tenaient Gandhi, seul homme politique indien à s'y être pourtant opposé jusqu'a la fin, pour l'unique responsable de la partition de l'Inde.

L'homme qui présidait au rassemblement de Poona était un journaliste. Nathuram Godsé venait d'avoir trente-sept ans, mais ses grosses joues d'enfant lui donnaient un air plus jeune. Ses grands yeux innocents frappaient par l'intensité de leur regard et par une sorte de mélancolie qu'accentuait encore la moue de ses lèvres. D'un naturel timide et réservé, Godsé s'enflammait dans l'action. Le matin même, il avait exprimé à sa façon les sentiments que lui inspirait l'indépendance de l'Inde à la première page du journal qu'il dirigeait, le *Hindu Rashtra — La Nation Hindoue*. L'emplacement réservé à son éditorial quotidien avait été laissé en blanc et encadré d'un bandeau noir de deuil.

Au pied du drapeau, il se fit plus explicite encore. Les cérémonies de l'Indépendance dans tout le pays n'étaient, expliqua-t-il, « qu'un camouflage destiné à cacher au peuple le fait que des centaines d'Hindous sont déjà en train d'être massacrés et des centaines de femmes enlevées et violées. La vivisection de l'Inde est une calamité condamnant des millions d'Indiens à d'horribles souffrances ». Et c'était là « l'œuvre du parti du Congrès et, avant tout, de son chef, Gandhi ».

A la fin de sa harangue, Nathuram Godsé invita ses troupes à saluer l'emblème de leur mouvement. Puis, le pouce de leur main droite pointé sur le cœur, la paume tournée vers le sol, ils prêtèrent serment : « A la patrie qui m'a donné le jour et où j'ai grandi, je jure que mon corps est prêt à mourir pour sa cause. » Une fois de plus, à ces mots, Nathuram Godsé se sentit envahi par une vague d'orgueil. Toute sa vie, il avait connu l'échec, à l'école comme dans la demi-douzaine de métiers qu'il avait exercés. Il avait tout raté, jusqu'au jour où il avait embrassé la doctrine extrémiste du R.S.S.S. Se pénétrant de son enseignement et de sa littérature, apprenant à écrire et à parler en public, il était devenu l'un des meilleurs polémistes du mouvement. Et à présent, il envisageait d'assumer un nouveau rôle, mystique celui-là. Il serait le vengeur de l'Inde en la purifiant des ennemis d'une résurrection hindoue.

*

De toutes les grandioses cérémonies qui célébrèrent l'Indépendance à New Delhi, la plus touchante fut sans doute un goûter d'enfants qui vit la famille Mountbatten se mêler sans protocole à des milliers de jeunes Indiens, symboles de l'Inde nouvelle.

Mais le souvenir le plus spectaculaire laissé par cette journée du 15 août 1947 serait celui de la levée des couleurs indiennes dans la capitale, à cinq heures de l'après-midi, sur l'esplanade proche de l'arc de grès blond dédié aux quatre-vingt-dix mille Indiens morts pour l'Empire britannique pendant la Première Guerre mondiale.

Les collaborateurs de Lord Mountbatten avaient prévu la présence d'une trentaine de milliers d'Indiens. Ils s'étaient trompés d'un demi-million. Jamais personne n'avait rien vu de pareil à ce déferlement dans la capitale. Surgissant de tous côtés, les masses qui, le matin, avaient convergé vers la ville, submergeaient la petite tribune dressée près du mât. On aurait dit, se souvient un témoin, « un ponton ballotté par un océan déchaîné ». Les barrières, les cordes destinées à canaliser les spectateurs, les enceintes réservées, les policiers, tout avait été emporté par l'irrésistible marée humaine. Noyé dans cette masse mouvante, Ranjit Lal, le paysan qui avait quitté à l'aube son village de Chatharpur, pensa qu'on ne pouvait rassembler de telles foules que pour les *Kumbha mela,* les grands pèlerinages au bord du Gange. La mêlée était si serrée que ni lui, ni sa femme, ni leurs enfants ne pouvaient remuer les bras, au point d'être incapables de manger les *chapati* qu'ils avaient apportées.

Muriel Watson et Elizabeth Ward, les deux assistantes de Lady Mountbatten, arrivèrent peu avant cinq heures. Elles avaient revêtu d'élégantes robes de cocktail, avec gants blancs jusqu'aux coudes, et petits chapeaux de plumes multicolores. Elles se sentirent soudain aspirées dans les tourbillons, soulevées du sol, emportées par le flot. S'agrippant l'une à l'autre, leurs chapeaux envolés, leurs robes déchirées, elles luttèrent désespérément pour ne pas être étouffées. Pour la première fois de sa vie, Elizabeth Ward, qui avait pourtant accompagné Lady Mountbatten dans tant de missions dangereuses, se sentit prise de panique.

— Nous allons être piétinées, cria-t-elle à son amie.

— Dieu merci, ils sont nu-pieds, la rassura Muriel Watson. Pamela Mountbatten, âgée de dix-sept ans, gagna l'esplanade accompagnée de deux collaborateurs de son père. Tous trois se frayèrent à grand-peine un passage en direction de la petite tribune officielle. A moins de cinquante mètres du but, ils tombèrent sur un mur infranchissable de gens assis par terre.

Apercevant la jeune fille depuis la plate-forme où il se trouvait déjà, Nehru lui cria de le rejoindre en passant sur les épaules des gens.

— Impossible ! J'ai des chaussures à talons.

— Enlevez-les !

— Oh, je n'oserais jamais, s'insurgea Pamela.

— Alors gardez-les, s'impatienta Nehru, et marchez simplement sur les gens, ils ne diront rien.

— Mais les talons vont les blesser !

— Arrêtez vos enfantillages, cria Nehru, déchaussez-vous et venez vite.

Avec un soupir d'impuissance, la fille du dernier vice-roi des Indes fit sauter ses escarpins et entreprit d'enjamber le tapis humain qui la séparait de la tribune. Dans la bonne humeur générale, une forêt de bras monta aussitôt vers elle pour faciliter son acrobatique progression.

A l'instant où les turbans des cavaliers de l'escorte du premier gouverneur général de l'Inde surgirent au-dessus des têtes, une vague de fond souleva littéralement la foule. Observant le lent cheminement du carrosse de ses parents, Pamela Mountbatten fut témoin d'un spectacle incroyable. Des milliers de femmes se trouvaient là avec des bébés dans les bras. Craignant de voir leurs enfants écrasés par la bousculade, elles prirent une initiative désespérée. Elles les lancèrent à bout de bras dans l'espace libre au-dessus des têtes, les renvoyant en l'air comme des ballons dès qu'ils retombaient. En une minute, le ciel fut plein de milliers d'enfants. « Mon Dieu, pensa la jeune Anglaise éberluée, il pleut des bébés. »

Mountbatten comprit instantanément qu'il n'y avait pas l'ombre d'une chance de voir respecter le protocole mis au point pour la levée des couleurs. Il ne pouvait même pas descendre de son landau.

— Il faut hisser le drapeau, cria-t-il à Nehru. Tant pis pour la musique. La fanfare est bloquée avec la garde d'honneur.

Malgré le brouhaha, son appel fut entendu sur la plate-forme. L'emblème safran, blanc et vert d'une Inde libre s'éleva aussitôt tandis que le saluait, debout dans son carrosse, l'arrière-petit-fils de la reine Victoria.

A l'apparition du drapeau, une ovation frénétique jaillit de cinq cent mille poitrines. Dans la joie de cet instant, l'Inde oubliait la défaite de Plassey, la répression des mutins de 1857, le massacre d'Amritsar. Elle oubliait les humiliations de la loi martiale, les charges des policiers, le tourbillonnement de leurs *lathi,* les exécutions des martyrs de l'Indépendance. Trois siècles d'épreuves s'envolaient dans l'allégresse. Les cieux eux-mêmes semblaient vouloir bénir l'événement. Alors que le drapeau de l'Inde nouvelle atteignait le haut du mât, un arc-en-ciel l'auréola, arc du dieu Indra qui unit le ciel et la terre. Pour ce peuple attentif au langage de l'au-delà et respectueux des volontés célestes, ce signe ne pouvait être que la manifestation de la présence divine : l'orangé, le jaune et le vert du spectre solaire donnaient une dimension universelle à son drapeau.

— Si Dieu lui-même nous envoie un tel présage, lança une voix, qui pourra se mettre en travers de notre route ?

*

Le retour au palais de Louis et Edwina Mountbatten devait leur faire vivre une expérience inoubliable. Leur carrosse ressemblait à un radeau dérivant au gré des remous de la foule exubérante. Porté de bras en bras par ses compatriotes en liesse, Nehru parvint à les rejoindre. On dirait, songea Mountbatten, « une sorte de gigantesque pique-nique de près d'un million de personnes qui s'amusent comme jamais dans leur vie ». Cette explosion de joie spontanée et incontrôlable reflétait la véritable signification de cette journée. Debout au milieu de la forêt de mains qui se tendaient vers lui, Mountbatten cherchait la limite de cet océan de têtes ; il lui parut infini. Si loin que pouvait porter son regard, il rencontrait toujours la foule. Trois fois de suite, le gouverneur général et son épouse se penchèrent pour soulever une femme sur le point de tomber sous les roues de la voiture. Installées sur les coussins de cuir noir façonnés pour le roi et la reine d'Angleterre, les trois naufragées traversèrent émerveillées la multitude aux côtés du dernier vice-roi et de la dernière vice-reine des Indes.

Mais par-dessus tout, le souvenir de cette journée resterait, pour Louis et Edwina Mountbatten, lié à un cri, un cri vibrant inlassablement répété. Aucun Anglais n'avait eu, avant eux, le privilège de susciter un hommage si chargé d'émotion et de sincérité. Scandées comme des salves triomphales, éclataient sans relâche les acclamations de la foule : *Mountbatten-ki Jai !* — « Vive Mountbatten ! »

*

A dix mille kilomètres des foules exultantes de New Delhi, au cœur des Highlands d'Écosse, une voiture officielle pénétra ce jour-là dans la cour du château de Balmoral. Son passager fut introduit dans le cabinet de travail où l'attendait le roi George VI. Le comte de Listowel, dernier secrétaire d'État aux Affaires indiennes, informa officiellement Sa Majesté que la Grande-Bretagne avait transmis ses pouvoirs aux autorités indiennes. Cet acte modifiait irrévocablement la nature du règne du monarque britannique : il n'avait plus droit désormais, au titre de Rex Imperator.

Une dernière formalité restait à accomplir pour entériner ce changement. Le ministre devait restituer au roi les sceaux qui avaient été les garants de sa charge, l'incarnation des liens unissant l'Empire des Indes à la couronne britannique. Malheureusement, ces sceaux n'existaient plus. Quelqu'un les avait égarés il y avait fort longtemps. Le seul souvenir que le dernier secrétaire d'État aux Affaires indiennes pouvait proposer au souverain de cet Empire qu'il n'avait jamais visité était un hochement respectueux de la tête et le geste symbolique de lui tendre sa paume.

*

Le crépuscule descendait sur la capitale de l'Inde, en même temps que retombait la poussière soulevée par un million de pieds. Les foules continuaient à parcourir les rues en chantant, en criant et en s'embrassant. Dans la Vieille Delhi, près des murailles du Fort rouge, des milliers d'Indiens en liesse participaient à un gigantesque carnaval de charmeurs de serpents, de jongleurs, de diseurs de bonne aventure, d'ours savants, de lutteurs, de musiciens, d'avaleurs de sabre, de fakirs se transperçant les joues avec des poignards. D'autres quittaient la ville par milliers en d'interminables caravanes multicolores et repartaient vers leurs villages. Ranjit Lal, le paysan brahmane de Chatharpur, était parmi eux. A sa grande colère, le cocher de *tonga* qui avait demandé le matin quatre *anna* pour l'amener à New Delhi, réclamait à présent huit fois plus pour le reconduire chez lui. Estimant que c'était bien cher payer la liberté, Ranjit Lal et sa famille firent à pied les trente kilomètres du trajet.

Enfin seuls dans leurs appartements privés, Louis et Edwina Mountbatten tombèrent dans les bras l'un de l'autre. Ils rayonnaient de bonheur et d'émotion. La roue de leur destin venait d'achever un tour complet. Dans les rues de la ville qui avait vu naître leur amour un quart de siècle plus tôt, ils venaient de partager la même apothéose. Jamais l'amiral, qui avait pourtant savouré l'ivresse de recevoir la capitulation de sept cent cinquante mille Japonais, ne vivrait un instant plus exaltant. C'était un instant comparable à la célébration éperdue de la fin de la guerre, songeait Mountbatten, si ce n'est qu'il s'agissait cette fois « d'une guerre gagnée par les deux parties, une guerre sans vaincus ».

Le lendemain matin à Londres, un visiteur arrivant de New Delhi se présenta à la porte du 10 Downing Street. Le Premier ministre Clement Attlee avait toutes les raisons d'être satisfait. L'indépendance des Indes s'était accompagnée de manifestations de bonne volonté envers la Grande-Bretagne telles que personne n'aurait pu s'y attendre six mois auparavant. Comparant l'attitude de l'Angleterre avec celle des Pays-Bas en Indonésie et de la France en Indochine, une personnalité indienne avait remarqué : « Nous ne pouvons qu'admirer le courage et le sens politique du peuple britannique. »

Louis Mountbatten avait pourtant dépêché à Londres son secrétaire particulier, George Abell, pour mettre Attlee en garde contre les faux espoirs que pouvaient faire naître de telles déclarations. La façon dont la question de l'indépendance avait été résolue, déclara George Abell au Premier ministre, était un triomphe à la fois pour son gouvernement et pour l'homme qu'il avait désigné comme vice-roi, mais il ne fallait pas se réjouir trop vite, recommanda-t-il, ni trop ostensiblement, car le partage du sous-continent indien allait inéluctablement entraîner « le plus effroyable des bains de sang ».

Attlee tira quelques bouffées de sa pipe et hocha tristement la tête. Rassurez-vous, promit-il, aucune déclaration claironnante ne sortira d'ici. Il ne se faisait « aucune illusion ». Ce qui avait été accompli était gigantesque, mais il savait bien, lui aussi, qu'il faudrait en payer le prix.

*

A New Delhi, l'heure était venue d'ouvrir la boîte de Pandore. Avant de les remettre à leurs destinataires, Lord Mountbatten considéra une fois encore les deux grandes enveloppes jaunes. Chacune contenait un jeu des nouvelles cartes géographiques de la péninsule ainsi qu'une douzaine de feuillets dactylographiés. C'étaient là les derniers documents officiels que l'Angleterre léguerait aux Indes, les derniers maillons d'une longue chaîne qui avait commencé par l'octroi de la charte royale d'Élisabeth Iʳᵉ à l'*East India Trading Company* en 1599, et abouti à cette loi sanctionnée moins d'un mois auparavant par les mots rituels « le Roi le Veult ». Aucun des textes précédents n'avait eu des conséquences comparables à celles qu'allaient entraîner ces deux derniers documents.

Mountbatten remit l'une des enveloppes à Jawaharlal Nehru, Premier ministre de l'Inde, et l'autre à Liaquat Ali Khan, Premier ministre du Pakistan, et leur proposa d'en étudier le contenu avec leurs collaborateurs avant de revenir en discuter avec lui.

La colère qui embrasait les visages des deux chefs de gouvernement après cet examen assura Mountbatten de la parfaite impartialité observée par l'auteur du partage des Indes. Les deux hommes paraissaient aussi ivres de rage l'un que l'autre. A peine assis, ils explosèrent en une tempête de protestations. L'euphorie de l'Indépendance s'était évanouie.

En découpant la carte des Indes, Sir Cyril Radcliffe avait rigoureusement respecté les instructions reçues. A quelques insignifiantes exceptions près, il avait tracé la frontière en attribuant aux

456

Indiens les zones à majorité hindoue et aux Pakistanais celles à majorité musulmane. Sur le papier, le résultat pouvait encore paraître acceptable. Dans la réalité, c'était un désastre.

Au Bengale, la ligne de partage risquait de condamner chacune des deux parties à la ruine économique. Alors que quatre-vingt-cinq pour cent du jute mondial poussait dans la zone attribuée au Pakistan, il n'y avait pas une seule usine de transformation sur son territoire. L'Inde se retrouvait en revanche avec plus d'une centaine d'usines et avec le seul port d'exportation, Calcutta, mais sans jute.

Au Panjab, la frontière de Radcliffe attribuait la ville de Lahore au Pakistan et celle d'Amritsar avec son Temple d'Or à l'Inde, coupant en deux les terres et les populations d'une des communautés les plus militantes et les plus unies des Indes, les Sikhs. Poussés par le désespoir, ceux-ci allaient devenir les principaux acteurs de la tragédie du Panjab.

Une grave controverse devait survenir à propos de la petite agglomération de Gurdaspur, blottie au pied de l'Himalaya, dans l'extrême nord du Panjab. Afin de permettre à sa frontière de suivre à cet endroit la limite naturelle d'une rivière, Radcliffe plaça la petite cité, peuplée en majorité de Musulmans, et les quelques villages qui l'environnaient, du côté de l'Union indienne de Nehru, se refusant à créer une enclave pakistanaise en territoire indien. Quatre-vingt-dix millions de Musulmans ne lui pardonneraient jamais cette décision. Car, si Radcliffe avait au contraire attribué Gurdaspur au Pakistan, ce n'étaient pas quelques maisons de torchis qu'aurait gagnées l'État de Mohammed Ali Jinnah. A Gurdaspur serait fatalement venue s'ajouter un jour ou l'autre la vallée enchantée dont le nom avait inspiré les dernières paroles de l'empereur mogol Jehangir, sur son lit de mort : « Cachemire, ô Cachemire. » Sans le passage que permettrait Gurdaspur au pied de l'Himalaya, l'Inde n'aurait en effet possédé aucune voie d'accès terrestre vers le Cachemire et son maharaja hindou, toujours indécis, n'aurait eu d'autre choix que de lier le destin de son État au Pakistan. Inconsciemment, le scalpel du juriste britannique offrirait ainsi à l'Inde l'occasion d'absorber un jour le Cachemire.

*

L'homme à qui l'on avait confié la vivisection des Indes parce qu'il ignorait tout de leurs problèmes scrutait du haut du ciel les paysages qu'il venait de diviser. Entouré de sévères mesures de sécurité, Sir Cyril Radcliffe rentrait en Angleterre. L'ultime tâche du jeune fonctionnaire qui l'accompagnait avait été de passer son avion au peigne fin dans la crainte d'une bombe. Perdu dans ses pensées, le juriste britannique contemplait à travers son hublot l'étendue infinie des champs de blé et de canne à sucre du Panjab. Il mesurait mieux que personne la consternation et le malheur que ses coups de crayon provoqueraient. Il n'existait malheureusement aucun tracé idéal qui eût pu éviter cette moisson d'angoisse et de souffrances. Les raisons qui menaient inexorablement le Panjab et le Bengale à la tragédie existaient bien avant que Sir Cyril Radcliffe ait été arraché à son cabinet londonien. Il savait de manière certaine que son travail déboucherait sur la destruction et la violence. Et tout aussi sûrement, il savait qu'on le rendrait responsable de cette tragédie.

Lorsqu'ils l'avaient investi de sa mission, Nehru et Jinnah avaient tous deux promis d'accepter ses décisions et de les faire appliquer. Or, les deux hommes s'étaient empressés de les condamner. Quelques jours plus tard, écœuré, Radcliffe répondrait à leur attitude par la seule riposte en son pouvoir : il refuserait les deux mille livres sterling représentant le salaire proposé pour le plus complexe partage géographique des temps modernes.

Imperceptible au regard de Radcliffe dans son avion, la plus grande migration de l'histoire de l'humanité commençait déjà. Les premières files de réfugiés du Panjab se hâtaient sur les sentiers, le long des canaux, à travers champs, vers l'asphalte brûlant de la *Grand Trunk Road*. Dans quelques heures, la publication du rapport de Sir Cyril Radcliffe allait ajouter une dimension nouvelle aux horreurs qui menaçaient encore cette province. Des villages, dont les habitants musulmans avaient salué avec enthousiasme la naissance du Pakistan, se retrouveraient en Inde. Ailleurs, des Sikhs, qui avaient cru célébrer dans leurs *guru-dwara* le rattachement de leur village à l'Inde, ne devraient la vie qu'à une fuite éperdue de l'autre côté de la frontière, au-delà des champs qu'ils avaient toujours cultivés.

Certaines des absurdités auxquelles l'urgence avait condamné le juriste britannique ne tardèrent pas à apparaître. Des canaux d'irrigation avaient leurs vannes d'alimentation dans un pays, et leur réseau de distribution dans l'autre. La frontière traversait parfois le cœur d'un hameau. Il arrivait même qu'elle coupât en deux une maison, laissant la porte d'entrée du côté indien et la fenêtre de derrière ouverte sur le Pakistan.

Toutes les prisons du Panjab se retrouvèrent au Pakistan, ainsi que son unique asile de fous. Dans une soudaine crise de lucidité, les pensionnaires hindous et sikhs de l'établissement supplièrent désespérément leurs infirmiers de les transférer en Inde pour échapper aux Musulmans qui ne manqueraient pas de les massacrer. Leurs médecins montrèrent moins de clairvoyance qu'eux. Ils rejetèrent leur supplique.

13

« *Nos peuples ont sombré dans la folie* »

Ce devait être un véritable cataclysme. Pendant six semaines, l'Inde du Nord allait soudain sombrer dans un bain de sang d'une ampleur stupéfiante. Comme aux heures les plus sombres de l'humanité, une folie de meurtre s'emparerait de millions d'hommes. Pas un village, pas une famille ne seraient épargnés par la contagion. Il périrait autant d'Indiens dans cette brève et monstrueuse tuerie que de Français au cours de la Seconde Guerre mondiale.

Partout, les plus nombreux et les plus forts s'attaquèrent aux minorités les plus faibles. Dans les riches demeures de l'avenue Aurangzeb de la capitale, les souks aux bijoux de Chandni Chowk dans la Vieille Delhi et les *mahalla* d'Amritsar ; dans les élégantes banlieues de Lahore, les bazars de Rawalpindi, derrière les murailles de Peshawar ; dans les boutiques, les stands, les maisons de torchis et les ruelles des villages ; dans les fours à briques, les ateliers de textiles et les champs, dans les gares, les hôpitaux, les asiles, dans les bureaux et les cafés, partout les communautés qui avaient jusqu'alors vécu côte à côte se jetèrent les unes contre les autres dans un débordement de haine. Ce n'était ni une vraie guerre, ni une guerre civile, ni une guérilla.

C'était une convulsion, la brutale et subite explosion d'un monde. Un crime en provoquait un autre, l'horreur appelait l'horreur, la mort engendrait la mort. Bientôt, telle une carcasse d'immeuble qui s'effondre sous l'effet d'une ultime bombe, les murs de toute une portion de la société indienne s'écroulèrent les uns sur les autres.

Ce désastre n'était pas fortuit. A leur naissance, l'Inde et le Pakistan étaient deux frères siamois soudés l'un à l'autre par une tumeur maligne, le Panjab. Le scalpel de Sir Cyril Radcliffe avait tranché au milieu de la tumeur et séparé les jumeaux mais n'avait pu éliminer les cellules cancéreuses. Son découpage avait laissé cinq millions de Sikhs et d'Hindous dans la moitié pakistanaise du Panjab et cinq millions de Musulmans dans la moitié indienne. Intoxiquées par les promesses de Jinnah et des leaders de la Ligue musulmane, les masses musulmanes exploitées avaient fini par se convaincre qu'au Pakistan, « Pays des Purs », usuriers hindous, commerçants et impitoyables propriétaires sikhs auraient disparu. Or, ils étaient toujours là. Ils occupaient leurs fermes et leurs boutiques, exigeaient le paiement de leurs intérêts et de leurs loyers. Comment les Musulmans n'auraient-ils pas pensé : « Si le Pakistan est à nous, alors les boutiques, les fermes, les maisons, les fabriques des Hindous et des Sikhs sont aussi à nous. » Au même moment, dans la partie devenue indienne, les Sikhs se préparaient à chasser tous les Musulmans qui vivaient dans leur zone afin d'installer à leur place leurs frères fuyant le territoire pakistanais. Il était donc inévitable que tous — Hindous, Sikhs et Musulmans — s'affrontent avec une égale furie exterminatrice.

Les Indes avaient toujours été la terre de la démesure. L'horreur des carnages du Panjab, l'ampleur des souffrances et des malheurs qu'ils engendrèrent ne faillirent pas à cette tradition. Les peuples industrialisés s'étaient entre-tués à coups d'explosions atomiques, de V1, d'obus au phosphore, de lance-flammes et de gaz asphyxiants. Les peuples du Panjab se massacrèrent avec des épieux en bambou, des couteaux, des sabres, des matraques, des marteaux, des pavés et des crochets en forme de dents de tigre. Épouvantés par la frénésie qu'ils avaient inconsciemment déchaînée, leurs dirigeants essayèrent désespérément de les faire revenir à la raison. En vain : l'Inde était devenue folle.

*

Le capitaine R.E. Atkins, du 2ᵉ bataillon de Gurkhas, en eut le souffle coupé. Le spectacle dont il avait tant entendu parler sans y croire, il l'avait maintenant sous les yeux. Dans les caniveaux de Lahore, coulait un flot de sang. Le beau « Paris de l'Orient » n'était plus que ruine et désolation. Des rues entières étaient la proie des flammes. La nuit, l'agitation des pillards rappelait au capitaine anglais celle des termites rongeant le bois. Depuis l'installation de son P.C. à l'hôtel Braganza, il n'avait cessé d'être assiégé par des commerçants hindous qui lui proposaient une fortune — vingt, trente, cinquante mille roupies, leurs filles et les bijoux de leurs femmes — s'il leur permettait de fuir dans sa jeep l'enfer qu'était devenu Lahore.

Juste de l'autre côté de la frontière, à Amritsar, les quartiers musulmans n'étaient plus que décombres d'où s'échappaient de grosses volutes de fumée âcre. Des compagnies de vautours semblaient veiller sur ce décor d'apocalypse d'où montait l'odeur suffocante des corps en décomposition. Partout, des scènes analogues défiguraient le Panjab. A Lyallpur, les ouvriers musulmans d'une fabrique de textiles exterminèrent leurs compagnons de travail sikhs. La sinistre découverte du capitaine Atkins prenait ici une tout autre dimension : cette fois, c'était un canal d'irrigation qui charriait le sang de centaines de victimes sikhs et hindoues.

A Simla, Fay Campbell-Johnson, l'épouse de l'attaché de presse de Lord Mountbatten, frémit d'horreur devant ce qu'elle découvrit de la véranda de l'hôtel Cecil, où des générations d'administrateurs impériaux avaient siroté leur whisky les soirs d'été. Faisant tournoyer leurs *kirpan*, des Sikhs à bicyclette fonçaient sur le Mall à la poursuite des Musulmans tels des cavaliers pourchassant un sanglier. Des qu'ils rejoignaient une proie, ils la décapitaient d'un coup de sabre. Une autre Anglaise vit la tête de l'un de ces malheureux rouler sur le trottoir et s'arrêter à ses pieds, son fez toujours en place. Pédalant furieusement, l'assassin se jetait déjà sur une nouvelle victime. Il brandissait son sabre dégoulinant de sang et hurlait : « Je vais en tuer d'autres ! Je vais en tuer d'autres ! »

Le bourreau était en général un inconnu mais parfois aussi un ami. Chaque jour depuis quinze ans, Niranjan Singh, un cafetier sikh du bazar de la ville de Montgomery, recevait la visite de son voisin, un tanneur musulman. Un matin d'août, à peine lui avait-il préparé son pot de thé noir d'Assam, qu'il trouva en face de lui un visage convulsé de haine. Le montrant du doigt, son voisin cria : « Tuez-le, tuez-le ! » Un groupe de Musulmans surgit aussitôt de la ruelle. D'un coup de sabre, l'un d'eux sectionna la jambe du Sikh, tandis que les autres massacraient son père, âgé de quatre-vingt-dix ans, et son fils unique. Avant de perdre connaissance, le cafetier assista, impuissant, à l'enlèvement de sa fille de dix-huit ans par l'homme auquel il avait servi son thé pendant quinze ans.

Partout, la même terreur s'abattait sur les communautés minoritaires. A Ukarna, une petite cité textile à majorité musulmane, Madanlal Pahwa, un Hindou de vingt ans, ancien matelot de la marine indienne, se réfugia chez l'une de ses tantes. Des fenêtres, il assista aux manifestations délirantes de la population musulmane qui dansait, chantait et brandissait les drapeaux du Pakistan en scandant : « *Hanskelya Pakistan, Larkelinge Hindustan !* » — « Nous avons gagné le Pakistan en riant, nous gagnerons l'Inde en combattant ! » Madanlal Pahwa haïssait les Musulmans. Dans son uniforme kaki orné du galon noir de l'organisation extrémiste hindoue R.S.S.S., il n'avait jamais raté l'occasion de les terroriser. C'était à lui maintenant de s'inquiéter : « Nous avons tous peur, pensa-t-il, nous ressemblons à des moutons qui vont au sacrifice. »

Grâce à leur expérience militaire et à leur sens de l'organisation, les Sikhs étaient les tueurs les plus efficaces. Groupés en *jattha,* des bandes de cinquante à cent hommes, armés jusqu'aux dents, ils s'abattaient sur les villages musulmans comme des nuées de sauterelles, ne laissant derrière eux que sang et ruine.

Le fermier musulman Ahmed Zarullah habitait, près de Ferozepore, un de ces petits hameaux sans défense auxquels les *jattha* sikhs s'attaquaient de préférence. « Une nuit, ils arrivèrent en poussant des cris de guerre terrifiants, se souvient-il. Nous savions que nous allions être exterminés comme des rats. Nous nous sommes cachés sous les *charpoy* et derrière les tas de galettes de bouse de vache. Les

Sikhs ont fait sauter ma porte à la hache. J'ai été touché par une balle au bras gauche. Alors que j'essayais de me relever j'ai vu ma femme s'écrouler, blessée à son tour. Du sang coulait de sa cuisse et de son dos. Mon fils de trois ans fut atteint au ventre. Il n'a même pas poussé un cri. Il est mort sur le coup. J'ai pris ma femme dans mes bras et, abandonnant notre enfant mort, je me suis enfui par une fenêtre avec notre autre fils. J'ai vu des Sikhs abattre des Musulmans qui s'échappaient de leurs maisons en flammes. D'autres couraient en traînant des femmes et des fillettes. On entendait des hurlements, des gémissements, des plaintes déchirantes. Des Sikhs se sont jetés sur moi et m'ont arraché le corps de ma femme. Ils ont emporté notre fils. Puis, ils m'ont asséné un coup de poignard et laissé pour mort dans la poussière. Tout était fini pour moi. La vie ne comptait plus : ceux que j'aimais avaient disparu. Je n'avais même plus la force de pleurer. Mes yeux étaient aussi secs qu'un oued du Sind avant la mousson. Je perdis connaissance. »

A Sheikhpura, un gros bourg commerçant au nord de Lahore, tous les habitants hindous et sikhs furent rassemblés dans un vaste dépôt où la banque locale entreposait le grain qui servait de gage à ses prêts. Des policiers musulmans et des déserteurs de l'armée tirèrent dans le tas à la mitrailleuse, les tuant jusqu'au dernier.

Chez les officiers anglais restés pour servir dans l'armée indienne ou pakistanaise, revenait sans cesse le même refrain : « Ce qui se passe ici est pire que tout ce qu'on a pu voir pendant la Seconde Guerre mondiale. »

L'envoyé spécial du *New York Times,* Robert Trumbull, qui avait couvert bon nombre de guerres au cours de sa carrière, câbla à son journal : « Rien ne m'a jamais autant bouleversé, pas même les monceaux de cadavres après le débarquement de Tarawa. En Inde aujourd'hui coulent des fleuves de sang. J'ai vu des morts par centaines et, plus affreux que tout, des milliers d'Indiens sans yeux, sans pieds, sans mains. Rares sont ceux qui ont la chance de mourir d'une balle. Hommes, femmes et enfants sont le plus souvent battus à mort à coups de matraque, lapidés, abandonnés au supplice d'une agonie que la chaleur et les mouches rendent plus effroyable encore. »

Toutes les communautés faisaient preuve d'une égale sauvagerie. Un officier anglais de la Force d'Intervention du Panjab découvrit quatre bébés musulmans « empalés sur des broches et rôtis comme des cochons de lait » dans un village dévasté par des Sikhs. Un autre vit « un cortège de femmes hindoues dont les seins avaient été tranchés par des fanatiques musulmans ».

Dans certains secteurs, les Musulmans offrirent à leurs voisins hindous la possibilité de se convertir à l'islam ou de quitter le Pakistan. Le paysan Bagh Das vivait dans un village de trois cents Hindous en pleine zone musulmane, à l'ouest de Lyallpur. Un après-midi, plusieurs centaines de Musulmans s'abattirent sur la petite communauté. Tous les habitants furent regroupés dans un champ tandis qu'on pillait leurs maisons. Puis ils furent conduits jusqu'au premier village où se dressait un minaret. Ils furent contraints de se laver les pieds dans le bassin des ablutions avant d'être poussés à l'intérieur de la mosquée où ils durent s'agenouiller. Après leur avoir lu quelques versets du Coran, le *maulvi* déclara :

— Vous avez le choix entre devenir musulmans et vivre heureux, ou être tués.

— Nous préférons devenir musulmans, finit par répondre Bagh Das au nom de ses compagnons.

Chaque « converti » reçut alors un nom musulman et fut obligé de réciter un verset du Coran. Le groupe fut ensuite emmené dans la cour de la mosquée où une vache était en train de rôtir. Chacun fut forcé d'en manger un morceau. Bagh Das, qui était végétarien, eut « une irrésistible envie de vomir », mais il fit un effort de peur d'être tué s'il n'obéissait pas.

Près de lui, un brahmane demanda l'autorisation d'aller, avec sa femme et leurs trois enfants, chercher les assiettes et les couverts de son mariage afin d'honorer comme il le fallait ce grand tournant de leur existence. Flattés, ses ravisseurs musulmans acceptèrent. Ni le brahmane ni personne de sa famille ne revint jamais manger la viande sacrilège. « Il avait caché un couteau dans sa maison, raconte Bagh Das. Quand il arriva chez lui, il le sortit de sa cachette. Il égorgea d'abord sa femme, puis ses trois enfants. Il se planta enfin le couteau en plein cœur. »

Un motif qui n'avait rien à voir avec la ferveur religieuse poussait souvent les Musulmans du Pakistan à exterminer leurs voisins sikhs et hindous ou à provoquer leur fuite. C'était la convoitise de leurs biens.

Le Sikh Sardar Prem pratiquait, dans un village près de Sialkot un métier que les Musulmans méprisaient : il était prêteur sur gages. « J'appartenais à une famille très riche, explique-t-il. J'avais une grande maison à deux étages, avec un solide portail en fer forgé. Tout le monde dans le village savait que j'étais le plus riche. Beaucoup de Musulmans me demandaient d'hypothéquer leurs bijoux. Je les conservais dans un coffre métallique. Presque chaque Musulman du village avait, à un moment ou à un autre, déposé chez moi quelque valeur en gage. »

Un matin, peu après l'Indépendance, Sardar Prem vit des manifestants musulmans s'avancer vers sa maison en brandissant des matraques, des barres de fer et des couteaux. La plupart des visages lui étaient familiers : chacun avait au moins une fois été son débiteur. « Le coffre, le coffre ! » hurlaient-ils.

« Ah ! ils pensaient récolter une belle moisson », raconte Sardar Prem. Mais son coffre renfermait aussi un fusil à double canon et vingt-cinq cartouches. Sardar Prem s'empara de l'arme et grimpa au deuxième étage. Pendant une heure, il défendit sa maison en courant d'une fenêtre à l'autre et en tirant sur les émeutiers qui essayaient d'enfoncer son portail.

Pendant ce temps, une scène hallucinante se déroulait au rez-de-chaussée. Son épouse avait réuni leurs six filles dans le vestibule et apporté un bidon d'alcool à brûler. Elle s'en aspergea tout le corps. Après avoir imploré la miséricorde du *guru* Nanak et ordonné à ses filles de l'imiter, elle s'immola sans un cri. Une odeur de chair calcinée emplit aussitôt la maison, montant jusqu'au deuxième étage où Sardar Prem tirait ses dernières cartouches. Il expédia encore une volée de plombs et se jeta haletant dans l'escalier.

Arrivé en bas, il poussa un hurlement d'horreur. Sa femme et trois de ses filles n'étaient plus qu'un tas informe de chair et d'os carbonisés sur le sol du vestibule. Elles avaient préféré périr dans les flammes plutôt que d'être violées par les Musulmans.

De telles scènes n'étaient pas rares. Lorsque les Musulmans attaquèrent la maison de Ganda Singh, un propriétaire terrien du district de Gurdaspur, ses filles et toutes les femmes vivant sous son toit l'implorèrent de les tuer pour leur épargner de tomber aux mains des Musulmans. Ganda Singh se plaça derrière un billot de fortune, se banda les yeux, empoigna son sabre et les décapita toutes successivement. Quand les Musulmans finirent par défoncer sa porte, ils ne trouvèrent plus que lui de vivant. Ils l'attachèrent à un arbre et le coupèrent en morceaux.

Les Sikhs et les Hindous qui furent chassés de leurs maisons n'étaient pas tous riches. Le jeune Guldap Singh, âgé de quatorze ans, était le fils d'un modeste métayer appartenant à une communauté d'une cinquantaine de Sikhs et d'Hindous isolés au milieu des six cents Musulmans d'un village proche de Lahore. Il vivait avec ses parents dans deux pièces de torchis avec pour toute fortune deux buffles et une vache. Un jour, les Musulmans assiégèrent le quartier aux cris de « Quittez le Pakistan, sinon nous vous tuons ! ». Tous les habitants s'enfuirent de chez eux et coururent se réfugier chez le Sikh le plus important du village. « Les Musulmans sont arrivés avec des sabres, des couteaux, de longues piques de fer aux pointes garnies de chiffons imbibés d'essence, se souvient Guldap Singh. Nous les avons bombardés de briques et de pierres, mais ils ont réussi à mettre le feu à la maison. Ils ont pu attraper un Sikh et ont mis le feu à sa barbe. Alors même que sa barbe brûlait comme une torche, je l'ai vu lancer une brique à la tête d'un Musulman. Puis il s'est écroulé dans les flammes en criant le nom du *guru* Nanak. Des Musulmans parvinrent à pénétrer dans la maison et à s'emparer de quelques hommes qu'ils traînèrent dehors pour les achever à coups de serpe ou de hache. Je me suis précipité sur la terrasse où s'étaient réfugiées les femmes. Certaines tenaient des bébés dans les bras. Elles allumèrent un grand feu et donnèrent en pleurant le sein à leurs enfants. Puis, à la dernière goutte de lait, elles les déposèrent sur le brasier avant de se jeter à leur tour dans les flammes. C'était un spectacle insoutenable. »

Le jeune garçon sauta de la terrasse et profita de la confusion et de la nuit qui tombait pour grimper dans un arbre. Il y resta caché pendant les six heures suivantes.

« L'odeur de la chair grillée parvenait jusqu'à moi, se souvient-il. Je savais que mon père et ma mère ne sortiraient jamais de la maison : ils étaient morts. Ma mère avait sauté dans le feu. J'ai vu des Musulmans emporter deux fillettes. Elles ne pleuraient pas : elles devaient être évanouies. Tard dans la nuit, quand le calme fut revenu, je suis descendu de mon arbre et me suis glissé à l'intérieur. Tout le monde était mort. Sauf les deux fillettes et moi, tous les Sikhs et les Hindous avaient péri. »

Guldap Singh erra toute la nuit dans le charnier, incapable même de pleurer. A l'aube, il essaya d'identifier les restes carbonisés de ses parents. Il ne put y parvenir. Il trouva par terre un couteau couvert de sang et s'en servit pour couper ses cheveux afin de pouvoir se faire passer pour un Musulman. Puis il s'enfuit.

Pendant ces jours d'apocalypse, l'horreur fut le fait de tous et se mesura avec une égalité presque biblique, œil pour œil, viol pour viol, meurtre pour meurtre. Le seul trait qui différenciait Mohammed Yacub du jeune Sikh était la religion. Mohammed avait lui aussi quatorze ans et, comme Guldap Singh, il adorait jouer aux billes. Il s'adonnait à son jeu favori, devant la maison de torchis qu'il habitait avec ses parents et ses six frères et sœurs dans un village situé près d'Amritsar, en Inde, quand un *jattha* sikh fit irruption. Il réussit à s'enfuir et à se cacher dans un champ de canne à sucre. « Les Sikhs coupèrent les seins de plusieurs femmes, raconte-t-il. Des villageois affolés égorgèrent alors leurs épouses et leurs filles pour qu'elles ne tombent pas en leurs mains. J'ai vu des Sikhs transpercer à coups de lance deux de mes plus jeunes frères. Fou de douleur, mon père s'est mis à courir dans tous les sens. Les Sikhs n'arrivaient pas à l'attraper. Ils finirent par lancer les chiens du village à ses trousses. Mordu aux mollets, mon père a dû ralentir sa course et les Sikhs ont pu s'en emparer. Ils l'ont ficelé. Puis ils l'ont jeté à terre et l'ont coupé en morceaux à coups de sabre. Sa tête, ses mains, ses bras, ses jambes furent séparés de son corps. Les Sikhs ont alors abandonné les restes de mon père aux chiens. »

Cinquante seulement des cinq cents Musulmans du village échappèrent au massacre, sauvés par l'intervention d'une patrouille de la Force d'Intervention du Panjab. Unique survivant de sa famille, Mohammed fut « emmené par des soldats gurkhas de l'armée indienne vers une terre inconnue mais où il serait en sécurité car elle appartenait, affirmaient ses dirigeants, aux Musulmans ».

Le souvenir de ces effroyables convulsions laisserait des cicatrices indélébiles dans le cœur de millions de gens. Rares seraient les familles du Panjab qui ne perdraient pas un être cher dans ce carnage insensé. L'heureuse province n'allait plus être, pendant des années, qu'un puzzle douloureux de mémoires traumatisées, chacune peuplée d'atrocités plus déchirantes les unes que les autres, histoires terribles d'un peuple soudain déraciné, arraché à la terre à laquelle il était lié depuis des générations, jeté dans la terreur sur les chemins de l'exode.

Une passion particulière attachait le paysan sikh Sant Singh aux champs dont il fut chassé. Il les avait, dans un certain sens, payés avec son sang versé pour l'Angleterre sur la plage de Gallipoli au cours de la Première Guerre mondiale. Il lui avait fallu seize ans pour défricher et planter les cinquante hectares de la parcelle n° 105/15 qui lui avait été attribuée, comme à des milliers d'autres anciens combattants sikhs, au sud-ouest de Lahore, dans une zone mise en valeur par l'aménagement d'un réseau de canaux d'irrigation. Il avait installé son épouse sous la tente où il avait vécu plus de dix ans, élevé ses enfants sur sa terre, bâti les cinq pièces de sa maison de briques sèches qui était à la fois sa fierté et le témoignage de sa réussite. Deux jours avant l'Indépendance, un de ses ouvriers musulmans lui apporta un tract qui circulait secrètement dans le secteur. « Les Sikhs et les Hindous n'appartiennent pas à cette terre. Ils doivent en être chassés », y était-il écrit. L'attaque survint trois jours plus tard. Sant Singh et les deux cents Sikhs de son village décidèrent de s'enfuir. Avec cinq autres villageois commandés par un vénérable ex-sergent âgé de quatre-vingts ans, il fut chargé d'escorter les femmes du village. Avant de se mettre en route, il alla se recueillir dans le *guru-dwara*, le temple qu'il avait aidé à construire. « Je suis arrivé ici les mains vides, murmura-t-il. Je pars les mains vides. *Guru* Nanak, je ne demande que ta protection. »

La protection du *guru* parut cesser à l'orée d'un hameau du nom de Birwalla où le camion de Sant Singh tomba en panne d'essence. « Il faisait noir, raconte-t-il. Nous avions roulé le long de la voie ferrée et non sur la route afin de ne pas nous faire repérer par les Musulmans. On nous avait prévenus qu'ils avaient élevé une énorme barricade et qu'ils tuaient tous les Hindous et les Sikhs qu'ils pouvaient trouver. Nous les entendions qui hurlaient et appelaient dans la nuit, parce que le village ne se trouvait qu'à quelques centaines de mètres. Soudain, nous vîmes un vieillard qui se glissa sans bruit dans l'obscurité. Nous étions sûrs qu'il allait avertir ses concitoyens et que l'on viendrait bientôt nous attaquer. Nous avons entendu des voix qui se rapprochaient de plus en plus. Nous étions terrorisés. Le vieux sergent nous donna alors un ordre : nous devions tuer nos femmes. Nous ne pouvions pas leur faire courir le risque d'être enlevées et violées. Nous les avons fait descendre du camion et les avons fait asseoir par terre, alignées sur trois rangs. Nous leur avons bandé les yeux. Un bébé de deux mois tétait sa mère. Nous leur avons ordonné de réciter sans s'arrêter la prière sikh « Dieu est Vérité ». Mon épouse se trouvait au milieu de la première rangée. Nos deux filles étaient là aussi, de même que ma bru et nos deux petites-filles. J'ai essayé de ne pas regarder. J'avais un fusil de chasse à double canon et les autres avaient des fusils de guerre 303, deux revolvers et une mitraillette Sten. J'ai entonné un verset du cinquième livre du saint livre du *guru* Nanak. Il disait : « Tout est la volonté de Dieu et, si ton heure est venue, tu dois mourir. » Puis j'ai pris un mouchoir blanc et j'ai prévenu mes compagnons que je l'abaisserais trois fois. Au troisième coup, nous ferions tous feu. J'ai abaissé le mouchoir une première fois et crié : « *Ek !* » — « Un ! » Je l'ai abaissé une deuxième fois et crié : « *Do !* » — « Deux ! » Je ne cessais de répéter intérieurement : « Mon Dieu, ne m'abandonnez pas. » J'allais abaisser mon mouchoir pour la troisième fois quand j'ai aperçu des phares dans la nuit. J'ai compris que Dieu avait écouté ma prière et j'ai demandé à mes compagnons de reposer leurs armes car nous allions pouvoir appeler au secours. « Et si la voiture est pleine de Musulmans ? » s'inquiéta le vieux sergent. C'était en fait un camion de l'armée pakistanaise avec des soldats musulmans, mais l'officier était un brave homme. Il nous a dit qu'il allait nous escorter. Nous lui avons baisé les pieds et l'avons suivi. »

Ils étaient presque cent mille. Depuis cinq longues heures, ils l'attendaient, submergeant la place de Narikeldanga de Calcutta, débordant des toits, des vérandas, suspendus aux balcons, accrochés comme des grappes de fruits aux branches des arbres. A trois mille kilomètres des plaines du Panjab où s'entre-tuaient les deux communautés, cette foule d'Hindous et de Musulmans mêlés guettait l'arrivée du petit homme qui avait réussi, par le magnétisme de sa seule présence, à endiguer la violence de la ville qui passait pour la plus brutale du monde.

Quand la frêle silhouette de Gandhi apparut sur la petite plate-forme, un courant mystique sembla galvaniser l'assistance. « Maintenant que le flot de la bonne volonté déferle à nouveau sur Calcutta, déclara le Mahatma, il faut que chacun contribue à faire durer cette amitié retrouvée. » Et Gandhi fustigea ceux qui avaient cru faire preuve de patriotisme en attaquant l'avant-veille la villa de l'administrateur français du comptoir voisin de Chandernagor. « La France est un grand peuple épris de liberté, s'écriat-il, et l'Inde doit protéger ses possessions chez elle. »

Contemplant la multitude vibrante de joie et d'enthousiasme qui l'écoutait, le vieux prophète fut tout à coup saisi par le doute. C'était trop beau pour être vrai. « Puisse le miracle de Calcutta ne pas être qu'un bouillonnement passager ! » implora-t-il.

*

Ce qu'un homme seul et sans armes accomplissait à Calcutta, cinquante-cinq mille soldats ne parvenaient pas à le réaliser au Panjab. La puissante force spéciale d'intervention mise sur pied par Mountbatten était dépassée par les événements. Rien n'était moins surprenant. Douze districts étaient à feu et à sang. Certains couvraient une superficie plus grande que la Palestine où plus de cent mille soldats britanniques n'arrivaient pas non plus, cet automne-là, à assurer la sécurité. Les chemins de terre et les diguettes qui quadrillaient la région étaient difficilement praticables pour les véhicules lourds. Seules des unités montées auraient pu offrir la mobilité voulue, mais la cavalerie n'existait plus dans cette armée dont le cheval avait longtemps fait la gloire.

L'effondrement total des structures administratives du pays compliquait singulièrement les opérations de maintien de l'ordre. Le télégraphe, la poste, le téléphone ne fonctionnaient plus. Faute d'installations plus convenables, les Indiens étaient contraints de gouverner leur moitié de Panjab depuis une modeste maison particulière équipée d'une unique ligne téléphonique et d'un poste de radio installé dans les toilettes.

La situation du côté pakistanais se révélait plus tragique encore. Le nouvel État était au bord du chaos. Si Jinnah avait retrouvé le jeu de croquet qui manquait à l'inventaire de son palais, il n'avait pas récupéré grand-chose d'autre. Volés, perdus ou égarés, des centaines de wagons contenant la part de l'héritage revenant au Pakistan avaient disparu. Faute de chaises et de tables, les fonctionnaires de Karachi devaient dactylographier sur le trottoir les premiers documents de la plus grande nation musulmane du monde. Ne pouvant leur offrir ni fauteuils ni canapés, des ministres recevaient debout les premiers ambassadeurs arrivant des quatre coins de la terre.

Séparées l'une de l'autre par plus de deux mille kilomètres de territoire indien, les deux moitiés du Pakistan n'étaient unies par aucun moyen de communication. L'économie nationale était en pleine anarchie. Les entrepôts pakistanais regorgeaient de coton, de jute, de peaux, mais il n'y avait ni ateliers, ni usines, ni tanneries susceptibles de les traiter. Le pays produisait un quart du tabac de la péninsule mais ne possédait pas une seule manufacture d'allumettes. Subitement privés de leurs cadres et de leurs employés hindous, le commerce et tout le système bancaire étaient frappés de paralysie. Il fallut importer à prix d'or du charbon d'Afrique du Sud pour faire tourner les centrales électriques, l'Inde refusant d'en vendre à son voisin.

Mais c'est dans l'envoi de ce qui lui revenait de l'ancienne Armée des Indes que le Pakistan rencontra chez l'Inde une mauvaise volonté qui ressemblait à un acte délibéré de saboter sa survie. Des cent soixante-dix mille tonnes d'équipement et de matériel qui lui étaient dues, le Pakistan n'en reçut que six mille. Trois cents trains spéciaux avaient été prévus pour acheminer ce gigantesque déménagement. Trois seulement arrivèrent. Les officiers pakistanais y trouvèrent cinq mille paires de godillots, cinq mille fusils inutilisables, un lot de tabliers d'infirmières et des caisses pleines de briques et de... préservatifs.

Ces procédés suscitèrent une vive rancœur chez les Musulmans, et la conviction profonde que l'Inde cherchait à étrangler leur pays dans son berceau. L'ancien commandant en chef de l'Armée des Indes partageait leur crainte. Le maréchal Sir Claude Auchinleck, qui avait été chargé de superviser le partage, écrivait, fin août, au gouvernement britannique : « Je n'hésite pas à affirmer que l'actuel gouvernement indien est implacablement déterminé à faire tout ce qui est en son pouvoir pour empêcher l'épanouissement du dominion du Pakistan. »

Ce n'étaient pas toutefois les sombres machinations de l'Inde qui pesaient le plus sur l'avenir du Pakistan. Le nouvel État était sur le point d'être englouti, comme son voisin indien, par la plus grande migration de tous les temps. D'un bout à l'autre du Panjab, un peuple terrorisé par l'ouragan de violence prit la fuite à pied, en *tonga*, en chars à bancs, en train, à bicyclette, emportant ce qu'il pouvait, une vache, un *charpoy*, un sac de blé, un balluchon, quelques ustensiles. L'interminable flot allait provoquer un échange de populations d'une ampleur inimaginable. A la fin de septembre, quand il deviendrait un véritable raz de marée, plus de cinq millions de fugitifs se trouveraient englués sur les routes et les chemins du Panjab. Plus de dix millions de personnes — de quoi former une chaîne allant de Calcutta à New York — changeraient de domicile en moins de trois mois.

Cet exode sans précédent ferait dix fois plus de

réfugiés que la création de l'État d'Israël au Moyen-Orient, et quatre fois plus de « personnes déplacées » que la Seconde Guerre mondiale.

Pour les Musulmans de la petite ville indienne de Karnal au nord de New Delhi, le départ fut donné par le garde champêtre tambourinant d'une rue à l'autre et annonçant que « pour la sauvegarde de la population musulmane, des trains sont arrivés pour la transporter au Pakistan ». Vingt mille habitants abandonnèrent aussitôt leurs maisons pour se rendre à la gare.

Un autre garde champêtre informa les deux mille Musulmans de Kasauli qu'ils avaient vingt-quatre heures pour quitter la ville. Rassemblés le lendemain à l'aube sur le champ de manœuvres, ils se virent dépouillés de tous leurs biens à l'exception d'une couverture par personne.

Madanlal Pahwa, l'ancien matelot hindou qui s'était réfugié dans la maison de sa tante en pensant « Nous sommes comme des moutons qu'on mène au sacrifice », partit dans un autocar appartenant à son cousin. On y avait entassé les meubles, la vaisselle, les vêtements, le linge, le coffre renfermant les économies et les bijoux, les souvenirs et les portraits de famille, les images de Çiva. Mais le père de Madanlal refusa d'y monter. Son astrologue lui avait affirmé que le 20 août n'était pas un jour favorable au voyage. Même la menace d'une attaque imminente des Musulmans ne l'ébranlerait pas. En bon Hindou respectueux des lois célestes, il ne s'en irait que lorsque le recommandaient les astres : le 23 août à 9 h 30 du matin.

C'est un cauchemar qui décida l'entrepreneur de tannerie hindou Jee Chaudry à s'enfuir. Il rêva qu'il se trouvait à la gare où des milliers de gens prenaient d'assaut tous les wagons du train dans lequel il tentait désespérément de monter. Il se réveilla en sueur quand le train de son rêve eut démarré sans lui. Il se leva sur-le-champ, jeta quelques affaires dans un sac, courut jusqu'à la gare et sauta dans le premier train à destination de l'Inde.

Personne n'échappa à la malédiction de l'exode. Les tuberculeux musulmans du sanatorium de Kasauli furent chassés par les médecins hindous qui les soignaient. Certains n'avaient plus qu'un poumon ; d'autres quittaient à peine la table d'opération. Tous furent conduits jusqu'à la grille de l'établissement avec ordre de gagner à pied leur nouvelle patrie. Les vingt-cinq *sadhu* de l'*ashram* de Baba Lal, du côté pakistanais, furent expulsés des bâtiments où ils avaient consacré leur vie à la prière, à la méditation, au yoga et à l'étude des écritures védiques. Drapés dans leur toge orange, leur saint maître Swami Sundar à leur tête sur le cheval blanc de l'*ashram* auquel on attribuait des miracles, ils se mirent en route en chantant des *mantra* tandis que des Musulmans incendiaient déjà les lieux qu'ils venaient d'abandonner.

La préoccupation majeure à l'instant du départ était de sauver quelques biens de valeur. B.R. Adalkha, un prospère marchand hindou de Montgomery, cacha quarante mille roupies dans une ceinture qu'il enroula autour de sa taille « pour acheter les Musulmans le long du chemin afin qu'ils ne nous tuent pas ». Nombreux étaient ceux qui avaient converti leurs économies en bijoux, surtout parmi les Hindous fortunés. Un fermier des environs de Lahore enveloppa soigneusement ceux de sa femme et son or dans de petits paquets qu'il jeta au fond de son puits, se promettant de revenir les récupérer un jour. Mati Das, un marchand de grains hindou de Rawalpindi, enferma le fruit de toute une vie d'efforts, trente mille roupies et quarante *tola* d'or, dans une boîte. Pour être sûr de ne pas la perdre, il l'attacha par une chaînette à son poignet. Vaine précaution. Quelques jours plus tard, un Musulman l'en déposséderait de la manière la plus simple : en lui tranchant le poignet.

Ce que Renu Branbhai, l'épouse d'un paysan hindou du district de Mianwalli, possédait de plus précieux était intransportable : sa vache. Elle lui vouait une vénération particulière. Convaincue que « les Musulmans allaient la tuer pour la manger », elle décida de lui donner la liberté. Puis, bouleversée par l'air malheureux de l'animal, elle prit de la poudre de vermillon et lui apposa sur le front un *tilak* pour le protéger et lui porter chance.

Alia Hyder, une riche jeune fille musulmane de Lucknow, réussit à fuir en avion avec sa mère et sa sœur. Elles partaient pour toujours mais n'avaient droit, comme de simples touristes, qu'à vingt kilos de bagages. Elle n'oublierait jamais la matinée qu'elles passèrent dans la cuisine à sélectionner par leur poids les objets qui leur étaient les plus chers. Sa sœur choisit le sari rouge tissé de fils d'or de son mariage, sa mère prit son tapis de prière en velours bleu, et elle-même se décida pour un exemplaire du Coran dont la couverture de bois de rose était incrustée d'une guirlande de perles.

Un souci inverse anima le grand propriétaire foncier de Mianwallah, Baldev Raj, et ses cinq frères. Persuadés qu'ils allaient être dépouillés pendant leur fuite, ils portèrent le contenu du coffre-fort familial sur la terrasse de la maison. Les Musulmans allaient peut-être prendre leurs terres, songeait Baldev Raj, mais « jamais notre argent ne tomberait dans les mains de ces feignants ». Il fit un tas des liasses de roupies accumulées en toute une vie de labeur et d'épargne, puis, éclatant en sanglots, il y mit le feu.

Certains s'en allèrent bien décidés à revenir. Ahmed Abbas, journaliste musulman originaire de Panipat, une ville historique au nord de New Delhi, avait toujours été hostile à l'idée du Pakistan. Ce ne fut pas vers la terre promise de Jinnah qu'il s'en alla, mais vers la capitale indienne. En partant, sa mère accrocha une pancarte sur la porte de leur maison. « Cette demeure appartient à la famille Abbas qui a décidé de ne pas se rendre au Pakistan, disait-elle. Cette famille va seulement passer quelques jours à New Delhi et sera bientôt de retour. »

Pour Vickie Noon, la ravissante épouse anglaise de Sir Feroz Khan Noon, un grand notable pakistanais de Lahore, l'exode débuta avec l'arrivée d'un messager à la porte de sa villa de vacances de Kulu, au pied de l'Himalaya. « Ils vont attaquer votre maison ce soir », lui annonça-t-il. Peuplée d'une majorité d'Hindous, la région se trouvait désormais en territoire indien. La jeune femme possédait pour se défendre les deux fusils de chasse et le revolver de son mari. Elle confia les fusils à deux de ses plus fidèles serviteurs et garda le revolver, bien qu'elle ne se fût jamais servi d'une arme à feu.

Dès que la nuit tomba, elle aperçut des flammes dans la vallée. C'étaient les maisons d'autres Musulmans qui brûlaient déjà. Vers onze heures du soir, une violente averse noya les incendies et la ferveur des assaillants. La jolie Vickie Noon était sauvée pour cette nuit. Le lendemain à l'aube, elle réussit à se réfugier dans le palais de son vieil ami le raja de Mandi. Son répit devait être de courte durée. Une aventure picaresque commençait pour la jeune Anglaise au teint clair et aux yeux bleus.

Dans la peur, le dégoût, la haine, la rancœur, dans la panique de la précipitation ou l'ordre d'un départ méticuleusement préparé, ils se mirent en marche.

Par milliers. Par centaines de milliers. Par millions. L'arrivée de ces fourmilières humaines posa de tragiques problèmes aux deux États qui luttaient déjà pour leur survie, les mettant dans l'obligation de les accueillir, avec devant eux le spectre de la famine et d'épidémies gigantesques. Ces millions de réfugiés répandaient sur leur passage le virus de la grande hystérie qui balayait le Panjab. Les récits d'atrocités entretenaient le cycle infernal et jetaient sur les routes de nouvelles colonnes de misère. Cette migration démentielle allait pour toujours altérer le visage et le caractère de cette terre chargée d'histoire. On ne trouverait plus un seul Musulman dans de nombreux hauts lieux où le génie des Mogols avait paré l'Inde de tant de merveilles.

Des trois cent mille Sikhs et Hindous qui avaient habité Lahore, il n'en resterait qu'un millier. A la fin du mois d'août, alors que s'amplifiait la violence, un inconnu accomplit avant de fuir un geste qui constituait l'épitaphe du rêve perdu de la ville des Mille et Une Nuits, une réflexion amère sur ce que pouvait signifier l'Indépendance pour tant de Panjabis. Une main anonyme déposa au cœur de la ville une couronne de fleurs au pied de la statue de l'impératrice Victoria.

*

Cette fois, ils étaient cinq cent mille à l'attendre. Le « miracle de Calcutta » durait toujours. Cinq cent mille Hindous et Musulmans mêlés dans un océan fraternel couvraient l'immense esplanade du parc Maidan de Calcutta dont les pelouses avaient naguère été le domaine exclusif des poneys de polo et des matchs de cricket des maîtres britanniques. Gandhi lui-même, dans l'élan de son âme charitable, n'aurait jamais imaginé pareil spectacle. Ce jour d'août était celui de la grande fête musulmane dite Id-ud-Fitr, marquant la fin du jeûne du Ramadan, et des foules d'une ampleur sans précédent étaient accourues à sa réunion de prière.

Depuis le lever du jour, des milliers d'Hindous et de Musulmans avaient défilé sous les fenêtres de la demeure croulante où résidait le vieux leader, venant chercher sa bénédiction, lui apportant des fleurs et des friandises. Comme c'était lundi, son jour de silence, Gandhi passa une grande partie de la journée à griffonner à l'intention de ses visiteurs des messages de vœux et de gratitude au dos des vieilles enveloppes qui lui servaient de papier à lettres. Pendant ce temps, d'autres Hindous et d'autres Musulmans défilaient ensemble à travers les rues dans lesquelles ils s'étaient entre-massacrés un an auparavant. Ils scandaient des slogans d'unité et de fraternité, échangeaient des cigarettes, des gâteaux, des bonbons, s'arrosaient d'eau de rose. Lorsque Gandhi atteignit la petite tribune édifiée à son intention, un fol enthousiasme déchaîna l'assistance. A 19 heures précises, visiblement bouleversé par cette fabuleuse manifestation d'amour, il se leva et offrit à la foule le salut de ses mains jointes selon la tradition indienne. Puis le vieux chef hindou rompit son vœu de silence pour s'associer en urdu à la fête des Musulmans : *« Id Mubarak ! »* — « Joyeux Id ! »

*

Pour des centaines de milliers de Panjabis, le premier réflexe de survie dans le cataclysme qui ébranlait leur province fut de se précipiter vers les bâtiments de brique et d'ardoise peintes qui

484

offraient dans chaque agglomération de quelque importance un symbole rassurant d'ordre et d'organisation — les gares de chemin de fer. Les noms des trains qui avaient, pendant des générations, défilé devant leurs quais de béton faisaient partie de la légende indienne et illustraient l'une des réalisations les plus prestigieuses de l'Angleterre aux Indes. Le *Frontier Mail*, le *Calcutta-Peshawar Express*, le *Bombay Madras* avaient, comme l'*Orient-Express*, le *Transsibérien* et l'*Union Pacific* américain, unifié un continent, égrenant le long de leurs voies les bénéfices de la technologie et du progrès.

En cette fin d'été 1947, ces trains représentaient pour les foules terrorisées le plus solide espoir de fuir le cauchemar. Pour des dizaines de milliers de personnes, ils allaient devenir des cercueils roulants. Pendant ces terribles journées, l'apparition d'une locomotive déclenchait la même frénésie dans toutes les gares du Panjab. Comme la proue d'un navire fendant les flots, les machines s'ouvraient un passage au milieu des multitudes, déchiquetant les malheureux qui tombaient sur les voies. Tous avaient attendu pendant des jours, souvent sans eau ni nourriture, sous le soleil implacable d'un été auquel la mousson refusait de mettre fin. Dans un concert de hurlements et de pleurs, la foule s'élançait vers les portières et les fenêtres des wagons. Des grappes humaines s'accrochaient aux parois, aux rambardes, aux poignées, aux marchepieds, aux tampons. Quand il ne restait plus rien à agripper, les gens se hissaient sur les toits arrondis des voitures, édifiant sur le métal brûlant d'hallucinantes pyramides de corps, de ballots, de paquets, que la voûte du premier tunnel risquait de transformer en une effroyable bouillie.

L'instituteur hindou Nihal Bhranbi, sa femme et

leurs six enfants parvinrent à monter dans un wagon mais leur voyage vers l'espoir s'arrêta là. Après avoir attendu pendant six heures que leur train quitte la gare de la petite ville pakistanaise où il enseignait depuis vingt ans, l'Hindou et sa famille entendirent enfin un coup de sifflet. Mais ce signal annonçait seulement le départ de la locomotive. Tandis qu'elle disparaissait au bout de la voie, une horde de Musulmans brandissant des matraques, des lances et des haches, s'abattit sur la gare. En hurlant « *Allah Akbar !* » — « Dieu est Grand ! » ils se ruèrent sur le train, massacrant au passage tous les Hindous qui attendaient sur le quai. Faisant irruption dans les wagons, les tueurs jetèrent les voyageurs sur le quai où leurs complices les égorgeaient. Quelques Hindous tentèrent de fuir mais d'autres Musulmans à chemises vertes les pourchassèrent et eurent vite fait de les rattraper, balançant ensuite morts ou mourants au fond d'un puits devant la gare. L'épouse de l'instituteur entendit leur chef encourager les assassins au cri de : « Plus vous tuerez d'Hindous, plus sûrs vous serez d'aller au Paradis. »

La jeune femme, son mari et leurs six enfants se terraient les uns contre les autres dans leur compartiment quand des Musulmans défoncèrent la portière et tirèrent dans le tas. « Mon mari fut touché ainsi que notre seul fils, se rappelle Mme Bhranbi. Mon fils commença à geindre : « De l'eau, de l'eau. » Je n'en avais pas une goutte à lui donner. J'ai appelé au secours. Les gémissements de mon fils s'espacèrent doucement et il ferma les yeux. Mon mari ne disait rien. Un filet de sang coulait de sa tête. Soudain, sa jambe a eu une sorte de convulsion puis ses membres se sont raidis. Je me suis jetée sur les deux corps pour essayer de les ranimer en les secouant. Mais ils ne bougeaient plus. Mes filles s'agrippaient à mon sari. Des Musulmans nous ont empoignées et poussées sur le quai. Ils enlevèrent mes trois filles aînées. Je les vis donner des coups sur la tête de la plus âgée. Elle tendit ses mains vers moi et cria : « Maman, maman ! » Mais je ne pouvais rien faire.

« Un peu plus tard, des Musulmans vinrent chercher mon mari et mon fils, sans doute pour précipiter leurs corps au fond d'un puits. Tout était fini pour eux. Alors je suis devenue folle. Je me suis mise à hurler. J'avais l'impression que rien ne comptait plus, pas même les deux enfants qui me restaient. J'étais comme morte. »

Une centaine seulement des deux mille voyageurs de ce train devaient survivre à la tragédie et atteindre l'autre extrémité du Panjab.

Le père de Madanlal Pahwa, cet Hindou qui n'avait pas voulu s'enfuir avant la date jugée propice par son astrologue, découvrit dans l'un de ces trains maudits que l'astrologie n'était pas une science exacte. A vingt kilomètres de la frontière indienne, une bande de Musulmans grimpa sur le marchepied de son wagon, se précipita dans le compartiment voisin occupé par des femmes et leur arracha bagues et bracelets, en leur tranchant les doigts, poignets ou chevilles à coups de hache quand les bijoux ne tombaient pas assez vite. Certains firent ensuite passer les plus jeunes par la fenêtre et sautèrent derrière elles. D'autres Musulmans se ruèrent dans le compartiment du père de Madanlal Pahwa. D'un coup de sabre, l'un d'eux décapita la femme assise en face de lui. Pendant un instant, la tête, encore attachée au cou par quelques muscles, pendit sur sa poitrine comme celle d'une poupée cassée tandis que, sur ses genoux, son bébé lui souriait en gazouillant. Le voyageur sentit alors des coups de poignard le transpercer. Il roula sur le plancher et fut presque aussitôt recouvert par les corps de ses compagnons de malheur. Avant de s'évanouir, il eut une curieuse sensation : un pillard lui arrachait ses chaussures.

Quand la première volée de balles atteignit son train dans la gare de Gujrat, le marchand de grains sikh Prem Singh se dit : « Les Musulmans vont nous faire payer trois siècles d'esclavage. Ils vont nous exterminer. » Dans un compartiment voisin, aux premiers coups de feu, le maraîcher Dhani Ram plaqua au sol son épouse et ses quatre enfants, puis se coucha sur eux. Des blessés leur tombèrent dessus presque aussitôt. Sentant couler du sang, l'Hindou eut un réflexe qui allait sauver sa famille : il s'en barbouilla le visage ainsi que celui de sa femme et de leurs enfants afin qu'ils passent tous pour morts.

Tandis que s'accélérait le rythme de l'exode dans les deux directions, ces trains de misère devinrent, de chaque côté de la frontière, la cible préférée des tueurs. Ils furent attaqués dans les gares, arrêtés par des embuscades en rase campagne. Des voies ferrées furent déboulonnées pour les faire dérailler devant des bandes d'assaillants se ruant à la curée. Des convois furent immobilisés par des complices qui actionnaient la sonnette d'alarme. D'autres furent stoppés par des mécaniciens qui avaient été soudoyés ou menacés d'être tués. En Inde, des Hindous et des Sikhs fouillèrent des trains entiers de réfugiés et massacrèrent tous les mâles circoncis. Au Pakistan, des Musulmans égorgèrent tous les hommes qui ne l'étaient pas.

La méticuleuse organisation qui faisait la fierté des Chemins de fer indiens fut complètement balayée. Il n'y avait plus d'horaires. Peu de chauffeurs hindous acceptaient de conduire un train vers le Pakistan, et réciproquement. Parfois, pendant quatre ou cinq jours de suite, tous les trains arrivant à Lahore ou à Amritsar n'apportaient qu'un chargement de cadavres et de mourants.

Ashwini Dubey, le major indien qui avait été submergé de joie, le jour de l'Indépendance, de voir le drapeau de son pays flotter sur le mess où il s'était senti humilié par ses supérieurs britanniques, découvrit à Lahore le prix de cette liberté quand un train entra en gare, plein de morts et de blessés. De chaque portière coulaient des filets de sang, « comme l'eau débordant du radiateur d'une automobile un jour de grande chaleur ».

Partout, dans ce Panjab que l'on aurait cru maudit, les Sikhs montrèrent une réelle folie d'extermination, souillant l'image d'un grand peuple par des flots de sang. Après avoir attaqué un train à Amritsar, ils envoyèrent de faux secouristes parcourir les wagons et achever les survivants. Margaret Bourke-White, la photographe américaine du magazine *Life*, fit la connaissance de quelques-uns de ces Sikhs, « vénérables avec leurs longues barbes et leurs turbans bleus de la secte Akali, accroupis le long du quai. Un sabre recourbé posé sur les cuisses, ils attendaient tranquillement le train suivant ».

Des petits détachements armés furent placés à bord de certains convois, mais les soldats évitaient en général de tirer sur les assaillants qui appartenaient à leur communauté. La présence de quelques officiers britanniques à la tête de ces escortes réalisa parfois de vrais prodiges.

Intrigué par le ralentissement insolite de son train à une centaine de kilomètres de la frontière du Pakistan, le cheminot musulman Ahmed Zahur se glissa jusqu'à la locomotive. Il surprit deux Sikhs qui remettaient une liasse de roupies au chauffeur hindou afin qu'il arrête son train dans la gare d'Amritsar. Terrifié, le cheminot courut révéler ce qui se tramait au lieutenant britannique commandant l'escorte. Sautant d'un wagon à l'autre par les toits comme dans un western, le jeune officier courut jusqu'à la locomotive. Revolver au poing, il donna l'ordre d'accélérer. Au lieu d'obtempérer, le chauffeur voulut actionner les freins. L'Anglais l'assomma d'un coup de crosse, le ficela comme un saucisson, et s'empara des commandes de la motrice. Quelques minutes plus tard, dans un sifflement strident et avec un Anglais noir de suie pour chauffeur, le train de Zahur et de trois mille voyageurs musulmans traversa à toute vitesse la gare d'Amritsar à la barbe des Sikhs qui s'apprêtaient à les y massacrer. Arrivés sains et saufs au Pakistan, les rescapés musulmans reconnaissants passèrent une guirlande au cou de leur bienfaiteur britannique. Elle n'était pas faite de fleurs de jasmin et d'œillets d' Inde, mais de billets de banque.

Le cauchemar était partout. Le train qui ramenait de Simla à New Delhi les centaines de domestiques de la suite de l'ancien vice-roi fut stoppé au signal d'un pétard. Des Sikhs s'élancèrent à l'assaut des wagons. Les domestiques hindous se joignirent à eux pour se jeter sur les camarades musulmans avec lesquels ils avaient servi l'Empire. Dans leur compartiment, Sarah Ismay et son fiancé, le capitaine aviateur Wenty Beaumont, l'un des aides de camp de Lord Mountbatten, s'emparèrent chacun d'un revolver. Dissimulé sous une pile de valises, se trouvait avec eux leur valet de chambre musulman, Abdul Hamid. Deux Hindous apparurent à la portière et leur demandèrent courtoisement l'autorisation d'emmener le Musulman qui les accompagnait.

— Un pas de plus et vous êtes morts, répondirent en chœur les deux jeunes Anglais en pointant leurs Smith et Wesson sur les intrus.

Ce jour-là, Abdul Hamid fut l'unique Musulman qui arriva vivant à New Delhi.

L'odyssée de ces « trains de la mort » allait constituer le chapitre le plus noir de la légende maudite du Panjab. L'Américain Richard Fischer, représentant des tracteurs Caterpillar, serait hanté sa vie durant par la scène dont il fut témoin de la fenêtre de son compartiment pris dans une embuscade entre Quetta et Lahore. Des Musulmans s'étaient rués sur le convoi et jetaient tous les voyageurs sikhs sur les rails où des complices les matraquaient à mort avec de curieuses cannes aux extrémités en forme de croissant. Treize Sikhs périrent ainsi sous les yeux de l'Américain horrifié. Leur forfait achevé, les Musulmans brandirent avec fierté leurs instruments de mort. Fischer put alors les identifier. C'étaient des crosses de hockey.

L'Américain n'était pas au bout de sa surprise. Une vision surprenante l'attendait à l'arrivée dans la gare de Lahore. Au-delà des cadavres qui jonchaient le quai, son regard fut attiré par une pancarte. Rappel des jours heureux où la province des cinq rivières était un modèle d'ordre et de prospérité, elle indiquait : « Un cahier de réclamations est à la disposition de MM. les voyageurs dans le bureau du chef de gare. Toute personne souhaitant faire une réclamation à propos des services offerts par les Chemins de fer est invitée à utiliser ce registre. »

*

Cette fois, ils étaient presque un million. Jour après jour, pendant ces deux semaines tragiques où le Panjab sombrait dans la folie, l'ampleur des foules assistant à la réunion de prière de Gandhi avait grossi, transformant la métropole qui s'était plus d'une fois montrée sauvage en une oasis d'amour et de fraternité. Les masses urbaines les plus pauvres du globe avaient entendu le message du prophète de la réconciliation et retrouvé leurs traditions ancestrales de tolérance.

Le « miracle de Calcutta » se prolongeait. « La ville, écrivait le *New York Times,* est la merveille de l'Inde. »

Avec son humilité habituelle, Gandhi refusa la paternité de ce prodige. « Nous ne sommes que des jouets dans la main de Dieu, expliqua-t-il dans son journal *Harijan.* Il nous fait danser au son de sa musique. » Une lettre de New Delhi vint cependant rendre à cet humble César l'honneur qui lui était dû. « Au Panjab, nous avons une force spéciale de cinquante-cinq mille soldats, et de vastes émeutes sur les bras, écrivait Louis Mountbatten à son "pauvre petit moineau". Au Bengale, notre force d'intervention ne compte qu'un seul homme, et il n'y a pas d'émeutes. » En sa double qualité de chef militaire et d'administrateur, le dernier vice-roi des Indes revendiquait « le droit de rendre hommage à l'unique soldat de son armée ».

*

Ils roulaient côte à côte dans une voiture découverte. Trente ans de lutte commune contre la domination britannique auraient dû donner aux Premiers ministres des deux nouveaux États — le Pakistan et l'Inde — le privilège de défiler triomphalement au milieu des foules exultantes de leurs compatriotes. C'était au contraire dans un monde d'horreur et de misère qu'avançaient Jawaharlal Nehru et Liaquat Ali Khan, un monde de visages silencieux exprimant la peur et l'angoisse, et non la gratitude pour les bienfaits que la liberté leur avait apportés. Les deux hommes parcouraient le Panjab pour la seconde fois à la recherche désespérée d'une solution susceptible de restaurer un peu d'ordre sur cette terre de calamités. Ils avaient complètement perdu le contrôle de la situation. Leurs forces de police s'étaient désintégrées, l'autorité de leurs administrations s'était dissoute dans la tourmente et ils ne pouvaient même plus compter sur la loyauté de leurs armées. Le Panjab était le pays de la peur et de l'anarchie.

Devant le spectacle des colonnes interminables de réfugiés qui se traînaient dans les deux sens, des villages dévastés par les flammes et le pillage, des champs que personne n'avait moissonnés, les deux chefs de gouvernement se tassèrent sur leur siège, comme écrasés par le poids de tant de malheurs.

Nehru finit par rompre le silence.

— Quel enfer nous apporte cette damnée Partition ! s'indigna-t-il en se tournant vers Liaquat Ali Khan. Comment aurions-nous pu prévoir une telle catastrophe lorsque nous l'avons acceptée ? Nous étions tous frères alors. Pourquoi tout cela est-il arrivé ?

— Nos peuples ont sombré dans la folie, soupira Liaquat Ali Khan.

Soudain, un homme se détacha d'une colonne de réfugiés et se précipita vers la voiture. C'était un Hindou, l'air halluciné. Il avait reconnu le leader indien. Nehru était quelqu'un d'important, « un *master* de Delhi, le chef du gouvernement, quelqu'un qui pourrait faire quelque chose ». Les larmes aux yeux, agrippant le rebord de la portière, le malheureux implora Nehru de lui venir en aide. Une bande de Musulmans avait, à quelques kilomètres de là, surgi d'un champ de canne à sucre et enlevé son unique enfant, sa fillette de dix ans. Il adorait sa petite fille plus que tout. « Rendez-la-moi, je vous en supplie, rendez-la-moi ! » hurlait cet homme fou de douleur.

Bouleversé par cette brutale confrontation avec le malheur de son peuple, Nehru se renfonça sur son siège avec une brusque envie de vomir. Il était le Premier ministre de plus de trois cents millions de citoyens, mais il était incapable de venir au secours de ce père désespéré qui comptait sur lui pour accomplir un miracle et lui ramener son enfant. Accablé de tristesse et d'impuissance, Nehru plongea la tête dans ses mains et pleura.

Cette nuit-là, le Premier ministre de l'Inde ne put trouver le sommeil. Encore sous le coup de tout ce qu'il venait de voir, il arpenta pendant des heures le couloir de la maison qu'il occupait à Lahore. La cruauté sanguinaire dont son peuple faisait preuve était pour lui une terrifiante révélation. Il ressentait comme une affreuse brûlure la haine qui submergeait le Panjab, et rien dans son existence ne l'avait préparé à affronter une telle tragédie. Elle lui parut si odieuse qu'il n'hésita pas à risquer de perdre le soutien de ses compatriotes pour la combattre.

Averti que les Sikhs d'un village proche d'Amritsar s'apprêtaient à massacrer leurs voisins musulmans, il convoqua immédiatement leurs chefs sous un énorme banian.

— Je sais ce que vous préparez, leur déclara-t-il. Si vous touchez à un seul cheveu de vos voisins musulmans, je vous ferai rassembler ici même, demain à l'aube, et donnerai personnellement l'ordre à mes gardes du corps de vous exécuter.

Vers deux heures du matin, Nehru alla réveiller son aide de camp et lui demanda d'entrer en contact avec New Delhi afin de suivre les derniers développements de la situation. Après la longue litanie des mauvaises nouvelles, il ne reçut qu'une seule information rassurante : le vieil homme qu'il avait trahi pour accepter la Partition continuait à accomplir son miracle. Calcutta était calme.

*

Un coup de sifflet déchira l'air : c'était le signal. Six jeunes gens se lancèrent à la poursuite des deux hommes qui marchaient paisiblement dans la rue. Criant : « Des Musulmans ! Des Musulmans ! », ils rattrapèrent les promeneurs et les plaquèrent à terre. Terrorisés, ceux-ci jurèrent qu'ils étaient hindous, donnant des noms hindous, et des adresses dans des quartiers hindous. Mais le chef de bande, un étudiant de dix-sept ans nommé Sunil Roy, exigeait une preuve plus formelle et il arracha les pans de leur *dhoti*. Il put constater qu'ils portaient bien les stigmates de la foi de Mahomet : ils étaient circoncis.

Un des jeunes Hindous leur jeta une serviette sur la tête, tandis qu'un autre leur liait les bras. Suivis par toute une meute de fanatiques brandissant des matraques, des couteaux et des barres de fer, les deux malheureux furent poussés aux cris de « A mort, sales Musulmans ! ». Même des enfants se joignirent au sinistre cortège pour les menacer avec des briques et des pavés.

Leur chemin de croix dura quelques centaines de mètres jusqu'à la courbe majestueuse d'un fleuve. « En temps normal, nous aurions trouvé répugnant de polluer l'eau sacrée avec du sang musulman, devait déclarer plus tard le chef des ravisseurs. Beaucoup d'Hindous accomplissaient leur *puja* le long des berges. Des femmes se baignaient. »

Les tortionnaires firent cependant descendre leurs victimes dans le fleuve. Une barre de fer scintilla dans le soleil et s'abattit sur le premier Musulman avec un bruit de bois brisé. Le crâne éclaté, l'homme s'enfonça dans l'eau, laissant une auréole rouge à la surface. Son compagnon se débattit furieusement. « Le même garçon le frappa sur la tête, raconterait plus tard le chef des assassins. Des enfants lui jetèrent des briques. Un homme le poignarda dans le cou pour être sûr qu'il était bien mort. »

Tout autour, des fidèles hindous continuaient de prier, apparemment indifférents au spectacle des deux assassinats perpétrés à quelques mètres d'eux. Sa tâche accomplie, Sunil Roy poussa d'un coup de pied les deux corps vers le large et le courant les emporta. Un hurlement répété trois fois s'éleva alors du groupe des meurtriers : « *Kali Mayi-ki jai !* » — « Vive notre mère Kali ! »

C'était le matin du 31 août 1947. Après seize jours de miracle, le virus de la haine religieuse contaminait à nouveau la ville de Calcutta. Comme ailleurs, l'infection s'était répandue, propagée par les récits d'horreur des réfugiés arrivant du Panjab. Il avait suffi d'une vague rumeur annonçant qu'un adolescent hindou avait été battu à mort par des Musulmans dans un tramway pour remettre le feu aux poudres.

A dix heures ce soir-là, un cortège de jeunes fanatiques hindous fit brusquement irruption dans la cour de Hydari Mansion pour exiger un entretien avec le Mahatma. Allongé sur sa paillasse entre ses fidèles petites-nièces Manu et Abha, Gandhi dormait. Exhibant un enfant à la tête enveloppée d'un bandage qui prétendait avoir été battu par des Musulmans, la foule commença à hurler et à lancer des pierres sur la maison. Manu et Abha sortirent pour tenter de l'apaiser, mais sans succès. Bousculant les policiers, les émeutiers se répandirent à l'intérieur de la maison. Réveillé par le fracas, Gandhi se leva et fit face aux assaillants. « Quelle est cette nouvelle folie ? demanda-t-il. Me voici : tuez-moi ! »

Ses mots se perdirent dans le vacarme. Deux Musulmans couverts de sang parvinrent à traverser les rangs des manifestants pour venir se réfugier auprès de Gandhi. Une matraque vola dans leur direction et passa au ras de la tête du Mahatma avant de venir s'encastrer dans le mur derrière lui.

Des renforts de police arrivèrent enfin et Gandhi put retourner s'allonger sur sa paillasse. Il était bouleversé : le « miracle de Calcutta » n'avait été qu'un superbe mirage.

Ses dernières illusions furent définitivement balayées le lendemain. Peu après midi, une série d'attaques concertées furent lancées contre les bidonvilles musulmans où les habitants, rassurés par la présence de Gandhi, étaient revenus. La plupart de ces actions étaient conduites par les fanatiques du R.S.S.S., l'organisation hindoue extrémiste dont les militants avaient, le jour de l'Indépendance, salué à Poona la croix gammée de leur drapeau orange. Sur Beliaghata Road, non loin de la résidence du Mahatma, deux grenades explosèrent dans un camion qui évacuait un groupe de Musulmans terrorisés. Gandhi accourut aussitôt. Deux ouvriers avaient été tués. Les yeux vitreux, ils gisaient dans une mare de sang, des nuages de mouches tourbillonnant autour de leurs plaies béantes. Une pièce de quatre *anna* avait roulé de la poche de l'un d'eux et brillait sur le sol à côté de son cadavre.

Gandhi ressentit un tel choc qu'il refusa toute

nourriture et se mura dans le silence. « Je prie pour la Lumière. Je cherche au plus profond de moi. Seul le silence peut m'aider », dit-il simplement.

Quelques heures plus tard, après une courte promenade dans la cour, il s'accroupit sur sa paillasse pour rédiger une déclaration publique. Il avait trouvé la réponse qu'il cherchait et sa décision était irrévocable. Pour faire revenir Calcutta à la raison, il allait soumettre son vieux corps à une grève de la faim jusqu'à la mort.

*

Dixième station du chemin de croix de Gandhi
La paix ou la mort

L'arme que Gandhi allait brandir était bien la plus paradoxale qu'on pût employer dans ce pays où mourir de faim était, depuis des siècles, la plus commune des malédictions. Cette arme était pourtant aussi ancienne que l'Inde. L'antique adage des *rishi*, les premiers sages de l'Inde antique — « Si tu fais cela, c'est moi qui meurs » —, n'avait cessé d'inspirer un peuple démuni le plus souvent de tout autre moyen de coercition. En 1947, des paysans allaient encore jeûner devant la maison de leur créancier dans l'espoir de faire repousser l'échéance de leur dette. Des créanciers en faisaient autant pour contraindre leurs débiteurs à respecter leurs engagements. Mais le génie de Gandhi avait été de donner une portée nationale à ce qui était resté jusqu'alors une arme individuelle.

Maniée par cet homme, la grève de la faim était devenue l'arme politique la plus puissante jamais utilisée par un peuple désarmé et économiquement sous-développé. Parce qu'elle « impose à l'adversaire un sens de l'urgence qui l'empêche de se dérober », Gandhi l'avait choisie « chaque fois qu'un obstacle devenait insurmontable ». En effet, affirmait-il dans la grande tradition des *rishi*, le jeûne seul pouvait « ouvrir l'œil de la compréhension, sensibiliser les fibres morales de ceux contre lesquels il est dirigé ».

Toute la vie de Gandhi était jalonnée par les victoires remportées à la suite de ses grèves de la faim. Seize fois, pour de grandes ou de modestes causes, il avait publiquement renoncé à s'alimenter. Deux fois, ses jeûnes avaient duré trois semaines, le conduisant aux frontières de la mort. Qu'elles aient été entreprises au nom de l'équité raciale en Afrique du Sud, ou en Inde pour la réconciliation des Musulmans et des Hindous, pour changer la condition des Intouchables ou pour hâter le départ des Anglais, ses grèves de la faim avaient ému des centaines de millions d'hommes à travers le monde. Elles faisaient partie de son image publique au même titre que son bâton de pèlerin, son *dhoti* et ses lunettes cerclées de fer. Toute une nation, dont quatre-vingt-cinq pour cent des citoyens ne savaient pas lire et n'avaient pas la possibilité d'écouter la radio, avait quand même réussi à suivre chacune de ses lentes agonies, frémissant dans une unité instinctive chaque fois qu'il était menacé de mort.

Gandhi avait montré une stupéfiante résistance et développé au cours des années une doctrine originale de l'emploi du jeûne qui faisait de lui le plus grand — si ce n'est le seul — théoricien mondial de cet étrange moyen d'action politique. Le déclenchement d'une grève de la faim devait selon lui obéir à des critères physiques et moraux extrêmement sévères. L'axiome fondamental était qu'on ne devait pas jeûner contre n'importe qui, mais uniquement « contre un adversaire à l'amour duquel on pouvait prétendre ». Selon cette théorie, il eût été ainsi absurde pour un déporté d'un camp nazi ou stalinien d'entreprendre une grève de la faim jusqu'à la mort *contre* ses gardes-chiourme. L'action de Gandhi avait en fait été possible parce que l'Inde avait eu pour occupant un peuple à l'amour duquel les Indiens pouvaient oser prétendre. D'ailleurs, dans une Inde occupée par Hitler ou Staline, que serait-il advenu de Gandhi et de ses croisades ?

Les règles d'hygiène préconisées par le Mahatma n'étaient pas moins rigoureuses que les critères moraux. Pendant ses jeûnes, il n'absorbait que de l'eau additionnée d'un peu de bicarbonate de soude. Il y faisait seulement ajouter de temps en temps le jus d'un citron. Une fois, en 1924, son état de santé s'étant brusquement détérioré après vingt jours de jeûne, il avait accepté d'alléger les rigueurs de son sacrifice par l'administration d'un lavement à l'eau sucrée.

La pratique du jeûne était également pour Gandhi une arme personnelle dont il s'était régulièrement servi pour assouvir son besoin constant de pénitence. Comme la continence, c'était pour lui une forme de prière, un élément essentiel du progrès spirituel de l'homme. « Je crois, disait-il, que la force de l'âme ne peut croître qu'avec la maîtrise de la chair. Nous oublions trop facilement que la nourriture n'est pas faite pour plaire au palais, mais pour soutenir notre esclave de corps. » Transposé dans le domaine public, le sacrifice volontaire du jeûne constituait, croyait-il, l'arme la plus efficace de l'arsenal de la non-violence car elle était capable « de remuer les consciences indolentes et d'enflammer dans l'action les cœurs généreux ».

500

A présent, à la veille de son 78e anniversaire, Gandhi allait s'infliger les nouvelles souffrances d'une grève de la faim. Il utilisait cette fois son arme dans un type nouveau de conflit. Il allait jeûner à mort non pas contre les Anglais, mais contre ses compatriotes et la folie qui s'était emparée d'eux. Pour sauver des milliers d'innocents qui risquaient de périr dans les violences de Calcutta, il offrait l'enjeu de sa propre vie.

*

Conscients du danger que comportait à son âge une grève de la faim, les disciples de Gandhi tentèrent de l'en dissuader.

— Mais Bapu, s'étonna son vieux compagnon du Congrès C.R. Rajagopalachari, devenu le premier gouverneur indien du Bengale, comment peut-on jeûner *contre* des bandits ?

— Je veux toucher les cœurs de ceux qui sont derrière les bandits.

— Et si vous mourez ? La conflagration à laquelle vous essayez de mettre fin sera pire encore.

— Au moins, répondit Gandhi, je ne serai plus là pour le voir.

Rien ni personne ne put le faire changer d'avis. Gandhi précisa à ses deux « béquilles », Manu et Abha, que sa grève de la faim avait commencé, ce soir du 1er septembre, avec le dîner qu'il n'avait pu manger après avoir vu les victimes du camion devant sa maison. Il leur confirma sa volonté de jeûner jusqu'à la fin des troubles. Il devait réussir ou mourir. « Ou bien il y aura la paix à Calcutta, ou je serai mort », leur confia-t-il.

Cette fois, les forces physiques du Mahatma déclinèrent rapidement. La tension émotionnelle qu'il avait subie depuis le Jour de l'An l'avait épuisé. Dès les premières heures de jeûne, son rythme cardiaque montra des signes d'irrégularité inquiétants. Un massage et un lavement à l'eau chaude lui firent du bien. Pourtant, c'est avec peine qu'il absorba un litre d'eau tiède additionnée de bicarbonate. Vers midi, sa voix n'était déjà plus qu'un murmure.

En quelques heures, la nouvelle de son nouveau défi s'était répandue à travers Calcutta et des groupes de visiteurs anxieux affluèrent vers Hydari Mansion. Mais l'épidémie de violence qui secouait tous les quartiers ne pouvait pas être enrayée en un seul jour. Incendies, meurtres et pillages continuèrent à ravager la ville. De sa paillasse, Gandhi pouvait même entendre l'écho des fusillades.

Ses partisans coururent voir les chefs des extrémistes hindous de la ville pour les supplier d'intervenir. Des milliers des leurs avaient été sauvés dans le district de Noakhali grâce au serment arraché par Gandhi aux leaders musulmans de Calcutta, leur expliquèrent-ils. A leur tour, ils devaient tout tenter en leur pouvoir pour faire cesser le massacre des Musulmans de Calcutta.

Dès le matin du deuxième jour, un autre bruit se mêla peu à peu au crépitement des fusillades, les cris des foules de plus en plus nombreuses convergeant vers Hydari Mansion en scandant des slogans de paix. Même les tueurs les plus endurcis déposèrent couteaux, barres de fer et fusils, pour s'enquérir de la tension artérielle du Mahatma, du taux d'albumine de ses urines, du nombre de ses pulsations cardiaques. Dans l'après-midi, le gouverneur annonça que les étudiants de l'université avaient décidé de lancer une action générale pour le rétablissement de la paix. Des personnalités hindoues et musulmanes accoururent au chevet du vieil homme agonisant pour l'implorer de renoncer à sa grève de la faim. Un Musulman se jeta à ses pieds en criant : « S'il vous arrive quoi que ce soit, c'en sera fini de nous autres Musulmans. » Aucune supplique, si désespérée fût-elle, n'allait cependant ébranler la volonté qui brûlait dans le corps épuisé de Gandhi. « Je ne romprai pas mon jeûne avant que la glorieuse paix des quinze derniers jours ne soit revenue », déclara-t-il.

A l'aube du troisième jour, sa voix n'était plus qu'un murmure imperceptible et son pouls si faible qu'on pouvait croire sa mort imminente. Tandis que s'en répandait la nouvelle, l'angoisse et le remords saisirent Calcutta. Au-delà de ses murs, l'Inde entière guetta les informations sur l'état de santé du Mahatma.

Alors se produisit le miracle. Si d'autres villes de l'ancien Empire des Indes avaient aussi été capables de se laisser aller à d'abominables accès de sauvagerie, il appartenait à Calcutta, la plus contestataire et la plus rebelle de toutes, de pouvoir les muer en élans d'enthousiasme et de générosité.

Tandis que les derniers souffles de vie luttaient dans le corps épuisé de Mohandas Gandhi, une vague d'amour et de fraternité submergea tout à coup l'indomptable métropole pour sauver son bienfaiteur. Des cortèges de Musulmans et d'Hindous mêlés se répandirent dans les bidonvilles les plus atteints par la folie meurtrière pour y restaurer l'ordre et le calme. La preuve définitive qu'un vent nouveau soufflait sur Calcutta apparut à midi quand un groupe de vingt-sept *goonda* des quartiers du centre se présenta à la porte de Hydari Mansion. La tête basse, la voix vibrante de remords, ils reconnurent leurs crimes, demandèrent à Gandhi son pardon et le supplièrent de renoncer à son jeûne. Quelques heures plus tard, l'un des plus célèbres chefs de bande vint offrir un semblable repentir. Le gang de *goonda,* responsable de la boucherie de Beliaghata Road qui avait déterminé Gandhi à jeûner, accourut à son tour. Après avoir confessé ses crimes, le chef déclara au Mahatma : « Nous sommes prêts à nous soumettre avec joie à n'importe quel châtiment que vous choisirez pourvu que vous mettiez fin à votre sacrifice. » Voulant prouver leur sincérité, ils ouvrirent tous les pans de leurs *dhoti* pour jeter aux pieds de Gandhi une pluie de couteaux, de poignards, de sabres, de pistolets et de « dents de tigre », certains encore rouges de sang. Pour leur témoigner sa confiance, Gandhi murmura : « Ma seule punition sera de vous envoyer dans les quartiers des Musulmans auxquels vous avez fait tant de mal pour que vous leur offriez votre protection. »

Toute la soirée, un flot de visiteurs défila au chevet du Mahatma. Un message écrit de la main du gouverneur annonça que le calme était revenu partout dans la ville. Un camion plein de grenades, d'armes automatiques, de pistolets et de couteaux spontanément rendus par les bandes de *goonda* fut amené à la grille de Hydari Mansion. Des notables hindous, sikhs et musulmans rédigèrent une déclaration commune promettant solennellement de « lutter jusqu'à la mort pour empêcher que le poison de la haine religieuse ne renaisse dans la ville ».

A 9 h 15 le soir du 4 septembre 1947, après soixante-treize heures, Gandhi mit fin à sa grève de la faim en buvant quelques gorgées de jus d'orange. Avant de s'y décider, il avait adressé un avertissement aux représentants des différentes communautés qui se pressaient autour de sa paillasse. « Calcutta, déclara-t-il, détient aujourd'hui la clef de la paix dans l'Inde tout entière. Le moindre incident ici est capable d'entraîner ailleurs des répercussions incalculables. Même si le monde venait à s'embraser, vous devriez faire en sorte que Calcutta reste en dehors des flammes. »

Ils tiendraient parole. Cette fois le « miracle de Calcutta » durerait, alors que dans les plaines torturées du Panjab, dans la Province frontière du Nord-Ouest, à Karachi, Lucknow et New Delhi, le pire n'était pas encore arrivé. La ville la plus rétive et sanguinaire des Indes saurait être fidèle à son serment et au vieil homme qui avait risqué sa vie pour lui assurer la paix. Jamais plus, du vivant de Gandhi, le sang de la haine religieuse ne souillerait les pavés de Calcutta. « Gandhi a accompli bien des prouesses, devait dire son vieil ami Rajagopalachari, mais rien, pas même l'Indépendance, ne fut aussi prodigieux que sa victoire sur le mal à Calcutta. »

Les hommages ne troublèrent guère le vieux lutteur.

— Je songe à partir demain pour le Panjab, annonça-t-il simplement.

*

Gandhi n'irait jamais jusqu'au Panjab : une nouvelle explosion de violence interromprait son voyage à mi-chemin. Cette fois, cela se produisit dans le centre vital d'où l'Inde était gouvernée, la fière et artificielle capitale de l'empire défunt, New Delhi. La ville qui avait été le décor de tant de pompes et de fastes, le sanctuaire d'une gigantesque armée de gratte-papier, ne devait pas être épargnée par le poison de la violence.

Bâtie à la lisière du Panjab, jadis citadelle des empereurs mogols, New Delhi était en 1947 une ville musulmane par bien des côtés. La plupart des domestiques y étaient musulmans, de même que les cochers de *tonga*, les marchands ambulants de fruits et de légumes, les artisans des bazars. L'insécurité grandissante des campagnes environnantes avait, en outre, jeté dans ses rues des milliers de Musulmans venus y chercher refuge.

Excités par les récits des réfugiés sikhs et hindous, irrités par le spectacle de tant de Musulmans grouillant dans leur capitale, les Sikhs de la secte Akali et les extrémistes hindous du R.S.S.S. déclenchèrent une vague de terreur le matin du 3 septembre.

Tout débuta par le massacre de coolies musulmans à la gare centrale. Quelques minutes plus tard, le journaliste français Max Olivier-Lacamp dut enjamber plusieurs corps en arrivant à Connaught Circus, le centre commercial de New Delhi, et découvrit une foule d'Hindous en train de mettre à sac les boutiques des Musulmans et d'en frapper à mort les propriétaires. Au-dessus des têtes, il aperçut un calot blanc du Congrès et reconnut la silhouette familière qui faisait tournoyer un *lathi*, invectivant et rouant de coups les émeutiers contre lesquels il cherchait à faire réagir quelques policiers visiblement indifférents. C'était Jawaharlal Nehru, le Premier ministre indien.

Pour les commandos des Sikhs coiffés de turbans bleus et les fanatiques du R.S.S.S. aux fronts ceints de bandeaux blancs, ces attaques furent le signal de l'action générale. Ils incendièrent le Green Market de la Vieille Delhi, où tenaient boutique des centaines de petits marchands musulmans. Dans la Lodi Colony, le quartier voisin du mausolée au dôme de marbre de l'empereur Humayun, des

506

bandes de Sikhs firent irruption dans les villas des fonctionnaires musulmans et y massacrèrent tous ceux qu'ils trouvèrent. A midi, les corps des victimes jonchaient les pelouses entourant les bâtiments d'où l'Angleterre avait fait régner sa *Pax britannica* sur toute la péninsule. En allant dîner en ville ce soir-là, le consul de Belgique dénombra dix-sept cadavres sur sa route. Des Sikhs rôdaient dans les ruelles sombres de la vieille ville, attirant leurs proies aux cris de « *Allah Akbar* ». Dès qu'un Musulman avait le malheur de répondre à cet appel, sa tête volait d'un coup de sabre.

Des militants du R.S.S.S. s'emparèrent d'une femme musulmane drapée dans son *burqa*, l'aspergèrent d'essence et l'immolèrent devant la porte de la résidence de Nehru sur York Road afin de protester contre les efforts du Premier ministre pour protéger les Musulmans indiens. En quelques jours, la demeure et le jardin de Nehru furent transformés en véritable camp de réfugiés gardé par une section de Gurkhas.

Avertis par des messagers sikhs que toute maison abritant un Musulman serait impitoyablement incendiée et ses habitants exécutés, des centaines de familles hindoues, sikhs et même chrétiennes et parsis jetèrent leurs fidèles serviteurs à la rue, les condamnant aux *kirpan* sikhs ou à une fuite éperdue vers un des camps de réfugiés improvisés.

Les seuls bénéficiaires de cette vague d'atrocités devaient être les squelettiques haridelles des *tonga* dont les cochers musulmans avaient été exterminés ou s'étaient enfuis. Libérées de leurs brancards, elles fêtaient joyeusement leur liberté en partageant avec les vaches sacrées hindoues l'herbe fraîche des superbes pelouses dessinées par les anciens maîtres de l'Inde.

Les émeutes qui ravageaient New Delhi ne menaçaient pas qu'une ville mais elles mettaient l'Inde
entière en péril. Car des conséquences incalculables
dans l'ensemble de la péninsule pouvaient résulter
d'un effondrement de l'ordre dans la capitale. Les
Musulmans de la police — qui représentaient plus
de la moitié des effectifs — avaient déserté. Les
forces armées comptaient moins de neuf cents
hommes disponibles. Les services publics étaient
paralysés au point que le secrétaire de Nehru devait
assurer lui-même la distribution du courrier du Premier ministre indien.

Le soir du 4 septembre, un ancien colonel de
l'Armée des Indes devait, à sa façon, résumer la
situation. Écoutant le crépitement des fusillades,
M.S. Chopra, vétéran de longues années d'embuscades le long de la frontière afghane, songea :
« Aujourd'hui, c'est ici à New Delhi que se trouve la
frontière. »

*

Pour la première fois depuis qu'il avait atterri six
mois plus tôt à New Delhi, Louis Mountbatten
pouvait enfin profiter d'un peu de repos. L'Indépendance avait retiré de ses épaules un fardeau
écrasant. Hier l'un des hommes les plus puissants
du monde, il n'occupait plus aujourd'hui qu'un
poste honorifique. La violence qui secouait le Panjab l'affectait douloureusement, mais sa qualité de
gouverneur général ne lui donnait aucune autorité
pour tenter d'intervenir. Cette tâche écrasante
incombait à présent aux dirigeants indiens. Pour
bien leur montrer qu'il ne souhaitait pas s'immiscer
dans la conduite de leurs affaires, il s'était discrètement éclipsé de la capitale pour se retirer dans
l'olympe paradisiaque de l'empire défunt, Simla.

La tempête qui faisait rage en bas dans les plaines continuait d'épargner l'étrange et fascinante petite cité. Les asphodèles et les rhododendrons arborescents étaient en fleurs au pied des rangées majestueuses de sapins et de cèdres *deodar,* et les pics enneigés de l'Himalaya étincelaient dans le ciel cristallin de l'été. Au pittoresque Gaiety Theatre, on jouait *Jane Steps Out,* un de ces spectacles d'amateurs qui, soixante ans auparavant, avaient enchanté Kipling pendant ses séjours dans la capitale impériale d'été.

L'ancien vice-roi des Indes se trouvait à Simla dans un univers bien éloigné de la tragédie qui frappait le Panjab quand le téléphone sonna vers 10 heures du soir le jeudi 4 septembre. Il se promenait sur les bords du Rhin, occupé à remonter les ramifications de l'arbre généalogique de sa famille à travers l'Allemagne des comtés de Hesse, de Prusse et de Saxe-Cobourg, sa détente favorite. C'était V.P. Menon qui l'appelait. Il n'y avait personne en Inde dont les avis et les conseils comptaient davantage pour Mountbatten que ceux de l'Indien qui avait remanié le plan de partition dans ce même décor de Simla

— Votre Excellence, il faut que vous rentriez à New Delhi, dit simplement Menon.

— Mais je viens juste d'en partir ! protesta Mountbatten interloqué. Si le gouvernement désire me faire contresigner des documents, on n'a qu'à me les envoyer ici.

— Il ne s'agit pas de cela, expliqua Menon. La situation s'est considérablement aggravée depuis que Votre Excellence est partie, les troubles ont gagné New Delhi. Nous ne savons pas jusqu'où cela peut aller. Le Premier ministre et le ministre de l'Intérieur sont très inquiets. Ils pensent qu'il est capital que vous reveniez.

— Mais pourquoi donc ? demanda Mountbatten.

— Ils ont besoin de votre aide.

— Je ne peux pas croire que ce soit cela qu'ils veulent, s'étonna Mountbatten. Ils viennent juste d'obtenir leur indépendance, et je suis bien sûr au contraire que la dernière chose qu'ils souhaitent est que leur chef d'État symbolique revienne mettre le nez dans leurs affaires. Il n'y a pas de raison que je rentre.

— Très bien, je vais le leur dire. Mais cela ne servirait à rien que vous changiez d'avis par la suite. Si vous n'arrivez pas dans les vingt-quatre heures, il est inutile que vous vous dérangiez ensuite. Ce sera trop tard. Nous aurons perdu l'Inde.

Il y eut un long et pesant silence. Mountbatten le rompit enfin :

— Bon, bon, vous avez gagné. Je fais préparer mon avion.

✳

Pendant un quart de siècle, le résultat de la conférence qui se tint à New Delhi dans le cabinet de Louis Mountbatten le samedi 6 septembre 1947 resterait secret. Si les décisions prises au cours de cette réunion avaient été divulguées, la carrière du chef politique indien destiné à devenir bientôt l'une des grandes figures mondiales eût sans doute été brisée.

Trois hommes participaient à l'entretien : Mountbatten, Nehru et Vallabhbhai Patel. Les deux leaders indiens étaient sombres et visiblement accablés. Ils faisaient penser « à deux écoliers qui viennent d'être punis ». L'ampleur de l'exode dépassait tout ce qu'ils avaient pu redouter. La maîtrise des événements au Panjab leur échappait complètement et le chaos menaçait à présent d'emporter la capitale.

— Nous ne savons plus que faire, reconnut Nehru.

— Vous devez reprendre les choses en main, dit Mountbatten.

— Mais comment pourrions-nous y parvenir ? demanda humblement Nehru. Nous n'avons aucune expérience. Nous avons passé nos meilleures années dans vos prisons. Nous savons manier l'art de l'agitation, pas celui de l'administration. Nous aurions déjà du mal à faire fonctionner un gouvernement bien organisé dans des circonstances normales. Comment voulez-vous que nous soyons capables d'affronter l'effondrement de l'ordre public ?

Nehru formula alors une requête presque incroyable. Que ce fier Indien qui avait consacré sa vie au combat pour l'indépendance ait pu même s'y résoudre révélait à la fois la noblesse de ses sentiments et la gravité de la situation. Il avait toujours admiré chez Mountbatten son sens de l'organisation et des décisions rapides. Il sentait que l'Inde avait aujourd'hui besoin de ces qualités et il était trop généreux pour l'en priver par orgueil ou vanité.

— Quand vous occupiez l'un des plus hauts commandements de la guerre, nous étions, nous, dans une prison britannique, reprit-il. Vous êtes un administrateur incomparable. Vous avez commandé des millions d'hommes. Vous possédez l'expérience et le savoir que le colonialisme nous a refusés. Vous ne pouvez pas, vous autres Anglais, vous débarrasser de ce pays et tout simplement vous en aller, alors que vous avez été avec nous pendant toute notre existence. Nous sommes en danger et nous avons besoin de votre aide. Voulez-vous accepter de reprendre la direction du pays ?

— Oui, renchérit Patel, le vieux compagnon réaliste de Nehru, il a raison. Vous devez accepter.

Mountbatten était suffoqué.

— Juste ciel, je viens à peine de vous rendre votre pays et vous me demandez maintenant de le reprendre !

— Nous vous supplions de comprendre, insista Nehru. Vous devez le faire. Nous nous engageons à respecter toutes vos décisions.

— Mais c'est inconcevable ! Si quelqu'un découvre que vous m'avez rendu les rênes du pouvoir, c'en sera fini de vos carrières politiques. Les Indiens enfin libres rappelant leur dernier vice-roi britannique pour le remettre sur le trône ? Est-ce que vous vous rendez compte ? Ce n'est vraiment pas possible.

— Sans doute faudra-t-il trouver une façon de déguiser votre retour, approuva Nehru, mais une chose est certaine, nous ne pourrons pas nous en sortir sans vous.

Mountbatten parut réfléchir. S'il adorait les défis, celui-ci était vraiment trop grand. Il avait cependant trop d'affection pour l'Inde, trop d'estime pour Nehru et trop le sens des responsabilités pour rejeter une telle requête.

— Entendu ! finit-il par dire sur le ton d'un amiral retrouvant sa passerelle. Je m'en charge. Mais nous devons être bien d'accord : que personne n'ait jamais vent de tout cela ! Personne ne doit savoir que vous êtes venus me rechercher. Vous allez seulement me demander de mettre en place un Comité d'urgence, dans le cadre du gouvernement.

— D'accord, répondirent Nehru et Patel.

— Après quoi, vous allez me proposer d'en assumer la présidence.

— Bien sûr, acquiescèrent les deux Indiens, un peu sidérés par l'allure à laquelle Mountbatten mettait les choses en marche.

512

— Le Comité d'urgence ne sera composé que des personnalités que j'aurai choisies moi-même.

— Ne devrait-il pas comprendre le gouvernement en entier ? s'étonna Nehru.

— Surtout pas ! s'indigna Mountbatten. Ce serait un désastre. Je ne veux que des hommes qui sont vraiment aux commandes, comme le directeur de l'Aviation civile, le directeur des Chemins de fer, le chef du service de Santé. Ma femme s'occupera des organisations bénévoles et de la Croix-Rouge. Les comptes rendus de conférence seront transcrits au fur et à mesure par une équipe de sténographes britanniques afin qu'ils soient disponibles dès la fin de chaque réunion. M'invitez-vous réellement à faire tout cela ?

— Nous vous y invitons instamment, répondirent en chœur Nehru et Patel.

— Lors des conférences, poursuivit Mountbatten, vous Nehru, le Premier ministre, serez assis à ma droite et vous Patel, le ministre de l'Intérieur, à ma gauche. Je ne manquerai jamais de vous consulter, mais je vous demande de ne jamais discuter ce que je proposerai. Nous n'en avons pas le temps. Je dirai : « Je suis persuadé que Monsieur le Premier ministre souhaite que j'agisse ainsi », et vous me répondrez : « Certainement, je vous en prie. » C'est tout.

— Mais pourrons-nous quand même exprimer... hasarda Patel.

— Rien qui puisse retarder les choses, interrompit Mountbatten. Voulez-vous que je dirige le pays, oui ou non ?

Les trois hommes dressèrent alors la liste des membres de leur Comité d'urgence.

— Messieurs, conclut Mountbatten, nous tiendrons notre première séance de travail aujourd'hui même, à cinq heures de l'après-midi.

Il avait fallu trente ans de luttes, des milliers de grèves, de manifestations, de *hartal* silencieuses et de feux de joie détruisant les vêtements anglais pour que l'Inde accède enfin à son indépendance. Vingt jours plus tard, elle était à nouveau dirigée par un Anglais.

14

« La triste et douce musique de l'humanité »

Lord Mountbatten avait l'impression de revivre une vie antérieure. Il était à nouveau le commandant en chef et c'était le rôle qu'il connaissait le mieux. Quelques heures après avoir été invité à présider le Comité d'urgence, il avait converti le palais de grès rose, édifié pour abriter les pompes de l'Empire, en quartier général d'une armée en campagne.

En fait, raconte un de ses collaborateurs, à peine Nehru et Patel avaient-ils quitté son cabinet que « l'enfer se déchaîna ». Mountbatten réquisitionna l'ancienne salle du conseil du vice-roi pour les réunions du comité. Il fit transformer le bureau voisin de Lord Ismay en Q.G. opérationnel, et se fit apporter les meilleures cartes d'état-major du Panjab. Il donna l'ordre à l'aviation d'effectuer, de l'aube au coucher du soleil, des vols de reconnaissance au-dessus de la partie indienne de la province. Les pilotes devaient envoyer toutes les heures des messages radio indiquant la position de chaque colonne de réfugiés, son importance, sa longueur, son itinéraire et sa progression. Les principales lignes de chemin de fer furent placées sous surveillance aérienne et les embuscades systématiquement détectées. Avec sa passion des télécommunications, Mountbatten fit relier son palais aux points névralgiques du secteur par un réseau spécial de transmissions radio. Décidé à ce que chacun participe au dénouement de la crise, il fit même engager sa fille Pamela, âgée de dix-sept ans, comme secrétaire.

Mountbatten ouvrit la première séance du Comité d'urgence en plaçant brutalement les responsables indiens devant les réalités que traduisaient les cartes géographiques et les tableaux statistiques sur les murs de son Q.G. Certains ignoraient jusqu'alors la gravité de la situation. Leur découverte provoqua « une réaction d'ahurissement, et comme d'égarement devant le gouffre », se souvient l'attaché de presse de Mountbatten. Nehru paraissait « accablé de tristesse et de résignation », Patel « nettement inquiet », bouillonnant « de colère et de frustration ».

Mountbatten ne leur accorda aucun répit. Le charmant vice-roi des Indes qu'ils avaient connu était devenu un chef intransigeant, décidé à tout pour obtenir le résultat recherché.

Le directeur de l'aviation civile indienne n'allait pas tarder à s'en rendre compte à ses dépens. Apprenant qu'il n'avait pu trouver un avion pour acheminer d'urgence une cargaison de médicaments, Mountbatten se mit dans une grande colère :

— Monsieur le directeur, déclara-t-il, vous allez vous rendre immédiatement à l'aéroport. Et vous n'en partirez pas, vous ne mangerez ni ne dormirez jusqu'à ce que vous ayez personnellement assisté au décollage de l'appareil et que vous m'en ayez rendu compte.

L'homme se leva et sortit la tête basse. Et un avion emporta les médicaments.

Mountbatten s'empressa de familiariser son entourage avec les méthodes particulièrement radicales qu'il entendait utiliser. Informé que les soldats chargés d'escorter les trains de réfugiés s'abstenaient en général d'ouvrir le feu sur leurs coreligionnaires, il ordonna que les détachements d'escorte de tous les convois dont la défense avait été inefficace soient immédiatement arrêtés, et que tout militaire indemne soit jugé en cour martiale et fusillé sur-le-champ. De tels exemples auraient le meilleur effet sur la discipline, annonça-t-il.

La situation dans la capitale préoccupait plus particulièrement l'amiral. « Si nous échouons à New Delhi, c'est tout le pays qui sombrera avec nous », déclara-t-il. Il décréta des mesures d'urgence, fit appeler des renforts de troupes, confia aux escadrons de sa garde personnelle des missions de maintien de l'ordre, réquisitionna des camions pour le transport des vivres, prescrivit l'enlèvement et la crémation des cadavres jonchant les rues de la ville. Il supprima les jours fériés et les dimanches, mobilisa les fonctionnaires, prit des dispositions pour la remise en route du téléphone et des services publics essentiels. Enfin, pour diminuer les risques d'incidents, il fit évacuer les réfugiés sikhs vers d'autres provinces.

Il faudrait des semaines avant que ces efforts ne parviennent à endiguer le raz de marée submergeant l'Inde du Nord. Mais, dirait un témoin, « on était passé, en moins d'une nuit, de la vitesse d'un char à bœufs à celle d'un avion à réaction ».

*

Pendant les deux mois suivants, toute la détresse

du Panjab allait être représentée par une myriade d'épingles à tête de couleur avançant comme des fourmis rouges sur les cartes du Q.G. de Mountbatten. Chaque minuscule pièce de métal correspondait à un volume de misère et de souffrances difficilement concevable. L'une d'elles symbolisait à elle seule une caravane de huit cent mille personnes, la plus grande colonne de réfugiés qu'ait jamais engendrée l'histoire tumultueuse de l'humanité. Qu'on imagine la population entière d'une ville comme Marseille — chaque homme, chaque femme, chaque enfant — obligée de s'enfuir à pied vers Lyon.

Jinnah et Nehru avaient tenté de s'opposer à cette fantastique migration en essayant de convaincre les familles terrorisées de rester chez elles. Mais l'ampleur de la tragédie avait balayé leurs efforts et les avait contraints à admettre cet inévitable échange de communautés comme le prix à payer pour l'indépendance de leurs pays.

Jour après jour, le mouvement des épingles à tête rouge reflétait la progression douloureuse des réfugiés. Chaque matin à l'aube les pilotes retournaient localiser l'interminable flot abandonné la veille, pointant sur leurs cartes le court trajet parcouru dans l'obscurité complice des premières heures du jour. Le capitaine aviateur Patwant Singh se souviendrait toujours de « ces files d'êtres humains qui traversaient la campagne comme les immenses troupeaux des westerns ». Un autre se rappelle avoir survolé une colonne pendant quinze minutes à plus de trois cents kilomètres à l'heure sans en voir la fin. Parfois, étranglé sur une voie plus étroite, le flot se gonflait en un inextricable fouillis de gens, d'animaux et de véhicules qui s'étiraient alors en un mince filet avant de s'entasser à nouveau à l'entrée du prochain goulet.

Soulevé par les sabots des bovins, par le piétinement effréné de la mer humaine, un voile de poussière traçait sur l'horizon un gigantesque sillage grisâtre qui révélait l'avance des fugitifs. A la tombée de la nuit, les colonnes s'arrêtaient et les réfugiés épuisés allumaient de petits feux sur lesquels ils faisaient cuire leur seule nourriture quotidienne, une mince *chapati*. Vus du ciel, ces centaines de milliers de foyers semblaient couvrir la terre, rougie par les derniers rayons du crépuscule, d'une nuée de feux follets.

Mais c'était au niveau du sol, au milieu de la détresse des hommes, que le drame de l'exode apparaissait dans toute son horreur. Les yeux et la gorge brûlés par la poussière, la plante des pieds grillée par la chaleur des pierres et de l'asphalte, torturés par la faim et la soif, enveloppés d'une suffocante odeur d'urine, d'excréments, de sueur, les damnés du Panjab se traînaient comme des automates dans leurs *dhoti* déchirés et leurs saris en loques. De vieilles femmes s'agrippaient aux épaules de leurs fils, d'autres sur le point d'accoucher à celles de leurs maris. Les plus jeunes prenaient des vieillards sur leur dos, les invalides ou les mourants avançaient sur des litières de bambou improvisées que portaient des parents ou des amis. Des mères serraient leurs bébés contre leur poitrine pendant des centaines de kilomètres. Ficelés dans le dos ou en équilibre sur la tête se trouvaient les maigres biens qu'on avait pu emporter : quelques ustensiles de cuisine, un ballot de hardes, des images de Çiva ou du *guru* Nanak, un exemplaire du Coran. Des hommes pliaient sous le poids de longs fléaux à l'extrémité desquels était fixé ce qu'ils avaient pu sauver du désastre. Un enfant accroupi sur une planche faisait parfois contrepoids à tout ce qui restait à une famille pour commencer une nouvelle vie : une pelle, une pioche, un rouet, un *lota* contenant un peu d'eau, un petit sac de *dal*.

Toute la faune domestique de l'Inde mêlait son infortune à celle des humains, pathétiques troupeaux de buffles, de vaches, de bœufs, de chameaux, de chevaux, d'ânes, de chèvres, de moutons. Les buffles et les bœufs tiraient les lourds charrois croulant sous la charge de l'hétéroclite déménagement. Des pyramides de *charpoy*, de paillasses, d'outils, des balles de fourrage, des ustensiles, des sacs de grains débordaient de ces radeaux roulants arrachés au naufrage de toute une existence. Des balluchons contenaient parfois des vêtements de mariage, précieuses reliques d'un passé heureux. Des couples avaient pu emporter leurs cadeaux de noces, prenant soin, s'ils étaient hindous, que le nombre ne s'en terminât point par un zéro, ce chiffre étant hautement néfaste. Les chameaux et les chevaux haletaient entre les brancards des charrettes, des *tonga* aux rideaux fermés qu'utilisaient les femmes musulmanes, et de tout ce qui avait des roues.

Ce n'était pas un voyage jusqu'au prochain village qu'entreprenaient ces Indiens et ces Pakistanais. Ils partaient pour un monde inconnu, effectuaient un trajet sans retour de trois cents, quatre cents, et même cinq cents kilomètres qui durerait des semaines, sous la menace perpétuelle de l'épuisement, de la famine, du choléra, et, sur une bonne moitié du parcours, des sauvages attaques contre lesquelles ils étaient presque toujours sans défense. Hindoues, musulmanes ou sikhs, les victimes innocentes de ce bouleversement étaient des paysans illettrés qui avaient peiné toute leur vie dans leurs champs, ignorant pour la plupart que les Indes avaient été conquises par les Anglais, indifférents aux joutes politiques du parti du Congrès et de la Ligue musulmane, et qui ne s'étaient jamais préoccupés d'événements comme la Partition, le tracé des frontières, ou même l'Indépendance au nom de laquelle ils se trouvaient plongés dans le malheur. Et pour consommer la misère des millions d'êtres qui traversaient les plaines du Panjab, il y avait le soleil, un soleil cruel qui les obligeait à tourner leurs visages hagards vers le ciel incandescent pour supplier Allah, Çiva ou le *guru* Nanak de leur envoyer le secours de la mousson dont les pluies s'obstinaient à ne pas tomber.

Le lieutenant Ram Sardilal, chargé d'escorter une colonne de Musulmans quittant l'Inde pour le Pakistan, se souviendrait toujours de « ces Sikhs qui suivaient la caravane, tels des vautours, marchandant avec les malheureux l'achat des quelques biens qu'ils essayaient de conserver, attendant patiemment que les kilomètres fassent tomber les prix, jusqu'au moment où, résignés, les réfugiés donneraient tout en échange de quelques gouttes d'eau ».

Le capitaine Robert E. Atkins accompagna durant des semaines des colonnes dans les deux sens. « Ils se mettaient en route dans une sorte d'euphorie, raconte-t-il. Puis, sous la torture de la chaleur, de la soif, de la faim, des kilomètres qui s'ajoutaient aux kilomètres, ils abandonnaient peu à peu tout ce qu'ils portaient, jusqu'à ce qu'ils n'aient plus rien. » Quand un avion apparaissait dans le ciel et lâchait quelques vivres, c'était la ruée. Ses soldats gurkhas devaient protéger les secours à la baïonnette pour assurer une juste distribution. Atkins vit un jour des réfugiés courir comme des déments après un chien qui avait volé une *chapati*, prêts à le tuer pour récupérer la galette.

Exténués par les privations, la maladie, les souffrances de cette marche forcée, des milliers de vieillards, de femmes, d'enfants renonçaient à aller plus loin, se laissant piétiner sur place par les suivants, ou se traînant vers l'ombre d'un fossé ou d'un buisson pour attendre la mort. N'ayant plus la force de les porter, des femmes déposaient leurs bébés sur les bas-côtés dans l'espoir qu'une main providentielle les recueillerait avant qu'il ne soit trop tard. Des malheureux trouvaient la mort en se jetant sur l'eau de puits empoisonnée par leurs ennemis. L'image d'un enfant abandonné sur le bord de la route, tirant le bras de sa mère morte, incapable de comprendre pourquoi elle ne le ramassait pas, restera à jamais gravée dans la mémoire de la photographe Margaret Bourke-White.

Des milliers de cadavres jalonnèrent bientôt les chemins de cet exode infernal. Les soixante-dix kilomètres de la route reliant Lahore à Amritsar devinrent un interminable cimetière à ciel ouvert. Pour en atténuer l'atroce puanteur, le capitaine Atkins devait prendre la précaution de se masquer la bouche et le nez avec un mouchoir imbibé de lotion rafraîchissante. « A chaque mètre, on passait devant des corps, se souvient-il, certains massacrés, d'autres morts du choléra. Les vautours étaient devenus si gras qu'ils ne pouvaient même plus s'envoler, et les chiens sauvages si exigeants qu'ils ne mangeaient plus que les foies des cadavres. »

H.V.R. Iyengar, le secrétaire particulier de

Nehru, se rappelle avoir rencontré deux lieutenants de l'armée indienne qui avaient mission de suivre en camionnette une colonne de cent mille réfugiés pour ne s'occuper que des nouveau-nés et des morts. Quand une femme commençait à accoucher, ils l'allongeaient à l'arrière du véhicule qu'ils arrêtaient le temps de laisser naître l'enfant. Dès qu'une autre femme arrivait, la précédente devait lui céder la place, se lever et reprendre, avec son nourrisson, sa marche vers l'Inde.

Le journaliste indien Kuldip Singh n'oubliera jamais ce vieux Sikh à la barbe blanche qui lui tendait son petit-fils à bout de bras en implorant : « Prenez-le ! Qu'il vive au moins pour voir l'Inde. »

La protection de ces convois qui s'étiraient sur des centaines de kilomètres était une tâche surhumaine. Des attaques pouvaient survenir à n'importe quel moment. Celles des Sikhs restaient les plus meurtrières. Par bandes entières, ils jaillissaient des champs de canne à sucre ou de blé, tuaient, pillaient, kidnappaient les fillettes et les femmes, et disparaissaient. Le lieutenant G.D. Lal revoit encore un vieux Musulman poussant vers le Pakistan ce qu'il avait pu sauvegarder de sa ferme, une chèvre. A une dizaine de kilomètres de sa nouvelle patrie, l'animal pris de panique se sauva dans un champ. Le vieil homme s'élançait à sa poursuite quand un Sikh surgit d'un fourré, lui trancha la tête d'un coup de sabre et s'enfuit avec la chèvre.

En portant secours à des Musulmans sans défense, quelques officiers sikhs des unités d'escorte allaient cependant racheter la sauvagerie de certains de leurs coreligionnaires. En lisière de la petite ville de Ferozepore, le lieutenant-colonel sikh Gurba Singh tomba sur le spectacle le plus

atroce qu'il ait jamais vu : les cadavres de toute
une caravane de réfugiés musulmans massacrés
par des Sikhs et que dévoraient les vautours. Il fit
mettre ses soldats sikhs au garde-à-vous devant le
charnier et leur déclara : « Les Sikhs qui ont
commis ces crimes ont déshonoré notre peuple.
Mais le déshonneur serait encore plus grand si
vous laissiez faire de nouvelles victimes parmi
ceux qui sont aujourd'hui sous votre protection. »

Deux colonnes — l'une montant vers le Pakistan, l'autre descendant vers l'Inde — se croisaient
souvent sur les chemins de l'exode. Il arrivait que
des réfugiés avides de vengeance sortent des rangs
et se jettent sur ceux qui marchaient en sens
inverse, brève explosion sanguinaire qui augmen-
tait le nombre des morts. Parfois, au contraire, des
paysans hindous et musulmans s'indiquaient
l'emplacement des fermes et des champs qu'ils
venaient d'abandonner afin qu'ils aillent s'y installer.

Le jeune officier de police Ashwini Kumar fut
témoin d'une scène inoubliable sur la *Grand
Trunk Road* entre Amritsar et Jullundur. Sur cette
route historique qu'avaient empruntée les Macédoniens d'Alexandre le Grand et les hordes des
Mogols, il vit deux colonnes de Musulmans et
d'Hindous se croiser sur plusieurs kilomètres dans
une atmosphère d'un autre monde. Ils n'échangèrent aucun geste hostile, aucun regard menaçant. Des milliers d'hommes passaient sans se
voir. De temps en temps, une vache s'égarait
d'une file à l'autre et poussait un beuglement. A
part cela, le grincement des roues de bois et le
frottement las des pieds sur le macadam étaient les
seuls bruits qui montaient de ces foules en
marche. Comme si, dans les profondeurs de leur

malheur, les réfugiés de chaque nation partageaient instinctivement la détresse de ceux qu'ils rencontraient.

*

Que l'exode se dirige vers le Pakistan ou vers l'Inde, ses rameaux innombrables se regroupaient là où un pont, un gué, un bac permettaient de franchir trois grandes rivières du Panjab — la Ravi, la Satlej et la Byas.

Prisonniers des gigantesques embouteillages qui s'agglutinaient de chaque côté, les réfugiés devaient piétiner pendant des heures ou des jours entiers pour traverser ces goulets inextricables. Perdu dans la multitude sans visage qui s'écoulait un après-midi de septembre par le pont de Sulemanki au-dessus de la Satlej, se trouvait un solide garçon de vingt ans. Il avait de grands yeux noirs, une épaisse chevelure brune que séparait une raie sur le côté, et des lèvres charnues surmontées d'une fine moustache. C'était Madanlal Pahwa, le jeune matelot hindou qui s'était enfui dans l'autocar de son cousin alors que son père était resté pour attendre la date propice indiquée par son astrologue.

Des soldats pakistanais postés à l'entrée du pont avaient confisqué l'autocar et tout son chargement : les meubles, le linge, les bijoux, l'argent, les portraits de Çiva. De même que des millions d'autres réfugiés, Madanlal Pahwa allait pénétrer dans sa nouvelle patrie sans un sou en poche, sans autre bagage que ses vêtements. En avançant sur le pont au bout duquel commençait l'Inde, il se sentait « nu comme un ver, comme si j'avais été dépouillé de tout et jeté sur la route ». La rage au cœur, il jura que pas un seul Musulman ne devait rester en Inde, qu'ils devaient tous en être chassés ainsi qu'il l'avait été lui-même du Pakistan, sans une roupie, sans une valise.

Ce n'était là qu'un révolté de plus dans le flot misérable que soudait une souffrance commune. Et pourtant, Madanlal Pahwa avait été choisi par les astres pour se distinguer des foules anonymes qui l'environnaient. Peu de temps après sa naissance, les astrologues que l'Inde vénérait avaient prédit que « son nom serait connu à travers l'Inde tout entière ».

Son père se souvient :

« Je n'avais pas remarqué le facteur qui se tenait à côté de moi ce jour de décembre 1928 jusqu'à ce qu'il me prît la main pour me remettre un télégramme. Un fils m'était né la nuit précédente. J'étais devenu père à l'âge de dix-neuf ans. J'ai donné quelques pièces au facteur parce qu'il m'avait apporté une bonne nouvelle et suis allé acheter des *ladu*, des friandises pour mes collègues de bureau. Puis, je me suis mis en route pour rentrer chez moi.

« Quand je suis arrivé à la maison, j'ai d'abord salué mon père, effleurant ses pieds en signe de respect. Il m'a mis un morceau de sucre dans la bouche pour célébrer nos joyeuses retrouvailles. J'ai pris le bébé sur mes genoux et je me suis dit : je vais lui offrir la meilleure instruction possible. Il faut qu'il devienne ingénieur ou médecin afin d'assurer une bonne réputation au nom de notre famille. J'ai convoqué les pandits les plus lettrés du village et les astrologues pour m'aider à lui trouver un nom. Ils dirent que celui-ci devait commencer par un « M ». J'ai choisi Madanlal. Les astrologues étudièrent leurs cartes du ciel et prophétisèrent que Madanlal se développerait bien. Ils m'ont annoncé qu'un jour son nom serait célèbre dans toute l'Inde.

« Pourtant le mauvais œil s'abattit sur moi. Quarante jours après la naissance de mon fils, ma femme mourut d'un refroidissement. Madanlal fut brillant et espiègle dans ses premières années d'école, puis devint un enfant de plus en plus difficile et montra de fâcheuses tendances à se rebeller. En 1945, il s'est enfui de notre maison. J'ai alerté tous nos parents et nos amis à travers le Panjab, mais personne ne savait où il était passé. Au bout de quelques mois, j'ai reçu une lettre. Il était allé à Bombay s'engager dans la marine. Quand il rentra en 1946, il commença à militer dans les rangs de l'organisation nationaliste R.S.S.S. et à attaquer les Musulmans. J'étais inquiet pour lui. C'est pourquoi je suis allé à New Delhi en juillet 1947 pour rendre visite à mon ami Sardar Tarlok Singh, un des collaborateurs du grand pandit Nehru. Je lui ai demandé de m'aider à protéger Madanlal de ses mauvaises fréquentations. Il a accepté. Il m'a promis d'intervenir pour faire nommer mon fils au meilleur poste dont je pouvais rêver pour lui, celui de brigadier dans la police. »

Peu après son entrée en territoire indien, Madanlal Pahwa apprit que son père avait été grièvement atteint dans le train qui l'évacuait du Pakistan. Il le retrouva à l'hôpital militaire de Ferozepore. Là, au milieu des gémissements de la salle commune, dans l'odeur du sang, de l'éther et de la pourriture, les souffrances de ses frères hin-

dous prirent pour Madanlal le visage de son père
« tout pâle et tremblant sous ses pansements ».

Le pauvre homme sortit de sa poche la lettre de
recommandation qu'il était allé chercher à New
Delhi et la tendit à son fils. « Va à Delhi, implora-
t-il. Commence une nouvelle vie et entre dans un
bon service du gouvernement ».

Madanlal prit la lettre, mais il n'avait aucun
désir de s'engager dans un « bon service du gouvernement ». Les astrologues avaient raison. Son
destin ne serait pas de devenir quelque obscur
policier dans le commissariat d'une lointaine ville
de province. En sortant de l'hôpital, les yeux
encore pleins de la douloureuse vision de son père
blessé, un sentiment nouveau s'empara de lui, un
sentiment que partageaient alors des centaines de
milliers d'Indiens et de Pakistanais. Il n'avait rien
à voir avec un engagement dans la police. « Je vais
me venger », jura-t-il.

*

La vie de Vickie Noon, la ravissante épouse
anglaise de Sir Feroz Khan Noon, haute personnalité musulmane du Pakistan, allait dépendre
d'une petite boîte de cirage à chaussures de couleur acajou. La cachette qu'elle avait trouvée dans
le palais de son ami le raja hindou de Mandi était
déjà éventée. Toute la population était à présent à
ses trousses. Des Sikhs avaient même menacé le
raja de kidnapper ses enfants s'il ne livrait pas la
fugitive.

Aidé par le jeune marchand hindou Gautam
Sahgal venu de Lahore à son secours, le prince
venait de tremper sa protégée dans un bain de
permanganate de potassium pour assombrir la

couleur de sa peau. Il lui maquillait maintenant le visage avec le cirage qui devait la faire passer pour une authentique Indienne. Au crépuscule, la Rolls-Royce du raja, rideaux tirés pour parfaire la supercherie, sortit en trombe du palais, servant d'appât aux poursuivants. Quelques minutes plus tard, vêtue d'un sari hindou, un *tilak* rouge sur le front et un anneau d'or dans l'aile du nez, l'Anglaise quitta discrètement son refuge à bord de la Dodge crème du marchand Gautam Sahgal.

Après quelques kilomètres, Vickie pria son ami de lui permettre de satisfaire un besoin naturel. Il tombait des trombes d'eau et la jeune femme fit un faux pas dans l'obscurité. Au bruit que fit un objet en rebondissant sur le sol, elle eut un frisson de panique. Elle venait de faire tomber la petite boîte de cirage, perdant ainsi le seul garant de son anonymat — et donc de son salut. Sous les cataractes de la mousson, elle avait en effet repris son teint clair d'Européenne. Tâtonnant à quatre pattes au milieu des pierres et des trous, elle se jeta à la recherche de la petite boîte salvatrice. Un cri de joie lui échappa quand elle la retrouva enfin. La serrant dans ses mains comme un trésor, elle revint à la voiture où son compagnon s'empressa de lui enduire le visage d'une nouvelle couche de cirage.

Juste avant la petite ville de Gurdaspur, ils se heurtèrent à un barrage tenu par des Sikhs qui cernèrent aussitôt leur véhicule. Sahgal reconnut parmi eux un marchand de ciment avec lequel il avait été en relations d'affaires.

— Que se passe-t-il ? lui demanda-t-il.

— L'épouse de Feroz Khan s'est enfuie du palais du raja de Mandi, expliqua l'homme, et tous les Sikhs de la région lui courent après.

Sahgal raconta qu'il avait précisément doublé la Rolls-Royce du prince une trentaine de kilomètres auparavant, et que lui-même se dépêchait car il emmenait sa femme enceinte à l'hôpital.

Le Sikh jeta un coup d'œil à l'intérieur de la voiture. Terrifiée, Vickie Noon pria tous les dieux du panthéon hindou que son maquillage ne trahisse pas son déguisement et que le Sikh ne se mette pas à lui parler en hindi. Après l'avoir dévisagée avec une curiosité admirative, l'homme se redressa enfin et fit ouvrir le passage.

Dès que la voiture eut atteint la frontière du Pakistan, la jeune Anglaise, soulagée, caressa la petite boîte de cirage avec gratitude.

— Vous savez, Gautam, confia-t-elle à son compagnon, mon mari ne pourra jamais rien m'offrir de plus précieux.

*

Cette aventure fut probablement unique, car rares furent les Britanniques qui craignirent pour leur vie durant cet automne tourmenté. En effet, tout au long des semaines les plus troublées de septembre, l'hôtel Faletti de Lahore demeura une oasis de paix au milieu du Panjab en furie. Des gentlemen en smoking accompagnés de ladies en robes longues y sirotaient chaque soir leur cocktail sur la terrasse, avant de déguster aux chandelles sa spécialité de homard Thermidor et de danser aux rythmes de son orchestre sud-américain à quelques centaines de mètres des ruines fumantes d'un quartier hindou.

Pourtant, de toutes les colonnes de réfugiés qui s'étiraient d'un État à l'autre, la plus incongrue, la plus insolite n'était ni hindoue, ni sikh, ni musul-

530

mane, mais britannique. Deux autocars, escortés par une compagnie de soldats gurkhas, évacuèrent le long des premières pentes de l'Himalaya de respectables vieux Anglais qui venaient d'abandonner le paradis perdu de Simla où ils s'étaient retirés. Ils avaient quitté leurs charmantes villas aux noms romantiques de « Mon Repos », « Au bout de la route » ou « Ma Retraite », aux pelouses égayées de buissons fleuris, où ils avaient souhaité finir leur existence. Certains étaient nés aux Indes et n'avaient jamais vraiment connu d'autre patrie. Ils étaient les centurions retraités de l'Empire, ex-colonels des derniers régiments de cavalerie de l'Armée des Indes, anciens juges et hauts fonctionnaires de l'*Indian Civil Service,* ayant autrefois administré des millions d'Indiens.

Ils n'avaient pas eu beaucoup plus de temps pour préparer leur départ que les Panjabis terrorisés des plaines. Quand la situation s'était brusquement aggravée, des autocars leur avaient été envoyés pour les ramener à New Delhi. On leur avait donné une heure pour jeter quelques affaires dans une valise et fermer les volets de leurs maisons.

Fay Campbell-Johnson, l'épouse de l'attaché de presse de Mountbatten, fit le voyage avec eux. Plusieurs de ces Anglais étaient assez âgés et souffraient d'une déficience de la vessie. Aussi les autocars devaient-ils s'arrêter toutes les deux heures. Regardant ces anciens maîtres du prestigieux Empire des Indes uriner sur le bas-côté de la route sous le regard impassible de leurs gardes gurkhas, la jeune femme pensa à toutes les belles phrases de Kipling.

— Mon Dieu, se dit-elle, cette fois l'homme blanc est vraiment descendu de son piédestal.

Comme de nombreux jeunes militaires assoiffés d'aventure, le capitaine Edward Behr s'était porté volontaire pour rester au Pakistan après l'Indépendance. Il était maintenant officier de renseignement de la brigade de Peshawar. Pour lui, ce dimanche s'annonçait pareil à tant de ceux qu'avaient savourés les officiers britanniques servant aux Indes. Quand il aurait terminé son breakfast de papaye et d'œufs brouillés sur la pelouse de sa villa, il se rendrait à son club pour jouer au squash, faire quelques brasses dans la piscine, boire un ou deux *gin and tonic* et déjeuner tranquillement.

Rien n'avait apparemment changé dans cette ville qui avait été la porte de l'Empire des Indes. En dépit de la proche et turbulente présence des Pathans, Peshawar n'avait connu aucun trouble.

Cette journée serait toutefois bien différente de ce qu'avait imaginé Edward Behr. Il avait à peine entamé sa papaye que le téléphone sonna.

— Il se passe quelque chose de terrible, lui annonça un officier du P.C. de la brigade, nos bataillons sont en train de s'entre-tuer.

Le plus stupide des incidents était responsable de cette conflagration. La sentinelle sikh d'une unité qui n'avait pas encore été rapatriée en Inde avait déchargé accidentellement son fusil en le nettoyant. Par une incroyable malchance, la balle avait traversé la bâche d'un camion rempli de soldats musulmans qui arrivaient du Panjab en pleine guerre civile. Il n'en avait pas fallu davantage à ces combattants exaltés pour provoquer un drame. Convaincus que les Sikhs les avaient attaqués, les Musulmans avaient sauté du camion et ouvert le feu sur leurs camarades.

Le capitaine Behr enfila son uniforme et se précipita chez le commandant de la brigade. Le général G.R. Morris avala une dernière gorgée de thé, s'essuya posément les lèvres, se leva, coiffa sa casquette à bande rouge de général britannique et monta dans la jeep vêtu de la tenue civile qu'il portait chaque dimanche pour se rendre à l'église.

En arrivant au cantonnement, les deux Anglais aperçurent des Musulmans et des Sikhs qui se mitraillaient de part et d'autre du terrain de manœuvres. Jugeant la situation au premier coup d'œil, le général se redressa, agrippa d'une main le montant du pare-brise et pointa l'autre en direction du champ de bataille.

— En avant ! commanda-t-il au capitaine Behr interloqué.

Debout, la tête haute, avec sa casquette pour seul uniforme, incarnation superbe et éternelle de la toute-puissance du *sahib*, le général anglais pénétra dans le champ de tir en hurlant à ses soldats de cesser le feu. La discipline légendaire de l'ancienne Armée des Indes fut plus forte que la haine. Le feu cessa.

Mais Peshawar ne devait pas s'en tirer à si bon compte. La rumeur que des Sikhs massacraient leurs camarades musulmans s'était répandue parmi les tribus de la région. Comme pour la visite de Mountbatten quatre mois plus tôt, les guerriers pathans déferlèrent sur la ville en camions, en autocars, en *tonga,* à cheval. Cette fois pourtant, ils ne venaient pas seulement manifester. Ils venaient tuer. Et ils tuèrent.

Malgré les efforts du général anglais et du capitaine Edward Behr, le malencontreux coup de feu de la sentinelle sikh devait faire dix mille morts en moins d'une semaine. De semblables flambées de violence embrasèrent toute la Province frontière du Nord-Ouest, jetant de nouvelles vagues de réfugiés sur les routes. Qu'une maladresse aussi bénigne pût entraîner d'aussi tragiques conséquences révélait l'atmosphère explosive qui imprégnait alors le sous-continent indien. Il suffisait d'une étincelle pour que Bombay, Karachi, Lucknow, Hyderabad, le Cachemire, tout le Bengale s'enflamment à leur tour.

*

Venant de Calcutta, Mohandas Gandhi arriva à New Delhi le 9 septembre 1947, pour ne plus en repartir. Il n'était pas question, désormais, qu'il s'installât parmi les balayeurs-vidangeurs intouchables de la Bhangi Colony. Le quartier ayant été envahi par des milliers de misérables réfugiés du Panjab, il était impossible d'y assurer la sécurité du Mahatma. Le ministre de l'Intérieur Vallabhbhai Patel fit donc conduire Gandhi dès sa descente du train au 5 Albuquerque Road, en plein cœur du quartier résidentiel le plus élégant de la capitale.

Avec son mur de clôture, sa roseraie et sa superbe pelouse, ses sols de marbre, ses portes en bois de teck et sa légion de serviteurs empressés, la maison du milliardaire Birla était aux antipodes du misérable taudis d'Intouchables que Gandhi avait l'habitude de choisir pour ses séjours à New Delhi. Cependant, illustrant d'un nouveau paradoxe sa déroutante carrière, le prophète de la pauvreté qui voyageait en troisième classe, qui avait renoncé à toute possession, et que le vol d'une montre de huit shillings pouvait faire pleurer, accepta, sur les instances de Nehru et de Patel, de s'installer dans cette demeure luxueuse.

Son propriétaire, Ghanshyamdas Birla, était le chef patriarcal de l'une des trois grandes familles industrielles indiennes, un roi de la finance dont les intérêts englobaient entre autres des usines de textile, des compagnies d'assurances, des mines de charbon, et tout un éventail d'industries diverses. Bien que Gandhi eût autrefois organisé, dans l'une de ses usines, la première grève du mouvement ouvrier indien, Birla était l'un de ses plus anciens disciples et l'un des plus généreux soutiens financiers du parti du Congrès.

La capitale de l'Inde continuait d'être secouée par la violence. En certains endroits, la ville offrait le spectacle de véritables charniers. Les services municipaux chargés de ramasser les morts étaient débordés. Les interdits des castes et de la religion rendaient leur tâche particulièrement difficile. Sortant un matin de son palais, Edwina Mountbatten trouva un corps dans la rue. Elle fit aussitôt arrêter un camion qui passait. Mais le chauffeur était un Hindou : sa caste lui interdisait de toucher au cadavre. La dernière vice-reine des Indes le ramassa elle-même et le hissa à l'intérieur du véhicule.

— Maintenant, ordonna-t-elle au chauffeur stupéfait, conduisez cet homme à la morgue.

Les Musulmans de New Delhi furent rassemblés dans des camps de réfugiés pour y attendre, dans une sécurité relative, leur évacuation vers la terre promise de Mohammed Ali Jinnah. Par une cruelle ironie, c'est au pied de deux splendides monuments élevés par leurs ancêtres, les empereurs mogols, que nombre d'entre eux furent regroupés. Il s'agissait de la tombe du grand roi Humayun, et du Vieux Fort, le Purana Qila, joyau de la Delhi du XVe siècle. Cent cinquante mille personnes allaient vivre dans ces sanctuaires de l'ancienne grandeur de l'islam au milieu de conditions épouvantables, sans le moindre abri pour se protéger des cataractes de la mousson ou du soleil écrasant de l'automne indien, et « sans autre nourriture, raconte le journaliste Max Olivier-Lacamp, que celle qu'elles avaient pu apporter. Hébétés de terreur, les malheureux n'osaient pas sortir des enceintes à l'intérieur desquelles ils étaient entassés, fût-ce pour enterrer leurs morts. Ils les jetaient aux chacals, par-dessus les murailles ».

Par dizaines de milliers, ils moururent de faim, d'insolation, de typhoïde, de choléra. Au Purana Qila, il n'y avait que deux points d'eau pour vingt-cinq mille réfugiés. Les gens faisaient leurs besoins dans des latrines à ciel ouvert creusées en plein milieu de la foule. Dans un tel enfer, et malgré les ravages des épidémies, les tabous de la société indienne ne perdaient pas leurs droits. Les Musulmans refusèrent de vider leurs fosses d'aisances. Au plus fort des massacres qui ensanglantaient la ville, le Comité d'urgence dut envoyer au Vieux Fort cent Intouchables hindous, sous escorte armée, pour assurer cette corvée[1].

---

1. De nombreux incidents de ce genre se produisirent ailleurs. Les Sikhs et les Hindous d'un camp de réfugiés installé au Pakistan se plaignirent violemment aux Musulmans qui les gardaient d'être obligés de vivre dans des conditions d'hygiène inacceptables, parce qu'il n'y avait pas d'Intouchables pour vider et nettoyer leurs cabinets. A Karachi, la capitale de Mohammed Jinnah, les services municipaux de nettoyage et d'hygiène cessèrent de fonctionner à cause de la fuite des balayeurs-vidangeurs hindous. Pour les retenir, les édiles musulmans de la ville annoncèrent aux Intouchables qu'ils étaient — comme ils l'avaient toujours été dans la société hindoue — une communauté à part. Mais au lieu d'en faire des parias, les Musulmans en firent une caste privilégiée. Ils furent autorisés à se distinguer du reste de la population en portant des brassards verts et blancs semblables à ceux de la garde nationale musulmane. La police reçut l'instruction très stricte de protéger toute personne arborant ces insignes.

Les défauts et les carences de la gigantesque bureaucratie indienne aggravaient la situation. Quand les réfugiés parqués dans l'enceinte de la tombe d'Humayun entreprirent de creuser des latrines supplémentaires, un représentant de la municipalité s'empressa de protester qu'ils risquaient « d'abîmer la beauté et l'harmonie des pelouses ». Pour dissimuler son incompétence à fournir à temps du sérum, le service de Santé attribua les ravages du choléra à une épidémie de « gastro-entérite ». Quand un officier de santé se présenta enfin à la porte du Purana Qila avec 327 doses de sérum, on constata qu'il n'y avait pas de seringues pour les administrer.

En dépit de la démesure de tous les problèmes, les effets des décisions du Comité d'urgence commencèrent pourtant à se faire sentir. L'arrivée de renforts militaires permit d'imposer un couvre-feu de vingt-quatre heures et de procéder à la recherche systématique des armes illégalement détenues. La violence s'apaisa peu à peu.

Les épreuves de ces journées tragiques avaient encore rapproché Jawaharlal Nehru et Louis Mountbatten. Nehru venait deux ou trois fois par jour s'entretenir avec l'ancien vice-roi, « parfois pour le seul plaisir d'avoir une compagnie », raconte Mountbatten. « Il aimait me confier les fardeaux de son âme, car il était sûr de toujours trouver du réconfort auprès de moi. » Souvent aussi Nehru envoyait à son ami anglais un message débutant ainsi : « Je ne sais pas pourquoi je vous écris, sinon parce qu'il faut que j'écrive à quelqu'un pour décharger mon cœur. »

Le leader indien se dépensa sans compter durant cette période. En quelques mois, devait noter l'un de ses compagnons, « il a vieilli de vingt ans, passant du physique de Tyrone Power à celui d'un homme usé par trois ans de travaux forcés dans un camp de concentration ».

Son secrétaire le surprit un jour la tête dans ses mains, essayant de sommeiller quelques minutes.

— Je suis exténué, avoua Nehru. Je dors à peine cinq heures par nuit. Si seulement je pouvais me reposer une heure de plus ! Et vous, combien d'heures de sommeil avez-vous ?

— Sept ou huit, répondit H.V.R. Iyengar.

Nehru le dévisagea.

— Dans des moments comme ceux que nous vivons, dit-il, six heures sont un minimum, sept un luxe, huit du vice.

*

Onzième station du chemin de croix de Gandhi
« Faut-il nous laisser égorger comme des moutons ? »

L'ampleur des massacres qui frappaient la capitale fut pour Gandhi à la fois une surprise et un choc terrible.

Jamais Gandhi ne fut aussi fidèle aux idéaux qui avaient guidé son existence que dans les heures tragiques du crépuscule de sa vie. Confronté au désastre qu'il avait pressenti, il s'accrochait aux principes qui l'avaient inspiré depuis l'Afrique du Sud : l'amour, la non-violence, la vérité, une croyance inébranlable dans un Dieu universel. Mais son peuple devenait sourd à sa mystique.

Prêcher l'amour et la non-violence aux masses indiennes pour lutter contre la domination britannique avait déjà été une gageure. Prêcher maintenant le pardon et la fraternité à des hommes qui avaient assisté au massacre de leurs enfants, au viol de leurs épouses, au meurtre de leurs pères et de leurs mères, à des hommes et à des femmes qui avaient tout perdu et qui touchaient le fond du désespoir, paraissait une chimère. Il eût fallu qu'ils soient tous des saints pour entendre le message que Gandhi considérait pourtant comme l'unique possibilité d'échapper à l'engrenage de la haine.

Surmontant son extrême faiblesse, Gandhi alla chaque jour visiter les camps de réfugiés pour tenter d'atteindre le cœur des malheureux qui réclamaient vengeance.

— Explique-nous donc, apôtre de la non-violence, ce que nous devons faire pour survivre ? le narguèrent un jour des Hindous. Tu nous demandes de rendre nos armes, mais au Panjab les Musulmans tirent à vue sur nos frères. Faut-il nous laisser égorger comme des moutons ?

— Si tous les Panjabis consentaient à mourir jusqu'au dernier sans prendre une seule vie, répliqua Gandhi, le Panjab deviendrait immortel.

Ce qu'il avait jadis conseillé aux Éthiopiens, aux Juifs, aux Tchèques et aux Anglais, Gandhi suppliait aujourd'hui ses compatriotes de le mettre en pratique :

— Offrez-vous volontairement sur l'autel du sacrifice. Acceptez d'être les martyrs de la non-violence.

Une clameur de ricanements accueillit cette prière.

— Va voir toi-même au fond du Panjab ce qu'il s'y passe ! lui crièrent des voix en colère.

Malgré le « miracle » qu'il avait accompli en leur faveur à Calcutta, les Musulmans ne lui réservèrent pas toujours un meilleur accueil. Une fois, à l'entrée d'un camp, un homme lui jeta dans les bras le cadavre de son bébé. Le visage de Gandhi exprima sa douloureuse impuissance, mais il s'efforça de consoler la foule autour de lui.

— Soyez prêts à mourir, s'il le faut, avec le nom de Dieu sur les lèvres, adjura-t-il. Ne perdez pas confiance.

Sa conviction était si forte qu'elle apaisait son auditoire.

Un jour qu'il pénétrait sans escorte dans l'enceinte du Purana Qila, des Musulmans entourèrent sa voiture et le conspuèrent. Quelqu'un ouvrit brutalement la portière. Imperturbable, Gandhi sortit de l'automobile et fit face à ses adversaires. Sa voix étant trop faible à la suite de son récent jeûne destiné à sauver d'autres Musulmans, quelqu'un dut répéter mot à mot ses paroles.

Il expliqua qu'il n'existait à ses yeux « aucune différence entre les Hindous, les Musulmans, les Chrétiens, les Sikhs. Ils ne font tous qu'un pour moi ». Mais son message d'amour ne suscita qu'un tollé général.

Pourtant, l'adversaire irréductible de la création d'un État musulman séparé allait bientôt prendre la place de Jinnah dans le cœur des Musulmans restés en Inde et devenir leur bienfaiteur. Dès son arrivée à Delhi, Gandhi avait été assailli par un flot ininterrompu de délégations musulmanes l'accablant du récit de tous les malheurs infligés à leur communauté et le suppliant de rester dans la capitale où sa présence pourrait seule garantir sa sécurité. Le Mahatma promit « de ne pas quitter la ville avant qu'elle ait retrouvé sa quiétude d'antan ».

Rien ne provoquerait alors autant de colère chez de nombreux Hindous que sa sollicitude pour les Musulmans, et son insistance à affirmer que le malheur et la souffrance ne connaissaient pas de religion. Si le « miracle de Calcutta » lui avait valu la reconnaissance de nombreux Musulmans indiens, il avait également dressé contre lui bien des cœurs hindous. Mais Gandhi n'était pas homme à renoncer à ses principes à cause des émotions qu'ils pouvaient entraîner. Dans ses réunions de prière publique, il avait toujours mêlé les cantiques chrétiens aux *mantra* hindous, la lecture des versets du Coran, de l'Ancien et du Nouveau Testament à ceux de la *Gîtâ*. Il refusa de modifier ses habitudes.

Un soir, une voix furieuse s'éleva de l'assemblée des fidèles :

— Nos femmes et nos sœurs ont été violées et nos frères massacrés au nom de cet Allah que tu nous chantes !

— *Gandhi Murdabad !*

— Mort à Gandhi ! hurla une autre voix.

La foule se joignit aux protestations, couvrant la voix du Mahatma. Il dut se taire. Ce que les Boers en Afrique du Sud et les Anglais en Inde n'avaient jamais pu accomplir, ses compatriotes y parvinrent. Pour la première fois de sa vie, Gandhi fut obligé d'interrompre sa réunion de prière.

*

Pour Madanlal Pahwa, le jeune matelot hindou contraint d'abandonner sa terre natale et dont l'Inde entière devait un jour connaître le nom, la route de la revanche commença dans le cabinet d'un médecin de Gwalior, une ville située à trois cents kilomètres au sud de New Delhi.

Avec sa tête ronde, son crâne chauve et son sourire édenté, l'homéopathe Dattatraya Parchuré ressemblait étrangement à Gandhi. Sa renommée locale venait de son *sita phaladi*, un traitement naturel à base de graines de cardamome, d'oignons, de pousses de bambou, de sucre et de miel, avec lequel il guérissait la bronchite et la pneumonie. Mais ce n'étaient pas des ennuis pulmonaires qui avaient conduit Madanlal Pahwa jusqu'à lui.

La vraie passion de Parchuré était la politique. Il était le chef local de l'organisation extrémiste hindoue R.S.S.S. Farouchement antimusulman, il entretenait une milice d'un millier de partisans avec laquelle il se vanterait plus tard d'avoir chassé de l'Inde soixante mille Musulmans. L'essentiel de ses honoraires servait à doter sa petite armée de matraques, couteaux, « dents de tigres », revolvers et fusils. Il était toujours à la recherche de nouvelles recrues et le réfugié exalté lui parut un candidat idéal. Parchuré promit à Madanlal de lui permettre d'assouvir sa soif de vengeance. Avec un engagement dans ses troupes, il lui offrit le gîte, le couvert, et tous les ennemis qu'il voudrait tuer.

Madanlal accepta. Durant le mois suivant, il reçut l'entraînement d'un commando spécialisé dans l'extermination des Musulmans qui tentaient de fuir de l'État de Bhopal vers New Delhi. « La technique était simple, raconte-t-il. Nous attendions dans la gare. Nous arrêtions le train. Nous sautions dans les wagons. Nous massacrions les voyageurs. »

Madanlal et ses compagnons s'acquittèrent de leur mission avec tant de zèle que l'écho de leur sauvagerie arriva jusque dans la capitale. Gandhi fustigea leurs crimes au cours d'une prière publique. Le maharaja hindou de Gwalior dut demander au docteur Parchuré de calmer le fanatisme sanguinaire de ses hommes.

Frustré, Madanlal partit pour Bombay. Il s'inscrivit dans un camp de réfugiés et rassembla une bande de jeunes partisans décidés à tout comme lui.

« Nous prenions chaque jour le chemin du quartier musulman de Bombay, se souvient-il. Nous entrions dans un hôtel, le meilleur, commandions un bon repas, des plats que nous n'avions jamais goûtés auparavant. Quand on nous apportait l'addition, nous disions que nous étions fauchés, que nous étions des réfugiés. Si les gens n'étaient pas contents, on les rossait et on cassait tout.

« Parfois, on attaquait des Musulmans dans la rue et on les dépouillait de leur argent. On s'emparait aussi des plateaux des marchands ambulants et on courait vendre leurs marchandises. Chaque soir, au camp, mes gars venaient me rendre compte et m'apporter ce qu'ils avaient volé. Je faisais la répartition. C'était la belle vie. »

Mais bientôt, Madanlal fut amené à justifier son aptitude au commandement par des actions d'une plus vaste envergure que de simples larcins de voyou. A l'occasion de la fête musulmane de Bawian, il partit pour Ahmednagar avec deux complices et trois grenades. Ils lancèrent leurs engins sur une procession de pèlerins. Profitant de la panique, Madanlal se sauva par les ruelles du bazar. Flottant au balcon d'un hôtel décrépi appelé *Deccan Guest House,* il aperçut un emblème familier, l'oriflamme orange marqué de la croix gammée du R.S.S.S. Il se rua à l'intérieur.

— Cachez-moi, cria-t-il, je viens de balancer une grenade sur un cortège de Musulmans.

Bedonnant, âgé de trente-sept ans, le propriétaire de l'établissement Vishnu Karkaré bondit sur ses pieds, battit des mains dans un geste de gratitude et ouvrit fraternellement ses bras au fugitif. Pour Madanlal Pahwa, les chemins de la vengeance avaient cessé d'être des chemins solitaires.

✳

Le 2 octobre 1947, les nations du monde s'associèrent à l'Inde indépendante pour célébrer le soixante-dix-huitième anniversaire du plus grand Indien vivant. Par milliers, des télégrammes, lettres et messages apportèrent au Mahatma Gandhi l'hommage affectueux de son peuple et de ses admirateurs étrangers. Leaders ou réfugiés, Hindous, Sikhs et Musulmans se succédèrent à Birla House avec l'offrande de fruits, de friandises, de fleurs. Par leur présence, Nehru, Patel, les ministres, des journalistes, des ambassadeurs, Lady Mountbatten donnèrent à l'événement la dimension d'une fête nationale. Rien pourtant n'en évoquait l'atmosphère dans la chambre de Gandhi. Tous les visiteurs furent frappés par son extrême faiblesse, et surtout par l'air de profonde mélancolie qui se lisait sur son visage ordinairement si joyeux. Celui qui avait un jour fait le vœu de vivre cent vingt-cinq ans parce que tel était « le temps nécessaire à un soldat de la non-violence pour accomplir sa mission », avait décidé de marquer le passage d'une nouvelle année de sa vie en priant, en jeûnant, et en consacrant la plus grande partie de sa journée à travailler à son cher rouet. Il voulait que l'anniversaire de sa naissance soit l'occasion de glorifier une renaissance, celle de l'instrument ancestral et des vertus qu'il représentait, vertus que l'Inde semblait avoir oubliées dans sa folie meurtrière.

Pourquoi ce déluge de félicitations ? s'étonna-t-il au cours de sa réunion de prière. Des « condoléances » eussent été plus appropriées.

— Priez Dieu, enjoignit-il à ses partisans, pour que prennent fin les affrontements actuels ou qu'Il me rappelle à lui. Je ne veux pas qu'un nouvel anniversaire me surprenne dans une Inde en flammes.

« Nous étions allés vers lui dans l'exaltation, nota ce soir-là dans son journal la fille de Vallabhbhai Patel. Nous sommes repartis le cœur lourd. »

La radiodiffusion de l'Inde indépendante avait prépare un programme spécial en l'honneur de Gandhi. Mais il refusa de l'écouter. Il préféra méditer tout en filant afin d'entendre, à travers le grincement régulier du rouet, le murmure de « la triste et douce musique de l'humanité ».

*

La tragédie de la Partition n'aurait pas été complète sans l'inévitable explosion de sauvagerie sexuelle. Presque toutes les atrocités qui frappèrent la malheureuse province du Panjab s'aggravèrent d'une orgie de viols et d'enlèvements. Des dizaines de milliers de jeunes filles et de femmes furent arrachées aux colonnes de réfugiés, aux trains surchargés, aux villages isolés.

Une cérémonie religieuse sanctifiait en général le rapt des femmes sikhs et hindoues, conversion forcée qui les rendait dignes d'entrer dans la maison ou le harem de leurs ravisseurs musulmans. Santosh Nandlal, une jeune Hindoue de seize ans, fille d'un avocat de Mianwallah, au Pakistan, fut conduite après sa capture chez le maire d'un village voisin. « On m'a giflée, raconte-t-elle, puis quelqu'un est arrivé avec un morceau de viande qu'on m'a forcée à avaler. C'était atroce : je n'avais jamais mangé de viande de ma vie. Tout le monde riait. J'ai éclaté en sanglots. Un *mullah* est entré et a récité des versets du Coran. J'ai dû les répéter mot à mot. » Après quoi, Santosh reçut un nouveau nom : « *Allah Rakhi* » — Sauvée par Dieu ».

La jeune fille fut alors offerte aux enchères. Son

acquéreur fut un bûcheron. « Ce n'était pas un mauvais homme, reconnaîtrait-elle trente ans après. Il ne m'a jamais obligée à manger de la viande. »

A la fin du XVIIᵉ siècle, le dixième *guru* Gobind Singh avait formellement interdit aux Sikhs d'avoir des relations sexuelles avec des Musulmanes ; ce qui avait paré celles-ci de tous les attraits du fruit défendu.

Les bouleversements de la Partition du Panjab eurent vite fait de balayer cette loi religieuse et l'on vit bientôt fleurir un véritable commerce de jeunes personnes kidnappées.

Le paysan sikh Boota Singh, un ancien soldat de Mountbatten pendant la campagne de Birmanie, labourait son champ un après-midi de septembre quand il entendit des cris de terreur. Il vit une adolescente courir désespérément pour échapper à son poursuivant. C'était une jeune Musulmane arrachée à une colonne de réfugiés en marche vers le Pakistan. Épuisée, la malheureuse vint se jeter à ses pieds : « Sauvez-moi, sauvez-moi ! » implora-t-elle.

Cette intrusion inopinée sur son morceau de terre offrit à Boota Singh l'occasion providentielle de résoudre le problème qui l'accablait le plus, sa solitude. A soixante-cinq ans, cet homme timide ne s'était jamais marié. Il s'interposa entre la jeune fille et son ravisseur.

— Combien veux-tu ? demanda-t-il à celui-ci.

— Quinze cents roupies.

Boota Singh ne songea pas une seconde à marchander. Il alla jusqu'à sa maison de torchis et revint avec la somme.

Fille d'un petit paysan du Rajasthan, la jeune Musulmane avait dix-sept ans et s'appelait Zenib. Son arrivée transforma l'existence solitaire de son bienfaiteur en l'illuminant d'une présence merveilleuse. Boota Singh traita sa jeune compagne comme une princesse, la comblant de tous les cadeaux que lui permettait sa modeste condition : un sari, de l'eau de rose, des sandales incrustées de paillettes.

Pour Zenib, qui avait été enlevée à sa famille, battue et violée, sa tendre compassion et ses attentions délicates furent aussi réconfortantes qu'inattendues. Elle ne tarda pas à ressentir une vive affection pour le vieux Sikh. Il devint le pôle autour duquel gravita désormais sa vie. Elle l'accompagnait dans les champs, trayait ses deux bufflesses au lever et au coucher du soleil, dormait près de lui. A quelques kilomètres seulement de la tourmente de l'exode, Boota Singh lui offrait un havre de paix et d'amour.

Un jour, bien avant l'aube comme l'exige la tradition sikh, un joyeux concert retentit sur le chemin. Escorté de chanteurs, de joueurs de flûte et de voisins avec des torches, chevauchant une monture empanachée et caparaçonnée de velours, Boota Singh venait demander sa main à la petite Musulmane qu'il avait achetée. Un *guru* portant un exemplaire du *Granth Sahib,* le livre saint des Sikhs, le suivit à l'intérieur de la maison où, tremblante dans son sari de noce entretissé d'or, Zenib attendait. Rayonnant de bonheur, coiffé d'un nouveau turban rouge vif, Boota Singh s'assit à côté de sa future épouse sur le sol de terre battue. Le *guru* leur rappela les obligations de la vie conjugale et lut les versets sacrés que chacun répéta après lui. Puis Boota Singh se leva, prit le bout d'une écharpe brodée et tendit l'autre à Zenib. Ainsi liés l'un à l'autre, ils accomplirent ensemble quatre *lawan,* décrivant quatre cercles mystiques autour du saint livre. Le *guru* put alors les déclarer mari et femme.

Dehors, le soleil se levait sur les champs de Boota Singh.

Synonymes de tant de souffrances pour des millions de Panjabis, les jours à venir allaient parfaire le bonheur du vieux Sikh. Sa jeune épouse attendait un enfant. Cette bénédiction suprême semblait montrer que la Providence veillait sur la terre maudite du Panjab. Pourtant, ce couple heureux ne serait pas épargné. Une cruelle épreuve devait bientôt le frapper. Pour leurs coreligionnaires divisés, Boota Singh et Zenib allaient incarner la tragédie de la Partition.

*

Sur les cartes du Q.G. de Louis Mountbatten, chaque tracé d'épingles à tête rouge aboutissait inéluctablement à un camp de réfugiés. Les millions d'hommes déracinés arrivant en Inde et au Pakistan confrontaient les deux gouvernements à des problèmes jusqu'alors inconnus. Hébétées de détresse, ces multitudes espéraient à présent un miracle. Elles avaient conquis la liberté, et croyaient que cette liberté gratifiait leurs dirigeants du pouvoir d'effacer leur malheur.

Le journaliste indien D.A. Karaka rencontra un jour, dans un camp de Jullundur, un vieil homme qui agitait une feuille de cahier d'écolier. Il y avait fait dresser, par un écrivain public, la liste de tous les biens qu'il avait dû abandonner au Pakistan — sa vache, sa maison, ses *charpoy*, ses outils, sa charrue — avec l'estimation de leur valeur. Le montant total s'élevait à quatre mille cinq cents roupies. Il allait maintenant « présenter cette facture au gouvernement pour se faire rembourser ».

— Quel gouvernement ? s'étonna le journaliste.

— *Mon* gouvernement, répondit le vieillard.

Puis, avec une touchante naïveté, il ajouta :

— Pardon, *master*, est-ce que vous pouvez m'indiquer ou je peux trouver *mon* gouvernement ?

Les riches ne furent pas plus privilégiés que les pauvres. Un oifficier sikh d'Amritsar dut héberger plusieurs de ses amis avec leurs familles. Deux mois plus tôt, ils étaient tous millionnaires à Lahore. Ils avaient tout perdu.

Un officier de Gurkhas qui escortait un train jusqu'à New Delhi fut frappé de rencontrer un homme, visiblement aisé, qui pleurait à chaudes larmes. Le voyageur lui confia qu'il était complètement ruiné.

— Il ne vous reste vraiment plus rien ? compatit l'officier.

— Seulement cinq cent mille roupies.

— Alors, vous êtes encore riche ! protesta l'officier.

Le réfugié hocha la tête en signe de dénégation et expliqua :

— Non, car chaque *anna* de chaque roupie ne doit servir qu'à faire assassiner Nehru et Gandhi.

Les difficultés sans nom posées par l'accueil des réfugiés dépassaient l'imagination. Tout manquait : des millions de couvertures, de doses de vaccins, des dizaines de milliers de tentes. Trouver et distribuer des vivres en quantité suffisante exigeait des moyens logistiques d'une ampleur incalculable.

Les conditions de vie dans les camps ne cessèrent d'empirer, chaque jour apportant son surcroît de bouches à nourrir. Une insoutenable puanteur d'excréments, de mort, de putréfaction, montait de ces refuges où grouillait une population de damnés — « l'odeur de la liberté », remarqua avec rancœur un colonel sikh au cours d'une inspection.

L'extrême dénuement ajoutait le sordide à l'horreur dans ces antichambres de l'enfer. Les plus vaillants montaient la garde près de leurs parents mourants pour être sûrs de récupérer leurs maigres biens à l'heure du dernier soupir.

A l'exception de Gandhi, aucun dirigeant indien ne deviendrait aussi populaire auprès des réfugiés qu'une Anglaise en uniforme kaki. Pendant ces mois de cauchemar, Edwina Mountbatten se dépensa sans compter, avec une énergie et une volonté que son mari lui-même n'aurait pu surpasser. Soulager l'effroyable misère était une tâche à la mesure de cette femme généreuse. Son autorité, son sens de l'organisation, son inlassable dévouement, sa compassion profonde allaient faire d'Edwina Mountbatten un ange de miséricorde que des dizaines de milliers d'Indiens n'oublieraient jamais.

Au travail dès 6 heures chaque matin, elle passait la journée à courir d'un camp à l'autre, d'hôpital en hôpital, passant tout en revue, cherchant des solutions, donnant des ordres, rectifiant des erreurs. Il ne s'agissait pas de visites protocolaires. Elle connaissait le nombre de points d'eau nécessaires par millier de réfugiés, savait comment organiser une vaccination systématique, quelles règles d'hygiène imposer en priorité.

H.V.R. Iyengar, le secrétaire particulier de Nehru, se souvient de l'avoir vue arriver un soir à une réunion du Comité d'urgence, après une tournée harassante des camps du Panjab sous un soleil de feu. Alors que son aide de camp s'était endormi d'épuisement dans la pièce voisine, Edwina, « fraîche et souriante, faisait un exposé précis de ses observations et suggérait l'adoption de toutes sortes de mesures ».

Sujette au mal de l'air, elle détestait voyager en

avion. Pourtant, elle n'hésita jamais à choisir ce moyen de locomotion quand il lui permettait de gagner du temps, prenant alors soin de se maquiller un peu plus à l'arrivée. En cas d'urgence, elle n'hésitait pas à imposer des décollages et atterrissages acrobatiques sur des terrains non balisés ou noyés dans le brouillard.

« La chose la plus absurde à lui dire aurait été : « Votre Excellence, je crains qu'il ne soit pas convenable que vous fassiez ceci », raconte le capitaine de corvette Peter Howes, car vous pouviez être sûr qu'elle l'entreprendrait aussitôt. »

Aucun spectacle n'était trop atroce, aucun contact trop répugnant, aucune tâche trop dégradante, aucun être trop misérable pour ne pas mériter sa considération. Peter Howes la reverrait toujours, piétinant dans la boue et les immondices jusqu'aux chevilles, au milieu d'hommes, de femmes et d'enfants mourant du choléra — l'une des agonies les plus effrayantes —, se penchant vers eux, caressant leurs fronts brûlants de fièvre, adoucissant leurs derniers instants d'un sourire affectueux.

Le drame de la Partition que vécurent l'Inde et le Pakistan suscita d'autres comportements admirables, de sacrifice et d'héroïsme dont les auteurs restèrent le plus souvent anonymes. « La seule façon de s'accrocher à la raison était d'essayer de sauver une vie chaque jour », dirait l'officier de police hindou Ashwini Kumar, résumant ainsi les sentiments des nombreux Indiens qui refusèrent de se laisser emporter par l'hystérie collective. Kumar lui-même arracha à la mort plusieurs milliers de réfugiés musulmans sur les routes de l'exode en n'hésitant pas à ouvrir le feu sur ceux de ses compatriotes qui les attaquaient.

On vit des Sikhs arracher des Musulmans aux foules déchaînées qui commençaient à les lyncher, des Musulmans cacher des Hindous et des Sikhs chez eux pendant des mois. Un Hindou inconnu sauva le cheminot Ahmed Anwar en criant à ceux qui se préparaient à le mettre en pièces : « Arrêtez, c'est un Chrétien ! » Un capitaine musulman du *Frontier Rifles* fut tué en défendant une colonne de réfugiés sikhs. Ils furent des centaines, dont le courage éclaira d'un peu d'espoir cette longue nuit d'horreur.

Un semblant d'ordre émergea peu à peu du chaos. Le Comité d'urgence, dont l'action représentait pour Nehru « la meilleure leçon dans l'art de gouverner qu'un nouvel État ait jamais reçue », reprit un contrôle partiel de la situation au Panjab. Des millions de réfugiés étaient toujours là, mais les passions antagonistes commençaient à s'apaiser. Cette amélioration fut signalée par un communiqué laconique annonçant que « l'habitude de jeter les Musulmans par les fenêtres des trains semblait sur le déclin ».

Une dernière malédiction était pourtant réservée aux infortunés de l'exode. Du ciel, dont les millions de réfugiés avaient imploré le secours dans l'infernale chaleur de l'été, tombèrent enfin les cataractes espérées de la mousson, mais avec une violence telle que l'Inde n'en avait connu depuis un demi-siècle. On aurait dit que, dans une brutale explosion de colère, tous les dieux du Panjab voulaient châtier par un ultime fléau le peuple qui les avait irrités. Les cinq rivières du Panjab — ces rivières qui avaient donné son nom à la province et fait prospérer ses enfants aujourd'hui déracinés — allaient à présent devenir l'instrument final de sa destruction.

Les pluies firent fondre sous leurs trombes les neiges de l'Himalaya et remplirent les lits desséchés de torrents furieux avec une rapidité foudroyante. La Partition et le chaos qui s'ensuivit avaient désorganisé le système d'alerte mis en place par les Anglais. Des masses d'eau, hautes comme des maisons, déferlèrent soudainement le 24 septembre sur le cœur du Panjab, noyant dans un fracas de fin du monde les dizaines de milliers de réfugiés qui s'étaient arrêtés là pour la nuit.

Le paysan musulman Abduraman Ali et les habitants de son village avaient installé leur campement sur les bords de la Byas alors pratiquement à sec. Une euphorie particulière semblait les animer : l'asile du Pakistan n'était plus très loin ce soir-là. Quelques-uns seulement l'atteindraient. Ali avait garé son char à bancs sur une hauteur. Réveillé par les hurlements et la folle marée, il parvint à y grimper avec sa famille. L'eau gagna les essieux, puis le plancher, arriva jusqu'à leurs genoux, monta jusqu'à leurs poitrines. Deux jours durant, Ali et les siens s'accrochèrent au véhicule, sans nourriture, tremblant de froid et de frayeur devant le spectacle des flots roulant tout autour les débris des attelages et les cadavres gonflés de leurs voisins et des animaux.

Les ponts qui avaient résisté pendant des générations furent submergés, arrachés par la puissance terrifiante des eaux. Le major indien Ashwini Dubey vit le torrent engloutir celui qui franchissait la Byas près d'Amritsar. Les chars à bancs, les bœufs, les gens furent emportés dans les tourbillons, projetés contre les piles avec une force qui « pulvérisa les chariots comme des boîtes d'allumettes, broyant hommes et bêtes ».

La photographe Margaret Bourke-White fut surprise dans son sommeil par le débordement fulgurant de la Ravi et dut lutter dans l'eau et la boue jusqu'à la taille avant de pouvoir atteindre un refuge. Lorsque enfin les flots se retirèrent, elle revint sur ces lieux d'apocalypse, une prairie entre la rivière et le talus de la voie ferrée où quatre mille Musulmans avaient fait halte cette nuit-là. Plus de trois mille avaient été noyés. La prairie « ressemblait à un champ de bataille couvert de chars à bancs culbutés, de cadavres, d'outils, d'ustensiles agglomérés dans une purée de boue et d'épaves ». Pour l'officier de police sikh Gurucharan Singh, le souvenir indélébile de ces inondations meurtrières resterait la vision du « corps d'un soldat gurkha, suspendu à un arbre comme un grotesque pantin et que des vautours dévoraient méthodiquement dans la sublime lumière du matin ».

*

Personne ne saura jamais combien d'êtres humains périrent au Panjab pendant les terribles semaines de l'été et de l'automne 1947. Les massacres survinrent en l'absence de toute autorité organisée et au milieu d'une telle confusion qu'il fut impossible d'en établir le bilan avec exactitude. Le nombre des victimes abandonnées au bord des routes, jetées au fond des puits, de celles brûlées vives dans l'incendie de leurs maisons et de leurs villages dépasse l'entendement. Les estimations les plus sombres varient de un à deux millions de morts. L'une des hautes personnalités indiennes chargées d'enquêter sur ces événements, le juge G.D. Khosla, donne dans son rapport le chiffre de cinq cent mille[1]. Les deux éminents historiens bri-

1. *Stern reckoning,* par Gopal Das Khosla. Jaico Books, Bombay, 1963.

tanniques de cette période, Penderel Moon, qui était à l'époque en poste au Pakistan, et H.V. Hodson, avancent le chiffre de deux cents à deux cent cinquante mille[1]. Sir Chandulal Trivedi, le premier gouverneur indien du Panjab oriental et l'un des personnages officiels les mieux informés de la situation, fixa à deux cent vingt-cinq mille vies humaines l'ampleur de l'hécatombe.

La statistique des réfugiés serait en revanche un peu plus précise. Pendant tout l'automne et une partie de l'hiver, ils continuèrent à déferler, à raison de cinq cents à sept cent mille par semaine, jusqu'à ce que le nombre de dix millions et demi soit atteint. Un autre million allait changer de domicile au Bengale, dans des circonstances toutefois moins tragiques.

Les horreurs du Panjab devaient inévitablement susciter des critiques à l'adresse du dernier vice-roi et des dirigeants indiens et pakistanais. De Londres, Winston Churchill — le vieil adversaire de l'indépendance des Indes — fustigea avec une satisfaction mal dissimulée le spectacle de ces populations qui avaient vécu en paix pendant des générations sous « la généreuse, tolérante et impartiale domination de la couronne britannique », et qui se jetaient les unes sur les autres « avec une férocité de cannibales ».

Le Premier ministre Clement Attlee demanda à Lord Ismay au début d'octobre si la Grande-Bretagne « n'avait pas pris une mauvaise voie et trop précipité les choses ». Il était bien sûr impossible de répondre à cette question. Ce qui serait arrivé, si la politique du vice-roi n'avait pas été dictée par sa conviction que seule une solution d'urgence pouvait

1. *Divide and quit,* par Penderel Moon. Chatto and Windus, Londres, 1961. *The great divide,* par H.V. Hodson. Hutchinson and Co, Londres, 1969.

éviter un désastre, relève du domaine de la pure hypothèse. Une chose cependant paraît certaine : non seulement les leaders indiens avaient approuvé Mountbatten de vouloir agir aussi vite que possible, mais tous — sans exception — lui avaient imposé la rapidité comme règle de conduite. Jinnah n'avait cessé de répéter que l'essence du contrat résidait dans la cadence de l'opération. Nehru avait constamment averti le vice-roi que tout retard dans le choix d'une solution risquait d'entraîner une guerre civile. Même Gandhi, en dépit de son opposition à la Partition, poussait le vice-roi dans une seule voie : le retrait immédiat de l'Angleterre des Indes. Le prédécesseur de Mountbatten, Lord Wavell, avait déjà été si persuadé de la nécessité de faire vite qu'il avait recommandé dans sa fameuse « opération Maison de fous une évacuation des Indes, province par province, dans les plus brefs délais ».

Considérant la situation dramatique qu'il trouva, Lord Mountbatten resterait quant à lui fermement convaincu que toute autre politique qu'un accord négocié pour une Partition aurait plongé le pays dans un affrontement fratricide d'une ampleur unique dans l'histoire des Indes, désastre que la Grande-Bretagne n'aurait eu ni les moyens ni la volonté d'endiguer.

Le déferlement de violences qui submergea le Panjab après la Partition atteignit néanmoins des proportions que ni Mountbatten, ni aucun des experts consultés, ni aucun leader indien n'avaient envisagées. Les cinquante-cinq mille soldats de la force spéciale de sécurité mobilisés pour maintenir l'ordre dans la province furent débordés par ce cataclysme sans précédent. Mais aussi terribles que fussent les conséquences de la tragédie, elles furent limitées à une seule province et à moins d'un dixième de la population totale de l'Inde. Or toute autre solution aurait risqué d'exposer le pays entier à des horreurs analogues à celles du Panjab.

Pour les survivants, la longue et douloureuse épreuve de la réinsertion prendrait des mois, des années même. Ils avaient payé pour la liberté d'un cinquième de l'humanité, et ce prix laisserait d'amers souvenirs à toute une génération. Cette amertume trouverait une effarante expression dans un cri de rage et de frustration, un cri suppliant jeté un soir d'automne à la face d'un officier britannique par un réfugié dans un camp du Panjab : « Allez dire aux Anglais de revenir ! »

15

Cachemire,
ton nom est inscrit dans mon cœur

La cérémonie qui se déroulait à Srinagar, dans le palais brillamment illuminé du maharaja du Cachemire, couronnait l'une des célébrations les plus fastes du calendrier hindou. Chaque année, au neuvième jour de la lune croissante du mois d'*Açvina,* en octobre, les Hindous célébraient *Dasahra,* la victoire légendaire de la déesse *Durga,* épouse du dieu Çiva, sur le démon-buffle *Mahishasura,* symbole de l'ignorance. Le soir du 24 octobre 1947, le maharaja Hari Singh clôturait les réjouissances de cette nouvelle fête selon le rite ancestral, en recevant le traditionnel serment d'allégeance des dignitaires de sa cour. Ils avançaient un à un vers le trône et déposaient dans la paume du souverain l'offrande symbolique d'une pièce d'or enveloppée dans un mouchoir de soie.

L'inconstant maharaja était un homme heureux. De l'extravagante confrérie des 565 princes qui avaient régné sur un tiers du continent indien, il figurait parmi les trois seuls à posséder encore un royaume. Les deux autres étaient le *nawab* de Junagadh — ce petit État où il valait mieux naître dans la peau d'un chien que dans celle d'un homme — et le *nizam* de Hyderabad. Le *nawab* de Junagadh avait tenté contre toute logique de rattacher au Pakistan sa minuscule principauté pourtant située en plein cœur du territoire indien. Ses jours étaient comptés : dans moins de deux semaines, une invasion de l'armée indienne ne lui laisserait que le temps de remplir un avion de ses chiens favoris, de ses femmes et de ses bijoux avant de s'enfuir au Pakistan. Les jours du *nizam* étaient eux aussi comptés : en dépit d'un ultime combat pour faire reconnaître son autonomie, il verrait son royaume intégré de force à l'Inde indépendante, peu de temps après le départ du dernier vice-roi.

Le maharaja du Cachemire s'était « rétabli » de l'indigestion diplomatique qui lui avait évité, au mois de juin, de répondre aux exhortations de son vieil ami « Dickie » Mountbatten et de se rallier à l'Inde ou au Pakistan. Assis sous son ombrelle d'or en forme de fleur de lotus, la tête coiffée d'un turban de mousseline orné d'un médaillon de diamants, le cou ceint de douze rangs de perles encadrant une émeraude — joyau de sa dynastie —, Hari Singh s'accrochait à son rêve : l'indépendance de la « Vallée enchantée » que l'*East India Trading Company* avait, un siècle plus tôt, vendue à ses aïeux pour six millions de roupies et un tribut annuel de six châles de *pashmina,* tissés en duvet de chèvres de l'Himalaya.

Pendant que se poursuivait le défilé de ses nobles sujets sous les lustres de cristal de son palais, à quatre-vingts kilomètres de là sur les bords de la rivière Jhelam, un commando de dynamiteurs forçait la porte de la centrale électrique de Mahura. Un des hommes fixa des explosifs sur un panneau couvert de cadrans et de manettes. Dix secondes plus tard, une violente déflagration ébranlait l'air.

Au même instant, s'éteignaient toutes les lumières depuis la frontière pakistanaise jusqu'au Ladakh et aux confins de la Chine. Le palais et toute la capitale furent plongés d'un seul coup dans les ténèbres. Dans son salon de coiffure flottant « Vanity », la vieille demoiselle anglaise Florence Lodge ne cacha pas sa contrariété. La coupure du courant privait sa dernière cliente des bienfaits de la « machine à friser » qu'elle avait rapportée de Paris en 1929. Des dizaines d'autres Anglais retirés dans leurs maisons flottantes amarrées aux rivages du lac Dal, se demandèrent ce que pouvait signifier la soudaine obscurité. Ces anciens officiers de l'Armée des Indes et ces fonctionnaires de l'Empire l'ignoraient encore, mais cette panne annonçait la fin de leur paisible existence dans un paradis de soleil et de fleurs où l'on pouvait se croire l'empereur Jehangir pour trente livres sterling par mois.

Dans sa chambre où le tenait allongé une opération de la jambe, le jeune Karan Singh, fils aîné du maharaja, écoutait dans le noir les miaulements du vent d'hiver qui venait des glaciers de l'Himalaya. Soudain, comme son père, comme ses invités, comme des milliers d'habitants de Srinagar, il perçut un autre bruit porté par le vent. C'était le hurlement lointain de chacals qui descendaient sur la ville.

Une meute d'un autre genre se ruait aussi vers Srinagar et la vallée du Cachemire en cette nuit du 24 octobre 1947. Depuis quarante-huit heures, des centaines de guerriers des tribus pathanes pakistanaises avaient envahi le royaume de Hari Singh. Son armée privée avait presque entièrement déserté pour rejoindre les rangs des envahisseurs.

Cette attaque surprise avait pour origine vraisemblable l'innocente requête adressée deux mois plus tôt par Mohammed Ali Jinnah au directeur de son cabinet militaire, le colonel anglais E.S. Birnie. Épuisé par des semaines de négociations difficiles, affaibli par le mal impitoyable qui lui rongeait les poumons, Jinnah avait résolu de se reposer. Il envoya Birnie prendre au Cachemire les dispositions lui permettant d'y passer deux semaines de vacances à la mi-septembre. Ce choix de villégiature était naturel. Pour Jinnah et la plupart de ses compatriotes, il semblait inconcevable, après la Partition, que le Cachemire, dont la population était aux trois quarts musulmane, pût avoir d'autre destin que de faire partie du Pakistan.

L'officier britannique devait toutefois rapporter une nouvelle stupéfiante : Hari Singh ne souhaitait pas que Jinnah mette le pied sur le sol de son royaume, fût-ce en touriste. Ce refus révélait brutalement au chef du Pakistan que la situation au Cachemire risquait de ne pas suivre le cours prévu. Pour en avoir le cœur net, il chargea un émissaire de percer à jour les véritables intentions de l'inhospitalier maharaja.

Son rapport fit l'effet d'une bombe : le monarque n'avait nullement l'intention de rattacher son royaume au Pakistan. Jinnah ne pouvait éviter de relever ce défi. Son Premier ministre Liaquat Ali Khan réunit à Lahore un groupe de collaborateurs qualifiés pour étudier la meilleure manière de contraindre le maharaja récalcitrant.

Une invasion ouverte fut d'emblée exclue. L'armée pakistanaise n'était pas prête pour une telle aventure qui ne manquerait pas de provoquer une guerre avec l'Inde. S'offraient deux autres possibilités. La première fut présentée par le colonel Akbar Khan, ancien élève de l'académie de Sandhurst animé d'un goût prononcé pour les conspirations. Il suggéra de fomenter une insurrection générale des Musulmans du Cachemire contre leur souverain hindou. Cela demanderait plusieurs mois de préparation mais, à leur terme, on verrait « quarante ou cinquante mille Cachemiris descendre sur Srinagar pour obliger le maharaja à signer son rattachement au Pakistan ».

Plus séduisante, la seconde proposition avait pour auteur le Premier ministre de la fameuse Province frontière du Nord-Ouest. Elle faisait appel à la population la plus turbulente et la plus redoutée du sous-continent, les tribus pathanes vivant aux confins de l'Afghanistan. Le Pakistan avait hérité de l'Angleterre le fardeau de maintenir la paix dans la région troublée qu'elles occupaient. L'indocilité de ces tribus était telle que rien n'était moins assuré que leur soumission à la domination politique de leurs frères musulmans de Karachi. Travaillées par les agents du roi d'Afghanistan qui rêvait d'expansion vers la vallée de l'Indus, elles constituaient en fait un réel danger pour le jeune État de Mohammed Ali Jinnah. Détourner ces farouches guerriers vers le Cachemire offrait donc des avantages considérables. Cela permettrait d'envisager une chute rapide du maharaja hindou et l'annexion de son État, mais aussi d'écarter la convoitise des Pathans.

La réunion s'acheva par une mise en garde du Premier ministre : l'opération devait être montée dans la clandestinité absolue, et son financement assuré par ses fonds secrets. Ni l'armée, ni l'administration, ni surtout les officiers et fonctionnaires britanniques restés au service du nouvel État ne devaient en avoir le moindre soupçon.

Trois jours plus tard, dans le sous-sol d'une maison de la vieille ville de Peshawar, les principaux chefs de tribus faisaient connaissance avec l'homme choisi pour conduire leur marche sur Srinagar, le major Kurshid Anwar, un étrange personnage singulièrement doué pour les déguisements. Accroupis autour de lui, les Pathans ressemblaient, avec leurs tuniques et leurs longues barbes tombant sur la poitrine, aux soldats de Saül ou de David. Buvant du thé, tirant sur leurs *hukka,* des pipes à eau, ils suivirent attentivement le sombre tableau que leur brossa l'envoyé de Jinnah.

Il leur expliqua que l'infidèle et idolâtre monarque hindou était sur le point de se jeter dans les bras de l'Inde, laquelle ne saurait tarder à occuper tout son royaume. Des millions de Musulmans tomberaient alors sous le joug hindou. Leur devoir était donc de voler au secours de leurs frères du Cachemire. Derrière cette invitation à une croisade patriotique se cachait une opération bien différente, une croisade aussi ancienne mais moins héroïque susceptible de galvaniser l'ardeur des Pathans mieux qu'une mobilisation religieuse : la promesse du pillage.

Quelques heures plus tard, dans les *morkha* de torchis des villages, dans les campements à l'entour de Landi Kotal, sur les crêtes de la passe de Khyber et dans les grottes cachées où ils fabriquaient leurs fusils depuis des générations, comme dans les cachettes de leurs caravanes de contrebande, les Pathans lancèrent le vieil appel de l'islam à la guerre sainte, le *Jihâd.* De bazar en bazar, des agents clandestins assurèrent l'approvisionnement en biscuits de maïs, pois chiches et sucre. Entassant ces vivres dans une ceinture nouée autour de la taille, les combattants auraient de quoi se nourrir plusieurs jours. Puis les hommes, les armes et le ravitaillement gagnèrent les points de ralliement.

*

Les voix étaient celles de deux hauts fonctionnaires du Pakistan. Pourtant, elles s'exprimaient en anglais. Sir George Cunningham, nouveau gouverneur de la Province frontière du Nord-Ouest, téléphonait au général Sir Frank Messervy, commandant en chef de l'armée pakistanaise. En ces premiers mois de son existence, le Pakistan était toujours largement administré par des Anglais. Conscient que son pays et son armée auraient au lendemain de l'indépendance un besoin crucial de cadres compétents, Jinnah — comme Nehru en Inde — avait eu la sagesse de refréner l'orgueil national et de nommer des Britanniques aux principaux postes de commande de la nation. Le Pakistan n'en restait pas moins une terre orientale et les affaires y étaient menées avec des subtilités toutes byzantines. Ainsi que l'avait ordonné le Premier ministre, les organisateurs de l'invasion du Cachemire avaient agi de telle sorte que leurs anciens maîtres, aujourd'hui à leur service, ignorent tout de leurs projets.

— Dites-moi, *old boy,* s'écriait le gouverneur Cunningham de son bureau de Peshawar, j'ai l'impression qu'il se manigance de bien étranges choses.

Depuis plusieurs jours, expliqua-t-il au général Messervy, des camions bondés d'hommes des tribus déferlaient sur la ville aux cris de « *Allah Akbar* ». Tout le monde semblait au courant de la destination de cette troupe enthousiaste, sauf lui-même.

— Êtes-vous certain, poursuivit-il, que les Pakistanais soient vraiment hostiles à une invasion du Cachemire par les Pathans ? Je serais plutôt tenté de croire que c'est le Premier ministre de ma province en personne qui les encourage à se lancer dans cette aventure.

Cet appel téléphonique avait surpris le général Messervy à l'instant même où il bouclait sa valise. Le gouvernement s'était en effet arrangé pour qu'au jour J il se trouvât à dix mille kilomètres de son quartier général. Une mission à Londres pour se procurer les armes destinées à remplacer celles que l'Inde n'avait pas libérées, en violation des accords de la Partition, avait servi de prétexte à l'éloignement du commandant en chef britannique de l'armée pakistanaise.

— Je peux vous certifier que je suis personnellement opposé à toute entreprise de ce genre, répondit le général Messervy, et le Premier ministre m'a donné la garantie qu'il l'était aussi.

— Dans ce cas, soupira Cunningham, vous feriez bien de l'informer de ce qui se passe ici.

Sur le chemin de Londres, Messervy fit une halte à Lahore pour se précipiter chez Liaquat Ali Khan. Avec toute la sérénité d'un bouddha trônant sur un bas-relief du Gandhara, le Premier ministre du Pakistan rassura le chef de son armée. Ses craintes étaient sans fondements. Le Pakistan ne tolérerait jamais une telle opération. Devant son visiteur, il télégraphia sur-le-champ aux responsables de la Province frontière du Nord-Ouest et leur commanda de faire stopper ces préparatifs scandaleux. Messervy s'envola pour Londres, tranquillisé. Les canons et les obus qu'il allait y acheter serviraient en fait à alimenter bientôt un conflit habilement provoqué pendant son absence.

*

Tous feux éteints, moteur coupé, le break Ford se glissa dans la nuit glaciale et s'immobilisa à cent mètres d'un pont. Derrière lui s'allongeaient des

ombres noires, une douzaine de camions où se serraient des hommes en armes, silencieux. Le fracas
du torrent qui dévalait au fond du lit de la Jhelam
emplissait la nuit. Dans le break, Sairab Khayat
Khan, le jeune chef de la section locale des Chemises Vertes, lissait nerveusement sa moustache. Le
royaume du Cachemire commençait de l'autre côté
du pont et l'officier guettait avec impatience la fusée
qui devait lui annoncer que les soldats musulmans

de l'armée du maharaja s'étaient mutinés, qu'ils avaient massacré leurs supérieurs hindous, coupé la ligne téléphonique de Srinagar et neutralisé les sentinelles du poste de garde.

Un éclair rosâtre dessina enfin l'arc lumineux attendu. Sairab Khayat Khan remit son moteur en marche. La guerre du Cachemire commençait.

Quelques minutes plus tard, la colonne arrivait devant le bâtiment des douanes de la petite cité de Muzaffarabad. Croyant à l'arrivée tardive d'un convoi de marchandises, deux douaniers ensommeillés lui firent signe de s'arrêter. Les Pathans sautèrent alors des camions en poussant leur cri de guerre et ficelèrent les deux fonctionnaires avec le fil coupé du téléphone.

Le jeune chef de l'avant-garde des forces d'invasion exultait : l'opération ne pouvait débuter sous de meilleurs auspices. La voie de Srinagar était ouverte, une route sans défense ni obstacles, deux cents kilomètres d'une promenade sans danger qu'ils pourraient accomplir d'ici au lever du jour. Aux premières lueurs de l'aube, des milliers de Pathans envahiraient la capitale endormie de Hari Singh. Ses hommes s'empareraient du palais, imaginait Sairab Khayat Khan, et lui-même apporterait au maharaja, sur le plateau de son petit déjeuner, la nouvelle qui devait faire le tour du monde en ce 22 octobre 1947 : « Le Cachemire appartient au Pakistan. »

Tout cela n'était qu'un rêve et le jeune militant n'allait pas tarder à déchanter. Les stratèges de Lahore qui avaient conçu cette invasion avaient en effet commis une erreur fatale. Quand Sairab Khayat Khan voulut regrouper ses troupes pour les lancer sur la route de Srinagar, elles avaient disparu. Il n'y avait plus un seul Pathan dans ses camions. Ils s'étaient évanouis dans la nuit, inaugurant leur croisade pour délivrer leurs frères musulmans du Cachemire par une escapade nocturne dans les boutiques du bazar de Muzaffarabad. L'abondance des richesses qu'ils y trouvèrent allait à jamais priver Mohammed Ali Jinnah de la joie de revoir et de posséder la vallée enchantée du Cachemire.

« C'était chacun pour soi, raconte Sairab Khayat Khan. Ils tiraient dans les serrures, fracassaient les portes, pillaient tout ce qui avait la moindre valeur. » Aidé de ses officiers, il tenta de les arracher à cette débauche en les retenant par le pan de leurs tuniques.

— Que faites-vous, gémissait-il désespéré, c'est à Srinagar que nous devons aller !

Mais l'ivresse du butin avait grisé les Pathans. Rien ne pouvait calmer leur frénésie. Srinagar ne tomberait pas aux mains de ces hommes cette nuit-là. Au rythme de leurs pillages systématiques, il leur faudrait quarante-huit heures pour parcourir les cent trente kilomètres jusqu'à la centrale électrique et plonger dans les ténèbres le palais et la capitale de Hari Singh.

*

Les premières informations sur l'invasion du Cachemire par les tribus pakistanaises ne parvinrent à New Delhi que deux jours plus tard. Elles arrivèrent non pas sous la forme d'un S.O.S. du maharaja hindou, mais par une voie aussi peu orthodoxe que possible. Le long de la grand-route de l'exode du Panjab où des millions d'hommes traînaient leur misère depuis des semaines, accroché à des poteaux sur lesquels venaient se poser les vautours après leurs macabres festins, courait un câble téléphonique qui reliait encore le Pakistan à l'Inde. Cette ligne permettait toujours au 17.04 de Rawalpindi, au Pakistan, de communiquer avec le 30.17 à New Delhi. Ces deux numéros de téléphone étaient ceux des lignes privées des commandants en chef de l'armée pakistanaise et indienne, deux généraux anglais, deux anciens de la défunte Armée des Indes, deux amis.

C'est le vendredi 24 octobre, peu avant 5 heures de l'après-midi que le général Douglas Gracey, remplaçant du général Messervy éloigné à Londres, eut connaissance de l'invasion du Cachemire. Utilisant la ligne privée de son chef, il appela aussitôt, à New Delhi, la dernière personne que Jinnah eût souhaité voir informée, l'Écossais Robert Lockhart, commandant en chef de l'armée indienne, seule force capable de s'opposer à son entreprise. A son tour, Lockhart s'empressa de transmettre la nouvelle à deux autres Anglais, le gouverneur général Lord Mountbatten et le commandant en chef des forces britanniques en cours de rapatriement, le maréchal Sir Claude Auchinleck.

Le conflit qui venait d'éclater allait poser un dramatique cas de conscience aux officiers britanniques servant respectivement dans les armées indienne et pakistanaise. En tant qu'hommes, ils souhaitaient éviter par-dessus tout l'extension des opérations et empêcher leurs anciens camarades de l'Armée des Indes de s'entre-tuer. Mais en tant que militaires, ils devaient d'abord exécuter les ordres.

Le dialogue amorcé grâce à l'étrange ligne téléphonique reliant toujours New Delhi à Rawalpindi allait se poursuivre entre les deux généraux anglais pendant que les armées sous leur commandement se trouvaient face à face dans les neiges du Cachemire. Cela leur vaudrait un jour un blâme sévère des gouvernements qu'ils servaient et entraînerait leur départ. Pourtant, si une guerre générale entre l'Inde et le Pakistan n'éclata pas cet automne-là, c'est en grande partie grâce à leurs conversations secrètes.

Lord Mountbatten apprit l'invasion du Cachemire alors qu'il s'habillait pour un banquet en l'honneur du ministre des Affaires étrangères de Thaïlande. Il pria Nehru de rester après le départ du dernier invité. Le Premier ministre indien fut bouleversé par la nouvelle. Aucune information ne pouvait sans doute l'atteindre davantage. Il adorait l'antique pays de ses ancêtres « pareil à une femme suprêmement belle... paré de toute la beauté féminine de ses rivières et de ses vallées, de ses lacs et de ses arbres gracieux ». Tout au long de son combat pour la liberté, il y était revenu contempler « ses hautes murailles, ses précipices, ses pics couverts de neige, ses glaciers, ses torrents féroces et cruels qui se précipitent dans la vallée ».

A l'occasion de l'affaire du Cachemire, Mountbatten allait découvrir un Nehru inconnu, un Nehru qui perdrait soudain son remarquable sang-froid pour ne laisser parler que sa passion de brahmane du Cachemire. « Comme le nom de Calais fut autrefois inscrit dans le cœur de votre reine Mary, s'exclamerait-il pour expliquer son attitude, celui du Cachemire est inscrit dans le mien. »

Une autre confrontation également orageuse attendait le gouverneur général de l'Inde quand le maréchal Auchinleck l'avertit qu'il avait l'intention de transporter d'urgence une brigade anglaise par avion jusqu'à Srinagar avec mission de protéger et d'évacuer les centaines de Britanniques retirés au Cachemire. Il redoutait, en effet, qu'ils soient victimes d'un massacre général faute d'une telle intervention. Si affreuse que pût être cette perspective,

571

Mountbatten n'avait cependant pas l'intention d'autoriser l'utilisation de soldats britanniques sur le sol d'un État indépendant.

— Je regrette, déclara-t-il, mais je ne suis pas d'accord. S'il doit y avoir une intervention militaire au Cachemire, celle-ci ne peut être qu'indienne.

— Tous nos compatriotes vont être assassinés et leur sang retombera sur vos mains ! s'emporta Auchinleck.

— C'est une responsabilité que je suis malheureusement obligé d'accepter, répliqua Mountbatten. C'est la rançon du poste que j'occupe. Mais le pire serait que des soldats anglais se trouvent mêlés à cette affaire.

Un DC 3 des forces aériennes indiennes atterrit l'après-midi suivant sur les herbes folles de la piste abandonnée de l'aérodrome de Srinagar. En descendirent V.P. Menon, le haut fonctionnaire indien spécialiste des négociations avec les maharajas, le colonel de l'armée indienne Sam Manekshaw, et un officier d'aviation.

La mission des trois hommes avait été décidée le matin même au cours d'une réunion extraordinaire du Comité de défense du gouvernement indien à la suite d'un S.O.S. du maharaja Hari Singh. Mountbatten avait alors compris qu'une intervention indienne serait inévitable. Soucieux qu'elle s'effectuât dans le respect le plus strict de la légalité, il avait convaincu le gouvernement d'attendre pour envoyer des troupes au Cachemire que le souverain ait officiellement proclamé son ralliement à l'Inde, son royaume devenant alors juridiquement une partie de l'Inde.

Mountbatten alla plus loin. Comme hier quand il servait l'Angleterre, il restait farouchement attaché aux principes démocratiques. De même qu'il avait toujours jugé impossible que la Grande-Bretagne puisse se maintenir aux Indes contre la volonté du peuple, de même estimait-il qu'il ne pourrait y avoir de solution au Cachemire qui aille à l'encontre des sentiments de la majorité musulmane. Réaliste, il n'avait aucun doute sur leur nature. « Je suis convaincu qu'une population comprenant une telle proportion de Musulmans ne manquera pas de voter pour le rattachement de son pays au Pakistan », écrivit-il le 7 novembre à son cousin George VI.

C'est pourquoi Mountbatten persuada également le gouvernement indien d'assortir une clause capitale à l'intégration du Cachemire. La décision du maharaja ne pourrait être que *provisoire*. Elle ne deviendrait définitive qu'*après* le retour à la paix et *sa ratification par un plébiscite populaire*.

Au moment où s'envolaient les émissaires de New Delhi, Mountbatten ordonna que tous les appareils de l'aviation commerciale indienne abandonnent leurs passagers là où ils se trouvaient et mettent d'urgence le cap sur la capitale. Une expédition historique commençait : un pont aérien vers l'Himalaya.

*

Un peu avant minuit, le samedi 26 octobre 1947, un réfugié de plus s'ajouta aux dix millions et demi d'Hindous, de Sikhs, et de Musulmans qui avaient fui leurs maisons : Hari Singh, le maharaja du Cachemire. Tandis que ses serviteurs déménageaient les coffrets de perles, d'émeraudes, de diamants et les tapis de soie, il alla chercher les deux objets qu'il chérissait le plus, une paire de fusils de chasse Purdey dont les canons d'acier bleuté lui avaient permis de conquérir le titre de champion du monde de tir au canard. Le visage plein de mélancolie, il caressa leur crosse de bois précieux, les rangea soigneusement dans leur étui puis les porta lui-même dans sa voiture. Car son char à bancs était en fait une confortable limousine américaine qui allait prendre la tête de toute une caravane de camions et de voitures dans lesquels avaient été entassés ses biens les plus précieux. Nulle bande d'assassins ne risquait de menacer sa fuite : la garde princière, fortement armée, veillerait sur la sécurité du fugitif. Quant à sa destination, elle ne conduirait pas l'infortuné maharaja vers la déchéance d'un camp de réfugiés infesté de choléra, mais vers l'exil doré d'un autre palais, son palais d'hiver de Jammu, situé au sud de son État, où la majorité était hindoue et où il avait autrefois accueilli le prince de Galles et son jeune aide de camp, Lord Louis Mountbatten. Là, il pouvait espérer se sentir en sûreté.

La marche précipitée de l'Histoire avait balayé les futiles espoirs d'indépendance de celui qui avait été « M. A » dans un scandale des années trente à Londres. Ses tergiversations ne lui avaient même pas fait gagner trois mois en dehors du « panier de pommes » de Louis Mountbatten. Il s'enfuyait de sa capitale menacée tandis que V.P. Menon, qui lui avait conseillé ce départ, retournait à New Delhi pour informer le gouvernement indien que le maharaja était prêt à accepter n'importe quel accord en contrepartie de sa protection.

Hari Singh ne reviendrait jamais dans son palais de Srinagar. Quelques années plus tard, quand ces lieux seraient transformés en hôtel de luxe, les chambres dans lesquelles il avait débauché les jeunes officiers de son armée dont la loyauté s'était révélée si fragile, accueilleraient de riches touristes américains.

Après dix-sept heures d'un pénible voyage, la caravane du maharaja atteignit Jammu. Épuisé, Hari Singh se retira aussitôt dans ses appartements. Avant de s'endormir, il appela son aide de camp et lui donna son dernier ordre de prince régnant. « Réveille-moi seulement si V.P. Menon revient de New Delhi, demanda-t-il, car cela signifiera que l'Inde a décidé de venir à mon secours. S'il n'est pas rentré à l'aube, tire-moi une balle de revolver dans mon sommeil, parce que cela voudra dire que tout est perdu. »

✴

Dès leur retour à New Delhi, V.P. Menon et les deux officiers qui l'accompagnaient se présentèrent devant Lord Mountbatten et les ministres indiens pour faire leur rapport. Ils apportaient des nouvelles alarmantes. Le maharaja avait certes accepté de jeter enfin son royaume dans le panier de l'Inde, mais la situation militaire inspirait de très vives inquiétudes. Les Pathans se trouvaient à moins de cinquante kilomètres de la capitale, menaçant à tout moment le seul aérodrome du Cachemire où l'Inde pouvait débarquer des troupes.

Mountbatten invita le gouvernement indien à passer d'urgence à l'action. Il ordonna que les premiers éléments indiens soient aéroportés le lendemain dès le lever du jour sur la piste de Srinagar. Ces troupes devraient s'accrocher à tout prix à cette piste jusqu'à l'arrivée des renforts de blindés et d'artillerie. Ces dernières partiraient immédiatement par l'unique voie terrestre unissant l'Inde au Cachemire, la route précaire que le crayon de Sir Cyril Radcliffe avait providentiellement offerte à New Delhi en attribuant à l'Inde l'enclave de Gurdaspur bien que sa population fût en majorité musulmane.

Hari Singh ne mourrait pas d'une balle dans la tête. Mountbatten lui renvoya V.P. Menon pour lui faire signer l'acte officiel du rattachement de son royaume à l'Inde qui devait couvrir d'une garantie légale l'intervention militaire indienne au Cachemire.

V.P. Menon rentra à New Delhi aussitôt cette formalité accomplie. Son ami Sir Alexander Symon, haut-commissaire britannique adjoint, accourut dès son retour pour le féliciter. Menon exultait d'une telle joie qu'il remplit le verre de son hôte et le sien d'une énorme rasade de whisky. Levant son verre d'un air radieux, il sortit de la poche de sa veste une feuille de papier qu'il agita fébrilement en direction de l'Anglais.

— Cette fois ça y est ! s'écria-t-il, le Cachemire est à nous. Le salaud a signé. Et maintenant, il est à nous pour toujours !

*

L'Inde serait fidèle à cette promesse. Les 329 soldats du 1er régiment d'infanterie sikh et les huit tonnes d'équipement qui débarquèrent de neuf DC 3 sur la piste de Srinagar, miraculeusement déserte, à l'aube du 27 octobre 1947, constituaient l'avant-garde d'une véritable armée d'hommes et de matériel. Plus de cent mille soldats indiens combattraient un jour sur les pentes enneigées qui avaient été le paradis des pêcheurs de truites et des chasseurs d'ibex.

Curieusement, ce ne serait pas au stratège qui avait conduit les armées alliées à la victoire à travers les jungles birmanes que les Indiens devraient leur succès initial au Cachemire, mais au sacrifice de quatorze religieuses françaises, belges, espagnoles, italiennes, portugaises et écossaises de l'ordre des Franciscaines missionnaires de Marie. En s'arrêtant pour piller leur couvent dans la petite ville de Baramullah, à cinquante kilomètres seulement de Srinagar, au lieu de se ruer vers la capitale et l'objectif vital de son aérodrome, les Pathans mirent fin au rêve de Jinnah d'annexer la vallée enchantée de l'empereur Jehangir. Toute la journée du lundi 27 octobre, tandis que les premiers Sikhs se retranchaient sur l'unique aérodrome du Cachemire, les Pathans donnaient libre cours à leur appétit de sac, de viol et de massacre. Ils se jetèrent sur les religieuses de la petite communauté, tuèrent les malades et les blessés de son hôpital, pillèrent le couvent et la chapelle jusqu'au dernier bouton de porte.

Cette nuit-là, étreignant son crucifix, la supérieure belge, mère Marie-Adeltrude, succomba à ses blessures en offrant ses souffrances à Dieu « pour la conversion du Cachemire ». Le martyre de ces saintes femmes ne devait rien changer à la toute-puissante emprise de l'islam dans cette enclave au pied de l'Himalaya. Mais il donna aux soldats de Jawaharlal Nehru les quelques heures décisives de répit dont ils avaient besoin pour s'emparer des positions clefs de la Vallée enchantée.

Quand les Pathans reprirent leur marche sur Srinagar, il était trop tard. Les Indiens bloquèrent leur progression. Puis, quand leurs premiers blindés arrivèrent par la route de Sir Cyril Radcliffe, ils les stoppèrent et les obligèrent à refluer en désordre vers la frontière qu'ils avaient franchie deux jours auparavant, certains de conquérir tout le Cachemire sans un seul coup de feu. Écumant de colère, Jinnah n'hésita pas à défier les officiers britanniques de son armée pour envoyer des soldats pakistanais camouflés en partisans ranimer le moral des tribus défaillantes. Pendant des mois, le conflit fut astucieusement maîtrisé par les commandants en chef britanniques des deux armées ennemies ; il donnerait surtout lieu à des exploits d'alpinisme militaire.

L'O.N.U. finirait par s'emparer de la querelle. La Vallée enchantée rejoignit alors la Palestine, Berlin, la Corée et le Viêt-nam dans la galerie des problèmes insolubles du monde. Le plébiscite auquel Mountbatten avait rallié Nehru dormirait à jamais dans l'épais dossier des pieuses intentions. Le pays allait rester divisé sur une ligne de cessez-le-feu fixée en 1948, toute la vallée du Cachemire et sa capitale Srinagar restant aux mains de l'Inde, tandis qu'une petite région montagneuse du Nord, autour de Gilgit, était occupée par le Pakistan.

Presque trente ans plus tard, la possession du Cachemire demeurerait la principale source de discorde entre l'Inde et le Pakistan, l'obstacle peut-être majeur à leur réconciliation.

16

Deux brahmanes
« purifiés par le feu »

Le jeune extrémiste hindou de Poona qui avait, le jour de l'indépendance, invité ses partisans à saluer la bannière à croix gammée du R.S.S.S., contempla avec émerveillement le modeste hangar blanchi à la chaux qui devenait, ce soir du 1er novembre 1947, le nouveau siège de son journal *Hindu Rashtra* — la *Nation Hindoue*. Voisinant avec une rotative toute neuve, un téléscripteur de l'agence *Press Trust of India y* crépitait déjà. A côté, un appentis meublé de quelques caisses renversées en guise de chaises et d'une paire de tables branlantes servait de salle de rédaction. Misérable installation sans doute, mais Citizen Kane trônant au sommet du gratte-ciel de verre et d'acier abritant son empire n'aurait pas éprouvé plus de joie et de fierté que Nathuram Godsé ce jour-là.

Le directeur du *Hindu Rashtra* accueillit avec un sourire radieux les amis qu'il avait conviés à fêter l'heureux événement. Dans la cour de terre battue, il avait lui-même disposé un assortiment de friandises : pâtes de *barfi*, rouleaux de *halva*, bonbons couleur d'ambre et d'émeraude. Au milieu, chauffait doucement un grand samovar. Après la politique, le café était la seconde passion de cet Indien aux goûts spartiates. Il lui arrivait de faire des kilomètres à pied pour le seul plaisir d'en déguster un dont il goûtait particulièrement l'arôme.

Un petit homme jovial vint retrouver les invités. Narayan Apté avait trente-quatre ans. Administrateur du *Hindu Rashtra*, il était l'associé de Godsé. Tout semblait pourtant opposer les deux partenaires, à commencer par leur habillement. Alors que Nathuram Godsé portait une simple chemise et l'austère *dhoti* des Marathes, aux pans ramenés sur les hanches, Narayan Apté arborait une élégante veste de tweed beige sur un pantalon de flanelle grise. Leurs tempéraments n'étaient pas moins différents. Godsé était brusque, direct ; Apté se faufilait dans la vie avec la souplesse d'un félin. Une calvitie naissante dénudait le devant de son crâne tandis que des mèches bouclées gonflaient sa nuque et son profil altier. Il souriait souvent, mais à demi. Ce qui frappait le plus venait de ses yeux, de grands yeux noirs et brûlants qui collaient au visage de ses interlocuteurs. « Apté parle avec ses yeux, disait un de ses amis, et quand ses yeux parlent, les gens écoutent. »

Apté baignait à l'aise dans le monde autant que Godsé en était détaché. Il avait une âme de planificateur, de réalisateur. Quand tous les convives eurent bu leur café, il frappa dans ses mains pour réclamer le silence. Tel un président de conseil d'administration analysant un bilan devant ses actionnaires, il évoqua l'histoire du *Hindu Rashtra*. Puis il annonça un discours de son associé. Raide comme un ténor guettant la baguette du chef d'orchestre, Godsé s'avança.

Alors qu'il prononçait ses premières phrases, une fenêtre s'ouvrit au quatrième étage d'un immeuble surplombant la cour. Une silhouette se profila avec précaution dans l'embrasure : c'était celle d'un inspecteur de police. Depuis le 15 août, la police de Poona exerçait une surveillance discrète sur les activités des extrémistes hindous de la ville. Ils figuraient tous aux registres du C.I.D., le Bureau d'investigation criminelle. Outre les renseignements habituels, la fiche d'Apté comportait l'appréciation suivante : « Individu susceptible d'être dangereux. » Avec fougue, Godsé s'attaqua d'emblée aux grands sujets qui le torturaient depuis que Louis Mountbatten avait annoncé la Partition : l'attitude de Gandhi, celle du Congrès, la division du pays.

— Gandhi a proclamé un jour que l'Inde ne pourrait être partagée que sur son cadavre, s'écriat-il. L'Inde est divisée, mais Gandhi est vivant.

« La non-violence de Gandhi a jeté les Hindous désarmés dans les griffes de leurs ennemis, poursuivit-il. Aujourd'hui, les réfugiés hindous meurent de faim, et Gandhi prend la défense de leurs oppresseurs musulmans. Les femmes hindoues se font brûler vives pour échapper à l'infamie du viol, et Gandhi leur dit que "la victime est le vainqueur". L'une de ces victimes pourrait être ma mère ! Notre patrie a été disséquée, les vautours sont en train de la dépecer. Les femmes hindoues sont souillées en pleine rue. Cependant, les eunuques du Congrès assistent impassibles à ces outrages. Jusques à quand ? Oui, jusques à quand allons-nous devoir supporter cela ? »

Transpirant, tremblant, Godsé s'interrompit. Un tonnerre d'applaudissements salua ses paroles. Pareil enthousiasme n'avait rien de surprenant dans cette ville de Poona, sanctuaire depuis trois siècles du nationalisme hindou. Son héros Shivaji, né dans les collines environnantes, avait mené une impitoyable guérilla contre l'empereur mogol Aurangzeb. Ses dirigeants, les *peçwa* — les « guides » —, membres d'une petite aristocratie de brahmanes *chitpâwan* — « purifiés par le feu », avaient résisté jusqu'en 1817 à la conquête britannique. Puis, une légion de militants avaient repris le flambeau du nationalisme indien, comme le grand leader Tilak avant l'arrivée de Gandhi.

Les fanatiques hindous de Poona avaient maintenant une nouvelle idole, un personnage qu'ils vénéraient comme l'authentique continuateur de l'œuvre de Shivaji, des *peçwa* et de Tilak. Il n'était pas physiquement présent ce soir du 1er novembre dans la cour du *Hindu Rashtra*, mais quand sa silhouette sautillante, projetée par un appareil de cinéma, apparut sur le mur d'enceinte, un murmure de respect figea l'assistance. L'imperfection de l'image et de la voix ne pouvait altérer la fascinante personnalité de Vinayak Damodar Savarkar, surnommé « Vîr » — « Le Brave ».

Avec ses lunettes cerclées de fer derrière lesquelles brûlait un regard de possédé, avec son visage glabre, ses pommettes saillantes, ses lèvres sensuelles crispées dans un rictus de cruauté, Savarkar ressemblait à quelque ascète de l'Inde antique. Sur sa tête rasée, il portait une calotte noire cylindrique, son emblème. Vieux fumeur d'opium, il était aussi homosexuel, mais peu de gens le savaient.

Brillant orateur avant tout, ses partisans révéraient en lui le Churchill du Maharashtra. Dans ses fiefs de Poona et de Bombay, Savarkar attirait des foules plus nombreuses que Nehru lui-même. Comme les principaux leaders de l'Inde, il sortait du barreau de Londres. Mais les leçons qu'il avait retenues de son passage dans le temple du droit se différenciaient des leurs. Il vivait avec la révolution par la violence et l'assassinat politique pour credo.

Arrêté à Londres en 1910 pour avoir été à l'origine du meurtre d'un haut fonctionnaire britannique, il réussit à sauter du paquebot qui le ramenait aux Indes pour être jugé, et à atteindre à la nage un quai de Marseille. Expulsé de France, il fut condamné à la déportation à vie au bagne des îles Andaman, avant d'être libéré au lendemain de la Première Guerre mondiale par une amnistie politique. Savarkar avait alors organisé l'exécution du gouverneur du Panjab et tenté celle du gouverneur de Bombay. Mais de son séjour aux îles Andaman, il avait tiré un enseignement, celui de placer tant d'écrans entre lui et ses tueurs que la police ne pourrait plus remonter jusqu'à lui ni l'inculper.

Savarkar s'était toujours insurgé contre la politique d'unité hindoue et musulmane et contre la non-violence prêchées par Gandhi et le Congrès. Sa doctrine, l'*Hindutva,* prônait la supériorité raciale hindoue, et il caressait le rêve de reconstruire un grand empire allant des sources de l'Indus à celles du Brahmapoutre, des neiges de l'Himalaya au cap Comorin. Il haïssait les Musulmans : dans la société hindoue qu'il envisageait, il ne leur accordait nulle place.

Par deux fois, il avait présidé aux destinées du *Hindu Mahasabha* — « le Grand Rassemblement hindou », parti nationaliste d'extrême droite. Mais c'était surtout vers l'organisation de son prolongement paramilitaire fascisant, le R.S.S.S., que s'était centrée l'attention vigilante de ce fanatique. Le noyau en était une société secrète, le *Hindu Rashtra Dal* — « La secte de la nation hindoue », qu'il avait lui-même fondée à Poona le 15 mai 1942. Chacun de ses membres prêtait un serment d'allégeance personnelle à Savarkar qui portait le titre de « dictateur » du mouvement. En dehors de cette soumission aveugle, un lien plus fort encore et d'un autre ordre unissait le chef à ses disciples, le lien le plus significatif de la société hindoue — celui de la caste. Tous étaient nés brahmanes *chitpâwan* de Poona, les successeurs « purifiés par le feu » des *peçwa* qui avaient gouverné sous Shivaji. Nathuram Godsé et Narayan Apté, les deux directeurs du journal *Hindu Rashtra*, faisaient naturellement partie de cette petite aristocratie.

Un silence religieux suivit la projection du film sur Savarkar. La brève apparition du messie hindou avait été le point culminant de la soirée. Godsé et Apté se dirigèrent alors vers la rotative de leur journal dont chacun savait qu'il exprimait la voix de Savarkar dans cette citadelle de l'hindouisme militant. Acclamés par leurs invités, les deux associés posèrent pour une photo. Puis, avec un cri de joie, ils pressèrent de leurs index unis le bouton de commande.

Tandis que la machine commençait à imprimer une nouvelle édition du journal où Godsé dénonçait à longueur de pages les « infamies » dont Gandhi et le parti du Congrès se rendaient coupables, la petite réunion se dispersa. Le policier qui avait assisté à toute la soirée était sur le point de quitter son poste d'observation quand son regard fut attiré par un homme qui était en grande conversation avec Apté dans un coin de la cour. Ce personnage lui était bien connu. Car sa fiche, comme celle d'Apté, portait la mention « individu susceptible d'être dangereux ». Ce visiteur avait parcouru cent kilomètres pour assister à l'inauguration du nouveau siège du *Hindu Rashtra*. C'était Vishnu Karkaré, le propriétaire de l'auberge d'Ahmednagar dans les bras duquel s'était jeté Madanlal Pahwa après avoir lancé sa grenade sur une procession de Musulmans.

*

Les deux jeunes associés qui venaient de mettre en marche leur rotative toute neuve partageaient d'ardentes convictions politiques et aussi le privilège de se trouver placés, par leur naissance dans la caste des brahmanes, au sommet de la hiérarchie de la société hindoue. A cette caste appartenait la connaissance des rites sacrificiels et des textes sacrés révélés — le *Veda* — qui ouvrait la voie *à la* Connaissance, la plus pure et la plus spirituelle. Afin de pouvoir assumer pleinement un rôle aussi élevé, les brahmanes ne pouvaient, à l'origine, se livrer à aucune autre occupation. Nombreux furent ceux qui se retranchèrent du monde pour arriver au parfait détachement, sans lequel on ne saurait atteindre l'absolu.

La tradition voulait que les brahmanes naissent deux fois, comme les oiseaux. En effet, comme les oiseaux naissent une première fois à la ponte de l'œuf et une seconde à la sortie de leur coquille, les brahmanes naissent d'abord en venant au monde, puis une nouvelle fois à l'âge de douze ou treize ans, quand ils reçoivent, en même temps que le *mantra* d'initiation, le cordon sacré qui les consacre rituellement. Nathuram Godsé n'avait donc réellement commencé à vivre qu'à l'âge de douze ans, lorsque son père et un groupe de prêtres brahmanes chantant des *mantra* lui avaient passé en bandoulière autour du cou, sur l'épaule gauche, cette mince tresse de coton qui le reliait aux autres brahmanes, à ses ancêtres et, à travers eux, à Brahma le Créateur. Moins de cinq pour cent de l'immense population indienne pouvaient prétendre appartenir à cette élite. Son initiation avait enfermé le jeune Godsé dans un carcan d'innombrables règles et privilèges.

Ceux-ci n'étaient pas d'ordre économique. Le père de Godsé ne gagnait, comme facteur, que quinze roupies par mois. Mais c'est avec un acharnement farouche que cet humble fonctionnaire éleva ses fils dans la tradition hindoue la plus pure. Dès sa plus tendre enfance, bien avant d'être ceint de sa cordelette, Nathuram dut apprendre et réciter chaque jour les versets sanskrits des textes sacrés hindous.

Comme la plupart des brahmanes orthodoxes, son père était végétarien. Il ne mangeait jamais en compagnie de quelqu'un qui ne fût aussi brahmane. Avant de prendre son repas, il procédait aux ablutions rituelles et revêtait des habits propres, lavés et séchés au préalable à l'écart de tout contact avec un être impur tel qu'un âne, un cochon, ou une femme ayant ses règles. Si un chien, un enfant ou un Intouchable venaient à l'effleurer alors qu'il allait absorber sa nourriture, il devait se priver de manger. Conformément aux rites, il ne touchait aux aliments qu'avec les doigts de sa main droite après avoir soigneusement répandu dans le sens des aiguilles d'une montre [1] quelques gouttes d'eau autour de son assiette et mis de côté une portion pour les oiseaux et les pauvres. Il ne lisait jamais en mangeant, car l'encre est impure et l'on ne peut faire bien deux choses à la fois.

Cette rigide atmosphère religieuse convint parfaitement au jeune Nathuram qui montra très tôt de sérieuses dispositions pour le mysticisme. Dès l'âge de douze ans, il se mit à pratiquer à l'étonnement de sa famille une forme étrange et presque disparue d'un culte tantrique, la *Kapalik pujâ*. Nathuram enduisait de bouse de vache fraîche un mur de sa maison. Puis il confectionnait une mixture d'huile et de suie, l'étalait sur un plat rond et plaçait le réci-

1. Plus exactement : dans le sens de la rotation de la terre autour de l'axe des pôles.

pient contre le mur. Il allumait alors une lampe dont la lumière vacillante projetait des ombres sur le revêtement de bouse, d'huile et de suie. L'enfant s'accroupissait ensuite devant ce surprenant décor et sombrait dans une espèce d'état second, découvrant dans la suie et l'huile toutes sortes de formes, d'images, de mots qu'il n'avait jamais vus ni lus auparavant. Sorti de cette transe, il ne se souvenait plus de rien. Mais ce pouvoir de déchiffrer les signes mystérieux dans l'huile et la suie le promettait, croyait sa famille, à un destin exceptionnel. Rien dans son adolescence ne devait justifier par la suite de tels espoirs. Incapable de réussir le moindre examen scolaire, il erra dès sa sortie de l'école d'un emploi à un autre, clouant des caisses dans un dépôt de marchandises, colportant des fruits, rechapant des pneus dans un garage. Ce fut auprès d'un groupe de missionnaires américains qu'il apprit son seul véritable métier, celui de tailleur, qu'il exerçait encore en 1947.

La politique était en fait l'unique passion de Nathuram Godsé. Tout jeune, il s'était enflammé pour les croisades de Gandhi et c'est pour avoir entendu son appel à la désobéissance civile qu'il fit son premier séjour en prison. En 1937, Nathuram délaissa Gandhi pour rejoindre un autre maître à penser, un guru, brahmane chitpâwan comme lui — Vîr Savarkar.

Aucun leader politique n'eut jamais disciple plus attentif et dévoué. Godsé suivit Savarkar à travers l'Inde entière, s'occupant de tout, même des tâches les plus humbles. Sous la tutelle de ce prophète de l'hindouisme militant, Godsé put enfin s'épanouir et réaliser quelques-unes des promesses annoncées par l'adolescent qui savait déchiffrer les signes dans la suie. Il se jeta avec frénésie dans l'étude et la lecture, rattachant tout ce qu'il apprenait au dogme de suprématie raciale que prêchait l'*Hindutva* de Savarkar.

Ses qualités de polémiste et d'orateur ne tardèrent pas à se manifester, et tout en gardant une passion fanatique pour les idéaux de son guru, Godsé occupa bientôt une place parmi les penseurs nationalistes de l'Inde. A partir de 1942, les dieux du jeune homme pourtant élevé dans la plus stricte orthodoxie religieuse cessèrent d'être Brahma, Çiva, Vishnu. Ils furent remplacés par une galaxie de divinités mortelles, les idoles militantes qui avaient soulevé les Hindous contre les Mogols et les Anglais. Godsé abandonna pour toujours les temples de son enfance pour des sanctuaires séculiers d'un nouveau genre, les P.C. du mouvement extrémiste R.S.S.S.

C'est dans l'un d'eux que Nathuram Godsé avait rencontré celui qui allait devenir son associé, Narayan Apté. Fondé en 1944 à l'initiative de Savarkar, leur journal était devenu l'organe le plus virulent de l'Inde centrale. Sa publication venait même d'être provisoirement suspendue sur ordre du gouvernement provincial de Bombay pour son soutien au « Jour noir » de protestation contre la Partition organisé le 3 juillet 1947 par Savarkar et le parti nationaliste *Hindu Mahasabha*.

Le rôle de chaque partenaire dans ce journal reflétait exactement les différences de leurs personnalités. Apté était l'homme d'affaires, l'administrateur, le créateur ; Godsé le penseur, l'écrivain, l'orateur. Aussi rigide, aussi inflexible dans ses conceptions morales qu'Apté se montrait souple, accommodant et toujours prêt à conclure un arrangement susceptible de rapporter quelques roupies supplémentaires, Godsé vivait en ascète dans la tradition des *sadhu*. A l'exception de son irrépressible penchant pour le café, il se désintéressait de la nourriture. Il habitait à côté de son atelier de tailleur dans une sorte de cellule monacale meublée d'un unique *charpoy,* un châlit de cordes tressées. Il se levait chaque matin à 5 h 30 au bruit de l'eau jaillissant brusquement dans son lavabo quand la municipalité de Poona ouvrait les vannes de la distribution matinale.

Apté, au contraire, incarnait le type même du bon vivant. Dès qu'il avait quelques économies, il partait pour Bombay s'y faire confectionner un costume chez le meilleur tailleur. Il adorait la bonne cuisine, le vieux whisky et d'une façon générale tous les plaisirs de l'existence. Si Godsé s'était détourné de la religion hindoue pour embrasser les idéaux politiques de son idole Savarkar, l'épicurien Apté passait son temps dans les temples, alertant les dieux d'un coup de cloche, déposant des offrandes au pied des nombreuses divinités. Ses sciences préférées étaient l'astrologie et la lecture des lignes de la main.

Bien qu'il n'hésitât pas à prêcher la violence pour réveiller le peuple hindou, Godsé était incapable de supporter la vue du sang. Un jour qu'il roulait au volant de la vieille Ford d'Apté, des gens l'arrêtèrent pour lui demander d'emmener à l'hôpital un enfant gravement blessé. « Mettez-le derrière, gémit-il, car je risque de m'évanouir si je vois tout ce sang. » Pourtant, Godsé avait une passion pour les romans policiers de Perry Mason et les films de violence et d'aventures. Combien de soirées avait-il passées dans un fauteuil à une roupie du cinéma *Capitole* de Poona, à se délecter tout seul des exploits d'Al Capone dans *Scarface* et des sabreurs de *La Charge de la brigade légère.*

Si Apté ne manquait jamais une réunion mondaine, Godsé évitait le contact du monde qui le rendait mal à l'aise. Il avait peu d'amis. « Je tiens à rester solitaire dans mon travail », expliquait-il. Mais c'était par-dessus tout dans leur attitude envers les femmes que s'opposaient les deux hommes. Aucune tâche, si urgente fût-elle, ne pouvait détourner Apté d'une possible conquête. De son mariage, était né un enfant difforme, ce qui l'avait persuadé qu'un « mauvais œil » avait jeté un sort sur son épouse. Ayant cessé toutes relations sexuelles avec elle, il avait trouvé ailleurs de généreuses compensations. Professeur de mathématiques pendant des années dans l'école d'une mission américaine d'Ahmednagar, il s'était en réalité surtout appliqué à initier ses jeunes élèves aux subtilités érotiques du *Kâmasutra*. Son regard envoûtant et son charme lui valaient une solide réputation de séducteur.

Godsé, lui, haïssait les femmes. A l'exception de sa mère, il ne supportait pas leur présence. Il avait renoncé à ses droits de fils aîné et quitté le domicile familial pour ne pas avoir à souffrir le moindre contact physique avec ses belles-sœurs. Apercevant un jour une infirmière dans la salle de l'hôpital de Poona où il avait été transporté évanoui à la suite d'une migraine foudroyante, Godsé s'enroula dans un drap et s'enfuit pour ne pas risquer d'être touché par une main féminine. Pourtant, en dépit de cette répulsion — ou peut-être à cause d'elle —, les mots qui coulaient sans cesse de sa plume pour décrire les horreurs du Panjab étaient ceux de « viol » et de « castration ».

Godsé avait, à l'âge de vingt-huit ans, fait le vœu de *brahmacharya,* et renoncé à l'œuvre de chair sous toutes ses formes. Il lui était apparemment resté fidèle. Avant de faire ce choix, il n'avait eu, croit-on, qu'une seule expérience sexuelle — avec pour initiateur son mentor politique, Vîr Savarkar.

*

Douzième station du chemin de croix de Gandhi
« Des couteaux et des lances dans le soleil d'hiver »

La petite ville de Panipat, à quatre-vingt-dix kilomètres au nord-est de New Delhi, avait servi de décor à trois reprises aux grandes batailles qui avaient permis aux conquérants mogols de contrôler la route menant vers la capitale de l'Inde. Elle marquait aujourd'hui le terminus d'une nouvelle vague d'envahisseurs, celle des misérables « déracinés » qui continuaient à déferler sur l'Inde par trains entiers en provenance du Pakistan.

La gare n'était plus qu'un vaste camp de réfugiés. Un soir de fin novembre, le chef de gare hindou Devi Dutta vit soudain une bande de Sikhs enragés sauter de leur train encore en marche et se jeter sur le premier Musulman qu'ils aperçurent en brandissant leurs *kirpan*. Le chef de gare vola au secours du malheureux, criant aux émeutiers la seule phrase qui vint à son esprit de fonctionnaire respectueux des règlements : « Pas de massacre sur le quai de ma gare, s'il vous plaît » Les Sikhs obéirent. Ils traînèrent leur victime derrière le bâtiment où ils lui tranchèrent la tête. Puis ils s'élancèrent vers les quartiers musulmans de la ville.

Une heure et demie plus tard, une automobile amenait l'unique secours qui pouvait empêcher ce jour-là un pogrom général des Musulmans de Panipat, le Mahatma Gandhi. Pour le sauveur de Calcutta, le maintien dans une ville indienne de ses habitants musulmans avait valeur de symbole. Car la seule Inde qu'acceptait d'envisager Gandhi était celle où Hindous, Sikhs, Musulmans, Chrétiens et Parsis vivraient en paix côte à côte.

Il se dirigea sans protection vers la foule des réfugiés sikhs qui occupaient les abords de la gare.

— Allez embrasser les Musulmans de cette ville et demandez-leur vous-mêmes de rester, leur dit-il. Empêchez-les de partir pour le Pakistan.

Un grondement hostile accueillit cet appel.

— Est-ce ta femme qu'ils ont violée ? Est-ce ton enfant qu'ils ont coupé en morceaux ? crièrent des voix.

— Oui, répondit Gandhi, c'est ma femme qu'ils ont violée, c'est mon fils qu'ils ont tué, parce que vos femmes sont mes femmes, vos fils mes fils.

Tandis qu'il parlait, une guirlande de sabres, de couteaux, de lances s'était mise à briller dans le pâle soleil d'hiver.

— Ces instruments de violence et de haine ne pourront résoudre aucun problème, soupira-t-il.

La nouvelle de sa présence se répandit comme l'éclair à travers la ville. Sortant de leurs quartiers barricadés, les Musulmans accoururent vers la place du marché où les autorités municipales se hâtaient de dresser une petite estrade et d'accrocher des haut-parleurs pour une réunion de prière improvisée. Hindous et Sikhs affluèrent à leur tour. Comme le *maidan* de Calcutta deux mois et demi plus tôt lors de la fête de l'*Id-ud-Fitr,* la grand-place de Panipat fut bientôt pleine d'une foule suspendue aux lèvres du vieil homme dont elle espérait un nouveau prodige.

Le miracle avait déjà commencé. Les réfugiés de la gare arrivaient eux aussi pour se mêler aux habitants et entendre Gandhi. La gorge nouée, obligé constamment d'éclaircir sa voix comme si des san-glots l'étranglaient, Gandhi affronta la multitude avec la seule arme qu'il possédait — la parole. Il définit à nouveau son idéal politique, « cet idéal qui fait de nous tous, Hindous, Sikhs, Musulmans, Chrétiens, les fils et les filles de notre mère commune l'Inde ». Aux visages douloureux des réfugiés, il offrit toute la compassion de son âme. Mais il les supplia de ne pas laisser l'esprit de cruauté et de vengeance envahir leurs cœurs. Comme il l'avait toujours prêché aux masses misé-rables de son pays, il les implora de trouver dans leur malheur les germes d'une prochaine victoire.

Un timide courant de sympathie parut réchauffer l'assistance. Ici et là, un Sikh tendit la main à un Musulman. Des Musulmans offrirent une couver-ture ou leur gilet à des Sikhs grelottant de froid dans le vent de l'hiver. D'autres distribuèrent des *chapati* et des bonbons aux enfants des réfugiés.

Deux heures plus tard, Panipat portait en triomphe vers sa voiture celui qu'elle avait accueilli par des ricanements. Mais la victoire de Panipat devait être sans lendemain. Si l'intervention de Gan-dhi avait sans doute sauvé des milliers de vies humaines, elle n'avait pas extirpé la peur du cœur des Musulmans de la ville. Moins d'un mois après sa visite, les vingt mille descendants d'une des plus anciennes communautés musulmanes de l'Inde décidèrent finalement de quitter leur terre natale et de fuir au Pakistan. « L'islam, noterait tristement Gandhi le jour de leur départ, a perdu la quatrième bataille de Panipat. »

Gandhi aussi l'avait perdue.

Le *sadhu* à barbe noire vêtu d'un *dhoti* orange

avec lequel discutait Narayan Apté, l'administrateur du journal *Hindu Rashtra,* n'était pas un vrai *sadhu.* Cette tenue servait de déguisement au trafiquant d'armes Digambar Badgé pour couvrir ses activités illicites. Car c'était beaucoup plus pour la richesse de son casier judiciaire que pour sa piété que ce faux *sadhu* était réputé dans la région de Poona. Au cours des dix-sept années écoulées, il avait été arrêté trente-sept fois sous des inculpations variées : détention illégale d'armes, attaques de banques à main armée, assassinats. Mais la police n'avait jamais pu réunir les preuves suffisantes pour le faire condamner. Une seule fois, en 1930, il avait fait un mois de prison pour avoir répondu à l'appel d'une campagne de désobéissance civile de Gandhi et coupé des arbres dans une forêt protégée.

Sous le couvert d'une petite librairie, Badgé possédait à Poona un *shastra bhandar,* une « boutique d'armes » clandestine. Au fond de son échoppe était entreposée toute une collection de bombes artisanales, munitions, explosifs ; de poignards, pics et sabres, de « griffes de tigre », bref de tous les instruments meurtriers si largement utilisés par les égorgeurs du Panjab. Entre deux clients, Badgé et son vieux père « tricotaient » également un étrange accessoire pour lequel ils étaient célèbres auprès des tueurs à gages, des briseurs de syndicats, des politiciens véreux — une cotte de mailles à l'épreuve des balles comme en portaient les chevaliers du Moyen Age.

L'administrateur du *Hindu Rashtra* était l'un des meilleurs clients du faux *sadhu.* Depuis le mois de juin, Apté lui avait acheté pour plus de trois mille roupies d'armes diverses. Car il était perpétuellement en train d'organiser des complots. L'un d'eux avait eu pour objet d'assassiner Jinnah à coups de grenades à l'occasion d'une réunion de la Ligue musulmane à New Delhi. Plus tard, quand il avait appris que le fondateur du Pakistan devait se rendre à Genève, Apté avait décidé d'aller l'exécuter en Suisse. Mais à son désespoir, Jinnah malade n'avait pas quitté le Pakistan. Tout récemment, Apté s'était rendu à Hyderabad pour y fomenter des actions de guérilla et étudier la possibilité de tuer le *nizam*.

— Je suis sur un nouveau coup, chuchota-t-il au faux *sadhu,* un très gros coup. Je vais avoir besoin de grenades, de cartouches explosives et surtout de revolvers.

Badgé parut réfléchir. Il ne possédait aucun de ces articles en stock, et il était devenu difficile de se procurer des revolvers. Il n'était cependant pas homme à laisser passer une affaire.

— Patientez un peu, suggéra-t-il, j'aurai la marchandise d'ici à la fin décembre.

*

Treizième station du chemin de croix de Gandhi
« Nous avons crucifié le Christ vivant »

D'après son fidèle secrétaire Pyarelal Nayar, le Mahatma Gandhi semblait, en ces premiers jours de décembre 1947, « l'homme le plus triste qu'on ait jamais vu ». La tragédie de l'exode des Musulmans de Panipat avait achevé de déchirer son cœur. En outre, maintenant que ses compagnons détenaient les sièges de ce pouvoir si longtemps attendu, Gandhi sentait qu'une barrière psychologique s'était dressée entre lui et ceux qu'il avait guidés dans la lutte pour l'indépendance. Il se demandait si sa présence dans ce pays qu'il avait tant contribué à affranchir n'était pas devenue vaine, voire embarrassante.

« Si l'Inde n'a plus besoin de la non-violence, s'interrogeait-il, peut-elle avoir encore besoin de moi ? » Il n'éprouverait aucune surprise, confia-t-il, si les dirigeants indiens déclaraient un jour : « Nous en avons assez de ce vieillard. Pourquoi ne nous laisse-t-il pas tranquilles ? »

En attendant ce jour, il n'avait aucune intention d'accorder le moindre répit à ses anciens compagnons. Il s'attaqua à la corruption grandissante de l'administration indienne et aux extravagants banquets qu'offraient les ministres alors que des millions de réfugiés mouraient de faim. Il les accusa d'être « hypnotisés par les séductions du progrès scientifique et les réussites économiques de l'Occident ». Il critiqua le rêve de Nehru de vouloir promouvoir l'État socialiste idéal au prix d'une excessive centralisation du pouvoir. Le peuple ressemblerait à « un troupeau de moutons comptant sur le berger pour leur trouver les meilleurs pâturages. Mais les bâtons des bergers, avertissait Gandhi, deviennent toujours des barres de fer et les bergers des loups ».

Prenez garde, déclarait-il encore, « les nouveaux intellectuels de l'Inde se préparent à industrialiser la nation sans se préoccuper des intérêts de mes chers paysans ». La solution qu'il préconisait pour faire face à ce danger allait un jour prochain inspirer Mao Zedong. Qu'on envoie ces technocrates dans les villages, « qu'on leur fasse boire l'eau des mares dans lesquelles les villageois se baignent, leur bétail se roule et s'abreuve, qu'on les oblige eux aussi à courber sous le soleil brûlant leurs corps de citadins. Alors commenceront-ils peut-être à comprendre les préoccupations des paysans ».

Si les dirigeants indiens agissaient désormais sans prendre l'avis du vieux prophète, lui-même ne les consultait pas davantage. Il convoqua un jour de décembre l'industriel de Bombay qui l'avait hébergé à la sortie de sa dernière prison anglaise, pour lui confier une mission qu'il ne devait révéler à personne, pas même à Nehru ou à Patel. Elle était destinée à préparer la réalisation du rêve qu'il caressait depuis des semaines.

— Allez à Karachi, lui demanda-t-il, et organisez ma visite au Pakistan.

L'industriel n'en crut pas ses oreilles.

— Cette idée est pure folie, déclara-t-il. Vous pouvez être sûr de vous faire assassiner si vous mettez votre projet à exécution.

— Personne ne peut écourter ma vie d'une seule minute, répondit Gandhi. Elle appartient à Dieu.

Gandhi sentait toutefois qu'avant d'entreprendre cette nouvelle croisade, il devait tenter une fois encore de rétablir l'ordre chez lui. « Quel visage pourrais-je offrir aux Pakistanais si l'incendie continue de tout embraser ici ? » se désolait-il.

Aucun incendie ne le torturait autant que celui qui faisait rage à New Delhi. Les Musulmans de la capitale persistaient à affirmer que la seule garantie de leur sécurité était sa présence auprès d'eux. La police, dont les rangs s'étaient gonflés de réfugiés hindous et sikhs, se montrait farouchement hostile aux Musulmans. D'autres rescapés de l'exode du Panjab s'emparaient chaque jour de leurs mosquées et de leurs maisons.

Le fait que la paix de la capitale de l'Inde indépendante relève en définitive de la force des armes, et non de la « force de l'âme » de ses habitants, désespérait Gandhi. Il sombrait dans des silences méditatifs de plus en plus fréquents, silences qui précédaient toujours chez lui une décision importante. Alors que l'année touchait à sa fin, sa mélancolie parut s'aggraver.

« A travers les âges, le monde a toujours lapidé les prophètes avant d'ériger des temples à leur mémoire, déclara-t-il un soir à un groupe de visiteurs anglais. Aujourd'hui nous adorons le Christ, mais nous avons crucifié le Christ vivant. » Sa conduite quant à lui s'inspirerait de l'antique maxime de Confucius : « Connaître le bien et ne pas le faire n'est que lâcheté. »

*

Les petites taches apparues sur la radiographie pulmonaire de Mohammed Ali Jinnah s'étendaient inexorablement. Pendant quelques semaines, la volonté surhumaine du fondateur du Pakistan avait semblé enrayer la progression de la tuberculose qui le rongeait. Son rêve exaucé, cette énergie avait soudain perdu de sa vigueur, et le mal se développait de nouveau. Jinnah avait quitté Karachi le dimanche 26 octobre pour une brève visite à Lahore. « En partant, il avait l'air d'avoir soixante ans, raconte le colonel anglais E.S. Birnie. A son retour cinq semaines plus tard, il paraissait en avoir quatre-vingts. » Terrassé par une toux et une fièvre exténuantes, il n'avait pratiquement pas quitté le lit de tout son séjour à Lahore.

A mesure qu'il sentait ses forces l'abandonner, une étrange morosité semblait s'emparer du leader musulman. Il se fit plus solitaire et plus distant que jamais, tenant jalousement serrées les rênes du pouvoir comme si, au terme de sa vie, il ne pouvait supporter l'idée de confier à d'autres l'avenir de son œuvre enfin réalisée. Tandis qu'il gisait au fond de son lit, des piles de dossiers s'entassaient à sa porte dans l'attente de ses décisions. Il devint hypersensible aux critiques. Il ressemblait, nota Birnie dans son journal, « à un enfant qui aurait reçu la lune et ne voudrait la prêter à personne, ne fût-ce qu'un seul instant ».

Surtout, une obsession paraissait hanter Jinnah. Il était convaincu que ses vieux adversaires hindous du Congrès étaient décidés à empêcher le Pakistan de prendre son essor et à provoquer son effondrement après sa mort. De tous côtés, au Cachemire, au Panjab, à Junagadh, il décelait les signes d'une vaste politique indienne tendant à balayer ce que la Partition avait permis de créer. Le coup fatal survint à la mi-décembre. L'Inde annonça qu'elle refusait de transférer au Pakistan la somme de cinq cent cinquante millions de roupies (huit cents millions de francs) restant due aux termes du partage financier conclu avant l'indépendance, aussi longtemps que la question du Cachemire ne serait pas réglée. L'Inde affirmait vouloir empêcher que cet argent ne serve à acheter des armes destinées à tuer au Cachemire des soldats indiens.

Cette attitude plaçait Jinnah dans une situation critique. Le Pakistan était pratiquement en faillite, ses caisses presque vides. Il fallut amputer les traitements des fonctionnaires. Une dernière humiliation attendait le créateur du Pakistan. Un chèque de son gouvernement à l'ordre de la B.O.A.C. pour l'affrètement d'avions nécessaires au transport des réfugiés revint impayé — pour compte insuffisamment approvisionné.

*

Tant de choses avaient changé depuis leurs cruciales rencontres du printemps 1947 dans ce même palais de New Delhi ! Louis Mountbatten et Mohandas Gandhi semblaient tenir alors entre leurs mains le destin de quatre cents millions d'hommes. A présent, l'Histoire se faisait sans eux. Le Comité d'urgence grâce auquel l'ancien vice-roi avait offert à l'Inde un fugace retour au pouvoir britannique, avait été dissous. Lui-même était redevenu un chef d'État constitutionnel dont l'autorité dépendait surtout de ses chaleureuses relations avec les leaders indiens.

Accroupi dans son fauteuil, ses pieds nus ramenés comme de coutume sous les pans de son *dhoti*, l'air triste et las, le vieux prophète portait sur son visage la marque de toutes les souffrances de son pays. Ses idéaux rejetés par la plupart de ses partisans, son message contesté par tant de ses compatriotes, il faisait penser à une épave que la marée des événements aurait rejetée sur le rivage.

Pourtant, malgré le déchirement que la Partition de l'Inde avait pu lui causer, la sympathie personnelle que Gandhi portait à l'amiral anglais n'avait cessé de croître. Il avait le sentiment que seul Mountbatten avait réellement compris le sens de son action depuis l'Indépendance. Lorsque Louis et Edwina s'étaient envolés pour Londres quelques semaines plus tôt afin d'assister au mariage de la princesse Élisabeth avec leur neveu le prince Philip, Gandhi leur avait manifesté son affection par un geste touchant. Soigneusement empaqueté dans leur York MW 102, aux côtés des sculptures d'ivoire, des miniatures mogoles, de l'argenterie et des bijoux offerts par les anciens maharajas et *nawabs* des Indes, se trouvait le présent du libérateur de l'Inde à la jeune femme qui porterait un jour la couronne de l'impératrice Victoria : un service de

600

table tissé avec du fil de coton que Gandhi avait filé lui-même.

Le Mahatma éprouvait une confiance aveugle en l'intégrité politique de Mountbatten. Il était persuadé qu'aussi longtemps que celui-ci resterait gouverneur général, le gouvernement indien ne pourrait impunément se livrer à un acte contraire à l'honneur et à l'intérêt du pays.

Gandhi voyait juste. Pendant les quatre dernières semaines, Lord Mountbatten avait en fait pesé de tout son poids et usé de son immense prestige pour défendre des causes que le Mahatma jugeait vitales pour l'avenir de son pays. Il s'était d'abord acharné à empêcher une guerre générale entre l'Inde et le Pakistan à propos du Cachemire. Il n'avait pas hésité à soumettre son amitié pour Nehru à une épreuve presque intolérable afin d'obtenir que l'Inde acceptât de porter le conflit devant les Nations unies. Il avait même suggéré au Premier ministre britannique Clement Attlee de venir sur place arbitrer le conflit entre les deux dominions. Il s'était opposé à la décision de son gouvernement de retenir les cinq cent cinquante millions de roupies dues au Pakistan. Il jugeait que le non-paiement de cette somme pouvait pousser un Jinnah en faillite au désespoir et à la guerre. Quelles qu'en fussent les raisons, il s'agissait d'un acte contraire à la morale et au respect des règles internationales. Cet argent était la propriété du Pakistan. Refuser de le payer était un vol. Mais ses arguments n'avaient pas ébranlé Nehru ni Patel. Ceux-ci n'avaient aucune intention d'enflammer leur opinion publique déjà traumatisée en transférant au Pakistan des fonds qui serviraient à alimenter une guerre au Cachemire.

S'animant soudain, Gandhi annonça de sa voix fluette un projet dont il n'avait encore parlé ni à

Nehru, ni à Patel, ni à aucun de ses compagnons. Depuis des semaines, expliqua-t-il, ses amis musulmans de New Delhi l'avaient supplié de leur donner un conseil : devaient-ils rester en Inde et risquer de s'y faire massacrer, ou abandonner la lutte et s'enfuir au Pakistan ? Sa réponse avait toujours été : « Restez, même au risque de mourir. » Mais les dangers étaient aujourd'hui trop grands pour qu'il continue à tenir ce langage. C'est pourquoi, révéla-t-il, il avait résolu d'entreprendre une nouvelle grève de la faim, une grève qu'il conduirait s'il le fallait jusqu'à la mort « pour obtenir un rassemblement des cœurs de toutes les communautés de New Delhi », une réconciliation que ne provoquerait « aucune pression extérieure, mais un éveil du sens du devoir ».

Le gouverneur général parut stupéfait. Il savait qu'il était absolument inutile de discuter avec Gandhi. Et il avait trop d'estime et de respect « pour l'immense courage fondé sur la foi et les convictions de toute une vie », qu'impliquait cette volonté.

— Je crois qu'il n'y a pas de plus noble et admirable sacrifice que celui-là, répondit-il. Je vous admire profondément et, de plus, je crois que vous allez réussir là où les autres ont échoué.

En prononçant ces mots, une idée vint à l'esprit de Louis Mountbatten. Ce nouveau défi allait donner au vieux Mahatma une arme morale d'une force incalculable. Pendant son agonie, il aurait sur le gouvernement de l'Inde une influence que personne ne pourrait jamais obtenir. Ce que Nehru et Patel lui avaient refusé, ils seraient contraints de le concéder à Gandhi mourant sur sa paillasse de Birla House.

Le refus de l'Inde de payer au Pakistan les sommes qui lui étaient dues constituait pour Gandhi un acte vraiment déshonorant. Quand un homme ou un gouvernement prenaient librement un engagement, ils n'avaient pas le droit de revenir sur leur parole. De plus, il voulait que son pays offre au monde un exemple de moralité internationale, qu'il établisse à l'échelle du globe la puissance de « la force de l'âme ». Il lui était intolérable qu'au lendemain même de sa naissance, l'Inde pût se rendre coupable d'une telle vilenie. Sa grève de la faim allait prendre une dimension nouvelle. Il n'allait pas offrir sa vie seulement pour que New Delhi retrouve la paix. Il allait le faire pour l'honneur de l'Inde. Il poserait comme condition absolue à la fin de son jeûne le respect par l'Inde de son engagement envers le Pakistan.

— Ils ne veulent pas m'écouter aujourd'hui, déclara Gandhi le visage éclairé d'un sourire malicieux, mais une fois mon jeûne commencé, ils ne pourront plus rien me refuser.

C'était une décision noble et courageuse. Ce serait aussi une décision fatale.

17

« *Laissons mourir Gandhi !* »

La dernière grève de la faim de Mohandas Gandhi commença à 11 h 55 le matin du mardi 13 janvier 1948. Comme chaque jour de cet hiver glacial, Gandhi s'était levé à 3 h 30 pour sa prière de l'aube. « Le chemin qui mène à Dieu, avait-il récité dans la pénombre de sa chambre sans chauffage, est le chemin des braves et non celui des lâches. »

A 10 h 30, il prit son dernier repas : deux *chapati*, une pomme, un gobelet de lait de chèvre, et trois quartiers de pamplemousse. Quand il eut terminé, un service religieux improvisé marqua dans le jardin de Birla House le début officiel de son jeûne. Seuls quelques proches disciples et les membres de sa petite communauté y assistèrent : Manu, dont la paillasse côtoyait chaque nuit celle du Mahatma sur le carrelage de Birla House ; Abha, l'autre petite-nièce, sa deuxième « béquille » ; son secrétaire Pyarelal Nayar et sa sœur le Dr Sushila Nayar ; enfin son héritier spirituel, Jawaharlal Nehru. Sushila clôtura la petite cérémonie en chantant le cantique chrétien dont les versets émouvaient toujours Gandhi depuis qu'il l'avait entendu pour la première fois en Afrique du Sud : « Ta croix, Seigneur, est mon bonheur. »

Gandhi s'étendit alors sur un *charpoy* et s'assoupit. Une expression de béatitude éclaira ses traits qui avaient reflété tant de chagrins durant toutes les dernières semaines. « Jamais, depuis son retour à New Delhi en septembre, son visage n'a semblé aussi gai, aussi insouciant qu'à présent », pensa son secrétaire.

La présence de dizaines de journalistes de la presse indienne et internationale dans la capitale de l'Inde donna immédiatement au sacrifice de Gandhi une portée que son jeûne de Calcutta n'avait pas eue. Cette fois, les consciences étaient troublées : contrairement à ce qui s'était passé à Calcutta, aucun massacre n'avait précédé la brusque décision du Mahatma. Si une vive tension régnait encore à New Delhi, les agressions entre communautés avaient pratiquement cessé. Mais de toute sa prescience de l'âme de son peuple, le vieil homme devinait une prochaine explosion de violence.

Ses compatriotes accueillirent l'annonce de sa grève de la faim et de ses conditions pour y mettre un terme avec un mélange d'étonnement et de consternation, voire avec une franche hostilité. La situation était en effet bien différente de celle de Calcutta et le résultat de ce nouveau défi semblait infiniment plus incertain. New Delhi regorgeait de réfugiés criant avec rage leur haine des Musulmans. Pour échapper au froid et à la détresse des camps, beaucoup s'étaient emparés des mosquées et des maisons de Musulmans. Or, voici que Gandhi voulait leur faire rendre ces abris et les renvoyer à la misère des camps.

De plus, en réclamant le versement des cinq cent cinquante millions de roupies dues au Pakistan, Gandhi venait de révolter une large part de l'opinion publique et de diviser les ministres du gouvernement.

Depuis des semaines, des mois même, Gandhi avait pu paraître « l'homme oublié » de l'Inde, et son message une doctrine anachronique, dont on s'était débarrassé. Il revenait soudain sous les feux des projecteurs en utilisant contre ses compatriotes l'antique arme des *rishi* dont il avait déjà éprouvé l'efficacité contre les Anglais.

*

A douze cents kilomètres de la capitale indienne, dans le hangar blanchi à la chaux où, moins de dix semaines plus tôt, ils avaient fêté l'inauguration des nouveaux bureaux de leur journal *Hindu Rashtra*, deux hommes avaient les yeux rivés sur le rouleau où s'imprimaient les nouvelles d'un téléscripteur. Nathuram Godsé et Narayan Apté blêmirent en apprenant la grève de la faim de Gandhi et surtout les conditions dont il l'avait assortie. Son exigence du paiement au Pakistan des cinq cent cinquante millions de roupies devint brusquement le catalyseur du fanatisme des deux extrémistes. Gandhi faisait un chantage politique : l'homme pour lequel Godsé avait un jour connu la prison, et qu'il haïssait aujourd'hui de toutes ses forces, voulait contraindre son pays à capituler devant les égorgeurs et les sadiques du Panjab. Comme son ami Apté, comme tous les nationalistes hindous de Poona, Godsé avait à maintes reprises proclamé publiquement la délivrance que serait pour l'Inde la disparition de Gandhi de la scène politique. Mais ses appels avaient toujours été pris pour les élucubrations d'un agitateur illuminé.

Celui qui se voulait l'ange vengeur de l'hindouisme se tourna vers son associé. Un seul acte allait désormais accaparer leurs préoccupations, déclara-t-il. Il leur fallait rassembler toutes leurs énergies, toutes leurs ressources au service d'un objectif suprême. «Nous devons tuer Gandhi», annonça froidement Nathuram Godsé.

*

Les derniers rayons du soleil réchauffaient le vieil homme marchant à petits pas. Une main posée sur l'épaule de Manu, l'autre sur celle d'Abha, le Mahatma gravit lentement les quatre marches de pierre de Birla House conduisant à la vaste pelouse bordée de rosiers. Dans la paisible beauté de ce jardin, Gandhi avait trouvé l'endroit qui lui convenait le mieux pour son rendez-vous quotidien avec ses compatriotes, sa réunion vespérale de prière. Sous l'auvent d'un pavillon situé au bout de la pelouse, avait été disposée une plate-forme de bois sur laquelle se trouvaient une natte en paille et un micro. Manu avait pris soin d'apporter l'exemplaire de la *Gîtâ*, le carnet de réflexions et le petit crachoir de cuivre dont Gandhi ne se séparait jamais. En raison des circonstances exceptionnelles, plus de six cents personnes couvraient la pelouse.

Gandhi invita l'assistance à entonner le poème de Tagore qu'il avait chanté pendant sa Marche au sel et fredonné en traversant les marécages hostiles de Noakhali : « S'ils ne répondent pas à ton appel, marche seul, marche seul. » Puis il expliqua que l'objet de son jeûne était de « demander à Dieu qu'Il purifie l'âme de tous les hommes et supprime tous leurs différends. Les Hindous, les Sikhs et les Musulmans doivent se décider à vivre en paix dans ce pays, comme des frères ».

En l'écoutant prononcer chaque mot avec une telle conviction, la photographe Margaret Bourke-White sentit une « sorte de grandeur planer sur la frêle silhouette qui parlait avec tant de sincérité à l'approche du crépuscule ».

— Je mets Delhi à l'épreuve, annonça-t-il. Quels que soient les massacres qui frappent l'Inde ou le Pakistan, j'implore le peuple de notre capitale de ne pas se laisser détourner de son devoir (...). Même si tous les Hindous et les Sikhs vivant encore au Pakistan devaient être égorgés, la vie du plus misérable enfant musulman habitant notre pays doit être protégée (...). Toutes les communautés, tous les Indiens doivent remplacer la bestialité par l'humanité, et redevenir d'authentiques Indiens. S'ils ne peuvent y parvenir, ma présence en ce monde est inutile.

C'était fini. Un silence angoissé tomba sur le jardin. Manu ramassa le crachoir, le carnet et la *Gîtâ*. Puis, sans un mot, la foule s'écarta pour laisser passer Gandhi.

En le regardant s'éloigner, Margaret Bourke-White, comme tant d'autres ce soir-là, se demanda si « on reverrait jamais Gandhiji ».

Aucune oreille indiscrète n'épiait à Poona les quatre hommes réunis dans le bureau du journal extrémiste *Hindu Rashtra*. L'inspecteur qui avait assisté de l'embrasure d'une fenêtre à son inauguration trois mois plus tôt avait reçu l'ordre d'interrompre sa surveillance. Ce que disait Nathuram Godsé eût été pourtant du plus grand intérêt pour une oreille policière. Devant son associé Apté, l'aubergiste Vishnu Karkaré et le réfugié Madanlal Pahwa, Godsé brossait un tableau passionné de la situation. Puis il s'écria :

— Il faut passer à l'action. Nous devons tuer Gandhi.

Cette décision recueillit l'approbation enthousiaste de Madanlal Pahwa. La perspective de savourer la vengeance tant attendue depuis qu'il avait vu son père mutilé dans un hôpital du Panjab s'ouvrait enfin devant lui. Le bouillant Karkaré approuva lui aussi.

Les quatre hommes se rendirent alors à la boutique du trafiquant d'armes qui parcourait la province de

Bombay déguisé en *sadhu*. Tel un bijoutier devant de riches clients, Digambar Badgé étala sur un tapis les joyaux de son arsenal. Il y avait là des grenades, une mitraillette, des explosifs, deux lance-flammes, bref de quoi déclencher une révolution, sauf la seule arme indispensable — un revolver. Le faux *sadhu* fut prié de s'en procurer un d'urgence.

Avant de quitter sa ville natale de Poona, berceau de l'hindouisme fanatique qu'il avait embrassé, Nathuram Godsé avait un dernier devoir à accomplir. Comme le personnage qu'il voulait assassiner, il possédait peu de biens. Sa seule fortune était représentée par les deux feuilles de papier qu'il alla porter à un employé de l'agence locale de l'*Oriental Life Insurance Co.* Il s'agissait de deux polices d'assurance-vie sur lesquelles Godsé n'avait encore jamais stipulé de bénéficiaire. Il compléta la première, numérotée 1166101 et d'une valeur de trois mille roupies, au profit de l'épouse de son jeune frère Gopal qui avait demandé à faire partie du complot. La seconde, portant le numéro 1166102 et d'une valeur de deux mille roupies, fut remplie au bénéfice de l'épouse de son associé Apté. Tel un condamné à mort qui vient de rédiger son testament, Godsé était maintenant prêt à donner sa vie pour détruire celle de l'homme que la moitié du monde considérait comme un saint.

*

Quatorzième station du chemin de croix de Gandhi
Un simple verre d'eau tiède

Aussi longtemps que ses forces le lui permettaient, Gandhi avait toujours mené une vie normale pendant ses jeûnes. Il se leva donc comme d'habitude à 3 h 30 le mercredi 14 janvier pour réciter la *Gîtâ*. Quelques minutes plus tard, lorsqu'il eut fini de frotter ses gencives et ce qui lui restait de denture avec un bâtonnet de margousier, Manu l'entendit murmurer avec malice : « Ah, j'aurais bien envie de manger aujourd'hui ! »

A ces mots, la jeune fille qui s'était réveillée deux fois au cours de la nuit pour s'assurer qu'il était assez couvert offrit à Gandhi son premier « repas » de la journée — un verre d'eau tiède additionnée de bicarbonate de soude. Gandhi fit la grimace et avala le breuvage à petites gorgées.

Puis, il s'attela à une tâche à laquelle il réfléchissait depuis la veille. Il voulait répondre à l'appel émouvant de son plus jeune fils, Devadas, qui lui demandait de renoncer à son sacrifice. « Ce que votre vie peut accomplir, votre mort ne le pourra pas », lui avait-il écrit. Gandhi appela Manu et lui dicta sa réponse :

« Dieu seul, qui m'a ordonné ce jeûne, peut me contraindre à le rompre. En attendant, je vous prie, toi et tous les autres, de ne pas oublier qu'il peut être indifféremment utile que Dieu mette fin à mes jours ou qu'Il m'autorise à survivre. Je n'ai qu'une prière à offrir : Ô Dieu, aide-moi à rester ferme pendant cette épreuve et protège-moi de la tentation d'y mettre fin trop vite par crainte de mourir. »

Le risque de mort angoissait déjà son entourage. Gandhi était âgé de soixante-dix-huit ans et ses forces physiques avaient notablement diminué en quelques mois. Ses reins donnaient des signes de faiblesse à la suite de son jeûne de Calcutta. En outre, les événements du Panjab l'avaient tellement chaviré qu'il avait pratiquement cessé de s'alimenter depuis quelque temps. Il souffrait en outre de brusques accès de tension. Le seul médicament que le docteur Sushila Nayar avait pu lui faire prendre était une potion calmante extraite de l'écorce d'un arbre appelé *sarpag-handa*[1]. Mais cette drogue était aujourd'hui proscrite par les règles rigoureuses qu'il s'imposait. Accompagnant son patient à ce qui deviendrait un douloureux rite quotidien, sa pesée, la jeune femme se demanda combien de temps il pourrait tenir.

L'aiguille de la bascule lui donna une réponse provisoire. Ce matin du mercredi 14 janvier, il pesait 49,5 kilos. La première journée de jeûne lui en avait fait perdre un. Sushila savait qu'avant longtemps Gandhi aurait brûlé ses maigres réserves. Comme pour tous ceux qui font une grève de la faim, le moment critique viendrait quand son organisme commencerait à dévorer les protéines de ses tissus. Ce phénomène déclenchait un processus généralement irréversible et fatal. Dans l'état d'épuisement où se trouvait le Mahatma, cela pouvait survenir brutalement.

*

Que dans ces heures cruciales, Gandhi ait choisi une jeune femme pour veiller sur sa santé révélait un aspect essentiel de sa philosophie. Depuis l'époque de sa première campagne de désobéissance civile en Afrique du Sud, les femmes avaient sans cesse été en première ligne de son mouvement.

Il est vain d'espérer l'émancipation des Indes, avait-il sans cesse affirmé, aussi longtemps que les femmes indiennes elles-mêmes ne seraient pas émancipées. Les femmes représentaient « la moitié étouffée de l'humanité » et c'était, assurait-il, dans le cercle étroit des travaux domestiques auquel les confinait

---

1. Il s'agit du *ranwolfia serpentina*, lequel est utilisé depuis une vingtaine d'années par la pharmacopée occidentale comme tranquillisant.

une société dominée par les hommes que leur servitude prenait racine. En fondant son premier *ashram* en Afrique du Sud, il avait décrété qu'hommes et femmes se partageraient à égalité les tâches domestiques. Il remplaça les cuisines familiales séparées au profit d'un réfectoire mixte. Ainsi déchargées des corvées de la maison, les femmes pouvaient participer aux activités politiques et sociales de la communauté.

Ce qu'elles firent avec une admirable vigueur. Chaque étape du combat de l'Inde pour son indépendance vit les Indiennes affronter aux côtés des hommes les charges des *lathi* de la police britannique. Elles prirent la tête de spectaculaires actions de masse, allant remplir les prisons par milliers.

Mais Gandhi n'aurait pas été vraiment Gandhi si ses efforts pour libérer les femmes de l'Inde ne s'étaient pas accompagnés de certaines contradictions. Il conseillait ainsi aux jeunes filles, en cas de viol sur les routes du Panjab, de mordre leur langue et de retenir leur respiration jusqu'à la mort. Il s'était de même toujours opposé à l'usage des contraceptifs pour résoudre le problème terrifiant de l'accroissement de la population car il les jugeait incompatibles avec sa conception de la médecine naturelle. La seule forme de limitation des naissances acceptable à ses yeux était celle qu'il pratiquait lui-même — la continence.

La société indienne, qui moins d'un siècle plus tôt condamnait encore les veuves à se précipiter dans le bûcher funéraire de leurs maris, avait cependant tellement évolué sous l'impulsion du Mahatma qu'un des ministres du premier gouvernement de l'Inde indépendante était une femme.

*

Peu avant midi, les membres de

se réunirent près du vieil homme qui incarnait à nouveau la conscience de l'Inde. Conduits par Nehru et Patel, ils avaient abandonné leurs luxueux bureaux pour tenir un conseil autour du *charpoy* de celui qui leur avait donné la clef de leurs ministères. Leur venue à son chevet tenait à sa décision de subordonner la fin de son jeûne au paiement par l'Inde des cinq cent cinquante millions de roupies dues au Pakistan.

Cette condition avait indigné la plupart des ministres, en particulier Vallabhbhai Patel qui tenta de justifier leurs raisons de retenir cette somme. Gandhi l'écouta en silence. Puis, se redressant avec peine sur ses coudes, les larmes aux yeux, il regarda bien en face le compagnon de tant de durs combats.

— Tu n'es plus celui que j'ai un jour connu, murmura-t-il seulement.

*

Toute la journée, des dirigeants hindous, sikhs et musulmans défilèrent devant Gandhi pour le supplier d'abandonner sa grève de la faim.

Leur inquiétude se fondait sur un phénomène dont n'avait pas conscience le proche entourage du Mahatma. Pour la première fois, son jeûne soulevait plus d'irritation que d'admiration chez ses compatriotes. Des boutiques de Connaught Circus aux ruelles du bazar de Chandni Chawk, du bar de l'hôtel Imperial aux quais de la gare transformés en camp de réfugiés, toute la capitale ne parlait que de cela. Mais personne ne semblait cette fois brûler de l'ardent désir de l'empêcher de mourir. Ses souffrances ne représentaient pour d'innombrables Hindous qu'une manœuvre partisane destinée à servir la cause des Musulmans. « Quand ce vieillard va-t-il cesser de ~~s~~ embêter ? » disaient-ils. Des réfugiés attaquèrent même un groupe de manifestants qui réclamaient une réconciliation religieuse afin de sauver Gandhi.

Au début de la soirée, une rumeur lointaine parvint jusqu'aux murs de Birla House. Le cœur plein d'espoir, les intimes du Mahatma tendirent l'oreille. Ils avaient déjà entendu à Calcutta cette clameur d'un peuple en détresse suppliant son Mahatma de renoncer à son sacrifice. Quelqu'un courut jusqu'au portail et aperçut un cortège qui remontait l'avenue, forêt mouvante de visages et de pancartes.

A l'intérieur de la maison, Gandhi épuisé cherchait le sommeil. Quand les manifestants arrivèrent devant Birla House, le fracas de leurs slogans résonna dans sa chambre. Il appela son secrétaire Pyarelal.

— Que se passe-t-il ? interrogea Gandhi.

— Ce sont des réfugiés qui manifestent.

— Est-ce qu'ils sont nombreux ?

— Non, pas très.

— Qu'est-ce qu'ils font ?

— Ils crient des slogans.

Gandhi se tut pour essayer de comprendre ce que clamaient les voix.

— Que disent-ils ? Je n'entends pas bien.

Pyarelal hésita avant de dire la vérité.

— Ils crient : « Laissons mourir Gandhi ! »

Pour trois des hommes qui avaient décidé de tuer Gandhi, le chemin du crime commença par un pèlerinage. Ils allèrent sonner à la grille d'un pavillon de la banlieue de Bombay dont le seul signe distinctif sur la façade décrépie par des années de mousson était une plaque de cuivre gravée en marathi. L'inscription révélait l'identité du propriétaire : « Vîr » Savarkar, le *guru* de Nathuram Godsé et de ses complices.

Si le Mahatma avait fait de Birla House un temple de l'hospitalité et de la non-violence ouvert à tous, la maison du « dictateur » de l'hindouisme militant était une forteresse où nul n'entrait sans montrer patte blanche. Un garde armé veillait nuit et jour et seuls quelques disciples triés sur le volet avaient accès au sanctuaire du premier étage où vivait leur maître.

Nathuram Godsé et Narayan Apté faisaient partie de ces privilégiés, mais non l'homme barbu qui les accompagnait. Le trafiquant d'armes Digambar Badgé n'arrivait pas ce soir habillé en *sadhu* mais en musicien, état naturel pour un homme né dans la caste des ménestrels qui sillonnent l'Inde en chantant et en dansant. Son *tabla*, le tambour qu'il portait sous le bras, n'était cependant pas destiné à une aubade. Il cachait les armes spécialement choisies pour assassiner Gandhi : six grenades, six engins explosifs à retardement et un revolver. Laissant leur complice au rez-de-chaussée, Godsé et Apté montèrent présenter ce trésor à leur maître. Comme toujours, c'est par un geste de profond respect qu'ils le saluèrent : ils se courbèrent pour lui toucher les pieds de leurs mains qu'ils portèrent ensuite à leur front. L'organisateur de quelques-uns des crimes politiques les plus célèbres que l'Inde eût connus dans les quarante années écoulées se contenta d'incliner la tête. Puis il s'empressa d'examiner le contenu du tambour.

Godsé, Apté et Badgé n'étaient pas ses premiers visiteurs en ce jour de janvier. Dans la matinée, l'aubergiste Vishnu Karkaré était venu avec Madanlal Pahwa, le seul membre de leur groupe que Savarkar ne connût pas encore. Lui tapotant le bras nu comme pour en vérifier la force, le « dictateur » avait considéré d'un regard glacial le jeune réfugié pétrifié d'émotion.

— Continue à faire du bon travail ! avait-il grommelé, un éclair de cruauté dans les yeux.

C'est à l'hôtel Sea Green, un confortable établissement de Bombay, que Godsé et Apté passèrent leur première nuit sur la route de New Delhi. A peine arrivé dans sa chambre, l'incorrigible séducteur Apté ne put s'empêcher de demander au standard une communication téléphonique. Cet appel était bien le dernier au monde qu'on pût attendre de la part d'un homme sur le point de participer à l'un des assassinats les plus retentissants de l'Histoire. Il s'agissait, en fait, du numéro du central téléphonique de la police de Bombay. Quand on lui répondit, il demanda le poste 305, et entendit au bout du fil la voix joyeuse de la jeune amie qui allait passer la nuit avec lui, la fille du chirurgien-chef de la police de Bombay.

Le moment critique appréhendé par le médecin de Gandhi survint avec une rapidité imprévue. Analysant ses urines le matin du jeudi 15 janvier, Sushila Nayar y découvrit de l'acétone et de l'acide acétique. Le processus fatal avait débuté. Gandhi avait brûlé toutes ses réserves d'hydrates de carbone. Son organisme commençait à puiser dans sa propre substance, à tenter de subsister en utilisant la matière vitale de ses tissus. Moins de quarante-huit heures après le début de son jeûne, l'octogénaire épuisé entrait dans la zone dangereuse dont on ne franchit le seuil que pour la mort.

La découverte de ces toxines n'était pas le seul signe alarmant pour la jeune femme. L'examen attentif des urines en avait révélé un autre. Au cours des dernières vingt-quatre heures, Gandhi avait absorbé 1 900 grammes d'eau tiède additionnée de bicarbonate de soude. Or, Sushila Nayar venait de calculer qu'il n'avait éliminé que 780 grammes. Les reins de

Gandhi, endommagés par son jeûne de Calcutta, ne fonctionnaient pas correctement. Très inquiète, Sushila essaya de faire comprendre à son malade la gravité de son état, et pourquoi il risquait cette fois de ne jamais se remettre de son épreuve. Mais il ne voulait rien entendre.

— Si j'ai de l'acétone, c'est parce que ma foi en Dieu est imparfaite, murmura-t-il.

— Dieu n'a rien à voir là-dedans, répliqua-t-elle.

Sans renoncer, elle expliqua longuement le processus physiologique déclenché avec l'apparition de ces déchets. Quand elle eut terminé, il la regarda dans les yeux.

— Est-ce que votre science sait vraiment tout ? demanda-t-il. Avez-vous oublié ce que dit Shri Krishna dans le dizième chapitre de la *Gîtâ* : « Ce que je t'ai révélé n'est qu'une parcelle de ma gloire infinie. »

*

Tandis que Mohandas Gandhi rappelait à son médecin les limites de sa science, un jeune homme souriant et bien vêtu se présentait, ce matin du 15 janvier, au bureau de la compagnie Air India de Bombay. Narayan Apté réclama deux billets pour New Delhi aux noms de D.N. Karmarkar et de S. Marathe sur le vol du samedi après-midi 17 janvier. Comme il sortait une liasse de billets de banque et commençait à compter le montant — trois cent huit roupies —, l'employé lui demanda s'il désirait faire une réservation pour le retour.

La question fit sourire Apté. Non, répondit-il, son associé et lui-même n'avaient pas encore fait de projets pour rentrer de New Delhi. Ils ne désiraient que des allers simples.

*

En dépit de l'aggravation de son état, Gandhi exigea le soin qui avait régulièrement fait partie de son code d'hygiène — un lavement. Cette injection de liquide purge le corps comme la prière purifie l'âme, affirmait-il. La personne qui se chargeait fidèlement de cette délicate et intime opération était sa timide petite-nièce Manu.

Soigner Gandhi était une tâche difficile qui exposait Manu à une cascade de caprices et d'impatiences surprenantes de la part d'un homme dont l'image apparente était celle de la sérénité et du détachement. Quelques minutes de retard dans l'arrivée de l'eau chaude provoqua chez lui une brusque crise d'exaspération. Regrettant aussitôt son accès d'humeur, il retomba épuisé sur son lit. « On ne devient vraiment conscient de ses imperfections, s'excusa-t-il, qu'en traversant une épreuve comme le jeûne. »

Le lavement l'épuisa au point de le rendre livide « comme un rouleau de coton », nota Manu. Le voyant se recroqueviller en frissonnant, elle s'affola, l'imaginant déjà près de la fin. Elle se leva pour aller chercher du secours. Devinant son geste, il la retint d'un imperceptible mouvement de la main.

— Non, lui dit-il. Dieu me maintiendra en vie s'Il a besoin de ma présence ici.

Comme beaucoup dans l'entourage du Mahatma, Manu se demandait si Dieu avait encore besoin de cette présence. Devant l'indifférence de la capitale pour le sacrifice du pauvre homme agonisant sous ses yeux, elle se sentit envahie par un sentiment insupportable, la peur, qu'après tout, New Delhi veuille peut-être « laisser mourir Gandhi ».

Le troisième jour, quelques timides processions s'étaient pourtant formées dans les avenues de la ville appelant les communautés à la fraternité afin de sauver Gandhi. En signe de respect pour les souffrances de cet homme qu'il admirait, Louis Mountbatten annula toutes les réceptions et les dîners prévus à Government House.

*

Étrangement, c'était au Pakistan que l'émotion paraissait la plus vive. Un télégramme de Lahore informa Gandhi que « chacun ici veut savoir comment contribuer à sauver la vie du Mahatma ». A travers tout le pays, les leaders de la Ligue musulmane s'attachèrent à transfigurer leur ancien adversaire en « archange de fraternité ». Partout les mosquées s'emplissaient de fidèles qui priaient pour lui et, dans le secret de leurs gynécées, les femmes de l'islam récitaient les versets du Coran pour que vive le vieil Hindou qui avait tendu la main aux Musulmans de l'Inde.

Mais aucune nouvelle en provenance de New Delhi ne pouvait susciter autant d'émotion au Pakistan que celle lancée à travers le pays par les télétypes des agences de presse dans l'après-midi du jeudi. Gandhi avait remporté sa première victoire. Le terrible sacrifice auquel il soumettait son corps avait sauvé de la banqueroute la patrie de Mohammed Ali Jinnah. Dans le souci de restaurer la paix du sous-continent et, par-dessus tout, « pour mettre fin aux souffrances physiques de l'âme de la nation », le gouvernement indien avait annoncé sa décision de verser immédiatement au Pakistan les cinq cent cinquante millions de roupies.

En acceptant une des conditions de Gandhi, les ministres de l'Inde avaient donné l'exemple. La vie du Mahatma était à présent entre les mains du peuple de New Delhi. Nehru voulut en faire prendre conscience aux dix mille personnes venues l'écouter sur l'esplanade du Fort rouge, là ou un demi-million d'Indiens s'étaient rassemblés le jour de l'Indépendance. Il leur cria :

— La mort du Mahatma signifierait pour l'Inde la perte de son âme.

Les conjurés s'accroupirent comme des joueurs de dés sur le sol d'une antichambre du temple de Bombay où ils avaient dissimulé leur *tabla* plein d'armes. Le faux *sadhu* ouvrit son tambour et entreprit, tel un marchand forain, d'expliquer à ses amis le fonctionnement de sa marchandise. Il montra comment armer les grenades, introduire les détonateurs dans les engins explosifs, brancher et allumer les mèches incendiaires.

La dernière arme était un revolver. Examinant le rudimentaire instrument, Narayan Apté conclut qu'il était « plus capable de nous péter dans les mains que de descendre Gandhi ». Dans ce pays ravagé par la violence, il s'avérait plus difficile de se procurer la seule arme propre à supprimer un homme à coup sûr que les explosifs et les bombes pouvant faire sauter tout un pâté de maisons. En regardant Badgé manipuler avec dextérité les machines infernales, Apté comprit que la participation de cet étrange personnage en qui aucun d'eux n'avait grande confiance était indispensable. Il lui fit signe de le suivre dans la cour. Là, lui posant amicalement la main sur l'épaule, il le mit dans le secret, lui révélant que ses armes étaient destinées à « liquider » Gandhi et Nehru. Lui-même et Godsé avaient été chargés de cette tâche par Savarkar.

— Viens à New Delhi avec nous, lui chuchota-t-il, ajoutant le seul argument susceptible de séduire le faux *sadhu* : nous paierons tous tes frais.

Avec l'engagement de ce spécialiste en explosifs,

l'équipe était désormais complète. Apté annonça que par mesure de sécurité ils voyageraient séparément. L'aubergiste Karkaré et Madanlal Pahwa prendraient le soir même le *Frontier Mail* à la gare Victoria de Bombay, avec les armes fournies par Badgé enfouies dans leurs bagages. Le faux *sadhu* et Gopal Godsé, le jeune frère du directeur du *Hindu Rashtra,* suivraient deux jours plus tard dans des trains différents. Quant aux chefs de l'expédition, Nathuram Godsé et Narayan Apté, leur qualité de *peçwa,* de « guides », leur donnait le privilège de ne pas se déplacer avec leurs troupes. Ils partiraient en avion avec les billets achetés le matin même par Apté. Le point de rendez-vous des conjurés était le siège du parti nationaliste *Hindu Mahasabha* à New Delhi. Le bâtiment se trouvait juste à côté du temple de Lakshmi-Narayan, un immense sanctuaire de style néo-hindou qui avait été offert à la ville par la famille de l'industriel Birla chez lequel habitait l'homme qu'ils allaient tuer.

*

Des centaines de fidèles se rassemblèrent sur la pelouse de Birla House le soir du jeudi 15 janvier, espérant qu'un miracle permettrait à « l'Ame de l'Inde » de tenir sa réunion de prière. Cet espoir fut déçu. Gandhi n'avait plus la force de marcher ni même de rester assis. Il offrit tout ce qu'il pouvait encore donner de lui-même, quelques mots murmurés dans un microphone placé à son chevet et que transmettait un haut-parleur. La voix familière qui avait galvanisé les masses indiennes depuis trente ans était si faible que beaucoup de gens eurent, ce soir-la, l'impression qu'il leur parlait déjà de l'au-delà.

— Occupez-vous de la patrie et de son besoin de fraternité, supplia-t-il. Ne vous tourmentez pas pour moi. Celui qui est né dans ce monde ne peut échapper à la mort. La mort est notre amie à tous. Elle doit toujours mériter notre gratitude, car elle nous soulage à jamais de toutes nos misères.

Quand la prière s'acheva, une clameur monta de l'assistance pour réclamer un *darçan,* le privilège d'apercevoir au moins le Mahatma bien-aimé. La foule se rassembla en une longue colonne, les femmes en tête. Les mains jointes dans le geste rituel du *namaste,* les fidèles défilèrent un à un dans un poignant silence devant la véranda où Gandhi s'était endormi, exténué par l'effort d'avoir dit quelques mots. Il était replié sur lui-même comme un petit enfant, drapé dans un châle blanc, les yeux clos, son visage creusé éclairé d'une étrange, surnaturelle lumière. Dans son sommeil, il avait gardé les mains unies et répondait par un *namaste* inconscient à la compassion de son peuple.

*

Manu n'en croyait pas ses yeux. L'imprévisible vieillard qui n'avait même pas eu la force de s'asseoir le soir précédent, avait sauté sur ses pieds dès son réveil. Après sa prière de l'aube, il se livrait maintenant à une activité plutôt inattendue chez une personne privée de nourriture depuis quatre jours et guettée par la mort. Gandhi s'adonnait à ses exercices quotidiens d'écriture bengalie, une langue qu'il avait décidé de maîtriser après son pèlerinage de pénitent à travers le district de Noakhali. Ensuite, d'une voix étonnamment vigoureuse, il dicta le message qu'il voulait faire lire à la prière du soir.

Cette résurrection n'était en fait qu'une illusion. Quelques minutes plus tard, en essayant d'aller seul jusqu'à la salle de bains, un vertige le fit chanceler et il s'écroula, évanoui. Sushila Nayar se précipita. Elle connaissait la raison de ce malaise. Gonflé de l'eau que ses reins bloqués refusaient d'éliminer, il venait d'avoir une défaillance cardiaque. Elle avait prévu cette nouvelle aggravation lors de sa pesée. Depuis deux jours l'aiguille indiquait le même poids : 48 kilos. La prise de tension confirma le diagnostic. L'électro-cardiogramme d'un spécialiste appelé d'urgence apporta la certitude de la détérioration du cœur du Mahatma. Une fin brutale, rapide, était désormais à prévoir.

Sushila rédigea le premier bulletin de santé du jour annonçant l'état critique de Mohandas Gandhi. C'était un cri d'alarme. S'il ne mettait pas un terme immédiat à sa grève de la faim, tous ses organes vitaux seraient irrémédiablement atteints.

*

L'extraordinaire courant qui avait toujours relié les masses de l'Inde à leur Grande Ame finit par franchir les murs de Birla House. Instinctivement, avant même la publication du bulletin de Sushila Nayar, l'Inde avait senti ce matin du 16 janvier que la vie de Gandhi était en danger. Comme cela était si souvent arrivé lors de précédents jeûnes, l'humeur de l'Inde changea à une vitesse déconcertante. Une nation de trois cents millions d'habitants, le deuxième pays du monde, commença soudain à vivre tout entière suspendue aux nouvelles du combat que menait avec sa conscience un vieil homme épuisé. Depuis l'enceinte même de sa maison, la radiodiffusion indienne donna d'heure en heure des nouvelles de son agonie. Des dizaines de journalistes indiens et étrangers se massèrent devant la grille du jardin comme pour une veillée funèbre. Les places de toutes les villes de la péninsule furent subitement envahies de foules brandissant des pancartes et criant les slogans de « Fraternité », « Unité », « Épargnez Gandhi ! ». Des « Comités pour la sauvegarde de la vie de Gandhi » se constituèrent à travers le pays, groupant des représentants de toutes les communautés et de tous les partis politiques. Sur les millions d'enveloppes du courrier de cette journée, les employés des Postes écrivirent : « Sauvons la vie de Gandhi, soyons tous frères dans la paix. » Des centaines de milliers de gens se rassemblèrent et prièrent pour sa délivrance. Les temples et les mosquées organisèrent des cérémonies spéciales. Les Intouchables de Bombay envoyèrent un télégramme affirmant à Gandhi : « Votre vie nous appartient. »

Mais ce fut dans l'indifférente et hostile capitale de New Delhi que se produisit le changement le plus stupéfiant. De chaque quartier, bazar, ou *mahalla*, des foules s'élancèrent vers Birla House. Les magasins et les boutiques fermèrent leurs portes par déférence envers la lutte du Mahatma. Hindous, Sikhs et Musulmans formèrent des « brigades de la Paix » et traversèrent la ville main dans la main en distribuant aux passants des pétitions qui suppliaient Gandhi de mettre fin à son jeûne. Des camions sillonnaient les avenues, pleins de jeunes gens criant : « La vie de Gandhiji est plus précieuse que la nôtre. » Les écoles et les universités furent mises en congé et des centaines d'étudiants et de professeurs défilèrent en chantant : « Nous voulons mourir avant notre Mahatma. » Bouleversant témoignage d'amour, deux cents veuves et orphelins des massacres du Panjab vinrent en cortège à Birla House annoncer qu'ils allaient renoncer à leur misérable ration alimentaire de réfugiés pour s'associer au jeûne de Gandhi.

Cet extraordinaire jaillissement d'émotion qui secouait tout un peuple ne toucha guère celui qui l'avait inspiré. Gandhi restait méfiant. Son jeûne avait cette fois été particulièrement long à ébranler ses compatriotes. Aussi était-il décidé à ne pas céder, à aller aussi loin qu'il le pouvait afin de provoquer le changement décisif qu'il souhaitait voir s'installer dans le cœur des Indiens.

— Je ne suis pas pressé, annonça-t-il à l'assistance anxieuse venue à la réunion de prière.

Même amplifiée par le haut-parleur, sa voix n'était qu'un murmure à peine audible.

— Je ne veux pas que les choses soient faites à moitié.

Haletant après chaque mot pour chercher son souffle, il menaça :

— Je cesserai d'avoir le moindre intérêt pour cette vie si la paix ne revient pas tout autour de nous, dans toute l'Inde, dans tout le Pakistan. C'est là le sens de mon sacrifice.

Nehru conduisit à son chevet une délégation de dirigeants politiques et religieux pour l'assurer que l'atmosphère de New Delhi s'était radicalement transformée. Presque malicieux Gandhi leur dit :

— Ne vous inquiétez pas. Je ne renoncerai pas d'un coup. Quoi que vous fassiez, il faut que cela soit sincère. Je ne veux que du solide.

Au même moment, un télégramme arriva de Karachi. La dépêche demandait si des Musulmans, qui avaient été chassés de leurs maisons, pouvaient maintenant rentrer et se réinstaller à New Delhi.

— Voilà un bon test, murmura aussitôt Gandhi.

S'emparant du télégramme, Pyarelal Nayar, son fidèle secrétaire, se précipita dans une tournée des camps de la capitale pour expliquer aux réfugiés hindous et sikhs que la vie de Gandhi dépendait d'eux. Avant la tombée de la nuit, plus de mille volontaires avaient signé une déclaration par laquelle ils s'engageaient à accueillir les Musulmans qui reviendraient occuper leurs domiciles — même si ce retour les privait, eux, d'un abri. Une délégation de réfugiés vint à Birla House pour convaincre le Mahatma que quelque chose avait réellement changé.

— Votre grève de la faim a profondément bouleversé le cœur des hommes à travers le monde, déclara leur porte-parole. Nous vous promettons de travailler à faire de l'Inde une patrie unique pour les Musulmans, pour les Sikhs, les Hindous et les autres communautés. Nous vous supplions de mettre fin à votre jeûne et de sauver l'Inde de la misère !

*

Sushila Nayar surveillait avec angoisse les hésitations de l'aiguille. Cela pouvait sembler paradoxal, mais le jeune médecin voulait désespérément, en ce cinquième jour de jeûne, que la bascule accuse une perte de poids sensible. Son espoir fut déçu. La déficience rénale de Gandhi s'était aggravée. Une crise foudroyante d'urémie le menaçait à présent.

Les trois spécialistes appelés au chevet de Gandhi ne purent que confirmer le pronostic de Sushila Nayar. Les taux d'acétone et d'acide acétique avaient augmenté. Son haleine en prouvait à elle seule la forte concentration. Sa tension artérielle était tombée au-dessous de 8. Son pouls était rapide, imperceptible, les battements de son cœur irréguliers.

Les quatre praticiens n'avaient pas eu besoin de leurs instruments pour faire un diagnostic. Au premier regard, ils avaient tous compris que l'état de leur malade était désespéré. Gandhi ne pourrait survivre plus de deux ou trois jours. Sa mort pouvait même survenir dans les vingt-quatre heures. Ce matin du samedi 17 janvier, leur bulletin de santé lançait un S.O.S. au pays :

« Il est de notre devoir d'informer la nation qu'elle doit prendre sans délai toutes les mesures nécessaires et réunir les conditions exigées pour mettre un terme au jeûne du Mahatma Gandhi. »

✱

Le cœur de la jeune femme se serra quand l'express de Bombay s'immobilisa dans un nuage de vapeur le long du quai de la gare de Poona. « Je suis la seule, pensa-t-elle en regardant la foule des voyageurs, la seule à savoir pourquoi mon mari va à New Delhi. »

Dans la valise de Gopal Godsé se trouvait le revolver de calibre 7,63 acheté la veille pour deux cents roupies à un camarade travaillant dans un dépôt militaire de Poona. Il en avait vérifié le bon fonctionnement en tirant quelques balles dans un bosquet près de chez lui. Son épouse était l'unique personne à qui il avait révélé le but de son voyage. Elle partageait passionnément ses convictions politiques et l'avait béni de toute sa fierté et de sa gratitude. A présent, elle levait vers lui leur fillette de quatre mois, Asilata — « Lame d'épée », pour un baiser d'adieu. « Nous étions dans la fleur de notre jeunesse, dirait-elle presque trente ans plus tard en évoquant le départ de son mari dans la gare de Poona, nous rêvions d'amour et de révolution. »

Quand Gopal arriva devant la porte de son wagon, elle se serra contre lui.

— Quoi qu'il arrive, ne te fais pas de soucis, le rassura-t-elle. Je trouverai toujours un moyen d'élever notre enfant.

Elle lui remit un paquet de *chapati* qu'elle avait préparées pour le trajet. Puis elle recula et Gopal monta dans le train qui s'ébranla presque aussitôt. Agitant la petite main potelée de sa fille, la jeune femme regarda disparaître la silhouette de son mari, lui adressant en silence « tous les vœux de succès » de son cœur d'épouse et de militante.

*

En dépit de son état désespéré qui venait de susciter le S.O.S. de ses médecins, Gandhi conservait toute sa lucidité. Il entrait dans la troisième et dernière phase d'une grève de la faim. Les deux premiers jours sont toujours caractérisés par d'intenses douleurs d'estomac et de crampes de faim. Puis, tandis que le besoin de nourriture disparaît, surviennent deux ou trois journées de vertiges et de nausées. Vers le cinquième jour, l'esprit prend soudain le pas sur le corps.

Une étrange sérénité avait envahi le Mahatma. En dehors d'une douleur persistante dans les articulations que lui frictionnait Manu avec du *ghî,* il ne souffrait plus. Pendant que Sushila Nayar et ses trois confrères supputaient le nombre d'heures qui lui restaient à vivre, il faisait paisiblement au verso de vieilles enveloppes ses pages d'écriture en cette langue bengalie chantée par le poète qui, le premier, l'avait appelé « Mahatma », Rabindranath Tagore.

Quand il eut terminé, il fit signe à Pyarelal Nayar de venir près de lui. Son sens infaillible de l'opportunité ne l'avait pas abandonné. Si son jeûne était sur le point d'atteindre son objectif comme le lui avaient annoncé ses partisans, l'heure était alors venue de s'assurer que ce changement dans le cœur de l'Inde n'était pas qu'une simple flambée de compassion destinée à lui sauver la vie. Il dicta à Pyarelal une charte énumérant les sept conditions qu'il posait pour mettre fin à son jeûne. Les dirigeants de toutes les organisations politiques de New Delhi devraient la signer, y compris ses adversaires extrémistes du *Hindu Maha-*

sabha. Ces conditions offraient un admirable catalogue de revendications qui touchaient presque tous les aspects de la vie de la cité. Elles allaient de la restitution aux Musulmans des cent dix-sept mosquées converties en abris ou en temples par les réfugiés hindous et sikhs, à la levée du boycottage imposé aux commerçants musulmans dans les bazars de la Vieille Delhi, et à la sécurité des voyageurs musulmans dans les trains indiens.

Pyarelal Nayar courut présenter les exigences de Gandhi au Comité de Paix qui avait été constitué pour lui sauver la vie. Une atmosphère d'excitation et de fièvre comme elle n'en avait pas connu depuis le jour de l'Indépendance, enveloppait ce soir-là la capitale. De Connaught Circus jusqu'à la dernière venelle de ses bazars, la ville explosait de ferveur populaire. Partout des cortèges se formaient. La vie commerçante s'était arrêtée. Les bureaux, les magasins, les ateliers, les usines, les cafés avaient tous été fermés. Près de cent mille personnes de toutes castes et de toutes religions se rassemblèrent dans un gigantesque meeting sur l'esplanade de la Grande Mosquée pour hurler à leurs dirigeants d'accepter les termes de la charte de Gandhi. Les marchands de fruits hindous de Sabzimandi, l'un des quartiers les plus agités de la capitale, coururent prévenir Gandhi qu'ils avaient mis fin au boycottage de leurs collègues musulmans.

A Birla House, le Mahatma s'affaiblissait d'heure en heure. Aux moments de lucidité succédaient de longues phases de prostration, entrecoupées par instants de délire. Quelqu'un proposa d'ajouter quelques cuillerées de jus d'orange à son prochain verre d'eau. Entendant cette suggestion, il émergea soudain de son coma, ouvrit les yeux et annonça qu'un tel sacrilège l'obligerait à jeûner pendant vingt et un jours. Sushila Nayar le supplia alors de l'autoriser à lui poser des ventouses sur les reins dans l'espoir que la révulsion provoquée par les petites cloches de verre parviendrait à en activer le fonctionnement. Il refusa.

— Mais *Bapuji*, protesta-t-elle, les ventouses font partie de la médecine naturelle que vous acceptez.

— Aujourd'hui, murmura-t-il faiblement, Dieu seul fait partie de ma médecine naturelle.

Jawaharlal Nehru abandonna son bureau de Premier ministre pour venir veiller à son chevet. L'agonie du vieil homme était un spectacle insoutenable pour celui qui avait été son plus fervent disciple pendant les longues années de leur croisade commune. Il dut détourner le regard pour cacher ses larmes.

Louis Mountbatten et son épouse arrivèrent à leur tour. L'ancien vice-roi fut étonné de découvrir que Gandhi conservait dans son épreuve « son petit air malicieux », et qu'il était même capable d'humour.

— Ah ! plaisanta le Mahatma en saluant ses visiteurs, il faut donc que je fasse une grève de la faim pour que la montagne vienne à la souris.

Bouleversée, Edwina sentit sa gorge se nouer.

— Ne sois pas triste, la consola son mari que le courage de Gandhi avait vivement impressionné, il est en train de gagner son combat.

Aucun phénomène n'est plus profondément ancré dans la conscience indienne, aucun besoin plus unanimement ressenti que celui d'un *darçan,* tant lui est nécessaire le contact avec l'image de l'absolu, celle que donne le sage ou le symbole de la divinité. Le *darçan* — la « vue » — est à la fois une rencontre, une bénédiction, la transmission par un courant indéfinissable d'une influence spirituelle bénéfique. Cette rencontre peut être celle d'un personnage exceptionnel, ou d'une manifestation de la nature ou d'un lieu privilégié. Un Indien peut éprouver la joie du *darçan* lorsque, après avoir marché des centaines de kilomètres, il voit apparaître le Gange devant ses yeux. Ou bien quand il se plonge dans ses eaux sacrées. Ou encore lorsqu'il participe à une crémation, à une cérémonie religieuse, à une fête, voire à un meeting politique. Mais c'est surtout la vue d'un sage, d'un saint, d'un maître, qui procure aux foules indiennes la satisfaction mystique du *darçan*.

Cet après-midi du samedi 17 janvier, l'ancestrale et permanente recherche indienne se manifesta devant deux hommes que séparaient plus de mille kilomètres et l'abîme infranchissable de leurs conceptions, deux hommes dont l'inexorable courant de l'Histoire allait bientôt réunir les noms.

La voix qui s'adressait ce soir aux innombrables fidèles venus pour la prière sur la pelouse de Birla House n'était qu'un chuchotement. Gandhi ne put prononcer que quelques mots entre de longues pauses essoufflées.

— Personne ne peut sauver ma vie ou y mettre fin, déclara-t-il. Ce pouvoir n'appartient qu'à Dieu.

Après la prière, les fidèles formèrent une longue colonne pour le *darçan*. L'angoisse habitait les visages de ces femmes et de ces hommes dont la plupart étaient en larmes. Tous savaient que Gandhi avait cette fois atteint les frontières de la mort. Et beaucoup se demandaient en traversant lentement la pelouse de Birla House dans le soleil déclinant, s'ils n'allaient pas contempler pour la dernière fois la grande âme de l'Inde. Le pathétique *darçan* dura plus d'une heure, le temps que prit la colonne silencieuse à défiler devant le Mahatma endormi dans son châle blanc, en répandant avec respect des pétales de fleurs.

*

Le *darçan* de Nathuram Godsé et de Narayan Apté, les deux fanatiques qui avaient décidé de tuer Gandhi, se déroula à l'autre bout de l'Inde, dans la maison décrépie de Bombay qu'habitait le messie de l'hindouisme extrémiste au nom duquel ils allaient commettre leur crime.

Les deux brahmanes saluèrent respectueusement « Vîr » Savarkar en lui touchant les pieds puis ils lui firent un dernier compte rendu de la situation. Tout était prêt. Karkaré et Madanlal Pahwa étaient déjà arrivés à New Delhi avec les grenades, les engins explosifs à retardement et le pistolet rudimentaire qu'avait procurés Badgé. Gopal Godsé était sur le point de les rejoindre avec un deuxième revolver. Badgé allait partir à son tour. Quant à eux, ils les rejoindraient dans quelques heures à bord du DC 3 d'Air India. Savarkar pouvait être fier de ses disciples : leur intelligence et leur courage allaient enfin faire disparaître celui qui avait accepté la vivisection et le viol de l'Inde. Pourtant, rien dans son attitude froide et composée ne vint trahir ce que cette perspective avait pour lui d'exaltant. Pas la moindre émotion ne passa sur son visage. En les raccompagnant jusqu'à la grille de sa maison, il se contenta de poser ses mains sur les épaules de Godsé et d'Apté.

— Réussissez, dit-il, et revenez.

Un fleuve humain long de trois kilomètres marchait vers Birla House pour implorer Gandhi de mettre fin à son jeûne, multitude de banderoles et de pancartes bruissante du même cri sorti de cent mille poitrines : « Sauvons Gandhi. »

« L'association des cochers de *tonga* », « Les membres du syndicat des Chemins de fer », « Les employés des Postes et Télégraphes », « Les balayeurs intouchables de la Bhangi Colony », « La ligue des femmes de New Delhi » — tout un peuple saisi par l'urgence accourait vers la maison où son Mahatma était près de mourir. La foule s'engouffra par le portail, envahit les terrasses, les allées, la pelouse, piétinant les parterres de fleurs, bousculant les gardes, submergeant tout, marée déchaînée d'hommes et de femmes criant des slogans de fraternité, offrant leur vie pour sauver celle de Gandhi.

Sentant que cette émotion populaire était celle que Gandhi avait voulu provoquer en jeûnant, Nehru s'ouvrit un passage pour atteindre le microphone sur la petite estrade d'où le Mahatma s'adressait naguère à ses fidèles.

— Il y a dans la terre de notre patrie quelque chose de grand et de vital capable d'enfanter un Gandhi, s'écria-t-il. Aucun sacrifice n'est trop grand pour le sauver, car lui seul peut nous conduire vers le véritable objectif, et non l'aube trompeuse de nos espoirs.

Au milieu de l'enthousiasme général, une note discordante accueillit ces mots, le cri de protestation d'un réfugié. Il avait jailli des lèvres de Madanlal Pahwa sur le trottoir devant Birla House. Poussés par quelque morbide curiosité, Madanlal et l'aubergiste Karkaré avaient suivi la foule venue implorer Gandhi de mettre fin à son jeûne, ce même Gandhi qu'ils allaient, eux, tuer. Incapable de garder son sang-froid en écoutant le discours de Nehru, Madanlal avait commis l'incroyable imprudence de manifester bruyamment son désaccord.

Karkaré vit avec désespoir deux policiers se saisir de son camarade et l'emmener. « Si l'habitant maudit de Birla House survit à sa grève de la faim, ce cri va peut-être lui épargner notre châtiment », pensa-t-il avec rage.

Les craintes de Karkaré étaient sans fondement. Madanlal fut relâché quelques minutes plus tard.

Les manifestations de réfugiés étaient chose courante à New Delhi en cette période troublée. La police n'avait même pas pris la peine d'interroger le coupable ni de relever son identité.

✱

Tard dans la soirée, Pyarelal Nayar revint en courant à Birla House. Il apportait le seul message qui pouvait encore sauver Gandhi que ses médecins considéraient maintenant comme perdu. Le Mahatma avait déliré pendant toute une partie de la soirée. Son pouls était faible et irrégulier. L'effondrement de ses fonctions vitales semblait se généraliser.

Gandhi dormait quand Pyarelal Nayar entra dans sa chambre où régnait une lourde atmosphère de veillée funèbre. Le secrétaire chuchota quelques mots à l'oreille de son maître bien-aimé, mais celui-ci ne réagit pas. Il dut lui secouer légèrement l'épaule. Les yeux du Mahatma s'ouvrirent enfin. Pyarelal lui montra avec fierté un document paraphé de nombreuses signatures. C'était la charte dictée par Gandhi et que les membres du Comité de Paix venaient juste de signer, expliqua-t-il, l'engagement de restaurer la paix, l'harmonie et la fraternité entre les communautés.

Gandhi laissa échapper un faible soupir de satisfaction mais voulut aussitôt savoir si tous les dirigeants de la ville avaient bien contresigné cette résolution. Pyarelal hésita, puis finit par avouer qu'il manquait encore deux signatures, celles des représentants locaux du *Hindu Mahasabha* et du R.S.S.S., les organisations extrémistes dirigées par ses adversaires les plus implacables.

— Ils vont signer demain, assura Pyarelal, leurs

collègues se sont portés garants de leur accord aux conditions de la charte.

Pyarelal supplia Gandhi d'arrêter son jeûne à la minute même et d'absorber quelque chose qui puisse le soutenir pendant la nuit. Gandhi hocha doucement la tête. Puis il se tourna vers son secrétaire.

— Non, murmura-t-il, rien ne doit être accompli dans la hâte. Le cœur de pierre le plus dur doit fondre avant que je ne renonce à mon sacrifice.

*

Une sonnerie de téléphone interrompit soudain la réunion du Comité de Paix qui se tenait dans le bureau du Dr Rajendra Prasad, le président du parti du Congrès. L'appel provenait de Birla House. Au bout du fil, une voix annonçait que l'état du Mahatma avait brusquement empiré. Si la résolution acceptant ses sept conditions, cette fois dûment signée par tous les leaders sans exception, n'était pas apportée d'urgence, elle risquait d'arriver trop tard. Il était 11 heures du matin le dimanche 18 janvier 1947. Gandhi était sur le point de sombrer définitivement dans le coma.

Le visage décomposé, le président du Congrès communiqua la nouvelle à ses visiteurs et les pressa d'apposer sur-le-champ les deux signatures qui manquaient encore pour valider la charte qu'exigeait Gandhi. Puis il les pria de l'accompagner tous immédiatement à Birla House.

Gandhi gisait inconscient entouré de quelques intimes qui le veillaient tels des infirmiers gardant un mourant. Pyarelal tenta comme la veille d'alerter le Mahatma en l'appelant doucement, puis il lui caressa le front. Mais Gandhi n'eut aucune réaction.

Manu apporta alors une compresse qu'elle lui passa

délicatement sur le visage. A la sensation de fraîcheur, Gandhi tressaillit et ouvrit les yeux. Découvrant tout ce monde à son chevet, il esquissa un faible sourire. Il avait accompli un de ces miracles dont il était seul capable. Des rivières de sang et des antagonismes aussi vieux que l'Inde séparaient les hommes rassemblés dans sa chambre. Les turbans bleus des Sikhs de la secte militante Akali côtoyaient les fez des Musulmans en tuniques blanches ; les costumes coupés à Londres des Parsis et des Chrétiens se mêlaient aux robes safran des *sadhu* ; les *dhoti* des militants du Congrès à ceux des représentants des balayeurs-vidangeurs intouchables de la *Bhangi Colony*. Le dirigeant des extrémistes du *Hindu Mahasabha* et même le mystérieux représentant de cette confrérie de fanatiques hindous, le R.S.S.S., étaient là eux aussi, coudoyant paisiblement le haut-commissaire du Pakistan.

Le Dr Rajendra Prasad s'accroupit au pied de Gandhi pour lui annoncer que sa charte en sept points était à présent revêtue de toutes les signatures exigées et que le vœu ardent unanimement partagé était de le voir mettre fin à son jeûne. Chacun à son tour vint ensuite personnellement confirmer son engagement.

Une expression de sérénité envahit alors le visage du Mahatma. Il fit signe qu'il voulait parler. Manu colla son oreille à ses lèvres et nota ses paroles sur un cahier. Pyarelal Nayar en fit la lecture à haute voix. Certes ils lui avaient bien donné tout ce qu'il avait réclamé, déclarait Gandhi, mais lui-même n'était pas encore tout à fait prêt à consentir à rompre sa grève de la faim. Ce qu'ils avaient accompli à New Delhi, il leur demandait maintenant de chercher à l'accomplir dans l'Inde entière. S'ils s'engageaient à maintenir la paix à New Delhi, tout en restant indifférents à la violence ailleurs, leur garantie n'aurait aucune valeur et, dès lors, il commettrait une erreur énorme en renonçant à son sacrifice.

Jusqu'au seuil de la mort, le tyrannique prophète de la fraternité entendait continuer à mener le jeu et contraindre ceux qui l'entouraient à accepter ses volontés.

Épuisé, Gandhi dut reprendre des forces avant de confier la suite de sa pensée à Manu. Gagné par l'émotion, Pyarelal Nayar fut incapable de poursuivre la lecture des notes que lui passait la jeune fille. Il pria sa sœur Sushila de le remplacer.

« Rien ne serait plus fou, lut-elle, que de croire que l'Inde appartient exclusivement aux Hindous, et le Pakistan aux seuls Musulmans. Il peut paraître difficile de transformer la conscience de tous les habitants de l'Inde et du Pakistan, mais si nous mettons tout notre cœur dans l'accomplissement d'une tâche, elle doit se réaliser.

« Si après avoir entendu tout cela vous me demandez encore d'arrêter mon jeûne, je le ferai. Mais si l'Inde ne change pas pour le meilleur, toutes vos promesses n'auront été qu'une farce. Et il ne me restera plus qu'à mourir. »

Un frémissement de soulagement parcourut la pièce.

L'un après l'autre, chacun vint alors s'accroupir à côté de Gandhi pour l'assurer qu'il avait bien compris toute la signification de son message. Le responsable du R.S.S.S. — l'organisation à laquelle avait prêté serment le commando arrivé à New Delhi pour tuer Gandhi — ajouta sa voix à celles des autres responsables. « Oui, promit-il, nous jurons d'accomplir pleinement ce que vous nous avez commandé. » Quand la dernière protestation de bonne foi eut été prononcée, Gandhi fit signe à Manu de revenir près de lui. « J'accepte de rompre mon jeûne, que la volonté de Dieu soit faite », griffonna la jeune fille sur son cahier. Un cri de joie jaillit de ses lèvres pour transmettre la décision tant espérée.

Aussitôt, un fol enthousiasme se déchaîna dans la chambre. Quand il se calma, Gandhi invita tous ses visiteurs à s'unir dans la prière en récitant ensemble un *mantra* bouddhique, puis des versets de la *Gîtâ*, du Coran et de l'Évangile, la prière de Zoroastre et enfin un hymne au grand *guru* sikh Govind Singh dont c'était d'ailleurs la fête ce jour-là. Les yeux de Gandhi étaient clos, mais son visage était si calme qu'il semblait, devait écrire Manu, « illuminé par l'éclat de la rédemption ».

Se frayant un chemin à travers la foule des journalistes et des photographes qui avaient envahi la maison à la nouvelle de la fin du jeûne, la jeune Abha apporta un verre de jus d'orange additionné d'un peu de glucose. Le Musulman Maulana Azad, ministre du gouvernement indien, et Jawaharlal Nehru, tous deux empreints de la gravité du moment, prirent le verre et le portèrent à tour de rôle aux lèvres de Gandhi. Une rafale d'éclairs de magnésium illumina la pièce lorsque le Mahatma but la première gorgée. Il était 12 h 45 en ce dimanche 18 janvier 1948. Après avoir résisté pendant 121 heures et 30 minutes avec de l'eau tiède et du bicarbonate de soude, Mohandas Gandhi, âgé de soixante-dix-huit ans, acceptait sa première nourriture.

Une immense clameur monta de la foule qui se pressait dehors quand arriva la confirmation de la fin du sacrifice de *Bapu*. Les femmes de son entourage apportèrent des plateaux chargés d'oranges coupées en tranches. Consacrés par le Mahatma, ces fruits devenaient *prasad*, « présents de Dieu ». Les yeux brillants de gratitude, elles allèrent offrir à la foule leurs montagnes de rondelles d'oranges, offrandes rituelles de la gigantesque communion mystique réunissant cette mosaïque humaine.

Cette joie délirante laissa Gandhi dans un état

d'épuisement tel que les médecins firent évacuer sa chambre. Un seul homme resta près de lui. Le visage transfiguré de bonheur, Jawaharlal Nehru s'assit à même le sol à côté de son vieux *guru*. Après un moment de méditation, il lui confia un secret qu'il n'avait dit à personne, pas même à sa fille.

Depuis la veille, lui aussi s'était mis à jeûner pour partager le sacrifice de son père spirituel. Gandhi en fut très ému. Après son départ, il lui fit porter ce court message :

« Maintenant tu peux cesser de jeûner. Puisses-tu vivre de nombreuses années et continuer à être "Jawahar", le bijou de l'Inde. Avec la bénédiction de Bapu. »

Le visage dissimulé sous le voile du *pardâ,* une centaine de femmes musulmanes se présentèrent au début de l'après-midi à la porte de Birla House. Bien que les médecins eussent interdit toute visite, Gandhi insista pour recevoir un petit groupe d'entre elles. Leur porte-parole lui révéla qu'elles avaient toutes entrepris depuis cinq jours une grève de la faim et prié pour sa vie dans le secret de leurs foyers. Gandhi joignit les mains en signe de gratitude, mais ne put cacher sa contrariété.

— Vous ne portez pas votre voile chez vous en présence de vos pères et de vos frères, observa-t-il, alors pourquoi le gardez-vous en ma présence ?

D'un geste unanime, les Musulmanes firent glisser au sol l'étoffe noire qui les retranchait des regards du monde.

« Ce n'est pas la première fois que le voile tombe devant moi, remarquerait Gandhi un peu plus tard. Cela montre ce que le véritable amour peut accomplir. »

Son corps réconforté par le glucose, comme l'avait été son âme par son triomphe, Gandhi retrouva soudain une nouvelle vigueur pour s'adresser aux innombrables fidèles massés sur la pelouse pour la prière du soir.

— Je ne pourrai jamais oublier jusqu'à mon dernier jour l'affection que vous m'avez tous témoignée, dit-il. Ne faites pas de différence entre votre ville et le reste du pays. Il faut que la paix revienne dans l'Inde et le Pakistan tout entiers (...). Si nous nous souvenons que la vie est une, alors il n'y aura aucune raison pour que nous nous traitions les uns et les autres comme des ennemis (...). Que chaque Hindou étudie le Coran, et que les Musulmans réfléchissent à la signification de la *Gîtâ* et du *Granth Sahib* des Sikhs. De même que nous respectons notre religion, nous devons respecter celle des autres. Ce qui est vrai est vrai, que ce soit écrit en sanskrit, en urdu, en persan ou en toute autre langue (...).

« Puisse Dieu nous donner la raison, ainsi qu'au monde entier, conclut-il. Puisse-t-il nous rendre plus sages et nous rapprocher de lui afin que l'Inde et l'univers connaissent le bonheur. »

Son *darçan* donna lieu ce soir-là à un spectacle extraordinairement émouvant.

Enveloppé dans un châle et soutenu par des coussins, Gandhi avait été installé sur la terrasse devant sa chambre. Pour que chacun dans la foule immense puisse le « voir », quatre proches disciples le soulevèrent au-dessus des têtes. Tel un boxeur victorieux, le Mahatma, radieux, salua joyeusement la multitude en liesse.

*

Trois heures plus tard, tandis que New Delhi en fête célébrait la fin de son jeûne, Gandhi absorba son premier repas depuis six jours : un verre de lait de chèvre et quatre oranges. Dès qu'il eut terminé, il réclama son rouet. Aucune protestation de ses médecins ne put le dissuader de filer. Avec les faibles forces qui revenaient dans son corps, ses doigts fébriles lancèrent la petite roue.

— Du pain obtenu sans travail est du pain volé, expliqua-t-il, puisque j'ai recommencé à prendre de la nourriture, je dois travailler.

18

Une bombe à Birla House

Il y avait des années que ses intimes n'avaient vu le Mahatma aussi joyeux, aussi débordant de ferveur et d'enthousiasme. L'heureuse conclusion de son sacrifice semblait lui avoir ouvert « un horizon de rêves et d'espoirs sans limites ». Jamais depuis sa Marche au sel de 1929 il n'avait galvanisé tant d'hommes et ne s'était attiré autant de sympathies.

Un déluge de télégrammes et de messages de félicitations submergea Birla House. Les journaux du monde entier rendaient hommage à son succès. « Le mystère et le pouvoir d'un fragile vieillard de soixante-dix-huit ans ébranlent le monde et lui donnent une nouvelle espérance », titra le *News Chronicle* de Londres. Gandhi, ajoutait le journal, « a manifesté une puissance qui peut devenir supérieure à celle de la bombe atomique et que l'Occident doit considérer avec envie et espoir ». Le *Times* de Londres, qui n'avait pas toujours compté parmi ses admirateurs, reconnut que « le courageux idéalisme de M. Gandhi n'avait jamais été plus totalement justifié », et le *Manchester Guardian* souligna qu'il « était peut-être un homme politique parmi les saints, mais qu'il n'en était pas moins un saint parmi les hommes politiques ». « Le doux Gandhi s'affirme encore une fois comme le plus grand rebelle de notre temps », commenta *Le Monde*. Aux États-Unis, le *Washington Post* nota que « la vague de soulagement » qui soulevait le monde à l'annonce de sa vie sauve donnait « la mesure de la sainteté dont il était auréolé ». La presse égyptienne glorifia « ce noble fils de l'Orient qui vouait sa vie à la cause de la paix, de la tolérance et de la fraternité », et les journaux d'Indonésie virent dans ses exploits « l'aube de la délivrance pour l'Asie tout entière ».

Ces éloges ne laissèrent pas indifférent l'hôte de Birla House. Bien que ce lundi 19 janvier fût son jour de silence hebdomadaire, le Mahatma fit preuve d'une gaieté malicieuse et communicative. Au désespoir de la semaine précédente succéda une euphorie quasi mystique, la conviction que des horizons immenses s'ouvraient désormais devant le prophète de l'Inde et sa doctrine de non-violence

Gandhi restait pourtant d'une extrême faiblesse et ne pouvait absorber que des liquides ou un peu de bouillie d'orge sucrée. Le premier signe rassurant apparut lors du rite quotidien de la pesée. Sa perte de cinq cents grammes apportait paradoxalement la meilleure nouvelle pour ses proches : ses reins fonctionnaient de nouveau normalement. Cette fois encore, la déroutante, l'indomptable « Grande Ame » de l'Inde émergeait des griffes du destin.

*

A l'heure où Gandhi se soumettait au verdict de la bascule, six hommes se glissaient hors d'un sous-bois. Avant de fixer le jour J, le déroulement et le lieu précis de leur crime, Nathuram Godsé voulait essayer leurs deux revolvers. L'endroit choisi pour cette répétition était un terrain vague situé derrière les tours néo-hindoues du vaste temple offert par la famille Birla aux fidèles de New Delhi.

Gopal Godsé, le jeune frère de Nathuram, sortit de sa ceinture le 7,63 acheté à Poona pour deux cents roupies. Il le chargea, choisit un arbre, recula de huit mètres environ, visa et pressa sur la détente. Aucun coup de feu ne partit. Il secoua le revolver, manœuvra la culasse, appuya de nouveau. En vain.

Le faux *sadhu* Badgé brandit alors son revolver et tira à son tour. Il y eut une détonation. Tous se précipitèrent vers l'arbre pour localiser l'impact. Il n'y en avait pas : la balle était tombée entre le tireur et l'arbre. Badgé rechargea, tira encore. Cette fois la balle alla se perdre dans la nature. Sur cinq balles, aucune n'atteignit la cible. Son arme était une pétoire tout juste bonne à faire du bruit.

Consternante découverte ! Ils étaient tous prêts à faire le sacrifice de leur vie mais ne possédaient pas un revolver pour tuer Gandhi.

La visite la plus importante que reçut Gandhi dès la fin de son jeûne fut celle de l'industriel de Bombay qu'il avait envoyé à Karachi préparer son voyage au Pakistan. Pendant que le vieil Hindou subissait son agonie, Jehangir Patel avait mené des négociations secrètes avec Jinnah pour ce projet qui paraissait de jour en jour plus aléatoire. La première réaction de Jinnah avait été plutôt hostile. Sa méfiance restait entière envers l'homme dont les manœuvres politiques l'avaient dans le passé contraint à quitter les rangs du Congrès. En outre, sa suspicion presque maladive à l'égard des intentions du gouvernement indien lui faisait redouter quelque machination dans la proposition de celui qu'il avait un jour qualifié de « dangereux renard hindou ».

La décision de l'Inde de verser la somme dont il avait un si pressant besoin, la conscience croissante parmi ses compatriotes que c'était, après tout, pour la cause de leurs frères musulmans que se sacrifiait Gandhi, finirent par assouplir la position du chef du Pakistan. Sans avoir vraiment conquis son cœur, la grève de la faim du Mahatma lui avait ouvert les portes du Pakistan. Le jour où elle s'acheva, Jinnah annonça qu'il acceptait d'accueillir son vieil adversaire politique sur le sol de sa nouvelle patrie.

Cet accord insuffla au prophète de l'amour une nouvelle vigueur. Il donnait brusquement un sens supplémentaire à son existence. Il allait pouvoir diffuser sa doctrine de non-violence au-delà des limites de l'Inde. Si le sous-continent indien avait perdu son unité physique, il pouvait encore lutter pour lui donner une unité spirituelle. Depuis des semaines il préparait son entrée au Pakistan. Le voyage en bateau de Bombay à Karachi préconisé par Jinnah était trop banal pour satisfaire son goût de la mise en scène. Gandhi voulait trouver le moyen de frapper l'imagination de tous.

Il avait franchi la frontière du Transvaal, berger à la tête de son troupeau d'opprimés, il avait marché jusqu'à la mer pour ramasser une poignée de sel, il avait visité des centaines de villages prêchant la fraternité, la non-violence et les règles de l'hygiène. Il se rendrait au pays de Jinnah de la même manière : à pied, à travers la terre meurtrie du Panjab, sur les routes mêmes de l'exode, là où tant de ses compatriotes avaient souffert et péri.

Mais pour l'instant, ses jambes ne pouvaient même pas le mener à l'autre bout de la pelouse de Birla House. C'était l'heure de son rendez-vous le plus sacré, son contact quotidien avec ses frères pour la prière du soir. Rejetant les protestations de son entourage qui le jugeait trop faible, il exigea d'être porté jusqu'à l'estrade habituelle.

Assis sur une chaise à porteurs de fortune, Gandhi passa au milieu de la foule sur les épaules de ses disciples, vrai potentat oriental, les mains jointes en signe de *namaste*, saluant en dodelinant de la tête le peuple avide d'obtenir un nouveau *darçan* avec son prophète ressuscité. Les fidèles suivirent avec respect et gratitude le lent cheminement de la petite procession le long de l'allée bordée de bougainvillées qui conduisait à la plate-forme d'où il avait annoncé, une semaine plus tôt, sa décision de jeûner jusqu'à la mort. Les regards ne brillaient pas tous cependant d'une égale vénération. Dispersés dans l'assistance, trois assassins attendaient d'un œil tout différent.

C'était la première fois de sa vie que le jeune Gopal Godsé se trouvait en présence du Mahatma. De le voir ainsi de près ne lui causa aucune émotion particulière. Il n'éprouva nulle haine, ne voyant en lui « qu'un petit vieillard tout rabougri ». « Le tuer, dirait-il un jour, m'apparaissait comme un acte impersonnel. Il avait une mauvaise influence : il fallait le supprimer. »

L'intérêt du jeune homme se concentra davantage sur les nombreux policiers en civil qu'il remarqua mêlés aux fidèles. En sortant de Birla House, il aperçut une mitraillette sur la table de la tente de police installée à côté du portail d'entrée. « Nous aurons bien peu de chance de nous en sortir », pensa-t-il.

Une heure plus tard, s'assurant que personne ne les suivait, les conjurés se glissèrent dans la chambre numéro 40 de l'hôtel Marina où étaient descendus Nathuram Godsé et son associé Apté, sous des noms d'emprunt.

— L'instant est venu de prendre une décision, annonça Apté.

De sa première reconnaissance à Birla House il revenait convaincu qu'il n'y avait dans la journée de Gandhi qu'un seul moment où il fût vraiment vulnérable. Ils le tueraient donc à 5 heures de l'après-midi le lendemain mardi 20 janvier, pendant sa prière publique.

*

Peu après 9 heures du matin ce mardi 20 janvier, un taxi s'arrêta devant l'entrée de service de Birla House située au-delà de la villa et du vaste jardin. Ses deux passagers pénétrèrent à l'intérieur de l'enceinte sans rencontrer âme qui vive. Ils se trouvèrent dans une petite cour, bordée d'un long bâtiment sans étages, divisé en plusieurs pièces qui servaient d'habitations aux domestiques.

En contournant la construction, ils débouchèrent sur le jardin. Il fallait gravir quatre marches pour accéder à la pelouse au fond de laquelle s'élevait le pavillon qui abritait l'estrade où se tenait Gandhi. L'endroit était désert et le gazon encore tout brillant de rosée. Narayan Apté et le faux *sadhu* Digambar Badgé se sentirent rassurés. Ils pouvaient repérer les lieux en toute tranquillité. En étudiant mentalement l'itinéraire habituel de Gandhi, Apté s'aperçut que la petite plate-forme était exactement adossée au quartier des domestiques. Les lucarnes de toutes les chambres donnaient sur la pelouse. L'une d'elles s'ouvrait même juste dans l'axe du microphone posé sur la natte de paille. D'un coup d'œil, Apté évalua la distance qui la séparait de la place qu'occuperait Gandhi : moins de trois mètres. Cette découverte

648

fut pour lui une illumination. Le plan du meurtre s'ordonna instantanément dans sa tête. Il lui suffirait de poster Badgé dans l'embrasure de cette lucarne. La cible serait si facile à atteindre que même avec son archaïque revolver il ne pourrait la manquer. Pour plus de sûreté, Apté décida de placer également Gopal Godsé au même endroit avec mission d'appuyer les coups de feu de Badgé d'un jet de grenades. Leur acte accompli, les deux hommes n'auraient qu'à s'enfuir par l'entrée de service, invisible depuis la pelouse.

Restait à identifier le logement qui donnait accès à cette lucarne. C'était, compta Apté, le troisième à partir de la gauche. Satisfaits, les deux fanatiques regagnèrent leur taxi. Dans moins de huit heures, prédit Apté à son complice, Gandhi tomberait foudroyé.

Cinq hommes regardaient, fascinés, le jeu des doigts du faux *sadhu*. Accroupi dans la salle de bains de la chambre d'hôtel, Digambar Badgé introduisait avec précaution les détonateurs à l'intérieur de la bombe que les conjurés avaient prévu de faire exploser pour garantir la réussite de leur meurtre.

— Badgé, veille à ce que tout fonctionne correctement, chuchota Nathuram Godsé le visage blanc comme un linge, c'est notre unique chance.

Quand il eut achevé ses préparatifs, Badgé coupa un morceau de mèche et l'enflamma après avoir demandé à Apté d'en calculer la vitesse de combustion avec la trotteuse de sa montre. Mais ces fanatiques qui étaient prêts à commettre le crime du siècle n'étaient que de pitoyables apprentis terroristes. Le cordon se consuma dans une gerbe d'étincelles et un dégagement de fumée tels qu'ils faillirent tous périr asphyxiés.

Le calme revenu, ils se regroupèrent dans la chambre autour d'Apté qui devait attribuer son rôle à chacun. Le principal conjuré, Nathuram Godsé, ne participait pas à la discussion : en proie à l'une de ses migraines foudroyantes, il gémissait prostré sur son lit. Apté fit la description des lieux repérés le matin. Madanlal irait tout de suite placer la bombe au pied du mur de clôture, un peu en retrait de la pelouse où se tenait la foule. Karkaré se glisserait parmi les fidèles pour se trouver en face de Gandhi, le plus près possible derrière les rangs des femmes. Nathuram Godsé et lui-même, Apté, se tiendraient en bordure de la foule, en des endroits d'où ils pouvaient voir leurs complices et être vus d'eux.

Aux deux *peçwa,* les « guides », revenait l'honneur de coordonner toute l'opération. Dès qu'il verrait son jeune frère Gopal et Badgé prêts à faire feu depuis leur lucarne, Nathuram préviendrait Apté d'un geste de la main. A son tour, Apté ferait signe à Madanlal d'allumer la mèche de la bombe. L'explosion donnerait le signal de l'attaque générale tout en semant la panique dans l'assistance. Badgé déchargerait alors son revolver dans la nuque du Mahatma, tandis que Gopal Godsé lancerait une grenade sur l'estrade. Afin de ne laisser à leur victime aucune chance d'en réchapper, Karkaré jetterait lui aussi une grenade sur Gandhi.

Apté reconnut que cette façon de procéder allait causer la perte de vies innocentes. C'était inévitable. L'Inde devait accepter de payer un tel prix « la mort de l'homme responsable du massacre de centaines de milliers d'Hindous au Panjab ».

Nathuram Godsé geignait toujours sur son lit.

Une insoutenable tension commençait à régner dans la pièce. Les conjurés décidèrent par précaution de modifier leur aspect extérieur. Apté, l'élégant amateur de costumes bien coupés, revêtit un humble *dhoti*. Karkaré noircit ses sourcils et apposa un *tilak* rouge sur son front. Madanlal Pahwa endossa le nouveau complet de gabardine bleue qu'il avait acheté à Bombay : le réfugié du Panjab serait habillé en gentleman pour son rendez-vous avec la célébrité prédite par les astrologues. C'était la première fois qu'il portait une veste et une cravate.

A mesure qu'approchait l'heure H, le silence pesait plus lourdement sur les six hommes. Émergeant de sa migraine, Nathuram Godsé décida qu'ils devaient partager une dernière libation. Il sonna le boy et commanda du café pour tout le monde. Quand ce petit rite fut achevé, le moment était venu de partir. Nathuram Godsé, Madanlal et Karkaré sortirent les premiers, espaçant leur départ en *tonga* pour se rendre séparément à Birla House. Dix minutes plus tard, Apté et les autres descendirent à leur tour pour rejoindre leurs camarades en taxi. Au lieu de prendre la première voiture, Apté éprouva le besoin à cet instant vital de marchander le prix de la course aller et retour avec tous les chauffeurs de taxi de Connaught Circus. Il arrêta son choix, finalement, sur une Chevrolet verte, immatriculée PBF 671, qu'il trouva devant le cinéma Regal. Il était 16 h 15. Ses tractations lui avaient fait économiser *une* roupie.

*

Gandhi était toujours trop faible pour que ses jambes le portent jusqu'au lieu de sa prière publique. Comme la veille, il fallut l'asseoir sur une chaise à porteurs. Au milieu des fidèles qui mains jointes inclinaient respectueusement la tête sur son passage, se trouvait Madanlal Pahwa. Sa bombe était en place, cachée au pied du mur sous une touffe d'herbes. Joignant lui aussi les mains, il salua avec déférence l'homme qu'il se préparait à tuer. Il n'avait encore jamais vu Gandhi. Mais ce n'était pas l'image du Mahatma qu'il avait devant les yeux, seulement celle de son père blessé à l'hôpital de Ferozepore. « Gandhi était mon ennemi, et c'est avec les yeux de la haine que je l'ai regardé passer », devait-il rappeler plus tard.

A peine Gandhi avait-il pris place sur la plate-forme que quelqu'un courut se prosterner à ses pieds en le suppliant de se proclamer l'incarnation de Dieu. Il détestait ce genre de manifestations. Souriant pourtant avec tolérance, il pria l'exalté d'aller s'asseoir et de prier. « Je ne suis qu'un mortel, exactement comme toi », lui dit-il.

Le taxi d'Apté arrivait seulement devant l'entrée de service. Pour avoir voulu épargner une roupie, le deuxième « guide » était en retard. Karkaré le guettait avec impatience pour lui faire le point de la situation. Il se glissa vers lui et chuchota que la bombe de Madanlal était amorcée et prête à sauter. Quant à la chambre dont la lucarne s'ouvrait juste dans le dos de Gandhi, il n'y aurait aucune difficulté à y accéder : il avait donné dix roupies à son occupant qu'il montra du doigt. Apté ordonna à Badgé et à Gopal Godsé d'aller prendre immédiatement leur poste près de la lucarne. A peine avait-il fait quelques pas que le faux *sadhu* fournisseur d'armes s'arrêta pétrifié. Rien au monde ne pourrait le décider à pénétrer dans la pièce. Nul argument, nulle promesse, nulle menace ne seraient assez puissants pour le contraindre à en franchir le seuil. Une voix intérieure venait en effet de lui parler, la voix d'une Inde millénaire comme ses *rishi* et ses jungles, l'Inde des symboles et des augures. Le serviteur assis devant sa porte était borgne. Son infirmité représentait le plus néfaste des présages. Badgé recula. « Cet homme n'a qu'un œil, gémit-il, je ne peux pas entrer dans sa chambre. »

Le temps pressait. Sur la pelouse, la foule avait fini de chanter les cantiques et Gandhi commençait à parler. Sa voix était trop faible pour être audible en dépit du microphone et Sushila Nayar devait répéter ses paroles mot à mot. Il était évident que son état de fatigue allait obliger Gandhi à écourter la réunion.

Il fallait faire vite. Apté assigna sur-le-champ une nouvelle mission à Badgé : celle d'aller se faufiler dans la foule aussi près que possible de Gandhi pour pouvoir, le moment venu, lui décharger son revolver en pleine poitrine. Gopal Godsé se posterait seul près de la lucarne et lancerait sa grenade comme prévu au signal de l'explosion.

Gopal Godsé entra sans hésiter dans le logement du domestique borgne et referma la porte derrière lui. En avançant à tâtons dans l'obscurité, il entendait la voix de Sushila Nayar répéter une phrase de Gandhi : « Celui qui est l'ennemi des Musulmans est l'ennemi de l'Inde. » Arrivé au pied de la lucarne, il découvrit avec stupeur une terrible lacune dans le plan d'Apté. En examinant les lieux le matin, ce dernier n'avait pas pris la peine d'inspecter l'intérieur de la pièce. Le bâtiment se trouvant très en contrebas de la pelouse, la petite fenêtre s'ouvrait à plus de deux mètres du sol. Le jeune brahmane chercha désespérément un point d'appui lui permettant de se hisser jusqu'à l'orifice. Il finit par saisir le *charpoy* du serviteur borgne et le dressa contre le mur en guise d'échelle.

Dehors, tout était en place. Nathuram Godsé repéra Karkaré dans la foule, visiblement prêt à lancer sa grenade sur Gandhi qui dénonçait à présent « le traitement cruel » dont étaient victimes les Noirs américains. Le moment était venu de déclencher l'opération : il porta la main à son menton. Apté guettait son signal et leva aussitôt le bras pour avertir Madanlal Pahwa. Lui aussi était aux aguets. L'instant béni dont il rêvait depuis le jour où il avait dû fuir était arrivé : il allait se venger. Il tira une longue bouffée de sa cigarette et se pencha pour allumer la mèche de sa bombe.

« Si nous nous accrochons à nos bonnes résolutions, répétait Sushila Nayar, nous nous élèverons vers de nouvelles sphères morales... »

Le fracas de l'explosion couvrit le reste de la phrase.

— Oh, mon Dieu ! gémit Sushila.

— Quelle plus belle mort pourriez-vous souhaiter qu'une mort en pleine prière ? s'étonna Gandhi.

Dans la chambre du serviteur borgne, Gopal Godsé avait fait des efforts acharnés pour atteindre la lucarne. Mais les cordes du *charpoy* étaient trop distendues pour lui servir d'échelle. Grimpant sur le cadre du châlit, il n'avait pu atteindre que le rebord de l'orifice. Tout ce qu'il pouvait faire était de se cramponner à ce rebord et de jeter sa grenade au hasard dès qu'il entendrait les premiers coups de revolver. Mais au lieu des détonations escomptées, ce fut la voix de Gandhi qu'il entendit.

— Écoutez, écoutez, ce n'est rien, s'époumonait Gandhi pour apaiser la foule. Ce sont des militaires qui font des exercices. Asseyez-vous et restez calmes, la prière continue.

Une confusion totale régnait sur la pelouse. La bombe de Madanlal n'avait fait aucune victime, et

654

guère de dégâts, mais avait provoqué l'affolement et la confusion à la faveur desquels les assassins devaient pouvoir frapper et se sauver sans être inquiétés. Un remous de foule porta Karkaré à moins de cinq mètres de Gandhi, cible splendide qu'une seule de ses grenades pouvait déchiqueter. Au moment de la dégoupiller, il chercha des yeux le canon d'un revolver dans la lucarne derrière l'estrade. Ne voyant rien, il décida d'attendre.

Gopal Godsé avait renoncé à lancer sa grenade à l'aveuglette. Il venait de sauter à bas du *charpoy*. « Que les autres se débrouillent et fassent le travail », marmonna-t-il furieux en cherchant la poignée de la porte. Son énervement était tel que ses doigts furent impuissants à la faire tourner. La panique s'empara de lui : il se vit pris au piège dans la chambre du borgne. Quand il finit par ouvrir, la lumière lui fit cligner les yeux. Puis, au milieu de gens qui couraient, il reconnut Madanlal Pahwa que deux policiers tenaient par les bras. Plus loin dans la foule, il aperçut son frère Nathuram et Apté qui semblaient complètement désemparés. Gopal les rejoignit. Tous trois parurent hésiter un instant. Devant l'énormité de leur fiasco, ils décidèrent finalement d'abandonner leurs complices et de s'enfuir. Ils sortirent sans encombre de Birla House et montèrent dans le taxi vert qu'avait gardé Apté.

La main crispée sur sa grenade, Karkaré attendait toujours de voir apparaître le revolver dans l'embrasure de la lucarne. Chaque seconde qui passait enlevait à l'aubergiste d'Ahmednagar un peu de sa détermination. C'est alors qu'il découvrit Badgé dans la foule à une dizaine de mètres. « Que fait-il là, et pourquoi ne tire-t-il pas ? » se demanda-t-il. Le faux *sadhu* n'avait pas la moindre intention de sortir son revolver. Il s'était fourvoyé pour l'appât de quelques roupies dans une aventure qui, en fait, ne le concernait pas. Il n'était, lui, ni un idéaliste ni un ange purificateur, mais un commerçant. Son affaire, c'était de vendre des armes, pas de les utiliser. Fuyant le regard réprobateur de Karkaré, il profita de la confusion pour disparaître à son tour. Karkaré vit alors les deux policiers qui entraînaient Madanlal vers le poste de police installé à l'entrée de Birla House. Dès lors, il n'eut plus qu'une pensée : fuir.

Tandis que la rumeur se répandait qu'un fou de réfugié panjabi » avait fait une « bruyante manifestation » contre lui, Gandhi annonça tranquillement :

— Je suis prêt à partir dès aujourd'hui pour le Pakistan. Si le gouvernement et les médecins m'y autorisent, je peux me mettre en route immédiatement.

Souriant, le visage irradié de bonheur, tout à fait inconscient de la mort à laquelle il venait d'échapper, Gandhi remonta sur sa chaise à porteurs et regagna sa chambre au milieu des acclamations de ses fidèles.

*

Dans leur taxi, les deux organisateurs de l'attentat manqué étaient submergés par un effroyable sentiment d'échec. Foudroyé par une nouvelle migraine, Nathuram Godsé serrait son visage dans ses mains. Ils n'avaient aucune idée de ce qui allait se passer. Ils avaient cru si aveuglément en leur plan qu'aucun d'entre eux n'avait envisagé autre chose que le succès. Ils étaient à présent en danger. Le réfugié Madanlal Pahwa ignorait leur véritable identité, mais il savait qu'ils venaient de Poona et connaissait l'existence de leur journal. Avec ces renseignements, la police ne mettrait pas longtemps à les arrêter.

A l'amertume s'ajoutait la honte. Ils avaient failli à leur engagement devant les extrémistes hindous de Poona et de Bombay à qui ils avaient emprunté l'argent nécessaire à l'accomplissement de leur acte. Surtout, ils avaient trahi la confiance de leur chef, l'homme aux pieds duquel ils s'étaient prosternés avant de s'embarquer pour cette lamentable aventure — Savarkar « le Brave », leur messie.

Nathuram Godsé rappela à son jeune frère qu'il était père de famille, et devait donc regagner Poona de toute urgence et s'y trouver un alibi. Puis il fit stopper la voiture. Gopal en descendit et regarda s'éloigner Nathuram en priant pour qu'il puisse, d'une façon ou d'une autre, le venger d'un échec dont il se maudissait.

A Birla House, l'ambiance était semblable à celle qui y régnait deux jours plus tôt lorsque Gandhi avait rompu son jeûne. Des télégrammes et le téléphone ne cessaient d'apporter de nouveaux témoignages de soulagement. Nehru et Patel accoururent embrasser le Mahatma. Des centaines de visiteurs firent la queue à la porte de sa chambre pour lui témoigner leur affection. Parmi les premiers, se trouvait Edwina Mountbatten.

— Il ne faut pas me féliciter, je n'ai pas fait preuve de la moindre bravoure, déclara-t-il avec malice à l'ex-vice-reine.

Gandhi n'avait pas pensé une seconde à l'explosion d'une bombe. Il avait effectivement cru à des exercices militaires.

— Si quelqu'un m'avait tiré dessus à bout portant, ajouta-t-il, et que j'eusse fait face en souriant et en répétant le nom de Râma, alors seulement je mériterais vos hommages.

*

D.W. Mehra, directeur général adjoint de la police de New Delhi chargé des enquêtes criminelles, était cloué au lit avec la grippe. Trois messages arrivèrent à son chevet dans la soirée du 20 janvier. Le premier l'informait qu'une bombe avait explosé pendant la prière publique de Gandhi et que le coupable avait été arrêté. Deux heures plus tard, le second précisait que l'auteur de l'attentat refusait de parler. Mehra autorisa aussitôt la procédure d'interrogatoire dite du « troisième degré ». Mais ce fut le dernier qui allait déterminer le cours de l'enquête policière. Signé de son supérieur D.J. Sanjevi, le directeur général de la police de New Delhi, il lui intimait : « Ne vous occupez pas de l'attentat de Birla House. Je prends personnellement cette affaire en main. »

L'ordre était aussi étrange qu'inattendu. Si son auteur était bien le chef en titre de la police de la capitale indienne, il n'avait pas pour habitude de s'occuper des enquêtes criminelles, laissant cette responsabilité à son brillant adjoint. Nul goût particulier pour l'art de l'investigation policière n'avait en effet poussé ce haut fonctionnaire issu de la branche politique de son Administration à obtenir le poste suprême qu'il occupait, mais la simple soif de jouir des avantages dont s'accompagnait cette charge. « Avant la retraite, avait avoué Sanjevi, je veux une voiture avec fanion sur l'aile, une escorte en jeep, et une garde d'honneur pour me présenter les armes quand j'arrive à mon bureau. »

*

Dans sa cellule du commissariat de police de Parliament Street, Madanlal Pahwa commençait à payer le prix de la notoriété à laquelle l'avaient promis les astrologues. Le corps meurtri, le visage tuméfié, il cédait peu à peu aux coups des trois policiers qui l'interrogeaient sans relâche depuis deux heures. Mais il ne voulait pas trahir ses camarades. Convaincu qu'ils allaient renouveler leur tentative, il désirait leur laisser le champ libre le plus longtemps possible.

Il ne pourrait éviter toutefois de lâcher une information qui se révélerait de première importance. Il reconnut ne pas être un réfugié ayant agi sur un coup de folie, mais appartenir à un groupe organisé. Ses membres avaient décidé de tuer Gandhi, expliqua-t-il, « parce qu'il voulait obliger les réfugiés hindous à rendre les mosquées et les maisons musulmanes, parce que c'était à cause de lui qu'on avait versé les roupies au Pakistan, et parce qu'il ne cessait de voler au secours des Musulmans ».

Plus tard dans la soirée, calculant que ses complices avaient eu le temps de s'éloigner suffisamment, il donna quelques détails sans intérêt sur leur emploi du temps avant l'attentat. Puis dans un irrépressible besoin de briller, il laissa échapper un deuxième renseignement essentiel. Il se vanta d'avoir rencontré Savarkar et d'avoir beaucoup entendu parler chez lui des « méfaits de Gandhiji ». Aux questions pressantes sur ses complices, il réussit à rester évasif, ne donnant qu'un seul nom ; encore s'arrangea-t-il pour le déformer, l'aubergiste Karkaré devenant ainsi un certain « Kirkré ». Sa description de Nathuram Godsé ne présentait aucune similitude avec la réalité, à l'exception toutefois de sa profession. Il s'agissait, avoua-t-il, « du directeur d'un journal marathe qui s'appelait le *Rashtryia* ». Ce nom incomplet et mal orthographié représentait tout de même le renseignement le plus précieux que la police pût espérer.

Pendant l'interrogatoire, des enquêteurs firent une descente au siège du parti *Hindu Mahasabha* et à l'hôtel Marina de Connaught Circus. Ils n'y trouvèrent personne. Badgé fuyait déjà à des centaines de kilomètres, dans un train roulant vers Poona. Karkaré et Gopal Godsé s'étaient cachés sous de fausses identités dans un hôtel de la Vieille Delhi. Apté et Nathuram Godsé avaient quitté l'hôtel Marina plusieurs heures auparavant. Sur la table de la chambre 40, les policiers découvrirent cependant un quatrième indice de taille. C'était un article tapé à la machine dénonçant la charte qu'avaient contresignée tous les dirigeants de New Delhi pour mettre un terme à la grève de la faim de Gandhi. Le document portait la signature d'un dénommé Ashutosh Lahiri, le secrétaire général du *Hindu Mahasabha*. Il aurait suffi à la police de l'interroger pour apprendre que parmi ses relations se trouvaient Narayan Apté et Nathuram Godsé. Ce responsable de leur parti savait parfaitement qu'ils étaient les directeurs d'un journal extrémiste financé par Savarkar, le *Hindu Rashtra* de Poona.

A minuit, les policiers suspendirent le premier interrogatoire de Madanlal Pahwa. Ils avaient toutes les raisons d'être satisfaits. Quelques heures avaient suffi pour établir qu'ils avaient affaire à un complot de six conjurés, tous partisans de Savarkar dont l'organisation faisait justement l'objet d'une surveillance depuis le mois de mai. Les informations en leur possession devaient leur permettre d'identifier rapidement Nathuram Godsé et Narayan Apté. C'était un beau résultat. Tout policier sensé aurait parié ce soir-là pour l'arrestation des complices dans les plus brefs délais. Cette enquête pourtant si bien commencée allait être menée d'une façon si incohérente, si surprenante, qu'elle continuerait près de trente ans plus tard à alimenter en Inde des controverses passionnées.

19

« Il faut tuer Gandhi
avant que la police ne nous arrête »

Gopal Godsé faillit s'étrangler. Menottes aux mains, la tête couverte d'une cagoule et encadré de policiers, un homme avançait vers la buvette où il prenait son petit déjeuner avec Karkaré en attendant le départ du train. Terrifié, il reconnut le costume bleu que leur ami Madanlal Pahwa avait revêtu la veille pour tuer Gandhi.

Madanlal approchait toujours. A cinq reprises depuis l'aube, les policiers l'avaient amené sur les quais de cette gare pour lui faire examiner tous les voyageurs quittant la ville, dans l'espoir de mettre la main sur ses complices. Respirant avec peine sous l'étoffe, la tête vide, les yeux brouillés de fatigue, il dévisageait tout le monde. Soudain il frémit imperceptiblement. Il venait d'apercevoir ses amis. Simulant une quinte de toux pour donner le change, il continua sa marche sur le quai. Les deux derniers conjurés qui se trouvaient encore à New Delhi allaient pouvoir échapper à la souricière.

*

La préoccupation immédiate de la police après l'explosion de la bombe fut d'assurer la sécurité de Gandhi. Bien que son patron D.J. Sanjevi ait pris en main l'enquête criminelle, la responsabilité de la sécurité du Mahatma incombait à son adjoint D.W. Mehra. Encore grippé, emmitouflé dans un épais manteau, grelottant de fièvre, Mehra se rendit à Birla House.

— *Mubârakbâd,* deux fois bonne chance ! dit-il en se prosternant devant le Mahatma.

— Pourquoi « deux fois » ? s'étonna Gandhi.

— La première parce que vous avez accompli avec votre jeûne ce que ma police n'avait pas pu faire : vous avez restauré la paix à New Dehli. Ensuite, parce que vous avez échappé à l'attentat.

— Mon frère, répliqua Gandhi avec un sourire malicieux, ma vie repose entre les mains de Dieu.

Pour Mehra, la vie de Gandhi était avant tout dans ses mains à lui. Il lui expliqua que le criminel qui avait essayé de le tuer avait des comparses qui risquaient de renouveler leur tentative. C'est pourquoi il sollicitait l'autorisation de renforcer la garde de Birla House, et de faire fouiller toutes les personnes suspectes venues aux réunions de prière.

— Je n'accepterai jamais, s'écria Gandhi hors de lui. Fouillez-vous les fidèles qui vont prier dans un temple ou une chapelle ?

— Personne dans un temple n'est une cible pour la balle d'un assassin, allégua Mehra.

— Râma est ma seule protection, répéta Gandhi. S'Il veut mettre fin à ma vie, nul ne pourra me sauver, dussiez-vous me faire garder par un million de vos hommes. Les dirigeants de ce pays ne croient pas en ma non-violence : ils se figurent que vos gardes du corps sont indispensables. Je vous répète que ma seule protection est Râma, et vous n'allez pas violer mes réunions de prière avec des forces de police ni empêcher les gens d'y assister. Si vous le faites, je quitterai Delhi et vous rendrai publiquement responsable de mon départ.

Mehra était effondré. Il connaissait suffisamment Gandhi pour savoir qu'il ne changerait pas d'avis. Il fallait trouver un moyen de le protéger malgré lui.

— Vous me permettrez au moins de venir chaque jour à votre prière ? demanda-t-il.

— A titre personnel vous serez toujours le bienvenu.

Un peu avant 17 heures, Mehra était de retour à Birla House, cette fois vêtu en civil. Il y avait fait passer de cinq à trente-six les effectifs de sécurité, des inspecteurs en civil pour la plupart chargés de se mêler à l'assistance. Mehra quant à lui portait sous son manteau un Webber and Scott de 9 mm, une balle engagée dans le canon. Il avait servi sur la frontière indo-afghane. Spécialiste de la guérilla, il pouvait dégainer et placer trois balles dans l'œil d'un buffle à dix mètres en moins de trois secondes. Lorsque le Mahatma fut prêt à quitter sa chambre, le policier se plaça juste à côté de lui. Il entendait faire de même chaque après-midi aussi longtemps que le Mahatma serait à New Delhi.

Encore trop faible pour marcher, Gandhi dut être porté jusqu'au lieu de la prière. Ses premières paroles furent pour le jeune réfugié révolté qui avait juré de venger les souffrances que la Partition avait infligées aux siens.

— Ne condamnez ni ne haïssez le malheureux qui a fait éclater cette bombe, plaida-t-il. Nous n'avons pas le droit de châtier un de nos frères parce que nous considérons qu'il a fait le mal.

∗

Pour Sanjevi, le chef de la police qui avait tenu à prendre l'enquête en main, une chose était certaine. Le complot s'était tramé dans la région de Bombay.

Madanlal Pahwa avait en effet révélé que tous ses complices étaient originaires de la province du Maharashtra. Lui-même était venu de Bombay. Sanjevi alerta donc son homologue local. Il lui dépêcha même par avion deux inspecteurs de sa brigade d'investigation criminelle avec mission de lui communiquer la *totalité* des renseignements rassemblés à New Delhi. Mais, pour une raison inexplicable qui allait être la première incohérence de cette étrange enquête, les deux inspecteurs négligèrent d'emporter le seul document susceptible de mettre immédiatement les policiers de Bombay sur la trace des assassins : la déposition de Madanlal Pahwa recueillie et dactylographiée la veille. Ils n'apportaient qu'une petite fiche résumant quelques indications, tel le nom de Karkaré épelé à tort « Kirkré ». Cette fiche ne portait pas la moindre mention du renseignement le plus important : l'identification approximative du journal que dirigeaient Godsé et Apté à Poona.

*

Le policier de Bombay auquel se présentèrent les deux envoyés de Sanjevi possédait déjà une information plus utile à elle seule que les quelques bribes consignées sur la fiche.

A trente-deux ans, Jamshid Nagarvalla était le numéro deux de la Brigade d'investigation criminelle de Bombay. Ce n'étaient pas toutefois ses qualités de fin limier qui lui avaient valu d'être chargé de l'affaire. Mais le choix était révélateur du dilemme constant auquel se trouvait confrontée la police indienne. S'il eût été sacrilège de confier l'enquête à un Musulman, en charger un Hindou risquait de permettre à un adversaire caché du

Mahatma d'empêcher la capture des conjurés. Nagarvalla n'était ni l'un ni l'autre : il était un Parsi.

En le désignant, le ministre de l'Intérieur de la province de Bombay lui avait communiqué un rapport sur les activités d'un certain nombre d'extrémistes de la région. Nagarvalla y trouva le nom de l'aubergiste Karkaré. Convaincu que la piste de ce Karkaré passait fatalement par le discret pavillon du messie fanatique de l'hindouisme, Nagarvalla avait aussitôt demandé l'autorisation d'arrêter Savarkar. Il espérait, en partant de lui, remonter la filière du complot.

— Êtes-vous complètement fou ? s'était indigné le ministre. Voudriez-vous mettre le feu à toute la province ?

Faute de pouvoir confier l'instigateur probable du crime aux geôliers de la prison municipale, Nagarvalla décida de le soumettre à l'attention d'une brillante organisation créée par les Anglais et qui faisait la fierté du Bureau d'investigation criminelle de Bombay, sa brigade d'indicateurs. Forte de cent cinquante hommes et femmes dont les identités n'étaient connues que de leur seul chef, elle se composait d'aveugles, de culs-de-jatte, de mendiants, de femmes musulmanes voilées, de marchands de fruits ambulants, de balayeurs. Depuis plus d'un quart de siècle, cette cour des miracles avait surveillé les agitateurs politiques et toute la pègre de Bombay. Personne, disait-on, ne pouvait échapper à sa vigilance. La première décision de Jamshid Nagarvalla fut de lui assigner un nouvel objectif : la maison de Savarkar.

L'enquête du commissaire parsi démarra sous les

meilleurs auspices. En quelques heures, il apprenait qu'un certain Badgé, petit trafiquant d'armes à Poona, était impliqué dans le complot visant à supprimer le Mahatma.

Aussitôt alertée, la police de Poona fit savoir que Badgé était introuvable et qu'il se cachait probablement « dans les forêts autour de la ville ». Nagarvalla eut le tort de croire sur parole ses collègues de Poona. Incompétence ou mystification délibérée, leur rapport ne reflétait pas la réalité. Moins de quarante-huit heures après l'attentat de Birla House, le faux *sadhu* était en effet de retour chez lui où il reprenait tranquillement ses occupations, « tricotant » dans son arrière-boutique les cottes de maille dont il était si fier.

Mais ce n'était encore qu'un début aux stupéfiantes anomalies de cette enquête. A leur retour à New Delhi, les deux inspecteurs dépêchés à Bombay par Sanjevi rédigèrent un surprenant compte rendu de leur mission. « Nous avons recommandé à nos collègues de Bombay de rechercher d'urgence le directeur d'un journal nommé *Rashtryia* », affirmaient-ils. Pour étayer cette déclaration, ils annexèrent à leur compte rendu un extrait de la première déposition de Madanlal Pahwa concernant les liens qui unissaient deux de ses complices à ce journal. Ils assurèrent avoir montré ce document au commissaire Nagarvalla. C'était faux. Pour une raison mystérieuse, les inspecteurs de New Delhi n'avaient pas transmis la seule information permettant de mettre aussitôt les policiers de Bombay sur la trace des coupables.

*

L'enquête connut un rebondissement spectaculaire le troisième jour quand Madanlal Pahwa accepta enfin de tout dire. Sa confession se prolongea durant quarante-huit heures et remplit cinquante-quatre pages dactylographiées qu'il signa le soir du 24 janvier à 21 h 30. Le document fut triomphalement porté à Sanjevi. Cette fois Madanlal n'avait rien dissimulé[1]. Il révéla que le fameux journal *Rashtryia* dont il avait mentionné le nom le soir de l'attentat, s'appelait en réalité *Hindu Rashra* et, détail primordial, qu'il était publié à Poona. Ce n'était plus maintenant qu'un jeu d'enfant pour le chef de la police de New Delhi d'identifier Nathuram Godsé et Narayan Apté. Il lui suffisait de faire consulter à la bibliothèque du ministère de l'Information ou de l'Intérieur l'*Annuaire de la Presse pour la Province de Bombay*. A la lettre H, on pouvait lire :

« *Hindu Rashtra,* quotidien publié en marathe à Poona. Propriétaire : V.D. Savarkar. Directeur : N.V. Godsé. Administrateur : N.D. Apté. »

La preuve définitive que ce « N.V. Godsé » était bien un des complices fut apportée quelques heures plus tard sous la forme d'une chemise blanche, d'un gilet de coton et d'un *dhoti*. Ce linge avait été donné à laver le matin du 20 janvier par l'un des deux occupants de la chambre 40 de l'hôtel Marina. Personne n'était venu les réclamer. Sur chaque pièce, les trois initiales N.V.G. corroboraient l'identité de leur propriétaire, Nathuram Vinayak Godsé.

Jamais personne n'expliquerait la façon ahuris-

---

1. Il déclarera plus tard que sa confession avait été obtenue par la torture, ce que nia formellement la police. Lors d'une série d'entretiens que les auteurs de ce livre eurent avec Madanlal Pahwa au printemps et à l'automne 1973, celui-ci affirma que pour le faire parler les policiers lui posèrent de la glace sur ses testicules et barbouillèrent son visage d'eau sucrée avant de le couvrir d'énormes fourmis rouges.

sante dont le chef de la police de New Delhi devait mener la suite de l'enquête. En quatre jours à peine, ses hommes avaient réuni des renseignements permettant d'établir sans doute possible l'identité de quatre au moins des conjurés. Non seulement il ne fit rien pour les faire arrêter, mais encore négligeat-il de transmettre les informations capitales en sa possession à son collègue de Bombay dans la juridiction duquel se trouvait Poona. Or, c'était vers cette ville que convergeaient toutes les traces des coupables. Les archives de la Brigade d'investigation criminelle locale renfermaient d'ailleurs tout ce que les enquêteurs pouvaient encore désirer savoir sur eux : noms, adresses, professions, carrières, opinions et attaches politiques, y compris l'histoire de leur association avec Savarkar. Les dossiers de deux d'entre eux, dont les fiches précisaient « individu susceptible d'être dangereux », contenaient même des pièces qui, présentées aux trente-six policiers en civil montant la garde autour de Gandhi à Birla House, auraient pu à elles seules sauver la vie du Mahatma : les photos anthropométriques de Narayan Apté et de Vishnu Karkaré.

Mais il y avait plus étonnant. Le chef de cette Brigade d'investigation criminelle de Poona, l'inspecteur général U.H. Rana, se trouvait à New Delhi le matin du dimanche 25 janvier lorsque Sanjevi prit connaissance des aveux de Madanlal. Les deux policiers analysèrent ensemble sa déposition, page après page. Chaque ligne aurait dû faire bondir l'inspecteur de Poona. L'existence du journal *Hindu Rashtra* ne pouvait manquer de lui être aussi familière que celle du *Times of India,* comme d'ailleurs les noms de ses directeurs : c'était lui en effet qui avait annulé la surveillance policière sous laquelle ils avaient été placés lors de la suspension provisoire de

668

leur journal au mois de juillet précédent. Or, il ne prit même pas la peine de téléphoner à ses subordonnés pour les faire immédiatement arrêter. Il ne se précipita pas davantage dans le premier avion. U.H. Rana souffrait du mal de l'air. C'est en train qu'il revint à Poona. Et non par un rapide, mais par un tortillard qui mit plus de trente-six heures pour effectuer le trajet.

Quelle explication trouver à cette générale et incroyable négligence ? Peut-être la conviction qu'après leur échec du 20 janvier, les assassins ne reviendraient pas sur les lieux de leur crime. Les policiers se trompaient[1].

A l'extrémité du quai de la petite gare de Thana, dans la banlieue de Bombay, trois des conjurés étaient accroupis dans la pénombre ce soir du dimanche 25 janvier.

Persuadé qu'une gigantesque chasse à l'homme était engagée à travers l'Inde pour les rechercher, hanté par la crainte de tomber à chaque seconde dans les filets de la police, Nathuram Godsé avait réuni d'urgence deux de ses complices pour leur annoncer une nouvelle capitale.

— Nous avons échoué le 20 janvier parce que

---

1. Une commission d'enquête officielle, dirigée par un ancien juge de la Cour suprême, fut constituée en 1960 pour tenter d'expliquer l'étrange comportement de la police lors de l'instruction relative à l'assassinat du Mahatma Gandhi. Elle établit définitivement que les deux inspecteurs de New Delhi n'avaient *pas* communiqué aux enquêteurs de Bombay toutes les informations en leur possession. Les travaux de la commission furent toutefois gravement handicapés par le fait que la plupart des policiers ayant participé aux investigations, y compris D.J. Sanjevi, étaient décédés. Faute de pouvoir faire la lumière, la commission se contenta de conclure que l'enquête policière « n'avait pas été conduite avec l'ardeur et la rapidité que réclamait un crime contre la vie du Mahatma Gandhi ».

nous étions trop nombreux, déclara-t-il à son associé Apté et à l'aubergiste Karkaré. Il n'y a qu'une façon de supprimer Gandhi : il faut qu'un seul de nous s'en charge. Ce sera moi.

Il précisa que personne ne lui avait dicté ce choix.

— Faire le sacrifice de sa vie n'est pas une décision qu'on peut imposer.

Ses deux compagnons le regardèrent avec stupéfaction. Ce garçon timide qui n'avait jamais rien réussi dans sa vie, ce garçon incapable de garder un emploi, ce personnage insolite, fou de café, qui haïssait les femmes, ce fanatique qu'une simple migraine pouvait anéantir, paraissait transfiguré. Il rayonnait d'une sérénité qu'ils ne lui avaient jamais connue. Sa voix était calme et posée. L'homme qui, adolescent, déchiffrait les symboles dans l'huile et la suie au cours d'étranges cérémonies tantriques, semblait avoir enfin trouvé le véritable but de sa vie. Nathuram Godsé allait jouer le rôle auquel ses harangues enflammées l'avaient inconsciemment destiné depuis l'été troublé de la Partition. L'Inde amputée, l'Inde violée réclamait un bras vengeur, un sabre purificateur capable de la débarrasser de ceux qui faisaient obstacle à une résurrection militante du peuple hindou. Nathuram Godsé serait la Némésis de l'Inde.

Il annonça son intention de retourner à Birla House le plus tôt possible. Cette fois, deux complices seulement l'accompagneraient pour l'aider dans ses préparatifs. Il proposa à Apté et à Karkaré de former avec lui une nouvelle *Trimurti*, une triade vengeresse, à l'image de cette triade sacrée de la terre, de l'eau et du feu, de Vishnu, Brahma et Çiva — l'un des fondements de la religion hindoue. Mais c'est lui, souligna-t-il, qui accomplirait seul l'acte du meurtre.

Une fois encore, un problème matériel majeur se posait. Pour être le bras de la vengeance, quelle arme Nathuram allait-il utiliser ? La recherche d'un bon revolver s'imposait en priorité. Tandis que Karkaré reprendrait immédiatement le train pour New Delhi, lui-même et Apté tenteraient de trouver ce revolver à Bombay avant de gagner la capitale par avion. Ils se retrouveraient tous les trois le plus tôt possible. Nathuram fixa pour lieu de rendez-vous la fontaine devant la gare de la Vieille Delhi. Karkaré devrait s'y rendre chaque jour à midi.

Avant de se séparer, Nathuram Godsé conclut :

— Il faut faire vite. Il faut tuer Gandhi avant que la police ne nous arrête.

Un léger changement intervint le soir de ce même jour dans le rituel qui accompagnait l'arrivée de Gandhi sur les lieux de sa prière publique. Le directeur général adjoint de la police de New Delhi, qui chaque soir se postait à côté du Mahatma, la main crispée sur la crosse de son revolver au fond de sa poche, était à nouveau cloué au lit par la grippe. D.W. Mehra ordonna à l'un de ses subordonnés, l'inspecteur A.N. Bhatia, de le remplacer. Sans être aussi bon tireur que lui, Bhatia avait au moins l'avantage de ne pas être inconnu de Gandhi. Disciple fervent du Mahatma, il était souvent venu lui rendre visite. Cette familiarité le désignait particulièrement pour assumer les fonctions de garde du corps.

Le lendemain 26 janvier était l'anniversaire le plus

mémorable peut-être que Gandhi et l'Inde pussent célébrer. Dix-huit ans plus tôt, des millions d'hommes et de femmes avaient, dans des milliers de villes et de villages, fait le serment de combattre jusqu'à l'indépendance totale de leur pays. Gandhi lui-même avait rédigé le texte de cet engagement. Depuis lors, cette date était devenue la « fête nationale » des patriotes indiens. Aujourd'hui pour la première fois, l'anniversaire de ce jour historique serait célébré par Gandhi dans une Inde où ses mots étaient désormais réalité.

C'est en accomplissant une tâche conforme à l'esprit de cette fête que le Mahatma occupa sa journée. A la demande de Nehru, il entreprit de rédiger une nouvelle charte pour le parti du Congrès, une sorte de catéchisme qui devait définir les nouveaux objectifs du mouvement et son rôle dans l'Inde indépendante. Son extraordinaire résistance physique avait une fois encore surmonté l'épreuve. Le vieillard auquel les médecins ne donnaient, une semaine plus tôt, que quelques heures à vivre, avait recommencé à s'alimenter normalement. Il avait même renoué avec une vieille habitude qu'il chérissait, sa promenade matinale.

Ces quelques pas sur la pelouse de Birla House constituaient en quelque sorte les premiers de la grande marche qui devait le conduire au Pakistan. Un ami pakistanais venait d'évoquer devant lui ce dernier grand rêve. « J'attends avec impatience le jour où je pourrai contempler, s'étirant sur cent kilomètres, une procession d'Hindous et de Sikhs retournant vers le Pakistan avec Gandhiji à leur tête », lui avait dit son visiteur.

Exaltante perspective ! Celui qui avait si long-temps tracé son chemin à la nation indienne, repartant à nouveau, son bâton de pèlerin à la main, pour ramener chez eux par la route même de leur exode le pitoyable troupeau de ceux qui avaient tout perdu. Et qui pouvait savoir ? Pourquoi ne pas ensuite ramener vers leurs foyers et leurs terres en Inde les millions de Musulmans qui en avaient été chassés. Quelle démonstration de la puissance de la non-violence, quel triomphe pour sa doctrine d'amour et de fraternité ! Ce serait là l'apothéose de son existence, un « miracle » dont la signification et la mesure écraseraient tous ceux qui lui avaient été attribués jusqu'alors. L'âme de Gandhi, si humble fût-elle, frémissait à une telle vision. Il ne pouvait que demander à Dieu sa bénédiction et l'implorer de lui accorder la foi, la force, et le temps d'accomplir ce grand dessein.

En rentrant dans sa chambre, il convoqua Sushila Nayar. Non pour une consultation médicale, mais pour la charger de partir sur-le-champ préparer son entrée au Pakistan. Selon son habitude, il imposa un délai à la jeune femme : trois jours. Dieu aidant, elle serait de retour à New Delhi le vendredi 30 janvier, et pourrait, comme chaque soir, marcher devant lui sur le chemin de la prière vespérale.

Pour la seconde fois en dix jours, Nathuram Godsé et Narayan Apté avaient repris l'avion de New Delhi. Assis côte à côte au dernier rang de l'appareil d'Air India le matin du mardi 27 janvier, ils occupaient le temps chacun à sa manière. Godsé s'était plongé une fois de plus dans la lecture de l'*Hindutva,* l'œuvre fanatique de son maître Savarkar, cette bible du nationalisme militant qui avait inspiré sa vie. Apté, lui, ne quittait pas des yeux l'hôtesse de l'air.

Leurs recherches à Bombay s'étaient soldées par un échec : ils n'avaient pas réussi à trouver un bon revolver. Aiguillonnés par la conviction que la police était sur le point de les rattraper, obsédés par la volonté de frapper vite, ils avaient décidé de rejoindre Karkaré convaincus qu'ils pourraient sûrement acheter l'instrument du meurtre dans les dépotoirs de haine et de violence qu'étaient les camps de réfugiés ceinturant la capitale. Quand l'hôtesse eut fini de servir le petit déjeuner, Apté l'appela. Il lui révéla qu'il avait pour hobby la lecture des lignes de la main. Un fascinant visage est toujours le reflet d'une main intéressante, la flatta-t-il. Enchantée, elle s'assit sur l'accoudoir de son fauteuil et lui tendit sa paume. Ne pouvant réprimer sa répulsion pour ce contact physique, Nathuram détourna la tête.

La dernière conquête féminine de Narayan Apté promettait d'être une réussite. Envoûtée par ses prédictions, la jeune femme accepta de le retrouver le soir même à 20 heures au bar de l'hôtel Imperial de New Delhi.

*

Rien pour Gandhi n'aurait pu justifier l'agonie endurée pendant son jeûne mieux que le spectacle qui s'offrait à lui à l'entrée du Quwwat-ul-Islam, la grande mosquée de Mehrauli. Construit à une quinzaine de kilomètres de la capitale avec les ruines de vingt-sept temples hindous et jaïns, ce sanctuaire était la plus ancienne mosquée de l'Inde. Une fois l'an, à l'occasion de l'anniversaire de son fondateur, le roi Qutub-ud-Din, premier sultan de Delhi, une grande fête religieuse rassemblait là des dizaines de milliers de Musulmans.

L'une des sept conditions posées par Gandhi pour mettre un terme à sa grève de la faim concernait ce pèlerinage. Il avait exigé que les Musulmans puissent s'y rendre en masse « sans qu'aucun danger ne les menace ». Lui-même n'aurait pu imaginer un succès aussi total. Des dizaines de Sikhs et d'Hindous qui, deux semaines plus tôt, auraient accueilli les Musulmans à coups de poignards et de *kirpan,* se tenaient devant l'entrée de la mosquée pour passer des guirlandes de jasmin et d'œillets d'Inde autour du cou des pèlerins qui arrivaient. Sur l'esplanade, d'autres Sikhs et Hindous offraient du thé et des friandises aux fidèles. Gandhi fut ému aux larmes au spectacle de cette énorme foule fraternelle. En témoignage de gratitude, les *maulvi* l'invitèrent à entrer dans la mosquée et à s'adresser à l'assistance. Ils firent même une entorse à la tradition islamique en invitant Manu et Abha à l'accompagner jusqu'au cœur du sanctuaire parce qu'elles étaient, annoncèrent-ils, « les filles de Gandhiji ».

Bouleversé, le vieil Hindou implora tous les Indiens de décider « de vivre comme des frères. Même si nous vivons séparément, ne sommes-nous pas les feuilles d'un même arbre ? »

Puis il rentra à Birla House recru de fatigue et d'émotion. Manu et Abha lui lavèrent les pieds et lui apportèrent son cataplasme d'argile. Tandis que son corps se détendait, une expression de sérénité éclaira son visage. Durant ces derniers jours, il avait souvent médité sur le sens de la providentielle protection qui l'avait sauvé de la bombe de Madanlal. Après son bain, il écrivit à ce sujet une note à un ami :

« C'est à la miséricorde de Dieu que je dois d'avoir été épargné. Je reste cependant prêt à obéir à son appel le moment venu. Après tout, qui sait de quoi sera fait demain ? »

Comme convenu, l'aubergiste Karkaré attendait depuis midi près de la fontaine devant la gare de la Vieille Delhi. Il vit enfin ses deux amis émerger de la masse grouillante des réfugiés entassés aux abords de la gare.

Nathuram Godsé et Narayan Apté étaient découragés. Dès leur descente d'avion, ils avaient exploré les camps de réfugiés de la ville sans aucun résultat. Ils venaient de perdre une nouvelle journée à la vaine recherche d'un revolver, journée qui avait encore rapproché d'eux la police et permis de parfaire la sécurité autour de Gandhi. Dans quelques heures, il serait trop tard. Leur ultime chance de se procurer une arme résidait à trois cents kilomètres de là, auprès du docteur Parchuré, cet homéopathe de Gwalior qui avait quelques mois plus tôt enrôlé Madanlal Pahwa dans sa milice privée de fanatiques hindous. Si ce dernier espoir s'évanouissait, ils seraient contraints d'abandonner et d'essuyer devant Savarkar et tous ses partisans l'humiliation d'un second échec.

Nathuram Godsé fixa un nouveau rendez-vous à Karkaré et sauta avec Apté dans l'express de Gwalior. Ce soir-là, au bar de l'hôtel Imperial, la jolie hôtesse d'Air India attendrait vainement son séducteur. Ce rendez-vous manqué coûterait un jour la vie à Narayan Apté.

Il était près de minuit ce mardi 27 janvier quand un coup de sonnette réveilla le docteur Parchuré. Dès l'aube le lendemain, tandis que ses infirmiers achetaient au marché les graines de cardamome, les pousses de bambou, les oignons, la gomme de *guggal mukul,* la *tulsi* et les autres plantes qui entraient dans la composition de ses préparations thérapeutiques, Parchuré envoyait des émissaires chercher dans le bazar ce qu'étaient venus lui demander ses deux visiteurs.

Godsé et Apté reprirent le rapide de New Delhi le soir même à 10 heures. Leur odyssée touchait à sa fin. La quête éperdue qui leur avait fait traverser deux fois la moitié de l'Inde, parcourir les camps de réfugiés, explorer les bazars de Bombay, fouiller les bidonvilles de Poona, s'était achevée au milieu des épices et des herbes médicinales d'un cabinet d'homéopathe. Dans un sac en papier pendu au bras de Nathuram Godsé se trouvait, enveloppé dans un chiffon, un pistolet automatique Beretta noir portant le numéro 606 824-P, et vingt balles. Il restait à Nathuram Godsé à montrer assez de courage pour s'en servir — et viser juste.

Après son interminable voyage, U.H. Rana était enfin de retour à Poona. Le chef de la Brigade d'investigation criminelle, dont les archives contenaient de quoi lancer toutes les forces de police du pays aux trousses de Godsé et d'Apté et leur barrer l'entrée de Birla House, avait regagné son fief. Aucun sentiment d'urgence ne l'incita cependant à se précipiter à son bureau dès sa descente du train. Fatigué, il rentra chez lui se coucher.

Nathuram Godsé exultait de joie en courant vers Karkaré qui attendait au pied de la fontaine.

— Nous l'avons ! cette fois, nous l'avons vraiment, lui chuchota-t-il en l'entraînant à l'écart.

Tel un contrebandier dévoilant quelque mystérieuse marchandise, il ouvrit et referma aussitôt son vieux manteau. Karkaré eut juste le temps d'apercevoir, enfoncée dans sa ceinture, la crosse noire du revolver qu'ils avaient si désespérément cherché.

Rien ne pouvait plus retarder le meurtre.

*

Confession de Vishnu Karkaré, l'unique survivant

Tandis que nous bavardions près de la fontaine, Apté a dit : il ne s'agit plus maintenant de faire une faute. Nous devons absolument vérifier le fonctionnement du revolver. On a assez de balles. Regarde.

Il ouvrit une poche de son manteau. C'était vrai : j'en ai vu toute une quantité. Nous avons donc décidé de chercher un endroit pour essayer le revolver. Mais partout où nous allions, il y avait plein de gens. Les réfugiés avaient envahi les moindres recoins de la ville.

Nous avons finalement décidé de retourner là où nous étions allés la première fois pour essayer les revolvers de Badgé et de Gopal, dans le bosquet derrière le temple Birla. Par chance, il n'y avait personne. Nous nous sommes demandés si Gandhiji serait assis ou debout quand Nathuram pourrait tirer sur lui. Ce serait une question de hasard. Dans le doute nous avons décidé de faire notre répétition dans les deux positions. Apté a choisi un arbre, un babul, *qui se détachait des autres. Il s'est accroupi contre son tronc pour donner une idée de la taille de Gandhi assis. Il a fait une entaille dans l'écorce avec son canif à la hauteur de la tête.*

— Voilà, dit-il à Nathuram en lui montrant la

marque, imagine ici la tête de Gandhiji, et là son corps. Tu n'as plus qu'à viser juste.

Nathuram recula d'une dizaine de mètres. Puis il fit feu. Une fois, deux fois, trois et enfin quatre fois. Nous nous sommes précipités pour examiner l'endroit qui figurait la tête de Gandhiji. Tous les points d'impact y étaient groupés.

— Parfait, dit Nathuram satisfait.

La croisade de Gandhi à New Delhi approchait de son terme. Il avait débarqué cinq mois plus tôt dans une ville aux avenues jonchées de cadavres, aux habitants terrorisés, au gouvernement en plein désarroi. La capitale avait à présent retrouvé son calme. Il pouvait s'en aller.

Pendant que retentissaient, à moins de cinq cents mètres, les quatre coups de feu annonciateurs de sa mort, Gandhi fixa la date de son départ. Il quitterait Birla House cinq jours plus tard, le 3 février. Il passerait d'abord une dizaine de jours à l'*ashram* de Wardha pour y reprendre quelques forces. De là, il partirait à la poursuite de son dernier miracle : le pèlerinage au Pakistan.

Ce jeudi 29 janvier, la journée du Mahatma fut, comme d'habitude, soigneusement remplie. Il fila au rouet, fit des exercices d'écriture bengalie, rédigea plusieurs lettres, s'entretint avec de nombreux visiteurs, prit un lavement et supporta pendant une heure un cataplasme d'argile. Il plaisanta avec Indira Gandhi, la fille de Nehru, offrit sa photo dédicacée à la journaliste Margaret Bourke-White en lui disant que l'Amérique devait renoncer à la bombe atomique. La non-violence est la seule force que la bombe ne peut détruire, expliqua-t-il. En cas d'attaque nucléaire, il prescrirait de rester sur place et « de regarder le ciel sans peur, en priant pour le pilote ».

Avec la soudaineté d'un orage de mousson, une note discordante vint jeter le trouble dans cette paisible journée. Un groupe de Sikhs et d'Hindous, rescapés d'un massacre qui s'était produit au Pakistan le premier jour de son jeûne, demanda à être reçu. Avant même que Gandhi ait pu exprimer sa compassion, l'un des réfugiés lança d'une voix haineuse :

— Tu nous as fait assez de mal. Va-t'en. Pars te cacher dans une grotte de l'Himalaya !

Ce soir-là sur le chemin de la prière, ses mains pesèrent d'un poids plus lourd sur les épaules de Manu et d'Abha. C'est d'une voix particulièrement lasse et triste que le Mahatma s'adressa à ses compatriotes. Il évoqua la pénible rencontre qui l'avait tant bouleversé.

— Qui dois-je entendre ? demanda-t-il. Certains me supplient de rester ici et d'autres m'adjurent de partir. Certains me blâment et m'injurient, d'autres me couvrent de louanges. Oui, que dois-je faire ? J'exécute les volontés de Dieu. Je cherche la paix au milieu du désordre.

Après une longue pause, il ajouta :

— L'Himalaya, pour moi, c'est ici.

*

A peu près à la même heure, le directeur général de la police de New Delhi reçut un appel de Bombay. Sanjevi reconnut la voix du commissaire Nagarvalla. Après un début prometteur, son enquête avait rapidement marqué le pas. La surveillance de la maison de Savarkar n'avait pas apporté d'informations décisives — celui-ci étant bien trop habile pour prendre le moindre risque. Pourtant le nombre de ses visiteurs paraissait quelque peu suspect.

— Ne me demandez pas pourquoi, confia-t-il à Sanjevi, mais mon instinct me dit qu'une nouvelle tentative est en route.

— Que voulez-vous que j'y fasse ? protesta Sanjevi. Nehru et Patel eux-mêmes ont supplié Gandhi de laisser la police fouiller le public à Birla House. Savez-vous ce qu'il a répondu ? Que s'il voyait un seul policier dans l'assistance, il jeûnerait jusqu'à la mort. Que pouvons-nous faire ?

La réponse se trouvait devant les yeux d'un autre policier à douze cents kilomètres de New Dehli. Après avoir perdu quatre jours, U.H. Rana, le chef de la Brigade d'investigation criminelle de Poona, s'était décidé à réclamer les dossiers des Hindous extrémistes qu'il avait fait surveiller quelques mois plus tôt. Il connaissait enfin l'identité de ceux qui avaient pénétré le 20 janvier dans l'enceinte de Birla House pour y tuer Gandhi. Or, cette découverte capitale ne sortirait jamais de son bureau : Rana ne prit pas la peine d'appeler New Delhi pour communiquer le signalement de Nathuram Godsé et de Narayan Apté. Il n'expédia pas davantage leurs photographies au responsable de la sécurité à Birla House.

Comme son collègue de New Delhi, le chef de la police de Poona était persuadé que les assassins ne renouvelleraient pas leur tentative.

*

Dans la chambre 6 de l'hôtel des Voyageurs de la gare de la Vieille Delhi, les conjurés avaient déjà fixé le jour et l'heure de leur crime. Le bras vengeur de Nathuram Godsé frapperait le lendemain vendredi 30 janvier, à 5 heures de l'après-midi.

Suite de la confession de Vishnu Karkaré

Nathuram était de bonne humeur. Il était joyeux et détendu. Vers 8 h 30 du soir, il nous dit :

— Venez, il faut que nous prenions un dernier repas ensemble. Il faut que cela soit un bon repas, une vraie fête. Peut-être n'en prendrons-nous plus jamais tous les trois.

Nous sommes descendus de la chambre et nous avons marché à travers la gare jusqu'au restaurant Brandon's, un établissement appartenant à une chaîne de buffets de gare.

— Nous ne pouvons pas aller là, dit Apté, Karkaré est végétarien.

— Tu as raison, répondit Nathuram en me mettant son bras sur l'épaule. Ce soir, nous devons tous rester ensemble.

Et nous sommes partis à la recherche d'un autre restaurant. Nous avons commandé un dîner somptueux : du riz, tout un assortiment de curries de légumes, des chapati. Le serveur nous a dit qu'il n'y avait pas de lait caillé de chèvre, cette boisson de fête que nous buvons chez nous à l'occasion d'un banquet végétarien. Nathuram a appelé le chef des serveurs, et lui a donné cinq roupies.

— Ce dîner est une fête, lui a-t-il dit. Nous voulons boire du lait caillé. Allez où vous voulez, mais rapportez-en à n'importe quel prix.

Enchantés par notre festin, nous avons raccompagné Nathuram jusqu'à sa chambre. Nous étions prêts à rester avec lui et à bavarder, mais il nous a dit :

682

— *Maintenant, laissez-moi me reposer. Je veux être seul.*

En quittant la chambre, Karkaré se retourna pour saluer son ami. L'homme qui allait tuer Gandhi était déjà allongé sur son lit, plongé dans la lecture d'un des deux livres qu'il avait apportés avec lui à New Delhi. C'était un roman policier, un *Perry Mason* de Earl Stanley Gardner.

*

Gandhi passa la dernière soirée de sa vie à parachever la rédaction de ce qui deviendrait son testament, la nouvelle constitution du parti du Congrès. A 21 h 15, son travail terminé, il se leva.

— J'ai la tête qui tourne, se plaignit-il.

Il s'allongea, posant son crâne sur les genoux de Manu qui le frictionna avec de l'huile. Pour ses intimes, ces quelques moments avant son sommeil étaient la part privilégiée dans la bousculade du jour, bref quart d'heure où *Bapu* cessait d'appartenir à tous pour n'être plus qu'à eux. Reposé et heureux, Gandhi avait coutume de dresser alors le bilan de la journée, émaillant ses propos de sa douce ironie habituelle.

Ce soir-là, le Mahatma était sans joie. Incapable d'oublier l'image du réfugié haineux qui l'avait injurié, il garda le silence pendant plusieurs minutes. Puis, réfléchissant à la charte qu'il venait de rédiger, il flétrit la corruption grandissante des chefs politiques.

— Comment pourrons-nous regarder le monde en face si tant de corruption persiste ? s'inquiéta-t-il. L'honneur de la nation tout entière est lié à ceux qui ont participé au combat pour la libération. Si à leur tour, ils abusent de leur pouvoir, nous courons au pire.

Après un nouveau silence, il récita en urdu d'une voix à peine audible deux vers d'un poète né à Allahabad :

Éphémère est le printemps dans le jardin du monde,
Hâtez-vous de contempler le grandiose spectacle
Avant qu'il ne disparaisse !

*

Suite de la confession de Vishnu Karkaré

Apté et moi étions assez énervés en quittant Nathuram et nous n'avions pas envie d'aller nous coucher. Nous avons marché et nous sommes entrés dans le premier cinéma que nous avons rencontré. Le film racontait une histoire de Rabindranath Tagore, le grand poète bengali. A l'entracte, nous avons été bavarder dans le hall. J'étais anxieux.

— Crois-tu vraiment que Nathuram va être capable de réussir ? demandai-je à Apté. Ce ne sera pas facile.

— Écoute Karkaré, m'a répondu Apté, je connais Nathuram mieux que toi. Je vais te dire comment il en est venu à décider de tuer Gandhi lui-même. Quand nous nous sommes enfuis de Delhi le soir du 20 janvier, nous sommes allés par le train à Cawnpore et nous avons pris un wagon-lit de première classe. Nous avons bavardé pendant une partie de la nuit et nous n'avons pas très bien dormi. Vers 6 heures du matin, nous étions presque arrivés quand Nathuram a sauté en bas de sa couchette. Il m'a secoué. « Apté, est-ce que tu dors ? a-t-il demandé. Écoute, c'est moi qui vais m'en charger,

684

moi et personne d'autre. Il faut que cela soit accompli par un homme prêt à sacrifier sa vie. Je serai cet homme-là. Je le ferai tout seul. »

Apté m'a alors fixé avec un regard brûlant. A voix basse pour que personne autour de nous ne puisse entendre, mais martelant bien ses mots, il a ajouté :

— Tu sais, Karkaré, quand j'ai entendu Nathuram prononcer ces mots, j'ai vu devant mes yeux, gisant sur le sol du wagon, le cadavre du Mahatma Gandhi.

*

Une violente quinte de toux secouait Gandhi. De le voir ainsi souffrir, la jeune fille qui avait partagé toutes ses épreuves depuis un an sentit des larmes lui monter aux yeux. Manu savait que Sushila Nayar avait préparé des pastilles à la pénicilline en cas de crise, mais elle n'osait pas les lui offrir : soigner *Bapu* était de plus en plus difficile. Quand elle se décida finalement à les lui apporter, sa réaction fut exactement celle qu'elle avait prévue : un reproche. Son attitude, déclara Gandhi, révélait un manque de confiance dans Celui qui était son seul protecteur, Râma.

— Si je meurs dominé et défait par la maladie, ou même par un simple furoncle, expliqua-t-il entre deux accès de toux, ton devoir sera de crier au monde entier que je n'étais pas un *vrai* mahatma. Mais si une explosion se produit comme la semaine dernière, ajouta-t-il en la regardant avec tendresse, ou si quelqu'un me tire dessus et que ses balles m'atteignent en pleine poitrine sans que je pousse un soupir, et que je meure avec le nom de Râma sur les lèvres, alors tu pourras proclamer à la terre entière que j'étais un *vrai* mahatma. Car cela sera bénéfique pour le peuple de l'Inde.

En sortant du cinéma, Karkaré et Apté retournèrent à l'hôtel des Voyageurs et ouvrirent sans bruit la porte de la chambre 6 pour y jeter un coup d'œil. Nathuram Godsé avait lâché son livre : il était allongé immobile sur le lit. Il sembla à Karkaré « qu'il était profondément endormi, apparemment sans le moindre souci en tête ».

20

« *La deuxième crucifixion* »

La dernière journée de la vie de Mohandas Karamchand Gandhi commença comme toutes les autres : par la prière de l'aube. Assis dans la position du lotus, le dos appuyé au mur, il psalmodia en chœur avec ses intimes les versets du chant céleste de l'hindouisme, la *Bhagavad Gîtâ*. Ce matin du vendredi 30 janvier 1948, il avait choisi les deux premiers de ses dix-huit dialogues :

> *Car la mort est certaine pour ce qui naît*
> *Et certaine la renaissance pour ce qui meurt*
> *Devant l'inéluctable, pourquoi t'apitoyer ?*

Après quoi, Manu soutint Gandhi jusqu'à la petite chambre qui lui servait de lieu de travail. S'asseyant devant sa table basse, il demanda à Manu de fredonner pour lui ce cantique chrétien qu'il aimait particulièrement : « Que la fatigue t'accable ou non, ô frère, ne t'arrête pas. »

Suite de la confession de Vishnu Karkaré

Comme convenu, j'allai avec Apté retrouver Nathu-ram a sept heures du matin dans la chambre 6 de l'hôtel des Voyageurs. Il était déjà réveillé. Nous sommes restés ensemble à bavarder, à boire du thé et du café. Nous avons blagué, ri et discuté. Puis brusquement, nous sommes devenus sérieux. Nous venions de nous rendre à l'évidence : Nathuram allait tuer Gandhi dans quelques heures mais ni lui ni nous n'avions la moindre idée de la façon dont il allait s'y prendre. Il nous fallait élaborer un plan.

Nous étions convaincus qu'après l'explosion de la bombe de Madanlal, Birla House était devenue une véritable forteresse. La police fouillait certainement les fidèles qui venaient à la réunion de prière pour vérifier qu'ils n'avaient pas d'armes. Il nous fallait trouver un moyen d'introduire le revolver sans risque.

Nous avons tous réfléchi pendant un long moment, puis Nathuram déclara qu'il avait une idée : nous allions acheter à un photographe ambulant son gros appareil avec un trépied et le voile noir. Nous dissimulerions le pistolet à l'intérieur. Nathuram installerait l'appareil devant le micro de Gandhi. Il se placerait sous le voile, et ainsi caché, il pourrait tirer calmement sur Gandhi.

Nous partîmes donc à la recherche d'un photographe. Nous en avons trouvé un près de la gare. Mais après avoir soigneusement examiné l'instrument, Apté déclara que l'idée était mauvaise. Personne n'employait plus ce genre d'appareils. Un vrai photographe utiliserait sûrement un petit appareil allemand ou américain.

Nous sommes alors revenus dans la chambre pour chercher une autre solution. Apté suggéra d'utiliser un burqa, le voile que portent les femmes musulmanes pour sortir dans la rue. Beaucoup de Musulmans venaient à la prière de Gandhi en ce temps-là, car il était leur sauveur. En outre, les femmes se tenaient en général dans les tout premiers rangs, ce qui permettrait à Nathuram de tirer pratiquement à bout *portant. Nous étions très excités par cette idée. Nous nous sommes précipités au bazar pour acheter un* burqa, *le plus grand possible, et nous l'avons apporté à Nathuram.*

Dès qu'il l'eut revêtu, il comprit instantanément que cela ne pouvait convenir. « Je n'arriverai jamais à sortir mon revolver, déclara-t-il, et pour ma honte éternelle je me ferai prendre dans cette robe de femme sans avoir tué Gandhiji. »

Il devenait urgent de trouver la bonne solution. Nous avions perdu toute la matinée. Il ne nous restait plus que six heures avant l'heure fixée et nous n'avions toujours pas de plan. Finalement Apté dit à Nathuram : « Les choses les plus simples sont souvent les meilleures », et il lui suggéra de s'habiller avec l'un de ces uniformes kaki que beaucoup d'anciens soldats portaient alors à New Delhi. Un militaire courait moins le risque d'être fouillé à l'entrée. L'ample chemise flottante dissimulerait parfaitement le revolver. Faute d'une meilleure suggestion, nous avons adopté cette solution. Nous sommes donc retournés au bazar faire l'acquisition d'un uniforme chez un fripier.

Nous sommes ensuite allés revoir le photographe dont nous avions failli acheter l'appareil. Et nous avons commis une énorme, stupide et sentimentale bêtise : nous nous sommes fait photographier tous les trois ensemble.

Après quoi, nous sommes rentrés dans la chambre de Nathuram pour nous reposer un peu et mettre au point les détails de notre plan. Nous avons décidé que Nathuram se rendrait le premier à Birla House, et que Apté et moi le rejoindrions un peu après. Au moment de tuer Gandhi, nous nous tiendrions de chaque côté de Nathuram. De cette façon, si quelqu'un essayait de s'interposer, nous pourrions le repousser et laisser à Nathuram la possibilité de bien viser.

L'heure était venue de rendre la chambre. Nathuram plaça sept balles dans le chargeur, enfonça le revolver dans sa ceinture et nous sortîmes.

Nous sommes allés nous asseoir dans la salle d'attente de la gare pour y passer le temps jusqu'au moment de nous mettre en route. Soudain, Nathuram annonça qu'il avait envie de cacahuètes. Ce n'était pas un bien grand caprice et nous ressentions une telle affection pour lui qu'il aurait pu nous demander n'importe quoi. Il s'apprêtait à se sacrifier. Nous voulions que rien ne puisse le contrarier.

Apté partit donc à la recherche de cacahuètes. Il revint au bout d'un moment en se lamentant qu'il n'y en avait pas une seule dans tout Delhi. « Est-ce que des noix de cajou feraient l'affaire ? Ou des amandes peut-être ? » Nathuram fit une grimace. « Rapporte-moi seulement des cacahuètes ! »

Comme nous voulions à tout prix le contenter, Apté se remit en chasse. Au bout d'un long moment, il revint enfin tout rayonnant de joie, un énorme cornet de cacahuètes dans les mains. Nathuram se mit à les avaler avec gourmandise. Quand le cornet fut complètement vide, il était temps de partir. Nous décidâmes de nous arrêter d'abord au temple Birla. Apté et moi voulions prier les divinités et avoir leur darçan.

Ce genre de préoccupations n'intéressait pas Nathuram. Il alla nous attendre dans le jardin derrière le temple, près du bosquet où nous avions essayé le revolver.

Nous avons enlevé nos chaussures sur le seuil du sanctuaire et sommes entrés pieds nus. Après avoir franchi la porte, nous avons agité le battant de la cloche pour avertir les divinités de notre présence. Nous nous sommes d'abord recueillis devant Lakshmi Narayan, divinité chère aux Hindous. Puis nous sommes allés vers l'autel de Kali, la déesse de la destruction, pour *avoir avec elle notre* darçan. *Nous avons commencé par nous prosterner en silence, puis sommes restés devant elle les mains jointes. Ensuite nous avons jeté quelques pièces à ses pieds. Nous avons aussi donné des pièces au prêtre brahmane qui nous remit un* dhista, *pot d'eau sacrée de la Yamuna, où flottaient des pétales de fleurs. Nous avons lancé les pétales aux pieds de la déesse Kali en l'implorant de couronner de succès notre entreprise. Puis nous avons mouillé nos yeux avec l'eau sainte de la Yamuna.*

Nous avons retrouvé Nathuram dehors dans le jardin. Il se tenait à côté de la statue du grand guerrier Shivaji, le héros national hindou. Il nous a demandé si nous avions eu notre darçan. *Nous répondîmes que oui et Nathuram nous annonça : « Moi aussi, j'ai eu mon* darçan. »

*

Son *darçan*, Nathuram Godsé l'avait eu avec une effigie gravée sur une colonne, celle du grand homme de guerre qui avait chassé les troupes de l'empereur mogol Aurangzeb des collines de Poona. C'était Shivaji et son rêve d'un grand empire hindou qui avaient inspiré à Godsé le crime qu'il se préparait à commettre.

Les trois conjurés arpentèrent le jardin pendant quelques minutes. Puis Apté regarda sa montre. Il était 4 heures et demie.

— Nathuram, c'est l'heure, annonça-t-il.

Nathuram jeta un coup d'œil sur la montre d'Apté, fixa longuement ses deux amis et les salua les mains jointes devant la poitrine, le buste légèrement incliné.

— *Namaste,* dit-il. Je me demande quand et où nous serons à nouveau réunis.

Les yeux de Karkaré le suivirent tandis qu'il descendait calmement les marches du temple et se mêlait à la foule pour chercher une *tonga*. Il s'assit à côté du cocher. Sans se retourner, il partit vers son rendez-vous avec le père de la nation indienne.

*

Fidèle au refrain de Manu — « Ô frère, ne t'arrête pas » — Gandhi avait passé une journée laborieuse. A la grande joie de son entourage, il avait pris un peu de poids et pu faire quelques pas tout seul. C'était la preuve que ses forces revenaient et le signe que Dieu avait encore de grandes tâches à lui confier.

Il avait reçu de nombreux visiteurs. L'entrevue la plus pénible de toutes était toujours en cours avec l'un de ses plus anciens compagnons, Vallabhbhai Patel, le militant qui avait façonné pendant vingt ans le parti du Congrès et contraint les maharajas à rattacher leurs royaumes à l'Inde nouvelle. Entre Patel, inflexible et réaliste, et Nehru, le socialiste idéaliste, il était inévitable qu'un conflit éclatât un jour. Sur la table de Gandhi se trouvait une copie de la lettre de démission que Patel venait justement d'envoyer au gouvernement présidé par Nehru. Peu avant son jeûne, Gandhi avait discuté de cette querelle avec Mountbatten. Le gouverneur général avait pressé le Mahatma d'empêcher le départ de Patel. « Vous ne devez pas le laisser partir, pas plus lui que Nehru, lui avait-il dit. L'Inde a besoin de l'un et de l'autre et ils doivent apprendre à travailler ensemble. »

Gandhi venait de convaincre Patel de revenir sur sa décision. Lui et Nehru, ses deux compagnons, pourraient donc bientôt s'asseoir autour de sa paillasse, comme aux jours cruciaux de leur lutte pour la liberté, afin de vider une fois pour toutes leur querelle et résoudre leur problème. La discussion se poursuivant, Abha apporta à Gandhi son repas du soir, un bol de lait de chèvre, un autre de jus de légumes et des oranges. Cette frugale collation à peine terminée, il réclama son rouet. Sans interrompre son entretien avec Patel, il fit tourner l'antique roue de bois, symbole de son message universel. Jusqu'aux derniers instants de sa vie il respectait le principe qui l'avait toujours gouverné : « Du pain mangé sans travail est du pain volé. »

Dehors, ses assassins s'étaient déjà mêlés à la foule venue à sa réunion de prière. Cinq minutes après Nathuram, Apté et Karkaré avaient à leur tour pris une *tonga* pour Birla House.

Suite de la confession de Vishu Karkaré

A notre grand soulagement, nous n'avons eu aucune difficulté à pénétrer dans l'enceinte de Birla House. Le nombre des gardes avait été augmenté, mais personne ne fouillait les gens qui entraient. Nous en avons déduit que Nathuram était passé sans problème. Nous nous sommes dirigés vers la pelouse et nous l'avons aperçu au milieu de l'assistance. Il avait l'air serein et de bonne humeur. Nous ne nous sommes pas parlé, bien sûr. Les fidèles étaient dispersés, mais au fur et à mesure que cinq heures approchaient, ils ont commencé à se regrouper. Nous avons alors pris place de chaque côté de Nathuram. Nous n'avons pas échangé un seul mot avec lui, ni même jeté un regard dans sa direction. Il paraissait absorbé au point d'avoir complètement oublié notre présence.

Selon notre plan, il devait tirer dès que Gandhi aurait gagné l'estrade. Pour lui donner les meilleures chances d'y parvenir, nous nous sommes glissés au milieu de la foule, un peu sur la droite quand on regarde la plate-forme. Entre le revolver de Nathuram et Gandhiji, il y aurait un peu plus de dix mètres. En évaluant cette distance, je me suis inquiété : « Nathuram va-t-il pouvoir atteindre sa cible ? » Il n'était pas un tireur d'élite ni même un bon tireur. N'allait-il pas trembler et rater son coup ? Je l'ai observé discrètement, de biais. Il regardait droit devant lui, impassible, tout à fait maître de lui. J'ai jeté un coup d'œil sur ma montre. Gandhiji était en retard. Je me suis demandé pourquoi. J'étais un peu nerveux.

✳

Manu et Abha étaient nerveuses elles aussi. Leurs montres indiquaient 17 h 10 et Gandhi discutait toujours avec Patel. Le doux tyran qui régnait sur leurs existences ne haïssait rien plus que de faire attendre, surtout les fidèles de ses réunions de prière. Mais le ton de son entretien semblait si sérieux que ni l'une ni l'autre n'osaient l'interrompre. Manu finit par lui faire signe de regarder l'heure. Gandhi attrapa sa vieille Ingersoll qui pendait à sa ceinture et se leva d'un bond.

— Oh, dit-il à Patel, il faut que vous m'excusiez. Je suis en retard pour mon rendez-vous avec le Seigneur.

Tandis qu'il descendait dans le jardin, le petit cortège qui l'escortait toujours se forma. Deux de ses membres étaient absents aujourd'hui. Sushila Nayar, la jeune femme médecin qui marchait habituellement devant Gandhi, n'était pas encore rentrée du Pakistan. Quant à l'inspecteur qui remplaçait le directeur adjoint de la police grippé, il n'apparut pas non plus aux côtés de Gandhi. Il avait été inopinément convoqué au quartier général de la police à propos d'une grève des employés municipaux prévue pour le lendemain.

Comme chaque soir, Manu emportait le crachoir, les lunettes, et le cahier de réflexions du Mahatma. Avec Abha, elle lui offrit son épaule. S'appuyant familièrement sur ses « béquilles », Gandhi se mit en route.

Pour gagner du temps, il décida de couper directement à travers le jardin au lieu de faire le détour habituel. Tout le long du chemin, il ne cessa de réprimander les deux jeunes filles pour l'avoir laissé oublier l'heure.

— Pourquoi devrais-je consulter ma montre ? Je compte sur vous pour me rappeler l'heure. Vous savez bien que je ne tolère pas une seule minute de retard à la prière.

Il maugréait toujours en arrivant devant les quatre marches de pierre qui conduisaient à la pelouse où la foule attendait. C'était un bel et doux après-midi. Les derniers rayons du soleil auréolèrent le visage du Mahatma lorsqu'il apparut aux fidèles. Gandhi laissa glisser ses doigts des épaules de ses petites-nièces et gravit sans aide les marches en saluant de ses mains jointes. Karkaré entendit un murmure respectueux monter de la foule : « Bapuji, bapuji. »

Vishnu Karkaré se souvient :

Je me suis tourné vers la droite, et j'ai vu Nathuram en faire autant. Soudain, nous avons constaté que les gens devant nous s'écartaient pour ouvrir un passage au cortège. Gandhiji marchait en tête. Nathuram avait à cet instant ses deux mains dans les poches. Il ne sortit que la main gauche. La droite resta enfouie au fond de sa poche, serrée sur le revolver. D'un coup de pouce il fit sauter le cran de sécurité.

En un éclair il avait pris sa décision : c'était le moment de tuer Gandhi. Il venait d'entrevoir qu'une possibilité infiniment meilleure que celle prévue lui était providentiellement offerte. Il lui suffisait de faire deux pas en avant et de se placer au premier rang de l'étroit couloir. Deux pas. Trois secondes. Le meurtre ensuite serait facile, presque un acte automatique. Le plus dur était de déclencher le mécanisme, de faire le premier pas qui rendrait l'assassinat inéluctable.

Manu vit tout à coup « un homme corpulent, vêtu d'un uniforme kaki » faire ce pas en avant.

Karkaré ne quittait plus Nathuram des yeux :

Je le vis sortir le revolver de sa poche droite. Dissimulant de son mieux l'arme entre ses paumes jointes, il décida d'adresser un salut respectueux à Gandhiji pour les services qu'il avait pu rendre à son pays. Quand il ne fut plus qu'à deux mètres de nous, Nathuram s'avança dans le passage pour faire face à Gandhiji. Son revolver toujours caché entre ses mains, je le vis incliner doucement le buste en avant en murmurant : « Namaste Gandhiji. »

Manu crut que cet homme voulait toucher les pieds de Gandhi. Elle allongea le bras pour l'écarter gentiment.

— Frère, protesta-t-elle, Bapu a déjà vingt minutes de retard.

Nathuram Godsé la repoussa d'un geste brusque et brandit son Beretta. Le doigt crispé sur la détente, il tira trois balles à bout portant dans la poitrine nue qui s'offrait à lui.

Manu était en train de ramasser les lunettes et le

carnet qui lui avaient échappé quand elle entendit le premier coup de feu. Elle se redressa d'un bond. Les mains jointes en signe de salut, son Bapu bien-aimé semblait encore en mouvement, comme s'il voulait faire un dernier pas vers la foule. Elle vit des taches rougir son *khadi* immaculé. « *Hé Râm !* » — « Ô mon Dieu ! » souffla Gandhi. Puis il s'affaissa lentement dans l'herbe, les paumes toujours serrées l'une contre l'autre dans cet ultime geste venu de son cœur — un geste d'offrande et de salut à l'adresse de son assassin. Au creux d'un pli de son *dhoti* que le sang inondait, Manu aperçut la vieille montre Ingersoll dont le vol l'avait tant peiné dix mois plus tôt. Elle marquait exactement dix-sept minutes après cinq heures.

Louis Mountbatten apprit la tragédie alors qu'il rentrait d'une promenade à cheval. Ses premiers mots formulèrent une question immédiate que des milliers de gens allaient se poser dans les prochaines minutes :

— Qui est l'assassin ? Un Musulman ou un Hindou ?

Personne au palais du gouverneur général ne le savait encore.

Quelques instants plus tard, accompagné de son attaché de presse Alan Campbell-Johnson, Mountbatten arrivait à Birla House.

Une foule immense s'était déjà massée autour du portail. Pendant que l'amiral se frayait un passage, un homme le visage déformé par la haine hurla soudain :

— C'est un Musulman qui a tué Gandhiji !

Un silence figea l'assistance. Mountbatten s'arrêta.

— Vous êtes complètement fou, cria-t-il de toutes ses forces, vous savez bien que c'est un Hindou !

— Mais comment diable l'avez-vous su ? lui demanda Alan Campbell-Johnson à peine remis de sa surprise.

— Je n'en sais fichtre rien, répondit Mountbatten, mais si l'assassin est un Musulman, l'Inde va vivre l'un des plus épouvantables massacres que le monde ait jamais connu.

Tant de gens partageaient son angoisse que le directeur de la Radiodiffusion indienne prit une décision extraordinaire : il interdit que soit immédiatement annoncée la terrible nouvelle, et fit poursuivre la diffusion du programme en cours.

Profitant de ce délai, les chefs de l'armée et de la police mettaient leurs forces en état d'alerte d'un bout à l'autre du pays.

C'est à 18 heures seulement, quarante-trois minutes après le crime, qu'un communiqué apprit au peuple de l'Inde la mort de celui qui lui avait apporté la liberté. Chaque mot en avait été soigneusement pesé :

« Le Mahatma Gandhi a été assassiné à New Delhi cet après-midi à 17 h 17. Son assassin est un Hindou. »

L'Inde avait échappé à un massacre ; il ne lui restait plus qu'à pleurer.

*

Le corps de Gandhi fut transporté dans la pièce où quelques minutes plus tôt il faisait encore tourner son rouet. On le déposa sur son lit. Abha recouvrit d'une couverture son *dhoti* rouge de sang. Quelqu'un rassembla ses seuls biens : des socques de bois, les sandales qu'il portait en marchant vers son assassin, ses trois petits singes, sa *Gîtâ*, sa montre, son crachoir, et sa cuvette de métal, souvenir de la prison de Yeravda.

La chambre était déjà pleine de gens quand Louis Mountbatten entra. Livide, Nehru s'était accroupi sur le sol, le dos au mur, son beau visage inondé de larmes. A côté de lui, comme frappé par la foudre, Patel regardait intensément celui qu'il venait à peine de quitter. Une douce mélopée emplissait la pièce : les femmes de l'entourage du Mahatma refoulaient leurs larmes et leur chagrin en psalmodiant des versets de la *Gîtâ*. Des lampes à huile projetaient leur lueur vacillante sur le linceul en une auréole dorée. Des bâtonnets brûlaient, exhalant leur suave parfum de santal et de musc.

Pleurant sans bruit, Manu caressait tendrement le front de son Bapu bien-aimé.

Le visage du Mahatma était empreint d'une sérénité absolue. Jamais, remarqua Mountbatten, ses traits n'avaient paru aussi paisibles. Quelqu'un tendit au gouverneur général une coupe de pétales de roses qu'il répandit sur le corps du défunt, tribut du dernier vice-roi des Indes à l'homme qui avait entraîné la disparition de l'empire de son arrière-grand-mère. Inspiré par cette pluie de pétales, Lord Mountbatten sentit une conviction naître dans son cœur.

— Le Mahatma Gandhi, songea-t-il, occupera dans l'Histoire le même rang que Bouddha et Jésus.

Mountbatten s'avança alors vers Nehru et Patel. Posant une main sur l'épaule de chacun, il leur dit solennellement :

— Vous savez tous deux combien j'aimais Gandhiji. Alors, laissez-moi vous dire ceci. Au cours de notre dernière rencontre, il m'a confié son tourment de vous voir vous éloigner l'un de l'autre, vous ses vieux compagnons, les hommes qu'il aimait et admirait le plus au monde. Et savez-vous ce qu'il avait ajouté ? « Aujourd'hui, c'est vous qu'ils écoutent, vous, plus que moi-même. Faites tout votre possible pour les rapprocher. »

Tel était, conclut Mountbatten, le vœu de Gandhiji au soir de sa vie. « Si sa mémoire est aussi sacrée que votre douleur le laisse entendre, alors vous devez oublier vos divergences et vous embrasser. »

Bouleversés, les deux hommes allèrent l'un vers l'autre et s'étreignirent.

En ces heures d'affliction et de deuil qui terrassaient les cœurs et annihilaient les volontés, Louis Mountbatten comprit qu'il pouvait rendre un service immédiat au pays qui l'avait placé à sa tête. Il prit en main l'organisation des funérailles du Père de la nation.

En accord avec Nehru et Patel, il suggéra de faire embaumer le corps de Gandhi et de le placer dans un train spécial qui parcourrait l'Inde afin d'offrir au peuple qu'il avait tant aimé et tant servi un dernier *darçan* avec son Mahatma.

Pyarelal Nayar révéla alors que le Mahatma avait expressément demandé d'être incinéré selon la coutume hindoue, dans les vingt-quatre heures suivant son décès.

— Dans ce cas, déclara Mountbatten, seule l'armée sera capable de contrôler le déroulement des funérailles. Car il y aura demain dans les rues de New Delhi un rassemblement de foule comme jamais encore dans le passé.

— Les deux Indiens se regardèrent, consternés. Que le prophète de la non-violence fût conduit à son bûcher par des professionnels de la guerre, n'était-ce pas le faire mourir une deuxième fois ?

Mountbatten les rassura. Il leur rappela que Gandhi admirait la discipline militaire. Il n'aurait émis aucune objection à ce que l'armée assumât une tâche qui relevait essentiellement du maintien de l'ordre et de la sécurité de son peuple.

Nehru et Patel finirent par acquiescer. Après avoir lancé ses ordres, Mountbatten revint s'entretenir avec Nehru.

— Vous devez vous adresser au pays, c'est sur vous qu'il compte désormais pour le guider.

— C'est impossible, gémit Nehru. Je suis trop bouleversé. Je ne saurais que dire.

— Votre cœur saura vous faire trouver les mots et Dieu vous soufflera.

*

L'Inde manifesta sa douleur par un geste symbolique entre tous. De même que Gandhi avait lancé son peuple sur les chemins de l'indépendance en décrétant une *hartal*, une journée de deuil national, de même les Indiens solennisèrent son départ de ce monde dans le silence douloureux d'une autre *hartal* vouée au recueillement. On aurait vainement cherché, flottant sur les vastes plaines ou s'élevant des taudis des jungles urbaines, ce halo traditionnel de la nuit indienne, la fumée des feux servant à la cuisson des repas de l'Inde. En hommage au Mahatma, aucun feu ne brûla cette nuit-là dans l'immense péninsule.

Bombay prit le visage d'une ville fantôme. Des luxueuses demeures de Malabar Hill aux bidonvilles de Parel, toute la ville était silencieuse, à l'exception des postes de radio qui diffusaient sans interruption les cantiques préférés de Gandhi : « *Râmdham* » — « Ô mon Dieu », et « Quand je contemple ton exaltante croix ». Devant le monument de la Porte des Indes, un homme cria : « Je vais rejoindre Gandhiji ! » et sauta dans la mer. Des dizaines d'autres Indiens imitèrent ce geste. Par dizaines, d'autres encore tombèrent foudroyés par la nouvelle. Près de l'immense Maidan désert de Calcutta, un *sadhu*, le corps et le visage frottés de cendres, parcourait les rues en gémissant inlassablement : « Le Mahatma est mort. Quand donc en viendra-t-il un autre comme lui ? »

Les boutiques, cafés, restaurants, cinémas, ateliers fermèrent partout leurs portes. Au Pakistan, des millions de femmes brisèrent leurs bracelets de verre dans un geste traditionnel de désespoir.

Mais souvent aussi la colère prit le pas sur le chagrin. Un cordon de policiers dut protéger à Poona les locaux du journal *Hindu Rashtra*. A Bombay, plus d'un millier de personnes marchèrent sur la maison de Savarkar. Dans de nombreuses villes, des foules déchaînées s'attaquèrent aux permanences du parti extrémiste *Hindu Mahasabha*.

Ranjit Lal, ce paysan de Chatharpur qui avait le 15 août amené toute sa famille à New Delhi pour y célébrer la fête de l'indépendance, apprit la mort de Gandhi par le poste de radio que le ministère de l'Agriculture avait offert à son village. Aussitôt, Ranjit Lal, les trois mille habitants de Chatharpur, ainsi que tous ceux des campagnes alentour, se mirent en route vers le lieu où ils avaient reçu la liberté pour pleurer celui qui en avait été l'artisan. Comme l'avait prédit Mountbatten, un immense fleuve humain commença à déferler dès l'aube sur la capitale.

*

Couverte de pétales de roses et de fleurs de jasmin, la dépouille du Mahatma fut portée sur la terrasse du premier étage de Birla House. Cinq lampes à huile, symboles des quatre éléments naturels — le feu, l'eau, l'air, la terre — et de la lumière qui les unit, furent disposées autour de sa tête. Puis la civière fut inclinée afin d'offrir au peuple de l'Inde un ultime *darçan* avec sa Grande Ame disparue.

Depuis des heures, des milliers de gens réclamaient dans une mêlée furieuse le droit de dire adieu à leur libérateur. Comme ils avaient autrefois bravé en son nom les *lathi* de la police britannique, ils défiaient ce soir ceux des gardes de Birla House pour apercevoir le corps vénéré. Des milliers d'autres avaient envahi le jardin où Gandhi avait été assassiné, arrachant chaque fleur, chaque touffe d'herbe pour en faire une précieuse relique.

A l'autre extrémité de la ville, un homme brisé s'approcha du micro de la Radiodiffusion indienne. C'est dans l'immensité de sa détresse que Jawaharlal Nehru puisa le courage et l'inspiration des mots qu'il parvint à prononcer :

La lumière s'est éteinte sur nos vies et tout n'est plus que ténèbres, s'écria-t-il. Notre chef bien-aimé, celui que nous appelions Bapu, le Père de la nation, nous a quittés. J'ai dit que la lumière s'est éteinte, mais j'ai eu tort. La lumière qui a brillé sur ce pays n'était pas une lumière ordinaire.

Dans un millier d'années, elle sera toujours éclatante. Le monde la verra, car elle apportera la consolation à tous les cœurs. Cette lumière représentait quelque chose de plus que le présent immédiat. Elle représentait la vie et les vérités éternelles, nous rappelant le droit chemin, nous protégeant de l'erreur, conduisant notre vieux pays vers la liberté.

*

La lumière dont parlait Nehru appartenait bien au monde autant qu'à l'Inde. De tous les coins de l'univers arrivèrent des messages de condoléances.

En Grande-Bretagne, aucun événement depuis la fin de la guerre ne suscita autant d'émotion. Dans les rues de Londres, les gens se passaient de main en main les éditions spéciales des journaux, immédiatement épuisées. Le roi George VI, le Premier ministre Clement Attlee, son vieil ennemi Winston Churchill, l'archevêque de Cantorbéry, parmi des milliers d'autres, exprimèrent leur sympathie. Le plus frappant des témoignages fut sans doute celui du dramaturge irlandais George Bernard Shaw que Gandhi avait rencontré à Londres en 1931. Son assassinat, déclara-t-il, « montre combien il est dangereux d'être bon ».

Le chagrin de la France se manifesta par la voix de son président du Conseil, Georges Bidault. Il souligna que « tous ceux qui croient en la fraternité des hommes pleureront la mort de Gandhi ». D'Afrique du Sud vint le tribut de celui qui avait été le tout premier adversaire politique de Gandhi, le maréchal Jan Smuts. « Un prince parmi les hommes vient de partir », reconnut-il. Du Vatican, Pie XII salua « un apôtre de la paix et un ami des Chrétiens ». Les Chinois, les Indonésiens et d'innombrables peuples colonisés ressentirent comme un choc la disparition de celui qui était le pionnier de l'indépendance en Asie. A Washington, le président Harry Truman déclara que « le monde entier pleure avec l'Inde ».

A Moscou, une foule considérable vint signer le registre de condoléances ouvert par le premier ambassadeur de l'Inde en U.R.S.S., Mme V.L. Pandit, sœur de Nehru. Mais pas un seul ministre ou haut fonctionnaire de Joseph Staline ne vint apposer sa signature.

« Il ne peut y avoir de controverse en face de la mort, écrivit de son côté Mohammed Ali Jinnah dans son message de sympathie, car Gandhi était l'un des plus grands hommes qu'ait jamais produits la communauté hindoue. » Lorsque l'un de ses collaborateurs osa faire remarquer que la dimension de Gandhi dépassait de loin le cadre de sa seule communauté religieuse, le leader musulman ne cacha pas son désaccord. Qu'importe si, quinze jours plus tôt, Gandhi avait mis sa vie en jeu pour les Musulmans de l'Inde et pour sauver le Pakistan de la banqueroute, Jinnah restait inflexible.

— Non, objecta-t-il, c'était bien ce qu'il était : un grand Hindou.

Comme il était normal, c'est à l'Inde que revint l'honneur de rendre à son Mahatma le plus vibrant hommage. Il s'exprima dans les colonnes du quotidien *Hindustan Standard*. Sur toute la première page encadrée d'un large bandeau noir, la sobriété d'un message en caractères géants montrait l'ampleur de l'événement :

Gandhiji a été assassiné par son propre peuple pour la rédemption duquel il a vécu. Cette seconde crucifixion dans l'histoire du monde s'est déroulée un vendredi — le même jour que celui où Jésus a été mis à mort, mille neuf cent quinze années plus tôt. Père, pardonne-nous.

Le corps du Mahatma fut descendu après minuit de la terrasse de Birla House. Jusqu'à l'aube, il appartint à nouveau au petit groupe qui avait partagé son austère existence : ses petites-nièces Manu et Abha, son secrétaire Pyarelal Nayar, ses fils Ramdas et Devadas, et la poignée de fidèles qui étaient

restés à ses côtés aux heures glorieuses ou douloureuses de la dernière année de sa vie.

Conformément à la stricte tradition hindoue,
Manu et Abha répandirent de la bouse de vache sur
le sol de marbre de sa chambre avant d'y placer une
civière de bois. Quand les deux jeunes filles, aidées
de ses fils, eurent fait la toilette mortuaire, le corps
fut enveloppé dans un linceul de *khadi* filé par un de
ses intimes puis posé sur la civière, elle-même
recouverte d'un drap de *khadi*. Un prêtre brahmane
lui enduisit la poitrine de pâte de santal et de poudre
de safran et Manu apposa un *tilak* rouge sur son
front. Avec Abha, elle composa autour de sa tête les
mots « *Hé Râm* » en feuilles de laurier et, à ses pieds,
la syllabe sacrée « *aum* » en pétales de fleurs. Il était
3 h 30 du matin, l'heure à laquelle Gandhi avait
l'habitude de se lever pour sa prière. Ses compagnons s'assirent autour du corps et entonnèrent un
cantique d'adieu :

*Couvre-toi de poussière, parce que tu ne feras qu'un
avec la poussière*, chantaient les voix étranglées de
sanglots, *prends ton bain et revêts des habits neufs. Là
où tu vas est un lieu sans retour.*

Avant de rendre le corps de leur Bapu au monde
impatient qui l'attendait, ils accomplirent un dernier
geste. Tous savaient combien Gandhi détestait la
coutume de décorer les défunts de guirlandes de
fleurs. Aussi, Devadas plaça-t-il autour du cou de
son père le seul ornement que Mohandas Karamchand Gandhi emporterait dans son voyage pour
l'éternité, un simple collier fait de petites boules de
coton semblables à celles qu'il avait filées l'après-
midi sur son rouet.

*

Toute la nuit le peuple de l'Inde accourut pour

rendre hommage à son Mahatma défunt. Le quartier retentissait d'un concert de lamentations, de gémissements, de pleurs. Au lever du jour, la litière de bois fut à nouveau placée sur la terrasse. Son visage rayonnant de sérénité, sa poitrine blessée couverte de fleurs, le Mahatma Gandhi offrait un *darçan* d'adieu à son peuple bien-aimé.

Peu après onze heures du matin, la civière fut placée sur le véhicule militaire qui allait le conduire à travers la capitale en deuil jusqu'à sa dernière destination terrestre, le bûcher de *Râjghât,* lieu de crémation des rois érigé au bord de la Yamuna.

Jawaharlal Nehru, les yeux rougis de larmes, et Vallabhbhai Patel aidèrent Manu et Abha à accomplir les ultimes rites funéraires. Ils placèrent sur le corps des linges blancs et rouges afin de marquer que le défunt avait vécu toute la plénitude de son existence et que sa mort était un départ sans regrets vers l'éternité. Puis ils le recouvrirent du plus glorieux manteau dont pouvait être drapé sur son bûcher le Père de la nation, le drapeau safran, blanc et vert de l'Inde indépendante.

Le général responsable du cérémonial des funérailles, l'Anglais Sir Roy Bucher, commandant en chef de l'armée indienne, inspecta le cortège. Par une extraordinaire ironie, c'était la deuxième fois qu'il organisait les obsèques de Mohandas Gandhi. C'était lui en effet qui avait été chargé de préparer celles auxquelles l'indomptable petit homme avait dédaigné de se rendre en 1942, lors de son fameux jeûne de vingt et un jours.

Par respect pour son horreur du machinisme moderne, le camion-plate-forme qui devait conduire Gandhi au lieu de sa crémation ne serait pas propulsé par son moteur : deux cent cinquante soldats des trois armes le haleraient avec quatre longues cordes de chanvre.

Au signal du général anglais, le cortège s'engagea lentement à travers la multitude massée devant Birla House. Dernier hommage de Louis Mountbatten à celui que la Grande-Bretagne avait si longtemps humilié, quatre voitures blindées et un escadron monté de la garde du gouverneur général ouvraient la marche. C'était la première fois que ces cavaliers de la vieille garde des vice-rois rendaient les honneurs à un Indien. Comme les flots se refermant sur le sillage d'un navire, la foule se précipita derrière la procession — ministres, coolies, maharajas, balayeurs, gouverneurs, Musulmanes en *burqa*, représentants de toutes les castes, religions, races et couleurs de l'Inde, tous unis dans la même douleur.

Les huit kilomètres du parcours jusqu'à la Yamuna étaient déjà jonchés d'un tapis de roses et de fleurs de jasmin. Sur les trottoirs, les chaussées, dans les arbres, aux fenêtres, sur les toits, au sommet des poteaux électriques, des centaines de milliers de personnes attendaient.

Agrippé à un réverbère, le paysan Ranjit Lal était là lui aussi. Il avait marché toute la nuit. Lorsque le cortège passa lentement au pied de son perchoir et qu'il découvrit le célèbre visage, il sentit une bouffée de gratitude l'envahir. « C'est lui, pensa-t-il, qui m'a donné la liberté. »

Apercevant depuis le toit du palais de Mountbatten la véritable fourmilière humaine qui recouvrait la célèbre avenue de tous les défilés impériaux, Alan Campbell-Johnson songea que l'homme qui avait plus qu'aucun autre contribué à abattre l'Empire « recevait dans la mort un hommage dépassant tous les rêves des vice-rois ». L'hommage vint aussi du ciel. Lorsque le convoi funèbre arriva devant les hauts murs de la prison municipale où avait séjourné le libérateur de l'Inde, trois Dakotas des forces aériennes indiennes lâchèrent une pluie de pétales de roses.

Cinq heures durant, l'interminable fleuve se gonfla de nouveaux affluents. Quand il atteignit au bord de la Yamuna l'esplanade où le bûcher avait été dressé sur une petite plate-forme de briques, les centaines de milliers de fidèles qui s'étaient déjà groupés là parurent soulevés par une lame de fond. La photographe Margaret Bourke-White eut conscience de contempler « la plus grande foule qui se soit sans doute jamais rassemblée sur la surface de la terre ». Elle l'évalua à un million de personnes.

Au sein de cette multitude, un cordon de soldats de l'armée de l'air faisait un fragile rempart pour une centaine de personnalités. La haute stature de Louis Mountbatten se détachait juste devant le bûcher.

Lorsque la dépouille du Mahatma fut portée au-dessus des têtes par ses fils et ses petites-nièces, une formidable poussée propulsa la foule en avant. Sous la pression toutes les personnalités des premiers rangs risqueraient tout à l'heure d'être précipitées dans le feu Mesurant ce danger, Mountbatten fit reculer ministres, dignitaires et diplomates d'une vingtaine de mètres. Puis, donnant lui-même l'exemple avec sa femme, il leur fit signe de s'asseoir par terre.

Les deux fils de Gandhi déposèrent enfin sa dépouille sur les grandes bûches de bois de santal, la tête orientée vers le nord, selon le rite hindou. Il était déjà 4 heures de l'après-midi et il fallait se hâter pour que les rayons du soleil puissent bénir celui dont les flammes allaient consumer le corps.

Une indescriptible mêlée se produisit alors. Chacun voulait toucher le linceul, jeter une fleur, ajouter son morceau de bois à la haute pyramide enfermant

Gandhi dans sa dernière prison terrestre. Ramdas, le deuxième fils du Mahatma, à qui revenait la responsabilité de conduire la cérémonie en l'absence de son frère aîné, escalada la plate-forme. Aidé de son jeune frère Devadas, il répandit sur le corps de son père un mélange de *ghî*, d'huile de noix de coco, d'essence de camphre et de poudres rituelles.

Contemplant la dépouille de l'homme auquel il s'était tellement attaché, Louis Mountbatten se sentait en proie à une poignante émotion. « Il a seulement l'air de dormir, pensa-t-il, et pourtant, sous nos yeux, dans quelques secondes, il va disparaître dans une gerbe de flammes. »

Ramdas Gandhi fit alors cinq fois le tour du bûcher, tandis que des prêtres drapés dans leurs robes safran récitaient des *mantra*. Quelqu'un tendit enfin la torche sacrée allumée à la flamme perpétuelle du Temple des Morts. Le fils du Mahatma l'éleva au-dessus de sa tête avant de la plonger dans le bûcher. Lorsque les premières langues de feu commencèrent à lécher les billots de santal, une voix entonna une prière védique :

> *Conduis-moi*
> *De l'irréel au réel,*
> *Des ténèbres à la lumière,*
> *De la mort à l'immortalité...*

Aux premières volutes de fumée, la multitude poussa une gigantesque clameur et se rua en avant. Pamela Mountbatten vit des dizaines de femmes en pleurs s'arracher les cheveux en hurlant, déchirer leurs saris, tenter d'enfoncer le barrage de policiers et de soldats pour accomplir l'ancestral rite de *satî*, le suicide des veuves de l'Inde rejoignant dans les flammes le corps de leurs époux. Sous la pression irrésistible de la foule, c'est à peine si Mountbatten et toutes les personnalités présentes échappèrent à un involontaire *satî*. « Le fait de nous asseoir nous a sauvés, dirait-il. Sans cela, nous aurions tous été brûlés vifs avec Gandhi. »

Un geyser d'étincelles fusa soudain vers le ciel tandis qu'une couronne de flammes crépitantes enveloppait la pyramide de bois de santal. Attisées par le vent glacial qui balayait les rives de la Yamuna, elles s'élevaient de plus en plus haut. Le paisible visage disparut pour toujours derrière un rideau de feu.

Au moment où le brasier mêlait son incandescence aux rougeoiements du soleil couchant, un cri d'adieu s'éleva d'un million de poitrines : « *Mahatma Gandhi amar ho gayé !* » — « Le Mahatma Gandhi est devenu immortel ! »

✱

Toute la nuit, le bûcher continua de se consumer, et la foule défila devant les restes de son prophète. Perdu parmi elle, pitoyable visage anonyme, se trouvait l'homme qui aurait dû allumer ces flammes, Harilal Gandhi le fils aîné du Mahatma, épave ravagée par l'alcool et la tuberculose.

Un autre orphelin monta aussi la garde auprès des braises rougeoyantes. Une époque de la vie de Jawaharlal Nehru s'achevait dans le feu qui dévorait le corps de son père spirituel. A la première lueur de l'aube, il déposa un humble bouquet de roses sur les cendres brûlantes.

— Bapuji, murmura-t-il, voici quelques fleurs. Je peux les offrir aujourd'hui encore à tes cendres. Où irai-je les porter demain, et à qui ?

✱

Les restes de l'homme mortel qu'avait été le Mahatma Gandhi furent immergés le douzième jour suivant la crémation, « dans un fleuve coulant vers la mer ». Le site choisi pour cette cérémonie était l'un des plus sacrés de l'hindouisme, le *sangam,* près d'Allahabad, où les eaux bleuâtres de la Yamuna s'unissent aux eaux limoneuses du Gange éternel au point même où s'écoule le flot secret de la Saravasti. Là, à Prayâg, où Brahma le Créateur avait célébré l'un de ses plus grands sacrifices, au confluent de ces fleuves dont les noms sont mêlés depuis la nuit des temps à la trame même de l'histoire indienne, dans le bouillonnement majestueux qui avait emporté les cendres de millions d'Indiens anonymes dont il avait fait siennes les joies et les peines, Gandhi allait à jamais se fondre dans l'âme collective de son peuple comme une goutte d'eau au milieu de l'océan.

L'urne de cuivre contenant ses cendres parvint au terme des six cent quinze kilomètres séparant New Delhi d'Allahabad à bord d'un train spécial uniquement composé de wagons de 3ᵉ classe, au milieu d'une haie triomphale de millions d'hommes accourus sur son parcours pour rendre hommage à la Grande Ame de l'Inde. A la gare d'Allahabad, l'urne fut placée sur un char funéraire et emportée au travers d'une foule immense, jusqu'au rivage sacré où l'attendait un véhicule amphibie de l'armée indienne. Nehru, Patel, les deux fils du Mahatma, Manu, Abha et quelques intimes prirent place à côté de l'urne. Trois millions de pèlerins massés sur les rives suivirent des yeux l'embarcation blanche qui s'éloigna vers le large.

Quand l'instant fut venu, un chant védique monta de la multitude, accompagné du tintement de milliers de clochettes, de gongs et de l'écho des conques. Par centaines de mille, des fidèles aux fronts frottés de cendres et de pâte de santal entrèrent alors dans l'eau pour une gigantesque communion mystique. Après avoir remis au courant une myriade de coques de noix de coco et de barquettes de feuilles remplies de fleurs, de fruits, de lait, de mèches de cheveux, ils burent rituellement trois gorgées de l'eau de ce fleuve considéré comme le ciel sur la terre.

Lorsque l'embarcation atteignit le confluent sacré, Ramdas Gandhi emplit d'eau du Gange et de lait d'une vache sacrée l'urne qui contenait les cendres de son père. Il agita doucement le mélange tandis que les passagers psalmodiaient des *mantra* d'adieu :

Ô sainte âme, que l'air et le feu te soient propices... que les eaux de tous les fleuves et de tous les océans te permettent de servir dans l'éternité la cause de tous les hommes...

Aux derniers mots, Ramdas Gandhi vida doucement le contenu de l'urne dans les flots. La mince traînée grisâtre s'étira le long de la coque, et chaque passager la recouvrit d'une poignée de pétales de roses.

Porté par le courant, pris dans les tourbillons des eaux mêlées, le tapis de fleurs, de cendres et de lait s'éloigna bientôt vers l'horizon. Les cendres de Mohandas Gandhi allaient accomplir le dernier et le plus sacré pèlerinage d'un Hindou, le long voyage vers la mer et l'instant mystique où le Gange éternel les unirait à l'éternité des océans. Alors l'âme de Gandhi échapperait « aux ombres de la nuit ». Il ne ferait plus qu'un avec le *mahat*, le Dieu de sa céleste *Gîtâ*.

Épilogue

La mort de Gandhi devait accomplir ce que sa vie n'avait pu réussir. Elle mit fin aux massacres religieux dans les villes et villages de l'Inde.

Certes, les antagonismes demeureraient, mais ils prendraient la forme de conflits classiques que disputeraient des armées nationales sur les champs de bataille. Le meurtre de Birla House était l'ultime sacrifice de la guerre civile et religieuse qui ravageait les Indes depuis deux années.

L'assassin, Nathuram Godsé, fut appréhendé sur place le revolver à la main. Il n'opposa aucune résistance. La capture de ses complices devait suivre de peu. Narayan Apté et Vishnu Karkaré tombèrent dans les filets de la police à cause d'une femme. Le 14 février, jour de la Saint-Valentin, fête des amoureux, Apté se cachait dans un hôtel de Bombay quand il entendit des coups frappés à la porte. Croyant ouvrir à sa maîtresse, il se trouva en présence de trois inspecteurs. Les policiers avaient découvert sa liaison avec la fille de leur chirurgien-chef. Interceptant une conversation sur leur table d'écoute, ils avaient ainsi eu connaissance du lieu de leur rendez-vous.

Nathuram Godsé, le meurtrier ; Narayan Apté, son associé ; l'aubergiste Karkaré ; Madanlal Pahwa, le jeune réfugié révolté qui avait posé la bombe du 20 janvier ; Gopal Godsé, le frère cadet de Nathuram ; Savarkar, le fanatique inspirateur du mouvement hindou extrémiste ; le docteur Parchuré, l'homéopathe qui avait procuré le revolver ; et enfin le domestique de Digambar Badgé, comparurent devant la justice pour répondre de l'assassinat du Père de la nation indienne.

Dès le début du procès qui s'ouvrit le 27 mai 1948, Nathuram Godsé revendiqua l'entière responsabilité du meurtre. Il déclara que seules des raisons politiques avaient déterminé son geste et nia toute participation de ses coïnculpés. Il refusa de se soumettre à la seule procédure qui aurait peut-être pu lui valoir des circonstances atténuantes — un examen psychiatrique. Il fut condamné à la peine capitale.

Le verdict fut le même pour son associé Narayan Apté qui payait ainsi son rendez-vous manqué avec l'hôtesse d'Air India. C'est en effet sa présence à Gwalior aux côtés de l'assassin le jour où fut trouvée l'arme du crime qui lui valut la peine capitale. Cinq autres conjurés furent condamnés à la prison à vie. Le docteur Parchuré parvint à obtenir en appel son acquittement. Savarkar fut également acquitté faute de preuves. Quant au faux *sadhu* Badgé, il ajouta une nouvelle performance à son étonnant palmarès : passé au service de l'accusation, il ne fut même pas inculpé.

Malgré les pressants appels à la clémence envoyés par les fils du Mahatma Gandhi et par nombre de ses disciples, le plus intime compagnon du prophète de la non-violence, Jawaharlal Nehru, refusa d'intervenir pour sauver la vie de Nathuram Godsé et de Narayan Apté. Leur grâce ayant été rejetée, les condamnés furent conduits à l'aube du

15 novembre 1949 au gibet de la prison d'Ambala pour être « pendus jusqu'à ce que mort s'ensuive ».

Jusqu'à la fin, Apté s'était refusé à croire à son exécution : il gardait la conviction inébranlable qu'une grâce de dernière heure allait le sauver. Il en avait lu l'augure dans les lignes de sa main. Découvrant au pied de la potence à quel point la chiromancie n'était pas une science exacte, il s'effondra. Il fallut le traîner jusqu'au gibet.

Nathuram Godsé déclara par testament qu'il n'avait d'autre bien à léguer à sa famille que ses cendres. Il décida toutefois de différer son entrée dans l'immortalité jusqu'à ce que le rêve pour lequel il avait commis son crime se réalisât. Défiant la coutume hindoue, il demanda que ses cendres ne soient pas immergées « dans un fleuve allant vers la mer », mais conservées jusqu'au jour où les eaux de l'Indus coulant à travers un pays enfin réuni sous la domination hindoue pourraient les recevoir. Il mourut courageusement.

Vîr Savarkar, le fanatique qui avait téléguidé tant d'assassinats politiques, s'éteignit en 1966 dans son lit de sa belle mort à l'âge de quatre-vingt-trois ans.

Après son acquittement, le docteur Parchuré retrouva son cabinet d'homéopathe. Il soigne toujours aujourd'hui les poumons des habitants de Gwalior avec ses drogues à base de graines de cardamome, de pousses de bambou, d'oignons et de miel.

Craignant pour sa vie, le faux *sadhu* Badgé abandonna son échoppe de Poona pour aller habiter dans un appartement mis à sa disposition par la police à Bombay. Il y reprit l'exercice de la profession pour laquelle il était honorablement connu dans toute la province, la fabrication de gilets pare-balles. Il est aujourd'hui un artisan prospère. Ses cottes de mailles coûtent mille roupies (sept cents francs) et sont si demandées qu'il faut les attendre six mois.

Bénéficiant d'une remise de peine pour bonne conduite, Karkaré, Madanlal Pahwa et Gopal Godsé furent libérés en 1969, après vingt et un ans de détention. Karkaré reprit à Ahmednagar la direction de son auberge, offrant à ses clients pour 1,25 roupie (un franc) le confort spartiate de ses chambres à sept *charpoy*. Il est mort d'une crise cardiaque en avril 1974. Madanlal Pahwa s'installa à Bombay. Modeste concurrent des firmes japonaises dont les articles inondent les marchés de l'Inde et de l'Extrême-Orient, il fabrique des jouets dans une soupente attenante à son logement. Le terroriste qui essaya de tuer Gandhi avec une bombe tire aujourd'hui sa plus grande fierté d'une petite fusée à air comprimé qui s'élève à une centaine de mètres et redescend sur terre soutenue par un parachute.

Gopal Godsé, le jeune frère de l'assassin, habite au troisième étage d'une vieille maison de Poona. Sur le mur de sa véranda se trouve une carte géante du sous-continent indien. Chaque année, le 15 novembre, jour anniversaire de l'exécution de son frère, l'urne contenant les cendres de Nathuram est placée devant la carte sur laquelle serpente un tracé d'ampoules électriques figurant le cours sacré de l'Indus. Devant cet emblème de l'Inde une et entière, Gopal Godsé rassemble sa famille et les disciples les plus fidèles de Vîr Savarkar. Aucune trace de remords, pas un soupçon de contrition n'animent leur réunion dont le but exclusif est de glorifier le souvenir d'un « martyr » et de justifier son acte devant la postérité. Au pied de la carte illuminée, enivrés par la mélopée lancinante d'un sitar, ces fanatiques brandissent leur poing droit, jurant devant les cendres de l'assassin de Gandhi de reconquérir « la portion amputée de notre mère patrie, c'est-à-dire tout le Pakistan, et de réunifier l'Inde sous la domination hindoue depuis les rives de l'Indus où les premiers *rishi* récitèrent le *Véda*, jusqu'aux forêts qui s'étendent au-delà du Brahmapoutre ».

✻

Comme il l'avait annoncé en acceptant sa charge de premier gouverneur général de l'Inde indépendante, Louis Mountbatten résigna ses fonctions en juin 1948.

Il consacra les dernières semaines de son pouvoir à convaincre le seul prince indien encore assis sur son trône, le *nizam* de Hyderabad, d'abandonner pacifiquement ses prétentions à l'indépendance. Avec une opération militaire, l'Inde finit par détrôner le monarque en 1949 et rattacha de force son royaume au territoire national.

Jusqu'au dernier jour, Edwina Mountbatten s'efforça de soulager la misère des réfugiés. Dès qu'elle arrivait dans un camp, les malheureux se précipitaient pour lui dire adieu et lui témoigner leur reconnaissance.

La veille de leur départ, Jawaharlal Nehru donna en l'honneur des Mountbatten un grand dîner dans la salle des banquets du palais qu'ils se préparaient à quitter. Levant son verre à la santé du couple britannique, auquel l'attachaient tant de liens d'affection et d'amitié forgés durant l'année la plus mémorable de sa vie, Nehru s'adressa d'abord à Edwina Mountbatten :

— Partout où vous êtes allée vous avez apporté soulagement, espoir et courage. Est-il donc surprenant que les Indiens vous aiment et vous considèrent comme une des leurs ?

Puis, se tournant vers Lord Mountbatten, il poursuivit :

— Vous êtes arrivé ici avec la plus haute réputation, mais l'Inde n'en avait-elle pas englouti de si nombreuses ? Vous avez traversé une période de graves difficultés, et pourtant votre réputation a gardé tout son éclat. Ceci est le plus remarquable des exploits.

Le lendemain matin, tandis que Louis et Edwina Mountbatten s'éloignaient dans le landau doré qui les avait déposés au pied du grand escalier d'honneur quinze mois auparavant, l'un des six chevaux de l'attelage refusa d'avancer. A la vue de cet animal qu'aucun coup de fouet ne pouvait faire bouger, une voix dans la foule s'écria : « C'est un signe de Dieu, vous devez rester avec nous ! » Rien, pour Louis et Edwina Mountbatten, n'aurait pu surpasser un tel hommage.

*

La cruelle maladie gardée depuis deux ans comme un secret d'État finit par terrasser Mohammed Ali Jinnah le 11 septembre 1948, treize mois seulement après la réalisation de son rêve et huit mois après l'assassinat de son vieil adversaire politique.

Avec le courage qui avait caractérisé toute sa carrière, Jinnah lutta jusqu'au dernier instant pour consolider l'avenir de son Pakistan bien-aimé. Il mourut à Karachi, sa ville natale devenue capitale provisoire d'une grande nation islamique grâce à sa volonté de fer. Même au bord de la tombe, Jinnah resta l'inflexible personnage qu'il n'avait jamais cessé d'être. A son chevet le dernier jour, son médecin voulut encore le rassurer :

— Je vous ai fait une piqûre. Si Dieu le veut, tout ira bien.

Jinnah le regarda, plein de lucidité.

— Non, répondit-il, je sais que je vais mourir.

Une demi-heure plus tard, il était mort.

Le Pakistan survécut à l'époque difficile qui suivit sa création, mais non les institutions démocratiques que Jinnah lui avait données. Un coup d'État militaire dirigé par un ancien officier de l'Armée des Indes, le maréchal Ayub Khan, mit fin en 1958 au régime parlementaire que la corruption politique avait discrédité. Après dix ans d'un règne autoritaire mais profitable, le régime d'Ayub Khan fut renversé par un autre coup d'État militaire.

La traumatisante expérience de la guerre du Bangla Desh, qui aboutit en 1971 à l'éclatement du Pakistan et à sa séparation en deux États comme l'avait jadis prévu Louis Mountbatten, ramena un gouvernement démocratique sous la direction de Zulfikar Ali Bhutto. Même si des révoltes tribales dans la Province frontière du Nord-Ouest et celle du Baluchistan viennent périodiquement la menacer, la quatrième nation islamique du monde — après l'Indonésie, le Bangla Desh et l'Inde — regarde aujourd'hui l'avenir avec confiance, la solidarité musulmane lui assurant une aide substantielle de la part de ses voisins producteurs de pétrole.

Sur une éminence au cœur de Karachi, un somptueux mausolée abrite sous sa coupole de pierre le cénotaphe de marbre du fondateur de la nation, tribut de tout un peuple au dernier héritier de ses grands Mogols.

*

Comme l'avait prédit le Mahatma Gandhi, le terrible héritage de la Partition devait continuer à secouer le sous-continent indien pendant des années. A deux reprises, en 1965 et en 1971, l'Inde et le Pakistan s'affrontèrent sur les champs de bataille. Cette mésentente imposa aux deux États un accablant fardeau financier qui détourna, au profit de stériles dépenses militaires, des ressources indispensables à leur développement économique et à l'accroissement de la production agricole — c'est-à-dire à l'élévation du niveau de vie de leurs populations très pauvres.

En moins d'une décennie, les deux pays accomplirent cependant l'exploit d'intégrer la majorité des millions de réfugiés du tragique été 1947. Les plaines fertiles du Panjab abreuvées du sang de tant d'innocentes victimes retrouvèrent peu à peu les couleurs de leur passé heureux, l'or des champs de blé, la blancheur neigeuse des récoltes de coton, le vert des plantations de canne à sucre. Sous l'impulsion vigoureuse de sa population sikh, la partie indienne de la province mutilée prit la tête de la « Révolution verte » qui lui permit de réaliser en 1970 le grand rêve de l'Inde : une production de céréales capable de subvenir à ses besoins. Deux mauvaises moussons en 1971 et 1972 devaient hélas interrompre provisoirement ce rêve.

Mais le retour à la paix ne pouvait effacer les marques douloureuses laissées par le cauchemar de l'exode. Des deux côtés de la frontière tracée par le crayon de Sir Cyril Radcliffe, la rancœur et même la haine demeuraient. Le pitoyable destin d'un homme, Boota Singh, ce paysan sikh qui avait acheté une jeune Musulmane fuyant son ravisseur, allait symboliser pour des millions de Panjabis les tragiques conséquences de leurs déchirements, mais aussi l'espoir que l'aptitude de l'homme à l'amour pouvait triompher des haines les plus tenaces.

Onze mois après leur mariage, une fille naquit au

foyer du Sikh et de la Musulmane. Conformément à la coutume, Boota Singh ouvrit au hasard le saint livre des Sikhs, le *Granth Sahib,* et choisit pour l'enfant un prénom qui commençait par la première lettre du premier mot en haut de la page. C'était un « T ». Il prénomma sa fille « Tanvîr », ce qui signifiait « Miracle du ciel » ou « Force de la grâce ».

Huit ans après cette naissance, deux neveux de Boota Singh, furieux d'être un jour lésés de leur héritage, dénoncèrent Zenib et sa fille aux autorités qui recherchaient, pour les rapatrier, les femmes enlevées au cours de l'exode. Zenib fut arrachée à son mari et placée dans un camp de transit en attendant que ses parents fussent retrouvés au Pakistan.

Fou de douleur, Boota Singh courut à New Delhi accomplir l'acte le plus difficile pour un Sikh. Il coupa ses cheveux et se fit musulman à la grande mosquée. Devenu Jamil Ahmed, il se présenta alors au bureau du haut-commissaire du Pakistan pour demander que sa femme lui soit rendue. Ce fut en vain. Les deux gouvernements étaient convenus d'appliquer un règlement implacable : mariées ou non, les femmes kidnappées devaient être rendues à leur communauté d'origine.

Pendant six mois, Boota Singh rendit chaque jour visite à son épouse dans le camp où elle attendait son transfert au Pakistan. Il restait assis à côté d'elle durant des heures, pleurant en silence le rêve de leur bonheur perdu. Il apprit un jour que sa famille avait été retrouvée et qu'elle allait lui être renvoyée. Dans une bouleversante scène d'adieux, Zenib lui jura de ne jamais l'oublier et de revenir dès qu'elle le pourrait.

Proclamant sa qualité de musulman, Boota Singh fit une demande pour immigrer au Pakistan. Elle fut rejetée. Il demanda un visa mais essuya un nouveau refus. Alors il distribua tous ses biens aux pauvres de son village, fit un balluchon avec un peu de linge et quelques ustensiles, glissa deux mille roupies dans sa ceinture, et franchit clandestinement la frontière avec sa fille rebaptisée Sultana. Laissant l'enfant à Lahore, il se rendit au village où s'était installée la famille de Zenib. En arrivant, il découvrit que sa femme avait été remariée à un cousin quelques heures après sa descente du camion que la ramenait d'Inde. Le pauvre homme gémissait : « Rendez-moi Zenib ! Rendez-moi ma femme ! » Il fut sauvagement battu par les frères et les cousins de Zenib, puis dénoncé à la police pour avoir illégalement franchi la frontière.

Devant le tribunal, Boota Singh plaida qu'il était musulman et supplia le juge de lui rendre son épouse, à tout le moins de la laisser exprimer librement sa volonté. Ému par la détresse du vieil homme, le juge accepta.

La confrontation eut lieu une semaine plus tard dans une salle débordante d'une foule alertée par les journaux. Tout Lahore était déjà au courant et de cœur avec Boota Singh.

Zenib arriva, encadrée par tous les membres de sa famille. Elle paraissait terrifiée.

— Connaissez-vous cet homme ? lui demanda le juge.

— Oui, répondit-elle en tremblant, c'est Boota Singh, mon premier mari.

— Connaissez-vous cette petite fille ?

— Oui. C'est notre enfant.

— Souhaitez-vous retourner en Inde avec eux ?

Zenib tourna la tête vers les membres de sa famille qui ne la quittaient pas du regard. Une insupportable tension régnait dans la salle. Boota

Singh retenait son souffle. Enfin Zenib, baissant les yeux, murmura seulement :

— Non.

Un cri d'animal blessé jaillit de la gorge de Boota Singh. Il tituba. Quand il retrouva son calme, il amena sa fille à Zenib.

— Je ne peux pas te priver de ton enfant, je te la laisse.

En parlant, il avait sorti de sa poche une liasse de roupies qu'il offrit à son épouse.

Le juge demanda à Zenib si elle acceptait la garde de sa fille. De nouveau, un silence angoissé remplit la salle. De leurs sièges, les hommes du clan de la jeune femme lui firent signe de refuser. Ils ne voulaient pas que du sang sikh pût souiller leur famille.

Zenib regarda son enfant. La prendre avec elle eût été la condamner à une vie de malheur.

— Non, gémit-elle.

Boota Singh resta un long moment immobile à la regarder. Puis, il prit la main de sa fille et sortit du tribunal sans se retourner.

Le pauvre homme passa la nuit à pleurer et à prier dans le mausolée du saint musulman Data Ganj Bakhsh tandis que son enfant dormait au pied d'une colonne. A l'aube, il emmena la fillette dans un bazar voisin. Avec les roupies que son épouse n'avait pas acceptées, il lui acheta une robe neuve et une paire de sandales brodées de fils d'or.

Main dans la main, le vieil homme et son enfant marchèrent jusqu'à la gare voisine de Shahdarah. Sur le quai, il expliqua à la petite fille qu'elle ne reverrait plus jamais sa maman.

Lorsque la locomotive entra en gare, Boota Singh souleva tendrement son enfant dans ses bras, l'embrassa et s'avança jusqu'au bord du quai. La fillette eut l'impression que l'étreinte de son père se resserrait. Soudain, elle se sentit basculer en avant. Elle entendit un coup de sifflet et un hurlement déchirant. Puis elle se retrouva de l'autre côté de la locomotive.

Boota Singh avait sauté sur la voie. Il fut tué instantanément, mais par miracle l'enfant était indemne. Sur le corps déchiqueté du vieux Sikh, la police trouva une lettre d'adieu tachée de sang.

« Ma Zenib chérie, tu as écouté la voix de la foule, mais cette voix n'est jamais sincère. Je ne t'en veux pas. Mon dernier vœu est d'être près de toi. Je voudrais que tu m'enterres dans ton village et que tu viennes de temps en temps fleurir ma tombe. »

Le suicide de Boota Singh bouleversa le Pakistan. Ses funérailles devinrent une affaire nationale. Pourtant, même dans la mort, le vieux Sikh, qui avait cru échapper au cauchemar en achetant le bonheur pour quinze cents roupies, devait rester victime de la haine. La famille de Zenib et les habitants de son village lui refusèrent le droit de reposer dans leur cimetière. Le 22 février 1957, une barricade défendue par tous les hommes du clan sous le commandement du second mari de Zenib s'opposa au passage du cercueil.

Craignant une émeute, les autorités ordonnèrent au cortège mortuaire suivi par des milliers de Pakistanais de retourner à Lahore où les restes de Boota Singh furent ensevelis sous une montagne de fleurs.

Furieuse de l'honneur qui était fait au vieux Sikh, la famille de Zenib envoya un commando profaner et raser sa sépulture. Ce geste souleva l'indignation de la population. De toutes les villes et de tous les villages du Pakistan affluèrent des milliers de roupies offertes pour que soit édifié un grandiose mausolée au martyr de l'amour. Boota Singh fut à nouveau enterré sous une montagne de fleurs. Cette fois, des centaines de Musulmans montaient la garde devant la sépulture du vieux Sikh, affirmant par ce geste l'espoir qu'un jour peut-être le temps finirait par effacer au Panjab le cruel héritage de l'année 1947[1].

*

Le mémorial édifié par l'Inde à la gloire de son Mahatma est une simple plate-forme de pierre noire érigée à l'emplacement de son bûcher sur les rives de la Yamuna. Quelques mots gravés en anglais et en hindi rappellent le message de Mohandas Gandhi :

J'aimerais que l'Inde soit assez libre et forte pour être capable de s'offrir en holocauste pour un monde meilleur. Chaque homme doit se sacrifier pour sa famille, celle-ci pour le village, le village pour le district, le district pour la province, la province pour la nation, et la nation pour tous. Je souhaite l'avènement du Khudaï Râj, *le « Royaume de Dieu » sur la Terre.*

Que reste-t-il trente ans plus tard de ce rêve grandiose ? Pas grand-chose en vérité. Comme il le craignait dans la dernière année de sa vie, les successeurs de Gandhi se détournèrent de son message. Pour tenter d'arracher l'Inde à son sous-développement économique, ils préférèrent la voie de l'industrialisation et de la technique à celle du rouet. Le langage d'une époque assoiffée de progrès matériel avec son vocabulaire de plans quinquennaux, de rythme de croissance, d'industrie de base, remplaça pour les nouveaux chefs de l'Inde les vieux mots de non-violence, de fraternité, de rédemption par le

---

1. Sultana, la fille de Boota Singh, fut recueillie par des parents adoptifs et élevée à Lahore. Mariée avec un ingénieur des pétroles et mère de trois enfants, elle vit aujourd'hui heureuse en Libye.

travail manuel. Le parti du Congrès que Gandhi rêvait de transformer en une ligue au service du peuple continua à demeurer la principale force politique indienne, mais devint la proie d'une corruption grandissante. Les intérêts des cinq cent mille villages dont Gandhi attendait le salut de l'Inde furent subordonnés à ceux des villes envahies par les grands complexes industriels qu'il considérait comme responsables du pire des maux : l'arrachement de l'homme à ses racines naturelles, son exploitation pour « produire des biens dont il n'avait pas réellement besoin ».

Mais c'est au printemps de 1974, quelque part dans le désert du Rajasthan, que devait survenir l'événement peut-être le plus significatif des années qui suivirent l'indépendance. Le gouvernement du pays dont le premier citoyen avait, la veille de sa mort, supplié l'Amérique de renoncer à la bombe atomique, fit exploser un engin nucléaire. La gigantesque déflagration qui ébranla ce jour-là les entrailles du désert ne consacrait-elle pas l'ultime défaite de la doctrine de la non-violence ? [1]

Cependant, si l'Inde n'a pas réalisé l'impossible rêve de Mohandas Gandhi, elle n'a pas non plus renoncé à tous ses idéaux. Le coton de khadi qu'il avait proposé comme vêtement à ses compatriotes habille aujourd'hui encore de nombreux ministres et des millions d'Indiens. Ce prince de l'élégance que fut Jawaharlal Nehru continua jusqu'à sa mort de porter le costume national dont son père spirituel l'avait vêtu. Fidèle à son message de simplicité, il ne se déplaçait que dans une petite voiture indienne avec son chauffeur pour unique escorte.

1. N'est-il pas symbolique de rappeler qu'à l'instant où la première bombe atomique du monde explosa dans un désert américain, son père, le physicien Oppenheimer, se mit à réciter le 11e dialogue de la *Gîta* : « Si l'éclat de mille soleils... »

Malgré toutes les forces de désintégration dont la menaçait la multiplicité de ses langues, de ses peuples, de ses cultures, malgré la cynique prédiction de nombreux Anglais qui avaient annoncé l'éclatement du pays sitôt disparu le ciment de la domination britannique, l'Inde demeura ce qu'elle était le 15 août 1947, une nation profondément soudée. Les énormes territoires et les populations disparates qui habitaient les vieux États princiers furent intégrés sans heurts notables.

Bien des idées de Gandhi, qui paraissaient à l'époque des excentricités de vieillard, se sont révélées trente ans plus tard étrangement pertinentes dans un monde surpeuplé, envahi par la pollution, menacé par l'épuisement de ses ressources naturelles. Récupérer les enveloppes usagées au lieu de les jeter, ne consommer que des aliments naturels dans la stricte limite des besoins vitaux, renoncer à la production de biens inutiles, recourir aux plantes médicinales, à une hygiène naturelle, toutes ces leçons ne semblent plus tellement anachroniques aux yeux de ceux qui cherchent aujourd'hui à résoudre la vie de l'homme sur la planète autrement que par la superproduction et la croissance pour la croissance.

Mais il est un domaine par excellence où l'Inde resta fidèle à celui qui avait conduit ses foules affamées à la liberté. L'Inde était née une nation libre. Elle demeura une nation libre. Presque seule de toutes les nations qui ont brisé les chaînes de la domination coloniale, l'Inde est une société libre, un État respectueux des droits et de la dignité de ses habitants, où les citoyens peuvent contester, protester et s'exprimer ouvertement dans les colonnes d'une presse libre, un pays dont les hommes et les femmes peuvent choisir démocratiquement leurs dirigeants.

Résistant à la tentation de suivre l'exemple de son grand voisin chinois, se refusant à obtenir le bien-être de ses masses au prix de l'asservissement des esprits, l'Inde sut aussi résister à la tentation d'imiter les régimes de dictatures militaires nés de la décolonisation. Repoussant un « traditionalisme » rétrograde mais sauvegardant une tradition qui avait tant contribué au trésor culturel de l'humanité, elle est devenue la plus grande démocratie du globe, exploit unique dans l'Histoire qui suscite l'admiration et mérite le respect.

*

Quinze jours après l'immersion des cendres du Père de la nation, une brève cérémonie devant le monument de la Porte des Indes à Bombay mit un terme à l'ère qu'il avait inaugurée ce jour de janvier 1915 quand, revenant d'Afrique du Sud, il était passé sous cette arche, portant sous le bras son manifeste *Hind Swaraj — Autonomie de l'Inde*.

Salués par une garde d'honneur de Sikhs et de Gurkhas, accompagnés par la musique de la marine indienne, les hommes du *Somerset Light Infantry*, derniers soldats britanniques à quitter le sol de l'Inde indépendante, défilèrent sous la voûte pour aller s'embarquer.

Tandis qu'ils s'engageaient sous l'arche triomphale, un chant stupéfiant s'éleva de la foule indienne massée sur la jetée. Entonné par quelques-uns, il se multiplia de proche en proche pour finir par jaillir de milliers de poitrines. C'était le *Chant des Adieux*. « Ce n'est qu'un au revoir mes frères », chantaient de vieux militants du Congrès, dont plusieurs portaient encore sur le crâne les cicatrices des *lathi* britanniques, des femmes en saris pleurant à chaudes larmes, des étudiants imberbes, des mendiants édentés, même les soldats indiens de la garde d'honneur figés au garde-à-vous, tous intensément pénétrés de la signification de cet instant, tous unissant leurs voix. Tandis que les derniers rangs du *Somerset Light Infantry* prenaient place dans les chaloupes, les accents de ce chant spontané enveloppèrent l'esplanade tout entière, étrange et poignante promesse d'un *au revoir* pour les Anglais qui s'en allaient.

Une époque s'achevait devant cette Porte des Indes ; une autre commençait, celle que Gandhi avait inaugurée pour les trois quarts de la planète, l'ère de la décolonisation. Les derniers représentants de la race des grands capitaines et des souverains royaux quittaient le continent indien ; la légère brise poussant leurs chaloupes annonçait les ouragans qui allaient bientôt balayer les cartes du monde. Dans les années à venir, nombreux seraient les ports qui sur cette terre abriteraient une cérémonie semblable à celle de ce 28 février 1948 à Bombay.

Mais rares seraient les cérémonies qui baigneraient dans l'émouvante ferveur se manifestant ce matin à l'ombre de l'arc triomphal de l'Empire, dernière victoire du Mahatma assassiné, ultime consécration pour ceux qui — Indiens et Anglais — avaient eu la sagesse de comprendre l'inexorable logique de son message.

ANNEXES

ANNEXES

CE QU'ILS SONT DEVENUS

Lord Mountbatten : Quatre mois après avoir quitté l'Inde, en octobre 1948, le contre-amiral Louis Mountbatten reprit du service actif dans la marine en qualité de commandant de la première escadre de croiseurs basée à Malte.

Son ascension jusqu'au sommet de la hiérarchie navale fut rapide. Le 16 avril 1955, il accomplit l'ambition de toute sa vie en devenant Premier Lord de la Mer, cette fonction dont son père avait été contraint de se démettre en 1914 sous la pression du fanatisme antiallemand de l'opinion publique. Il présida à la modernisation de la Royal Navy, l'équipant de son premier sous-marin nucléaire et de ses premiers navires lanceurs d'engins.

En 1959, devenu chef d'état-major de la Défense nationale et président du Comité des chefs d'état-major, il s'attela à la dernière grande tâche de sa carrière, la réorganisation des forces armées britanniques et leur intégration dans un système de défense unifiée.

Mountbatten prit sa retraite en juillet 1965 après un demi-siècle de service actif. Mais cet homme infatigable ne devait accepter aucun repos. Nommé par la reine gouverneur de l'île de Wight, fait colonel du régiment le plus ancien de l'armée britannique — la Garde de la Reine — et chargé par le gouvernement de missions de première importance, membre de plus de deux cents organisations et président de quarante-deux d'entre elles, Mountbatten demeura l'une des personnalités les plus actives du royaume.

L'une de ses principales occupations concerna la direction d'une importante œuvre éducative internationale dont il était le président, les *Collèges du monde uni,* dont le premier établissement installé au pays de Galles rassemble trois cent trente garçons et filles de quarante nations différentes, y compris l'Inde. Deux autres institutions fonctionnent au Canada et à Singapour, et plusieurs autres sont en cours de réalisation.

L'intérêt de Lord Mountbatten pour le pays auquel il donna l'indépendance ne diminua jamais. Après la mort de son vieil ami Jawaharlal Nehru, il créa en Grande-Bretagne une fondation du souvenir de Nehru destinée à permettre à des boursiers indiens de venir étudier en Angleterre. Il fut président de cette fondation qui organise également chaque année des conférences sur la vie et l'œuvre du grand leader indien, ainsi que sur son pays. En 1969, il fut invité par le président de la République indienne à présider un comité britannique des cérémonies du centenaire du Mahatma Gandhi.

Presque chaque jour lui apportait plusieurs lettres de l'Inde et du Pakistan. Provenant d'amis ou d'inconnus, de maharajas ou d'anciens collaborateurs, de simples Indiens et même d'ex-serviteurs, ce courrier témoignait de la pérennité des liens qui continuaient d'unir le dernier vice-roi des Indes aux deux grandes nations du sous-continent dont il influença d'une manière si décisive le destin.

A la mi-août 1979, Lord Mountbatten quitta l'Angleterre pour prendre, comme il le faisait chaque année, ses quartiers d'été dans son château d'Irlande. La veille de son départ, s'entretenant avec l'un des auteurs de ce livre, il lui assura qu'il n'y avait aucune raison de nourrir la moindre inquiétude pour sa sécurité personnelle. Son affection envers le peuple d'Irlande et sa compréhension pour ses problèmes étaient bien connues là-bas. De fait, c'était toujours avec la plus extrême réticence qu'il avait accepté des mesures de protection officielle au cours de ses séjours précédents.

Le matin du 29 août 1979, accompagné de plusieurs membres de sa famille, il sortit dans le golfe de Donegal à bord de son bateau de pêche *le Shadow V*. Quelques minutes après avoir quitté le port, l'embarcation stoppa pour vérifier un casier à langoustes. Une bombe cachée dans le casier fut mise à feu par radio par des terroristes de l'I.R.A. cachés sur le rivage.

Mountbatten fut tué presque instantanément, sur la mer à laquelle il avait consacré tant de sa vie et vers laquelle il ne cessait jamais de revenir pour y puiser un réconfort moral et spirituel. Son petit-fils Nicholas et un jeune ami irlandais ont également péri dans l'explosion. La mère de son gendre, Doreen Lady Brabourne, devait mourir de ses blessures.

Les funérailles de Lord Mountbatten à la cathédrale Saint-Paul furent l'occasion d'une cérémonie grandiose comme l'Angleterre n'en avait pas connu depuis celles de son vieux chef de guerre Winston Churchill. Le dernier vice-roi des Indes en avait réglé, par testament, les moindres détails.

Lady Mountbatten : Edwina Mountbatten est décédée le 21 février 1960 au cours d'une épuisante inspection en Extrême-Orient des œuvres charitables qu'elle dirigeait. Car, après son départ de l'Inde, cette femme de cœur continua de se dévouer sans répit à l'accomplissement de tâches humanitaires. Quand la nouvelle de sa mort parvint à New Delhi, les députés des deux chambres du Parlement se levèrent spontanément pour offrir à sa mémoire l'hommage d'une minute de silence.

Conformément à ses dernières volontés, Edwina Mountbatten fut immergée en haute mer au large de Spithead, là où les flottes de la Royal Navy s'étaient tant de fois rassemblées aux grandes heures de l'histoire de la Grande-Bretagne. Escortant le bâtiment anglais portant sa dépouille, se trouvait une frégate indienne, salut poignant d'un pays qu'elle aimait à la plus généreuse de ses *memsahib*.

Jawaharlal Nehru : Le Premier ministre de l'Inde indépendante gouverna la plus grande démocratie du globe jusqu'à sa mort le 27 mai 1964. L'un des hommes d'État les plus respectés du monde, il fut le principal architecte de la politique de non-alignement entre les blocs, et devint le leader des pays du Tiers Monde qui s'affranchirent dans les années 50 et 60 de la tutelle coloniale. Il voyagea inlassablement, visitant la plupart des capitales européennes, l'Amérique, l'U.R.S.S. et la Chine. En Inde, il présida à l'élaboration de trois plans quinquennaux destinés à doter son pays de structures industrielles modernes et à développer sa production agricole, œuvra à la consolidation des institutions démocratiques indiennes, réunit les comptoirs français et l'enclave portugaise de Goa au territoire national.

La plus cruelle désillusion de sa vie survint en octobre 1962 lors de l'invasion des frontières septentrionales de l'Inde par la Chine. Cette agression, perpétrée par le pays dont l'amitié constituait depuis quinze ans la pierre angulaire de sa politique, laissa Nehru un homme brisé. Sa santé en subit un coup fatal. Parmi toutes les personnalités qui accoururent à New Delhi lui rendre un dernier hommage lors du service funèbre de sa crémation se trouvait Louis Mountbatten.

En cadeau d'adieu à ses compatriotes, cet Indien raffiné offrit l'émouvante éloquence de son testament. Il y demandait que ses cendres soient dispersées du haut d'un avion « au-dessus de champs où travaillent les paysans afin qu'elles puissent se mélanger à la poussière de la terre indienne et en devenir une part indissociable... et qu'une poignée soit remise au Gange, à Allahabad, pour être emportée vers le vaste océan qui baigne les rivages de l'Inde ».

Vallabhbhai Patel : Après l'assassinat de Gandhi, le ministre de l'Intérieur Patel fut victime d'une campagne d'insinuations calomnieuses qui le rendit responsable de l'incapacité de la police indienne à appréhender les futurs assassins du Mahatma entre le premier attentat et le meurtre. Après le départ de Lord Mountbatten, il organisa une « action de police » contre le royaume de Hyderabad, réunissant ainsi à l'Inde le dernier État princier encore indépendant. L'homme fort du gouvernement indien mourut d'une crise cardiaque le 15 décembre 1950.

Les maharajas : Les souverains tout-puissants qui régnaient autrefois sur plus d'un tiers du sous-continent indien ont aujourd'hui presque complètement disparu de la scène indienne. Les jours glorieux de leurs splendeurs paraissent à présent aussi éloignés que ceux des empereurs mogols. Quand ils n'ont pas été transformés en musées, en écoles ou en hôtels de luxe, leurs palais offrent la mélancolie des vestiges d'une époque révolue. Certains princes mènent une vie modeste et retirée parmi les souvenirs de leur gloire passée. D'autres sont devenus de prospères hommes d'affaires, d'autres encore, écoutant les conseils jadis prodigués par Mountbatten, ont mis leurs talents à la disposition du gouvernement de l'Inde nouvelle qu'ils continuent de servir loyalement. Jusqu'à sa mort toute récente, le maharaja de Patiala, fils de Bupinder « Le Magnifique », était ambassadeur de l'Inde aux Pays-Bas. Le maharaja de Jaipur représenta lui aussi l'Inde socialiste dans plusieurs capitales européennes. D'autres, fidèles aux vertus guerrières de leur caste, sont devenus de brillants officiers dans l'armée indienne. Le jeune maharaja de Kapurthala, petit-fils du prince qui avait jadis fait édifier au Panjab une réplique du château de Versailles, s'est couvert de gloire pendant la guerre indo-pakistanaise de

1971. Il commande aujourd'hui un régiment de blindés. L'actuel maharaja de Jaipur est lui aussi colonel dans l'armée indienne.

Épousant les mœurs démocratiques de l'Inde nouvelle, quelques princes, tels les maharajas du Cachemire et de Bikaner, et des princesses comme les *rajmata* de Jaipur et de Gwalior, militent activement dans les partis politiques indiens. La *rajmata* de Jaipur, mère du maharaja actuel, est député du Parlement, tandis que le fils de feu Hari Singh, l'actuel maharaja du Cachemire, homme de grande culture, est ministre dans le gouvernement de Mme Indira Gandhi.

La situation des princes s'est considérablement transformée depuis le rattachement de leurs États à l'Union indienne en 1947. Après trois années d'une bataille de procédure devant les plus hautes instances juridiques du pays, et malgré un vote de la cour suprême en leur faveur, les maharajas perdirent en 1974 les derniers privilèges qui leur avaient été accordés en 1947 en échange du rattachement pacifique de leurs royaumes à l'Inde. Ils ne bénéficient plus d'aucune liste civile, ni d'aucun autre avantage. Certains, qui avaient conservé des biens trop voyants en Inde ou à l'étranger sont même aujourd'hui l'objet d'impitoyables investigations policières et fiscales. L'époque extravagante et superbe des *nawabs* et des maharajas est bien morte.

Les policiers chargés de l'investigation sur l'assassinat de Gandhi : Deux des principaux responsables de l'enquête, J.W. Mehra, qu'une grippe avait empêché de se trouver aux côtés de

Gandhi le jour du meurtre, et « Jimmy » Nagarvalla, le chef de la brigade d'investigation criminelle de Bombay, sont tous les deux à la retraite. Mehra dirige une brasserie près de New Delhi. Quant à Nagarvalla, après avoir consacré sa carrière à arrêter des criminels et à les empêcher de s'évader, il s'est reconverti dans l'évasion touristique d'une agence de voyages.

REMERCIEMENTS

Comme nos trois précédents livres Paris brûle-t-il ? Ou
tu porteras mon deuil *et* Ô Jérusalem, Cette nuit la
liberté *est le résultat de presque trois années d'une longue,
patiente et souvent difficile enquête. Plus de six cents personnes — Indiens, Pakistanais, Anglais, Français — ont
collaboré directement ou indirectement à la préparation de ce
récit qui, des cottages du Kent et du Sussex aux cimes de la
passe de Khyber, des rives sacrées du Gange aux bidonvilles
de Calcutta, nous fit parcourir plus de deux cent cinquante
mille kilomètres.*

*C'est dans le cabinet de travail du seul survivant des
quatre grands personnages qui influencèrent en 1947 si
largement le destin du sous-continent indien, l'amiral de la
flotte Lord Mountbatten, comte de Birmanie, que commencèrent naturellement nos recherches. Au cours de quinze
interviews enregistrées en 1972 et 1973, le dernier vice-roi
des Indes accepta avec une patience et une gentillesse à toute
épreuve de se soumettre à la plus minutieuse reconstitution
de son expérience indienne qu'il ait jamais endurée. Les
trente heures d'enregistrement et les quelque six cents pages de
transcription dactylographique originales qui résultèrent de
ces entrevues représentent un bilan probablement unique de
la mission du dernier vice-roi des Indes.*

*Dans sa propriété de Broadlands, dans le sud de l'Angle-
terre, Lord Mountbatten possède la collection la plus*

complète d'archives et de documents relatifs à la période de sa vice-royauté et de son mandat de gouverneur général de l'Inde indépendante. Organisé et méticuleux par nature, Mountbatten rassembla avec un soin extrême les moindres documents relatifs à sa mission, des pièces aussi diverses que la note manuscrite que lui adressa son cousin le roi à la veille de son départ pour les Indes, jusqu'aux menus et aux plans de table de ses banquets officiels. De cette énorme masse de souvenirs se détachent cependant une série de cinq types de documents qui constituent un admirable procès-verbal de cette période. Elle contient :

1° Les comptes rendus des conversations qu'eut Lord Mountbatten avec tous les visiteurs qui franchirent la porte de son bureau, et notamment les principaux leaders indiens : Gandhi, Jinnah, Nehru et Patel. Comme nous l'avons dit, Mountbatten avait pour habitude de recevoir ses interlocuteurs en tête à tête, de limiter à quarante-cinq minutes la durée de chaque entretien, et d'en dicter un résumé aussitôt après. Extrêmement vivants, pleins de notations et de détails, ces témoignages éclairent d'une lumière décisive les acteurs de l'imbroglio indien.

2° Les minutes de ses réunions presque quotidiennes avec ses collaborateurs au cours desquelles le vice-roi avait l'habitude de s'exprimer librement et en toute franchise.

3° Les procès-verbaux des séances du Comité d'urgence qu'il présida pendant les événements du Panjab.

4° Ses dix-sept rapports hebdomadaires et leurs volumineux appendices adressés pendant sa mission de vice-roi au Secrétaire d'État pour les Indes à Londres.

5° Ses rapports mensuels de gouverneur général adressés au roi George VI.

Pendant toute la durée de nos travaux, Lord Mountbatten accepta de se référer constamment au contenu de ses archives afin de rafraîchir sa mémoire et de reconstituer ses souvenirs avec toute la rigueur historique et l'authenticité nécessaires. C'est donc le dernier vice-roi des Indes que nous souhaitons en tout premier lieu remercier chaleureusement.

744

Qu'il nous soit permis d'associer à notre gratitude deux de ses collaborateurs, John Barratt, son secrétaire particulier, et Mrs. Moullie Travis, l'archiviste des documents de Broadlands. Tous deux nous ont offert sans compter leur temps et leurs efforts. Les deux filles de Lord Mountbatten, Lady Brabourne et Lady Hicks, nous firent toutes deux l'amitié de nous raconter leur séjour aux Indes aux côtés de leurs parents. Lord Brabourne, dont le père fut gouverneur des deux grandes provinces indiennes de Bombay et du Bengale et brièvement vice-roi des Indes, facilita grandement nos recherches en sa qualité d'administrateur des archives de Broadlands.

Nous exprimons notre gratitude aux anciens membres de l'entourage du dernier vice-roi des Indes qui nous accordèrent avec tant de générosité de longues heures de leur temps. Ils acceptèrent de passer avec patience leurs mémoires au crible de nos questions et n'hésitèrent pas à fouiller leurs greniers et leurs maisons de campagne pour retrouver les récits épistolaires qu'ils avaient adressés en 1947 à leurs femmes ou à leurs parents, et les journaux personnels qu'ils avaient tenus à l'époque. Ces documents nous furent une aide précieuse pour la reconstitution de l'atmosphère de ces journées historiques. Nous remercions particulièrement Alan Campbell-Johnson, attaché de presse de Lord Mountbatten en 1947-1948, auteur lui-même d'un remarquable livre intitulé Mission avec Mountbatten ; Sir George Abell, le vice-amiral Sir Ronald Brockman, le contre-amiral Peter Howes ; Elizabeth Collins et Muriel Watson, les deux assistantes de Lady Mountbatten, dont les souvenirs sur la dernière vice-reine nous furent particulièrement précieux ; G. Vernon Moore qui nous fournit plusieurs descriptions très utiles ; le colonel Sir Martin Gilliat, le lieutenant-colonel Frederick Burnaby-Atkins, Lord Allendale et Sir James Scott. Tous nous ont permis de reconstituer le décor et l'atmosphère du palais du vice-roi en 1947. Nous remercions aussi notre ami Gerald Mac Knight pour ses descriptions de Londres en 1947.

Envers l'éminent juriste qui partagea les Indes, le vicomte Sir Cyril Radcliffe, nous avons une dette spéciale de reconnaissance. Tout en montrant une extrême discrétion concernant les motifs qui inspirèrent certaines de ses décisions, il accepta de nous révéler l'essentiel de ses souvenirs au cours de deux longues et passionnantes entrevues.

Notre enquête sur l'Armée des Indes nous permit de rencontrer d'innombrables vétérans de cette remarquable institution. Qu'il nous soit permis de remercier parmi tant d'autres le général Sir Robert Lockhart, le général Sir Roy Bucher, le général Sir Frank Messervy récemment disparu, le général John R. Platt qui commanda la dernière unité anglaise à quitter le sol de l'Inde, le colonel E.S. Birnie, qui nous aida à reconstituer les derniers mois de la vie de Mohammed Ali Jinnah dont il eut l'honneur de diriger le cabinet militaire.

Nous eûmes également le plaisir et le privilège de rencontrer et d'interviewer un grand nombre d'anciens membres de l'élite qui gouverna les Indes pendant trois quarts de siècle, le célèbre Indian Civil Service. Nous remercions notamment pour leur généreux concours Sir Olaf Caroe, dernier gouverneur de la Province frontière du Nord-Ouest ; Sir Conrad Corfield, l'infatigable défenseur des maharajas et son adjoint Sir Herbert Thompson ; Lord Trevalyn qui nous raconta ses passionnantes aventures de jeune administrateur en Inde ; le juge H.C. Beaumont, collaborateur de Sir Cyril Radcliffe ; Maurice et Taya Zinkin qui nous communiquèrent le journal intime qu'ils tinrent à New Delhi pendant les journées troublées de septembre 1947.

Qu'il nous soit également permis d'associer à nos remerciements le comte de Listowel, dernier secrétaire d'État pour les Indes ; Sir Alexander Symon, premier haut-commissaire britannique adjoint en Inde ; et G.R. Savage qui nous fit le récit du complot visant à assassiner Jinnah et Mountbatten à Karachi le 14 août 1947.

En Inde, c'est d'abord à Mᵐᵉ Indira Gandhi, Premier

ministre, que nous voulons adresser nos remerciements pour le temps précieux qu'elle accepta de passer avec nous à reconstituer les heures cruciales qu'elle vécut en août 1947 aux côtés de son père *Jawaharlal Nehru*. Nous remercions aussi sa tante, *M*me *V.L. Pandit*, qui par ses descriptions et ses informations nous a aidés à comprendre la personnalité de son frère Nehru. Trois anciens secrétaires particuliers de ce dernier nous ont également apporté d'importantes informations, *Shri M.O. Mathai*, *Shri Tarlok Singh* et *Shri H.V.R. Iyengar*, ainsi que le journaliste indien *Russy K. Karanjia*.

Parmi ceux dont les souvenirs furent particulièrement utiles à notre récit, qu'il nous soit permis de citer l'ancien ministre de la Défense *Krishna Menon* ; le général et *M*me *D.W. Mehra*, gendre et fille de *V.P. Menon*, l'auteur du plan de partition des Indes ; *Miss Maniben Patel*, fille et intime collaboratrice de *Vallabhbhai Patel* ; le maharaja *Yadavindra Singh de Patiala* ; Leurs Altesses les rajmatas de *Jaipur* et de *Gwalior* ; ainsi que le *Dr Karan Singh*, fils du dernier maharaja du Cachemire.

Nous exprimons nos remerciements particulièrement chaleureux à *Shri Ashwini Kumar*, directeur général des Forces de Sécurité des Frontières, pour les poignants récits qu'il nous fit au Panjab sur ses expériences de jeune inspecteur de police sur les routes du plus grand exode de l'Histoire.

Nous remercions aussi *Khushwant Singh*, auteur d'un roman sur les événements de 1947 intitulé Train pour le Pakistan ; *M*me *Dina Wadia*, la fille de *Mohammed Ali Jinnah*, pour sa patiente évocation des souvenirs de son père ; le *Dr J.A.L. Patel* ; *M*me *Sulochana Panigrahi*, aujourd'hui directrice adjointe du Tourisme indien, pour son récit émouvant du jour de l'indépendance à New Delhi ; *Shri Acharya Kripalani*, dernière grande figure du combat de l'Inde pour l'indépendance ; *M*lle *Padmaja Naidu* ; *M.M.S. Oberoi* pour son évocation de la vie dans la vieille Simla ; *Shri Rajeshwan Dayal* ; le cheikh *Abdullah* pour son récit de l'invasion du Cachemire par les tribus pathanes ; Sir Chandulal Trivedi, premier gouverneur indien du Panjab, pour son récit capital de l'exode et des massacres de 1947.

Notre enquête sur la vie, l'œuvre et la mort du Mahatma Gandhi, n'aurait jamais été complète sans l'amicale et généreuse collaboration de Shri Pyarelal Nayar, son secrétaire particulier. Il est lui-même l'auteur d'un monumental ouvrage en trois volumes qui constitue sans aucun doute le document le plus complet sur les dernières années de la vie de Gandhi. Nous remercions aussi chaleureusement le Dr Sushila Nayar de nous avoir aidés à reconstituer la dernière grève de la faim du Mahatma, ainsi que Shri Krishna Chandiwala.

Nous n'aurions jamais pu reconstituer avec autant de précision le complot et le meurtre qui mit fin à la vie du Mahatma Gandhi sans la collaboration d'un petit groupe d'hommes que la justice de leur pays et l'opinion de l'Inde et du monde condamnèrent pour leur geste. Retrouver les complices des deux principaux assassins de Gandhi pendus en 1949 ne fut pas une des moindres difficultés de notre longue enquête. Nous tenons à remercier Gopal Godsé, Madanlal Pahwa, Vishnu Karkaré, Digambar Badgé et le Dr Parchuré, qui acceptèrent d'être soumis à une véritable contre-enquête policière de notre part et d'avoir supporté patiemment et loyalement plusieurs journées d'interrogatoire. Nous avons même pu faire traverser à Gopal Godsé et Vishnu Karkaré toute une partie de l'Inde pour les ramener à New Delhi sur les lieux mêmes des derniers préparatifs du crime, puis à Birla House où, le 30 janvier, ils avaient avec leurs complices commis leur forfait. Pendant des heures, répondant à nos questions, ils mimèrent devant nous chacun des gestes qui aboutirent à la mort de Gandhi, confrontèrent leurs souvenirs et reconstituèrent chacune des phrases qu'ils avaient alors échangées. Nous avons même retrouvé avec eux l'arbre contre lequel ils avaient essayé vingt-six ans plus

748

tôt le revolver qui devait tuer Gandhi. Il y avait plusieurs dizaines de pèlerins sur la pelouse de Birla House le jour où nous reconstituâmes avec Gopal Godsé et Vishnu Karkaré les derniers instants de Gandhi. Tandis que Gopal mimait les trois coups de feu que tira son frère, nous craignîmes soudain que la foule se jette sur les deux assassins. Mais l'Inde nous donna ce jour-là une belle leçon de tolérance. A peine la reconstitution du meurtre de Gandhi était-elle achevée que plusieurs pèlerins se précipitèrent vers les assassins. Pour solliciter leur autographe.

Nos longs séjours en Inde restent marqués par le souvenir de l'extraordinaire hospitalité dont nous avons partout été l'objet, dans les grandes villes comme dans le plus humble des villages. Parmi tous les Indiens devenus nos amis et auxquels nous adressons toute notre reconnaissance, qu'il nous soit permis de remercier tout particulièrement le général Jangu T. Sataravala qui nous entoura de tant d'attentions amicales, ainsi que les généraux J.N. Chaudhuri, M.J. Chopra et Harbaksh Singh, Ashwini et Renu Kumar, Naval et Simone Tata, Nari H. Dastur, Harry et Salima Nedou, M. et Mᵐᵉ Ram Goburbhun, Russy et Aileen Karanjia.

Notre gratitude s'adresse aussi aux représentants de la France en Inde dont l'expérience et l'hospitalité ont grandement facilité notre tâche et agrémenté notre séjour, en particulier notre ambassadeur, M. Jean Daniel Jurgensen et sa charmante épouse ; notre ami Francis Doré, conseiller culturel et sa jeune épouse sikh Rashmi (Francis Doré est lui-même auteur d'un remarquable livre sur l'Inde intitulé L'Inde d'aujourd'hui) ; nos amis René et Claude de Choiseul-Praslin et Francis et Annick Wacziarg qui rendirent si agréables nos fréquents séjours à Bombay ; enfin notre grande amie Florence Prouverelle, attachée de presse près l'Ambassade de France, qui nous présenta tant de ses amis indiens et fut la constante et infatigable petite fée de nos nombreux séjours à New Delhi.

Parmi les très nombreuses personnalités pakistanaises qui apportèrent une importante contribution à notre enquête, nous remercions tout particulièrement l'Amiral Sayyid Ahsan pour son récit de l'arrivée triomphale de Mohammed Ali Jinnah à Karachi ; Badshah Khan, « le Gandhi de la Frontière », encore si actif malgré le poids des ans ; A.I.S. Dara pour ses émouvantes descriptions du Lahore de l'été et de l'automne 1947 ; le général Shahid Hamid ; l'ambassadeur Yacub Khan, qui fut si longtemps en poste à Paris et reconstitua pour nous les heures douloureuses de 1947 quand il quitta son Inde natale pour le Pakistan ; l'ambassadeur Akbar Khan et Sairab Khayat Khan, pour leurs récits de l'invasion du Cachemire ; la bégum Feroz Khan Noon qui accepta de revivre pour nous les heures dramatiques de sa fuite au Pakistan ; M. Nasim Ahmed, secrétaire général du ministère de l'Information qui nous facilita si aimablement l'accès des archives nationales du Pakistan ; M. Chaudhuri Mohammed Ali qui, avec son collègue indien H.M. Patel, fut chargé de la tâche prodigieuse de diviser le patrimoine des Indes.

Notre gratitude s'adresse à une foule d'autres personnes dont nous ne pouvons pas toutes, hélas, citer le nom dans ces quelques pages. Missionnaires et officiers britanniques en retraite, anciens commerçants, fonctionnaires, hommes politiques indiens et pakistanais du Congrès et de la Ligue musulmane, professeurs, journalistes, écrivains, cheminots, des centaines de réfugiés de toutes les communautés qui tous ont douloureusement revécu pour nous les tragédies de l'exode, innombrables amis indiens et pakistanais qui nous ont demandé de les laisser dans l'anonymat, que tous où qu'ils soient sachent que nous les remercions et que nous n'oublierons jamais leur aide généreuse.

Enfin qu'il nous soit permis d'exprimer notre gratitude à

tous ceux qui ont si soigneusement veillé sur l'acheminement de la volumineuse et précieuse documentation accumulée tout au long de notre enquête, en particulier les responsables des compagnies aériennes Air India, Pakistan International Airlines, et Indian Airlines, ainsi que Yves Thernisien et Jean-François Luquet.

Notre affectueuse gratitude s'adresse aussi à nos amis Geoffroy et Martine de Courcel dont l'hospitalité chaleureuse, alors qu'ils étaient ambassadeur et ambassadrice de France à Londres, plaça notre première rencontre avec Lord Mountbatten sous les plus heureux auspices. Nous associons à ces remerciements MM. Francis Deloche de Noyelle et Jean Batbedat, tous deux anciens représentants diplomatiques de la France en Inde, pour les éminents conseils qu'ils nous ont prodigués et l'aide amicale qu'ils nous ont apportée dans l'accomplissement de notre enquête. Que nos amis Alain et France Danet sachent aussi combien nous leur sommes reconnaissants de nous avoir présentés à leurs amis indiens qui devinrent les nôtres, ainsi que M. Hobberg qui a si attentivement veillé tout au long de nos itinéraires à l'organisation de nos déplacements.

La préparation et la rédaction de Cette nuit la liberté fut largement un travail d'équipe. Nous eûmes la chance et le privilège d'être accompagnés pendant cette longue entreprise par un groupe de collaborateurs exceptionnels. Nous voulons en tout premier lieu exprimer notre immense gratitude à notre amie Dominique Conchon qui dirigea cette équipe avec une intelligence, une efficacité et une gentillesse inappréciables. Après avoir participé à plusieurs de nos enquêtes en Inde, au Pakistan et en Angleterre, elle répertoria, classa, analysa, indexa et prépara les quelque quatre mille pages d'interviews originales et les centaines de kilos d'archives et de documents que nous avons rassemblés. Avec une patience *et une compétence infaillibles, elle corrigea ensuite les douze cents pages du manuscrit français.* Cette nuit la liberté *est le troisième de nos livres auxquels Dominique Conchon nous a fait l'honneur et l'amitié de collaborer.*

Elle fut assistée dans sa tâche par Julia Bizieau, dont l'intelligence, la compétence et l'inlassable bonne humeur font l'objet de toute notre reconnaissance et amitié.

C'est avec une grande tristesse que nous souhaitons rendre hommage à notre ami Raymond Cartier disparu en février 1975. C'est lui qui le premier nous encouragea à écrire Cette nuit la liberté. *Familier de l'Inde et de ses problèmes, il avait en 1947 rencontré longuement Gandhi au cours de son pèlerinage de Noakhali. Plusieurs fois, au cours des derniers mois de sa vie, il se pencha généreusement sur notre manuscrit pour nous apporter les critiques et les encouragements de son immense expérience. Quelques semaines avant sa mort, il vint même avec son épouse Rosie passer quelques jours auprès de nous à Ramatuelle pour lire les pages au fur et à mesure qu'elles tombaient de nos machines à écrire. Nous sommes infiniment peinés qu'il n'ait pas vécu assez longtemps pour finir la lecture de ce livre auquel il apporta une telle contribution.*

Parmi les nombreux enquêteurs qui nous aidèrent à rassembler notre documentation, nous remercions Michel Renouard, professeur de littérature anglaise à l'université de Rennes et spécialiste des problèmes du Commonwealth. Il consacra toutes ses vacances de l'été 1972 à rechercher en Angleterre des anciens officiers et administrateurs ayant servi aux Indes. Juste dix ans auparavant, Michel Renouard alors âgé de dix-sept ans, avait participé aux débuts de notre enquête pour Paris brûle-t-il ?.

Pour la reconstitution de l'atmosphère à New Delhi le jour de l'Indépendance, nous avons une dette spéciale de reconnaissance envers Max Olivier-Lacamp, journaliste et écrivain, dont l'admirable livre Impasse indienne *est une œuvre indispensable à la compréhension de l'Inde moderne.*

Nous remercions également Vitold de Golish dont les connaissances encyclopédiques et les excellents ouvrages sur les maharajas et leur histoire nous ont servi d'initiation au monde fabuleux des princes indiens. Nous remercions aussi Jeannie Nagy pour ses patientes transcriptions de nos interviews enregistrées, ainsi que Michel Foucher et Jacqueline de la Cruz pour leur fidèle collaboration.

Nous adressons toute notre reconnaissance à notre ami Pierre Amado, professeur à l'École des hautes études de la Sorbonne et chargé de recherches au C.N.R.S., éminent spécialiste et amoureux de l'Inde, qui a bien voulu consacrer tant d'heures de son précieux temps à passer au crible de son inépuisable expérience indienne et de ses connaissances les pages de notre manuscrit. Qu'il sache combien nous l'associons à cette version finale de Cette nuit la liberté à laquelle il a tant apporté par son cœur et son savoir.

Nous remercions aussi Colette Modiano qui nous a généreusement aidés à préparer et corriger la version française de Cette nuit la liberté. Auteur elle-même de deux livres sur la Chine et le Moyen-Orient intitulés Vingt snobs chez Mao et Café turc et croissant fertile, Colette Modiano prépare en ce moment un ouvrage sur la reine Victoria qui racontera en détails cette épopée de l'Empire britannique des Indes que notre récit n'a pu qu'effleurer. Notre gratitude s'adresse aussi à notre vieil ami Paul Andreota dont les fréquentes visites à Ramatuelle ranimèrent si souvent nos énergies et dont les corrections et les conseils furent pour nous la plus précieuse des collaborations. Nous remercions aussi Nadia Collins dont la patience, la bonne humeur et les excellentes traductions facilitèrent grandement notre tâche.

La mise en forme finale de la version française n'eut pas été complète sans la généreuse collaboration de notre ami René Clair qui accepta de passer de longues heures à la correction de notre manuscrit, ainsi que nos amies Jeanne Conchon, Simone Servais, Josette Wallet, Yvette Hermitte et Paule Tondut, auxquels nous adressons nos plus chaleureux remerciements.

753

Nous adressons enfin une pensée reconnaissante à Alexandre et Paulette Isart, Albert et Felsie Massey, Catherine et Marius Rocchia, dont les soins attentifs ont soutenu notre moral pendant nos longs mois de travail.

Que notre ami Jacques Nison sache aussi combien nous lui sommes reconnaissants pour ses précieux conseils photographiques.

Enfin, sans les encouragements et le soutien de nos éditeurs, nous n'aurions jamais pu écrire Cette nuit la liberté. Que Robert Laffont, Jacques Peuchmaurd, Daniel Mermet, Claude Anceau, Jean Denis et Jean-Marc Gutton à Paris ; Mike Korda et Dan Green à New York ; Sir William Collins, Philippe Ziegler et Michael Hyde à Londres ; Mario Lacruz à Madrid ; Donato Barbone à Milan ; Andreas Hopf à Munich et les éditions Vikas à New Delhi soient chaleureusement remerciés, ainsi que notre vieil ami Irving Paul Lazar à Los Angeles.

Les Bignoles
La Biche Niche
Ramatuelle, 3 mars 1975

BIBLIOGRAPHIE

I. — OUVRAGES PUBLIÉS

ABBAS, K. Ahmad : *A report to Gandhi*, Hind Kitabs, Bombay 1947.
— *I write as I feel : The Atom Bomb, Lahore*, Bombay 1947.
ACKERLEY, J.R. : *Intermède hindou*, Gallimard, Paris 1935.
AIYER, H.R. : *Why Pakistan*, Trivandrum 1945.
AKBAR PASHA, M. : *Pakistan achieved*, Madras 1947.
ALI, Chaudhri Muhammad : *The emergence of Pakistan*, Columbia University Press, New York 1967.
ANAND, Balwant Singh : *Cruel interlude*, Asia Publishing House, Inde 1961.
ANARYAN : *A group of Hindoo stories*, W.H. Allen and Co., London 1881.
ANWAR, Muhammed : *Jinnah Quaid-I-Azam. A selected Biography*, National Publishing House Limited, Karachi 1970.
ARSLAN, A. : *Pakistan explained*, Lahore 1945.
ASHE, Geoffrey : *Gandhi : A study in Revolution*, Asia Publishing House, Bombay 1968.
ATAL, Amarnath : *The maharajah of Jaipur, 1922-1947*, The Allahabad Law Journal Press, Allahabad.
ATTLEE, C.R. : *As it happened*, London 1954.
AZAD, Maulana Abdul Kalam : *India wins freedom*, Longmans, Green and Co., New York 1960.
BAIG, M.R.A. : *Muslim dilemma in India*, Vikas Publishing House PVT Limited, Delhi 1974.
BAKHSH, Ilahi : *With the Quaid-I-Azam during his last days*, Maktaba-Tul-Maarif, Lahore.
BAMM, Peter : *Alexandre le Grand*, Elsevier-Sequoia, Bruxelles 1969.
BANERJEA, N : *Psychotherapy of Indian riots. A study of the causes, the consequences and the remedies of the communal riots in India*, Calcutta 1941.

BAREAU, André : *Bouddha,* Éditions Seghers, Paris 1962.

BARY de, Théodore : *Sources of Indian tradition,* Columbia Press University, New York 1968 (2 volumes).

BETTELHEIM, Charles : *L'Inde indépendante,* Armand Colin, Paris 1962.

BHATTACHARYA, Sachchidananda : *A dictionary of Indian history,* George Braziller, New York 1967.

BIARDEAU, Madeleine : *Clefs pour la pensée hindoue,* Seghers, Paris 1972.

BIRKENHEAD, Lord : *Walter Monckton. The life of Viscount Monckton of Brendley,* Weidenfeld and Nicolson, London 1969.

BIRLA, G.D. : *In the shadow of the Mahatma. A personal memoir,* Bombay 1953.

BOLITHO, Hector : *Jinnah, creator of Pakistan,* John Murray, London 1954.

BOURKE-WHITE, Margaret : *Halfway to freedom,* Simon and Schuster, New York 1949.

BRECHER, Michaël : *Nehru. A political biography,* Beacon Press, Boston 1970.

BRECKNOCK, The Countess of : *Edwina Mountbatten. Her life in pictures,* McDonald, London 1961.

CAMERON, James : *An Indian summer,* Macmillan and Co. Limited, London 1973.

CAMPBELL, Alexander : *The heart of Indian,* Alfred A. Knopf, New York 1958.

CAMPBELL-JOHNSON, Alan : *Mission with Mountbatten,* Robert Hale Limited, London 1951.

CAROE, Olaf : *The Pathans,* Macmillan and Co. Limited, London 1964.

GHANDIWALA, Brijkrishna : *At the feet of Bapu,* Navajivan Publishing House, Ahmedabad 1954.

CHATTERJI, Usha : *La femme dans l'Inde,* Plon, Paris 1964.

CONNELL, Brian : *Manifest destiny. A study in five profiles of the rise and influence of the Mountbatten family,* Cassell and Co. Limited, London 1953.

COOLIDGE, Olivia : *Gandhi,* Houghton Mifflin Compagny, Boston 1971.

COOMARASWAMY, Ananda K. : *The dance of Shiva,* H. Wolff, New York 1957.

CORBETT, Jim : *Man-eaters of Jumaon,* Geoffrey Cumberlege Oxford University Press, London 1946.

COUPLAND, R. : *The Cripps mission,* Oxford University Press, New York 1942.

CROCKER, Walter : *Nehru. A contemporary's estimate,* Oxford University Press, New York 1966.

Danielou, Alain : *Histoire de l'Inde*, Fayard, Paris 1971.

Das, Durga : *India. From Curzon to Nehru and after*, Collins, London 1969.

Dass, Diwan Jarmani : *Maharaja. Lives and loves and intrigues of Indian princes*, Shiksha Bharati Press, Delhi 1970.

Dass, Diwan Jarmani and Rakesh Bhan : *Maharani. Love adventures of Indian maharanis and princesses*, S. Chand and Co., New Delhi 1972.

David-Néel, Alexandra : *L'Inde. Hier, aujourd'hui, demain.*

Doré, Francis : *L'Inde d'aujourd'hui*, Presses Universitaires de France, Paris 1974.

— *Les régimes politiques en Asie*, Presses Universitaires de France, Paris 1973.

Dowson, John : *A classical dictionary of Hindu mythology and religion, geography, history and literature*, Routledge and Kegan Paul Limited, London 1968.

Drieberg, Trevor : *Indira Gandhi. A profile in courage*, Vikas Publishing House PVT Limited, New Delhi 1973.

Dube, S.C. : *Indian village*, Routledge and Kegan Paul Limited, London 1955.

Dubois, J.A. : *Hindu manners, customs and ceremonies*, At the Clarendon Press, Oxford 1906.

Duggal, Kartar Singh : *Banked fires and other stories*, Pearl Publications Private Limited, Bombay 1969.

— *Death of a song and other stories*, Arnold-Heinemann, New Delhi 1973.

— *Nails and flesh*, Pearl Publications Private Limited, Bombay 1969.

— *Unbelievable truth*, Pearl Publications Private Limited.

Edwardes, Michaël : *The last years of British India*, Cassel and Company Limited, London 1963.

Eglar, Zekige : *A Punjabi village in Pakistan*, Columbia University Press, New York 1960.

Elliott, Maj. Gen. J.G. : *The frontier 1839-1947*, Cassell and Company Limited, London 1968.

Erikson, Erik H. : *Gandhi's truth. On the origins of militant non-violence*, W.W. Norton and Company Inc., New York 1969.

Escarpit, Robet : *Rudyard Kipling*, Hachette, Paris 1970.

Fischer, Louis : *La vie du mahatma Gandhi*, Calmann-Lévy, Paris 1952.

Forbes, Rosita : *India of the princes*, The Book Club, London 1939.

Frederic, Louis : *L'Inde au fil des jours*, S.C.E.M.I., Paris 1963.

Ghandhi, Manuben : *Last glimpses of Bapu*, Shiva Lal Agarwala and Co., Delhi 1962.

GANDHI, Mohandas Karamchand : *Ghandi. Une autobiographie ou mes expériences de vérité*, Presses Universitaires de France, Paris 1964.
— *Delhi diary. Prayer speeches from 10-9-47 to 29-1-48*, Jivanji Dahyabhai Desai, Ahmedabad 1948.
GAUBA, K.L. : *Assassination of mahatma Gandhi*, Jaico Publishing House, Bombay 1969.
GAVI, Philippe : *Le triangle indien. De Bandoeng au Bangladesh*, Le Seuil, Paris 1972.
GHOSH, Sudhir : *Gandhi's emissary. A nonconformist's inside story of India's past twenty years*, Houghton Mifflin Company, Boston 1967.
GOLISH, Vitold de : *L'Inde impudique des maharajahs*, Robert Laffont, Paris 1973.
— *Splendeur et crépuscule des maharajahs*, Hachette, Paris 1963.
GORWALA, A.D. : *The queen of beauty and other tales*, A.D. Gorwals, Bombay 1971.
GRANT, W.J. : *The spirit of India*, B.T. Batsford Limited, London 1938.
GRIFFITHS, Percival J. : *The British impact on India*, MacDonald, London 1952.
— *The British in India*, Robert Hale Limited, London 1946.
GROSS, John : *Rudyard Kipling. The man, his work and his world*, Weidenfeld and Nicolson, London 1972.
GUÉRIN, Paul : *A l'affût de Gandhi* (émission de la Radiodiffusion française du 30-1-49), Paris.
— *Les Indes familières*, Édition des Deux Artisans, Paris 1950.
HAZARI : *Indian outcaste. The autobiography of an untouchable*.
HODIWALA, Shapurji Kavasji : *History of holy Iranshah (Extracts)*, Godrej M. Printing Press, Bombay 1966.
HODSON, H.V. : *The great divide. Britain, India, Pakistan*, Hutchinson and Co., London 1969.
HUTTON, J.H. : *Caste in India. Its nature, function, and origins*, Cambridge University Press 1946.
ISMAY, Lord : *The memoirs of the general Lord Ismay*, Heinemann, London 1960.
JAIN, J.C. : *The murder of mahatma Gandhi. Prelude and aftermatch*, Chetana Limited, Bombay 1961.
JONES, Stanley : *Mahatma Gandhi. An interpretation*, Hodder and Stoughton London 1948.
KAMENSKY, Anna : *La Bhagavad-Gîtâ. (Le Chant du Seigneur)*, Éditions J.B. Janin, France 1947.
KARANJIA, R.K. : *The mind of Mr Nehru*, George Allen and Unwin Limited, London 1960.
— *The Philosophy of Mr Nehru*, George Allen and Unwin Limited, London 1966.

KAUSHIK, B.G. : *That house Jinnah build*, Bombay 1944.

KHAN, Akbar : *Raiders in Kashmir. Story of the Kashmir war 1947-1948*, Pakistan Publishers Limited, Karachi 1970.

KHOSLA, Gopal Das : *The murder of the mahatma and other cases from a judge's notebook*, Jaico Books, Bombay 1963.

— *Stern reckoning. A survey of the events leading up to and following the Partition of India*, Bhawani and Sons, New Delhi.

KINCAID, Dennis : *British social life in India. 1608-1937*, Routledge and Kegan Paul Limited, London and Boston 1973.

KIPLING, Rudyard : *Le chat maltais*, Mercure de France, Paris 1927.

— *Le livre de la jungle et Le second livre de la jungle* (2 volumes), Mercure de France, Paris 1930.

KRIPALANI, J.B. : *Indian national Congress*, 1946.

KRIPALANI, Krishna : *Gandhi. A life*, Orient Longmans, New Delhi 1969.

LACOMBE, Olivier : *Ghandi ou la force de l'âme*, Plon, Paris 1964.

LACY, Creighton : *The conscience of India*, Holt, Rinehart and Winston, New York 1965.

LAKSHMANNA, C. : *Caste dynamics in village India*, Nachiketa Publications Limited, Bombay 1973.

LASSIER, Suzanne : *Gandhi et la non-violence*, Éditions du Seuil, Paris 1970.

LE BOURGEOIS, Jacques : *L'Inde aux cent couleurs*, Hachette, Paris 1935.

LLEWELLYN, Bernard : *From the back streets of Bengal*, George Allen and Unwin Limited, London 1935.

LORD, John : *The maharajahs*, Random House, New York 1971.

LOTHIAN, Arthur Cunningham : *Kingdoms of yesterday*, John Murray, London 1951.

MAHADEVAN, T.M.P. : *Outlines of Hinduism*, Chetana Limited, Bombay 1956.

MAJUMDAR, S.K. : *Jinnah and Gandhi. Their role in India's quest for freedom*, Firma K.L. Mukhopadhyay, Calcutta 1966.

MALRAUX, André : *Antimémoires*, Gallimard N.R.F., Paris 1967.

MASANI, R.P. : *Britain in India*, Oxford University Press, London 1960.

MASON, Philip : *Matter of honour. An account of the Indian army, its officers and men*, Jonathan Cape, London 1974.

MASSON, Madeleine : *Edwina. The biography of the countess Mountbatten of Burma*, Robert Hale Limited, London 1958.

MAULE, Henry : *Spearhead general. The epic story of general Sir Frank Messervy, and his men in Eritrea, North Africa and Burma*, Transworld Publishers, London 1961.

MEGRET, Christian : *Les chimères bleues de Chandernagor*, Robert Laffont, Paris 1964.

MEHTA, Krishna : *This happened in Kashmir*, Publications Division, Ministry of Information and Broadcasting Government of India, Delhi 1966.

MEHTA, Ved : *Portrait of India*, Vikas Publications, New Delhi 1971.

— *Walking the Indian streets*, Vikas Publications, New Delhi 1972.

MENON, V.P. : *The transfer of power in India*, Princeton University Press, Princeton 1957.

MITRA, Asok : *Delhi capital city*, Thomson Press, New Delhi 1970.

MOON, Penderel : *Divide and quit*, Chatto Windus, London 1961.

— *Gandhi and modern India*, W.W. Norton and Company Inc., New York 1969.

— *Wavell, The viceroy's journal*, Oxford University Press, London 1973.

MOORHOUSE, Geoffrey : *Calcutta*, Weidenfeld and Nicolson, London 1971.

MORRIS, James : *Pax Britannica*, Faber and Faber, London 1968.

MOSLEY, Leonard : *The glorious fault*, Harcourt Brace and Company, New York 1960.

— *The last days of the British raj*, Weidenfeld and Nicolson, London 1961.

MUNERJI, Dhan-Gopal : *Village hindou*, Victor Attinger, 1946.

NAIR, Kusum : *Blossoms in the dust. The human element in Indian development*, Allied Publishers Private Limited, India 1961.

NANDA, B.R. : *Gandhi. Sa vie, ses idées, son action politique en Afrique du Sud et en Inde*, Gérard et Cⁱᵉ, Verviers, Belgique 1968.

NARAYAN, J.P. : *Towards struggle*, Bombay 1946.

NAYAR, Kuldip : *Distant neighbors. A tale of the subcontinent*, Vikas Publishing House, Delhi 1972.

— *India. The critical years*, Vikas Publications, Delhi 1971.

NEHRU, Jawaharlal : *An autobiography*, Allied Publishers Private Limited, India 1962.

— *The discovery of India*, The John Day Company, New York 1946.

— *India's freedom*, Unwin Books, London 1965.

— *Ma vie et mes prisons*, Denoël, Paris 1952.

— *Toward freedom. The autobiography of Jawaharlal Nehru*, The John Day Company, New York, 1941.

NICHOLS, Beverley : *L'Inde secrète*, Jules Tallandier, Paris 1946.

NOON, Firoz Khan : *From memory*, Éditions Feroz Sons Limited, Lahore 1969.

OLIVIER-LACAMP, Max : *Impasse indienne*, Flammarion, Paris 1963.

— *Les deux Asies*, Grasset, Paris 1966.

PANJABI, K.L. : *The indomitable Sardar*, Bombay 1962.

PARIKH, N.D. : *Sardar Vallabhbhai Patel*, Ahmedabad 1953.

PAYMASTER, Rustom Burjorji : *Early history of the Parsees in India*, Zarthoshti Dharam Sambandhi, Bombay 1954.

PRIVAT, Edmond : *Aux Indes avec Gandhi*, Denoël, Paris 1960.

— *Vie de Gandhi*, Labor et Fides, Genève 1949.

PYARELAL : *Mahatma Gandhi. The early phase*, Navajivan Publishing House, Ahmedabad 1965 (2 volumes).

— *Mahatma Gandhi. The last phase*, Navajivan Publshing House, Ahmedabad 1956.

RAHMAT ALI, C. : *Pakistan, the fatherland of the Pak Nation*, Cambridge 1947.

— *What does the Pakistan national movement stand for ?* 1933.

RAI, Satya M. : *Partition of the Punjab. A study of its effects on the politics and administration of the Punjab, 1947-1956*, Indian School of International Studies, New Delhi 1965.

RAO, Shiva B. : *India's freedom movement*, Orient Longman's, Delhi 1972.

ROBINSON, Donald H. : *The raj*, Fawcett Publications Inc., Greenwich 1971.

ROLLAND, Romain : *Gandhi et Romain Rolland. Correspondance, Extraits du Journal et textes divers*, Albin Michel, Paris 1960.

— *L'Inde, Journal 1915-1943.*

SAHNI, J.N. : *The lid off*, Allied Publishers, New Delhi 1971.

SATPREM : *Par le corps de la terre ou le sannyasin*, Robert Laffont, Paris 1974.

SAVARKAR, V.D. : *Hindutva. Who is a Hindu ?* Veer Savarkar Prakashan, Bombay 1969.

SAYEED, Khalid B. : *Pakistan. The formative phase 1867-1948*, Oxford University Press, London 1968.

SCHMID, Peter : *India. Mirage and reality*, George G. Harrap, London 1961.

SEN, L.P. : *Slender was the thread*, Orient Longmans, Bombay 1969.

SHEEAN, Vincent : *Lead, kindly light*, Cassell and Co., London 1950.

— *Mahatma Gandhi. A great life in brief*, Alfred Knopf, New York 1970.

SHUJAUDDIN, Muhammad : *The life and times of Noor Jahan*, The Caravan Book House, Lahore 1967.

SINGH, Harnath : *Jaipur and its environs*, Dundlod.

SINGH, Joginder : *Sikh ceremonies*, Sikh Religious Book Society, Chaudigarh 1968.

SINGH, Karan : *Contemporary essays*, Bharatiya Vidya Bhavan, Bombay 1971.

— *Prophet of Indian nationalism*, Bharatiya Vidya Bhavan, Bombay 1970.

SINGH, Khushwant : *India. A mirror for its monsters and montrosities*, I.B.H. Publishing Company, Bombay 1969.

— *The Sikhs today*, Orient Longmans, Bombay 1967.

— *Train to Pakistan*, I.B.H. Publishing Company, Bombay ; Chatto and Windus Limited, London 1956.

SINGH, Parkash : *Guru Nanak and his Japji*, Swan Printing Press, Jullundur 1969.

SINHA, Durganaud : *Indian villages in transition. A motivational analysis*, Associated Publishing House, New Delhi 1969.

SPEAR, Percival : *A history of India*, Penguin Books, London 1970.

SRINIVAS, M.N. : *India's villages*, Asia Publishing House, Bombay 1960.

STOCQUELLER, J.H. : *The handbook of British India*, W.M.H. Allen and Co. London 1854.

SWINSON, Arthur : *Mountbatten*, Ballantine Books Inc., New York 1971.

SYMINGTON, J.M.D. : *In a Bengal jungle. Stories of life on the tea gardens of Northern India*, Chapel Hill, N.C. 1935.

TANDON, Prakash : *Punjabi century. The fascinting story of a virile people*, Hind Pocket Books, Delhi 1961.

TENDULKAR, D.G. : *Mahatma. Life of Mohandas Karamchand Gandhi*, (In eight volumes). The Publications Division Ministry of Information and Broadcasting Government of India, New Delhi 1963 (Volume III, 1947-1948).

TERRAINE, John : *L'amiral Mountbatten, sa vie et son époque*. Les Presses de la Cité, Paris 1969.

THENON, A. : *A travers l'Inde*, Théodore Lefèvre, Paris.

TINKER, Hugh : *Experiment with freedom. Indian and Pakistan 1947*, Oxford University Press, London 1967.

TOURNAIRE, Hélène : *Poivre vert. L'Inde aux rayons X*, Raoul Solar, Paris 1965.

TREVELIAN, Humphrey : *The India we left*, Macmillan, London 1972.

TROTTER, L.J. : *The life of Hodson of Hodson's Horse*, Sweepman's Library, London 1912.

TUKER, François : *While memory serves*, Cassel and Company Limited, London 1950.

VASTO, Lanza del : *Le pèlerinage aux sources*, Denoël, Paris 1943.

VERNE, Jules : *La maison à vapeur. Voyage à travers l'Inde septen-trionale*, Hachette, Paris 1968.

WAINWRIGHT, Philip and Mary Doreen : *The Partition of India*, George Allen and Unwin Limited, London 1970.

WOODRUFF, Philip : *The men who ruled India*, vol. I : *The founders* ; vol. II : *The guardians*, Jonathan Cape, London 1954.

YEATS-BROWN, F. : *Les trois lanciers du Bengale*, Hachette, Paris 1955.

YOUNG, Desmond : *All the best years*, Harper and Brothers, New York 1961.

II. — JOURNAUX ET PÉRIODIQUES CONSULTÉS

Harijan (Ahmedabad).
Illustrated weekly of India (Bombay).
The Times of India (Bombay).
Dawn (Karachi).
The Pakistan Times (Karachi).
The Civil and Military Gazette (Lahore).
The Round Table (Londres n° 240, novembre 1970).
The Times (Londres).
Time Magazine (Londres).
The Hindustan Times (New Delhi).
The Hindustan Times weekly Review (New Delhi).
The Statesman (New Delhi).
The New York Times (New York).
Le Monde (Paris).

III. — DOCUMENTS SPÉCIAUX MIS A LA DISPOSITION DES AUTEURS RELATIFS A L'ASSASSINAT DE GANDHI ET AU PROCÈS DE SES ASSASSINS

Crime reports (Rapports du crime), par J.D. NAGARWALA. Du 30-1-48 au 28-5-48. Special Branch, C.I.D., Bombay.

Gandhi's assassination and I, par Gopal GODSE. Asmita Pra-kashan, Poona 1967. (Disponible uniquement en Maharathi.)

Report of investigation murder (Rapport d'enquête sur l'assassi-nat). Sec. 302 I.P.C. et articles 4 et 5. Explosives substances Act into the conspiracy to murder Mahatma Gandhi. Dossier n° 663/A. Office of the Deputy Commissioner of Police, Special Branch, C.I.D., Bombay.

Report of the Commission of inquiry into conspiracy to murder mahatma Gandhi (Rapport de la Commission d'enquête sur le complot d'assassinat du mahatma Gandhi), par J.L. KAPUR, Judge of the Supreme Court of India (6 volumes). Government of India Press, New Delhi 1970.

Table des matières

TABLE DES CARTES

Achevé d'imprimer
par Maury-Eurolivres S.A.
45300 Manchecourt

Imprimé en France
Dépôt légal : Avril 1994